Paralleles Rechnen

Eine Einführung

von
Walter Huber

R. Oldenbourg Verlag München Wien 1997

Die Deutsche Bibliothek - CIP-Einheitsaufnahme

Huber, Walter:
Paralleles Rechnen : eine Einführung / von Walter Huber. - München
; Wien : Oldenbourg, 1997
  ISBN 3-486-24383-7

© 1997 R. Oldenbourg Verlag
Rosenheimer Straße 145, D-81671 München
Telefon: (089) 45051-0, Internet: http://www.oldenbourg.de

Lektorat: Margarete Metzger, Birgit Zoglmeier
Herstellung: Rainer Hartl
Umschlagkonzeption: Kraxenberger Kommunikationshaus, München
Gedruckt auf säure- und chlorfreiem Papier
Gesamtherstellung: R. Oldenbourg Graphische Betriebe GmbH, München

Inhaltsverzeichnis

1 Grundlagen   **1**

  1.1 Klassifizierung von Rechnerarchitekturen 1

       1.1.1 SISD-Rechner 2

       1.1.2 SIMD-Rechner 3

       1.1.3 MIMD-Rechner 6

       1.1.3.1 MIMD-Rechner mit verteiltem Speicher 11

       1.1.3.2 MIMD-Rechner mit gemeinsamen Speicher 13

       1.1.3.3 MIMD-Rechner mit virtuell gemeinsamen Speicher 14

  1.2 Leistungsbewertungskriterien 16

       1.2.1 Kriterien für Rechnerarchitekturen 18

       1.2.2 Kriterien für parallele Systeme 23

       1.2.2.1 Amdahl's Gesetz 25

       1.2.2.2 Laufzeitbestimmung 25

       1.2.2.3 Speedup 29

       1.2.2.4 Effizienz 35

       1.2.2.5 Skalierbarkeit 36

2 Konzepte für paralleles Programmieren   **39**

  2.1 Parallelisierungsansätze 39

       2.1.1 Ebenen der Parallelität 40

       2.1.2 Probleme 44

       2.1.2.1 Synchronisierung 44

       2.1.2.2 Verklemmung 45

       2.1.3 Programmiermodelle 46

  2.2 Programmiersprachen 49

       2.2.1 Fortran 90 50

       2.2.2 High Performance Fortran 52

2.3   Kommunikationsbibliotheken 56

   2.3.1   PVM 57

   2.3.1.1 Das PVM-Modell 59

   2.3.1.2 Konfiguration der virtuellen Maschine 60

   2.3.1.3 Die Prozeßkontrolle 62

   2.3.1.4 Synchronisation und Kommunikation 63

   2.3.2   MPI 67

   2.3.2.1 Das MPI-Modell 67

   2.3.2.2 Die Prozeßkontrolle 69

   2.3.2.3 Synchronisation und Kommunikation 70

   2.3.2.4 Weitere Eigenschaften 75

3   Parallelisierung numerischer Algorithmen   79

3.1   Diskretisierung 81

   3.1.1   Stationäre Probleme 84

   3.1.2   Instationäre Probleme 88

   3.1.2.1 Explizite Zeitdiskretisierung 89

   3.1.2.2 Implizite Zeitdiskretisierung 92

3.2   Gebietszerlegungsmethoden 95

3.3   Iterative Lösungsverfahren 98

   3.3.1   Paralleles Gauß-Seidel-Verfahren 100

   3.3.2   Parallele Mehrgitterverfahren 109

   3.3.3   Weitere iterative Verfahren 125

   3.3.4   Parallelisierung zeitabhängiger Probleme 127

   3.3.4.1 Parallelisierung im Raum 128

   3.3.4.2 Parallelisierung in Raum und Zeit 131

3.4   Dünne Gitter 133

   3.4.1   Eigenschaften 134

   3.4.2   Kombinationsmethode 135

   3.4.3   Raumparallele Kombinationsmethode 136

   3.4.4   Raum-zeitparallele Kombinationsmethode 139

4   Implementierung auf MIMD-Systemen   145

4.1   Systeme mit gemeinsamen Speicher 147

4.2   Systeme mit verteiltem Speicher 157

5 Implementierungen auf Workstationnetzen **167**
  5.1 Stationäre Probleme 169
  5.2 Instationäre Probleme 175

6 Werkzeugumgebungen **177**
  6.1 Aufbau und Einsatzgebiete 177
  6.2 Hardwareabhängig 181
     6.2.1 Hardware-Performance-Monitor 182
     6.2.2 Visualization Tool 184
  6.3 Hardwareunabhängig 185
     6.3.1 XPVM 186
     6.3.2 XMPI 188
     6.3.3 TOPSYS 189

7 Weitere Aspekte **195**
  7.1 Dynamische Lastverteilungsverfahren 196
  7.2 Sicherungspunkte 203
  7.3 Parallele Ein-/Ausgabe 205

Literaturverzeichnis **215**

Vorwort

Die Entwicklung und Implementierung paralleler numerischer Methoden gehört seit mehreren Jahren zu einem der Kernbereiche der Informatik und der Numerik. Hierbei ist das spezielle Wissen von Informatikern und Mathematikern notwendig, da sowohl neuartige Parallelisierungskonzepte als auch neuartige numerische Methoden für ein effizientes Nutzen paralleler Rechnerarchitekturen notwendig sind. Damit ergibt sich konsequenterweise eine enge Zusammenarbeit zwischen den beiden Disziplinen. Anwendungsgebiete sind komplexe Problemstellungen (die sogenannten „Großen Herausforderungen", engl. grand challenges). Zu ihnen gehören z.B. die numerische Wettervorhersage bzw. Wettersimulation[1], Fragestellungen aus der Astrophysik bzw. der Ozeanographie oder die numerische Turbulenzsimulation.

Es ist daher verständlich, daß die Entwicklung neuer paralleler numerischer Methoden eng verbunden ist mit der rasanten Entwicklung von Groß- bzw. Hochleistungsrechnern (engl. supercomputer). Um so überraschender ist die Tatsache, daß erst seit Einführung von Vektorrechnern der algorithmische Aspekt gebührend Beachtung fand. Vektorrechner galten bis vor wenigen Jahren als die schnellsten und leistungsstärksten Großrechner für numerische Probleme. Mittlerweile assoziiert man mit dem Begriff des Hochleistungsrechners immer mehr den des Parallelrechners. Deswegen wollen wir zuerst einen kurzen Abriß über die wichtigsten historischen Stationen bis hin zu modernen und sehr leistungsfähigen Großrechnern geben. Diese Beschreibung erhebt keineswegs den Anspruch der Vollständigkeit. Sie soll vielmehr einige wichtige Entwicklungsstationen schlaglichtartig beleuchten.

Die Geschichte kommerzieller Rechner begann in den sechziger Jahren mit der Entwicklung und dem Bau der CDC 1604 von Control

---

[1]In Fachkreisen erfolgt eine eindeutige Trennung zwischen den zwei Begriffen. Bei einer numerischen Wettersimulation erfolgt das Berechnen von Wettervorgängen, die in der Vergangenheit abliefen, wohingegen bei einer numerischen Wettervorhersage das zukünftige Wetter im Zentrum des Interesses steht. Die Wettervorhersage ist in Form des mehr oder weniger zutreffenden alltäglichen Wetterberichtes bekannt.

Data Corporation. Nachfolgermodelle, wie die CDC 6600, festigten die Position von Control Data im Bereich kommerziell vermarkteter Rechner. Einer der kreativsten Entwickler bei CDC war Seymour Cray[2]. Dieser verließ Anfang der siebziger Jahre CDC und gründete Cray Research. Der erste von Cray Research entwickelte Rechner war die Cray-1 (Markteinführung 1976). Mit den in diesem Rechnersystem enthaltenen Konzepten der sogenannten Fließbandverarbeitung (engl. pipelining[3]) und der Vektorisierung[4] war eine erhebliche Leistungssteigerung gegenüber bisherigen Rechenanlagen möglich. Zum ersten Mal wurde aber auch deutlich, daß eine Spitzenleistung auf einem sogenannten Vektorrechner (wie der Cray-1) nur mit entsprechend modifizierten Algorithmen möglich ist. Es fand ein Paradigmenwechsel hin zur sogenannten Vektorprogrammierung statt. Leistungssteigerungen erfolgten damit in den siebziger Jahren hauptsächlich durch die Einführung von Vektorprozessoren und durch die Erhöhung der Taktrate der verwendeten Prozessoren. Vektorrechner wurden und werden vor allem für das Lösen mathematischer Problemstellungen verwendet.

In den achtziger Jahren konnte Cray Research seine Position auf dem Bereich des Hochleistungsrechnens (engl. supercomputing) festigen. Der Firmenname stand als Synonym für Rechner mit höchster Rechenleistung. Eine weitere entscheidende Entwicklung in diesem Jahrzehnt war die Einführung von sogenannten RISC-Architekturen (engl. reduced-instruction-set-computer). Ferner wurden die ersten Parallelrechner entwickelt (unter anderem von Siemens auf der Basis eines Intel 8080-Prozessors). Weitere Pioniere von parallelen Rechnersystemen waren unter anderem die Firmen Intel, nCUBE und Thinking Machines Corporation. Hier wurden anfänglich nur einige wenige Prozessoren zu

---

[2]Seymour Cray (1925–1996), amerikanischer Supercomputerpionier.

[3]Die Abarbeitung eines Befehls (z.B. arithmetische Anweisung) läßt sich in eine Reihe von einzelnen Operationen zerlegen (z.B. Decodierung, Laden der Operanden usw.). Bei dieser pipeline-artigen Verarbeitung existieren im Rechner für jede Einzeloperation eine eigene Funktionseinheit, die dessen Abarbeitung übernimmt. Alle diese Funktionseinheiten arbeiten fließbandartig gleichzeitig an der Ausführung eines Befehls.

[4]Hierbei erfolgt die Anordnung gleichartiger Befehle (z.B. Addition verschiedener Zahlen) in sogenannte Vektoren. Diese Vektoren werden mittels Pipelining verarbeitet.

einem Parallelrechner verbunden. Thinking Machines entwickelte mit der CM-2 eine Rechneranlage mit mehreren tausend Prozessoren.

Die neunziger Jahre zeigten eine Verstärkung des Trends hin zu massiv parallelen Prozessoren (sogenannte MPP-Rechner) auf der Basis von Standardprozessoren (z.B. Intel Paragon, IBM SP1 und SP2, Cray T3D und T3E). Cray Research verlor seine dominierende Position auf dem Supercomputermarkt.

Durch die Entwicklung immer größerer Parallelrechner ergab sich eine entsprechende Leistungssteigerung. Diese gehören heute zu den leistungsstärksten Rechneranlagen. Mit der enormen Zunahme der Rechen- und Speicherleistung von Rechneranlagen (vor allem für Parallelrechner) in den letzten Jahrzehnten gelang es immer praxisrelevantere Problemstellungen aus dem Bereich der Natur- und Ingenieurwissenschaften auf einem Rechner numerisch zu simulieren. Damit erhöhte sich auch die Wichtigkeit des sogenannten parallelen Rechnens. Ähnlich wie bei der Einführung des ersten Vektorrechners zeichnet sich mit der Zunahme der Bedeutung paralleler Rechneranlagen ein neuerlicher Paradigmenwechsel von der Programmierung auf Vektorrechnern hin zur Programmierung auf Parallelrechnern ab. Dies gilt natürlich im besonderen Maße für das Entwickeln neuer paralleler numerischer Methoden.

Mit der enormen Leistungssteigerung von Rechneranlagen (sowohl von Vektor- als auch von Parallelrechnern) entwickelte sich eine neue Wissenschaftsdisziplin – die des wissenschaftlichen Rechnens. Die Entwicklung immer effizienterer,[5] parallel ablaufender numerischer Verfahren ist ein wichtiger Bestandteil dieser neuen Wissenschaftsdisziplin.

Die Bedeutung des wissenschaftlichen Rechnens und damit des parallelen Rechnens läßt sich anhand vielfältiger Aktivitäten erkennen. In Europa sind dies unter anderem der sogenannte Rubbia-Report und das ESPRIT-Förderprogramm der EU sowie vielfältige nationale Projekte bzw. Studien. In Deutschland ist hier z.B. die Initiative zur Förderung des parallelen Hochleistungsrechnens in Wissenschaft und Wirtschaft durch das BMBF (Bundesministerium für Bildung und Forschung) zu nennen. Aber auch die einzelnen Länderregierungen erkennen die wirt-

---

[5]Effizient ist hier in bezug auf den Speicheraufwand und die Rechenzeit bis zum Erhalt einer numerisch approximierten Lösung mit einer gewünschten Genauigkeit aufzufassen.

schaftliche Bedeutung des parallelen Rechnens und damit von massiv parallelen Systemen. So bewilligte die Bayerische Staatsregierung mitte 1996 60 Mio. DM zum Kauf eines neuen Parallelrechners. Außerhalb Europas sind besonders die Aktivitäten in den USA und Japan zu nennen. In den USA ist besonders die HPCC-Initiative (High Performance Computing and Communication-Initiative) zu erwähnen. Fördermittel von über 500 Mio. US-$ standen hierfür 1992 zur Verfügung. Auch in Japan existieren staatliche Förderprogramme (z.B. NIPT) in der Größenordnung von 50 Mio. US-$ pro Jahr. Das massiv-parallele Rechnen stellt laut japanischer Regierung eine der wichtigsten nationalen Aufgaben der neunziger Jahre dar.

Die Intention des Buches ist es, dem Leser eine praxisnahe Einführung in das parallele Rechnen anhand von Beispielen zu geben. Hierbei wird die Entwicklung paralleler Algorithmen Schritt für Schritt verdeutlicht. Ausgangspunkt ist jeweils die Analyse einer mathematischen Methode. Da das Lösen von linearen Gleichungssystemen zu den wichtigsten Einsatzgebieten von Supercomputern (sowohl von Vektor- als auch von Parallelrechnern) gehört, wollen wir uns hier auf Lösungsansätze für derartige Problemstellungen konzentrieren. Da es sich bei dem vorliegenden Buch um eine Einführung in das parallele Rechnen handelt, werden ausschließlich grundlegende numerische Methoden/Verfahren diskutiert. Demzufolge benötigt der Leser nur elementare Kenntnisse aus der Numerik. Aufbauend auf diesen einfachen numerischen Methoden werden dann verschiedene Möglichkeiten der Parallelisierung ausführlich dargestellt. Wir wollen uns hierbei auf die sogenannte Nebenläufigkeit (engl. concurrency, d.h. Gleichzeitigkeit) von Prozessen bis hin zu Befehlen konzentrieren. Eine andere Art der Parallelisierung (die Vektorisierung) findet hier nur am Rande Berücksichtigung. Wir gehen ferner dezidiert auf das sogenannte verteilte Rechnen[6] ein.

Im ersten Kapitel führen wir Leistungsbewertungskriterien ein. Damit ist es möglich, unterschiedliche numerische Methoden und deren Implementierungen auf verschiedenen Parallelrechnertypen miteinander zu vergleichen. Die Vor- und Nachteile der verschiedenen Metho-

---

[6]Unter verteiltem parallelen Rechnen verstehen wir paralleles Rechnen auf mehreren Rechnern eines oder verschiedener Hersteller. Hierbei kann ein Rechner eine Workstation, aber auch ein Parallelrechner oder ein Vektorrechner sein.

den und Implementierungen können mit Hilfe dieser Kriterien herausgearbeitet werden. Die Diskussion der unterschiedlichen Methoden ist natürlich nur mit einer genauen Kenntnis der Hardware möglich. Deshalb erfolgt, dem einführenden Charakter dieses Buches folgend, auch ein kurzer Exkurs in grundlegende parallele Rechnerarchitekturen.

In Kapitel 2 werden verschiedene Konzepte der parallelen Programmierung vorgestellt. Ebenso behandeln wir unterschiedliche Parallelisierungsmodelle und sensibilisieren den Leser für die Problematik der Synchronisierung und des Datenaustausches. Auch werden in diesem Kapitel reale Umsetzungen von Parallelisierungsmodellen angesprochen. Hierbei gehen wir auf parallele Programmiersprachen und auf Bibliotheken ein, die als Erweiterungen zu bestehenden Programmiersprachen eine Parallelisierung erlauben.

Den Hauptteil des vorliegenden Buches nehmen Beschreibungen numerischer Methoden auf Parallelrechnern ein. Dies geschieht in Kapitel 3. Hier stellen wir die verschiedenen numerischen Methoden vor und diskutieren sie.

In Kapitel 4 erfolgt dann die Umsetzung auf die im ersten Kapitel eingeführten unterschiedlichen parallelen Rechnerarchitekturen. Vor- und Nachteile der verschiedenen Architekturen werden durch die ausführliche Diskussion der erzielten Ergebnisse verdeutlicht.

In den letzten Jahren erfolgte immer mehr die Parallelisierung auf sogenannten verteilten Plattformen (d.h. verteiltes Rechnen). Dies ist besonders in der industriellen Anwendung von großer Bedeutung und großem Interesse, da hierbei für die Parallelisierung kaum oder gar keine zusätzlichen Ausgaben für Hardware zu tätigen sind. Die dabei auftretenden Probleme und Fragestellungen sind Inhalt von Kapitel 5.

Werkzeuge für eine effiziente Entwicklung, Testen und Optimierung paralleler Programme sind Bestandteil von Kapitel 6. Hierbei erwähnen wir verschiedene reale Implementierungen von Werkzeugen, vor allem solche, die eine industrielle Reife erreicht haben.

Im letzten Kapitel gehen wir noch auf weitere Aspekte (z.B. paralleles I/O, checkpointing) und auf aktuelle Fragestellungen der Forschung (z.B. dynamische Lastbalancierung) ein.

Alle diese Themen können natürlich nicht erschöpfend behandelt werden. Deshalb erfolgte in jedem Kapitel die Angabe von weiterführender Literatur bzw. der Verweis auf Beweise, die in den Text nicht aufgenommen wurden. Die vorgestellte Literatur erhebt nicht den Anspruch der Vollständigkeit, sondern stellt vielmehr eine subjektive Auswahl des Autors dar.

Einen Großteil der in diesem Buch vorgestellten numerischen Methoden findet der interessierte Leser in Form von C-Programmen auf http://www5.informatik.tu-muenchen.de/persons/huberw/parechnen.html. Hier sind auch einige Institutionen aufgeführt, die sich mit dem parallelen Rechnen beschäftigen. Ein Verweis auf verschiedene Programmbibliotheken (z.B. PVM und MPI) sind ebenfalls vorhanden.

An dieser Stelle möchte ich mich bei meinen Kollegen Hans-Joachim Bungartz, Christian Schaller, Thomas Störtkuhl, Volker Strumpen, Ulrich Vollath und Roland Wismüller für die sorgfältige Durchsicht des Manuskripts bedanken. Ferner danke ich den Professoren Arndt Bode, Thomas Huckle und Christoph Zenger für zahlreiche Anregungen. Meiner Frau Beatrice danke ich an dieser Stelle für ihr tiefes Verständnis und ihre Nachsicht wegen vieler durchgearbeiteter Wochenenden.

Im Text hartnäckig verbliebene Unklarheiten bzw. sogar Fehler gehen jedoch einzig und alleine auf das Konto des Autors.

München, im März 1997   Walter Huber

Kapitel 1

Grundlagen

In diesem Kapitel stellen wir grundlegende Konzepte paralleler Rechnerarchitekturen vor. Wir gehen hierbei speziell auf Eigenschaften ein, die für die Implementierung paralleler numerischer Methoden wichtig sind. Es ist allerdings nicht beabsichtigt, eine vollständige und umfassende Diskussion der verschiedenen Architekturen zu geben. Hierfür sei auf die angegebene Literatur verwiesen.

Weiterhin führen wir Bewertungskriterien ein, um verschiedene Rechnerarchitekturen bzgl. ihrer Leistungsfähigkeit miteinander vergleichen zu können. Ferner diskutieren wir mehrere Leistungsmaße. Diese sind für die Beurteilung der Implementierung numerischer Methoden wichtig. Auch ist es damit möglich, unterschiedliche numerische Methoden bzgl. ihrer Eignung für eine parallele Rechnerarchitektur zu vergleichen.

1.1 Klassifizierung von Rechnerarchitekturen

Eine Klassifizierung von Rechnerarchitekturen wurde in der Vergangenheit mehrfach vorgenommen, unter anderem von Flynn (siehe [Fly66, Fly72]), Feng (siehe [Fen72]) und Händler. Die Klassifizierung durch Händler erfolgte in Form des Erlanger Klassifikationssystems (ECS, siehe [BH83, Hän77]). Wir orientieren uns im weiteren anhand der einfachen und sehr häufig verwendeten Einteilung nach Flynn.

Michael J. Flynn unterteilte die unterschiedlichen Rechnerarchitekturen bzgl. der gleichzeitigen Abarbeitung von Daten (d.h. Datenströme) und/oder der gleichzeitigen Ausführung von Instruktionen (d.h. Befehlsströme). Nach Flynn unterscheidet man deshalb zwischen

- single instruction stream, single data stream (SISD),

- multiple instruction stream, single data stream (MISD),

- single instruction stream, multiple data stream (SIMD) und

- multiple instruction stream, multiple data stream (MIMD).

MISD-Rechner besitzen bisher keinerlei praktische Relevanz und finden daher in diesem Buch keine weitere Betrachtung. Die restlichen drei Ansätze wollen wir im folgenden näher betrachten.

In obiger Klassifizierung bleiben u.a. Softwareaspekte (wie Betriebssystem, Compiler, parallel arbeitende Anwenderprogramme) und die Anordnung des Speichers bzw. der Prozessoren unberücksichtigt. Wie wir im Verlauf dieses Kapitels noch sehen werden, hängt aber die Leistungsfähigkeit einer parallelen Rechnerarchitektur entscheidend von der Speicher- und der Prozessoranordnung und der eingesetzten Software ab.[1] All diese Komponenten zusammen ergeben ein *paralleles System*. Ansätze, die eine globalere Sicht auf das gesamte parallele System erlauben, erfolgten unter anderem durch Bode (siehe [Bod96a]), Hwang (siehe [HB85]) und Karl (siehe [Kar93]).

1.1.1   SISD-Rechner

Bei dem SISD-Ansatz handelt es sich um den klassischen sogenannten von-Neumann-Rechner[2], vgl. Abbildung 1.1. Die Bezeichnung von-Neumann-Rechnermodell findet als abstrakte Beschreibungsart ebenfalls Verwendung. Dieser Rechneransatz ist auch historisch gesehen der

---

[1]Daneben spielen natürlich noch andere Parameter für viele Anwendungen eine wichtige Rolle, wie parallele Ein-/Ausgabe usw. Hierauf gehen wir allerdings in diesem Kapitel nicht weiter ein.

[2]Dieser Ansatz wurde erstmalig 1946 von John von Neumann (Johann Baron von Neumann, geb. 1903 in Budapest, gest. 1957 in Washington, amerikanischer Mathematiker österreichisch-ungarischer Herkunft) vorgestellt.

älteste der vier oben aufgeführten. Alle Instruktionen und Daten werden streng sequentiell nacheinander abgearbeitet. Bekannte Vertreter sind die CDC 6600, die PDP VAX 11/780 oder die IBM 360/91.

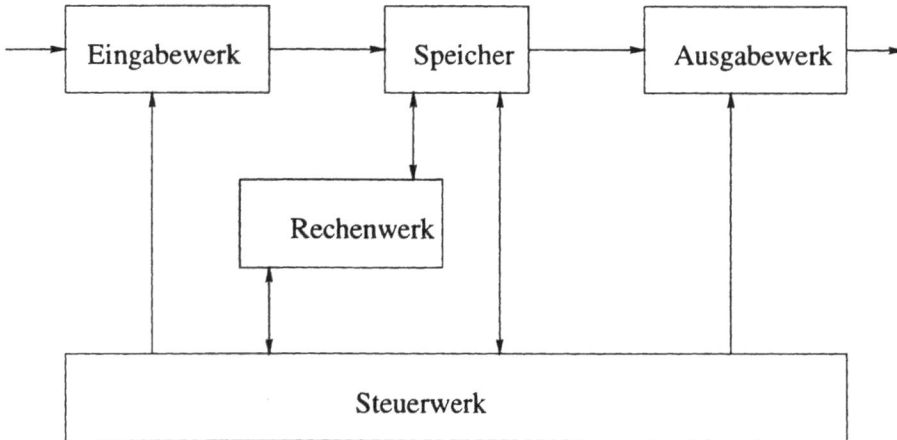

Abbildung 1.1: *Schematische Darstellung der Funktionseinheiten eines von-Neumann-Rechners.*

Sehr früh wich man von dieser starren sequentiellen Reihenfolge in der Abarbeitung der einzelnen Anweisungen ab. Zuerst erfolgte eine gleichzeitige Bearbeitung von Speicherzugriffen und arithmetischen bzw. logischen Operationen. Vertreter sind unter anderem moderne Workstations. Diese Verbesserungen haben noch keinen signifikanten Einfluß auf das Programmierverhalten der Anwender, da sie oftmals zufriedenstellend vom Betriebssystem bzw. von optimierenden Compilern unterstützt werden. Das Ausnutzen derartiger, innerhalb einer numerischen Anwendung eventuell vorhandenen Parallelität kann allerdings einen erheblichen Einfluß auf die gesamte Laufzeit einer Applikation haben. Hier liegt die Parallelität allerdings auf einer sehr niedrigen Ebene vor. Auf die Ebenen der Parallelität gehen wir im Verlauf dieses Buches dezidiert ein. Der Leser sei etwas um Geduld gebeten.

1.1.2 SIMD-Rechner

Moderne Hochleistungsrechner nutzen zusätzlich eine wesentlich höhere Ebene der Parallelität als die im letzten Abschnitt diskutierte. Es

handelt sich hierbei gleichzeitig um die konzeptuell einfachsten Parallelrechner, die sogenannten SIMD-Rechner (abstrakt als SIMD-Rechner-
modell bezeichnet). Diese Einfachheit begründet sich in der ausschließ-
lichen Nutzung der Datenparallelität (engl. multiple data). Bei dieser
Art der Parallelisierung wird das Faktum ausgenützt, daß z.B. bei numerischen Berechnungen oftmals eine Instruktion auf eine große Menge unterschiedlicher Daten anzuwenden ist (z.B. Multiplikation zweier
Vektoren). Damit führen alle Rechenwerke gleichzeitig (d.h. synchron)
die gleiche Instruktion aus, allerdings mit verschiedenen Daten. Es ist
also nur ein Steuerwerk notwendig (siehe Abbildung 1.2). Ein großer
Vorteil dieses Ansatzes besteht darin, daß es damit möglich ist, die
einzelnen Rechenwerke sehr einfach und damit kostengünstig zu halten. Vertreter dieses Typus von Rechner sind die Connection-Machine
CM-2 oder die MasPar-2.

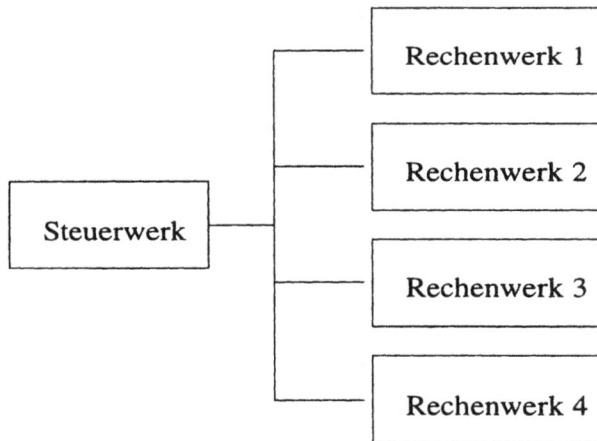

Abbildung 1.2: *Schematische Darstellung eines SIMD-Rechners mit vier
Rechenwerken.*

Vektorrechner

Das Einordnen von Vektorrechnern in das Klassifikationsschema nach
Flynn ist nicht eindeutig. Vektorrechner beruhen auf der Fließbandverarbeitung (engl. pipelining) und der Vektorisierung. Beide Begriffe
wurden schon im Vorwort kurz beschrieben. Fließbandverarbeitung ist
möglich, wenn die Ausführung einer Instruktion (z.B. Addition oder

Multiplikation) in synchron getaktete Teilschritte zerlegbar ist, die gegeneinander überlappend sind (d.h. es erfolgt die Abarbeitung der verschiedenen Teilschritte gleichzeitig, also parallel). Für die effiziente Abarbeitung erfolgt das Ordnen der parallel abzuarbeitenden Daten in sogenannten Vektoren (Vektorisierung). Eine entsprechende Leistungssteigerung gegenüber SISD-Rechnern ist natürlich nur dann zu erwarten, wenn die numerische Methode und deren Implementierung optimal auf die betreffende Hardware abgestimmt ist. Vektorrechner, wie die Cray-1, sind Beispiele dieses Typus von Parallelrechnern. Da aber bei der Vektorverarbeitung das Anwenden eines Befehls oder einer Instruktion auf eine möglichst große Anzahl von Daten erfolgt, ist die Zuordnung zu dem SIMD-Modell sinnvoll. Im Unterschied zu den bisher diskutierten SIMD-Rechnern (z.B. CM-2) ist allerdings ein Rechenwerk bei Vektorrechnern sehr komplex.

Implementierungen numerischer Verfahren auf Vektorrechnern sind besonders dann sehr effizient, wenn die Vektorlänge groß ist und wenn Datenabhängigkeiten bzw. Rekursionen vermieden werden. Nur unter diesen strengen Voraussetzungen ist es möglich, in jedem Taktzyklus eine Berechnung (z.B. Addition zweier Gleitpunktzahlen) pro Vektoreinheit zu beenden. Das Pipelining ist z.B. in [HB85, HP94] ausführlich dargestellt.

Eine grundlegende Schwierigkeit für SIMD-Rechner sind die schon angesprochenen Datenabhängigkeiten, z.B. in Form des sogenannten „if-then-else-Problems" (hier in C-ähnlicher Notation):

```
if (X == Y )
      then arithmetische Operation A
      else arithmetische Operation B
end
```

In Abhängigkeit der Daten von X und Y erfolgt entweder die Abarbeitung des „then-Zweiges", oder aber jene des „else-Zweiges". Bei unterschiedlichen arithmetischen Operationen für A und B sinkt die Leistung eines SIMD-Rechners (speziell eines Vektorrechners) erheblich. Mit MIMD-Rechnern ist dieser Leistungseinbruch vermeidbar. Dies wird im nächsten Abschnitt diskutiert.

1.1.3   MIMD-Rechner

Bei MIMD-Rechnern (auch Multiprozessorrechner genannt) handelt es sich um die momentan leistungsstärksten Parallelrechner. Von den bisher vorgestellten Architekturkonzepten ist dieses das allgemeingültigste bzgl. der Klassifikation nach Flynn. Als Spezialfall ergibt sich der SIMD-Ansatz. Auch in der Praxis kann ein MIMD-System als SIMD-System eingesetzt werden. Analog zu den bisher vorgestellten Ansätzen erfolgt auch hier die abstrakte Beschreibung in Form des MIMD-Rechnermodells.

Auf Grund der Neuartigkeit dieses Konzeptes ist eine starke Dynamik und Innovation zu erkennen. So haben sich bis heute noch keine Standards herausgebildet. Dies findet seinen Niederschlag in den erheblich unterschiedlichen räumlichen Anordnungen (Topologien) der parallel arbeitenden Prozessoren, der Art und Weise, wie ein notwendiger Informationsaustausch zwischen den einzelnen Prozessoren erfolgen soll (Kommunikation) und der Strukturierung (d.h. Anordnung) des Speichers. Es lassen sich aber trotzdem Aussagen treffen, die für alle verschiedenen Topologien und Speicheranordnungen gelten.

MIMD-Systeme bestehen aus einigen wenigen bis hin zu mehreren tausenden von Prozessoren. Jeder Prozessor kann hierbei als ein eigenständiger Rechner angesehen werden, d.h. ein MIMD-System ist so konzipiert, daß jeder Prozessor unabhängig von den anderen ein eigenes Programm ausführen kann. Man möchte aber im allgemeinen nicht für jeden Prozessor ein eigenes Programm schreiben (man denke hier nur an Rechner mit 1024 oder mehr Prozessoren). Auch sollten möglichst viele Prozessoren am gleichen Problem arbeiten. Eines der angestrebten Ziele ist es ja, in möglichst kurzer Zeit eine einzige Aufgabe zu lösen. So arbeiten diese Systeme im sogenannten SPMD-Modus (single program, multiple data Modus). Dies bedeutet, daß auf allen verfügbaren Prozessoren gleichzeitig der identische Objektcode abläuft, allerdings mit unterschiedlichen Daten. Das im letzten Abschnitt angesprochene Problem der Datenabhängigkeit (z.B. „if-then-else-Problem") existiert also für MIMD-Rechner nicht, da jeder Prozessor unabhängig entscheidet, welcher Zweig der Abfrage (der „then-" oder der „else-"Zweig) bearbeitet werden soll. Dafür entstehen allerdings andere Probleme. Hierauf kommen wir später zu sprechen. Aus dem oben angeführten ist ersichtlich, daß eine Steigerung der Rechenleistung durch eine Erhöhung der Prozessorzahl erreichbar ist.

Erhöht man nun aber die Prozessorzahl von einigen wenigen hin zu einigen hunderten oder sogar tausenden, so stellt sich die Frage der Anordnung dieser Prozessoren. Dies ist deshalb wichtig, da ein Informationsaustausch zwischen den einzelnen Prozessoren möglichst schnell erfolgen sollte, um eine möglichst hohe Rechenleistung des parallelen Systems zu erhalten. Eine Kommunikation kann über sogenannte statische oder dynamische Verbindungsnetzwerke (Topologien) erfolgen. Im weiteren konzentrieren wir uns auf statische Verbindungsnetzwerke. Hierbei ist die Verbindungsstruktur festgelegt und erfolgt in Form von sogenannten Punkt-zu-Punkt-Verbindungen. Die effizienteste Lösung (bzgl. des Kommunikationsaustausches) wäre daher eine vollständige bidirektionale Verbindung zwischen allen Prozessoren (siehe Abbildung 1.3). Der hierdurch entstehende Aufwand bei P Prozessoren wäre allerdings von der Ordnung $O(P^2)$. Dies zu realisieren ist in der Praxis oftmals finanziell zu kostspielig und technisch zu aufwendig. Daher entwickelten die einzelnen Rechnerhersteller kostengünstigere und leichter zu realisierende Alternativen.

Einige wichtige Anordnungen wollen wir hier kurz erwähnen. Im folgenden kommen wir auf diese Anordnungen (Topologien) der Netzwerke nochmals zurück und geben dann Beispiele an. Vorerst wollen wir uns allerdings darauf beschränken sie einzuführen. Die Topologie der einzelnen Prozessoren kann in Form:

- eines Ringes,

- eines Sternes,

- eines Baumes (meist Binärbaum),

- eines Gitters (ein- und mehrdimensional),

- einer vollständigen Vernetzung,

- eines Hyperwürfels (engl. hypercubes) und

- eines Toruses (meist zwei- und dreidimensional)

erfolgen (siehe Abbildung 1.3). Es existieren aber auch Ansätze mit komplexeren Anordnungen. Im weiteren geben wir hierzu Beispiele an.

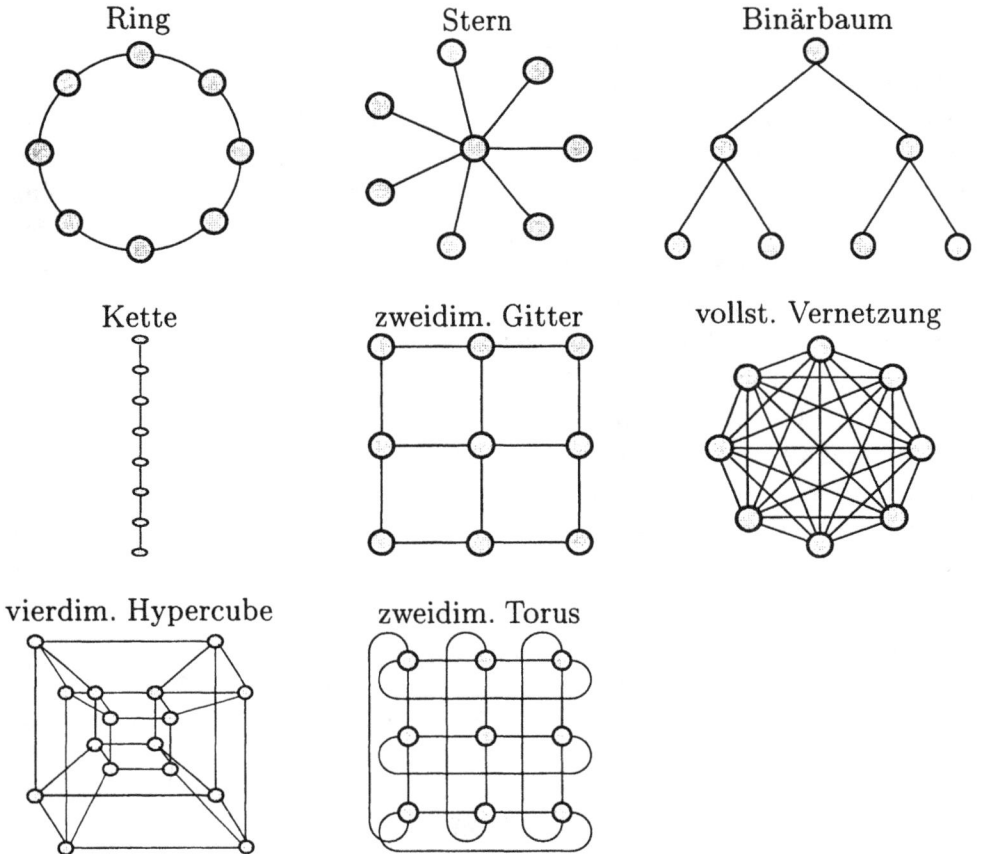

Abbildung 1.3: *Graphische Darstellung verschiedener Anordnungen (Topologien) für mehrere Prozessoren.*

Aus den unterschiedlichen Topologien ergeben sich unterschiedlich lange Kommunikationswege (kurz Pfade genannt) zwischen den einzelnen Prozessoren und auch eine verschiedene Anzahl an erforderlichen Verbindungen (engl. links) pro Prozessor.

In Tabelle 1.1 erfolgt eine Gegenüberstellung der verschiedenen Anordnungen anhand mehrerer Eigenschaften. Die Anzahl der gesamten Verbindungen hat einen gravierenden Einfluß auf die Komplexität der Entwicklung eines MIMD-Rechners. Je höher die Zahl der Verbindungen ist, desto aufwendiger ist die Hardwareentwicklung. Inwieweit ei-

Anordnung	Gesamtanzahl Verbindungen	max. Pfadlänge	max. Anzahl Anschlüsse je Prozessor
Ring	P	$P/2$	2
Binärbaum	$P-1$	$log_2(P)$	3
eindim. Gitter	$P-1$	$P-1$	2
zweidim. Gitter (Quadrat)	$2 \cdot P - 2\sqrt{P}$	$2(\sqrt{P}-1)$	4
dreidim. Gitter (Würfel)	$P^{2/3} \cdot (P^{1/3}-1)3$	$3(\sqrt{P}-1)$	6
vollständige Vernetzung	$P \cdot (P-1)/2$	1	$P-1$
Hypercube	$\frac{1}{2} \cdot P \cdot log_2(P)$	$log_2(P)$	$log_2(P)$
zweidim. Torus (quadratisch)	$2 \cdot P$	$\frac{1}{2}\lfloor P/2 \rfloor$	4
dreidim. Torus (würfelartig, ab $P=9$)	$P^{1/3}(4+P^{1/3})+$ Würfel	$\frac{1}{3}\lfloor P/2 \rfloor$	6

Tabelle 1.1: *Eigenschaften verschiedener Anordnungen für P Prozessoren. Bei dem Symbol $\lfloor \cdot \rfloor$ handelt es sich um eine Abrundung.*

ne effiziente Implementierung eines parallel ablaufenden Algorithmus möglich ist hängt von der maximalen Anzahl der Anschlüsse pro Prozessor (engl. connectivity) ab. Der Aufwand für die Kommunikation wird stark durch die maximale Pfadlänge (engl. maximal path) beeinflußt.

Aus Tabelle 1.1 ist deutlich ersichtlich, daß hypercubeartige Topologien eine sehr kurze maximale Pfadlänge besitzen. Lange Zeit galten sie daher als besonders attraktive Anordnung. Gitterstrukturen sind in Hinblick auf die Gesamtanzahl an Verbindungen interessant. Allerdings ist Tabelle 1.1 zu entnehmen, daß ebenso wie bei einer Ringstruktur die max. Pfadlänge schnell mit der Anzahl der Prozessoren ansteigt. Bei einer Erhöhung der Prozessorzahl steigt damit der Kommunikationsaufwand sehr stark an. Eine vollständige Vernetzung ist natürlich bezüglich der maximalen Pfadlänge die beste Topologie.

Eine Binärbaumanordnung und eine Hypercubeanordnung sind bzgl. der maximalen Pfadlänge annähernd gleich günstig. Baumartige Topologien eignen sich besonders gut für sogenannte „divide-et-impera-Algorithmen" (engl. divide-and-conquer-algorithms). Eine Vielzahl von Methoden läßt sich mit diesem Ansatz parallelisieren. Beispiele sind unter anderem Substrukturierungstechniken (hierbei erfolgt die Zerlegung eines Problems rekursiv in viele kleine Einzelprobleme, siehe z.B. [GK91, HHSZ94, SBG96]). Gittertopologien eignen sich gut für das Lösen von entsprechend dimensionalen linearen Gleichungssystemen. So ist etwa eine zweidimensionale Gittertopologie für ein zweidimensionales Gleichungssystem adäquat.

Neuere Parallelrechner, wie die Intel Paragon oder die Cray T3D, verwenden zusätzlich sogenannte wormhole-routing-Algorithmen (siehe [CT96, SF89]), um den Kommunikationsaufwand und hier speziell den Einfluß der Pfadlänge zu senken. Eine Kommunikation erfolgt bei diesem Ansatz pipeline-artig zwischen den einzelnen Prozessoren. Der Vorteil für den Anwender besteht in der größeren Unabhängigkeit der Algorithmen von der jeweiligen Topologie. Natürlich läßt sich der Einfluß der Kommunikation bzw. der Prozessoranordnung nicht vollständig beseitigen.

Die bisher angesprochenen Eigenschaften gelten allgemein für alle MIMD-Rechner. Nun wollen wir Unterscheidungen zwischen den einzelnen Ansätzen diskutieren. Hierbei berücksichtigen wir vor allem Architektureigenschaften, die Auswirkungen für das parallele Rechnen haben (also z.B. auf die Entwicklung spezifischer Methoden und Algorithmen). All die im weiteren Verlauf diskutierten verschiedenen Ansätze haben ein gemeinsames Ziel: die Parallelisierungseigenschaften (was damit genau gemeint ist wird im Verlauf dieses Abschnittes hoffentlich klar) eines Rechners zu erhöhen und damit die Rechenleistung zu steigern.[3]

---

[3]Ein weiterer, hier allerdings nicht näher betrachteter Aspekt paralleler Rechnerarchitekturen ist die Steigerung der Ausfallsicherheit eines Systems.

Zur weiteren Unterscheidung dient uns zuerst die Speicherorganisation. Damit ergeben sich MIMD-Rechner mit verteiltem Speicher (engl. distribute address space machines, auch als message passing machines bezeichnet) und Rechner mit gemeinsamen Speicher (engl. global address space machines, auch als shared memory machines bezeichnet). Aus der Speicherorganisation resultieren Konsequenzen für die Art der Kommunikation. Hierzu später im Detail mehr.

1.1.3.1 MIMD-Rechner mit verteiltem Speicher

Bei diesem Ansatz verfügt jeder Prozessor über einen eigenen, ausschließlich ihm zugeordneten Speicher (lokaler Speicher) inkl. assoziiertem Speicher (z.B. in Form von Hintergrundspeicher). Dies ist schematisch in Abbildung 1.4 dargestellt. Die Kommunikation mit anderen Prozessoren erfolgt über einen Nachrichtenaustausch (daher auch die Namensgebung message passing). Eine Kommunikation ist im allge-

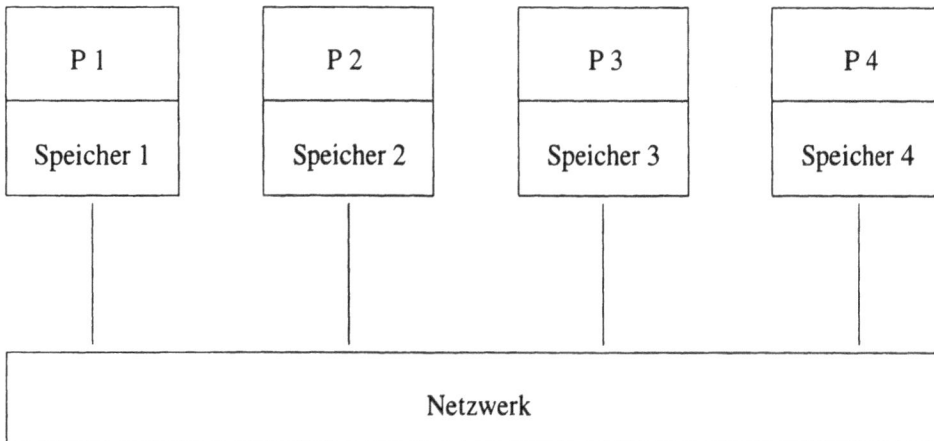

Abbildung 1.4: *Schematische Darstellung eines MIMD-Rechners mit verteiltem Speicher (hier für vier Prozessoren P1,...,P4).*

meinen bei parallel ablaufenden Programmen erforderlich. In Tabelle 1.2 sind einige Topologien und konkrete Realisierungen von ihnen angegeben.

Es ist hierbei anzumerken, daß sich bei der Vernetzung von Workstations mit mehreren Ethernetkarten sowohl baumartige als auch hy-

Anordnung	Realisierung
Ring	IBM-Tokenring für Workstationnetze
Baum	CM-5
eindim. Gitter	Workstationnetz auf Basis eines Ethernetzes, FDDI (fiber distributed data interface) oder ATM (asynchronous transfer modus)
zweidim. Gitter	Intel Paragon XP/S
dreidim. Gitter	Parsytec GC
Hypercube	Intel iPSC/860, nCUBE-2

Tabelle 1.2: *Kommerzielle Parallelrechner mit verteiltem Speicher für gebräuchliche Anordnungen.*

percubeartige Topologien bilden lassen. Detailliert gehen wir auf diesen Aspekt in Kapitel 5 ein.

Bei der Einführung der einzelnen Topologien wurde schon angemerkt, daß natürlich auch komplexere Verbindungsnetze möglich sind. Die IBM SP2 ist ein Beispiel hierfür. Hier wurde eine Netzstruktur benützt. Jeweils 16 RISC-Chips sind über ein sogenanntes Koppelnetzwerk (high performance switch) miteinander verbunden. Größere Systeme mit mehr als 16 Prozessoren entstehen durch das Verbinden von mehreren Koppelnetzwerken. Für Details, siehe z.B. [Her96].

Ein Problem bei MIMD-Rechnern mit verteiltem Speicher ist der Verbindungsaufbau mit anschließender Kommunikation zwischen verschiedenen Prozessoren. Beides ist sehr zeitaufwendig. Abhilfe kann geschaffen werden, indem jedem Prozessor ein eigener Kommunikationsprozessor zugeordnet wird (wie bei der Intel Paragon XP/S). Deshalb kommt der in einem Multiprozessorsystem verwendeten Topologie große Bedeutung zu. Auf weitere Probleme kommen wir im nächsten Abschnitt zu sprechen.

1.1.3.2 MIMD-Rechner mit gemeinsamen Speicher

Bei diesem Ansatz greifen alle Prozessoren eines Multiprozessorsystems auf einen gemeinsamen Speicher zu (globaler Speicher), siehe Abbildung 1.5. Eine Kommunikation erfolgt über diesen gemeinsamen Speicher.

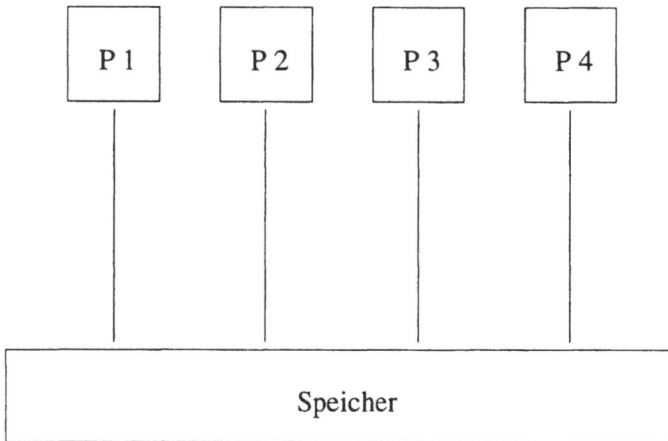

Abbildung 1.5: *Schematische Darstellung eines MIMD-Rechners mit gemeinsamen Speicher (hier für vier Prozessoren P1,...,P4).*

Beispiele dieses Ansatzes sind die Alliant/FX2800 oder Vektorrechner (wie die NEC SX/4, die Cray Y-MP, die Cray-2 und die Cray T-90[4]). Die Organisation eines gemeinsamen Speichers bei mehreren hunderten bzw. tausenden von Prozessoren gestaltet sich als äußerst schwierig und aufwendig. Eine Erhöhung der Prozessorzahl sollte bei gleichbleibender Problemgröße zu einer entsprechenden Reduzierung der Laufzeit einer Anwendung führen. Dies ist bei den momentan vorhandenen Multiprozessorsystemen mit gemeinsamen Speicher nur bis hin zu einigen wenigen Prozessoren möglich, da die Kommunikation über den gemeinsamen Speicher erfolgt. Hierbei tritt nun die Situation auf, daß oftmals

---

[4]Derartige Rechner bezeichnet man auch als Multiprozessor-Vektorsysteme, da hier eine Leistungssteigerung sowohl durch Vektorverarbeitung als auch durch den Einsatz mehrerer Prozessoren erfolgt. Jeder einzelne Prozessor nützt das Pipelining-Prinzip aus, d.h. jeder einzelne Prozessor kann hierbei als SIMD-Rechner angesehen werden. Da mehrere Prozessoren vorhanden sind, ist der ganze Parallelrechner aber vom MIMD-Typ.

mehrere Prozessoren auf den gleichen Speicherbereich (z.B. gleiche Variable) zugreifen wollen. Dies erfordert bei einem schreibenden Zugriff eine Synchronisierung der Prozessoren, was Verzögerungen in der Programmabarbeitung zur Folge hat. Wartezeiten der einzelnen Prozessoren erhöhen sich damit bei einer Erhöhung der Prozessorzahl.

Ein weiteres Problem stellt die Übertragungsrate zwischen Arbeitsspeicher und Register der einzelnen Prozessoren dar. Bei Einprozessormaschinen läßt sich dieses Problem (es wird auch „von-Neumann Flaschenhals" genannt) durch eine ausgeklügelte Speicherhierarchie (Register, mehrstufiger Cache und Arbeitsspeicher) gut in den Griff bekommen. Bei Einsatz mehrerer Prozessoren vervielfacht sich das Problem. Es handelt sich hierbei also nicht um eine mangelnde Synchronisierung. Das Problem tritt auf, falls mehrere Prozessoren versuchen synchron Daten aus unterschiedlichen oder gleichen Speicherbereichen in Register zu laden. Wird der Arbeitsspeicher in mehrere sogenannte Speicherbänke unterteilt, ist das Problem zumindest zum Teil zu entschärfen. Limitierender Faktor ist damit die Übertragungsgeschwindigkeit des Bussystems. Daher findet dieser Parallelrechneransatz hauptsächlich bei MIMD-Rechnern mit kleinen Prozessorzahlen (wie den schon angesprochenen Multiprozessor-Vektorrechner) Anwendung. Eine weiterführende Diskussion findet sich unter anderem in [GO93].

Vorteile bietet dieser Ansatz allerdings in der Programmierung. Konzepte für eine automatische Parallelisierung erfolgten zuerst auf MIMD-Rechnern mit gemeinsamen Speicher. Auch läßt sich die Kommunikation bei kleiner Prozessorzahl mit diesem Ansatz programmiertechnisch sehr einfach realisieren. Auf spezielle Topologien wollen wir hier nicht näher eingehen. Hierfür sei auf die Literatur (z.B. [Ste96]) verwiesen. In [LW95] finden sich weitere detaillierte Beschreibungen. Aus der Schwierigkeit, MIMD-Rechner mit gemeinsamen Speicher für große Prozessorzahlen zu entwickeln entstand ein weiterer Ansatz.

1.1.3.3 MIMD-Rechner mit virtuell gemeinsamen Speicher

Hierbei wird der Versuch unternommen, die Vorteile beider bisher diskutierter MIMD-Ansätze zu vereinigen. Der Arbeitsspeicher ist physikalisch auf die einzelnen Prozessoren verteilt. Das Betriebssystem verwaltet diesen Speicher allerdings als gemeinsam organisierten. Daraus ergibt sich die Namensgebung für diesen Ansatz zu MIMD-Rechnern mit virtuell gemeinsamen Speicher. Vertreter sind die auf einer ring-artigen Topologie aufgebauten Parallelrechner KSR-1 bzw. KSR-2 der Firma Kendall Square. Weitere sind die SPP 1000 von Convex und die Parallelrechner der Firma Cray Research (T3D und T3E). Die einzelnen Prozessoren sind bei der T3D und T3E in Form eines dreidimensionalen Toruses miteinander verbunden.

Die unterschiedlichen Ansätze und Topologien sind nochmals in Ab-bildung 1.6 zusammengefaßt. Damit soll dem Leser ein etwas kompak-terer Überblick über die verschiedenen MIMD-Ansätze gegeben werden.

Eine vertiefende Diskussion, speziell der Vor- und Nachteile ein-zelner Topologien und weitere Anordnungen von Prozessoren, ist z.B. [BH83, BW96, GO93, HB85, Her93, Sto90] zu entnehmen. Hierbei wird vielfach auch dezidiert auf Vektorrechner eingegangen. Detail-lierte Beschreibungen einzelner Parallelrechner finden sich z.B. in [Her96, Hwa93, Meu93].

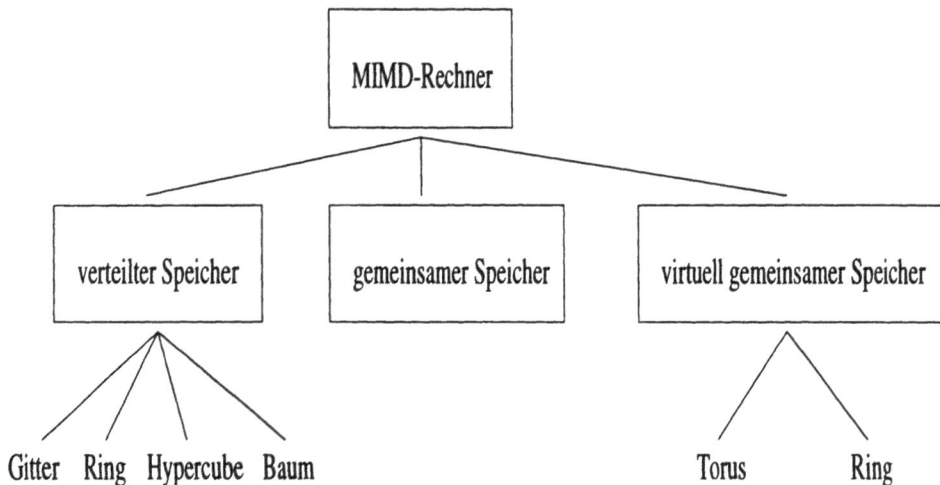

Abbildung 1.6: *Ansätze und einige Topologien für MIMD-Rechner.*

Aus den vorgestellten verschiedenen Ansätzen für Parallelrechner lassen sich somit zwei unterschiedliche Arten der parallelen Arbeitsweise ableiten:

- Nebenläufigkeit und
- Pipelining.

Nebenläufigkeit wird hauptsächlich bei MIMD-Rechnern ausgenützt, während Pipelining bevorzugt bei Vektorrechnern genutzt wird. Beide Arten können natürlich auch kombiniert eingesetzt werden, was besonders bei den Multiprozessor-Vektorrechnern der Fall ist.

1.2 Leistungsbewertungskriterien

Im letzten Abschnitt führten wir eine Klassifizierung für Rechnerarchitekturen ein. Hierbei berücksichtigten wir ausschließlich Hardwarekomponenten. Eine umfassende Klassifikation ist hiermit allerdings nicht möglich.

Die Leistungsfähigkeit eines Parallelrechners hängt zum einen von den verwendeten Hardwarekomponenten und zum anderen von der verwendeten Software ab. Erst beides zusammen ergibt, wie schon erwähnt, ein paralleles System. Dies bedeutet, daß ein paralleles System bei verschiedenen Applikationen unterschiedliches Leistungsverhalten zeigen kann. Es ist daher notwendig, die einzelnen Einflußgrößen (Parameter) möglichst getrennt voneinander zu untersuchen. In Abbildung 1.7 sind die einzelnen Parameter aufgezeigt. Dies sind neben der Rechnerarchitektur die verwendeten Algorithmen (Methoden) und deren Implementierung (Programmiermodell, verwendete Sprache, Optimierungen usw.). Wir konzentrieren uns daher zuerst auf die Leistungsbewertung der Hardwarekomponenten (d.h. Leistungsbewertung von Rechnerarchitekturen) und gehen im Anschluß daran auf die Software (d.h. Algorithmen und deren Implementierung) ein. Im Mittelpunkt unseres Interesses stehen dabei parallel ablaufende Algorithmen (kurz als parallele Algorithmen bezeichnet). Natürlich besitzen auch Compiler und deren Optimierungsfähigkeiten einen gravierenden Einfluß.

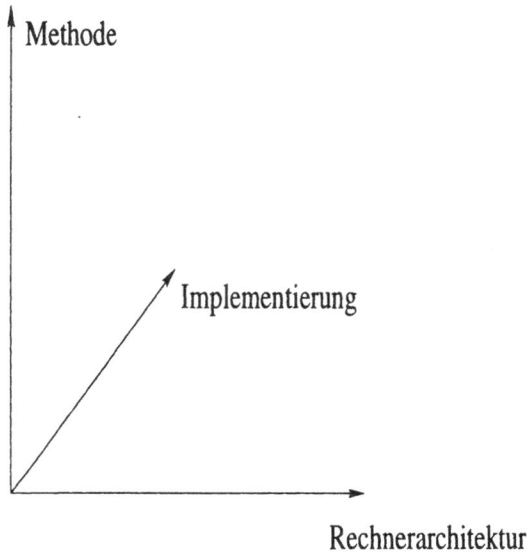

Abbildung 1.7: *Schematische Darstellung des Einflusses verschiedener Parameter auf die Leistungsfähigkeit eines parallelen Systems.*

Zuerst stellt sich die Frage des Leistungsvergleiches bzw. der Leistungsbewertung zwischen den doch teilweise sehr unterschiedlichen Hardwareansätzen. Auch sollte es möglich sein, gleiche Ansätze von Rechnerarchitekturen verschiedener Hersteller bzgl. ihrer Leistungsfähigkeit miteinander vergleichen zu können. Dies ist natürlich bei der Anschaffung derartiger Supercomputer, die Kosten in Höhe von mehreren Millionen DM verursachen, von besonderem Interesse.

Eine möglichst frühzeitige Leistungsbewertung ist in Hinblick auf einen Qualitätsnachweis wichtig (vor allem gegenüber Kunden und Management). Die Aufgabe der Leistungsbewertung sollte die Untersuchung, Bewertung und Optimierung von numerischen Implementierungen sein (wir wollen uns hier ja ausschließlich auf numerische Problemstellungen konzentrieren). Da sich eine nachträgliche Optimierung von Anwendungsprogrammen oftmals recht schwierig gestaltet, ist ein frühzeitiges Bewerten der einzelnen Komponenten (d.h. verwendete Hardware, numerische Methode, Implementierungsdetails wie Programmiersprache) dringend notwendig (siehe hierzu auch die Diskussion in [GJMW93, HK96, HP94]).

1.2.1 Kriterien für Rechnerarchitekturen

Die wohl populärsten Leistungsmaße für die Beurteilung der Rechenleistung eines Rechners (unabhängig, ob Parallel-, Vektorrechner oder RISC-Workstation) sind Mips (Million instructions per second) und Mflops (Million floating point operations per second). Mips bezeichnet hierbei die pro Sekunde von einem Rechner verarbeitbare Anzahl an Instruktionen. Die maximale Mips-Rate ($Mips_{peak}$) ergibt sich in Abhängigkeit der Taktfrequenz t_c und der Anzahl n_m an erforderlichen Taktzyklen pro Befehl zu

$$Mips_{peak} := \frac{t_c}{n_m \cdot 10^6}.$$ (1.1)

Sie verhält sich also proportional zur Taktfrequenz und umgekehrt proportional zur notwendigen Anzahl an Taktzyklen pro Befehl. Ein Rechner mit einer Taktfrequenz von $t_c = 150$ MHz und 10 Taktzyklen pro Befehl hätte somit eine maximale Leistung von 15 Mips.

In diesem Buch wollen wir auf das numerische Lösen linearer Gleichungssysteme näher eingehen. Daher ist die maximale Anzahl von Gleitpunktoperationen sicherlich ein weiteres interessantes Leistungsmaß. Die maximale Mflops-Rate ($Mflops_{peak}$) ergibt sich damit (analog zu Definition (1.1)) für eine notwendige Anzahl an Taktzyklen n_f pro Gleitpunktoperation zu

$$Mflops_{peak} := \frac{t_c}{n_f \cdot 10^6}.$$ (1.2)

Beide Maße finden in [HP94] eine ausführliche Betrachtung. Die Definitionen können natürlich auch auf ein ausführbares Programm angewendet werden. Damit ergeben sich die Mips-Rate bzw. die Mflop-Rate eines Rechners für eine spezielle Anwendung zu

$$Mips := \frac{\text{Anzahl Instruktionen in einem Programm}}{\text{Ausführungszeit} \cdot 10^6}$$ (1.3)

bzw.

$$Mflops := \frac{\text{Anzahl Gleitpunktoperationen in einem Programm}}{\text{Ausführungszeit} \cdot 10^6}.$$ (1.4)

Es genügt allerdings nicht, die Anzahl an Instruktionen bzw. Gleitpunkttoperationen im Programmtext zu zählen, da optimierende Compiler Modifikationen vornehmen können. Dadurch ist es möglich, daß sich die Anzahl der Instruktionen bzw. Gleitpunktoperationen verändert. Spezielle Monitoringsysteme (wie z.B. der Hardware-Performance-Monitor auf Cray-Systemen) geben dem Anwender allerdings Hilfestellung.

Sowohl die Mips- als auch die Mflops-Rate sind einfache Leistungsmaße, besitzen aber gravierende Nachteile. Mit ihnen kann nur sehr ungenau die Leistungsfähigkeit eines Parallelrechners bestimmt werden. In beide Maße gehen

- die Parallelität der Hardware (z.B. Prozessorzahl),
- die Systemsoftware (z.B. Betriebssystem, Compiler),
- Lastparameter (z.B. Vektorlänge bei Pipelining),
- der maximale Speicherausbau pro Prozessor und
- eventuell vorhandene Speicherhierarchien

nicht ein. Diese sind aber wichtige Kenngrößen für die Leistungsfähigkeit eines Parallelrechners. Die Berücksichtigung all dieser Größen erfordert daher komplexere Leistungsmaße. Eine Alternative zur Beurteilung der Leistungsfähigkeit stellen Benchmarks dar. Sie können eingeteilt werden in:

- synthetische Benchmarks und
- CPU-Benchmarks.

Bei letzteren handelt es sich um reale Programme in einer höheren Programmiersprache (wie C oder Fortran). Stehen numerische Applikationen im Zentrum des Interesses, so finden im allgemeinen CPU-Benchmarks Anwendung. Einige klassische Vertreter hiervon sind unter anderem:

- Whetstone,
- LINPACK,
- NASA-Benchmark,

- Lawrence Livermore Loops,

- NAS (Numerical Aerodynamic Simulation),

- SPEC (System Performance Evaluation Cooperation),

- Perfect und

- EuroBen-Benchmark.

Hierbei handelt es sich aber ausnahmslos um Benchmarks für die sequentielle Abarbeitung (d.h. für einzelne Prozessoren). Eine Beschreibung der einzelnen Benchmarks findet sich in [BCL91, Hoc91, Wei88, Wei91]. In letzter Zeit ist allerdings festzustellen, daß einzelne Hersteller die Chip-Entwicklung auf spezielle populäre Benchmarks hin optimieren. Auch existiert kein von allen Herstellern gleichermaßen anerkannter Benchmark für Parallelrechner. Trotzdem ist es natürlich unbedingt erforderlich, auch für Parallelrechner über aussagekräftige Benchmarks zu verfügen. Beispiele hierfür sind:

- Genesis,

- parallele Version des LINPACK,

- NAS parallel Benchmark und

- PAR-Benchmark.

Siehe hierzu auch [Hey91, NL91].

In Tabelle 1.3 sind für einige Rechner (Parallel-, Vektorrechner und Workstations) wichtige Leistungsmaße angegeben. Die maximale Rechenleistung $Mflops_{peak}$ ergibt sich hierbei in Tabelle 1.3 nach Definition (1.2) multipliziert mit der Anzahl Prozessoren. Der Wert P_{max} gibt die maximale Anzahl Prozessoren an. In der letzten Spalte ist die maximale LINPACK Performance in Mflops angegeben. Hierbei können die Hersteller zum Lösen eines linearen Gleichungssystems eigene Lösungsansätze verwenden. Falls dieser LINPACK-Wert für die maximale Ausbaustufe an Prozessoren nicht vorhanden war, wurde in Klammern die erzielte Leistung für die größte installierte Konfiguration angegeben. Die letzte Spalte ist teilweise der „TOP500-Liste" entnommen, in der halbjährlich die leistungsstärksten Rechner aufgeführt werden (siehe [DMS95]). Die Einträge in Tabelle 1.3 sind lexikographisch angeordnet.

Der Numerical Wind Tunnel von Fujitsu war bis Mitte 1996 der leistungsstärkste Supercomputer. Er wurde durch den Hitachi Parallelrechner SR 2201/1024 mit 1024 Prozessoren abgelöst. Seit September 1996 steht ein System mit 2048 Prozessoren zur Verfügung.

Deutlich ist in Tabelle 1.3 die hohe Prozessorleistung der Vektorrechner zu erkennen, die um ein vielfaches höher liegt als bei den MPP-Rechnern[5] (z.B. SP2, T3D usw.). In den letzten Jahren ist aber ein ständiger Anstieg der Leistung pro Prozessor für die MIMD-Systeme mit verteiltem Speicher zu erkennen. Hierbei erfolgte der Trend, weg von der Entwicklung spezieller Prozessoren für parallele Systeme (z.B. nCUBE, KSR) und hin zu Standardprozessoren (engl. off-the-shelf-products), wie z.B. bei IBM, Intel und Cray. Damit lassen sich hohe Entwicklungszeiten und Kosten erheblich reduzieren. Auch sind schon Compiler, zumindest für die sequentielle Abarbeitung, vorhanden. Vergleicht man in Tabelle 1.3 etwas ältere Systeme, wie den nCUBE-2, mit neueren, wie z.B. der Cray T3E, so ist eine Leistungssteigerung pro Prozessor um etwa den Faktor 150 festzustellen. Es läßt sich ferner erkennen, daß sich die neueren Multiprozessorsysteme bzgl. der einzelnen Prozessorarchitekturen nur wenig voneinander unterscheiden. Es werden häufig Standardprozessoren genutzt. Worin sie sich allerdings erheblich unterscheiden, ist die Topologie und die Speicherorganisation. Eine vertiefende Diskussion findet sich z.B. in [McB94].

In den letzten Jahren ist festzustellen, daß sogenannte Multiprozessor-Vektorsysteme und SIMD-Rechner an Bedeutung verlieren. Hingegen haben MPP-Systeme sowohl bzgl. der Anzahl an Installationen als auch an Rechenleistung erheblich zugenommen. Ferner ist ein starker Trend hin zum sogenannten „Clustering" festzustellen. Hierbei werden Workstations mittels Hochgeschwindigkeitsverbindungen (z.B. ATM[6] oder FDDI[7]) zu einem großen Parallelrechner verbunden. Detaillierte Informationen über Hochleistungsrechner sind der halbjährlich aktualisierten „TOP500-Liste" zu entnehmen, siehe auch [DMS95].

---

[5]MPP ist die Abkürzung für massiv parallele Prozessoren.
[6]asynchronous transfer modus
[7]fiber distributed data interface

Hersteller/ Produktname	P_{max}	$Mflops_{peak}$	LINPACK in Mflops
Alliant/FX2800	28	1120	-
CM-5	1056	135100	59700
Cray-1S	1	160	-
Cray-2	4	1952	1088
Cray Y-MP8/864	8	2664	2144
Cray T-932	32	58000	29360
Cray T3D	2048	307200	-
	(1024)	(152000)	(100500)
Cray T3E	2048	1228800	-
Fujitsu VPP500/42	42	67200	54500
Hitachi SR2201/2048	2048	616000	368200
HP 9000/735	1	198	97
IBM 9076 SP1	64	8000	4800
IBM 9076 SP2	512	136000	88400
Intel iPSC/860	128	7680	2560
Intel Paragon XP/S	4096	307200	-
	(3680)	(184000)	(143400)
KSR-1	1088	43520	28288
KSR-2	>5000	80	60
MasPar-2	16384	3277	1638
nCUBE-2	8192	32768	32768
NEC SX/4	32	64000	64000
Numerical Wind Tunnel	140	238000	170380

Tabelle 1.3: *Vergleich verschiedenster Rechner bzgl. mehrerer Lei-stungsmaße.*

1.2.2 Kriterien für parallele Systeme

Es wurde schon im letzten Abschnitt erwähnt, daß ein paralleles System aus der parallelen Rechnerarchitektur und zugehöriger Software besteht. Bei der Software beschränken wir uns auf die parallel ablaufenden Algorithmen. Im Zentrum des Interesses stehen, wie schon mehrfach erwähnt, numerische Anwendungen. Nun diskutieren wir Leistungsmaße für derartige Algorithmen, aber auch für parallele Systeme. Oftmals kann zwischen beiden nur schwer eine Trennung bzgl. der Leistungsbewertung vorgenommen werden. Eine gemeinsame Betrachtung erscheint daher als zweckmäßig und unumgänglich.

Die Effizienz eines parallelen numerischen Algorithmus läßt sich beurteilen anhand

- des notwendigen Speicheraufwandes und

- der erforderlichen Rechenzeit (auch Lösungsaufwand genannt),

um ein gegebenes Problem mit einer gewünschten Genauigkeit zu lösen. Für beide ist es möglich, Komplexitätsabschätzungen (d.h. Aufwandsabschätzungen) anzugeben. Demzufolge läßt sich die Effizienz einer parallelen numerischen Methode bzw. deren Implementierung in Form eines parallelen numerischen Algorithmus durch die Speicher- und die Berechnungskomplexität abschätzen.

Die Rechenzeit wiederum ist durch eine

- effiziente numerische Lösungsmethode und

- effiziente Implementierung bzgl. Nebenläufigkeit und Pipelining auf einer leistungsstarken Hardware

reduzierbar. Die Effizienz verschiedener numerischer Methoden diskutieren wir in Kapitel 3. In den letzten Punkt gehen die Parallelisierungseigenschaften der numerischen Methode und der Parallelisierungsansatz ein. Zuerst konzentrieren wir uns auf die effiziente Parallelisierung einer Methode (d.h. auf Punkt zwei in obiger Aufzählung).

Wie schon erwähnt, existieren zwei verschiedene Möglichkeiten der Parallelisierung (Nebenläufigkeit und Pipelining). Es sei angemerkt, daß wir uns hauptsächlich auf die Nebenläufigkeit konzentrieren wollen. Daher verwenden wir als Synonym für Nebenläufigkeit den Begriff Parallelität.

All diese oben aufgeführten Punkte (effizienter Algorithmus und Implementierung) müssen bei der Leistungsbewertung eines parallelen numerischen Algorithmus Berücksichtigung finden.

Zum weiteren Verständnis machen wir zuerst einen kurzen Exkurs über die prinzipielle Vorgehensweise bei einer Parallelisierung. Er ist unabhängig davon, ob eine vollkommene Neuentwicklung, oder aber eine Modifizierung eines schon bestehenden sequentiellen Algorithmus vorzunehmen ist. Auf die nun anzusprechenden Schritte (auch Phasen genannt) kommen wir im vorletzten Kapitel nochmals zu sprechen. Einige wichtige Schritte hin zur Entwicklung eines parallelen Algorithmus sind:

- Codierung,

- Zerlegung und

- Abbildung (engl. mapping)

(siehe hierzu auch [Bod96b]). Hierin finden sich auch weitere, detailliertere Erläuterungen zu den einzelnen Phasen.

Zuerst sollen die einzelnen Schritte nur kurz angesprochen werden. Im weiteren Verlauf gehen wir hierauf genauer ein. Dem Leser soll vorerst die prinzipielle Vorgehensweise verdeutlicht werden.

Bei der Codierung erfolgt die programmiertechnische Umsetzung eines Lösungsansatzes in eine höhere Programmiersprache wie z.B. C oder Fortran. Hierbei können auch explizite Kommunikationsanweisungen im Code enthalten sein.

Ziel der Zerlegung ist eine möglichst gleichmäßige Zerteilung des Gesamtproblems in einzelne Teile. Eine Optimierung der Zerlegung kann bzgl. des Speicheraufwandes oder/und der geschätzten Rechenzeit erfolgen. Die einzelnen Teilprobleme sind im Anschluß daran auf die verschiedenen Prozessoren zu verteilen (abzubilden). Es ist darauf zu achten, daß bei einer notwendigen Kommunikation diese möglichst nur zwischen unmittelbaren Nachbarprozessoren erfolgt. Auf Details gehen wir gleich näher ein.

Wie gut sich eine numerische Methode parallelisieren läßt, kann durch verschiedene Kriterien beurteilt werden. Diese Kriterien wollen wir nun diskutieren.

1.2.2.1 Amdahl's Gesetz

Bei der Analyse paralleler Algorithmen ist festzustellen, daß sich diese oftmals nicht vollständig parallelisieren lassen. Bezeichnet nun f den parallelisierbaren Anteil eines Algorithmus (mit $0 \leq f \leq 1$, d.h. für $f = 1$ wäre der Algorithmus vollständig und für $f = 0$ überhaupt nicht parallelisierbar), so ist bei Einsatz von P Prozessoren eines Parallelrechners eine maximale Geschwindigkeitssteigerung des parallelisierbaren Teils um den Faktor P gegenüber der Verwendung eines Prozessors zu erwarten. Die Bestimmung des Faktors f kann sich speziell bei komplexen Algorithmen als schwierig erweisen. Werkzeugumgebungen, wie sie in Kapitel 6 beschrieben werden, geben hierbei Hilfestellung. Diese Einschätzung eines nicht vollständig parallelisierbaren Algorithmus ist eng verknüpft mit der Definition des Speedup, wie wir gleich sehen werden.

Amdahl's Gesetz ist natürlich nicht nur auf nebenläufige Programme beschränkt. Es ist auch auf die Vektorverarbeitung anwendbar. Eine ausführliche Diskussion hierfür findet sich z.B. in [DDSvdV91].

1.2.2.2 Laufzeitbestimmung

Bevor wir eine genaue Definition für den Speedup angeben können, müssen wir zuerst auf die Laufzeitbestimmung eines parallelen Algorithmus eingehen. Die Laufzeit je Prozessor (Knoten) i (mit $i = 1, ..., P$ und P der maximalen Anzahl zur Parallelisierung verwendeter Prozessoren eines Parallelrechners) setzt sich zusammen aus der Rechenzeit (T_{comp}^i), der Kommunikationszeit (T_{comm}^i), der Idle-Zeit (T_{idle}^i), der Start-Zeit (T_{start}^i) und der Plazierungszeit (T_{plaz}^i). Formal läßt sich dies durch

$$\boxed{T_{ges}^i := T_{comp}^i + T_{comm}^i + T_{idle}^i + T_{start}^i + T_{plaz}^i} \qquad (1.5)$$

ausdrücken. Im folgenden diskutieren wir die einzelnen Komponenten aus (1.5).

Die Gesamtlaufzeit T_{ges} des gesamten parallelen Algorithmus ergibt sich somit zu

$$T_{ges} := \max_{i=1,...,P}(T_{ges}^i), \qquad (1.6)$$

d.h. das Maximum aller Laufzeiten T_{ges}^i auf den P Prozessoren.

Aufwendungen zum Lösen des numerischen Problems gehen in die Rechenzeit T_{comp}^i ein. Es muß hierbei nicht notwendigerweise die Summe aller Rechenzeiten einer parallelen Implementierung gleich der Rechenzeit für den sequentiellen Fall sein, also:

$$T_{comp}^{sequ} \neq \sum_{i=1}^{P} T_{comp}^i \qquad (1.7)$$

Dies gilt auch für den Fall $P = 1$. Die Laufzeitdifferenz zwischen dem sequentiellen und dem parallelen Algorithmus auf einem Prozessor wird als paralleler Overhead bezeichnet. Auf diesen Sachverhalt kommen wir im weiteren Verlauf dieses Kapitels noch zu sprechen.

Die Zeit zum Senden und Empfangen einer Nachricht fließt in die Kommunikationszeit T_{comm}^i ein. Sie setzt sich zusammen aus fester Startup-Zeit ($T_{startup}$), der Nachrichtenlänge und der Weglänge[8], die eine Nachricht zurücklegen muß (durch T_{sr}^i ausgedrückt). Formal ist dies durch

$$T_{comm}^i := T_{startup}^i + T_{sr}^i \qquad (1.8)$$

beschrieben. Zeiten zum Starten einer Kommunikation ($T_{startup}$) liegen im Mikrosekundenbereich. Sie sind hardwareabhängig. In Tabelle 1.4 sind für einige Parallelrechner mit verteiltem Speicher die notwendigen Startup-Zeiten aufgeführt. Eine Minimierung der Kommunikationskosten (d.h. der Kommunikationszeit) ist möglich, falls der Datenaustausch innerhalb eines Parallelrechners ausschließlich mit nächsten Nachbarn (d.h. Prozessoren) erfolgt. Natürlich sollten Kommunikationen sowohl in ihrer Länge als auch in ihrer Anzahl gering gehalten

---

[8]Die Weglänge ist als die notwendige Anzahl an Prozessoren definiert, die eine Nachricht zwischen Sender und Empfänger zu „überspringen" hat.

Hersteller/ Produktname	Startup-Zeiten $T_{startup}$ in Mikrosekunden
CM-5	82
Cray T3D	1.3
IBM 9076 SP2	40
Intel iPSC/860	67
KSR-1	142
nCUBE-2	130
Workstation	> 1000

Tabelle 1.4: *Startup-Zeiten für verschiedene Parallelrechner.*

werden. Beim Entwurf von parallelen Algorithmen ist daher auf eine möglichst hohe Datenlokalität zu achten. Schreib- und Lesezugriffe auf dem einen Prozessor zugeordneten Speicher sind weniger zeitaufwendig als eine Kommunikation, auch wenn diese mit unmittelbaren Nachbarprozessoren erfolgt. Das Verhältnis zwischen Speicherzugriffszeit und Kommunikationszeit kann durchaus zwischen 1 : 10 und 1 : 1000 variieren, siehe auch [Fos94].

Bei MIMD-Rechnern mit gemeinsamen Speicher ist $T^i_{startup} = 0$. Eine Kommunikation erfolgt bei diesem Typus eines Parallelrechners, wie schon erwähnt, über den gemeinsam genutzten Speicher. Allerdings treten bei diesem Typus von Multiprozessorrechnern teilweise hohe Synchronisierungszeiten durch Schreib- und Lesezugriffe auf die gemeinsam genützten Speicherbereiche auf. Auf diese Problematik wurde schon bei der Diskussion der verschiedenen Rechnerarchitekturen hingewiesen.

Idle-Zeiten entstehen durch das Warten auf Nachrichten. Sie resultieren aus Datenabhängigkeiten im Algorithmus bzw. sind das Resultat einer ineffizienten Programmierung. Oftmals lassen sie sich durch eine genaue Analyse des Algorithmus reduzieren. Die schon angesprochenen Werkzeugumgebungen zeigen Wartezeiten der einzelnen Prozessoren auf.

Die Zeit zum Starten des parallelen Algorithmus (T^i_{start}) auf allen P Prozessoren ist eine feste Größe und ebenso wie die Startup-Zeit bei einer Kommunikation von der jeweiligen Hardware abhängig. In der Größenordnung sind T^i_{start} und $T^i_{startup}$ gleich. Da die Start-Zeit in der Gesamtlaufzeit nur einmalig in Erscheinung tritt, ist sie vernachlässigbar gering im Vergleich zur Kommunikations- und Rechenzeit. Aus Gründen der Vollständigkeit erfolgte trotzdem ihre Erwähnung.

Vor einer parallelen Berechnung steht das Zerlegen des Gesamtproblems in möglichst gleich rechenintensive Einzelteile. Daran anschließend sind diese Teilprobleme auf die einzelnen Prozessoren abzubilden. Dies ist um so wichtiger, da es selbst bei einem perfekt parallelisierbaren Programm möglich ist, daß, verursacht durch eine ungünstige Lastverteilung (d.h. Lastbalancierung), kein optimales Laufzeitverhalten (d.h. optimaler paralleler Speedup, siehe die Definition in (1.9)) erreichbar ist. Der Aufwand für die Zerlegung und die Abbildung (durch T^i_{plaz} beschrieben) sollte natürlich wesentlich geringer sein als jener für die eigentliche Problemberechnung, also

$$T^i_{plaz} << T^i_{comp}.$$

Vielfach variiert der Berechnungsaufwand pro Prozessor im Laufe einer parallelen Applikation, so daß ein Umverteilen oftmals zweckmäßig erscheint (dynamische Lastverteilung), um wieder eine möglichst gleichmäßige Verteilung des Aufwandes pro Prozessor zu erhalten. Auf die Problematik der Lastverteilung (speziell der dynamischen) gehen wir im letzten Kapitel dieses Buches dezidiert ein. Bei der Lastverteilung sollte auch Berücksichtigung finden, daß eine Kommunikation wenn möglich nur zwischen benachbarten Prozessoren erfolgen sollte. Damit läßt sich der Aufwand für das Routen (d.h. Bestimmung des Weges oder Pfades) einer Nachricht minimieren.

Eine ausführliche Diskussion der hier besprochenen Komponenten findet sich z.B. in [Fos94]. Die Problematik des Routens und der Kommunikation wird in [KGGK94] sehr intensiv erläutert.

1.2.2.3 Speedup

Im Idealfall können wir erwarten, ein Problem bei gleicher Problemgröße auf P Prozessoren P-mal schneller zu berechnen als auf einem Prozessor. Dies läßt sich allerdings nur für sehr einfache Problemstellungen realisieren (der Leser erinnert sich hoffentlich an die Diskussion bzgl. Amdahl's Gesetz in Abschnitt 1.2.2.1). Der Regelfall ist, daß der Geschwindigkeitszuwachs geringer ausfällt. Der Faktor des Geschwindigkeitszuwachses bzw. Laufzeitgewinns wird als *Speedup* bezeichnet.

Es existieren verschiedene Möglichkeiten, den Faktor des Geschwindigkeitszuwachs zu bestimmen.

Es erfolgt eine Unterscheidung zwischen Modellen mit

- fester Problemgröße (engl. fixed size model) und
- fester Laufzeit (engl. fixed time model)

(siehe hierzu auch [Hwa93, KGGK94]). Der Grund für die zwei verschiedenen Modelle liegt in den unterschiedlichen Motivationen zur Nutzung eines Parallelrechners. Zum einen läßt sich ein Parallelrechner zur Reduzierung der gesamten Problemlaufzeit bei einer festen Problemgröße einsetzen. Zum anderen sollte es möglich sein, bei Steigerung der Prozessorzahl Aufgabenstellungen mit stetig steigender Anzahl an linearen Gleichungssystemen (d.h. steigender Anzahl N an Unbekannten) bei gleichbleibender Rechenzeit zu berechnen. Damit ergeben sich konsequenterweise die beiden oben aufgeführten Modelle.

Bei ersterem dient eine feste Problemgröße (d.h. eine feste Anzahl Unbekannter), die auf $1,...,P$ Prozessoren verteilt wird, als Normierungsgröße. Bei letzterem ist eine feste Laufzeit die Normierungsgröße – allerdings bei variabler Problemgröße.

Zuerst erfolgt die Bestimmung des Speedups auf der Basis einer festen Problemgröße.

Speedup für eine feste Problemgröße

Aufbauend auf der gesamten Laufzeit (Problemlaufzeit) T_{ges} eines parallelen Algorithmus läßt sich der *parallele Speedup* $S_{par}(P)$ definieren als

$$S_{par}(P) := \frac{T_{ges}(1)}{T_{ges}(P)} \qquad (1.9)$$

wobei P die Anzahl der verwendeten Prozessoren angibt. In Definition (1.9) erfolgt die Laufzeitbestimmung von $T_{ges}(1)$ und $T_{ges}(P)$ jeweils mit dem identischen parallelen Algorithmus. Der parallele Speedup $S_{par}(P)$ ist demzufolge durch P nach oben hin beschränkt (d.h. $S_{par}(P) \leq P$). In obiger Definition gehen die Parallelisierungseigenschaften der numerischen Methode und die Güte der Lastbalancierung (d.h. wie gut und schnell läßt sich ein Problem auf P Prozessoren verteilen) ein.

Findet Amdahl's Gesetz Berücksichtigung, so läßt sich für einen Parallelisierungsanteil f Definition (1.9) als

$$S_{par}(P) := \frac{T_{ges}(1)}{T_{ges}(P)} = \frac{T_{ges}(1)}{[(f/P) + (1 - f)]T_{ges}(1)} \qquad (1.10)$$

ausdrücken. Der Term $(f/P){\cdot}T_{ges}(1)$ beschreibt die Laufzeit des parallel ablaufenden Programmteils und der Term $(1 - f) \cdot T_{ges}(1)$ jenen des sequentiellen Teils. Nach kurzem Umformen von (1.10) ergibt sich

$$S_{par}(P) := \frac{P}{f + (1 - f)P}. \qquad (1.11)$$

Die Definition (1.11) wird oft als *Ware-Gesetz* bezeichnet, siehe auch Abbildung 1.8.

Deutlich ist in Abbildung 1.8 der rasche Abfall des parallelen Speedup zu erkennen. Schon geringfügig kleinere Werte als 1 für den Parallelisierungsgrad f führen zu einer erheblichen Reduzierung des maximal zu erreichenden Beschleunigungsfaktors.

Setzt man in (1.10) bzw. (1.11) für f den Wert $f = 1$ ein, so ergibt sich für den parallelen Speedup wiederum der Wert $S_{par}(P) = P$. In der einschlägigen Literatur ist die Namensgebung des parallelen Speedups nicht eindeutig. Vielfach wird er auch als *relativer Speedup* bezeichnet.

Mit (1.9) und (1.11) ist es möglich, die Parallelisierungseigenschaften einer numerischen Methode bzw. deren Implementierung genau zu

P/(f+(1-f)*P) ——

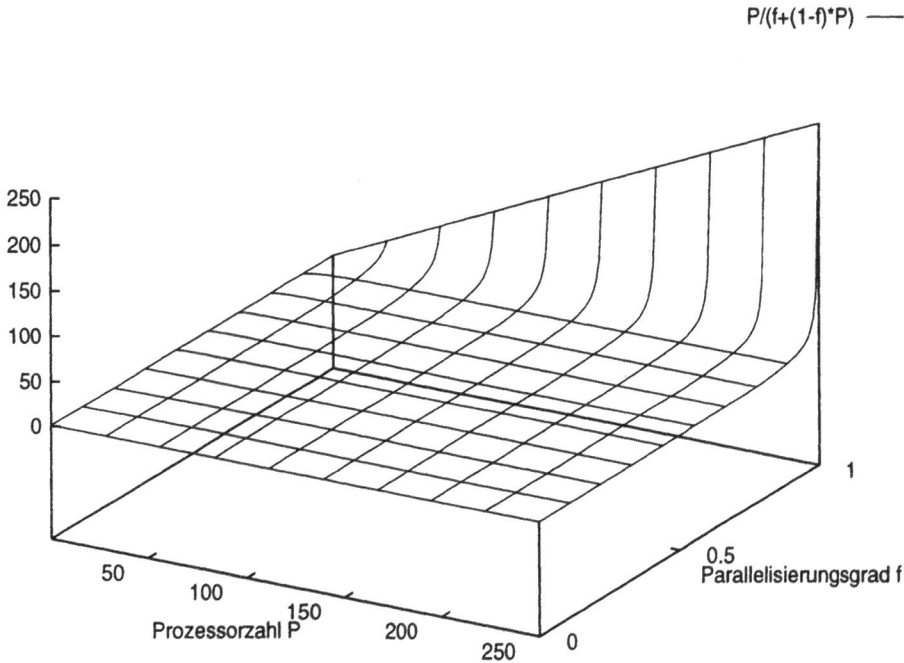

Abbildung 1.8: *Graphische Darstellung des Ware-Gesetzes für maximal 250 Prozessoren.*

untersuchen. Der auf einem Parallelrechner erreichbare Speedup hängt natürlich auch entscheidend von den in Abschnitt 1.1 eingeführten unterschiedlichen Rechnerarchitekturansätzen ab.

Es ist aber darauf zu achten, daß ein und derselbe Algorithmus – auf verschiedenen Rechnerarchitekturen implementiert – unterschiedliche Speedup-Zahlen ergeben kann. Siehe hierzu auch Abbildung 1.7, wo der Einfluß mehrerer Parameter auf die Leistung angegeben ist. Vor einer Überinterpretation von Speedup-Zahlen sei daher ausdrücklich gewarnt. Dies gilt besonders, wenn verschiedene Implementierungen auf unterschiedlichen Rechnerarchitekturen miteinander verglichen werden.

Große Werte für den parallelen Speedup sind somit noch kein hinreichendes Indiz für einen effizient arbeitenden parallelen Algorithmus. Hierfür ist auch ein effizienter numerischer Algorithmus erforderlich, so daß Laufzeitvergleiche als Ergänzung zu Speedup-Werten sehr nützlich und hilfreich sind. So kann die Parallelisierung eines numerisch ineffizienten Algorithmus zwar sehr gute Speedup-Werte liefern. Dieses Vorgehen muß aber nicht notwendigerweise zu einer Reduzierung der gesamten Laufzeit führen, im Vergleich zu einer sequentiellen Implementierung eines numerisch sehr effizient arbeitenden Algorithmus. Hier sei wiederum an die Abbildung 1.7 erinnert, in der alle Parameter aufgeführt sind, die Einfluß auf einen effizient arbeitenden parallelen Algorithmus haben. Ziel der Parallelisierung sind ja unter anderem nicht gute Speedup-Werte, sondern ist eine Reduzierung der gesamten Laufzeit.

In der Literatur findet oftmals das Phänomen eines sogenannten *superlinearen Speedups* Erwähnung (d.h. $S_{par}(P) > P$). Tritt ein solcher auf, so handelt es sich oftmals um Cache-Effekte bzw. um eine ineffiziente Programmierung. Die Unmöglichkeit, einen superlinearen Speedup zu erreichen, wurde theoretisch in [Fis91] gezeigt.

In den bisherigen Definitionen des Speedups fand sowohl für die Laufzeitbestimmungen auf einem Prozessor als auch auf P Prozessoren jeweils der identische Algorithmus Berücksichtigung. Oftmals besitzt aber der parallele Algorithmus auf einem einzelnen Prozessor nicht die kürzeste Laufzeit für das gegebene Problem. So ist es sinnvoll, den Speedup nicht normiert auf den identischen Code anzugeben.

Diese Überlegungen führen zu einer weiteren Definition des Speedups. Eine alternative Definition von (1.9), diesmal normiert auf den schnellsten bekannten sequentiellen Algorithmus, lautet:

$$S_{ges}(P) := \frac{\text{Laufzeit des schnellsten sequ. Algorithmus}}{\text{Laufzeit des parallelen Algorithmus auf } P \text{ Prozessoren}}.$$

(1.12)

$S_{ges}(P)$ bezeichnet den *gesamten Speedup*. Diese Definition wurde unter anderem in [GO93, PSS92, Sch94] eingeführt. Für $P = 1$ liefert $S_{ges}(1)$

den parallelen Overhead. Aus Definition (1.12) folgt, daß der gesamte Speedup $S_{ges}(P)$ kleiner oder gleich P ist. Der maximal zu erreichende Speedup hängt natürlich von den beiden verwendeten Algorithmen ab.

In dieser Definition des Speedups gehen neben den Parallelisierungseigenschaften der numerischen Methode und der Lastbalancierungseigenschaften auch die numerische Effizienz ein, d.h. wie gut ist die verwendete numerische Methode zum Lösen des betrachteten Problems geeignet. $S_{ges}(P)$ beschreibt somit den durch die Parallelisierung tatsächlich erhaltenen Laufzeitgewinn.

Auf Grund der verschiedenen, schon angesprochenen Parameter ist ein Vergleich für unterschiedliche Rechnerarchitekturen schwierig (bzgl. den einzelnen Parametern, siehe Abbildung 1.7). Trotzdem sind sowohl $S_{par}(P)$ als auch $S_{ges}(P)$ zur Verifizierung eines parallelen numerischen Algorithmus sehr nützlich.

In der Literatur erfolgt oftmals leider keine Differenzierung zwischen $S_{ges}(P)$ und $S_{par}(P)$. Beide Definitionen ((1.9) und (1.12)) werden daher vielfach als paralleler Speedup bezeichnet.

Speedup für eine heterogene Umgebung

In der bisherigen Diskussion sind wir von einer homogenen Umgebung (d.h. von identischen Prozessoren) ausgegangen. In jüngster Zeit erfolgt immer mehr die Parallelisierung von Algorithmen auf Workstationnetzen. Hierbei kann der Fall auftreten, daß anstelle von P identischen Rechnern, Maschinen unterschiedlicher Hersteller respektive Rechner unterschiedlicher Leistungsstufe zu einem sogenannten virtuellen Parallelrechner zusammengeschlossen werden. Um auch in einer derartigen Umgebung eine maximale Laufzeitreduzierung zu erhalten, muß bei der Lastverteilung die unterschiedliche Leistungsfähigkeit der einzelnen Maschinen berücksichtigt werden. Damit kann sich ein Wert für den parallelen Speedup $S_{par}(P)$ von kleiner als P ergeben.

Dies soll an einem kleinen Beispiel verdeutlicht werden. Wir wollen zwei Rechner 1 und 2 zur Parallelisierung eines Problems (z.B. Lösen eines linearen Gleichungssystems) einsetzen. Im weiteren betrachten wir ausschließlich die Rechenzeit und vernachlässigen die restlichen Einflußgrößen. Zum Lösen des gegebenen Problems benötigt Rechner 1 sequentiell eine Laufzeit von $T^1_{comp} = 100$ Sekunden und Rechner 2 eine

Laufzeit von $T_{comp}^2 = 200$ Sekunden. Bei einer gleichmäßigen Lastverteilung ergäbe sich demzufolge für den Lösungsaufwand eine Laufzeit von $T_{comp}^1 = 50$ Sekunden bzw. $T_{comp}^2 = 100$ Sekunden. Der Benutzer muß also 100 Sekunden bis zur Beendigung der gesamten Berechnung warten. Bei einer ungleichen Lastverteilung, unter Berücksichtigung der Leistungsfähigkeit beider Rechner, entstünde eine Rechenzeit von $T_{comp}^1 = T_{comp}^2 = 67$ Sekunden. Der Anwender muß also erheblich weniger Geduld aufbringen. Um trotzdem Aussagen über die Parallelisierungseigenschaften in einer derartigen, als heterogen bezeichneten Umgebung zu machen, ist eine Normierung der Laufzeiten auf entweder den langsamsten bzw. den schnellsten verwendeten Rechner notwendig.

Bei einer Normierung auf den langsamsten Rechner kann natürlich der parallele Speedup Werte größer als P erreichen. Hingegen ergibt eine Normierung auf den schnellsten Rechner trotz einer optimalen Parallelisierung und Plazierung für den parallelen Speedup Werte kleiner als P.

Dem kleinen Beispiel ist zu entnehmen, daß nicht nur der Speedup eine relevante Größe darstellt, sondern auch dessen Normierung. Ferner ist die gesamte Laufzeit einer parallelen Applikation bei einer Beurteilung wichtig.

Speedup für eine feste Laufzeit

Ein Problem bei den bisherigen Definitionen ist, daß mit steigender Prozessorzahl auch oftmals eine Steigerung der gesamten Problemgröße wünschenswert wäre. Damit läßt sich das betrachtete Problem aber nicht mehr notwendigerweise auf einem einzelnen Prozessor ausführen. Dies hat zur Folge, daß die bisher diskutierten Definitionen für den Speedup nicht mehr anwendbar sind. Daher erfolgt eine Normierung auf eine feste Laufzeit.

Aus diesen Überlegungen resultierend ergibt sich die Definition des Speedups, normiert auf eine feste Laufzeit und variable Gitterpunktzahl, zu

$$S_{skal}(P) := \frac{\text{Problemgröße auf } P \text{ Prozessoren bei fester Laufzeit } T}{\text{Problemgröße auf 1 Prozessor bei fester Laufzeit } T}.$$

(1.13)

Ziel ist im Gegensatz zu (1.9) nicht die Reduzierung der gesamten Laufzeit, sondern die Erhöhung der Gitterpunktzahl bei gleichbleibender Laufzeit. Daher erscheint nun $P = 1$ im Nenner. Diese Definition wurde erstmals von Gustafson (siehe [Gus88]) vorgeschlagen. Sie wird als *skalierbarer Speedup* bezeichnet.

Benötigt z.B. das Lösen eines Problems mit N Unbekannten und einem gegebenen Algorithmus auf einem Prozessor T Sekunden und benötigt des weiteren das Lösen von $P \cdot N$ Unbekannten auf P Prozessoren ebenfalls T Sekunden, so erreichen wir einen perfekt skalierbaren Speedup. Hierbei muß nicht notwendigerweise für variierendes P derselbe Algorithmus Verwendung finden. Auch kann die Normierung auf eine andere Prozessorzahl als $P = 1$ erfolgen.

Analog zur bisherigen Diskussion ist auch der skalierbare Speedup bei einer Normierung auf $P = 1$ und gleichem Algorithmus bei variierender Prozessorzahl mit $S_{skal}(P) = P$ nach oben hin beschränkt. Ebenso wie der maximal zu erreichende parallele Speedup $S_{par}(P)$ ist auch $S_{skal}(P)$ durch den parallelisierbaren bzw. nicht-parallelisierbaren Codeanteil beeinflußt (wiederum durch f bzw. $(1 - f)$ ausgedrückt), siehe (1.11). Diese Überlegungen führen zu dem *Gesetz von Gustafson*

$$\boxed{S_{skal}(P) := P + (1 - P) \cdot (1 - f),}$$

(1.14)

siehe unter anderem [DDSvdV91, Gus88].

1.2.2.4 Effizienz

Eng verknüpft mit dem Begriff des Speedups ist der Begriff der Effizienz. Analog zum Speedup geben wir auch hier mehrere Alternative zur Berechnung an.

Zuerst gehen wir auf die Definition der Effizienz – basierend auf einer festen Problemgröße – ein. Im Anschluß daran erfolgt die Definition auf Grundlage einer festen Laufzeit.

Effizienz für eine feste Problemgröße
Die *parallele Effizienz* läßt sich definieren als

$$E_{par}(P) := \frac{T_{ges}(1)}{P \cdot T_{ges}(P)} = \frac{S_{par}(P)}{P}. \tag{1.15}$$

Sie ist durch $E_{par}(P) = 1$ nach oben hin beschränkt. Resultierend aus dem gesamten Speedup in (1.9) ergibt sich die Definition für die *gesamte Effizienz* zu

$$E_{ges}(P) := \frac{S_{ges}(P)}{P}. \tag{1.16}$$

Auch für $E_{ges}(P)$ gilt die analoge Aussage, wie schon für $S_{ges}(P)$. Der maximale Wert kann auch bei optimalen Parallelisierungseigenschaften kleiner als 1 ausfallen, da der verwendete Algorithmus nicht notwendigerweise bei einer sequentiellen Abarbeitung die kürzeste Laufzeit aufweisen muß.

Effizienz für eine feste Laufzeit
Analog zu der Definition der Effizienz für eine feste Problemgröße, ergibt sich die Effizienz für eine feste Laufzeit zu

$$E_{skal}(P) := \frac{S_{skal}(P)}{P}. \tag{1.17}$$

Demzufolge bezeichnet $E_{skal}(P)$ die skalierbare Effizienz. Bei Verwendung des identischen Codes und einer variierenden Prozessorzahl ist ein maximaler Wert von $E_{skal}(P) = 1$ zu erreichen.

1.2.2.5   Skalierbarkeit

Bei der Skalierbarkeit muß man zwischen jener für die parallele Rechnerarchitektur und jener für den parallel arbeitenden Algorithmus differenzieren. Für letzteres ist natürlich ersteres eine unabdingbare Voraussetzung. Auf die Skalierbarkeit paralleler Rechnerarchitekturen sind

wir in diesem Buch nur am Rande in Form verschiedener Prozessortopologien und deren Eigenschaften eingegangen.

Skalierbarkeit eines parallelen Algorithmus (perfekt skalierbar) liegt
vor, wenn bei Einsatz von P Prozessoren sich der gesamte Lösungsaufwand gegenüber einem Prozessor um den Faktor P reduziert. Dieser
Sachverhalt ist identisch mit einem perfekten parallelen Speedup.

Bei einer festen Problemlaufzeit ergibt sich eine analoge Definition.
Ein paralleler Algorithmus ist also skalierbar, falls die Zeit zum Lösen
bei einem linearen Anwachsen der Unbekannten und der Prozessorzahl
konstant bleibt. Dies ist natürlich nur möglich, falls die verwendete numerische Methode nicht mit wachsender Anzahl an Unbekannten einen
überproportionalen Anstieg an Lösungskosten (Lösungsaufwand) verursacht. Ein Beispiel für einen überproportionalen Anstieg des Lösungsaufwandes zum Lösen eines linearen Gleichungssystems stellt das Gauß-
Seidel-Verfahren dar, siehe hierzu mehr im übernächsten Kapitel.

Um auch nur einen annähernd optimalen Speedup bzw. Effizienz
eines parallelen Algorithmus zu erzielen (dies gilt für alle hier aufgeführten Definitionen), muß der Kommunikationsaufwand minimiert
werden. Bei Erhöhung der Prozessorzahl darf der Kommunikationsaufwand nicht überproportional stark ansteigen. Auch ist eine effizient
arbeitende Plazierungstechnik für das Verteilen der einzelnen Probleme auf die verschiedenen Prozessoren erforderlich, die im Verhältnis
zur restlichen Laufzeit vernachlässigbar ist. Sind all diese Voraussetzungen erfüllt, ist der Algorithmus skalierbar, d.h. bei Einsatz von P
Prozessoren reduziert sich die Laufzeit um den Faktor P bzw. bleibt bei
einer der Prozessorzahl analogen Erhöhung der Anzahl an Unbekannten
konstant.

Im allgemeinen ist es aber nicht möglich, einen parallelen Algorithmus mit einer hohen numerischen und parallelen Effizienz bei einem
vernachlässigbaren Kommunikationsaufwand und einer optimalen Lastverteilung für eine beliebige Prozessorzahl zu entwickeln. Vielmehr ist
es notwendig, Kompromisse einzugehen. Dies gilt vor allem für große
Prozessorzahlen. Je kleiner die Anzahl verwendeter Prozessoren, desto leichter ist das Entwerfen effizient arbeitender, parallel ablaufender
Algorithmen. Das Entwickeln skalierbarer paralleler Rechnerarchitekturen und parallel arbeitender Algorithmen ist eine der großen Ziele des
Hochleistungsrechnens (engl. high performance computing – HPC).

Für die Entwicklung eines effizient arbeitenden, parallelen Algorithmus ist es erforderlich, detaillierte Informationen über die parallele Rechnerarchitektur zu besitzen. Ferner ist der Kommunikationsaufwand zu minimieren. Zur Leistungsbewertung dienen verschiedene Leistungsmaße. Allerdings sollte darauf geachtet werden, daß bei einem Vergleich immer nur ein Parameter (Rechnerarchitektur, Implementierung oder numerische Methode, siehe Abbildung 1.7) variiert wird, während die restlichen konstant bleiben. Nur damit ist ein aussagekräftiger Vergleich möglich.

Kapitel 2

Konzepte für paralleles Programmieren

Nachdem wir uns im letzten Kapitel mit der Klassifizierung von Rechnerarchitekturen und diversen Leistungsmaßen beschäftigt haben, wollen wir im ersten Teil dieses Kapitels verschiedene Parallelisierungsansätze diskutieren. Das beinhaltet eine Klassifikation von parallel arbeitenden Algorithmen, aber auch unterschiedliche Parallelisierungsmodelle.

Im zweiten Teil gehen wir detailliert auf Programmiersprachen zur Beschreibung paralleler Algorithmen ein. Hierbei diskutieren wir auch Kommunikationsbibliotheken. Die im ersten Abschnitt abstrakt eingeführten Parallelisierungsmodelle finden sich in den einzelnen Programmiersprachen bzw. Bibliotheken realisiert wieder.

2.1 Parallelisierungsansätze

Bevor konkrete Programmiersprachen bzw. Kommunikationsbibliotheken im Vordergrund stehen, ist es erforderlich, noch einige, vielleicht etwas abstrakt anmutende Punkte zu diskutieren. Eine Motivation erhält der Leser an entsprechenden Stellen. Es sei aber hier schon angemerkt, daß die im einzelnen beschriebenen Punkte zu einem tieferen Verständnis parallel ablaufender Algorithmen unerläßlich sind.

2.1.1   Ebenen der Parallelität

Die Unterteilung parallel ablaufender Programme ist in der Literatur
leider nicht einheitlich. Es erfolgt aber im allgemeinen eine Unterteilung in verschiedene Ebenen (siehe hierzu auch [Bod94a, BW96, HB85,
RW96]). Die einzelnen Ebenen unterscheiden sich nach ihrem Parallelisierungsgrad. In Abbildung 2.1 wurde versucht, ein Schichtenmodell
zu entwerfen. Im weiteren werden wir Ebene und Schicht als Synonyme verwenden. Die Voraussetzungen an Hard- und Software, um die in
einem Programm eventuell vorhandene Parallelität der verschiedenen
Ebenen zu nutzen, diskutieren wir im folgenden.

Prozesse	Schicht/Ebeme 3
Daten	Schicht/Ebene 2
Anweisungen	Schicht/Ebene 1
Maschinenbefehle	Schicht/Ebene 0

Abbildung 2.1: *Einfaches Schichtenmodell für verschiedene Parallelisierungsebenen.*

Ebene 3 in Abbildung 2.1 beschreibt die höchste Schicht der Parallelität. Unabhängige Prozesse können mehrere parallel laufende Benutzerprozesse des selben oder verschiedener Anwender sein. Hierbei
handelt es sich um das Multitasking bzw. um einen Mehrbenutzerbetrieb (engl. multi user mode). Dieses ist auch auf Arbeitsplatzrechnern
möglich. Allerdings hier nur in Form des sogenannten virtuellen Multitasking (auch als time-sharing bezeichnet), da ausschließlich eine Verarbeitungseinheit (d.h. ein Prozessor) vorhanden ist. Die Ausnutzung
dieser Ebene steigert im wesentlichen den Durchsatz an Benutzerprozessen. Wird diese Ebene zur Parallelisierung, z.B. einer numerischen
Methode, genutzt, so handelt es sich um schwergewichtige Prozesse,

da jeder über einen eigenen Prozeßadreßraum verfügt, für Details siehe [BW96]. Im nächsten Kapitel werden wir eine numerische Methode vorstellen, die diese Ebene der Parallelität nützt.

Die Parallelisierung auf Prozeßebene ist an entsprechende Voraussetzungen des Betriebssystems gebunden (z.B. Multitasking-Fähigkeit). Eine Parallelisierung auf dieser Ebene erfolgt ausschließlich durch den Anwender. Eine automatische Parallelisierung, z.B. in Form parallelisierender Compiler, erfordert globale Datenabhängigkeitsanalysen. Der Parallelisierungsgrad ist sehr hoch. Diese Ebene der Parallelität findet sich hauptsächlich bei Multiprozessorsystemen und in Form des Macropipelining bei Vektorprozessoren.

Datenparallelität ist eine weitere, sehr häufig genutzte Möglichkeit, den Parallelisierungsgrad (d.h. den Grad der Nebenläufigkeit) eines Algorithmus zu erhöhen. Parallelisierung mittels Datenstrukturen ist eine oftmals verwendete alternative Bezeichnung für einen derartigen Ansatz. Datenparallelität tritt hierbei oftmals in Schleifen auf. Verwendete Datenstrukturen sind im allgemeinen Vektoren und Matrizen. Eine typische Anwendung für die datenparallele Verarbeitung (d.h. für die Ebene 2 in Abbildung 2.1) ist das Lösen eines linearen Gleichungssystems. Hierbei finden die im nächsten Kapitel behandelten Gebietszerlegungsverfahren Anwendung. Unterstützung durch parallelisierende Compiler ist hier vorhanden. Eine nähere Beschreibung erfolgt im zweiten Teil dieses Kapitels. Eine effiziente parallele Implementierung erfordert aber trotzdem vom Anwender Wissen über die verwendete Methode und die Arbeitsweise des parallelisierenden Compilers. Das Parallelisierungspotential ist, analog zur Ebene 3, sehr hoch. Voraussetzung zur Ausnützung dieser Ebene ist ein Multiprozessorsystem.[1]

Bei Ebene bzw. Schicht 1 liegt eine Parallelität von einzelnen Instruktionen vor. Diese Parallelität wird im allgemeinen von parallelisierenden Compilern effizient unterstützt. Sie findet sich sowohl bei Vektorrechnern in Form des Pipelining (speziell bei einzelnen Befehlen in Form des Instruktionspipelinings) als auch bei Multiprozessorsystemen. Der Parallelisierungsgrad ist allerdings niedriger im Vergleich zu den Ebenen 3 und 2.

---

[1] Wird das Pipelining zur Parallelisierung genutzt, so sind entsprechende Vektorprozessoren erforderlich.

Gleiches gilt für die Parallelität auf Maschinenbefehlsebene (Ebene 0). Die Ausbeute bzgl. der Parallelität ist zumeist relativ niedrig im Vergleich zu den bisher diskutierten Schichten, aber es erfolgt eine vollständige Unterstützung durch entsprechende Compiler. Diese Ebene der Parallelität kann wiederum analog zum letzten Absatz durch Vektor- bzw. Pipelineprozessoren oder durch Multiprozessorsysteme genutzt werden. Der Anwender muß sich bei dieser Ebene der Parallelität nicht, oder kaum, um Details kümmern.

Wie wir gesehen haben, werden in Abhängigkeit des Rechnertypus einzelne Ebenen unterschiedlich unterstützt. Auch ist die Art und Weise der Unterstützung von der Hardware abhängig. Vektorprozessoren unterstützen, wie schon erwähnt, hauptsächlich die Ebene 0 und 1. Dies geschieht durch das sogenannte Pipelining des Maschinenbefehlszyklus bzw. durch das arithmetische Pipelining. Für Details siehe unter anderem [Bod96a, BW96].

Schicht 3 und 2 stehen in den nächsten Kapiteln im Zentrum des Interesses. Es wurde bereits angesprochen, daß der Parallelisierungsgrad dieser beiden Ebenen sehr groß ist.

Resultierend aus obigem Schichtenmodell kann man nun auch verschiedene Granularitätsstufen bzgl. der Parallelität unterscheiden. Granularität bezeichnet hierbei die Anzahl an Befehlen bzw. Teilen von Befehlen, die bis zu einem notwendigen Informationsaustausch unabhängig voneinander ausgeführt werden können. Die Granularität eines parallel ablaufenden Programms gibt also die Größe der nebenläufigen Programmblöcke an. Es darf nicht mit dem Begriff des Parallelisierungsgrades gleichgesetzt werden. Dieser ist ein Maß für den maximal zu erreichenden Laufzeitgewinn einer Applikation. Schicht bzw. Ebene 0 und 1 zeichnen sich durch eine sehr feinkörnige Granularität aus, wohingegen Schicht bzw. Ebene 3 und 2 sehr grobkörnige Granularität aufweisen. Weitergehende Diskussionen und alternative Unterteilungen der Parallelität sind z.B. [Bod94a, BW96, HB85, RW96] zu entnehmen.

In Abhängigkeit der jeweiligen Unterstützung durch entsprechende Compiler erfolgt eine Differenzierung zwischen

- expliziter und

- impliziter

Parallelität. Bei einer impliziten Parallelität erfolgt die Parallelisierung durch entsprechende Compiler (siehe auch [Bod96a, ZC96]). Hierzu ist es erforderlich, daß Datenabhängigkeiten festgestellt werden. Ebenso erfolgt die automatische Plazierung von Daten auf verschiedene Prozessoren.

Bei der expliziten Parallelität ist keinerlei oder nur geringe Unterstützung durch Compiler möglich. Die Lokalisierung von Datenabhängigkeiten liegt in den Händen des Anwenders bzw. des Programmierers. Die Parallelisierung erfolgt durch das Setzen entsprechender Sprachkonstrukte. Eine Unterstützung ist allerdings durch Werkzeugumgebungen möglich. Diese sind auch zur Performance-Steigerung bzw. Analyse zu empfehlen. Verschiedene Werkzeugumgebungen sind Inhalt von Kapitel 6.

Natürlich existieren auch Mischformen von expliziter und impliziter Parallelität. Ausgenützt wird dieses Faktum z.B. in High Performance Fortran. Auf diesen Sachverhalt kommen wir im weiteren Verlauf dieses Kapitels noch zu sprechen.

Aus Abbildung 2.1 und dem in Kapitel 1 eingeführten Klassifizierungsansatz nach Flynn sind wichtige und auch häufig genutzte Parallelisierungsansätze jene für

- datenparallele und

- instruktionsparallele

Anwendungen, siehe auch [KGGK94]. Datenparallelität ist, wie schon erwähnt, sowohl auf SIMD- als auch auf MIMD-Rechnern realisierbar. Hierbei führt jeder Prozessor das identische Programm auf unterschiedlichen Daten aus. Der datenparallele Ansatz führt bei MIMD-Rechnern zu dem schon im letzten Kapitel eingeführten SPMD-Modus. Bei Vektorrechnern erfolgt die Parallelisierung oft durch das Pipelining.

Eine Vielzahl von Problemen beinhaltet sowohl datenparallele als auch instruktionsparallele Anteile. Bei der Instruktionsparallelität ist die Anzahl an gleichzeitig auszuführenden Instruktionen (Befehlen) *unabhängig* von der Problemgröße (z.B. der Anzahl an Unbekannten bei einem zu lösenden linearen Gleichungssystem). Die maximale einsetzbare Anzahl an Prozessoren ist damit durch den Programmcode limitiert. Diese Aussage gilt nicht für datenparallele Anwendungen. Hierbei ist

der Parallelisierungsgrad *abhängig* von der Problemgröße und damit für
MPP-Systeme (massiv parallele Prozessor-Systeme) gut geeignet. Als
Konsequenz ergibt sich also, daß bei Einsatz vieler Prozessoren ein entsprechend hoher datenparalleler Anteil in einer Applikation vorhanden
sein muß, um einen effizient arbeitenden Algorithmus zu erhalten. Für
weitere Ausführungen, siehe z.B. [KGGK94].

Umgesetzt wurde die Datenparallelität unter anderem in höheren
Programmiersprachen. Erwähnenswert sind unter anderem Ada, Con-
current C, pC++, Fortran 90 und High Performance Fortran (siehe z.B.
[Bar83, EPL94, GR86, KLS+94, LG91, Rei92, Sch96b, Tsu84, WW93]).
Daneben existieren natürlich auch herstellerspezifische Erweiterungen
von Programmiersprachen, wie z.B. CM-Fortran (Connection Machine-
Fortran) oder MPP-Fortran der Firma Cray Research. Eine weitere
Umsetzung fand dieser Ansatz auch in Kommunikationsbibliotheken,
wie z.B. PVM und MPI (siehe z.B. [GBD+94, GLS94]). Detailliert gehen wir auf einige in den Abschnitten 2.2 und 2.3 ein.

2.1.2 Probleme

Auf Probleme bei der Entwicklung und Implementierung parallel ablaufender Algorithmen sind wir schon an verschiedenen Stellen in diesem
Buch kurz zu sprechen gekommen. Einige wollen wir nun etwas näher
betrachten. Dies sind zum einen die Synchronisation und zum anderen die sogenannte Verklemmung (engl. deadlock). Weitere Probleme
werden an entsprechender Stelle diskutiert.

2.1.2.1 Synchronisierung

Eine Synchronisierung bei parallel ablaufenden Algorithmen kann in
Form von Kommunikationen (d.h. Austausch von Daten) auftreten[2],
siehe Abbildung 2.2. Diese sind erforderlich, um anderen Prozessen die
Beendigung der eigenen Berechnung mitzuteilen oder um notwendige
Daten untereinander auszutauschen, die zu einer Weiterführung der Berechnung erforderlich sind. In Abschnitt 2.1.3 über Programmiermodelle gehen wir vertiefend auf die verschiedenen Realisierungsmöglichkei-

---

[2]Eine Synchronisierung erfordert nicht notwendigerweise einen Datenaustausch.

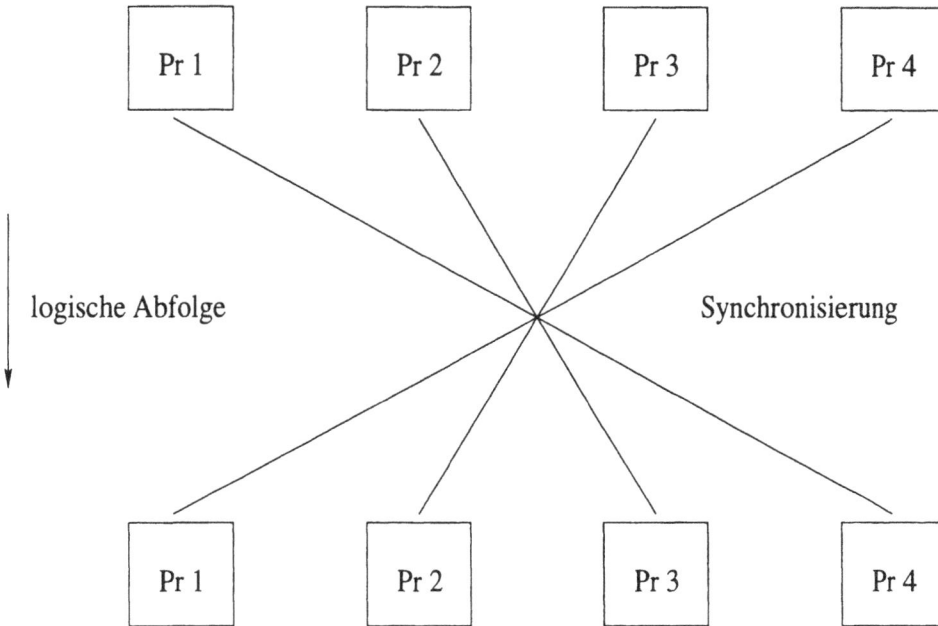

Abbildung 2.2: *Schematische Darstellung einer Synchronisierung für vier parallel arbeitende Prozesse (Pr 1 - Pr 4).*

ten für eine Kommunikation ein. Durch eine zu intensive Kommunikation erhöht sich die Gesamtlaufzeit einer Implementierung und erniedrigt somit dessen parallele Effizienz.

2.1.2.2 Verklemmung

Eng verbunden mit der Problematik der Synchronisierung ist jene der Verklemmung. Sie entsteht z.B., wenn zwei oder mehrere parallel arbeitende Prozesse untereinander auf Daten warten, siehe Abbildung 2.3. Verklemmungen können allerdings bei jeder Art von Synchronisierung entstehen.

Mit sogenannten Datenabhängigkeitsgraphen, in denen z.B. durch Pfeile ein notwendiger Datenaustausch dargestellt wird, läßt sich die hier beschriebene Art von Deadlocks entdecken. Die schon mehrfach angesprochenen Werkzeugumgebungen unterstützen den Entwickler beim

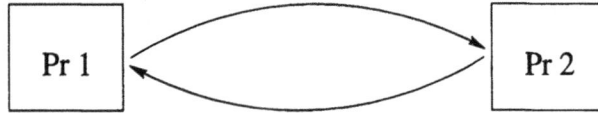

Abbildung 2.3: *Schematische Darstellung einer Verklemmung für zwei parallel arbeitende Prozesse (Pr 1 und Pr 2).*

Auffinden solcher Konstellationen. Verklemmungen können auf Applikationsebene ausschließlich bei MIMD-Rechnern auftreten.

Datenabhängigkeitsgraphen für verschiedene numerische Algorithmen sind unter anderem in [DDSvdV91] dargestellt.

2.1.3 Programmiermodelle

Bei Programmiermodellen zur Beschreibung von Parallelität handelt es sich um eine konzeptuelle Sichtweise auf die Parallelität. Sie legt somit die Art der Operationen, die zur Verfügung stehen, fest, aber nicht deren Syntax. Ein Programmiermodell ist unabhängig von der Hardware. Die Effizienz einer Implementierung hängt natürlich entscheidend von der Kluft zwischen Modell und Realität (d.h. der Hardware) ab, siehe hierzu auch [McC96].

Das erklärte Ziel bei der Entwicklung von Parallelisierungsmodellen ist es, ein möglichst einfaches und doch zugleich allgemeingültiges und effizient zu implementierendes Modell zu entwerfen. Mit diesem soll es möglich sein, Parallelität zu beschreiben. Dies geschieht durch Abstrahierung. Ein derartiges Parallelisierungsmodell kann somit eine breite und allgemeinverwendbare Basis für die Entwicklung von Algorithmen schaffen. Des weiteren erhofft man sich davon eine weite Verbreitung von Parallelrechnern. Dies scheint ein sehr hochgestecktes Ziel zu sein. Das dieses Ansinnen aber nicht ganz widersinnig ist, läßt sich anhand des von-Neumann-Programmiermodells erkennen. Bei diesem Programmiermodell erfolgt die Abarbeitung der einzelnen Befehle ja streng sequentiell. Diesem Programmiermodell zugeordnet ist das in Kapitel 1 diskutierte von-Neumann Rechnermodell (oder weniger abstrakt als von-Neumann Rechner bezeichnet). Hiermit erfolgt, analog zum Programmiermodell, die Befehlsabarbeitung sequentiell.

Verschiedene Maschinenmodelle wurden schon in Kapitel 1 ausführlich in Form einer Klassifizierung von Rechnerarchitekturen diskutiert. Bereits bei der Implementierung eines Programms ist das durch den jeweiligen Rechner realisierte Maschinenmodell (SISD, SIMD, MIMD) zu berücksichtigen, um eine effiziente Implementierung zu erhalten.

Ein zentrales Problem bei der Formulierung nebenläufiger (d.h. paralleler) Programme ist die Art und Weise der Kommunikation und die damit verbundene Synchronisierung.

Aus der bisherigen Diskussion ergeben sich damit verschiedene Parallelisierungsmodelle. Weit verbreitet sind das

- datenparallele Modell,

- nachrichtenorientierte Modell (engl. message passing Modell) und

- Modell mit gemeinsamen Speicher (engl. shared adress space Modell).

Datenparallelität wird in entsprechenden Programmiersprachen wie z.B. Fortran 90 oder High Performance Fortran genutzt. Beispiele von Realisierungen des nachrichtenorientierten Modells sind sogenannte Kommunikationsbibliotheken (engl. message passing Bibliotheken). Alle Modelle nutzen allerdings die in einer Anwendung vorhandenen datenparallelen Anteile aus. Allerdings unterscheiden sie sich in der Realisierung erheblich, so daß eine Trennung sinnvoll ist. Den Modellen übergeordnet ist damit das SPMD-Paradigma (auch als SPMD-Modus bezeichnet).

Alle drei oben aufgeführten Programmiermodelle werden zumeist auf das MIMD- als auch auf das SIMD-Maschinenmodell angewendet. Die einzelnen Programmiermodelle zur Beschreibung von Parallelität sind somit sehr nahe an der entsprechenden Hardware. Effiziente Implementierungen sind daher leicht realisierbar. Das nachrichtenorientierte Modell ist das am weitesten verbreitetste der oben aufgeführten, da es sich sowohl gut für MIMD-Rechner mit gemeinsamen als auch für jene mit verteiltem Speicher eignet. Bei Multiprozessorsystemen mit gemeinsamen Speicher entsteht aber notwendigerweise ein Performanceverlust im Vergleich zu dem shared adress space Modell.

Basisoperationen beim nachrichtenorientierten Modell sind das Senden (engl. send) und das Empfangen (engl. receive) einer Nachricht. Die schon angesprochenen Kommunikationsbibliotheken, wie z.B. PVM,

MPI und p4 verwenden den nachrichtenorientierten Ansatz. Einen Überblick über das nachrichtenorientierte Modell gibt z.B. [McB94].

Ein großer Nachteil des nachrichtenorientierten Modells ist der hohe Implementierungsaufwand. Die Realisierung der Kommunikation muß vollständig durch den Entwickler erfolgen. Allerdings besteht damit auch die Möglichkeit, hoch effiziente Implementierungen zu erhalten.

Bei MIMD-Rechnern mit gemeinsamen Speicher können mehrere Prozesse auf den selben Speicherbereich schreibend zugreifen. Die somit notwendige Synchronisierung erfolgt oftmals mit Semaphoren oder mit Monitoren.

Die Grundidee der Synchronisierung gemeinsam genutzter Daten über Semaphore geht auf Dijkstra (siehe [Dij68]) zurück. Sie sind in Form von speziellen Variablen realisiert. Ein Semaphor übernimmt hier die Rolle eines „Wächters". Dieser steuert den Zugriff auf die jeweils gemeinsam genützten Variablen. Das Schreiben bzw. Prüfen (d.h. Lesen) eines Semaphors ist eine unteilbare Betriebssystemoperation.

Oft werden binäre Semaphore verwendet. Der Wert 0 bedeutet dann z.B., daß bereits ein Prozeß auf die jeweiligen Daten zugreift und 1, daß die Daten frei zum Schreiben sind. Sprachen, die Semaphore nutzen, sind z.B. PEARL.

Aus einem programmiertechnisch höheren Niveau erfolgt die Verwaltung gemeinsam genutzter Daten über Monitore. Auch hier wird durch das Betriebssystem sichergestellt, daß nur jeweils ein Prozeß auf einen Monitor zugreifen kann. Umgesetzt wurde dieser Ansatz z.B. in Concurrent Pascal oder CHILL (siehe [Han75, LLLH94]). Beide haben aber, speziell im technisch-wissenschaftlichen Bereich, nur geringe Verbreitung gefunden.

Für weitere Details über Semaphore und Monitore, siehe unter anderem [HB85, Qui88, Sch96c, ZH88]. Die Problematik der Synchronisierung wird in [And91] ausführlich diskutiert. Ein kurzer Abriß über Programmiersprachen findet sich unter anderem in [GHK+89].

Die bisher diskutierten verschiedenen Ansätze bzw. Modelle sind in Form von Programmiersprachen zur Beschreibung paralleler Algorithmen oder in Form von Kommunikationsbibliotheken als Erweiterung von klassischen sequentiellen Programmiersprachen realisiert. Auch besteht natürlich die Möglichkeit, beide zu verbinden. Dies erfolgt z.B. in Fortran 90 oder High Performance Fortran.

Allgemein gilt, daß MIMD-Systeme aufwendiger und schwieriger zu programmieren sind als SIMD-Systeme. Bei MIMD-Systemen läuft im allgemeinen auf allen Prozessoren das gleiche Programm ab[3] (SPMD-Modus). Die Realisierung einer effizienten Synchronisierung durch eine Kommunikation und eine Verteilung des Gesamtproblems auf die einzelnen Prozessoren stellt hierbei ein durchaus nichttriviales Problem dar, wie wir dies schon am Ende des letzten Kapitels gesehen haben.

2.2 Programmiersprachen

Im ersten Teil dieses Kapitels untersuchten wir verschiedene Möglichkeiten der Parallelisierung und auch verschiedene Parallelisierungsmodelle. Wie wir gesehen haben, liegt in der Datenparallelität ein sehr großes Potential zur Laufzeitreduzierung bei Einsatz von mehreren Prozessoren. Daher betrachten wir nun hauptsächlich diese Möglichkeit.

Programmiersprachen zur Beschreibung paralleler Algorithmen werden oftmals auch als parallele Programmiersprachen bezeichnet. In diesem Buch wollen wir uns aber an die exakte Bezeichnung halten.

Es existiert eine Vielzahl von Programmiersprachen zur Beschreibung paralleler Algorithmen. Es würde den Rahmen dieses Buches bei weitem übersteigen, würden wir detailliert auf alle eingehen. So beschränken wir uns nur auf einige wenige. Sicherlich am bedeutendsten sind Fortran 90 (F90) und deren Weiterentwicklung in Form des High Performance Fortran (HPF). Bei beiden handelt es sich um Revisionen von Fortran[4] 77. Sie sind gegenüber Fortran 77 abwärtskompatibel (d.h. Fortran 77-Programme lassen sich mit allen zwei Weiterentwicklungen übersetzen). Dieses Faktum dürfte sicherlich zur Verbreitung von beiden Weiterentwicklungen erheblich beitragen. Im folgenden gehen wir auf die Sprachkonstrukte beider Programmiersprachen näher ein. Es ist aber nicht beabsichtigt, diese in ihrem Sprachumfang sehr mächtigen Programmiersprachen vollständig zu beschreiben. Die Intention ist

---

[3]Dies ist konzeptuell nicht notwendig, erleichtert aber oftmals die Programmierung.

[4]Fortran ist eine Abkürzung für Formular translator. Diese in den 50er Jahren entwickelte, sogenannte imperative Programmiersprache, ist ständig weiter entwickelt worden (Fortran II, IV, V, Fortran 77).

vielmehr, auf spezielle und für die Beschreibung paralleler Algorithmen wichtige Sprachkonstrukte aufmerksam zu machen und den Leser zu weiteren Literaturstudien zu animieren.

Im Gegensatz zu Kommunikationsbibliotheken muß sich der Entwickler bei Verwendung von Programmiersprachen zur Beschreibung von Parallelität nicht explizit um die notwendige Kommunikation kümmern. Diese Aufgabe übernimmt die Programmiersprache (respektive der Compiler) für ihn (d.h. es liegt eine implizite Kommunikation vor). Einzig und allein die Zuordnung der Daten auf die Speichermodule eines MIMD-Rechners erfolgt in einigen Programmiersprachen (wie High Performance Fortran) explizit, d.h. durch den Anwender. Die Effizienz einer automatischen Parallelisierung (d.h. impliziten Parallelisierung) hängt natürlich entscheidend von der Implementierung des betreffenden Compilers auf die jeweilige Hardware ab.

Bei Fortran 90 und auch bei High Performance Fortran wird die Datenparallelität in Form von Feldern (engl. arrays) unterstützt. Die Programmiersprache pC++ unterstützt darüber hinausgehend hinaus auch komplexere Datentypen wie Bäume (engl. trees) oder Mengen (engl. sets). Beide Revisionen von Fortran bieten aber die Möglichkeit, Funktionen aus Fremdbibliotheken zu übernehmen. Dies können auch Kommunikationsbibliotheken, wie PVM oder MPI, sein, die wir gleich näher diskutieren. Derartige Funktionen bezeichnet man als *extrinsische Funktionen*. Aufrufe von Bibliotheksfunktionen erlaubte allerdings schon Fortran 77.

2.2.1   Fortran 90

Im technisch-wissenschaftlichen Bereich ist Fortran 77 eine, wenn nicht sogar die am weitesten verbreitetste Programmiersprache. Ende 1991 erfolgte die Revision unter dem Namen Fortran 90. Die Veröffentlichung des ISO-Standards geschah im selben Jahr. Neben modernen Sprachkonstrukten, wie der dynamischen Speicherverwaltung, Rekursion, benutzerdefinierbare Datentypen[5], existieren auch Erweiterungen für die Datenparallelisierung. Hierbei existieren

---

[5]Einfache Datentypen sind z.B. real oder integer.

- array assignment-Anweisungen und

- array intrinsic-Anweisungen.

Zuerst zu den *array assignment-Anweisungen*. In Fortran 90 sind einige Operationen (wie z.B. $+, -, /, *$sqrt[6]) nicht nur auf skalare Datentypen (z.B. ganze Zahlen oder Gleitpunktzahlen), sondern auf ganze Felder anwendbar. Der Programmauszug

```
REAL A(100,100), F(100,100), U(100,100)
F = A + U
```

ergibt in F die Addition der entsprechenden Feldelemente von A und U. Hierbei ist darauf zu achten, daß die einzelnen Felder vom selben Datentyp sind und die gleiche Dimension aufweisen.

Die *intrinsischen Funktionen* (also jene schon als Standardfunktionen vorhandene, wie Summe, Produkt usw.) sind in F90 auf ganze Felder anwendbar und können somit parallel abgearbeitet werden, wie

```
REAL A(100,100), F(100,100), U(100,100)
F = MATMUL(A,U)
```

zeigt, das die Matrixmultiplikation von A und U liefert.

Weitere Vorteile intrinsischer Funktionen liegen in dem höheren Programmierniveau. Der Anwender ist nicht mehr gezwungen, Standardfunktionen selber zu implementieren, sondern kann jene auf die jeweilige Architektur optimierten Funktionen der einzelnen Hersteller nutzen. Dies bedeutet, neben einer schnelleren Programmentwicklung im allgemeinen auch einen Laufzeitgewinn.

Wie schon bei den array assignment-Anweisungen müssen natürlich die Datentypen (in obigen Beispiel handelt es sich um reelle Zahlen) und die Felddimensionierungen aller beteiligten Felder gleich sein. Es können somit in F90 nicht alle Möglichkeiten zur Parallelisierung genutzt werden. Darin liegt auch eine der Schwächen von F90. So ist z.B. die Schleife

---

[6]Die Abkürzung sqrt steht für square root, also die Quadratwurzel.

```
DO i=1,100
   DO j=1,100
      A(i,j) = 1.0
   ENDDO
ENDDO
```

nicht parallelisierbar, obwohl dies trivial realisierbar wäre.

Einen Überblick über die Eigenschaften von F90 geben unter anderem [BGA95, EPL94, Fos94, Rei92, WW93].

2.2.2 High Performance Fortran

Nachteile, wie im letzten Beispiel skizziert, wurden schon frühzeitig erkannt und führten zu einer weiteren Revision in Form des High Performance Fortrans. Es lassen sich damit natürlich in High Performance Fortran alle schon für F90 erwähnten Sprachkonstrukte nutzen. Dies gilt auch für extrinsische Funktionen. Die Motivation zur Weiterentwicklung von F90 lag in der erhofften besseren Unterstützung des datenparallelen Modells. Bisher erfolgte allerdings noch keine Standardisierung. Aus diesem Grund steht am Anfang einer HPF-Direktive immer das Kürzel „!HPF$". Herkömmliche Fortran Compiler interpretieren dies als Kommentar. Somit lassen sich in HPF geschriebene Programme auch von nichtparallelisierenden Compilern übersetzen.

Zur parallelen Abarbeitung existieren im Vergleich zu F90 einige neue Anweisungen in der Form des *FORALL-* und des *INDEPENDENT-*Konstruktes. Die *FORALL*-Anweisung hat in ihrer Syntax eine große Ähnlichkeit zur *DO*-Anweisung, allerdings mit dem Unterschied, daß keine feste Reihenfolge in der Abarbeitung eingehalten werden muß (da sie ja parallel abgearbeitet wird). Das Programmfragment

```
        REAL A(100,100)
        integer n
        n=100
  !HPF$ FORALL (i=1:n,j=1:n) A(i,j) = i+j+5
```

belegt das Feld A mit dem Ausdruck i+j+5 und ist somit parallel abarbeitbar. Das Ergebnis dieser einfachen Berechnung ist somit definiert.
Bei den Anweisungen

```
        A(1,1) = 1.0
  !HPF$ FORALL (i=1:n-1,j=1:n-1) A(i+1,j+1) = A(i,j)
```

ist der Wert von A(i+1,j+1) von der Belegung des (i,j)-ten Elemen-
tes von A abhängig. Das Ergebnis der parallelen Abarbeitung ist somit
undefiniert. Derartige Datenabhängigkeiten muß ein parallelisierender
Compiler erkennen. Man kann sich leicht vorstellen, daß sich dies bei
kurzen und einfachen Schleifeninhalten noch realisieren läßt. Ist aber
der Inhalt einer Schleife sehr umfangreich, so kann das Auffinden von
eventuell vorhandenen Datenabhängigkeiten ein sehr schwieriges Unter-
fangen darstellen. Um nun den Compiler bei der Analyse von Programmen zu unterstützen, besitzt HPF das *INDEPENDENT*-Konstrukt.
Hiermit wird ein bestimmtes Programmsegment (z.B. eine Schleife) als
parallel abarbeitbar gekennzeichnet. Eine Überprüfung durch den Compiler ist damit nicht mehr erforderlich. Ein Beispiel hierfür ist

```
  !HPF$ INDEPENDENT
        DO i=1,n
          DO j=1,n
            A(i,j) = 1.0
          ENDDO
        ENDDO
```

wo das Feld A mit dem Wert 1.0 belegt wird. Sind die einzelnen Anweisungen allerdings innerhalb der Schleife nicht unabhängig voneinander,
so braucht sich der Anwender über falsche Resultate nicht zu wundern.

Die in Fortran 90 angesprochenen Möglichkeiten erlauben es, Parallelität zu spezifizieren, aber nicht deren Ausführung auf bestimmten

Prozessoren. Hierfür sind in HPF Anweisungen zur Datenverteilung (engl. data distribution directives) vorhanden. Damit besitzt der Anwender Möglichkeiten, die Datenlokalität zu steuern. Dies erfolgt durch die *PROCESSOR-*, die *ALIGN-* und die *DISTRIBUTE*-Anweisung.

Mit der *ALIGN*-Anweisung kann sichergestellt werden, daß entsprechende Elemente von verschiedenen Feldern immer auf dem selben Prozessor (rsp. dessen ihm zugeordneten Speicher) plaziert sind. Somit läßt sich bei anschließenden Berechnungen eine hohe Datenlokalität erreichen. In dem Beispiel

```
      REAL A(100,100), U(100,100), F(100,100)
!HPF$ ALIGN A(:,:) with U(:,:)
!HPF$ ALIGN F(:,:) with U(:,:)
```

erfolgt dies für die Felder A,U und F. Die erste *ALIGN*-Anweisung sorgt dafür, daß entsprechende Feldelemente von A und U auf dem selben Prozessor plaziert werden. Durch die nächste Anweisung erfolgt Analoges für F und U und somit liegen entsprechende Feldelemente von A,U und F auf dem jeweils selben Prozessor (rsp. dem ihm zugeordneten Speicher).

In HPF hat der Anwender auch die Möglichkeit, verschiedene Topologien (bzgl. verschiedener Topologien, siehe auch Abbildung 1.3 in Kapitel 1) in seinem Programm zu spezifizieren. Es gilt allerdings zu beachten, daß es sich hierbei ausschließlich um logische Topologien handelt. Mit HPF ist es also nicht möglich, die physikalische Topologie eines Parallelrechners zu verändern. Die Abbildung der logischen, in einem Anwenderprogramm festgelegten Topologie auf die physikalische erfolgt durch das parallele System. Die Festlegung einer logischen Anordnung der einzelnen Prozessoren geschieht mit der *PROCESSOR*-Anweisung, wie es auch die folgende Direktive zeigt

```
!HPF$ PROCESSOR P(2,2)
```

wo eine logische 2x2-Prozessortopologie definiert wurde (siehe auch Abbildung 2.4). Eine Verteilung einzelner Felder auf verschiedene Prozessoren erfolgt durch die *DISTRIBUTE*-Anweisung, wie im folgenden Schema skizziert.

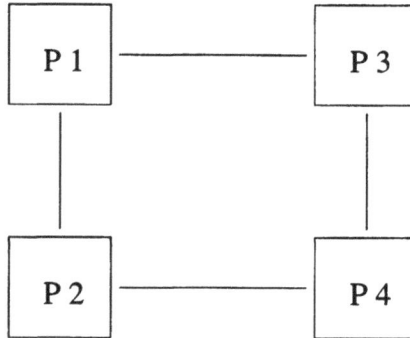

Abbildung 2.4: *Schematische Darstellung einer 2x2-Prozessortopologie.*

```
        REAL A(100,100), U(100,100), F(100,100)
!HPF$ PROCESSOR P(2,2)
!HPF$ DISTRIBUTE A(100,100) ONTO P
!HPF$ DISTRIBUTE U(100,100) ONTO P
!HPF$ DISTRIBUTE F(100,100) ONTO P
```

Hiermit hat der Anwender die Möglichkeit, einzelne Felder gezielt auf die Prozessoren zu verteilen. Mit der *ALIGN*-Anweisung erfolgt dann, wie schon erwähnt, die Sicherstellung einer möglichst hohen Datenlokalität.

Die hier beschriebenen, neuen Sprachkonstrukte sollten nicht darüber hinwegtäuschen, daß eine effiziente Implementierung eines datenparallelen Algorithmus mit HPF sehr detaillierte Kenntnisse über die Arbeitsweise des parallelisierenden Compilers erfordert. Bei der Überführung von sequentiellen in datenparallele Programme ist ferner darauf zu achten, daß eine möglichst gute Ausnützung der Parallelität erfolgt. Ineffiziente Implementierungen können zu erheblichen Laufzeiteinbrüchen führen. Eine weiterführende Diskussion dieser Problematik gibt z.B. [SdS95].

In [Sch96b] erfolgt ein kurzer Überblick über die Leistungsfähigkeit von HPF. Detailliert wird in [Fos94, KLS+94] auf den Sprachumfang eingegangen.

2.3 Kommunikationsbibliotheken

Kommunikationsbibliotheken (auch als message passing-Bibliotheken bezeichnet) stellen eine Realisierung des nachrichtenorientierten Modells dar. Damit sind sie sehr gut für MIMD-Rechner mit verteiltem Speicher (engl. message passing machines) geeignet. Sie lassen sich aber auch für MIMD-Rechner mit gemeinsamen Speicher verwenden. Kommunikationsbibliotheken können somit wie entsprechende Programmiersprachen zur Ausnutzung der Datenparallelität verwendet werden. Alle Bibliotheken sind vom logischen Ansatz ähnlich. Sie enthalten Befehle zur Synchronisation und zum Datenaustausch (Kommunikation). Ein Datenaustausch erfolgt durch Befehle zum Senden von Nachrichten (send) und zum Empfangen (receive). Damit sind Portierungen zwischen verschiedenen Kommunikationsbibliotheken einfach vorzunehmen.

Die einzelnen Kommunikationsbibliotheken unterscheiden sich im wesentlichen in der Art und Weise des Befehlsumfanges für die Synchronisation und den Datenaustausch. Ein weiteres Unterscheidungskriterium ist die Hardwareabhängigkeit bzw. -unabhängigkeit der einzelnen Produkte. Hardwareabhängige Bibliotheken sind z.B.

- NX1 und NX2[7] von Intel,

- Parallel Software Environment (PSE) von nCUBE und

- External User Interface (EUI) von IBM

(siehe unter anderem [McB94]).

Hardwareunabhängige Bibliotheken besitzen den großen Vorteil, daß eine Portierung der Programme bei einem Wechsel der Hardware entfällt. Die beiden Bibliotheken PVM und MPI haben sich zu einem De-facto-Standard entwickelt. Auf beide gehen wir dezidiert ein. Daneben existieren natürlich noch weitere Kommunikationsbibliotheken wie:

- APPL,

- Chameleon,

---

[7]Bei NX2 handelt es sich um das aktuelle Betriebssystem der Intel Paragon, das auch Kommunikationsroutinen zur Verfügung stellt.

- Express,

- p4,

- Parmacs,

- TCGMSG und

- Zipcode.

Eine detaillierte Beschreibung der einzelnen Bibliotheken ist z.B. in [BL92, CHHW94, FKB91, GS93, Har91, QCB92, SSS+94] zu finden. Einen allgemeinen Überblick über weitere Kommunikationsbibliotheken gibt unter anderem [Tur93].

Damit unterscheiden sich Kommunikationsbibliotheken in ihrem Ansatz erheblich von Programmiersprachen zur Beschreibung von Parallelität. Letztere gehen von einem klassischen Parallelrechner mit identischen Prozessoren aus. Seit mehreren Jahren erfolgt allerdings sehr erfolgreich die Parallelisierung auf Workstationnetzen und hier speziell auf heterogenen Umgebungen (d.h., es werden Rechner verschiedener Hersteller verwendet). Damit sind die bisher beschriebenen Programmiersprachen auf Workstationnetzen nicht einsetzbar. Bei der Verwendung von hardwareunabhängigen Kommunikationsbibliotheken zur Parallelisierung von Algorithmen gilt diese Einschränkung nicht. Sie wurden eben gerade für das parallele Arbeiten auf Workstationnetzen in einer homogen bzw. heterogenen Umgebung entwickelt. Mittlerweile sind sie auch auf alle relevanten MIMD-Rechner portiert. Kommunikationsbibliotheken stellen somit eine ernsthafte Alternative zu parallelen Programmiersprachen (wie den hier diskutierten) dar.

2.3.1 PVM

Das Akronym PVM steht für Parallel Virtual Machine. Die Namensgebung leitet sich davon ab, daß mehrere Workstations bzw. Supercomputer per Software zu einem sogenannten virtuellen Multiprozessorsystem mit verteiltem Speicher verbunden werden (siehe Abbildung 2.5). Virtuell deshalb, da ein derartiger Parallelrechner (d.h. virtuelle Maschine, kurz mit VM bezeichnet) einzig und alleine durch das Starten eines Programms entsteht. Es wird also ein großes MIMD-System mit einem verteilten Speicher nachgebildet. Die effiziente Nutzung eines derartig heterogenen Systems ist natürlich wesentlich schwieriger als die eines einzelnen homogenen Multiprozessorsystems.

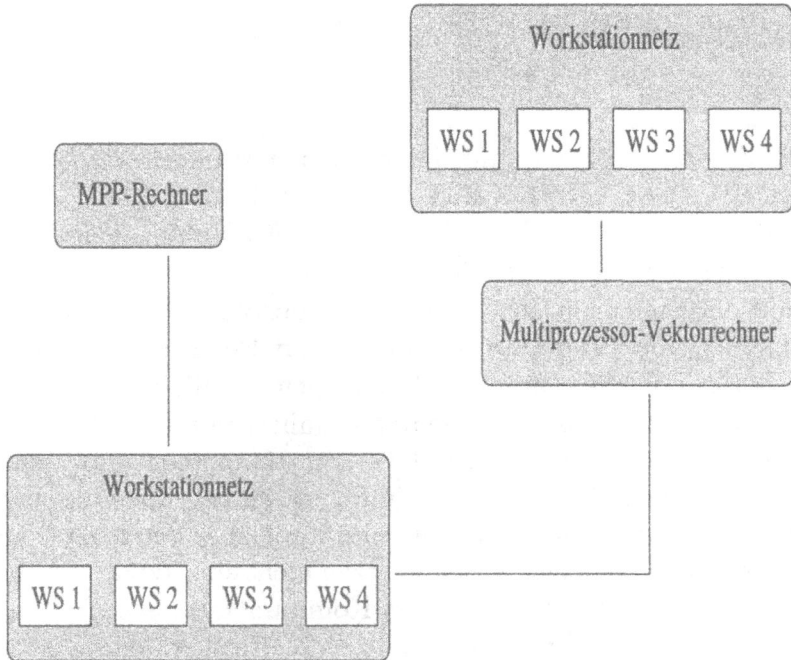

Abbildung 2.5: *Schematische Darstellung eines virtuellen Parallelrechners (virtuelle Maschine).*

Entwickelt wurde PVM am Oak Ridge National Laboratory. Die erste Version stand 1989 zur Verfügung. Seitdem erfolgte eine kontinuierliche Weiterentwicklung. Die aktuelle Version ist PVM 3.3.X (Stand Winter 1996).

Wie schon erwähnt arbeitet PVM nach dem nachrichtenorientierten Modell. Wird die in einem Algorithmus vorhandene Datenparallelität ausgenützt, so läuft auf jedem einzelnen Prozessor eines Parallelrechners bzw. jeder einzelnen Workstation innerhalb eines Workstationnetzes der gleiche Algorithmus ab, d.h. mit anderen Worten: PVM arbeitet im SPMD-Modus.

Es unterstützt Parallelität in einer homogenen und einer heterogenen Umgebung. Parallel zur Entwicklung einer Kommunikationsbibliothek wurden auch Werkzeuge zur Fehlersuche (engl. debugging), Visualisierung des parallelen Programmablaufs, Profiling und Monitoring entwickelt. Auf die letzten vier Punkte kommen wir im vorletzten Kapitel, wo wir uns näher mit Werkzeugumgebungen beschäftigen, nochmals zu sprechen.

PVM ist auf verschiedenste Architekturen portiert. Sie reichen von einem Intel 80386-Prozessor bis hin zu einer Cray T90 und verschiedensten MPP-Rechnern. Es ist somit auf allen relevanten Hardwareplattformen vorhanden. Bisher erfolgte keine Standardisierung wie z.B. bei Fortran 90. So existieren neben dem sogenannten Public-domain-PVM auch herstellerspezifische Erweiterungen (z.B. von IBM und von Cray Research).

2.3.1.1 Das PVM-Modell

Das PVM-System besteht aus zwei logischen Teilen. Dies ist zum einen der sogenannte Dämon (**pvmd3**). Dabei handelt es sich um einen eigenständigen Prozeß. Über ihn erfolgt die Kommunikation, siehe Abbildung 2.6. Er läuft auf allen zur Parallelisierung verwendeten Rechnern. Der Benutzer kann durch eine spezielle Hostdatei oder interaktiv seine individuelle virtuelle Maschine (VM) konfigurieren, siehe hierzu auch Abbildung 2.5. Zum anderen ist es die Kommunikationsbibliothek (**libpvm3a**). Sie existiert sowohl für die Programmiersprache C als auch für Fortran 77. Um diese Routinen nutzen zu können, müssen sie bei einer Programmübersetzung hinzugebunden werden. In allen C- und Fortran-Programmen, die PVM-Routinen nutzen, ist ferner die Datei **pvm3.h** zu importieren.

Bei dem SPMD-Modus erfolgt die Abarbeitung des identischen Programms mit unterschiedlichen Daten auf den einzelnen genutzten Workstations bzw. Prozessoren eines Parallelrechners (kurz Knoten). Die einzelnen Teilprobleme werden als Tasks bezeichnet. Hierbei können natürlich auf einem einzelnen Knoten mehrere Tasks ablaufen. Auch lassen sich mehrere unterschiedliche Berechnungen mit PVM (z.B. eine Matrixmultiplikation und eine numerische Strömungssimulation) von einem Benutzer gleichzeitig starten. Jeder einzelnen Task ist es während einer Berechnung erlaubt, zu jeder beliebigen anderen PVM-Task des selben Benutzers und der selben parallelen Anwendung Nachrichten

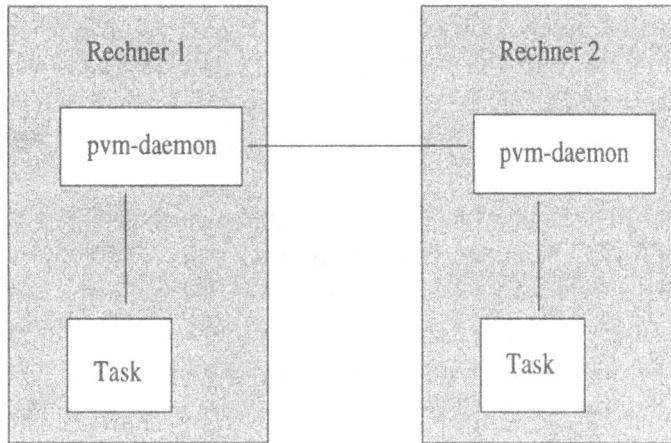

Abbildung 2.6: *Schematische Darstellung der Kommunikation unter PVM.*

zu senden. Kommunikationen zwischen unterschiedlichen Anwendungen sind somit sinnvollerweise ausgeschlossen.

2.3.1.2 Konfiguration der virtuellen Maschine

Gestartet wird die VM mittels des Kommandos

```
pvmd3 hostfile &
```

Im Hostfile definiert der Benutzer den absoluten Pfad des pvm-Dämons (mit **dx** gekennzeichnet), den absoluten Pfad des bzw. der auszuführenden Programme (mit **ep** gekennzeichnet) und eine Liste von Rechnernamen, jeweils einen pro Zeile.[8] Ein Beispiel für eine Hostdatei ist

---

[8]Dies variiert etwas zwischen den einzelnen PVM-Versionen.

```
* dx=/usr/local/bin/pvmd3
ep=/usr/local/benutzer/Programme
sun2
hp5
decalpha1
ibmsp2
intelparagon
```

PVM läßt sich auf Rechnern unterschiedlicher Hersteller starten. Im obigen Beispiel ist dies durch entsprechende Namen angedeutet. Die Kommunikationsbibliothek kann auch auf Rechnern mit verschiedenen Benutzerkennzeichen (engl. logins) gestartet werden. Hierfür ist bei jedem einzelnen Rechner das entsprechende Kennzeichen anzugeben. Weiterhin ist für alle verwendeten Rechner das identische Benutzerkennzeichen angenommen worden.

Es ist möglich, die Konfiguration der VM sowohl im interaktiven Modus als auch während der Programmabarbeitung zu verändern. Um in den interaktiven Modus zu gelangen, ist in der Benutzerumgebung das Kommando

```
pvm
```

einzugeben. Im Anschluß daran erscheint der sogenannte PVM-Prompt:

```
pvm>
```

Mit den zwei Kommandos **add** <Rechnername> und **delete** <Rechnername> können interaktiv zusätzliche Knoten (mit <Rechnername> angedeutet) in die VM aufgenommen bzw. entfernt werden. Im interaktiven Modus geschieht das Starten eines Programms durch einen sogenannten **spawn**-Aufruf (siehe hierzu auch den nächsten Abschnitt über die Prozeßkontrolle). Weitere, wichtige Kommandos sind in Tabelle 2.1 aufgeführt.

Kommando	Bedeutung
conf	aktuelle VM-Konfiguration
exit	zum Verlassen des interaktiven Modus
halt	stoppt PVM
help	Auflisten aller möglichen Kommandos im interaktiven Modus
ps -a	Informationen über aktuell laufende Tasks
version	verwendete PVM-Version
reset	stoppt alle PVM-Prozesse
add	Hinzufügen von neuen Knoten
delete	Entfernen von aktuellen Knoten

Tabelle 2.1: *Wichtige Kommandos im interaktiven Modus (PVM-Konsole).*

2.3.1.3   Die Prozeßkontrolle

PVM-Befehle beginnen mit dem Präfix „pvm_" für die Programmiersprache C und mit dem Präfix „pvmf" für Fortran. Wir benutzen in diesem Buch ausschließlich die C-Notation. Die Kommunikationsbibliothek stellt eine dynamische Prozeßkontrolle zur Verfügung. Somit können während des parallelen Abarbeitens eines Problems neue Tasks kreiert und alte gelöscht werden.

Innerhalb eines Programmcodes lautet der Befehl zur Erzeugung eines neuen Prozesses

```
int numt = pvm_spawn( char *task, char **argv, int flag,
                      char *where, int ntask, int *tid ).
```

Auf einem spezifischen Rechner kann eine Task durch das entsprechende Belegen der beiden Variablen flag = PvmTaskHost und where = <Rechnername> gestartet werden. Für flag = PvmDefault wird der

Eintrag in die Variable **where** ignoriert, und PVM entscheidet selbständig, auf welchem Rechner die neue Task zu starten ist. Der Inhalt von **ntask** spezifiziert die Anzahl Kopien einer zu startenden Task. Mit der Variablen **numt** kann das erfolgreiche bzw. erfolglose Starten einer Task überprüft werden. Ist der Rückgabeparameter der Funktion **pvm_spawn** negativ, so war der Versuch erfolglos und für einen positiven Rückgabewert hingegen erfolgreich.

Eine Task läßt sich mit dem Befehl

```
int info = pvm_kill( int tid )
```

beenden, wobei **tid** den Task-Identifier angibt, der von **pvm_spawn** gesetzt wird. Wiederum gibt die Variable **info** Auskunft über das erfolgreiche bzw. erfolglose Ausführen der Funktion.

Innerhalb eines Programmtextes ist eine Task durch

```
int info = pvm_exit()
```

zu beenden. Auch hier liefert die Funktion einen Statuscode als Ergebnis.

Der eigene Task-Identifier läßt sich mit

```
int info = pvm_mytid()
```

ermitteln.

2.3.1.4 Synchronisation und Kommunikation

In PVM existieren verschiedene Möglichkeiten zur Synchronisation. Sie kann über

- sogenannte Barrieren (engl. barriers) und
- das Senden bzw. Empfangen von Signalen oder Nachrichten

erfolgen. Ersteres erfolgt durch den Aufruf von

```
int info = pvm_barrier( char *group, int counter ).
```

Die Funktion stoppt die aufrufende Task, bis sich eine bestimmte Anzahl anderer Tasks (durch den Variableninhalt von `counter` festgelegt) gemeldet haben.

Eine Kommunikation ist die zweite Möglichkeit zur Synchronisierung in PVM. Dies erfolgt auf der Basis des TCP- und des UDP-Protokolls bzw. über Unix-domain-sockets. TCP (transmission control protocol) ist ein verbindungsorientiertes Kommunikationsprotokoll, wohingegen UDP (user datagram protocol) ein nachrichtenorientiertes darstellt. Beide sind ausführlich in [San93] erläutert.

Zur Adressierung der einzelnen Nachrichten (engl. messages) dienen zum einen der von PVM vergebene Task-Identifier (kurz tid genannt) und zum anderen vom Benutzer selber definierbare Kennzeichen (als msgtag bezeichnet). Das Senden von Daten erfolgt in drei Schritten:

- Initialisierung eines Sendepuffers,

- Schreiben einer Nachricht in den Sendepuffer und

- Verschicken des Sendepufferinhalts.

Das Initialisieren erfolgt über den PVM-Aufruf

```
int bufferid = pvm_initsend( int codierung ).
```

Bei einem mehrmaligen Senden einer oder mehrerer Nachrichten ist nur ein einmaliges Initialisieren des Sendepuffers erforderlich. Der Wert der Variable `codierung` bestimmt das Format. Zwei sehr oft verwendete sind das

- XDR-Format[9] (`codierung` = `PvmDataDefault` = 0) und

- Binärformat (`codierung` = `PvmDataRaw` = 1).

Senden im XDR-Format wird im allgemeinen in einer heterogenen, das Binärformat hingegen in einer homogenen Umgebung verwendet. Bei Verwendung des hardwareunabhängigen XDR-Formates ist eine Kon-

---

[9]XDR ist die Abkürzung für external data representation.

vertierung der Daten notwendig, die bei Verwendung des Binärformats entfällt. Ist die Initialisierung des Sendepuffers fehlgeschlagen, so liefert die Funktion **pvm_initsend** einen negativen Wert als Ergebnis, ansonsten einen positiven.

Um eine Nachricht zu senden ist es notwendig, sie vorher in einen entsprechenden Nachrichtenpuffer zu schreiben. Dies geschieht mit dem Funktionsaufruf

```
info = pvm_pk<type>( char *cp, int nitem, int stride ).
```

Hierbei beschreibt <type> den Datentyp. Eine Unterstützung erfolgt ausschließlich für elementare Datentypen, wie integer, float, double, character usw. Für das Schreiben von Zeichenfolgen ist die Notation etwas modifiziert. Sie lautet

```
info = pvm_str( char *sp ).
```

Beim Versenden von benutzerdefinierten Datentypen sind diese zuerst in elementare zu zerlegen und einzeln zu senden. Ebenso wie bei der Initialisierung gibt die Variable **info** den Fehlercode an (für Werte von **info** kleiner als Null ist ein Fehler aufgetreten und entsprechend für Werte größer als Null war das Schreiben in den Sendepuffer erfolgreich).

Nach einem erfolgreichen Ablegen der Daten in dem Sendepuffer ist es möglich, diesen durch

```
bufid = pvm_send( int tid, int msgtag, char *buf,
                  int len, int datatyp )
```

zu senden. Um eine Nachricht zu addressieren reicht oftmals der von PVM vergebene Task-Identifier (tid) alleine nicht aus. Um nun beim Empfangen einzelne Nachrichten voneinander zu unterscheiden, besteht in PVM die Möglichkeit, dies durch einen sogenannten Message-Identifier (kurz msgtag) zu realisieren. Zur Übertragung einer Nachricht sind ferner Informationen über den Datentyp (mit der Variable **datatype** angedeutet) erforderlich. Einen kurzen Überblick über die Zuordnung der Variable **datatype** zu elementaren Datentypen gibt die Tabelle 2.2.

Variable datatype	Bedeutung
PVM_INT	integer
PVM_FLOAT	real
PVM_DOUBLE	double
PVM_STR	string

Tabelle 2.2: *Einige Belegungen der Variablen* datatype.

Weitere relevante Informationen zum Senden sind die Länge der Nachricht (Variable len) und nicht zu vergessen die Daten selbst (Variable *buf).

Das Empfangen einer Nachricht erfolgt unter PVM in zwei Schritten:

• Empfangen der Nachricht und

• Lesen der Nachricht aus dem Empfangspuffer.

Hierzu ist zuerst eine Nachricht in einen Empfangspuffer zu schreiben. Dies geschieht durch den Aufruf der Funktion

```
bufid = pvm_recv( int tid, int msgtag ).
```

Die Bedeutung der einzelnen Variablen ist analog zum Sendebefehl (mit pvm_send). Im Anschluß daran sind die Daten aus dem Empfangspuffer mit

```
info = pvm_upk<type>( char *cp, int nitem, int stride )
```

zu lesen. Durch den Suffix <type> läßt sich wiederum der Datentyp spezifizieren (siehe pvm_pk). Entsprechend zum Senden ist für Zeichenketten eine Modifizierung in der Form

```
info = pvm_upkstr( char *cp )
```

erforderlich.

Neben den hier beschriebenen Möglichkeiten existieren natürlich noch weiterere. Eine ausführliche Diskussion mit vielen anschaulichen Beispielen findet der Leser in [GBD+94].

2.3.2 MPI

MPI ist die Abkürzung für Message Passing Interface. Im Gegensatz zu PVM erfolgte bei MPI von Anfang an eine Standardisierung. Einbezogen in die Entwicklung und Standardisierung sind neben europäischen und amerikanischen Universitäten alle nahmhaften Hersteller von Supercomputern. Die Spezifikation des Standards erfolgt im sogenannten MPI-Forum. MPI steht seit 1994 zur Verfügung. Die aktuelle Version ist MPI-1 (Stand Winter 1996). Für das Frühjahr 1997 wird MPI-2 erwartet. Im MPI-Forum erfolgt allerdings ausschließlich die Festlegung des Standards. Für die Umsetzung sind unter anderem die einzelnen Rechnerhersteller verantwortlich. Dies gewährleistet eine effiziente Implementierung von MPI. Ebenso, wie für PVM, ist eine sogenannte Public-domain-Version erhältlich. Hier ist vor allem MPICH des Argonne National Laboratory zu erwähnen. MPI beruht auf den Erfahrungen mit verschiedensten Kommunikationsbibliotheken, unter anderem auch PVM. Daher braucht es nicht zu verwundern, daß beide sehr ähnlich sind.

MPI hat seit seiner Einführung eine weite Verbreitung und Akzeptanz gefunden. Mittlerweile existieren für alle relevanten Parallelrechner MPI-Portierungen.

2.3.2.1 Das MPI-Modell

Genauso wie PVM unterstützt MPI den nachrichtenorientierten Ansatz und ist daher sehr gut für MIMD-Rechner mit verteiltem Speicher geeignet. Eine Parallelisierung erfolgt auf prozeß- und datenparalleler Ebene. Auf jedem Knoten läuft ein unabhängiger Prozeß. Eine Parallelisierung kann also nicht nur auf Workstationnetzen, sondern auch auf klassischen Parallelrechnern erfolgen. Genauso wie bei PVM ist es mit

MPI möglich, verschiedenste Rechner zu einem virtuellen Parallelrechner zu verbinden. Mit anderen Worten: MPI unterstützt heterogenes paralleles Rechnen. Durch die Beteiligung aller namhaften Rechnerhersteller erhofft man sich ein hohes Maß an Portabilität der entwickelten Software. Gelingt dies, ist ein wichtiger Schritt für die weite Verbreitung von Parallelrechnern getan.

Bei MPI existiert kein eigenständiger Dämon, wie dies bei PVM der Fall ist. Die Kommunikationsbibliothek kann sowohl unter C als auch unter Fortran verwendet werden. Hierzu ist im Anwenderprogramm die Datei mpi.h für C und C++ bzw. die Datei mpif.h für Fortran 77 bzw. Fortran 90 einzubinden. Somit können parallel ablaufende Programme mit gängigen Compilern übersetzt werden. Bei den Kommunikationsroutinen erfolgt keine Unterscheidung zwischen C und Fortran, wie das in PVM der Fall ist. Natürlich ist die Syntax der einzelnen Kommandos bzw. Aufrufe unterschiedlich.

Übersetzt wird ein MPI-Programm mit

```
mpiCC <Compiler-options> <MPI-Programm.cc>
```

für C++- und

```
mpicc <Compiler-options> <MPI-Programm.c>
```

für C-Programme. Die einzelnen Optionen sind selbsterklärend. Analoges gilt für Fortran. Dieses kann aber bei verschiedenen Implementierungen leicht variieren. Ferner ist darauf zu achten, daß bei Verwendung von Fortran 90 herstellerspezifische bzw. durch Rechenzentren zur Verfügung gestellte Interfaces exisitieren, siehe z.B. [Hen96]. Hiermit soll es einem Anwender erleichtert werden, MPI-Aufrufe in Fortran 90 zu integrieren.

Obwohl MPI auf dem nachrichtenorientierten Konzept basiert (d.h. distributed memory-Modell), unterstützt es doch auch das Rechnermodell mit gemeinsamen Speicher. Dies erfolgt durch spezielle Routinen. So existieren z.B. Routinen zum Überprüfen, ob ein anderer MPI-Prozeß des selben Anwenders auf einen gemeinsam genutzten Datenbereich zugreift (vergleiche hierzu die Diskussion bzgl. Semaphore und Monitore in diesem Kapitel) wie **MPI_Iprobe**. Allerdings wirkt dieser Aufruf blockierend und kann zu unnötigen Wartezeiten (engl. idle-times), von einem oder mehreren Prozessen führen. Dies läßt sich durch `MPI_Test` vermeiden. Als Konsequenz ergibt sich ein nicht-blockierendes Senden. Hierauf gehen wir in der weiteren Diskussion von MPI noch näher ein.

2.3.2.2 Die Prozeßkontrolle

Gestartet wird MPI auf der Ebene der Benutzerumgebung durch den Aufruf von

```
mpirun -arch <Architektur> -np <np> <MPI-Programm>
```

bei einer homogenen Umgebung und durch

```
mpirun -arch <Architektur 1> -np <np-arch1>
-arch <Architektur 2> -np <np-arch2> <MPI-Programm>
```

bei einer heterogenen Umgebung (exemplarisch für zwei verschiedene Architekturen dargestellt). Bei beiden gibt -np bzw. np-arch1 und np-arch2 die Anzahl der Knoten (z.B. Anzahl der Workstations) an. Durch **Architektur** erfolgt die Spezifizierung der Architektur (z.B. IRIS für SGI-Rechner oder hpux für HP-Rechner), und `MPI-Programm` gibt den Namen des auszuführenden Programms an. Beide Aufrufe sind wiederum implementierungsabhängig.

Im Gegensatz zu PVM ist es mit MPI nicht möglich, dynamisch neue Prozesse zu kreieren. Der Benutzer startet vielmehr mit einer festen Anzahl an Prozessen seine Applikation (d.h. statische Prozeßverwaltung).

Im Programmtext erfolgt die Initialisierung von MPI durch

```
MPI_Init( int *argc, char **argv).
```

Die beiden Parameter `argc` und `argv` haben die gleiche Bedeutung wie in einem herkömmlichen C-Hauptprogramm. Beide Parameter sind optional, d.h. `MPI_Init` kann auch ohne Parameter verwendet werden. Analog zu PVM beginnen alle MPI-Routinen mit dem Präfix „MPI_".

Um Nachrichten von Kommunikationspartnern zu identifizieren, ist ein Task-Identifier erforderlich. Dieser ist mit

```
MPI_Comm_rank( MPI_Comm comm, int *mytid)
```

erhältlich. Die Variable `comm` beschreibt den sogenannten Kommunikator. Im allgemeinen erfolgt das Belegen mit `MPI_Comm_World` (sogenannte default-Belegung). In der Ergebnisvariablen `mytid` befindet sich nach Aufruf von `MPI_Comm_rank` der eigene Task-Identifier.

Oftmals ist es nützlich, die gesamte Anzahl an gestarteten Prozessen durch einen Aufruf abzufragen. Dies ist in MPI durch

```
MPI_Comm_size( MPI_Comm comm, int *count)
```

möglich, mit `comm` der identischen Bedeutung zu `MPI_Comm_rank` und `count` eben der Anzahl gestarteter Prozesse.

Beendet wird MPI durch den Befehl bzw. den Funktionsaufruf

```
info = MPI_Finalize().
```

Mit den vier Befehlen ist es schon möglich, ein kleines MPI-Programm zu schreiben. Allerdings können die einzelnen Prozesse noch nicht miteinander kommunizieren und auch nicht synchronisiert werden.

2.3.2.3 Synchronisation und Kommunikation

Wie schon bei PVM kann zur Synchronisierung eine Barriere-Routine in der Form

```
MPI_Barrier( MPI_Comm comm )
```

genutzt werden. Damit ist sichergestellt, daß alle Prozesse ab dem selben Punkt synchron mit der Programmabarbeitung fortfahren.

Einzelne MPI-Prozesse können beliebig mit anderen MPI-Prozessen des selben Anwenders und der selben Applikation Daten austauschen. Im Gegensatz zu PVM, wo es ausschließlich möglich war, elementare Datentypen zu senden bzw. zu empfangen, bietet MPI dem Nutzer ein weit größeres Maß an Flexibilität. Kommunikation zwischen verschiedenen Anwendern ist somit sinnvollerweise nicht möglich.

Die beiden elementaren Möglichkeiten einer Kommunikation in MPI sind

```
MPI_Send( void *buf, int count, MPI_Datatype datatype,
          int dest, int tag, MPI_Comm comm )
```

für das Senden einer Nachricht und

```
MPI_Recv( void *buf, int count, MPI_Datatype datatype,
          int source, int tag, MPI_Comm comm,
          MPI_Status *status )
```

für das Empfangen. Hierbei handelt es sich um eine 1:1-Kommunikation (engl. point-to-point-communication). Ein Prozeß sendet an einen einzelnen Kommunikationspartner eine Nachricht. Es werden count Elemente des Datentyps datatype gesendet. Die Daten beginnen bei der Adresse buf. Der Empfänger einer Nachricht ist durch dest identifiziert. Zusätzliche nützliche Informationen können in der Variablen tag abgelegt werden. Beim Versenden einer Teilmatrix ist es z.B. oftmals nützlich, die Zeilen- oder Spaltennummern mit zu übersenden. Mit comm ist der schon bekannte Kommunikator spezifiziert. Um sicherzustellen, daß die richtige Nachricht empfangen wird, muß dies bei MPI_Recv durch source (d.h. Quelle also Herkunft) spezifiziert werden. Mit MPI_Datatype erfolgt die Angabe des Datentypes. Hierbei handelt es sich um die aus C bekannten elementaren Datentypen (also z.B. MPI_Char, MPI_Int oder MPI_Double).

Im Gegensatz zu PVM ist es mit MPI möglich, auch benutzerdefinierte Datenstrukturen zu versenden. Eine benutzerdefinierte Datenstruktur setzt sich aus einer Menge von einfachen Datentypen zusammen. Bei dem schon angesprochenen MPI_Send-Aufruf erfolgt dies durch die Angabe des entsprechenden Datentyps.

Dem Leser ist sicherlich aufgefallen, daß kein explizites Verpacken und Empfangen einer Nachricht erfolgt. Dies geschieht durch die Kommunikationsprimitiva (MPI_Send und MPI_Recv), also während der Kommunikation (engl. on the fly).

Bei einer Kommunikation zwischen zwei Prozessen A und B stellt MPI sicher, daß Nachrichten in genau der Reihenfolge bei einem Prozeß B ankommen, wie sie von A abgeschickt wurden. Dies ist durch die Variablen `source`, `dest` und `tag` in den eben erläuterten Aufrufen möglich.

Oftmals ist eine Nachricht nicht nur an einen Empfänger, sondern an mehrere (1:n-Kommunikation) bzw. von mehreren Sendern an einen Empfänger (n:1-Kommunikation) zu schicken. Dieses sind globale Kommunikationsmöglichkeiten. Ein derartiger Datenaustausch erfolgt über einen sogenannten Root-Prozeß. Dieser übernimmt die Verteilung der Daten, d.h. die Empfänger erhalten ihre Nachricht nicht direkt vom Sender, sondern indirekt über den Root-Prozeß.

Eine einfache und zugleich wohl sehr bekannte Methode zur Realisierung einer 1:n-Kommunikation stellt der Broadcast

```
MPI_Bcast( void *buf, int counter, MPI_Datatype datatype,
           int root, MPI_Comm comm )
```

dar. Mit `root` erfolgt die Angabe des Root-Prozesses. Alle anderen Variablen haben zum `MPI_Send`- und `MPI_Recv`-Aufruf analoge Bedeutungen. Bildlich ist ein Broadcast in Abbildung 2.7 dargestellt.

Oftmals ist es notwendig, daß ein einzelner Prozeß Nachrichten von n anderen Prozessen empfängt (z.B. für das Berechnen eines globalen Fehlers bei einem Iterationsverfahren). Hierfür stellt MPI die Routine

```
MPI_Gather( void *sendbuf, int sendcount,
            MPI_Datatype sendtype, void *recvbuf,
            int recvcount, MPI_Datatype recvtype,
            int root, MPI_Comm comm )
```

zur Verfügung, siehe auch Abbildung 2.8.

In der Routine `MPI_Gather` beschreiben die ersten drei Parameter den Sender, die Parameter vier bis sechs den Empfänger und die Variable `root` spezifiziert den Root-Prozeß. Es ist darauf zu achten, daß der Sende-Datentyp mit dem Empfangs-Datentyp identisch ist (also `sendtype = recvtype` und `sendcount = recvcount`).

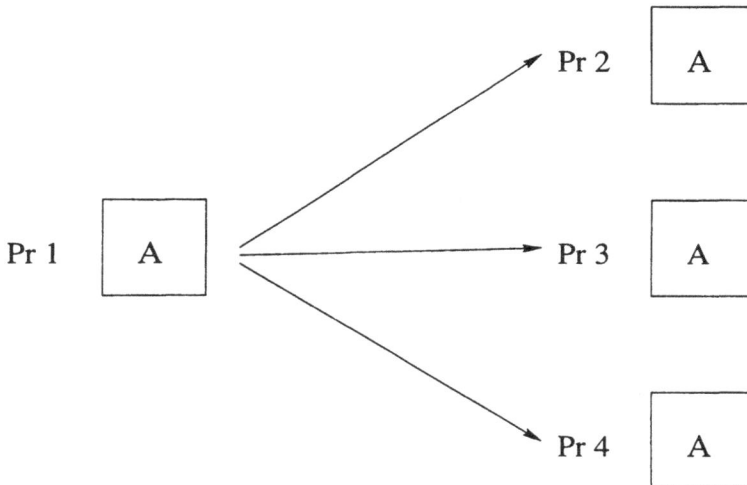

Abbildung 2.7: *Schematische Darstellung eines Broadcast von Prozeß 1 (mit Pr 1 angedeutet) zu den Prozessen 2,3 und 4 (jeweils mit Pr 2, Pr 3 und Pr 4 angedeutet).*

Erfolgt die Verwendung einer komplexen Prozeßtopologie, so kann ein mehrmaliges Senden und Empfangen von Nachrichten leicht zu Fehlern in der Programmierung führen. Das Ergebnis sind dann die schon angesprochenen Verklemmungen (engl. deadlocks). Dies läßt sich oftmals durch ein gekoppeltes Senden und Empfangen vermeiden. Der entsprechende Aufruf lautet

```
MPI_Sendrecv( void *sendbuf, int sendcount,
              MPI_Datatype sendtype, int dest,
              int sendtag, void *recvbuf, int recvcount,
              MPI_Datatype recvtype, int source,
              int recvtag, MPI_Comm comm,
              MPI_Status *status ).
```

Die Bedeutung der einzelnen Variablen ist analog zu `MPI_Send` bzw. `MPI_Receive`.

Die bisher diskutierten Kommunikationen wirken alle blockierend. Damit sich die Laufzeit nicht unnötig erhöht, erlauben viele Parallel-

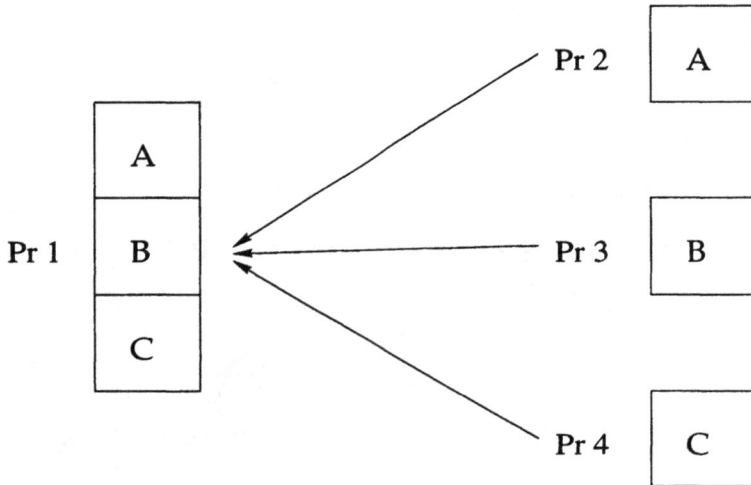

Abbildung 2.8: *Eine n:1-Kommunikation für* $n = 3$.

rechner Asynchronität in der Kommunikation. Dies bedeutet, daß ein Senden gestartet wird, und im Anschluß daran können weitere Befehle abgearbeitet werden (analog zur nichtblockierenden Ein- und Ausgabe). Als MPI-Routine existiert hierfür MPI_Isend. Gegenüber MPI_Send hat MPI_Isend eine zusätzliche Variable **request** als Parameter, also

```
MPI_Isend( void *buf, int count, MPI_Datatype datatype,
           int dest, int tag, MPI_Comm comm,
           MPI_Request *request ).
```

Mit diesen ist der Abschluß des Sendevorgangs abfragbar. Dies geschieht mit der Routine MPI_Test:

```
MPI_Test( MPI_Request *request, int *flag,
          MPI_Status *status ).
```

Die Bedeutung der Variablen ist selbsterklärend. Als Gegenstück zu MPI_Isend existiert natürlich auch MPI_Irecv. Die Variablen sind analog zu MPI_Recv.

Bisher haben wir noch nicht die Problematik des heterogenen parallelen Rechnens angesprochen. Bei der Diskussion von PVM sahen wir, daß es dort möglich ist, für die Kommunikation unterschiedliche Datenformate anzugeben. Bei MPI ist dies nicht notwendig. Es ist so spezifiziert, daß Senden und Empfangen von Nachrichten ohne explizite Angabe spezifischer Kommunikationsformate korrekt arbeitet. Der Entwickler wird also etwas entlastet. Dies soll die Portabilität von einer homogenen hin zu einer heterogenen Umgebung erhöhen.

2.3.2.4 Weitere Eigenschaften

Neben den hier leider nur kurz darstellbaren Routinen zur Kommunikation bietet MPI auch noch weitere Möglichkeiten. Wie wir schon im letzten Kapitel gesehen haben, ist eine problemangepaßte Topologie der Prozessoren für eine effiziente Kommunikation wichtig. MPI gibt dem Anwender im beschränkten Umfang die Möglichkeit, einfache virtuelle Topologien anzugeben. Diese sind unabhängig von der physikalischen Topologie. Ein Anwender weiß am besten, welche Anordnung die günstigste ist (bzgl. dem Kommunikationsaufwand). Die wichtigsten Routinen sind

```
MPI_Cart_Create( MPI_Comm comm_old, int ndims, int *dims,
                 int *periods, int recorder,
                 MPI_Comm *new_comm )
```

zur Erzeugung einer gitterähnlichen (kartesischen) Topologie, siehe Abbildung 2.9.
In der Variablen `ndim` erfolgt die Angabe der Dimension. Bei Abbildung 2.9 handelt es sich um eine zweidimensionale Topologie, so daß für diesen Fall `ndim = 2` zu setzen ist. Mit `dims` kann die Anzahl logischer (d.h. virtueller) Prozessoren angegeben werden (d.h. `dims(1)` = `dims(2)` = 3 für das Beispiel in Abbildung 2.9). Durch `periods` läßt sich das periodische Schließen spezifizieren (in unserem Beispiel wäre `periods(1)` = `periods(2)` = `false`). Soll MPI die Wahl der Plazierung der einzelnen Prozesse auf die virtuellen Prozessoren überlassen werden, so ist `record = true` einzusetzen. `MPI_Cart_Create` generiert einen neuen Kommunikator. Mit der Routine

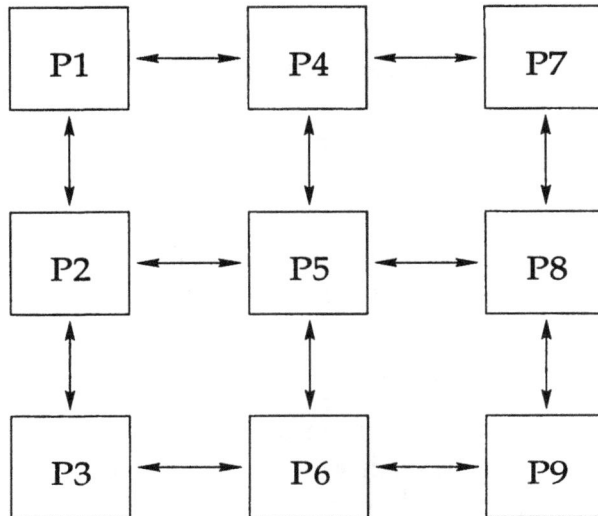

Abbildung 2.9: *Kartesische Topologie für neun virtuelle Prozessoren (P1 - P9).*

```
MPI_Cart_Get( MPI_Comm comm, int maxdims, int *dims,
              int *periods, int *coords )
```

kann jeder Prozeß seinen logisch nächsten Nachbarn ermitteln (in coords stehend).

Ferner besteht die Möglichkeit, die Laufzeit eines Programms durch

```
double MPI_Wtime()
```

zu bestimmen. MPI_Wtime gibt hierbei die verstrichene Zeitspanne ab einem bestimmten festen Datum an. Die Laufzeit eines Programms läßt sich somit durch die Differenz der Ergebnisse zweier Aufrufe von MPI_Wtime bestimmen.

Eine ausführliche Beschreibung aller MPI-Befehle erfolgt z.B. in [Fos94, GLS94].

MPI-2 erscheint voraussichtlich im April 1997. Eine erste Version ist schon ab Herbst 1996 verfügbar. Als entscheidende Änderungen gegenüber MPI-1 wird eine dynamische Prozeßverwaltung verfügbar sein (spawn-Aufruf). Ferner erfolgt die Unterstützung einer parallelen Ein-

und Ausgabe und sogenannter real-time-Protokolle für die Kommunikation. Auch ist dann eine bessere Unterstützung von C++ und von Fortran 90 vorhanden.

In diesem Kapitel haben wir ausgehend von der Darstellung unterschiedlicher Ebenen der Parallelität, verschiedene Programmiermodelle diskutiert. Hierbei handelt es sich um abstrakte Beschreibungen von Parallelität. Eine Umsetzung finden diese Ansätze in den diskutierten Programmiersprachen zur Beschreibung paralleler Algorithmen (wie z.B. High Performance Fortran) und in Kommunikationsbibliotheken (wie z.B. PVM und MPI). Es wurde versucht, einen kurzen Abriß über den Leistungsumfang und die Limitierung der verschiedenen Ansätze und deren konkrete Realisierungen zu geben. Hierbei ließen sich große Unterschiede in der Unterstützung von Parallelität und in der Realisierung erkennen. Bei HPF muß sich der Anwender nicht explizit um die Kommunikation kümmern. Es bietet somit ein hohes Maß an Anwenderfreundlichkeit. Allerdings sind hier detaillierte Kenntnisse über die Arbeitsweise des Compilers erforderlich. Die Kommunikationsbibliotheken PVM und MPI (die wir hier exemplarisch näher betrachtet haben) unterscheiden sich in ihrer logischen Struktur nur unwesentlich. Allerdings bieten sie eine unterschiedliche Anzahl an Kommunikationsroutinen an. Der Anwender muß sich bei allen Kommunikationsbibliotheken selber um die Realisierung des Datenaustauschs und der Synchronisierung kümmern. Somit entsteht ein hoher Implementierungsaufwand. MPI wird sich wohl in den nächsten Jahren gegenüber PVM und anderen Kommunikationsbibliotheken durchsetzen, da an der Weiterentwicklung im MPI-Forum alle namhaften Rechnerhersteller schon von Anfang an beteiligt wurden. Das Faktum der Standardisierung dürfte sicherlich auch nicht unerheblich sein.

Inwieweit sich die verschiedenen Programmiermodelle zum Lösen konkreter Problemstellungen aus der Numerik eignen, untersuchen wir in den nächsten Kapiteln, wo verschiedene iterative Lösungsverfahren zum numerischen Berechnen großer linearer Gleichungssysteme eingesetzt werden.

Kapitel 3

Parallelisierung numerischer Algorithmen

In den bisherigen Kapiteln beschäftigten wir uns ausschließlich mit dem Informatik-Aspekt des parallelen Rechnens. Nun steht der Numerik-Aspekt im Vordergrund des Interesses. Hierbei konzentrieren wir uns auf das Lösen linearer partieller Differentialgleichungen[1]. Dies werden sowohl stationäre (zeitunabhängige) als auch instationäre (zeitabhängige) sein. Zeitabhängige Problemstellungen treten in der Natur am häufigsten auf. Für beide Fälle betrachten wir einfache Vertreter in Form der sogenannten Laplace-Gleichung und der Wärmeleitungsgleichung.

Bevor wir allerdings detailliert auf verschiedene Probleme eingehen, noch einige allgemeine Bemerkungen. Alle im folgenden diskutierten Problemstellungen sind mathematische Formulierungen realer (somit physikalischer) Erscheinungen, d.h. die einzelnen Gleichungen (es handelt sich hier ja um partielle Differenzialgleichungen) stellen ein mathematisches Modell von uns umgebenden Vorgängen dar. Je genauer unser Modell ist, desto genauere numerische Ergebnisse können wir erwarten (die Abweichung zum physikalischen Problem wird als *Modellfehler* bezeichnet). Da wir im folgenden grundlegende Problemstellungen betrachten, ist auch die Modellbildung einfach. Dies soll aber

---

[1]Gewöhnliche Differentialgleichungen beschreiben Funktionen, die ausschließlich von einer einzigen Variablen abhängen, wohingegen partielle Differentialgleichungen Funktionen beschreiben, die von mehreren Variablen abhängen.

nicht darüber hinweg täuschen, daß bei komplexeren realen Erscheinungen (z.B. in der Strömungsmechanik) diese Aussage nicht mehr uneingeschränkt gilt. Auf die Problematik der Modellbildung gehen wir in diesem Buch nicht näher ein, siehe [Hab77, Zur86].

Bei komplexeren Problemstellungen ist es oftmals nicht möglich, eine analytisch geschlossene Lösung anzugeben. Dann sind Lösungen nur noch mit numerischen Methoden zu berechnen. Hierzu ist es erforderlich, das zu lösende Problem zu diskretisieren (d.h. Überführung einer kontinuierlichen in eine diskrete Formulierung). Hierbei findet die Methode der Finiten Differenzen (FD) Anwendung. Alternative Ansätze sind Finite Volumen- (FV) und Finite Element- (FE) Verfahren (siehe [Bra92, Pat80, SF73]). Bei der Diskretisierung entsteht ein *Diskretisierungsfehler*. Er resultiert aus der Transformation (d.h. Umwandlung) des kontinuierlichen Problems in eine diskrete Formulierung. Mit einem Rechner ist es ja nur möglich, numerische Lösungen an endlich vielen (d.h. diskreten) Punkten zu berechnen. Des weiteren ist festzustellen, daß die Zahldarstellung mit einem Rechner nur mit einer endlichen Anzahl von Ziffern möglich ist. Hierdurch können *Rundungsfehler* entstehen.

Aus der Diskretisierung ergibt sich ein Gleichungssystem. Das Lösen dieses Gleichungssystems kann nun entweder mit sogenannten direkten (d.h. exakten) Verfahren oder mit iterativen Verfahren[2] erfolgen. Der wohl bekannteste Vertreter eines direkten Verfahrens ist das Gauß-Eliminationsverfahren. Bei den iterativen Verfahren erfolgt das sukzessive Annähern an eine numerische Lösung in endlich vielen Schritten (Iterationen).

In Abhängigkeit der Anzahl an Iterationen entsteht ein mehr oder minder großer *Iterationsfehler*. Natürlich ist es mit diesen Verfahren möglich, ein diskretes Problem bis auf Maschinengenauigkeit auf einem Computer zu lösen (d.h. zu approximieren). Somit läßt sich der Iterationsfehler bis auf Maschinengenauigkeit reduzieren. Bekannte Vertreter von Iterationsverfahren sind das hier näher diskutierte Gauß-Seidel-Verfahren und Mehrgittertechniken. Die einzelnen Ansätze wer-

---

[2]Carl Friedrich Gauß (1777 – 1855) entwickelte vor über 150 Jahren das erste Iterationsverfahren (Methode der kleinsten Fehlerquadrate, das heute unter dem Namen Gauß-Seidel-Verfahren bekannt ist).

den ausführlich diskutiert. Hierbei gehen wir detailliert auf Implementierungsdetails ein, ebenso wie auf verschiedene Parallelisierungsmöglichkeiten. Iterative Verfahren besitzen im allgemeinen gegenüber direkten Verfahren einen deutlich geringeren Lösungsaufwand. Um den Lösungsaufwand weiter zu senken stellen wir neue Ansätze, wie dünne Gitter, vor.

Zur Beurteilung der verschiedenen Iterationsansätze dient die numerische Effizienz (auch oftmals als Lösungsaufwand bezeichnet) und die Konvergenzrate. Bei einem optimalen Verfahren ist der Lösungsaufwand proportional zur Anzahl der zu lösenden Gleichungen (d.h. $O(\mathbf{N})$ mit $\mathbf{N}$ der Anzahl zu lösender Gleichungen). Der Term $O(\mathbf{N})$ beschreibt ausdrücklich die Ordnung des Verfahrens. Der tatsächliche Aufwand ist mindestens $K \cdot \mathbf{N}$ mit $K \geq 1$. Die Konvergenzrate (auch als Iterationsgeschwindigkeit bezeichnet) gibt an, wie schnell der Iterationsfehler abfällt.

Die Auswirkungen der verschiedenen Fehler auf das numerische Ergebnis sind schon im Vorfeld einer Berechnung zu untersuchen. Für einfache Probleme lassen sich die einzelnen Fehler genau abschätzen. Auch existieren hier sehr gute theoretische Untersuchungen (siehe z.B. [Bra92, Hac86]). Bei komplexeren Problemen kann die Fehlerabschätzung sehr umfangreich sein. Dann sind andere Techniken einzusetzen, um gesicherte Ergebnisse zu erzielen (z.B. Verwendung mehrerer Iterations- bzw. Diskretisierungsverfahren usw.).

Wir müssen bei der numerischen Berechnung schon sehr frühzeitig berücksichtigen, welche Rechnerausstattung (d.h. Hardware) und Software zur Verfügung stehen. Dies hat natürlich Auswirkungen auf die Genauigkeit der erzielbaren Ergebnisse. Ferner ist der Zeitfaktor zu berücksichtigen. So können zwar Berechnungen durchaus prinzipiell durchführbar sein, benötigen aber einen zu langen Zeitraum (z.B. durch Vorgaben des Managements oder verfügbare Rechenzeit).

3.1 Diskretisierung

Physikalische Phänomene sind kontinuierliche Probleme, die demzufolge auch kontinuierliche Lösungen aufweisen. Eine kontinuierliche Lösung ist in einem entsprechenden Gebiet[3] Ω definiert (Ω offene Teilmenge des $\mathbb{R}^2$, d.h. $\Omega \subset \mathbb{R}^2$, da wir hier ausschließlich zweidimensionale Probleme betrachten). Der Einfachheit halber verwenden wir das quadratische Einheitsgebiet $\Omega = (0,1) \times (0,1)$.

Das kontinuierliche Gebiet (kurz Gebiet) wird mit einer endlichen Anzahl an Gitterpunkten je Raumrichtung überzogen. Die Menge dieser diskreten Punkte wird als numerisches Gitter (kurz Gitter) bezeichnet. Jeder einzelne Punkt des Gitters ist demzufolge ein Gitterpunkt, siehe Abbildung 3.1.

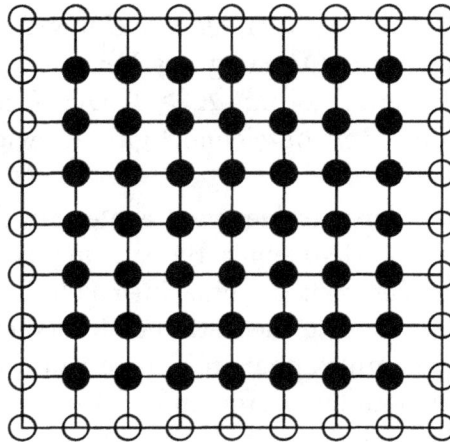

Abbildung 3.1: *Gitter mit* $\mathbf{N} = 49$ *inneren Gitterpunkten (durch* • *gekennzeichnet) und entsprechenden Randpunkten (durch* ○ *gekennzeichnet).*

Wir erhalten somit ein Gitter $\Omega_{n,n}$. Formal läßt sich dies durch

$$\Omega_{n,n} := \{(x,y) = (ih, jh) : 0 < i, j < 2^n\} \tag{3.1}$$

ausdrücken. Die Numerierung der einzelnen Gitterpunkte in horizontaler (also x-) Richtung erfolgt mit i und jene in vertikaler (also y-) Richtung mit j. Für $i, j = 0$ bzw. $i, j = 2^n$ entstehen die Randpunkte. Es ist also ein uniformes äquidistantes Gitter mit $N = 2^n - 1$ inneren

---

[3]Ω ist im mathematischen Sinne ein Gebiet, falls es offen und zusammenhängend ist. Offen bedeutet, daß ein Gebiet keinen Rand besitzt.

Gitterpunkten je Raumrichtung (also $\mathbf{N} = N^2$). Die Maschenweite[4] des Gitters $\Omega_{n,n}$ ergibt sich somit zu $h = h_x = h_y = 2^{-n}$. Die einzelnen Gitterpunkte werden lexikographisch von links unten nach rechts oben numeriert. Es sind aber natürlich auch andere Numerierungen möglich. Für Beispiele, siehe [Hac91].

Bei der Diskretisierung mit FD erfolgt die Ersetzung des Differentialoperators (z.B. $\frac{\partial^2 u(x,y)}{\partial x^2}$ und $\frac{\partial^2 u(x,y)}{\partial y^2}$, wie sie in der Laplace-Gleichung auftreten) durch einen Differenzenoperator. Verschiedene Differenzenoperatoren diskutieren wir in Abschnitt 3.1.1 und 3.1.2.

Das Ergebnis der Diskretisierung ist ein algebraisches Gleichungssystem

$$\boxed{A_{n,n}\mathbf{u}_{n,n} = \mathbf{f}_{n,n}} \tag{3.2}$$

mit $\mathbf{u}_{n,n}$ und $\mathbf{f}_{n,n}$ jeweils $2^n - 1 \times 2^n - 1$-dimensionalen Vektoren und $A_{n,n}$ einer $\mathbf{N} \times \mathbf{N}$-Matrix ($A_{n,n} \in \mathbb{R}^{\mathbf{N},\mathbf{N}}$ und $\mathbf{N} = (2^n - 1)^2$). In obiger Formel ist $\mathbf{u}_{n,n}$ die gesuchte Lösung und $\mathbf{f}_{n,n}$ eine gegebene rechte Seite. Die Matrix $A_{n,n}$ entsteht aus der Diskretisierung (wir betrachten hier ausschließlich symmetrische zweidimensionale Probleme). Die Zahl $N = 2^n - 1$ beschreibt die Anzahl der diskreten inneren Punkte je Raumrichtung und damit die Anzahl der zu lösenden algebraischen Gleichungen. Wir betrachten hier ja ausschließlich zweidimensionale Problemstellungen und somit ergibt sich die Anzahl zu lösender Gleichungen zu $\mathbf{N} = N^2 = (2^n - 1)^2$. Die unbekannten Werte $u(x,y) = u(ih, jh)$ lassen sich durch $u_{i,j}$ abkürzen. Eine Differenzierung wird zwischen Vektoren (z.B. $\mathbf{u}_{n,n}$) und einzelnen Komponenten (z.B. $u_{i,j}$) vorgenommen.

Eine Diskretisierung erfolgt zuerst für ein stationäres und im Anschluß daran für ein instationäres Problem. Beide sind Modellprobleme für viele Anwendungen. Praktisch relevante Problemstellungen (z.B. in der numerischen Strömungssimulation) haben ähnliche Kommunikationsstrukturen bzw. Lösungsmethoden. Durch das Studium dieser noch sehr einfachen partiellen Differentialgleichungen lassen sich somit Parallelisierungs- und Lösungsmethoden diskutieren.

---

[4]Die Maschenweite eines Gitters ist der Abstand zweier benachbarter Gitterpunkte i und $i + 1$ bzw. j und $j + 1$.

3.1.1 Stationäre Probleme

Einer der einfachsten Vertreter partieller Differentialgleichungen ist die sogenannte *Poisson-Gleichung*

$$-\frac{\partial^2 u(x,y)}{\partial x^2} - \frac{\partial^2 u(x,y)}{\partial y^2} = f(x,y) \quad \text{für} \quad (x,y) \in \Omega \qquad (3.3)$$

und

$$u(x,y) = \varphi(x,y) \quad \text{für} \quad (x,y) \in \Gamma. \qquad (3.4)$$

Ein Spezialfall entsteht für $f(x,y) = 0$ in Form der sogenannten *Laplace-Gleichung*[5] auch als Potentialgleichung bezeichnet. Lösungen dieser Gleichung sind somit Potentialfunktionen. Sie spielen in der Physik und Technik eine bedeutende Rolle (z.B. in der Potentialtheorie). Gleichung (3.3) beschreibt das Innere des Lösungsgebietes Ω und Gleichung (3.4) den Rand Γ. Eine Lösung des Problems erfolgt auf $\overline{\Omega} = \Omega \cup \Gamma$, siehe auch das Gitter in Abbildung 3.1. Bei Gleichung (3.3) handelt es sich um eine sogenannte elliptische Differentialgleichung. Bzgl. der Klassifizierung von Differentialgleichungen, siehe unter anderem [Hac86]. Eine kürzere Formulierung für den linken Term von Gleichung (3.3) lautet $\triangle u(x,y)$, wobei $\triangle$ den sogenannten *Laplace-Operator*

$$\triangle = div\ grad = \frac{\partial^2}{\partial x^2} + \frac{\partial^2}{\partial y^2} \qquad (3.5)$$

in einer kartesischen Geometrie darstellt (mit *div* der Divergenz und *grad* dem Gradienten).

Der Einfachheit halber sei, wie schon erwähnt, $\Omega = (0,1) \times (0,1)$. Zur Approximation des Differentialoperators mit FD existieren verschiedene Möglichkeiten in Form von

- Vorwärts- bzw. Rückwärtsdifferenzen,

- Zentraldifferenzen und

- Differenzen höherer Ordnung.

---

[5]Diese Gleichung wurde erstmals von P. S. Laplace (1749 – 1827) beschrieben.

Eine gebräuchliche Form ist jene mit Zentraldifferenzen. Die diskretisierte Form von (3.3) lautet damit

$$h^{-2}(4u_{i,j} - u_{i-1,j} - u_{i+1,j} - u_{i,j-1} - u_{i,j+1}) = f_{i,j}, \qquad (3.6)$$

wobei $f_{i,j} = f(ih, jh)$ und $0 < i, j < 2^n$ gilt. Die linke Seite von (3.6) wird oft als *Fünfpunkteoperator* bezeichnet. Eine alternative gängige Darstellung ist

$$\begin{bmatrix} & -1 & \\ -1 & 4 & -1 \\ & -1 & \end{bmatrix}$$

auch als *Fünfpunktestern* bezeichnet. Die Lösung für $u_{i,j}$ hängt also direkt von den jeweiligen vier Nachbarwerten $u_{i-1,j}$, $u_{i+1,j}$, $u_{i,j-1}$, $u_{i,j+1}$ ab, siehe auch Abbildung 3.2.

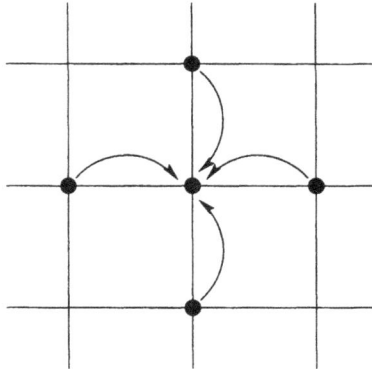

Abbildung 3.2: *Abhängigkeit der Lösung im Gitterpunkt (i, j) von seinen Nachbarn bei einer Diskretisierung mit Zentraldifferenzen.*

Es stellt sich nun die Frage des Diskretisierungsfehlers, d.h. der Abweichung zwischen der exakten kontinuierlichen Lösung **u** und der diskreten Lösung $\mathbf{u}_{n,n}$. Hier bezeichnet $\mathbf{u}_{n,n}$ nicht die Lösung in einem einzigen Punkt, sondern beschreibt die gesamte Lösung, ist also ein Vektor (siehe auch Gleichung (3.2)). Eng verbunden mit dem Fehler ist der Begriff der *Konvergenz*. Er besagt im wesentlichen, daß bei immer feiner werdenden Gittern (d.h. Gitter mit immer mehr Gitterpunkten) der

Diskretisierungsfehler gegen Null gehen soll. Ferner sollte die gewählte Diskretisierung stabil[6] sein.

Da nun aber $\mathbf{u}_{n,n}$ eine diskrete und $\mathbf{u}$ eine kontinuierliche Lösung darstellt, lassen sich beide nicht so einfach miteinander vergleichen. Um dies zu bewerkstelligen, bilden wir $\mathbf{u}$ auf die diskreten Punkte des verwendeten Gitters $\Omega_{n,n}$ ab. Mathematisch geschieht dies durch eine Restriktion R_n. Die genaue Gestalt von R_n braucht uns hier nicht weiter zu interessieren. Somit sind wir nun in der Lage, beide miteinander vergleichen zu können. Für den in Gleichung (3.6) gewählten Ansatz gilt

$$\boxed{\|\mathbf{u}_{n,n} - R_n\mathbf{u}\| = O(h^2).} \tag{3.7}$$

Hierbei ist $\| \cdot \|$ unser Abstandsmaß (Norm). Am gebräuchlisten ist die *Euklidsche Norm* (auch als L_2-Norm bezeichnet)

$$\boxed{\|\mathbf{u}_{n,n}\|_2 := \sqrt{\sum_{i,j=1}^{N} |u_{i,j} - R_n\mathbf{u}|^2}} \tag{3.8}$$

und die *Maximumsnorm*

$$\boxed{\|\mathbf{u}_{n,n}\|_\infty := \max_{i,j \leq N} |u_{i,j} - R_n\mathbf{u}|.} \tag{3.9}$$

Aus der Gültigkeit von Gleichung (3.7) folgt ein Diskretisierungsfehler von 2. Ordnung. Bei einer Verdopplung der Gitterpunkte in beide Raumrichtungen reduziert sich der Fehler durch die Diskretisierung nach (3.6) um den Faktor vier. Für Details, siehe [Hac86].

Bei komplexen Problemstellungen ist aber genau die exakte Lösung nicht bekannt. Daher erfolgt anstelle der exakten Fehlerberechnung die Berechnung des *Residuums res*. Hierin geht anstelle der exakten Lösung die rechte Seite $\mathbf{f}_{n,n}$ ein. Damit ergibt sich die L_2-Norm zu

$$\boxed{res := \|\mathbf{f}_{n,n} - A_{n,n}\mathbf{u}_{n,n}\|_2.} \tag{3.10}$$

Somit entfallen die in (3.8) notwendigen Restriktionen R_n. Analoges gilt für die Maximumsnorm. Das Residuum gibt nur einen Hinweis auf

---

[6]Für die mathematisch exakte Definition der Stabilität, siehe z.B. [Hac86].

die Güte der Lösung. So muß nicht notwendigerweise aus einem sehr kleinem Residuum auch ein sehr kleiner Fehler resultieren. Die umgekehrte Aussage gilt hingegen schon.

Um die Laplace-Gleichung lösen zu können, benötigen wir noch Randbedingungen. Es können

- Dirichlet-,
- Neumann-,
- periodische und
- gemischte[7]

Randbedingungen auftreten. Im weiteren verwenden wir ausschließlich Dirichlet-Randbedingungen. Hierbei sind die Randbedingungen durch Funktionen fest vorgegeben, wie in Gleichung (3.4) formuliert.

Durch die Dirichlet-Randbedingungen aus Gleichung (3.4) ergibt sich für den diskreten Fall

$$\boxed{u_{i,j} = \varphi(ih, jh)} \qquad (3.11)$$

mit $i = 0$, $i = 2^n$ und $j = 0$, $j = 2^n$. Da die Randbedingungen bekannt sind, ändert sich an der Gesamtzahl zu lösender Gleichungen nichts. Sie bleibt bei $N = 2^n - 1$ je Raumrichtung. Die Matrix $A_{n,n}$ ist eine tridiagonale Blockmatrix (somit dünn besetzt). Jeder einzelne Block ist wiederum eine tridiagonale Matrix.

Einen Überblick über Diskretisierungsansätze höherer Ordnung gibt z.B. [ATP84]. Eine vertiefende Diskussion des finiten Differenzenverfahrens findet sich unter anderem in [ATP84, Hac86]. Hier erfolgt auch die Behandlung anderer Randbedingungen.

---

[7]Auf einem Teil des Randes können z.B. Dirichlet- und auf dem Rest Neumann-Randbedingungen definiert sein.

3.1.2   Instationäre Probleme

Der einfachste Vertreter von instationären partiellen Differentialgleichungen ist die sogenannte *Wärmeleitungsgleichung*

$$\boxed{\frac{\partial u(x,y,t)}{\partial t} = \frac{\partial^2 u(x,y,t)}{\partial x^2} + \frac{\partial^2 u(x,y,t)}{\partial y^2} \quad \text{für} \quad (x,y) \in \Omega}$$

(3.12)

und

$$\boxed{u(x,y,t) = \varphi(x,y) \quad \text{für} \quad (x,y) \in \Gamma \quad \text{und} \quad \forall t \quad \text{mit} \quad 0 \le t \le 1.}$$

(3.13)

Die Formulierung der Randbedingungen in Gleichung (3.13) gilt nun über die gesamte Simulationszeit ($0 \le t \le 1$). Analog zum räumlichen Gitter erfolgt auch in der Zeit eine Normierung auf den Wert Eins. Beide Gleichungen zusammen beschreiben die Wärmeausbreitung im Inneren einer zweidimensionalen Platte bei vorgegebenen Rändern, d.h. das Innere der Platte wird in Abhängigkeit der Randbedingungen entweder abgekühlt oder erwärmt. Um numerische Berechnungen des Problems durchführen zu können, sind neben Rand- auch noch Anfangsbedingungen (die den Zustand des Systems zu Beginn der Berechnung beschreiben) erforderlich. Im Gegensatz zur Laplace-Gleichung aus Abschnitt 3.1.1, wo wir ein Randwertproblem diskutierten, handelt es sich bei zeitabhängigen Problemstellungen um ein Rand- und Anfangswertproblem. Die Wärmeleitungsgleichung ist vom parabolischen Typus.

Die Diskretisierung der rechten Seite von Gleichung (3.12) kann analog zu Abschnitt 3.1.1 erfolgen. Für das Bilden der Zeitableitung $\frac{\partial u(x,y,t)}{\partial t}$ existieren verschiedene Ansätze. Sie unterteilen sich in

- explizite,
- implizite und
- semi-implizite

Verfahren. Auf die ersten beiden gehen wir im folgenden dezidiert ein. Bei semi-impliziten Verfahren handelt es sich um Mischformen zwischen expliziten und impliziten Verfahren, die wir hier nicht näher betrachten.

3.1.2.1 Explizite Zeitdiskretisierung

Einer der bekanntesten Vertreter ist das sogenannte *explizite Euler-Verfahren*. Der Differentialoperator $\frac{\partial u(x,y,t)}{\partial t}$ wird durch einen sogenannten *Vorwärtsdifferenzenoperator* in der Form

$$\boxed{\frac{1}{h_t}(u_{i,j}^{m+1} - u_{i,j}^m)} \tag{3.14}$$

approximiert, mit $h_t = 1/T$ als verwendetem Zeitschritt und T der Anzahl an Zeitschritten. Die zeitliche Auflösung ist also, analog zur räumlichen, konstant (d.h. äquidistant). In Gleichung (3.14) gibt $u_{i,j}^m$ die bekannten Werte der Zeitebene m und $u_{i,j}^{m+1}$ jene Werte der zu berechnenden Zeitebene $m + 1$ an (mit $0 \leq m \leq T - 1$). Insgesamt ergibt sich für Gleichung (3.12) folgender Differenzenausdruck, siehe auch Abbildung 3.3.

$$\boxed{\frac{1}{h_t}(u_{i,j}^{m+1} - u_{i,j}^m) = \frac{1}{h^2}(u_{i-1,j}^m + u_{i+1,j}^m + u_{i,j-1}^m + u_{i,j+1}^m - 4u_{i,j}^m).} \tag{3.15}$$

Beim Berechnen der aktuellen zeitabhängigen Werte $u_{i,j}^{m+1}$ geht man Schritt für Schritt in der Simulationszeit t (kurz Zeit) voran. Zuerst erfolgt das Berechnen der ersten Zeitebene ($m = 1$) aus den vorgegebenen Anfangs- und Randwerten. Ist dies geschehen, kann die nächste Zeitebene ($m = 2$) in Angriff genommen werden. Die Lösung im Punkt $u_{i,j}^{m+1}$ hängt also ausschließlich von Werten der Zeitebene m und den spezifizierten Randwerten ab.

Der zeitliche Diskretisierungsfehler ist bei Verwendung des expliziten Euler-Verfahrens von der Ordnung $O(h_t)$. Bei Verdopplung der Anzahl an Zeitschritten halbiert sich somit der Fehler durch die verwendete Diskretisierung. Die exakte Herleitung des Fehlers ist schwierig und würde bei weitem über den Rahmen dieses Buches hinausführen. Für Details, siehe z.B. [GO92]. Der gesamte Fehler ε durch die Approximation von Gleichung (3.12) durch (3.15) ist also

$$\boxed{\varepsilon = O(h_t) + O(h^2).} \tag{3.16}$$

Zeitebene $m + 1$

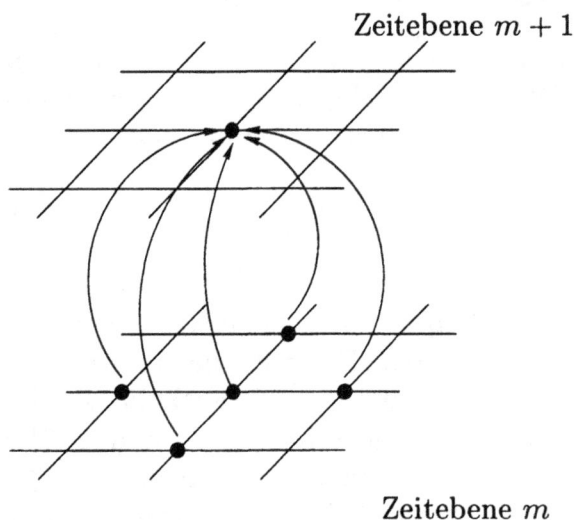

Zeitebene m

Abbildung 3.3: *Graphische Darstellung des expliziten Euler-Verfahrens.*

Somit ist der zeitliche Diskretisierungsfehler von 1. Ordnung und der räumliche von 2. Ordnung genau.

Nun noch einige Bemerkungen zur Stabilität des diskutierten Zeitschrittverfahrens. Gleichung (3.16) gibt ausschließlich den Fehler pro Zeitschritt an (*lokaler Diskretisierungsfehler*) und leider nicht den Fehler auf dem gesamten Zeitintervall $[0, t]$. Der Diskretisierungsfehler geht bei Verkleinerung von h_t und h gegen Null nicht notwendigerweise ebenfalls gegen Null. Vielmehr ist es äußerst schwierig, Aussagen über den sogenannten *globalen Diskretisierungsfehler* zu machen. Es müssen zusätzliche sogenannte Stabilitätsbedingungen erfüllt sein, bevor eine globale Konvergenz vorliegt (siehe hierzu [ATP84, GO92]). Auf Grund dieser ist oftmals ein Zeitschritt notwendig, der wesentlich kleiner ist, als eigentlich für das Problem erforderlich wäre. Für die Wärmeleitungsgleichung gilt als Abschätzung für den Zeitschritt h_t

$$\boxed{h_t \leq \frac{h^2}{4}}$$
(3.17)

(siehe [GO92, Smi70]). Wird ein erheblich größerer Zeitschritt verwendet, so verschlechtert sich das numerische Ergebnis drastisch. Es kann sogar zur Instabilität führen. Der sich aus (3.17) ergebende Zeitschritt ist in Tabelle 3.1 angegeben.

Problemgröße n	Zeitschritt h_t
1	$6.3 \cdot 10^{-2}$ (2^{-4})
2	$1.6 \cdot 10^{-2}$ (2^{-6})
3	$3.9 \cdot 10^{-3}$ (2^{-8})
4	$9.8 \cdot 10^{-4}$ (2^{-10})
5	$2.4 \cdot 10^{-4}$ (2^{-12})
6	$6.1 \cdot 10^{-5}$ (2^{-14})
7	$1.5 \cdot 10^{-5}$ (2^{-16})
8	$3.8 \cdot 10^{-6}$ (2^{-18})
9	$9.5 \cdot 10^{-7}$ (2^{-20})

Tabelle 3.1: *Zeitschritt h_t in Abhängigkeit von der räumlichen Auflösung $N = 2^n - 1$ für das explizite Euler-Verfahren.*

Der somit den Zeitschritt h_t limitierende Faktor ist nicht durch das zu lösende Problem, sondern durch das verwendete Verfahren bestimmt. Der zu verwendende Zeitschritt wird mit zunehmender Gitterpunktzahl drastisch kleiner, so daß der Rechenaufwand in astronomische Höhen steigt.

Die Problematik zusätzlicher Stabilitätsbedingungen ist nicht ausschließlich auf die Wärmeleitungsgleichung und das hier verwendete einfache Diskretisierungsschema beschränkt. Es ist vielmehr ein prinzipielles Problem aller expliziten Verfahren und tritt bei allen zeitabhängigen Problemstellungen auf. Diese starke Limitierung im Zeitschritt führte zu der Entwicklung sogenannter *impliziter Verfahren*, wie wir sie gleich diskutieren werden. Einen Überblick über verschiedenste explizite Verfahren gibt z.B. [ATP84, Fle87].

3.1.2.2   Implizite Zeitdiskretisierung

Die bei expliziten Verfahren erforderlichen zusätzlichen Stabilitätsbedingungen, um eine Konvergenz der gesamten Diskretisierung sicherzustellen sind, bei impliziten Verfahren vermeidbar.

Der Zeitschritt h_t hängt bei diesen Verfahren von der gewünschten
Genauigkeit und dem zu lösenden Problem ab. Bei einer fest vorgegebenen Genauigkeit bleibt somit der Zeitschritt für eine variierende
räumliche Auflösung im Gegensatz zu expliziten Verfahren konstant.
Bei der betrachteten Wärmeleitungsgleichung sind wesentlich weniger
als 100 Zeitschritte erforderlich, um das Residuum auf 0.00001 zu reduzieren. Siehe hierzu auch die erforderlichen Zeitschritte des diskutierten
expliziten Verfahrens in Tabelle 3.1.

Ein einfacher Vertreter ist das *implizite Euler-Verfahren*, siehe auch
Abbildung 3.4. Eine alternative Bezeichnung ist rückwärts-Euler- (engl.
backward Euler) Verfahren. Wiederum beschreibt $u_{i,j}^m$ bekannte Werte
der Zeitebene m und $u_{i,j}^{m+1}$ unbekannte Werte der Zeitebene $m+1$ (mit
$0 \leq m \leq T - 1$). Es ergibt sich somit zu

$$\boxed{\frac{1}{h_t}\left(u_{i,j}^{m+1} - u_{i,j}^m\right) = \frac{1}{h^2}\left(u_{i-1,j}^{m+1} + u_{i+1,j}^{m+1} + u_{i,j-1}^{m+1} + u_{i,j+1}^{m+1} - 4u_{i,j}^{m+1}\right).} \tag{3.18}$$

Gleichung (3.18) ist zur expliziten Formulierung in Gleichung (3.15)
sehr ähnlich, allerdings mit dem entscheidenden Unterschied, daß in
(3.18) auf der rechten Seite ausschließlich Werte der Zeitebene $m+1$
stehen. Bei der expliziten Diskretisierung waren dies ja Werte der Ebene m. Um nun Lösungen für (3.18) zu erhalten, muß ein lineares Gleichungssystem gelöst werden (daher die Namensgebung implizit). Der
Rechenaufwand pro Zeitschritt ist damit bei diesem Verfahren wesentlich höher im Vergleich zum vorher diskutierten expliziten Verfahren.
Allerdings ist es durch den Wegfall der Stabilitätsbedingung möglich,
einen erheblich größeren Zeitschritt als beim expliziten Konkurren-
ten zu verwenden, so daß implizite Verfahren im gesamten geringere
Rechenkosten verursachen. Allerdings ist bei der Wahl der zeitlichen
Auflösung h_t darauf zu achten, daß andere Zwangsbedingungen (z.B.
physikalisches Verhalten) richtig beschrieben werden. Dies gilt natürlich
auch für die räumliche Auflösung.

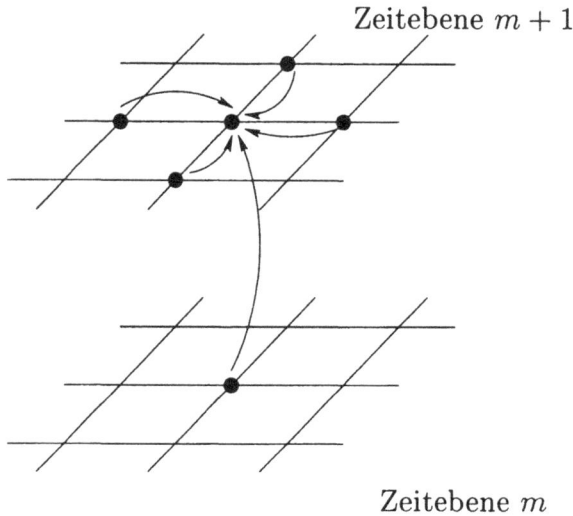

Zeitebene $m+1$

Zeitebene m

Abbildung 3.4: *Graphische Darstellung des impliziten Euler-Verfahrens.*

Der Diskretisierungsfehler von (3.18) ist wie bei (3.15)

$$\boxed{\varepsilon = O(h_t) + O(h^2),} \qquad (3.19)$$

also 1. Ordnung in der Zeit und 2. Ordnung im Raum.

Ein weiteres Zeitdiskretisierungsverfahren ist das von *Crank und Nicolson*. Es ist ein Mittel zwischen explizitem und implizitem Euler-Verfahren und lautet für die Wärmeleitungsgleichung, siehe auch Abbildung 3.5

$$\frac{1}{h_t}(u_{i,j}^{m+1} - u_{i,j}^m) = \frac{1}{2h^2}\left\{ (u_{i-1,j}^{m+1} + u_{i+1,j}^{m+1} + u_{i,j-1}^{m+1} + u_{i,j+1}^{m+1} - 4u_{i,j}^{m+1}) \right.$$
$$\left. + (u_{i-1,j}^m + u_{i+1,j}^m + u_{i,j-1}^m + u_{i,j+1}^m - 4u_{i,j}^m)\right\}.$$

$$(3.20)$$

Zeitebene $m+1$

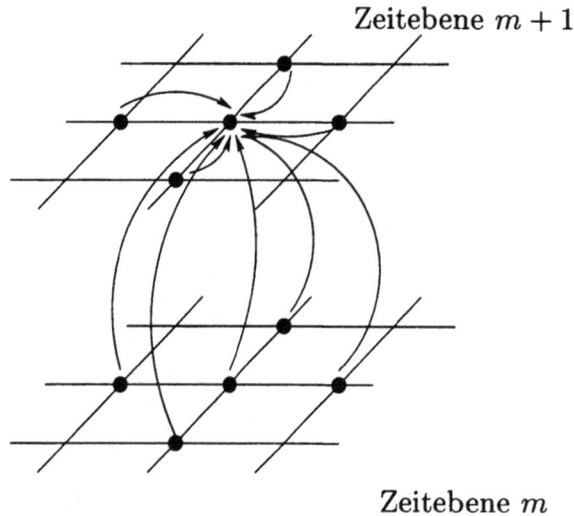

Zeitebene m

Abbildung 3.5: *Graphische Darstellung des Crank-Nicolson-Verfahrens.*

Ebenso wie das implizite Euler-Verfahren ist es unbedingt stabil, allerdings mit einem Diskretisierungsfehler der Form

$$\varepsilon = O(h_t^2) + O(h^2).$$

(3.21)

Aus Gleichung (3.20) ist ersichtlich, daß analog zum impliziten Euler-Verfahren Werte von der Zeitebene m zum Berechnen der Werte auf der Zeitebene $m+1$ erforderlich sind.

Durch die Einführung eines Parameters μ mit $\mu \in (0,1)$ lassen sich alle drei diskutierten Verfahren zu

$$\frac{1}{h_t}(u_{i,j}^{m+1} - u_{i,j}^m) = \frac{1}{h^2}\left\{\mu(u_{i-1,j}^{m+1} + u_{i+1,j}^{m+1} + u_{i,j-1}^{m+1} + u_{i,j+1}^{m+1} - 4u_{i,j}^{m+1})\right.$$
$$\left. + (1-\mu)(u_{i-1,j}^m + u_{i+1,j}^m + u_{i,j-1}^m + u_{i,j+1}^m - 4u_{i,j}^m)\right\}$$

(3.22)

zusammenfassen. In Abhängigkeit von μ in Gleichung (3.22) ergibt sich somit entweder das explizite, implizite Euler-Verfahren ($\mu = 0$ bzw. $\mu = 1$) oder das Crank-Nicolson-Verfahren ($\mu = 0.5$), siehe [Smi70].

Zur Beurteilung eines Diskretisierungsverfahrens reicht allerdings der Diskretisierungsfehler alleine nicht aus. Das Crank-Nicolson-Verfahren neigt bei hochfrequenten Lösungen zu Oszillationen und ist somit für derartige Probleme schlecht geeignet. Für niederfrequente Lösungen hingegen zeigt es ein sehr gutes Lösungsverhalten. Das implizite Euler-Verfahren zeigt ein derartig oszillatorisches Verhalten weder für hoch- noch für niederfrequente Lösungen. Es ist also nicht notwendigerweise dem Verfahren mit der besseren Fehlerreduzierung der Vorzug einzuräumen, sondern es gilt vielmehr auch das Lösungsverhalten zu berücksichtigen.

Wir haben in diesem Abschnitt verschiedenste Möglichkeiten der Zeitdiskretisierung für die Wärmeleitungsgleichung diskutiert. Explizite Verfahren besitzen den Vorteil der einfachen Implementierung, sind dafür aber nicht vollständig stabil. Implizite Verfahren erfordern einen höheren Implementierungsaufwand, sind dafür aber vollständig stabil. Auch lassen sich hiermit numerische Berechnungen bei größeren Zeitschritten als bei expliziten Verfahren durchführen. Implizite Zeitdiskretisierungsverfahren sind somit numerisch effizienter als explizite. Dies gilt nicht nur für die hier diskutierten einfachen Problemstellungen, sondern vielmehr auch für praxisrelevante Anwendungen (siehe [STD$^+$96]). Nachdem nun verschiedene Diskretisierungsverfahren für elliptische und parabolische Problemstellungen diskutiert wurden, wenden wir uns nun deren Berechnung und hier speziell deren parallelen Berechnung zu.

3.2 Gebietszerlegungsmethoden

Ein naheliegender Ansatz zur Parallelisierung numerischer Algorithmen ist das gesamte Rechengebiet Ω (bzw. dessen diskretes Gegenstück $\Omega_{n,n}$), in einzelne Teilgebiete $\Omega_{n,n}^1, ..., \Omega_{n,n}^P$ zu zerlegen. P gibt hier die Anzahl der Teilgebiete an. Derartige *Gebietszerlegungsmethoden* (engl. domain decomposition methods) sind über 120 Jahre alt und werden oftmals, nach ihrem Entwickler H. A. Schwarz, auch als Schwarzsche Methoden bezeichnet. Eine Unterteilung des gesamten Gebietes kann in disjunkte (nicht-überlappende) und überlappende Teilgebiete erfolgen, in Abhängigkeit, ob sich die einzelnen Teilgebiete überlappen, siehe Abbildung 3.6.

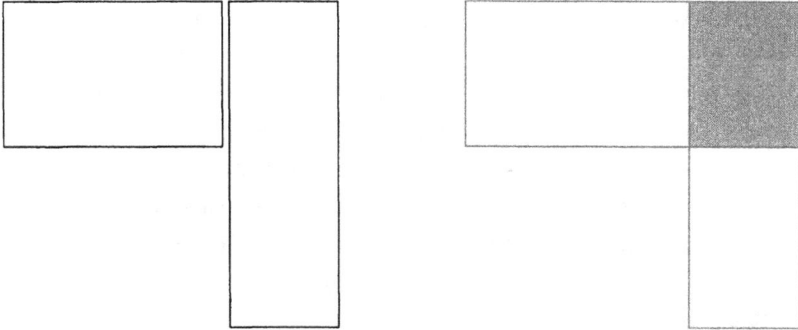

Abbildung 3.6: *Nicht-überlappende (links) und überlappende (rechts) Gebietszerlegung (Überlappungsgebiet grau hinterlegt).*

Die Strategie zur Zerteilung des Lösungsgebietes $\Omega_{n,n}$ in einzelne Teilgebiete $\Omega_{n,n}^1, ..., \Omega_{n,n}^P$ hängt natürlich sehr stark von der Problemstellung und dem verwendeten Gitter ab. Für das hier verwendete Einheitsquadrat kann eine Zerteilung in Zeilen, Spalten oder Blöcke erfolgen, siehe Abbildung 3.7. Dies gilt sowohl für überlappende als auch für nicht-überlappende Gebiete. Die Entscheidung für eine der Varianten hängt neben der Problemstellung sehr stark von der Prozessortopologie des Zielrechners ab. Eine blockförmige Zerteilung ist für zweidimensionale Prozessortopologien in Form eines Gitters adäquat, wohingegen eine Zerteilung in Zeilen bzw. Spalten für eine eindimensionale Topologie günstig ist. Ein weiteres Kriterium ist das verwendete Lösungsverfahren. Bei einer Zerteilung in Zeilen sollte auch das iterative Verfahren zeilenorientiert arbeiten (z.B. lexikographischer Gauß-Seidel).

Eine Vielzahl von Literatur existiert zu Gebietszerlegungsmethoden und speziell hier zu Strategien für eine möglichst effiziente Zerteilung des Gesamtgebietes in einzelne Teilgebiete mit einem möglichst geringen Überlappungsgebiet (siehe z.B. [Hac86, Qua91, SBG96]).

Jedes einzelne Teilgebiet (unabhängig ob überlappend oder nicht) läßt sich durch einen eigenen Prozeß realisieren und kann somit verschiedenen Prozessoren zur Berechnung der Unbekannten zugeordnet

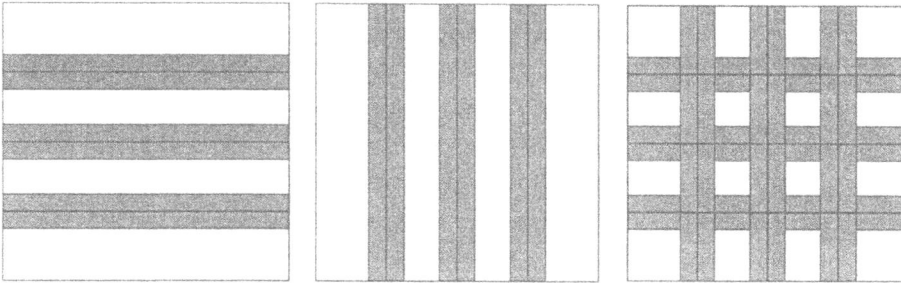

Abbildung 3.7: *Gebietszerlegung in Form von Zeilen (links), Spalten (mitte) und Blöcken (rechts). Die Überlappungsgebiete sind grau hinterlegt.*

werden. Es handelt sich also um einen datenparallelen Ansatz zur Parallelisierung (siehe auch die Diskussion über Parallelisierungsansätze in Kapitel 2). Damit reduziert sich der erforderliche Speicher- und Rechenaufwand pro Prozessor in Abhängigkeit der Anzahl an Teilgebieten. Ebenso sollte sich bei gleichbleibender Anzahl an Gitterpunkten (d.h. Unbekannten) die gesamte Rechenzeit bei Einsatz von P Prozessoren für P Teilgebiete entsprechend verkürzen. Um eine möglichst gleichmäßige Auslastung aller verwendeter Prozessoren sicherzustellen, muß das Gesamtgebiet Ω bzw. $\Omega_{n,n}$ in Teilgebiete mit möglichst gleicher Anzahl Unbekannter zerteilt werden. Die Gebietszerlegung wird im Bereich des parallelen Rechnens somit oftmals zur Verteilung von Daten verwendet.

Der Vorteil an disjunkten Teilgebieten liegt in der unveränderten Anzahl an zu speichernden Gitterpunkten im Vergleich zum Ausgangsproblem. Allerdings entstehen bei diesem Vorgehen eine höhere Anzahl an Kommunikationen im Vergleich zum überlappenden Ansatz. Er entsteht, indem bei Berechnungen am Rand des jeweiligen Teilgebietes Werte des entsprechenden Nachbargebietes erforderlich sind, siehe Abbildung 3.8. Diese Informationen müssen zwischen den einzelnen Teilgebieten in Form einer Kommunikation ausgetauscht werden.

Beim überlappenden Ansatz erhöht sich die Gesamtzahl der Gitterpunkte gegenüber dem Ausgangsproblem. Der Anstieg ist abhängig von der Größe des Überlappungsgebietes. Demzufolge sollte dieses möglichst klein gehalten werden. Das Zerteilen des Gesamtgebietes in gleich große Teile unter Berücksichtigung möglichst kleiner Überlappungsgebiete ist speziell für komplexe Geometrien (z.B. Motorblöcke oder Turbinenschaufeln) ein nicht-triviales Problem.

Dem maximalen Parallelisierungsgrad sind natürlich durch die Problemgröße (d.h. Gitterpunktzahl) Grenzen gesetzt. Es ist bei der Gebietszerlegung darauf zu achten, daß der Kommunikationsaufwand geringer ist als der Berechnungsaufwand. In den nächsten beiden Kapiteln untersuchen wir diesen Punkt genauer.

Im folgenden diskutieren wir die Gebietszerlegungsmethode mit überlappenden Teilgebieten. Die jeweiligen Überlappungspunkte werden auf jedem Teilgebiet gespeichert. Damit sind diese Werte doppelt vorhanden, siehe Abbildung 3.8. Eine Berechnung der partiellen Differentialgleichung erfolgt ausschließlich auf den inneren Punkten. Um diese allerdings durchzuführen sind die Überlappungspunkte erforderlich. Diese stellen sogenannte „künstliche Randpunkte" dar. Ihr Wert ist gleich dem entsprechenden inneren Punkt des angrenzenden Gebietes. Um nun bei einem iterativen Verfahren immer möglichst aktuelle Werte in den Überlappungspunkten zu erhalten, erfolgt eine Kommunikation zwischen den einzelnen Prozessoren. Oftmals geschieht dies nach jeder Iteration. Geschieht ein Datenaustausch in zu großen Intervallen, so kann sich die notwendige Anzahl an Iterationen erhöhen, bzw. es kann sogar zu Instabilitäten des Verfahrens führen.

Gebietszerlegungsmethoden sind die am häufigsten verwendeten Ansätze zur Parallelisierung numerischer Anwendungen. Sie lassen sich sowohl bei stationären als auch bei instationären Problemstellungen anwenden (siehe [BLR92]).

3.3 Iterative Lösungsverfahren

Im ersten Teil dieses Kapitels diskutierten wir Diskretisierungsansätze für stationäre und instationäre Problemstellungen. Nun wenden wir uns dem numerischen Lösen dieser Probleme zu. Aus einer Diskretisierung entsteht ja ein lineares Gleichungssystem. Diese Gleichungen können sehr effizient mit iterativen Methoden gelöst werden. Zuerst konzentrie-

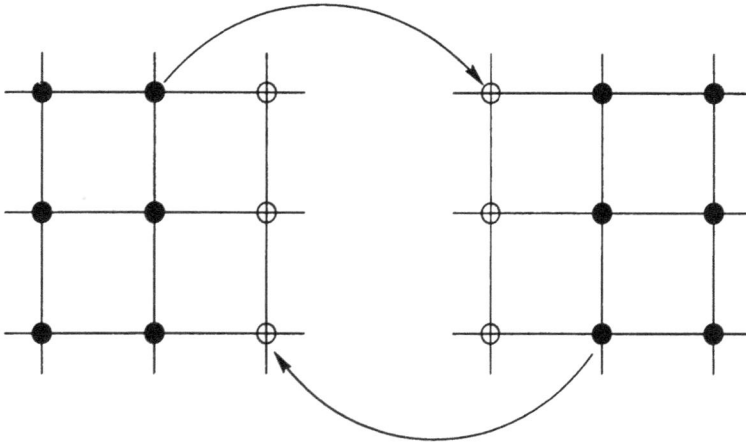

Abbildung 3.8: *Austausch der einzelnen Werte. „Künstliche" Rand-*
punkte sind durch ∘ und innere Punkte durch • gekennzeichnet.

ren wir uns wiederum auf den stationären Fall und gehen im Anschluß
daran zum instationären Fall über.

Für eine Vielzahl von Standardproblemstellungen existieren bereits
sogenannte Programmbibliotheken bzw. Programmsammlungen, z.B.

- BLAS (Basic Linear Algebra Subprograms),
- IMSL,
- NAG,
- EISPACK,
- LAPACK,
- LINPACK,
- PLTMG und
- Templates.

Siehe hierzu auch die umfangreiche Literatur [Ban94, BMBTFCD⁺93,
DBMS79, DDSvdV91, GBDM77, PTVF92]. Dies sind teilweise kommerzielle bzw. von Universitäten oder Forschungseinrichtungen entwickelte Produkte. Vielfach existieren für einzelne Rechnerarchitektu-

ren hochoptimierte Versionen. Dies schließt eine Parallelisierung natürlich ein. Auf den in der Einleitung erwähnten www-Seiten findet der Leser weitere detaillierte Hinweise.

Iterative Verfahren sind direkten Verfahren im allgemeinen bzgl. des Lösungsaufwandes (Berechnungskomplexität) überlegen. Daher konzentrieren wir uns ausschließlich auf iterative Verfahren. Für direkte Löser sei an dieser Stelle auf die reichhaltige Literatur verwiesen (siehe [Arb96, DDSvdV91, DER86, Ort89, Sto83, SB78]).

Durch die rasante Rechnerentwicklung gewannen iterative Verfahren immer mehr an Bedeutung. In den letzten 40 Jahren entstanden eine Vielzahl unterschiedlichster Verfahren. Wichtige Vertreter, wie Gauß-Seidel und Mehrgittermethoden, diskutieren wir ausführlich.

Das allgemeine Prinzip iterativer Lösungsverfahren besteht in der sukzessiven (d.h. iterativen) Annäherung an die numerische Lösung. Ausgangspunkt ist hierbei eine Startlösung $^{(0)}\mathbf{u}_{n,n}$

$$^{(0)}\mathbf{u}_{n,n} \to {}^{(1)}\mathbf{u}_{n,n} \to {}^{(2)}\mathbf{u}_{n,n} \to \dots \to {}^{(M)}\mathbf{u}_{n,n} = A^{-1}\mathbf{f}_{n,n}.$$

Eine Startlösung kann auf Schätzwerten (z.B. aus Heuristiken) beruhen. Meistens startet die Iteration allerdings bei Null, d.h. $^{(0)}\mathbf{u}_{n,n} = 0$.

Die Anwendbarkeit der hier diskutierten iterativen Verfahren ist allerdings an gewisse Voraussetzungen gebunden. Dies ist bei den hier gewählten Diskretisierungen gegeben. Für Details siehe [Hac91].

Mit jedem Iterationsschritt reduziert sich der Iterationsfehler $^{(k)}\epsilon$ zweier aufeinanderfolgender Iterationen $k-1$ und k um einen bestimmten Betrag (bzgl. möglicher Fehlernormen, siehe (3.8) - (3.10)). Je stärker diese Reduktion ausfällt, desto numerisch effizienter[8] ist das verwendete Verfahren.

3.3.1 Paralleles Gauß-Seidel-Verfahren

Ausgangspunkt ist das zu lösende lineare Gleichungssystem

$$\boxed{A_{n,n}\mathbf{u}_{n,n} = \mathbf{f}_{n,n}.}$$ (3.23)

---

[8]Ein Verfahren ist numerisch effizient, falls die Berechnungskomplexität gleich der Speicherkomplexität ist.

Die einzelnen Einträge in $A_{n,n}$ resultieren aus der verwendeten Diskretisierung mit FD, siehe Gleichung (3.6) für die Laplace-Gleichung. Jede einzelne Zeile aus $A_{n,n}$ ist eine Bestimmungsgleichung für eine gesuchte Größe $u_{i,j}$. Durch Auflösen von (3.6) nach $u_{i,j}$ ergibt sich

$$u_{i,j} = \frac{1}{4}(h^2 f_{i,j} + u_{i-1,j} + u_{i+1,j} + u_{i,j-1} + u_{i,j+1})$$

(3.24)

und damit die Iterationsvorschrift

$$^{(k+1)}u_{i,j} = \frac{1}{4}(h^2 f_{i,j} + {}^{(k+1)}u_{i-1,j} + {}^{(k)}u_{i+1,j} + {}^{(k+1)}u_{i,j-1} + {}^{(k)}u_{i,j+1})$$

(3.25)

für die $(k+1)$-Iteration des *Gauß-Seidel-Verfahrens* (auch oft als *Einschrittverfahren* bezeichnet). Eine alternative Notation hierzu in Komponentenschreibweise lautet

$$^{(k+1)}u_{i,j} = \frac{1}{a_{i,j}}(f_{i,j} - \sum_{i',j'<i,j} a_{i',j'} {}^{(k)}u_{i',j'} - \sum_{i',j'>i,j} a_{i',j'} {}^{(k+1)}u_{i',j'}).$$

(3.26)

Graphisch läßt sich Gleichung (3.25) durch Abbildung 3.9 darstellen. Aus beiden Iterationsvorschriften lassen sich nun Eigenschaften des Gauß-Seidel-Verfahrens ableiten. Sobald ein $u_{i,j}$-Wert neu berechnet wurde, steht er für die weiteren Berechnungen zur Verfügung. Es ist daher naheliegend, diesen „aktuellen" Wert sofort in die weiteren Berechnungen einfliesen zu lassen. Damit hängt die Iteration aber von der „Durchlaufrichtung" (d.h. der Anordnung der einzelnen Indizes) ab. Mögliche Abarbeitungsreihenfolgen zum Lösen des linearen Gleichungssystems sind lexikographisch (lexikographischer Gauß-Seidel), schachbrettartig (red-black Gauß-Seidel) oder mehrfarbig (Mehrfarben-Gauß-Seidel). Somit hat die Durchlaufrichtung Einfluß auf die numerische Effizienz. Zwei- und Mehrfarbenverfahren benötigen eine größere Anzahl

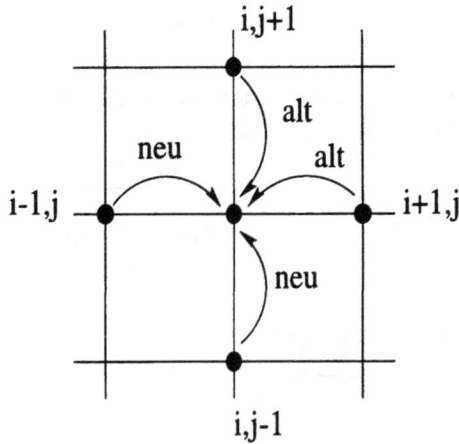

Abbildung 3.9: *Graphische Darstellung des lexikographischen Gauß-Seidel-Verfahrens.*

an Iterationen, um das Residuum auf einen vorgegebenen Wert zu reduzieren als die lexikographische Variante. Dies soll an einem kleinen Beispiel verdeutlicht werden.

Hierzu betrachten wir die Gleichung (3.3) mit $f(x,y) = 0$. Als Randbedingungen wählen wir die Funktion

$$u(x,y) = sin(\pi y) \cdot \frac{sinh(\pi(1-x))}{sinh(\pi)}. \tag{3.27}$$

Auf dieses Beispiel kommen wir im weiteren Verlauf des öfteren zurück. Um nun den Einfluß der Durchlaufrichtung auf die numerische Effizienz zu untersuchen, geben wir als Residuum $res = 0.00001$ vor. In Tabelle 3.2 sind die Iterationszahlen für die verschiedenen Varianten angegeben. Deutlich ist der höhere Aufwand bei der Vierfarben-Variante[9] im Vergleich zur lexikographischen Abarbeitung zu sehen.

Der Mehrfarben-Gauß-Seidel findet bei dreidimensionalen Problemen und der Schachbrett-Gauß-Seidel bei zweidimensionalen Problemen Anwendung. Sie haben Vorteile bei der Vektorisierung und der

---

[9]Bei der verwendeten Diskretisierung mit zentralen Differenzen ist der Vierfarben-Gauß-Seidel identisch zur Zweifarben-Version. Für das weitere Verständnis ist dies aber unerheblich.

Problemgröße n	lexikographischer Gauß-Seidel	Vierfarben-Gauß-Seidel
1	1	1
2	19	20
3	80	83
4	326	337
5	1308	1351
6	5243	5402
7	20993	21599
8	84011	86375
9	336120	345452

Tabelle 3.2: *Anzahl der Iterationen in Abhängigkeit der Durchlaufrichtung für ein Residuum von res = 0.00001 und $N = 2^n - 1$ inneren Gitterpunkten.*

Parallelisierung (siehe auch die Diskussion in den nächsten beiden Kapiteln). Eine weitere Eigenschaft aller Varianten des Gauß-Seidel-Verfahrens ist, daß durch die Iterationsvorschrift kein weiterer Speicheraufwand entsteht.

Bei genauer Analyse lassen sich aber auch gravierende Nachteile erkennen. Der Lösungsaufwand ist von der Ordnung $O(\mathbf{N}^2)$, wenn $\mathbf{N}$ die Gesamtzahl aller Unbekannten (d.h. inneren Gitterpunkte) angibt, mit $\mathbf{N} = N^2 = (2^n - 1)^2$. Der Aufwand zum Lösen des linearen Gleichungssystems steigt also rapide mit der Gitterpunktzahl an, was auch Tabelle 3.2 deutlich zeigt. Ein ähnlich schlechtes Bild zeigt die *Konvergenzrate*, das zweite hier diskutierte Maß zur Beurteilung von iterativen Lösungsverfahren. Es ist definiert als

$$\rho = \frac{\| {}^{(k)}\mathbf{u} \|_2}{\| {}^{(k-1)}\mathbf{u} \|_2} \tag{3.28}$$

und beschreibt die Reduzierung des Residuums bzw. des exakten Fehlers von zwei aufeinanderfolgenden Iterationen (k und $k-1$, hier für die

L_2-Norm angegeben). Je schneller sich der Fehler reduzieren läßt, desto effizienter arbeitet das Verfahren. Bei numerisch sehr effizienten Iterationsverfahren gilt für die Konvergenzrate $\rho \ll 1$. Bei einem Gauß-Seidel-Verfahren ist die Konvergenzrate für die Laplace-Gleichung in etwa $\rho \approx 0.9$.

Das Gauß-Seidel-Verfahren ist auf Grund seines schlechten Lösungsverhaltens ein Vertreter nichtskalierbarer Lösungsverfahren (skalierbar hier bzgl. des Lösungsaufwandes pro Gitterpunkt bei variierender Anzahl an Punkten, siehe hierzu auch die Diskussion am Ende des ersten Kapitels). Daher finden Gauß-Seidel-Verfahren als Löser nur bei sehr geringer Gitterpunktzahl Anwendung.

Durch eine geringfügige Modifikation läßt sich der Lösungsaufwand allerdings auf $O(N^{3/2})$ erheblich verbessern, siehe hierzu unter anderem [Hac91, HY81, Osw94]. Die Iterationsvorschrift für derartige *Relaxationsverfahren* lautet

$$
{}^{(k+1)}u_{i,j} = \frac{\omega}{a_{i,j}} \left(f_{i,j} - \sum_{i',j'<i,j} a_{i',j'}\,{}^{(k)}u_{i',j'} - \sum_{i',j'>i,j} a_{i',j'}\,{}^{(k+1)}u_{i',j'} \right)
$$
$$
+ (1-\omega)\,{}^{(k)}u_{i,j}.
$$

$$\text{(3.29)}$$

Für $\omega < 1$ ergibt sich ein sogenanntes *Unterrelaxationsverfahren* und für $\omega > 1$ ein *Überrelaxationsverfahren*. Letzteres wird als *SOR-* (successiv overrelaxation-) Verfahren bezeichnet. Bei $\omega = 1$ stimmt das SOR-Verfahren aus (3.29) mit dem Gauß-Seidel-Verfahren aus (3.26) überein. Der Relaxationsparameter ω läßt sich für einfache Probleme analytisch bestimmen. Für die Laplace-Gleichung und den lexikographischen SOR lautet er

$$
\omega = \frac{2}{1 + sin(\pi h)}
$$

$$\text{(3.30)}$$

mit h der Maschenweite des verwendeten Gitters (siehe [Hac91]). Leider gilt diese Aussage für komplexere Problemstellungen, wie sie klassischerweise in der numerischen Strömungsmechanik auftreten, nicht mehr. Hier ist ω oftmals empirisch zu bestimmen. Eine obere und untere Grenze ergibt sich für ω zu

$$0 < \omega < 2.$$

Analog zum Gauß-Seidel-Verfahren bestehen auch für das SOR-Verfahren verschiedene Möglichkeiten der Abarbeitung des linearen Gleichungssystems. Um dies zu verdeutlichen, betrachten wir wiederum die Laplace-Gleichung (3.3) mit den Randbedingungen (3.27). In Tabelle 3.3 sind die Iterationszahlen für verschiedene Durchlaufrichtungen bis zur Reduzierung des Residuums auf $res = 0.00001$ angegeben. Die Ergebnisse sind analog zum Gauß-Seidel-Verfahren. Ferner ist die wesentlich geringere Iterationszahl im Vergleich zur nicht-relaxierten Variante aus Tabelle 3.2 deutlich zu sehen. Die numerische Effizienz beider betrachteten SOR-Verfahren ist also deutlich besser im Vergleich zum Gauß-Seidel-Verfahren.

Problemgröße n	lexikographischer SOR	Vierfarben- SOR
1	1	1
2	13	13
3	23	24
4	44	47
5	87	92
6	177	193
7	367	397
8	786	831
9	1693	1752

Tabelle 3.3: *Anzahl der Iterationen in Abhängigkeit der Durchlaufrichtung für ein Residuum von $res = 0.00001$ und $N = 2^n - 1$ inneren Gitterpunkten.*

Weitere Varianten des SOR-Verfahrens sind z.B. das symmetrische SOR-(SSOR-) oder das unsymmetrische SOR-Verfahren (USSOR-Verfahren).

Beim SSOR-Verfahren verbessert sich die Ordnung der Konvergenz zu $O(\mathbf{N}^{5/4})$. Für Details, siehe unter anderem [Hac91, LV89, Ort89].

Nach der Diskussion eines einfachen Lösungsverfahrens beschäftigen wir uns nun mit deren Parallelisierung. Zuerst erläutern wir einfache Ansätze, die sukzessive in ihrer parallelen Effizienz gesteigert werden. Bei allen findet die in Abschnitt 3.2 beschriebene Gebietszerlegungsmethode mit einer zeilenweisen Aufteilung des Gesamtgebietes in einzelne überlappende Teilgebiete Anwendung.

Das Gesamtgebiet Ω wird in P gleich große Teilgebiete $\Omega^1, \Omega^2, ..., \Omega^P$ zerteilt. Damit lassen sich pro Iterationsschritt in jedem Teilgebiet entsprechende Lösungen berechnen. Im Anschluß daran erfolgt das Austauschen der Überlappungsgebiete jeweils benachbarter Teilgebiete, siehe auch die Darstellung in 3.10.

Zerteile Gesamtgebiet Ω in gleich große Teile $\Omega^1, \Omega^2, ..., \Omega^P$
Berechne Residuum auf Ω^i

Falls Residuum > vorgegebene Schranke
{ Berechne Iterierte von $A_{n,n}{}^{(k)}\mathbf{u}_{n,n} = \mathbf{f}_{n,n}$ auf Ω^i nach
  Gleichung (3.29)
  Berechne Residuum auf Ω^i
  lokale Kommunikation des Überlappungsgebietes
  globale Kommunikation der Residuen
}

Abbildung 3.10: *Einfache Version eines parallel ablaufenden SOR-Verfahrens.*

Konkret heißt dies (in C-Notation) für das Gauß-Seidel- bzw. SOR-Verfahren, daß anstelle von

```
for (j=2; j<=N+1; j++)
   for (i=2; i<=N+1; i++)
      u[i][j]=0.25*omega*(u[i+1][j]+u[i-1][j]
                          +u[i][j+1]+u[i][j-1]
                          -h2*rhs[i][j])
            + (1.0-omega)*u[i][j];
```

eine Zerteilung der äußersten Schleife vorgenommen wird.[10] Hiermit entstehen die einzelnen Teilgebiete $\Omega^1, \Omega^2, ..., \Omega^P$. Wiederum in C-Notation ergibt sich somit

```
for (j=start; j<=ende; j++)
   for (i=2; i<=N+1; i++)
      u[i][j]=0.25*omega*(u[i+1][j]+u[i-1][j]
                          +u[i][j+1]+u[i][j-1]
                          -h2*rhs[i][j])
            + (1.0-omega)*u[i][j];
```

In beiden Beispielen beschreibt wiederum i die einzelnen Gitterpunkte in x- und j jene in y-Richtung. Mit N+1 ist die gesamte Anzahl Punkte in der jeweiligen Richtung spezifiziert. Der Parameter omega ist der durch (3.30) definierte Relaxationsparameter und start bzw. ende sind die Grenzen des Teilgebietes. Analoges gilt für eine spaltenweise bzw. blockweise Zerlegung des Gesamtgebietes in einzelne Teile.

Eine globale Kommunikation in Darstellung 3.10 ist erforderlich, da erst bei Vergleich aller Residuen der Teilgebiete der maximale Wert bestimmbar ist. Lokale Kommunikation ist ausschließlich zum Datenaustausch zweier Überlappungsgebiete erforderlich.

An dieser ersten Version eines *parallelen SOR-Verfahrens* lassen sich mehrere Nachteile erkennen. Die notwendigen Kommunikationen wirken synchronisierend, d.h. eine Berechnung für das Teilgebiet Ω^i muß

---

[10]Die Variable N beschreibt, wie bisher, die Anzahl der inneren Gitterpunkte. Da aber mit j,i=1 Randpunkte beschrieben werden, ist es erforderlich, die Schleifenobergrenzen auf N+1 zu setzen.

auf die aktuellen Daten von den Berechnungen der jeweiligen Nachbargebiete warten. Damit entstehen unter Umständen sehr lange Idle-Zeiten.

Dieser Nachteil läßt sich aber auf recht einfache Weise vermeiden, wie in Darstellung 3.11 zu sehen ist. Ferner läßt sich der Kommunikationsaufwand hinter der Berechnung „verstecken" (d.h. Kommunikation und Berechnung sind überlappend). Laufzeitergebnisse diskutieren wir in den beiden nächsten Kapiteln.

Zerteile Gesamtgebiet Ω in gleich große Teile $\Omega^1, \Omega^2, ..., \Omega^P$
Bestimme pro Teilgebiet innere und Randpunkte

Berechne Iterierte von $A_{n,n}{}^{(1)}\mathbf{u}_{n,n} = \mathbf{f}_{n,n}$ auf inneren Punkten
von Ω^i nach Gleichung (3.29)
lokales Senden des Überlappungsgebietes
lokales Empfangen des Überlappungsgebietes
Berechne Iterierte auf Randpunkten nach Gleichung (3.29)
Berechne Residuum auf Ω^i
globale Kommunikation der Residuen

Falls Residuum > vorgegebene Schranke
{ lokales Senden des Überlappungsgebietes
 Berechne Iterierte von $A_{n,n}{}^{(k)}\mathbf{u}_{n,n} = \mathbf{f}_{n,n}$ auf inneren Punkten
 von Ω^i nach Gleichung (3.29)
 lokales Empfangen des Überlappungsgebietes
 Berechne Iterierte auf Randpunkten nach Gleichung (3.29)
 Berechne Residuum auf Ω^i
 globale Kommunikation der Residuen
}

Abbildung 3.11: *Verbesserte Version eines parallel ablaufenden SOR-Verfahrens.*

Eine letzte Optimierung ist möglich, in dem anstelle eines lexikographischen Gauß-Seidel (bzw. SOR) die Schachbrett-Version (red-black) Anwendung findet. Ein Austausch notwendiger Punkte erfolgt nach jedem red- bzw. black-Schritt, d.h. nach jeder „halben" Iteration. Für das Berechnen der roten Punkte sind ausschließlich schwarze Werte erforderlich und umgekehrt. Somit sind diese Berechnungen vollkommen unabhängig (also parallel) durchführbar.

Es erfolgt eine Fallunterscheidung zwischen der ersten Iteration (d.h. $k = 1$) und allen weiteren (d.h. $k > 1$), da bei $k = 1$ innere Punkte durch die Startbelegung auf Null gesetzt sind und somit eine Kommunikation nicht sinnvoll wäre.

Weitere Varianten und spezielle Optimierungen sind z.B. in [AO82, BE82, GO93, KGGK94, Nie89] zu finden. Alle in diesem Abschnitt diskutierten iterativen Verfahren lassen sich durch den Begriff *Eingitter-Verfahren* zusammenfassen, im Gegensatz zu den im nächsten Abschnitt zu diskutierenden *Mehrgitterverfahren*.

3.3.2 Parallele Mehrgitterverfahren

Alle bisher diskutierten Lösungsverfahren (unabhängig ob in ihrer sequentiellen oder ihrer parallelen Version) sind in ihrem Lösungsaufwand abhängig von der Anzahl Unbekannter rsp. Gitterpunkte (d.h. $O(\mathbf{N}^\alpha)$, mit $\alpha > 1$ und $\mathbf{N}$ der Gesamtzahl der inneren Gitterpunkte). Bei einer Verfeinerung des Gitters erhöht sich also die Anzahl notwendiger Iterationen bis zum Erhalt einer numerischen Lösung für einen vorgegebenen Fehler überproportional.

Nun wollen wir *Mehrgitterverfahren* diskutieren. Der Lösungsaufwand derartiger Verfahren ist $O(\mathbf{N})$. Bei einer Erhöhung der Gitterpunktzahl bleibt die Anzahl notwendiger Iterationen konstant. Es ist somit ein *skalierbares Lösungsverfahren*, da der Lösungsaufwand proportional zur Anzahl der Unbekannten ist.

Bei der Analyse des Gauß-Seidel-Verfahrens stellt man fest, daß der Iterationsfehler $^{(k)}\epsilon$ für die ersten Iterationen (d.h. für kleine Werte von k) rasch abfällt. Diese gute Konvergenzrate ρ verschlechtert sich aber mit dem Fortschreiten des Iterationsprozesses, d.h. ρ nähert sich rasch dem Wert von $\rho \approx 1$ an. Somit ist die Reduktion des Fehlers zweier aufeinanderfolgender Iterationen sehr gering. Hieraus resultieren auch die großen Iterationszahlen.

Aus dem Lösungsverhalten lassen sich nützliche Eigenschaften des Gauß-Seidel-Verfahrens ableiten. Die Frequenzzerlegung des Iterationsfehlers liefert, daß hochfrequente Fehleranteile innerhalb der ersten Iterationen fast vollständig verschwinden (d.h. eine starke Dämpfung erfahren), wohingegen niederfrequente Fehleranteile sehr langsam reduziert werden (d.h. eine schwache Dämpfung erfahren). Diese Eigenschaften lassen sich nun zur Entwicklung sehr effizienter Iterationsverfahren ausnützen, den sogenannten Mehrgitterverfahren. Sie gehören zu den effizientesten und damit schnellsten Lösungsverfahren für lineare und nichtlineare Gleichungssysteme. Ihre Konvergenzrate ρ ist annähernd unabhängig von der Gitterpunktzahl.

In den letzten Jahren erfolgte die Entwicklung unterschiedlichster Mehrgitterverfahren. Die bekanntesten Vertreter sind

- FAS (full approximation schema),

- FMG (full multi grid),

- CS (correction schema) und

- AMG (algebraic multi grid)

(siehe z.B. [Bra93, Bra84, Bri87, HT82, Hac85, McC87]). Vielfältigste Anwendungen und Varianten sind in [Hac85, HT91, Ran95, RRW96] beschrieben. Es erfolgte auch die Anpassung der Idee an verschiedenste Diskretisierungsmethoden. Für FV-Ansätze sei hier auf [Wes92] verwiesen. Besonders robuste[11] Mehrgittervarianten sind das AMG, Mehrgitterverfahren in Kombination mit ILU- (incomplete LU-decomposition-) Verfahren und Mehrgitterverfahren mit Frequenzzerlegung (siehe [Hac89, Hac92, Stü83, RRW96]). Die FAS-Variante läßt sich sowohl für lineare als auch für nichtlineare Problemstellungen anwenden. Für lineare Probleme stimmen die numerischen Lösungen des CS- und des FAS-Verfahrens bis auf Rundungsfehler auf dem feinsten Gitter $\Omega_{n,n}$ überein.

Auf Grund der Vielzahl verschiedener Mehrgitterverfahren diskutieren wir nicht alle Vertreter. Zuerst erfolgt die Beschreibung der prinzipiellen Arbeitsweise bevor, wir im Anschluß daran das CS-Verfahren und deren Parallelisierung näher untersuchen.

---

[11]Robustheit bezieht sich hierbei auf die Anwendbarkeit eines Lösungsverfahrens auch auf stark konvektive Problemstellungen.

Mehrgitterverfahren verwenden eine Hierarchie von Gittern, siehe Abbildung 3.12. Auf jedem einzelnen Gitter erfolgt das Lösen eines linearen Gleichungssystems (d.h. Hierarchie von Gleichungssystemen). Anstelle eines einzigen Gitters $\Omega_{n,n}$ und dem dazugehörigen Gleichungssystem $A_{n,n}\mathbf{u}_{n,n} = \mathbf{f}_{n,n}$ benötigen wir nun eine Familie von Gittern mit unterschiedlichen Gitterpunktzahlen und damit auch verschiedenen Maschenweiten.

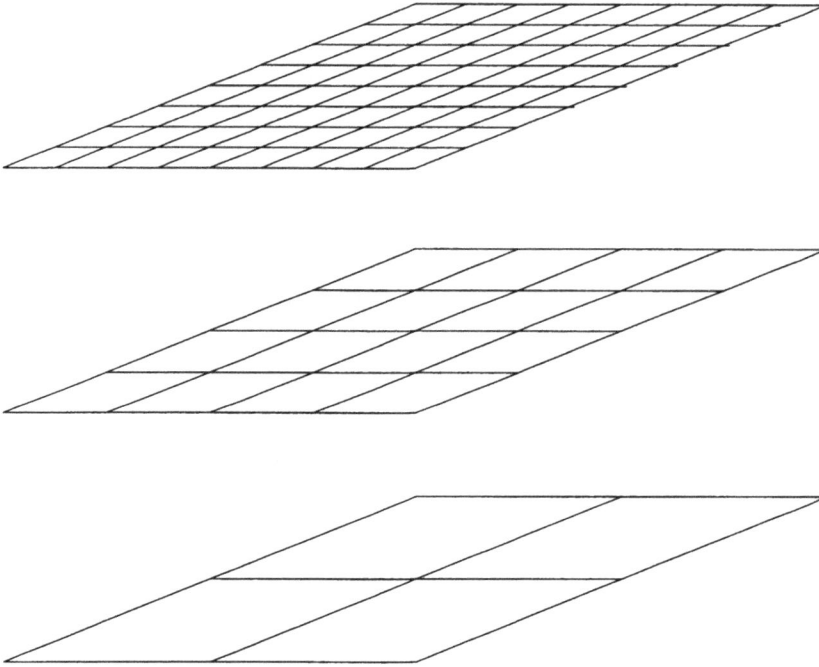

Abbildung 3.12: *Gitterhierarchie* $(\Omega_{1,1} \to \Omega_{2,2} \to \Omega_{3,3})$ *mit* $l = 3$ *Stufen (ohne Gitterpunkte).*

Mehrgitterverfahren können sowohl auf dem feinsten Gitter als auch auf dem gröbsten Gitter starten. Wir beschreiben diese Verfahren ausgehend vom feinsten Gitter.

Sei nun

$$\boxed{\Omega_{1,1} \to \Omega_{2,2} \to ... \to \Omega_{n-1,n-1} \to \Omega_{n,n}} \qquad (3.31)$$

mit $\lim_{n\to\infty} h_n = 0$ eine Hierarchie von Gittern. Jedes $\Omega_{l,l}$ und $1 \leq l \leq n$ der Ebene l besitzt $2^l - 1$ innere Punkte je Raumrichtung und somit eine Maschenweite von $h = 2^{-l}$. Der Index l wird als *Stufenzahl* oder *Gitterebene* bezeichnet. Für $l = 1$ erhalten wir das gröbste Gitter, das möglich ist, mit $2^1 - 1$ inneren Gitterpunkten je Raumrichtung. Auf jedem einzelnen Gitter $\Omega_{l,l}$ stellen wir ein lineares Gleichungssystem auf. Damit erhalten wir, analog zu den Gittern, eine Hierarchie von Gleichungssystemen $A_{l,l}\mathbf{u}_{l,l} = \mathbf{f}_{l,l}$. Um nun die Konvergenzrate auf dem feinsten Gitter $\Omega_{n,n}$ zu beschleunigen, verwenden wir Lösungen von tieferen Stufen.

Das prinzipielle Vorgehen besteht nun darin, auf dem feinsten Gitter $\Omega_{l,l} = \Omega_{n,n}$ mit einem einfachen iterativen Verfahren (z.B. Gauß-Seidel-Verfahren) und einigen Iterationen ν_1 eine genäherte Lösungen $\tilde{\mathbf{u}}_{n,n}$ des Problems zu berechnen.[12] Die hochfrequenten Fehleranteile werden also stark gedämpft bzw. geglättet. Daher auch die Bezeichung *Glätter* für diese einfachen Iterationsverfahren.

In Abhängigkeit der verschiedenen Mehrgitterverfahren erfolgt eine Abbildung, entweder der genäherten Lösung $\tilde{\mathbf{u}}_{l,l}$ (mit $l = n$) auf das nächst gröbere Gitter $\Omega_{l-1,l-1}$, oder aber des Defektes $\mathbf{d}_{l,l}$ nach (3.34). Eine solche Abbildung bezeichnen wir als *Restriktion*. Fällt die Wahl auf die Restriktion von $\tilde{\mathbf{u}}_{n,n}$, so handelt es sich um ein FAS- (full approximation schema-) Verfahren. Erfolgt hingegen die Restriktion von $\mathbf{d}_{n,n}$, so erhalten wir ein CS-(correction schema-) Verfahren. Auf dem Gitter $\Omega_{l-1,l-1}$ erfolgt nun wiederum das genäherte Lösen, entweder des analogen Problems oder aber einer Gleichung für den Defekt mit ν_1 Iterationsschritten. Nach einigen Iterationen sind die hochfrequenten Fehleranteile auf dem Gitter $\Omega_{l-1,l-1}$ stark gedämpft, aber die niederfrequenten Anteile nur sehr unzureichend. Durch die Abbildung (d.h. Restriktion) von $\tilde{\mathbf{u}}_{l-1,l-1}$ bzw. $\mathbf{d}_{l-1,l-1}$ nach $\Omega_{l-2,l-2}$ werden aus den ehemals niederfrequenten Anteilen nun hochfrequente (verursacht durch den Wechsel des Bezugssystems von $\Omega_{l-1,l-1}$ nach $\Omega_{l-2,l-2}$). Damit lassen sich nun auf dem Gitter $\Omega_{l-2,l-2}$ hochfrequente Anteile wiederum sehr schnell stark dämpfen. Diese Vorgehensweise wird solange fortgesetzt, bis wir auf dem gröbsten Gitter angelangt sind (in unse-

---

[12]Für Forderungen an derartige einfache, iterative Verfahren, siehe [Hac91]. SOR-Verfahren eignen sich in diesem Zusammenhang nicht, da sie die hoch- und die niederfrequenten Fehleranteile gleichmäßig stark dämpfen. Nach einigen Iterationen sind auf dem jeweiligen Gitter somit noch relevante hochfrequente Fehleranteile vorhanden.

rem Fall bei $\Omega_{1,1}$). Auf diesem Lösen wir das Problem möglichst genau. Im Anschluß daran erfolgt die sukzessive Verbesserung der Lösungen auf feineren Gittern, ausgehend von den Lösungen auf den gröberen Gittern inkl. einigen Iterationsschritten ν_2. Die Verbesserungen sind in Abhängigkeit des gewählten Mehrgitterverfahrens genäherte Lösungen $\tilde{\mathbf{u}}_{l,l}$ oder Defekte $\mathbf{d}_{l,l}$, siehe Abbildung 3.13. Es muß nicht notwendigerweise $\nu_1 = \nu_2$ gelten.

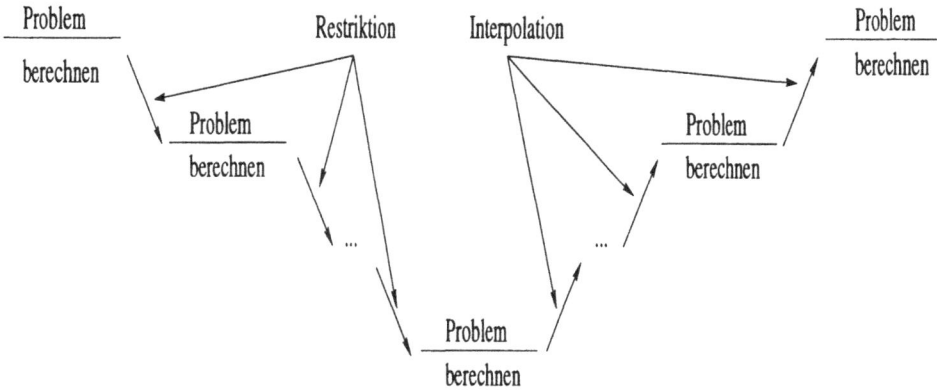

Abbildung 3.13: *Schematische Darstellung eines Mehrgitterverfahrens.*

Für nichtlineare Probleme sei hier nur auf [Bra84, PTVF92] verwiesen. Nun diskutieren wir die einzelnen Komponenten eines CS-Mehrgitter-Verfahrens genauer.

Der nach einigen Iterationen ν_1 auf dem feinsten Gitter $\Omega_{l,l}$ mit $l = n$ noch vorhandene Iterationsfehler zur diskreten Lösung $\mathbf{u}_{n,n}$ ist

$$\boxed{\mathbf{e}_{n,n} = \mathbf{u}_{n,n} - \tilde{\mathbf{u}}_{n,n}} \tag{3.32}$$

und das Residuum (im Mehrgitterkontext auch gelegentlich als Defekt bezeichnet)

$$\boxed{\mathbf{d}_{n,n} = A_{n,n}\tilde{\mathbf{u}}_{n,n} - \mathbf{f}_{n,n}.} \tag{3.33}$$

Ist nun das Ausgangsproblem linear, so erhalten wir eine Gleichung für den Fehler, durch das Auflösen von (3.32) nach $\tilde{\mathbf{u}}_{n,n}$ und anschließendem Einsetzen in (3.33), also

$$\mathbf{d}_{n,n} = A_{n,n}(\mathbf{u}_{n,n} - \mathbf{e}_{n,n}) - \mathbf{f}_{n,n}$$

und damit

$$\mathbf{d}_{n,n} = \underbrace{A_{n,n}\mathbf{u}_{n,n} - \mathbf{f}_{n,n}}_{\equiv 0} - A_{n,n}\mathbf{e}_{n,n}$$

bzw.

$$\boxed{A_{n,n}\mathbf{e}_{n,n} = -\mathbf{d}_{n,n}.} \qquad (3.34)$$

Um Lösungen auf gröberen Gittern zu verwenden, sind Verbindungen zwischen den Gittern erforderlich. Hierbei ist festzustellen, daß die einzelnen Vektoren $\mathbf{u}_{l,l}, \mathbf{d}_{l,l}$ und $\mathbf{f}_{l,l}$ Elemente von Vektorräumen $X_{l,l}$ sind (mit $X_{l,l} \cong \mathbb{R}$). Eine Verbindung ist also zwischen Vektorräumen $X_{l,l}$ und $X_{l-1,l-1}$ vorzunehmen. Diese Verbindung muß in beide Richtungen (also bidirektional) möglich sein. Zuerst diskutieren wir jene von $X_{l,l}$ nach $X_{l-1,l-1}$ und im Anschluß daran jene von $X_{l-1,l-1}$ nach $X_{l,l}$.

Die Verbindung von $X_{l,l}$ nach $X_{l-1,l-1}$ (also z.B. von Vektoren $\mathbf{d}_{l,l}$ auf $\Omega_{l,l}$ nach $\mathbf{d}_{l-1,l-1}$ auf $\Omega_{l-1,l-1}$) erfolgt durch Gittertransporte. Derartige Transporte werden, wie schon erwähnt, als Restriktionen bezeichnet. Formal lauten sie

$$\boxed{R_l^{l-1} : X_{l,l} \longrightarrow X_{l-1,l-1}} \qquad (3.35)$$

mit $l > 1$. Es handelt sich bei den Abbildungen um Interpolationen. Für den hier geltenden Fall $\Omega_{l-1,l-1} \subset \Omega_{l,l}$[13] ist die *triviale Injektion* die einfachste Möglichkeit einer Restriktion, d.h. konstante Interpolation. Leider hat sie gravierende Nachteile (siehe [Bri87, Hac91]), so daß andere Interpolationen zu verwenden sind. Vielfach geeignet ist eine lineare Interpolation als gewichtetes Mittel aller Nachbarwerte. In Stern-Notation lautet sie

$$R_l^{l-1} = \frac{1}{4} \begin{bmatrix} 1/4 & 1/2 & 1/4 \\ 1/2 & 1 & 1/2 \\ 1/4 & 1/2 & 1/4 \end{bmatrix}$$

---

[13]Die Gitterpunkte des groben Gitters $\Omega_{l-1,l-1}$ decken sich mit Gitterpunkten des feinen Gitters $\Omega_{l,l}$, siehe Abbildung 3.12.

bzw. in einer allgemeinen Formulierung

$$R_l^{l-1} = \begin{bmatrix} r_{-1,1} & r_{0,1} & r_{1,1} \\ r_{-1,0} & r_{0,0} & r_{1,0} \\ r_{-1,-1} & r_{0,-1} & r_{1,-1} \end{bmatrix}.$$

Da der Verlauf des Defektes $\mathbf{d}_{l,l}$ auf dem Gitter $\Omega_{l,l}$ glatt ist (siehe [Hac91]), ist es möglich, ihn auf dem gröberen Gitter $\Omega_{l-1,l-1}$ anzunähern. Dies erfolgt durch das Lösen eines entsprechenden Gleichungssystems, das wir schon für das feinste Gitter mit (3.34) einführten. Gleichung (3.34) auf die einzelnen Gitterebenen l verallgemeinert lautet

$$\boxed{A_{l-1,l-1}\mathbf{e}_{l-1,l-1} = -\mathbf{d}_{l-1,l-1}.} \tag{3.36}$$

Der Defekt $\mathbf{d}_{l-1,l-1}$ läßt sich auf $\Omega_{l,l}$ nach Gleichung (3.33) berechnen. Um ihn nun auf $\Omega_{l-1,l-1}$ zu verwenden, muß er durch die schon eingeführte Restriktion (siehe (3.35)) auf das grobe Gitter abgebildet werden, d.h.

$$\boxed{\mathbf{d}_{l-1,l-1} = R_l^{l-1}(A_{l,l}\tilde{\mathbf{u}}_{l,l} - \mathbf{f}_{l,l}).} \tag{3.37}$$

Nun bleibt noch zu klären, welche Form die Matrix $A_{l-1,l-1}$ auf $\Omega_{l-1,l-1}$ aufweist. Es läßt sich zeigen, daß wegen der Linearität der Laplace-Gleichung auf allen Gitterstufen $\Omega_{l,l}$ mit $1 \leq l \leq n$ der identische Diskretisierungsoperator nur mit variierender Maschenweite zu verwenden ist (siehe [Hac91]).

Somit hätten wir für die Restriktion R_l^{l-1} (d.h. den Übergang von einem feinen Gitter $\Omega_{l,l}$ zu einem gröberen Gitter $\Omega_{l-1,l-1}$) alle Komponenten diskutiert. Auf dem gröbsten Gitter $\Omega_{1,1}$ ist darauf zu achten, daß die Lösung $\mathbf{e}_{1,1}$ möglichst gut approximiert wird. Die Lösung auf dem gröbsten Gitter ist ja Ausgangspunkt für alle weiteren Korrekturen auf den nachfolgenden feineren Gittern. Daher werden oftmals direkte Löser auf dem gröbsten Gitter eingesetzt (es muß ja nicht notwendigerweise $\Omega_{1,1}$ das gröbste verwendete Gitter sein). Da wir in dieser Diskussion bis zum gröbst möglichen Gitter $\Omega_{1,1}$ vergröbern, ist nur noch eine Unbekannte auf diesem zu berechnen. Dies ist mit einem Gauß-Seidel-Verfahren und $\nu = 1$ Glättungen exakt möglich (wir verwenden ja Dirichlet-Randbedingungen).

Nun bleiben nur noch die Transporte von $\Omega_{l-1,l-1}$ nach $\Omega_{l,l}$ zu diskutieren. Auch hierfür sind wieder Gittertransporte in Form von linearen
Abbildungen einzuführen. Diese bezeichnen wir als *Prolongation* (oftmals auch *Interpolation* genannt). Formal lassen sie sich als

$$\boxed{P_{l-1}^l : \; X_{l-1,l-1} \longrightarrow X_{l,l}} \tag{3.38}$$

definieren. Für unser Modellproblem hat sich vielfach

$$P_{l-1}^l = \begin{bmatrix} 1/4 & 1/2 & 1/4 \\ 1/2 & 1 & 1/2 \\ 1/4 & 1/2 & 1/4 \end{bmatrix}$$

bewährt. Gitterpunkte, die sowohl auf dem groben Gitter $\Omega_{l-1,l-1}$ als
auch auf dem feinen Gitter $\Omega_{l,l}$ vorhanden sind, werden direkt abgebildet (d.h. triviale Interpolation). Die restlichen, auf dem groben Gitter
nicht vorhandenen Feingitterpunkte, werden durch eine lineare Interpolation aus den benachbarten Grobgitterpunkten gebildet, siehe auch
Abbildung 3.14.

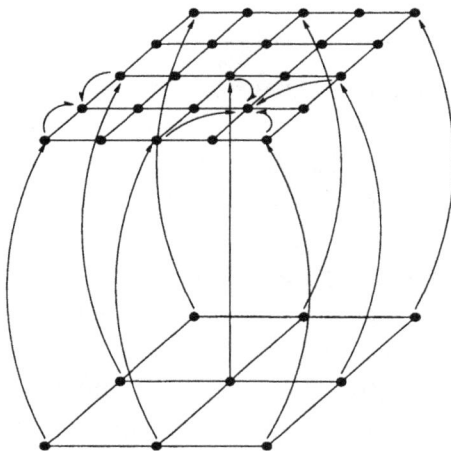

Abbildung 3.14: *Schematische Darstellung einer linearen Prolongation.*

Mit den prolongierten (d.h. interpolierten) Werten $P_{l-1}^l \mathbf{e}_{l-1,l-1}$ läßt sich
nun die Lösung auf $\Omega_{l,l}$ durch

$$\mathbf{e}_{l,l}^{neu} = \mathbf{e}_{l,l}^{alt} + P_{l-1}^l \mathbf{e}_{l-1,l-1}$$

Relaxiere ν_1-mal auf feinstem Gitter $\Omega_{n,n}$ mit $l = n$ zur Berechnung der Näherungslösung $\tilde{\mathbf{u}}_{n,n}$ aus $A_{n,n}\tilde{\mathbf{u}}_{n,n} = \mathbf{f}_{n,n}$

solange $l > 1$
  { setze $l = l - 1$
    Berechne neue rechte Seite $\mathbf{f}_{l,l}$ für Gitter $\Omega_{l,l}$
    nach $\mathbf{f}_{l,l} = R_{l+1}^l \mathbf{d}_{l+1,l+1}$
    setze $\mathbf{e}_{l,l} = 0$
    Relaxiere ν_1-mal auf Gitter $\Omega_{l,l}$ zur Berechnung der
    Näherungslösung $\mathbf{e}_{l,l}$
  }

Löse Gleichung $A_{1,1}\mathbf{e}_{1,1} = \mathbf{f}_{1,1}$ auf gröbsten Gitter $\Omega_{1,1}$ exakt

solange $l < n$
  { setze $l = l + 1$
    transportiere Korrektur von $\Omega_{l-1,l-1}$ nach $\Omega_{l,l}$ mit $P_{l-1}^l \mathbf{e}_{l-1,l-1}$
    Berechne korrigierte Werte nach $\mathbf{e}_{l,l}^{neu} = \mathbf{e}_{l,l}^{alt} + P_{l-1}^l \mathbf{e}_{l-1,l-1}$
    Relaxiere ν_2-mal auf Gitter $\Omega_{l,l}$ mit korrigierten Werten $\mathbf{e}_{l,l}^{neu}$
  }

Berechne korrigierte Werte auf feinstem Gitter $\Omega_{n,n}$ nach
$\tilde{\mathbf{u}}_{n,n}^{neu} = \tilde{\mathbf{u}}_{n,n}^{alt} + P_{n-1}^n \mathbf{e}_{n-1,n-1}$

Abbildung 3.15: *Schematische Darstellung des CS-Verfahrens für eine Mehrgitteriteration (Mehrgitterzyklus).*

verbessern. Gilt $l = n$, so entsteht eine Verbesserung der Lösung in der Form

$$\tilde{\mathbf{u}}_{n,n}^{neu} = \tilde{\mathbf{u}}_{n,n}^{alt} + P_{n-1}^n \mathbf{e}_{n-1,n-1}.$$

In beiden Gleichungen beschreibt $\mathbf{e}_{l,l}^{alt}$ bzw. $\tilde{\mathbf{u}}_{n,n}^{alt}$ Resultate nach ν_1-Vorglättungen (d.h. Iterationen). Im Anschluß an die Gittertransporte und die Korrekturen sind ν_2-Nachglättungen (d.h. Iterationen) durchzuführen, siehe Darstellung 3.15.

Sowohl bei der Restriktion als auch bei der Prolongation ist darauf zu achten, daß die Fehlerordnung nicht geringer ist als jene der gewählten Diskretisierung. Ansonsten können Stabilitätsprobleme des Verfahrens entstehen. Die hier gewählten Ansätze sind von 2. Ordnung, analog zur räumlichen Diskretisierung.

Die numerische Effizienz jedes Mehrgitterverfahrens hängt entscheidend davon ab, wie oft genäherte Lösungen $\tilde{\mathbf{u}}_{n,n}$ auf dem feinsten Gitter $\Omega_{n,n}$ berechnet werden. Daher wurden verschiedenste Varianten für die Reihenfolge zur Abarbeitung der Gitterhierarchie entwickelt. Bekannte Vertreter sind der sogeannte V-Zyklus und der W-Zyklus, siehe auch Abbildung 3.16.

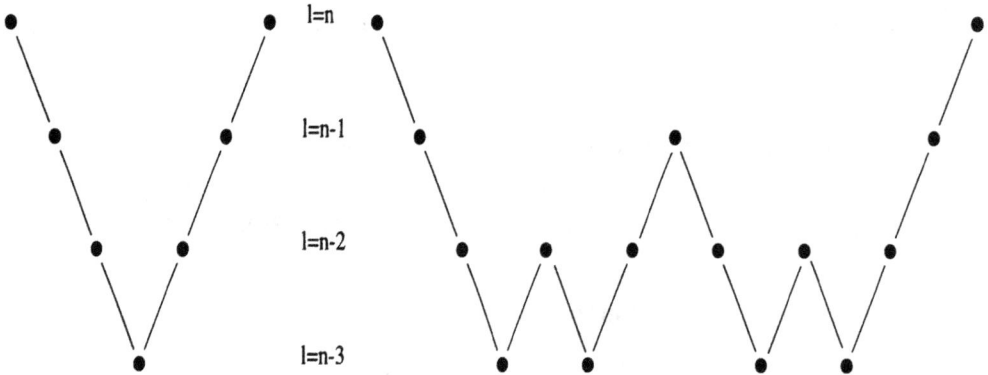

Abbildung 3.16: *Verschiedene Durchlaufreihenfolgen für Mehrgitterverfahren, V-Zyklus (links) und W-Zyklus (rechts).*

Oftmals ist bei gleicher Anzahl Glättungen die Konvergenzrate eines W-Zyklus besser als die eines V-Zyklus. Allerdings gilt es zu berücksichtigen, daß der Lösungsaufwand bei einem W-Zyklus größer ist als bei einem V-Zyklus. Bei den numerischen Berechnungen in den nächsten beiden Kapiteln erfolgt die Verwendung eines V-Zyklus.

Bei dem betrachteten Problem einer Laplace-Gleichung sind für variables n einige wenige V-Zyklen erforderlich, um das Residuum auf $res = 0.00001$ zu reduzieren (vergleiche hierzu auch die notwendigen Iterationen eines Gauß-Seidel- bzw. SOR-Verfahrens aus Tabelle 3.2 und 3.3). Die Anzahl der V-Zyklen hängt natürlich von ν_1 und ν_2 ab.

Mehrgitterverfahren besitzen somit eine wesentlich bessere numerische Effizienz als die bisher diskutierten Ansätze.

Im Gegensatz zum Gauß-Seidel- bzw. SOR-Verfahren entsteht bei Mehrgitterverfahren ein um ca. 30% geringfügig höherer Speicheraufwand durch das Zwischenspeichern von Resultaten auf den gröberen Gittern. Eine Ausnahme bildet hier das sogenannte Hierarchische-Transformations-Mehrgitterverfahren (HTMG-), siehe [Gri90]. Bei dieser Variante eines Mehrgitteransatzes entsteht keinerlei zusätzlicher Speicheraufwand.

Bisher galt unsere Aufmerksamkeit der sequentiellen Abarbeitung. Die Parallelisierung steht nun im Vordergrund. Wieder finden Gebietszerlegungsmethoden (wie sie in Abschnitt 3.2 eingeführt wurden) Anwendung. Analog zum bisherigen Vorgehen bei Mehrgitterverfahren gilt

$$\Omega_{1,1} \subset \Omega_{2,2} \subset ... \subset \Omega_{n,n}.$$

Ausgangspunkt für die Zerteilung ist das feinste Gitter $\Omega_{n,n}$. Eine Zerteilung ist wiederum mit überlappenden bzw. nicht-überlappenden Teilgebieten möglich. Ferner ist (analog zum Gauß-Seidel- bzw. SOR-Verfahren) eine zeilenweise, spaltenweise oder blockweise Zerteilung möglich, siehe Abbildung 3.7 für die verschiedenen Varianten. Im folgenden geschieht die Gebietszerlegung mit P überlappenden Zeilen, also

$$\Omega_{n,n} = \cup_{i=1}^{P} \Omega_{n,n}^i.$$

und

$$\Omega_{n,n}^i \cap \Omega_{n,n}^{i+1} \neq \emptyset.$$

Derartige Gebietszerlegungen sind auf allen Gittern der Gitterhierarchie vorzunehmen. Allerdings gilt es zu beachten, daß

$$\boxed{\Omega_{l,l}^i \subset \Omega_{n,n}^i} \tag{3.39}$$

für alle $1 \leq l \leq n$ und festes i mit $1 \leq i \leq P$ gelten muß. Diese Bedingung ist notwendig, um unnötigen Kommunikationsaufwand zu vermeiden. Beziehung (3.39) interpretiert bedeutet, daß Gitterpunkte verschiedener Ebenen immer zum gleichen Teilgebiet i gehören (mit $1 \leq i \leq P$), siehe auch Abbildung 3.17. Mit (3.39) ist sichergestellt, daß sich alle $\Omega_{l,l}^{i}$ für festes i und variables l auf dem identischen Prozessor befinden. Für kleine Werte von l läßt sich diese Anforderung allerdings nicht mehr erfüllen. Dann sind, speziell aus Effizienzgründen, einzelne Teilgebiete zusammenzufassen.

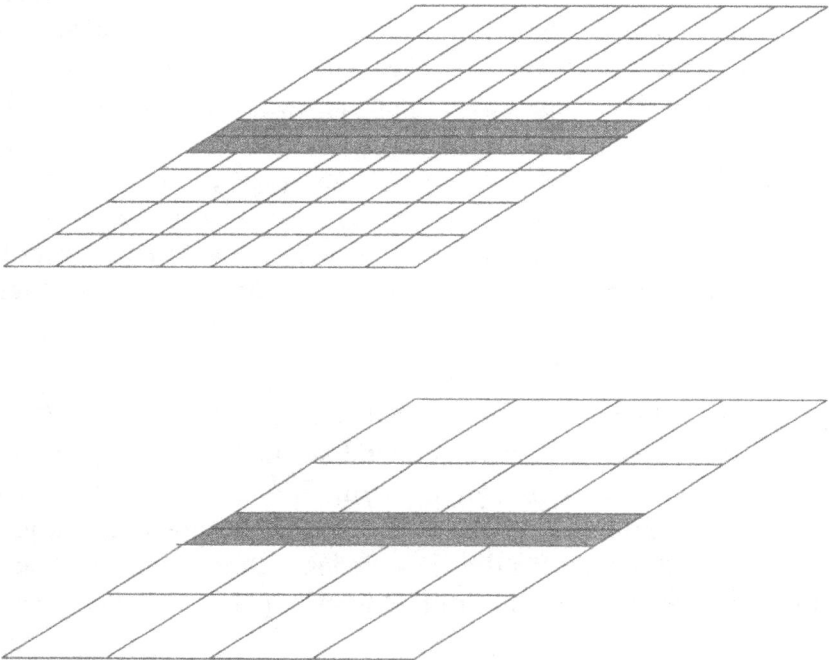

Abbildung 3.17: *Zwei Gitterebenen* $\Omega_{3,3}$ *und* $\Omega_{2,2}$ *mit Überlappungsgebiet (grau hinterlegt) und streifenförmiger Zerlegung, Gitterpunkte wurden nicht eingezeichnet.*

Eine weitere Schwierigkeit bei der Parallelisierung von Mehrgitterverfahren resultiert aus der Verwendung einer Hierarchie von Gittern. Mit der Erniedrigung der Gitterstufe l reduziert sich die gesamte Gitterpunktzahl des jeweiligen Gitters. Bei der Verwendung eines linearen Interpolationsoperators für die Restriktion ist dies der Faktor vier.[14] Damit vermindert sich aber auch der gesamte Rechenaufwand um den gleichen Faktor bei gleichbleibender Prozessorzahl. Somit erniedrigt sich aber auch der pro Prozessor anfallende Rechenaufwand sukzes-

---

[14]Dies gilt ausschließlich für den zweidimensionalen Fall.

sive. Diese Situation verschärft sich auf dem gröbsten Gitter $\Omega_{1,1}$. Hier ist bei Dirichlet-Randbedingungen nur noch eine einzige Unbekannte zu berechnen. Als Konsequenz resultiert, daß mit Abnahme der Anzahl an Gitterpunkten (und damit der zu berechnenden Unbekannten) sukzessive Prozessoren untätig (d.h. Idle) sind.

Da aber ein Großteil des Berechnungsaufwandes auf dem feinsten Gitter entsteht, ist der Nachteil von untätigen Prozessoren bei Berechnungen auf groben Gittern hinzunehmen. Durch zusätzliche Modifikationen des Mehrgitterverfahrens lassen sich diese Nachteile weiter mildern.

Die erste Modifikation besteht nun darin, die Anzahl der Gitterhierarchien (d.h. die Anzahl der Gitterebenen) auf k Ebenen zu beschränken mit $1 < k \leq n$. Für den Fall $k = n$ entsteht ein Gauß-Seidel-Verfahren, falls dieses als Glätter Anwendung findet. Der Parameter k ist der Zielarchitektur anzupassen. Ferner ist auf dem gröbsten Gitter $\Omega_{k,k}$ das Problem wiederum exakt zu lösen. Dies kann mit einem exakten Löser erfolgen oder aber mit einem einfachen iterativen Verfahren (wie dem Gauß-Seidel). Bei letzterem sind der Gitterpunktzahl angemessene Iterationszahlen zu verwenden. Somit entsteht ein weiterer Parameter ν, für die Anzahl Iterationen auf dem gröbsten Gitter $\Omega_{k,k}$.

Eine weitere Modifikation besteht darin, in Abhängigkeit der Gitterstufe die Anzahl an Iterationen zu verändern. Anstelle einer festen Zahl von Iterationen pro Gitterebene ν_1 und ν_2 entsteht somit eine variable Anzahl in Abhängigkeit der Stufenzahl l, also ν_1^l und ν_2^l. Durch die Wahl $\nu_1^{l+1} = 4\nu_1^l$ bzw. $\nu_2^{l+1} = 4\nu_2^l$ ist es möglich, die Rechenkosten pro Gitterebene konstant zu halten (wiederum unter der Annahme einer linearen Interpolation und einer zweidimensionalen Problemstellung). Die Hoffnung ist nun, daß durch die Erhöhung der Iterationszahlen auf den jeweiligen Gittern auch der Fehler stärker gedämpft wird, somit also weniger Mehrgitteriterationen erforderlich sind. Demgegenüber steht aber das Argument, daß niederfrequente Fehleranteile nur sehr schwach gedämpft werden. Eine Erhöhung der Iterationszahlen auf gröberen Gittern hat somit nur einen geringen Einfluß auf die Anzahl notwendiger Mehrgitteriterationen (d.h. Mehrgitterzyklen). Bei einer dezidierten Zuordnung von Prozessoren entsteht allerdings auch keine Erhöhung der gesamten Laufzeit, da ausschließlich die Idle-Zeit verringert wird.

Trotzdem beschränken wir uns ausschließlich auf die erste der beiden Modifikationen und vernachlässigen die zweite. Das damit entstandene parallele Mehrgitterverfahren ist schematisch in Darstellung 3.18 abgebildet.

Zerteile Gesamtgebiet Ω in gleich große Teile $\Omega^1, \Omega^2, ..., \Omega^P$
globale Kommunikation der Residuen

Berechne ν_1-mal Iterierte von $A_{n,n}\tilde{\mathbf{u}}_{n,n} = \mathbf{f}_{n,n}$ auf
feinstem Gitter für jedes Teilgebiet $\Omega^i_{n,n}$ mit $i = 1, ..., P$
lokale Kommunikation des Überlappungsgebietes

solange $l > k$
{ Berechne $\mathbf{f}_{l,l} = R^l_{l+1}\mathbf{d}_{l+1,l+1}$
  setze $\mathbf{e}_{l,l} = 0$
  Relaxiere ν_1-mal auf Gitter $\Omega_{l,l}$ zur Berechnung der
  Näherungslösung $\mathbf{e}_{l,l}$
  lokale Kommunikation des Überlappungsgebietes
}

Löse Gleichung $A_{k,k}\mathbf{e}_{k,k} = \mathbf{f}_{k,k}$ auf allen Teilgebieten des
gröbsten Gitters $\Omega_{k,k}$ exakt mit ν Iterationen

solange $l < n$
{ transportiere Korrektur von $\Omega_{l-1,l-1}$ nach $\Omega_{l,l}$ mit $P^l_{l-1}\mathbf{e}_{l-1,l-1}$
  Berechne korrigierte Werte nach $\mathbf{e}^{neu}_{l,l} = \mathbf{e}^{alt}_{l,l} + P^l_{l-1}\mathbf{e}_{l-1,l-1}$
  Relaxiere ν_2-mal auf Gitter $\Omega_{l,l}$ mit korrigierten Werten $\mathbf{e}^{neu}_{l,l}$
  lokale Kommunikation des Überlappungsgebietes
}

Berechne korrigierte Werte auf feinstem Gitter $\Omega_{n,n}$
auf allen Teilgebieten $\Omega^i_{n,n}$ nach $\tilde{\mathbf{u}}^{neu}_{n,n} = \tilde{\mathbf{u}}^{alt}_{n,n} + P^n_{n-1}\mathbf{e}_{n-1,n-1}$
lokale Kommunikation des Überlappungsgebietes
globale Kommunikation der Residuen

Abbildung 3.18: *Paralleles Mehrgitterverfahren für einen Zyklus.*

Soll ein höherer Rechenaufwand für die parallele Implementierung vermieden werden, so ist eine Kommunikation bei Verwendung eines Gauß-Seidel-Verfahrens nach jeder Iteration auf jeder Gitterstufe erforderlich. Natürlich ist die Kommunikation auf Kosten des Rechenaufwandes optimierbar. Eine Kommunikation kann ausschließlich einmal pro Gitterebene bzw. ausschließlich auf dem feinsten Gitter $\Omega_{n,n}$ vorgenommen werden. Damit erhöht sich die Anzahl der Mehrgitteriterationen gegenüber der sequentiellen Version. Dieser Mehraufwand ist natürlich durch die Senkung des Kommunikationsaufwandes teilweise kompensierbar. Eine Entscheidung für eine der erwähnten Vorgehensweisen ist abhängig zu machen von der Zielarchitektur. Bei einem Workstation-Cluster mit einer niedrigen Kommunikationsleistung im Verhältnis zur Rechenleistung ist einer der letzten beiden Alternativen der Vorzug einzuräumen (d.h. Kommunikation einmal pro Gitterebene bzw. einmal pro Zyklus). Bei einem MIMD-System hingegen sollte der ersten Version der Vorzug gegeben werden (d.h. Kommunikation ν_1- bzw. ν_2-mal pro Gitterebene). Allerdings kann es durch Erhöhung des Kommunikationsintervalls zu Instabilitäten im Lösungsverlauf kommen. Dies resultiert aus dem verminderten Kommunikationsfluß zwischen den einzelnen Prozessen bzw. Teilgebieten. Stabilitätsprobleme hängen natürlich von der Problemstellung ab.

Wie schon beim parallelen Eingitter-Verfahren (Gauß-Seidel bzw. SOR) ist es natürlich auch beim parallelen Mehrgitterverfahren möglich, Kommunikation und Berechnung ineinander zu verschränken. Hierfür ist ein analoges Vorgehen, wie bei der verbesserten Version in Darstellung 3.11 erforderlich.

In der bisherigen Diskussion sahen wir, daß Einflußgrößen für die parallele Effizienz eines parallel ablaufenden Mehrgitterverfahrens

- die gewählte Durchlaufreihenfolge (z.B. V- oder W-Zyklus) und

- der verwendete Glätter

sind. Bei einem V-Zyklus sind weniger Operationen auf den gröberen Gittern durchführbar als beim W-Zyklus. Idle-Zeiten der einzelnen, benutzten Prozessoren sind also gering. Somit ist ein V-Zyklus bei einer parallelen Implementierung günstiger als z.B. die W-Durchlaufreihenfolge. Letztere besitzt aber numerische Vorteile. Die zweite Einflußgröße ist der verwendete Glätter. Hier ist der Mehrfarben-Variante der Vorzug zu geben im Vergleich zur lexikographischen Vorgehensweise. Als günstige Alternative (vom Standpunkt seiner Parallelisierungseigenschaften) kann auch das in Abschnitt 3.3.3 diskutierte Jacobi-Verfahren verwendet werden (siehe hierzu auch die Diskussion in [TO96]).

In diesem Abschnitt diskutierten wir verschiedene iterative Verfahren zum numerischen Lösen linearer Gleichungssysteme. Die einzelnen Verfahren unterschieden sich bzgl. ihrer numerischen Effizienz und ihres Implementierungsaufwandes erheblich voneinander. Ein Mehrgitterverfahren ist aufwendiger in einer höheren Programmiersprache umzusetzen als ein SOR-Verfahren, besitzt aber eine wesentlich höhere numerische Effizienz.

Auf Konvergenzbeweise wurde sowohl bei der Einführung der verschiedenen Verfahren als auch bei der Parallelisierung bewußt verzichtet. Hierfür sei auf die Literatur, z.B. [Hac85, Hac91, Osw94] verwiesen.

Eine Parallelisierung erfolgte, indem das gesamte Rechengebiet in möglichst gleich große Teile aufgespalten wird (d.h. Gebietszerlegung). Auf jedem einzelnen Teilgebiet ist es somit möglich, die Berechnungen gleichzeitig auf mehreren Prozessoren auszuführen. Als Modellproblem diente die Laplace-Gleichung. Sie ist der einfachste Vertreter elliptischer Differentialgleichungen. Viele Phänomene in der Natur sind allerdings zeitabhängig. Die parallele Berechnung derartiger Problemstellungen ist Inhalt des übernächsten Abschnitts. Zuerst wollen wir aber noch weitere iterative Verfahren diskutieren.

3.3.3 Weitere iterative Verfahren

Neben den bisher diskutierten iterativen Verfahren existieren natürlich noch eine große Zahl weiterer Ansätze. Auf einige soll der Leser noch hingewiesen werden. Diese finden in der Praxis oftmals Anwendung.

Eine Modifikation des Gauß-Seidel-Verfahrens stellt das sogenannte *Jacobi-Verfahren*[15] (auch *Gesamtschrittverfahren* genannt) dar. Im Gegensatz zum Gauß-Seidel-Verfahren dienen zur Aktualisierung einer Iterierten $k + 1$ ausschließlich Werte der Iterierten k, siehe Abbildung 3.19. Dieser verzögerte Informationsfluß im Gegensatz zum

---

[15]Carl Gustav Jacobi (1804-1851), deutscher Mathematiker.

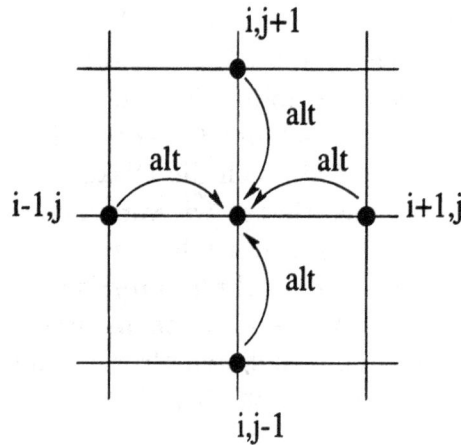

Abbildung 3.19: *Graphische Darstellung des Jacobi-Verfahrens.*

Gauß-Seidel-Verfahren ist auch für die schlechtere numerische Effizienz verantwortlich. Ferner sind zwei Lösungen (für k und $k + 1$) zu speichern. Gegenüber dem Gauß-Seidel-Verfahren ist der Speicheraufwand doppelt so hoch. Allerdings ist das Ergebnis unabhängig von der Abarbeitungsrichtung (d.h. es existieren keine Unterschiede zwischen lexikographischer und Mehrfarben-Abarbeitung). Auch für das Jacobi-Verfahren existieren Relaxationsvarianten. Es hat als Glätter in parallel ablaufenden Mehrgitterverfahren Bedeutung (siehe [TO96]).

Ein weiteres iteratives Lösungsverfahren ist das der *unvollständigen LU-Zerlegung* (ILU-Zerlegung). Die Zerlegung der Matrix $A_{n,n}$ in eine obere und eine untere Dreiecksmatrix erfolgt hierbei nicht vollständig, sondern vielmehr genähert durch einen iterativen Prozeß. ILU-Verfahren finden als eigenständige Löser, aber auch als Glätter in Mehrgitterverfahren Anwendung. Bei letzteren entstehen sogenannte robuste Mehrgitterverfahren (siehe [BH90, Hac91, RRW96]).

Weitere, numerisch sehr effiziente Verfahren sind die *Konjugierten Gradienten-Verfahren* (engl. conjugate gradient-Verfahren kurz als cg-Verfahren bezeichnet). Bei diesen Verfahren liegt keine Iterationsvorschrift

$$^{(k)}\mathbf{u} \rightarrow {}^{(k+1)}\mathbf{u}$$

im eigentlichen Sinne vor. Daher verlieren Begriffe wie Konvergenzraten ihren Sinn. Anwendung finden cg-Verfahren in Form von sogenannten *präkonditionierten cg-Verfahren*. Anstelle des diskreten linearen Gleichungssystems

$$A_{n,n}\mathbf{u}_{n,n} = \mathbf{f}_{n,n}$$

erfolgt die Berechnung des globalen Minimums der quadratischen Form

$$g(\mathbf{u}_{n,n}) = \frac{1}{2}\mathbf{u}_{n,n}^T A_{n,n}\mathbf{u}_{n,n} - \mathbf{u}_{n,n}^T\mathbf{f}_{n,n}.$$

Dies geschieht in mehreren Schritten. Bei jedem erfolgt das Berechnen eines Minimums (d.h. Minimums von $g(\mathbf{u}_{n,n})$) entlang gewisser „Suchrichtungen". Diese sind hierbei konjugiert in bezug auf A, d.h.

$$\mathbf{p}_{n,n}^T A_{n,n}\mathbf{q}_{n,n} = 0,$$

mit $\mathbf{q}_{n,n}, \mathbf{p}_{n,n}$ den Suchrichtungen.

Da cg-Verfahren in ihrer ursprünglichen Form einen sehr hohen Lösungsaufwand aufwiesen, erfolgte deren Modifikation zu vorkonditionierten Verfahren. Anstelle des Ausgangsproblems erfolgt die Transformation zu

$$SAS^T x = Sf$$

mit

$$x = S^{-T} u.$$

Die Matrix SAS^T wird in der Praxis nicht berechnet, sondern in einem Iterationsprozeß integriert. Konkret heißt das, daß im cg-Verfahren an geeigneter Stelle mehrere Iterationen mit einem herkömmlichen Iterationsverfahren erfolgen (siehe [Axe96, BPX90, BPX92, Hac91, GO92]). Für weitere Details bzgl. iterativen Verfahren, siehe unter anderem [Hac91, GO92].

3.3.4 Parallelisierung zeitabhängiger Probleme

In den vorhergehenden Abschnitten erfolgte die Diskussion von parallelen iterativen Verfahren für stationäre Problemstellungen. Nun wenden wir uns instationären Problemen zu. Zur Parallelisierung derartig praxisrelevanter Anwendungen existieren zwei verschiedene Möglichkeiten. Parallelisierung

- im Raum pro Zeitschritt und

- in Raum und Zeit (d.h. im Ereignisraum).

Beim ersten der beiden Ansätze erfolgt die sequentielle Abarbeitung in der Zeit, aber die parallele Abarbeitung im Raum. Die Parallelisierungsstrategie ist somit analog zu den bisher vorgestellten Ansätzen.

Letztere in obiger Aufzählung werden auch als zeitparallele Verfahren bezeichnet, da mehrere aufeinanderfolgende Zeitebenen gleichzeitig berechnet werden. Zuerst diskutieren wir die einfachere Möglichkeit in Form der Parallelisierung im Raum pro Zeitschritt. Im Anschluß daran werden zeitparallele Verfahren behandelt.

3.3.4.1 Parallelisierung im Raum

In Abschnitt 3.1.2 wurden verschiedene Zeitdiskretisierungsansätze diskutiert. Hierbei handelte es sich um das explizite und das implizte Euler-Verfahren und das Crank-Nicolson-Verfahren. Nun erfolgt deren Parallelisierung. Schematisch lassen sich alle Verfahren wie in Abbildung 3.20 darstellen. Eine Kommunikation ist spätestens nach jedem Zeitschritt h_t notwendig. Somit wirkt die zeitliche Abarbeitung synchronisierend. Die betrachteten Verfahren lassen sich also zur Gruppe der *ortsparallelen Verfahren* zusammenfassen. Die mit einem ortsparallelen Ansatz maximal zu erreichende Beschleunigung in der Berechnung ist folglich durch den Beschleunigungsgewinn pro Zeitschritt limitiert. Der einfachste Vertreter, sowohl bzgl. der Diskretisierung als auch der Parallelisierung, ist das explizite Euler-Verfahren. Daher wird dieses zuerst behandelt. Im Anschluß gehen wir auf die beiden impliziten Vertreter näher ein.

Wie in Abschnitt 3.1.2 erläutert, hängen beim expliziten Euler-Verfahren die unbekannten Werte $u_{i,j}^{m+1}$ der Zeitebene $m+1$ ausschließlich von bekannten Werten der Zeitebene m ab (siehe Gleichung (3.15)). Eine parallele Abarbeitung gestaltet sich somit sehr einfach. Hierzu ist es notwendig, das gesamte Rechengebiet $\Omega_{n,n}$ in P gleich große Tei-

Berechnungen auf $\Omega_{n,n}^{i-1}$

Berechnungen auf $\Omega_{n,n}^{i}$ Kommunikation

Berechnungen auf $\Omega_{n,n}^{i+1}$

Zeit

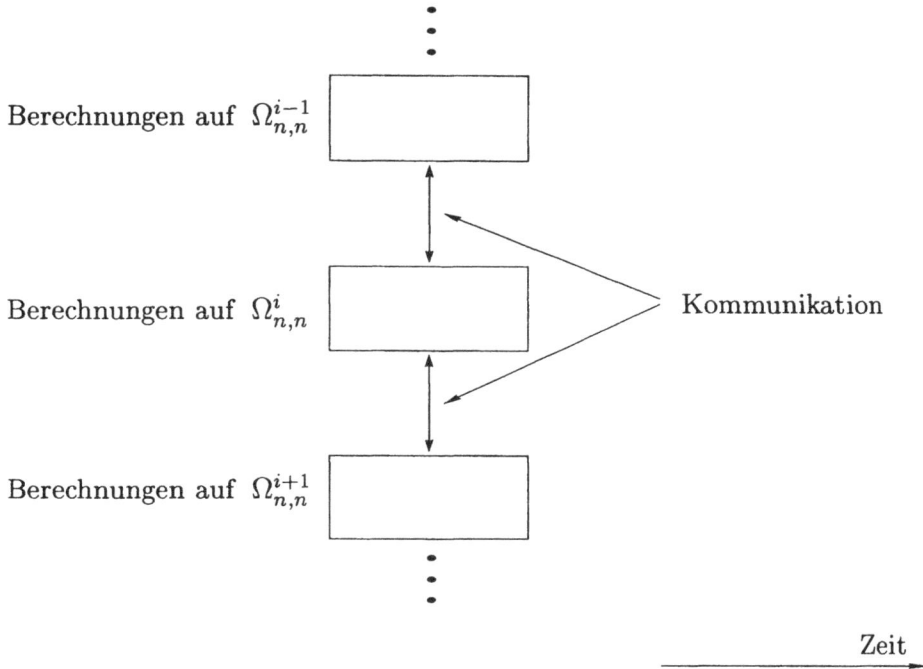

Abbildung 3.20: *Schematische Darstellung der räumlichen Paralleli-sierung von zeitabhängigen Problemen pro Zeitschritt h_t mit einem Gebietszerlegungs-Verfahren.*

le $\Omega_{n,n}^{i}$ mit Überlappungsgebiet zu zerteilen (mit $1 \le i \le P$, siehe auch die Diskussion über Gebietszerlegungsmethoden in Abschnitt 3.2). Im Anschluß daran können auf jedem Teilgebiet, ausgehend von An-fangswerten die Unbekannten der neuen Zeitebene berechnet werden. Diese Berechnungen erfolgen mit Gleichung (3.15). Nach dem Berech-nen der Werte $u_{i,j}^{m+1}$ der neuen Zeitebene $m + 1$ erfolgt ein Datenaus-tausch. Dieser ist wegen der Verwendung eines Überlappungsgebietes notwendig. Erfolgt eine Gebietszerlegung ohne Überlappungsgebiet, so sind während der Berechnung Kommunikationen erforderlich, um auf die in den jeweiligen Teilgebieten nicht vorhandenen Daten zuzugrei-fen. Zur Minimierung des Kommunikationsaufwandes erfolgt daher eine Gebietszerlegung mit Überlappungsgebieten. Damit ergibt sich zusam-menfassend der in Darstellung 3.21 angegebene Algorithmus.

> Zerteile Gesamtgebiet Ω in gleich große Teile $\Omega^1, \Omega^2, ..., \Omega^P$
> für alle Zeitebenen m
> { Berechne parallel auf jedem Teilgebiet Ω^i Werte der
>   neuen Zeitebene $m + 1$ nach Gleichung (3.15)
>   lokale Kommunikation des Überlappungsgebietes
> }

Abbildung 3.21: *Darstellung eines parallel ablaufenden expliziten Euler-Verfahrens.*

Leider besitzen explizite Zeitdiskretisierungsverfahren gravierende Nachteile, verursacht durch die nicht totale Stabilität. Implizite Verfahren weisen diese Nachteile nicht auf. Dafür ist es notwendig, bei jedem Zeitschritt ein lineares Gleichungssystem zu lösen (siehe die beiden Gleichungen (3.18) und (3.20) für das implizite Euler- und das Crank-Nicolson-Verfahren).

Eine parallele Abarbeitung erfolgt für beide Lösungsansätze analog zu der von stationären Problemstellungen, wie sie in Abschnitt 3.3.1 und 3.3.2 diskutiert wurden. Beim impliziten Euler-Verfahren hängen die unbekannten Werte $u_{i,j}^{m+1}$ von bekannten Werten $u_{i,j}^m$ der Zeitebene m und unbekannten Werten der Zeitebene $m + 1$ ab. Für das sich somit ergebende Gleichungssystem können Ein- oder Mehrgitterverfahren verwendet werden. Eine Parallelisierung erfolgt wiederum mit Gebietszerlegungsmethoden, analog zu den bisherigen Beispielen mit Überlappungsgebiet. Somit ist es möglich, pro Zeitebene ein raumparalleles Verfahren zu verwenden. Diese Vorgehensweise läßt sich analog auch für das Crank-Nicolson-Verfahren anwenden.

Nachteilig an diesem Ansatz ist die Kommunikation pro Iteration im Vergleich zu expliziten Verfahren, wo ausschließlich der Zeitschritt synchronisierend wirkt. Die parallele Effizienz impliziter Verfahren ist somit schlechter als die von expliziten Verfahren. Die sich nachteilig auswirkenden, erheblich kleineren Zeitschritte bei expliziten Verfahren gegenüber jenen von impliziten lassen sich somit durch eine höhere parallele Effizienz geringfügig kompensieren. Ferner ist eine parallele Implementierung von expliziten Verfahren wesentlich leichter. Vielfach sind dies auch die Gründe, warum in der Praxis oftmals explizite Verfahren verwendet werden. Der Leser sei auch daran erinnert, daß explizite Verfahren für den sequentiellen Fall sehr leicht zu implementieren sind. Nichtsdestotrotz sind implizite Verfahren von ihrer gesamten Effizienz wesentlich besser zu bewerten als explizite. Daher ist der höhere Implementierungsaufwand nicht zu scheuen, auch wenn die parallele Effizienz[16] schlechter ist als bei einer expliziten Vorgehensweise.

3.3.4.2 Parallelisierung in Raum und Zeit

Bisher diskutierten wir Ansätze, die eine Sequenz von Ortsproblemen mit aufeinanderfolgenden diskreten Zeitschritten h_t parallel im Raum lösten. Sie sind also alle in der Zeit sequentiell. Nun sollen mehrere aufeinanderfolgende Zeitschritte parallel auf verschiedenen Prozessoren verteilt gelöst werden. Damit erreichen wir nicht nur eine Parallelität im Raum, sondern auch eine in der Zeit (siehe z.B. [Hac84]). Es entstehen sogenannte *zeitparallele Verfahren*.

In der weiteren Diskussion erfolgt die Zeitdiskretisierung der Einfachheit wegen mit einem impliziten Euler-Verfahren. Ferner ist der Zeitschritt h_t, wie bisher, konstant über die gesamte Simulationszeit. Das Auflösen der Gleichung (3.18) für das implizite Euler-Verfahren nach $u_{i,j}^{m+1}$ liefert für die Zeitebene $m+1$:

$$\left(\frac{1}{h_t} + \frac{4}{h^2}\right) u_{i,j}^{m+1} = u_{i,j}^m + \underbrace{\frac{1}{h^2}\left(u_{i-1,j}^{m+1} + u_{i+1,j}^{m+1} + u_{i,j-1}^{m+1} + u_{i,j+1}^{m+1}\right)}_{A_{l,l}\hat{u}_{l,l}^{m+1}}. \tag{3.40}$$

Die Werte $u_{i,j}^m$ bezeichnen wiederum bekannte Resultate der Zeitebene m und $u_{i,j}^{m+1}$ jene der gesuchten Zeitebene $m+1$. In einer kompakteren Formulierung lautet (3.40) nach $u_{i,j}^{m+1}$ aufgelöst, wobei nicht mehr jede einzelne Komponente $u_{i,j}$ auf $\Omega_{l,l}$, sondern der ganze Vektor $\mathbf{u}_{l,l}$ betrachtet wird

$$\boxed{\mathbf{u}_{l,l}^{m+1} = S_l\left(A_{l,l}\left(\hat{\mathbf{u}}_{l,l}^{m+1}\right), \mathbf{u}_{l,l}^m\right)} \tag{3.41}$$

---

[16]Diese Aussage bezieht sich auf alle in Kapitel 1 eingeführten Effizienz-Definitionen.

mit S_l einem Lösungsverfahren auf dem Gitter $\Omega_{l,l}$ und $\mathbf{u}_{l,l}^m$ den bekannten Werten auf Zeitebene m bzw. den Anfangswerten. Da ein iteratives Verfahren Anwendung findet, entsteht für die $k + 1$-Iteration

$$\boxed{^{(k+1)}\mathbf{u}\,_{l,l}^{\,m+1} = S_l\Big(A_{l,l}\big(\,^{(k+1)}\hat{\mathbf{u}_{l,l}}^{\,m+1}\big),\,^{(k+1)}\mathbf{u}\,_{l,l}^{\,m}\Big).}$$
(3.42)

Ist nun l variabel, d.h. l bezeichnet wie in Abschnitt 3.3.2 über Mehrgitterverfahren die Gitterstufe mit $1 \leq l \leq n$, so beschreibt (3.42) eine Hierarchie von Lösungsvorschriften. Durch das mehrmalige Anwenden von Gleichung (3.42) in der Zeit entsteht ferner eine Sequenz von Gleichungssystemen, d.h. auch m ist nun variabel. Damit entsteht ein erweitertes System von Gleichungssystemen. Es liefert den Ausgangspunkt für sogenannte *parabolische Mehrgitterverfahren*, siehe [Hac84]. Die weitere Vorgehensweise ist analog zu der in Abschnitt 3.3.2 über parallele Mehrgitterverfahren diskutierten. Allerdings finden bei zeitparallelen Verfahren aus Effizienzgründen FAS- und FMG-Verfahren Anwendung.

Jeder Zeitschritt aus Gleichung (3.42) läßt sich nun einem Prozessor zuordnen und parallel lösen. Daraus resultiert, daß jeder Prozessor den gleichen Berechnungsaufwand zu bewältigen hat. Eine Beschleunigung in der Abarbeitung entsteht somit durch das gleichzeitige Lösen mehrerer Zeitebenen. Natürlich muß nicht notwendigerweise jede Zeitebene von ausschließlich einem Prozessor bearbeitet werden. Hier können wiederum die in Abschnitt 3.2 eingeführten Gebietszerlegungsmethoden zu einer weiteren Parallelisierung und damit Beschleunigung der Berechnung genützt werden. Als Resultat entsteht ein raum-zeitparalleles Mehrgitterverfahren.

Ein gravierendes Problem bei dem vorgestellten zeitparallelen Mehrgitterverfahren stellen die Anfangsbedingungen dar. Bei den bisherigen Verfahren waren diese Werte gegeben bzw. aus vorangegangenen Berechnungen bekannt. Nun müssen allerdings für jede Zeitebene die Anfangswerte gesetzt werden. Somit verschlechtert sich der Startwert mit zunehmender Distanz (d.h. Zunahme von m) vom Ausgangswert. Daraus resultiert ein erhöhter Iterationsaufwand und ein entsprechendes Lastungleichgewicht bei der parallelen Berechnung. Es sinkt auch die Konvergenzrate des Verfahrens (bzgl. Konvergenzrate, siehe (3.28)).

Abhilfe entsteht durch eine Kommunikation genäherter Werte $^{(k)}\mathbf{u}_{l,l}^m$ nach jeder Iteration. Diese Werte dienen für Zeitebenen $m+l$ mit $l > 1$ als verbesserte Startwerte.

Zeitparallele Verfahren sind Gegenstand aktueller Forschungen. Details bzgl. des diskutierten Ansatzes sind [BH91, BH96, Hac84, HK93, HV95] zu entnehmen, wo auch Anwendungen auf komplexere Problemstellungen aus der Strömungsmechanik diskutiert werden. Alternative zeitparallele Methoden findet der Leser z.B. in [BG91, DDT95, Jéz96].

3.4 Dünne Gitter

Mit den bisher diskutierten Diskretisierungsansätzen entsteht ein Speicheraufwand von $O(\mathbf{N})$ bzw. $O(N^2)$ für den zweidimensionalen Fall. Der Lösungsaufwand ist stark abhängig vom verwendeten Ansatz. Mit Mehrgitterverfahren erhöht er sich proportional zur Anzahl der Unbekannten (also ebenfalls $O(\mathbf{N})$ bzw. $O(N^2)$), wiederum für den zweidimensionalen Fall. Praxisrelevante Problemstellungen aus den Natur- und Ingenieurwissenschaften sind im allgemeinen dreidimensional und zeitabhängig. Zu einer wirklichkeitsnahen numerischen Berechnung ist eine extrem feine Gitterauflösung (d.h. N nimmt bei derartigen Aufgabenstellungen Werte von $N > 100$ an) erforderlich. Diese Notwendigkeit von sehr feinen Gittern führt oftmals zu einer Anzahl an Unbekannten des zu lösenden linearen Gleichungssystems, die die Rechen- und Speicherkapazität selbst von Supercomputern um mehrere Größenordnungen übersteigt.

Eine oftmals genutzte Möglichkeit, den Rechen- und Speicheraufwand möglichst gering zu halten, stellt die Technik der lokalen Gitterverfeinerung (d.h. adaptive Gitter) dar. Hierbei finden Gitter mit unterschiedlichen Maschenweiten in den einzelnen Raumrichtungen, die lokal verfeinert werden, Anwendung (d.h. $h_x \neq h_y$ und $h_x \neq$ konst. und $h_y \neq$ konst.).

Ein weiteres neuartiges und sehr mächtiges Konzept zur Reduzierung der Anzahl an Unbekannten stellen sogenannte *dünne Gitter* dar. Im Gegensatz zu den bisher kennengelernten vollen Gittern (siehe Abbildung 3.1) werden hier schärfere lokale Glattheitseigenschaften der zu approximierenden Lösung vorausgesetzt. Damit läßt sich im Vergleich zu vollen Gittern die Anzahl der Gitterpunkte erheblich reduzieren. Die Genauigkeit (d.h. die auf dem jeweiligen Gitter darstellbare Information) verschlechtert sich nur geringfügig im Vergleich zu vollen Gittern. Dünne Gitter wurden erstmals für partielle Differentialgleichungen in [Zen91b] vorgestellt. Die „Wurzeln" reichen aber bis in das Jahr 1962 zurück. Für historische Details, siehe [Pfl96].

Zuerst diskutieren wir im nächsten Abschnitt kurz Eigenschaften dünner Gitter. Im Anschluß daran erfolgt die Behandlung von neuartigen Lösungsverfahren, basierend auf dieser Darstellung. Natürlich gehen wir dezidiert auf deren Parallelisierungseigenschaften ein.

3.4.1   Eigenschaften

Mit dünnen Gittern läßt sich für den zweidimensionalen Fall der Speicheraufwand auf $O(N \cdot ld(N))$ im Gegensatz zu $O(N^2)$ für ein uniformes äquidistantes Gitter $\Omega_{n,n}$ mit $N = 2^n - 1$ inneren Gitterpunkten je Raumrichtung reduzieren. Die Approximationsgenauigkeit numerischer Lösungen für elliptische Differentialgleichungen verschlechtert sich hierbei nur sehr geringfügig von $O(h^2)$ auf $O(h^2 \cdot ld(h^{-1}))$, siehe [Bun92b, Zen91b]. In Abbildung 3.22 und 3.23 sind verschiedene dünne und volle Gitter gegenübergestellt. Natürlich lassen sich auch dünne Gitter adaptiv verfeinern. Sie sind also keine weitere spezielle Variante eines adaptiv verfeinerten vollen Gitters, sondern vielmehr ein vollkommen neuer Ansatz zu einer speichereffizienten Darstellung von Funktionen. Diese Idee läßt sich sowohl auf die numerische Differenziation als auch auf die numerische Integration anwenden. Durch adaptive Verfeinerungen lassen sich Glattheitsanforderungen lokal abschwächen, analog zu Berechnungen auf vollen Gittern.

Tabelle 3.4 vermittelt einen Eindruck des Speichergewinns bei Verwendung dünner Gitter in Relation zu vollen Gittern. Mit der Verringerung der Anzahl an Gitterpunkten reduziert sich nicht nur der Speicheraufwand, sondern auch der Rechenaufwand. Dies gilt bei Verwendung der in diesem Kapitel diskutierten iterativen Lösungsverfahrens, wie z.B. Mehrgitterverfahren.

Dünne Gitter lassen sich auf alle gängigen Diskretisierungsansätze anwenden. Für Details, siehe unter anderem [Bun92a, Bun92b, Hal92, HdZ93, Zen91a, Zen91b].

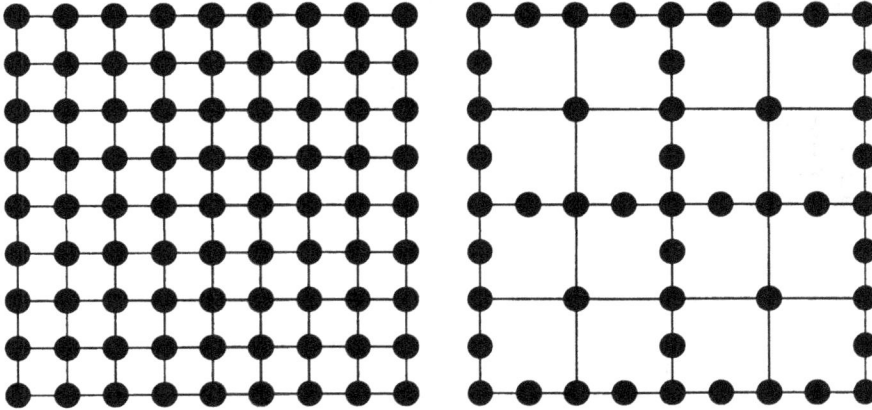

Abbildung 3.22: *Dünnes Gitter* $\Omega_{3,3}^s$ *(links) und volles Gitter* $\Omega_{3,3}$ *(rechts). Keine graphische Unterscheidung zwischen Rand- und inneren Punkten.*

3.4.2 Kombinationsmethode

Aufbauend auf der Darstellung dünner Gitter wollen wir nun Lösungsverfahren diskutieren. In den letzten Jahren wurden mehrere Methoden entwickelt, um Lösungen basierend auf der Darstellung eines dünnen Gitters zu erhalten. Zwei wichtige Ansätze sind *finite element-artige Löser* (siehe unter anderem [Bun92b]) und die sogenannte *Kombinationsmethode* (siehe [GSZ90]). Bei ersterem erfolgt eine Diskretisierung auf einem dünnen Gitter durch hierarchisch aufgebaute FE-Verfahren. Für das Lösen werden im allgemeinen hierarchische Datenstrukturen benutzt. Damit ist eine vollkommene Neuentwicklung der Algorithmen verbunden. Bei letzterem wird ein anderer Weg beschritten. Hierbei erfolgt das Lösen des Problems auf verschiedenen regelmäßigen Gittern mit unterschiedlichen Maschenweiten in den entsprechenden Raumrichtungen (also $h_x \neq h_y$). Die Anzahl der Gitterpunkte der am Kombinationsprozeß beteiligten Gitter ist wesentlich geringer als jene des vollen Gitters. Eine Lösung auf einem dünnen Gitter entsteht durch die Linearkombination dieser einzelnen diskreten Lösungen. Die Kombinationsmethode ist somit ein Spezialfall einer multivarianten Extrapolationsmethode. Auf Grund der verwendeten regelmäßigen Gitter sind für den zweidimensionalen Fall ausschließlich zweidimensionale Felder

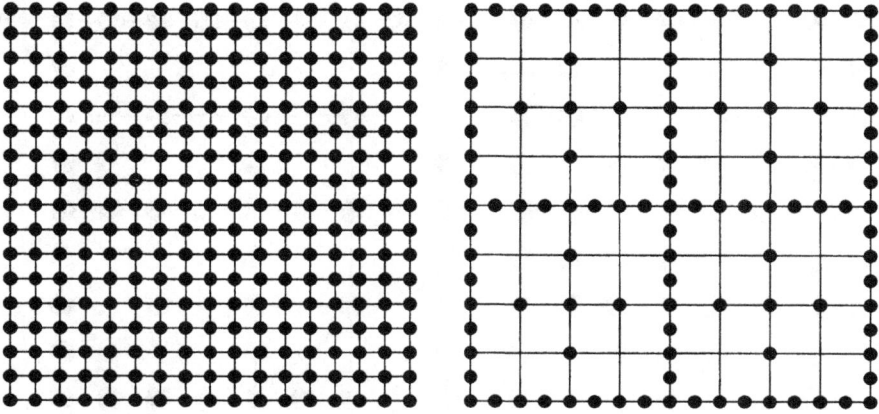

Abbildung 3.23: *Dünnes Gitter* $\Omega_{4,4}^s$ *(links) und volles Gitter* $\Omega_{4,4}$ *(rechts). Keine graphische Unterscheidung zwischen Rand- und inneren Punkten.*

notwendig. Es ist also möglich, schon vorhandene Löser als „black-box" für das Berechnen der Lösungen auf den einzelnen Gittern mit unterschiedlichen Maschenweiten in den verschiedenen Raumrichtungen zu verwenden (wir bezeichnen diese Gitter, analog zum Mehrgitterkontext als grobe Gitter, da deren Gitterpunktzahl geringer ist als jene des vollen und des dünnen Gitters). Allerdings müssen diese Verfahren in der Lage sein, Lösungen auf anisotrophen Gittern (d.h. Gittern mit sehr unterschiedlichen Maschenweiten in den beiden Raumrichtungen, wie z.B. $\Omega_{1,n}$) zu berechnen.

3.4.3 Raumparallele Kombinationsmethode

Zuerst erfolgt die Anwendung der Kombinationsmethode auf elliptische Problemstellungen wie die in Abschnitt 3.1.1 diskutierte Laplace-Gleichung. Die Kombinationsmethode wurde für diesen Typus von partieller Differentialgleichung in [GSZ90] eingeführt. Das Bildungsgesetz für den hier relevanten zweidimensionalen Fall lautet

$$\mathbf{u}_{n,n}^c = \sum_{i+j=n+1} \mathbf{u}_{i,j} - \sum_{i+j=n} \mathbf{u}_{i,j}, \tag{3.43}$$

Problemgröße n	dünnes Gitter	volles Gitter
1	9	9
2	21	25
3	49	81
4	113	289
5	257	1089
6	577	4225
7	1281	16641
8	2817	66049
9	6145	263169
10	13313	1050625

Tabelle 3.4: *Anzahl Gitterpunkte des dünnen Gitter $\Omega_{n,n}^s$ im Vergleich zu dem jeweilig assoziierten vollen Gitter $\Omega_{n,n}$ für variierendes n (inkl. Randpunkten).*

mit $\mathbf{u}_{i,j}$ den Lösungen auf den entsprechenden regelmäßigen groben Gittern $\Omega_{i,j}$ und $\mathbf{u}_{n,n}^c$ einer Lösung auf dem dünnen Gitter $\Omega_{n,n}^s$. Die Indizes i, j variieren zwischen 1 und n für die erste Summenformel und zwischen 1 und $n-1$ für die zweite. Die Maschenweiten h_x und h_y der einzelnen Gitter $\Omega_{i,j}$ ergeben sich somit zu $h_x = 2^{-i}$ und $h_y = 2^{-j}$. Insgesamt erhalten wir für (3.43) n diskrete Lösungen der ersten und $n-1$ diskrete Lösungen der zweiten Summenformel. Das Bildungsgesetz (3.43) ist für den Fall $n = 3$ in Abbildung 3.24 dargestellt.

In Abbildung 3.24 entsteht das dünne Gitter $\Omega_{3,3}^s$ durch das „Übereinanderlegen" der einzelnen Gitter $\Omega_{i,j}$ mit $i+j = n+1$ und $i+j = n$. Mehrfach auftretende Gitterpunkte der einzelnen regelmäßigen Gitter werden durch das Subtrahieren vermieden.

Zur Berechnung einer Kombinationslösung $\mathbf{u}_{n,n}^c$ aus den verschiedenen Lösungen $\mathbf{u}_{i,j}$ sind Gittertransporte notwendig (analog zu unserer Diskussion bei Mehrgitterverfahren in Abschnitt 3.3.2). Es können Interpolationen unterschiedlicher Ordnung (meist in Form einer trivialen

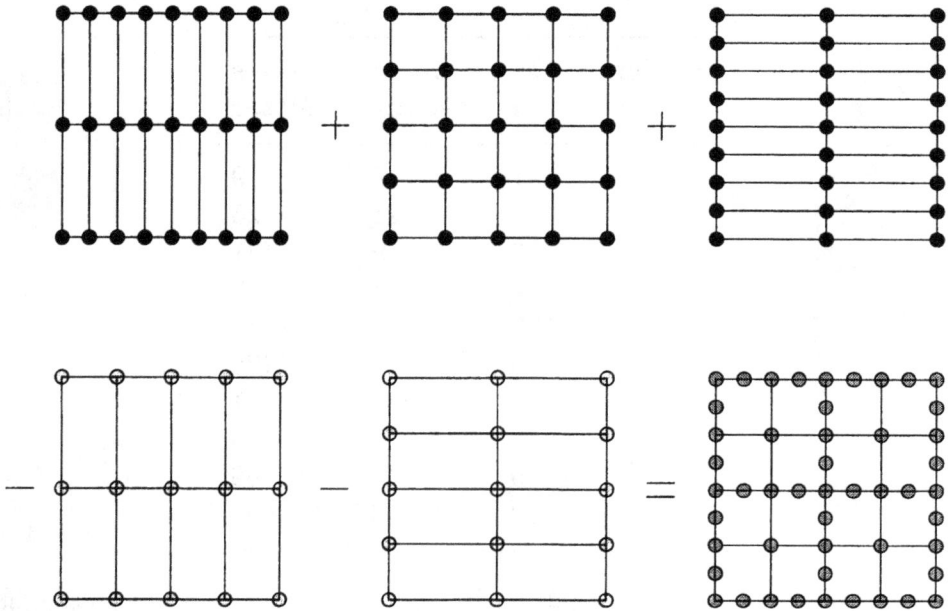

Abbildung 3.24: *Graphische Darstellung der Kombinationsmethode zur Bildung eines dünnen Gitters* $\Omega^s_{3,3}$ *aus einzelnen groben Gittern.*

Injektion oder einer linearen Interpolation) verwendet werden. Die Wahl des Interpolationsoperators hat natürlich einen Einfluß auf die Genauigkeit des erzielten numerischen Ergebnisses.

Die Genauigkeit einer Kombinationslösung $\mathbf{u}^c_{n,n}$ basierend auf einem dünnen Gitter ist bei Verwendung eines linearen Interpolationsoperators mit

$$\boxed{\epsilon = O(h^2 \cdot ld(h^{-1}))} \tag{3.44}$$

annähernd so gut wie jene auf dem assozierten vollen Gitter $\Omega_{n,n}$. In der Approximationsordnung unterscheiden sich finite element-artige Löser basierend auf hierarchischen Datenstrukturen nicht von jenen der Kombinationsmethode. Für Details, siehe [BGRZ94, GSZ90].

Der gesamte Vorteil der Kombinationsmethode ergibt sich aber erst bei einer parallelen Implementierung. Erfolgt nicht nur die Berechnung, sondern auch die Speicherung verteilt, so reduziert sich bei einer hinreichenden Anzahl an Knoten (z.B. Prozessoren eines MIMD-Systems) der Speicher- und Berechnungsaufwand auf $O(N)$. Für einfache Problemstellungen (wie z.B. die hier diskutierte Laplace-Gleichung) sind die Berechnungen auf den einzelnen Gittern aus der Kombinationsformel (3.43) vollkommen unabhängig voneinander durchführbar. Somit ist während der gesamten Berechnung keine Kommunikation erforderlich. Ferner ist es natürlich möglich, die Berechnungen auf den einzelnen Gittern $\Omega_{i,j}$ (mit $i + j = n + 1$ bzw. $i + j = n$) durch eine Gebietszerlegung oder Vektorisierung weiter zu parallelisieren, siehe auch Abbildung 3.25. In dem Schichtendiagramm aus Kapitel 2 ist die Kombinationsmethode in Schicht 3 und die Gebietszerlegung bzw. die Vektorisierung in Schicht 2 bzw. 1 angesiedelt. In Darstellung 3.26 ist die Parallelisierung der Kombinationsmethode für elliptische Differentialgleichungen algorithmisch formuliert.

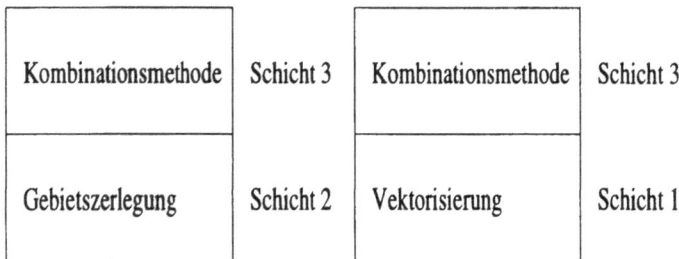

Kombinationsmethode	Schicht 3	Kombinationsmethode	Schicht 3
Gebietszerlegung	Schicht 2	Vektorisierung	Schicht 1

Abbildung 3.25: *Schichtendiagramm der verschiedenen Parallelisierungsebenen bei Verwendung der Kombinationsmethode.*

3.4.4 Raum-zeitparallele Kombinationsmethode

Wie schon mehrfach erwähnt, sind viele Phänomene zeitabhängig. Auch hierauf läßt sich die Kombinationsmethode anwenden. Dünne Gitter sind ja nicht auf einen speziellen Typus von partiellen Differentialgleichungen beschränkt, sondern erfordern ausschließlich gewisse Glattheitsanforderungen der zu berechnenden Lösung, siehe z.B. [Bun92b, Zen91b]. Für das Lösen zeitabhängiger Probleme auf dünnen Gittern, siehe unter anderem [Bal94, Hub96b, Tre96]. Als Modellproblem parabolischer Differentialgleichungen dient die mittlerweile wohlbekannte Wärmeleitungsgleichung aus Abschnitt 3.1.2. Das zu lösende Problem

$\forall\, i + j = n + 1$ und $\forall\, i + j = n$
{ löse die räumlichen Probleme auf den einzelnen Gittern $\Omega_{i,j}$
  aus (3.43) parallel
}
berechne Kombinationslösung $\mathbf{u}^c_{n,n}$ auf $\Omega^s_{n,n}$

Abbildung 3.26: *Algorithmische Formulierung einer parallel ablaufenden Kombinationsmethode für elliptische Differentialgleichungen (räumliche Kombination).*

ist also hier zweidimensional im Raum und eindimensional in der Zeit. Die Kombinationsmethode läßt sich nun auf derartige Aufgabenstellungen in verschiedener Weise anwenden:

- Kombination ausschließlich im Raum nach einigen Zeitschritten und

- Kombination im Ereignisraum.[17]

Zuerst betrachten wir die erste der beiden Möglichkeiten. Sie bietet unter anderem den Vorteil einer leichteren Implementierung. Es erfolgt hierbei eine Kombination ausschließlich in den beiden Raumrichtungen nach (3.43). Ausgangspunkt ist wiederum ein beliebiger Löser zum Berechnen der Wärmeleitungsgleichung. Er dient dazu, die verschiedenen instationären Probleme für z Zeitschritte h_t aus der Kombinationsformel (3.43) auf den jeweiligen Gittern $\Omega_{i,j}$ zu berechnen (mit $1 \leq z \leq T$ und T wiederum der maximalen Anzahl an Zeitschritten). Nach z Zeitschritten wird aus den einzelnen Lösungen $\mathbf{u}_{i,j}$ eine Kombinationslösung $\mathbf{u}^c_{n,n}$ auf dem Gitter $\Omega^s_{n,n}$ gebildet. Für die weiteren Berechnungen auf den einzelnen Gittern $\Omega_{i,j}$ dient $u^c_{n,n}$ als verbesserter Startwert (hierbei finden die schon erwähnten Gittertransporte Anwendung). Im Anschluß daran erfolgt wiederum für einige Zeitschritte z die unabhängige Berechnung der instationären Probleme. Diese Vorgehensweise wiederholt sich bis zum Erreichen des Simulationsendes. Das Berechnen der Lösun-

---

[17]d.h. die Zeit wird als zusätzliche dritte Dimension betrachtet, und es erfolgt eine Kombination im dreidimensionalen Raum

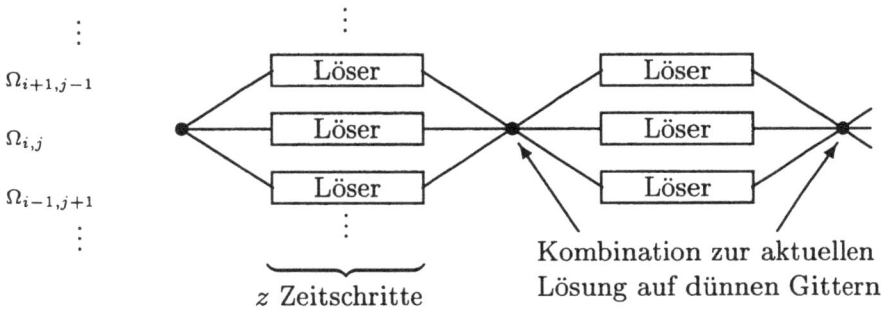

Abbildung 3.27: *Kombinationsmethode für zeitabhängige Probleme.*

gen auf $\Omega^s_{n,n}$ wirkt somit synchronisierend. Graphisch ist dies in 3.27 und algorithmisch in 3.28 dargestellt. Damit ergibt sich zum Zeitschritt h_t des verwendeten Lösers ein weiterer $z \cdot h_t$ durch die Kombinationsmethode. Dieser gibt an, wann eine Lösung $\mathbf{u}^c_{n,n}$ auf einem dünnen Gitter $\Omega^s_{n,n}$ zu berechnen ist. Der Zeitschritt h_t ist also auf den einzelnen Gittern $\Omega_{i,j}$ und der Zeitschritt $z \cdot h_t$ auf $\Omega^s_{n,n}$ definiert.

$\forall$ Zeitpunkte $t_z \cdot h_t$ mit $t_z = 1, 2, 3, \ldots$
{ löse die zeitabhängigen Probleme auf den einzelnen Gittern $\Omega_{i,j}$
   aus der Kombinationsformel (3.43)
   if $(t_z \bmod z == 0)$
      bilde Kombinationslösung $\mathbf{u}^c_{n,n}$
}

Abbildung 3.28: *Algorithmische Formulierung der parallel ablaufenden Kombinationsmethode für das Lösen zeitabhängiger Probleme.*

Die Wahl des Parameters z hat natürlich einen erheblichen Einfluß auf die parallele Effizienz. Er gibt ja gerade an, wie oft eine Lösung auf einem dünnen Gitter zu berechnen ist und damit, wie oft Daten auszutauschen sind. Bei einfachen Problemstellungen (z.B. der Wärmeleitungsgleichung) kann $z = T$ gewählt werden. Es erfolgt ausschließlich einmalig das Berechnen einer Lösung auf einem dünnen Gitter. Somit erhalten wir ein ideal parallelisierbares Verfahren zum Berechnen einfacher zeitabhängiger Probleme. Der in Abbildung 3.28 schematisch beschriebene Ansatz ist nicht auf die Wärmeleitungsgleichung beschränkt. Es läßt sich auch auf wesentlich komplexere Problemstellungen, wie z.B. das numerische Simulieren turbulenter Strömungen, anwenden (siehe [GHZ96, Hub96a]). Allerdings ist bei derartigen Aufgabenstellungen das Berechnen einer Lösung $\mathbf{u}^c_{n,n}$ schon nach einigen Zeitschritten h_t erforderlich (siehe [Hub96a]). Die notwendigen Kommunikationsintervalle sind aber wesentlich größer als bei Gebietszerlegungsverfahren. Eine Kommunikation ist somit erheblich seltener erforderlich als bei den bisher kennengelernten Ansätzen. Eine Ausnützung der zeitlichen Abfolge zur Parallelisierung erfolgt bei dieser Vorgehensweise allerdings nicht.

Nun zur zweiten der beiden Möglichkeiten. Hier erfolgt eine Kombination im Ereignisraum (also im dreidimensionalen). Die Kombinationsformel ergibt sich durch das Bildungsgesetz

$$\mathbf{u}^c_{n,n,n} = \sum_{i+j+k=n+2} \mathbf{u}_{i,j,k} - 2\sum_{i+j+k=n+1} \mathbf{u}_{i,j,k} + \sum_{i+j+k=n} \mathbf{u}_{i,j,k}. \tag{3.45}$$

In (3.45) beschreiben i, j die Indizes für die räumliche Auflösung (d.h. $h_x = 2^{-i}$ und $h_y = 2^{-j}$) des Gitters $\Omega_{i,j,k}$ und k den Index für die zeitliche Auflösung (d.h. $h_t = 2^{-k}$). Die einzelnen Gitter $\Omega_{i,j,k}$ unterscheiden sich in ihrer räumlichen und zeitlichen Auflösung voneinander. Für die Zeitpunkte $t_z \cdot h_t$ und $t_z < 2^k$ entstehen Zwischenlösungen auf den einzelnen Gittern. Bei $t_z = 2^k$ hingegen ergeben sich verschiedene Lösungen der parabolischen Differentialgleichung mit unterschiedlicher Genauigkeit (analog zu (3.43)). Mit (3.45) erhalten wir somit Lösungen auf $\Omega^c_{n,n,n}$. Im Gegensatz zu dem bisherigen Ansatz beschreibt nun $\mathbf{u}^c_{n,n,n}$ nicht nur eine Lösung im Raum für einen festen Zeitpunkt, sondern eine raum-zeitliche Lösung. Wiederum sind die einzelnen Probleme unabhängig voneinander. Wir erhalten damit ein zu Abschnitt 3.3.4.2 alternatives zeitparalleles Verfahren.

Bei der Anwendung der Kombinationsmethode im Ereignisraum ist darauf zu achten, daß die Approximationsgenauigkeit der Diskretisierung für alle Richtungen (d.h. sowohl die räumlichen als auch die zeitliche) gleich ist. Bei einer Diskretisierung mit zentralen Differenzen ergibt sich ja ein Diskretisierungsfehler der Ordnung $O(h^2)$ für den äquidistanten uniformen Fall. Somit muß der Diskretisierungsfehler für die zeitliche Ableitung ebenfalls von der Ordnung $O(h_t^2)$ sein. Das in Abschnitt 3.1.2.2 diskutierte Crank-Nicolson-Verfahren erfüllt diese Forderung. Für numerische Ergebnisse der Kombinationsmethode, angewendet auf verschiedene zeitabhängige Problemstellungen, siehe [GHZ96, Tre96].

Alle zwei Bildungsgesetze sind nicht limitiert auf äquidistante oder uniforme Gitter. Sie lassen sich vielmehr in analoger Weise auf beliebige Gitter erweitern (siehe z.B. [GT95, GHZ96]). Die beiden Bildungsgesetze (3.43) und (3.45) entstehen aus dem um ein alternierendes Vorzeichen erweitertes Pascalsches Dreieck. Somit sind Erweiterungen für höhere Dimensionen leicht möglich (siehe [Hub96b]). Verfahren auf dünnen Gittern sind aktueller Forschungsgegenstand.

In diesem Kapitel diskutierten wir Diskretisierungsansätze für stationäre und instationäre partielle Differentialgleichungen. Lösungen der aus den verschiedenen Diskretisierungsansätzen resultierenden linearen Gleichungssysteme erfolgten mit iterativen Lösungsverfahren. Dabei zeigten sich erhebliche Unterschiede sowohl beim Implementierungsaufwand als auch bei der numerischen Effizienz. Die ausführlich behandelten Mehrgitterverfahren zählen heute zu den effizientesten numerischen Lösungsverfahren. Zur Parallelisierung diente die Methode der Gebietszerlegung. Hierbei erfolgte eine Zerlegung des gesamten Rechengebietes in möglichst gleich rechenintensive Teilgebiete. Mit diesem Ansatz ist sowohl eine Parallelisierung der stationären und der instationären Probleme möglich (räumliche Parallelisierung). Neuerlich finden aber zunehmend sogenannte zeitparallele Verfahren Anwendung. Eine Parallelisierung erfolgt hierbei nicht nur im Raum, sondern zusätzlich auch in der Zeit. Somit erhöht sich bei gleichbleibender Problemgröße gegenüber raumparallelen Verfahren das Parallelisierungspotential.

Ferner erfolgte die Diskussion neuartiger Verfahren zu einer effizienteren Darstellung von Lösungen. Diese dünnen Gitter sind traditionellen Verfahren bzgl. des Speicher- und des Lösungsaufwandes weit überlegen. Durch das Verwenden der Kombinationsmethode als effizienten Löser auf dünnen Gittern erhalten wir eine zur Gebietszerlegung zusätzliche Parallelisierungsmöglichkeit in Form der einzelnen regelmäßigen groben Gitter. Derartige Verfahren, die ein unterschiedliches Kommunikationsverhalten aufweisen, sind sehr gut für MPP-Systeme und für

Workstationnetze geeignet. Die Speicherreduzierung bei Verwendung
dünner Gitter nimmt mit einer Erhöhung des Dimensionsgrades erheblich zu.

Kapitel 4

Implementierung auf MIMD-Systemen

Die im letzten Kapitel diskutierten unterschiedlichen numerischen Methoden (bzw. Verfahren) sind nun in den beiden folgenden Kapiteln auf ihr Laufzeitverhalten bei einer parallelen Implementierung hin zu untersuchen. Einflußgrößen beim effizienten parallelen Lösen partieller Differentialgleichungen sind neben der numerischen Methode, die Implementierung (zuzüglich der Optimierung) in einer höheren Programmiersprache und die Rechnerarchitektur (siehe Abbildung 1.7 in Kapitel 1). Die numerische Effizienz wurde schon in Kapitel 3 näher untersucht. Nun betrachten wir Laufzeiten der verschiedenen Lösungsverfahren auf unterschiedlichen Rechnerarchitekturen. Exemplarisch geschieht dies auf den folgenden Rechnern:

- Cray T90 und
- IBM SP2.

Ferner diskutieren wir Implementierungen für

- ANSI C und
- Fortran 77

für das Lösen auf einem Prozessor. Bei der Parallelisierung diskutieren wir Details für

- Spracherweiterungen einzelner Rechnerhersteller und

- PVM.

Zuerst konzentrieren wir uns auf den Fall für einen Prozessor und gehen im Anschluß daran auf den parallelen ein. Dies geschieht getrennt für stationäre und instationäre Probleme. Vor einer Parallelisierung ist zuerst die sequentielle Programmversion zu optimieren. Dies beinhaltet auch die Verwendung effizienter Lösungsverfahren. Als Bewertungskriterien verwenden wir die in Kapitel 1.2 eingeführte

- gesamte Laufzeit und

- Mflops-Rate.

Die gesamte Laufzeit einer Anwendung kann hierbei durch

- das Unix-Time-Kommando,

- Funktionen bzw. Prozeduren in einer höheren Programmiersprache (hier ANSI C oder Fortran 77) und

- ein Monitorsystem

erfolgen (bzgl. Monitorsysteme, siehe die Diskussion in Kapitel 6). Im weiteren verwenden wir alle drei Möglichkeiten, um Ungenauigkeiten auszuschließen, erwähnen sie aber nicht mehr explizit. Die Mflops-Raten werden mit einem Monitorsystem ermittelt.

Im parallelen Fall kommen als weitere Kriterien der parallele Speedup für eine feste Problemgröße hinzu (siehe Kapitel 1.2 und hier speziell (1.9)).

Um nun den Einfluß der verschiedenen Rechnerarchitekturen besser diskutieren zu können, erfolgt zuerst eine kurze Beschreibung der verwendeten Großrechner.

Die Cray T90 ist ein MIMD-Rechner mit gemeinsamen Speicher. Da pro Prozessor Vektorisierung und Fließbandverarbeitung genutzt werden, gehört er zur Gruppe der Multiprozessor-Vektorrechner. Die maximale Rechenleistung beträgt pro Prozessor 1.8 Gflops. Dies resultiert aus einer Taktrate von 450 MHz und vier Vektoreinheiten je Prozessor. Es stand ein System mit vier Prozessoren, also einer gesamten Rechenleistung von 7.2 Gflops, zur Verfügung. Die Größe des Arbeitsspeichers betrug 1.0 GByte.

Der zweite Supercomputer ist eine IBM 9076 SP2. Hierbei handelt es sich um einen MIMD-Rechner mit verteiltem Speicher. Jeder einzelne Prozessor ist vom RISC-Typus (RS/6000 Power 2). Entsprechend der Anzahl anzusprechender Speicherbänke und des Speicherausbaus kann zwischen sogenannten „wide nodes" und „thin nodes" unterschieden werden. Erstere verfügen bei dem verwendeten System über 256 MByte Arbeitsspeicher, wohingegen letztere mit 128 MByte ausgestattet sind. Die Taktrate beträgt bei beiden 67 MHz. Der Daten-Cache ist 256 KByte und der Instruktions-Cache 32 KByte groß. Die Rechenleistung, ermittelt mit dem LINPACK-Benchmark, variiert für beide etwas. Die gemessene Kommunikationsleistung der SP2 beträgt ungefähr 35 MByte/Sek. Für die Berechnungen stand ein System bestehend aus 14 wide und 58 thin nodes zur Verfügung. Für weitere technische Details, siehe [Her96, Sch95a].

Beide Rechner werden am Leibniz-Rechenzentrum der Bayerischen Akademie der Wissenschaften in München betrieben.

4.1 Systeme mit gemeinsamen Speicher

Zuerst zur Diskussion der aus dem letzten Kapitel bekannten Laplace-Gleichung mit Dirichlet-Bedingungen (siehe Gleichung (3.4)). Die Diskretisierung erfolgt mit einem FD-Verfahren und zentralen Differenzen. Somit ist die räumliche Approximationsgenauigkeit von 2. Ordnung (also $O(h^2)$). Die Laplace-Gleichung ist ein „harter" Testfall für parallel ablaufende Lösungsverfahren, da der Berechnungsaufwand im Verhältnis zum Kommunikationsaufwand gering ist. Dies gilt vor allem bei Verwendung von FD-Verfahren.

Zur numerischen Berechnung der Laplace-Gleichung dienen die im letzten Kapitel diskutierten Lösungsverfahren. Dies sind

- Gauß-Seidel,

- SOR und

- Mehrgitter (CS).

Bei der Implementierung der verschiedenen Verfahren in ANSI C und Fortran 77 erfolgt die Ausnützung der spezifischen Spracheigenschaften. So erfolgt für ANSI C eine dynamische Speicherverwaltung, wohingegen in Fortran 77 eine statische benutzt wird.

Als erste Zielarchitektur dient die Cray T90. Bevor wir allerdings an die Parallelisierung (d.h. Ausnutzung von Nebenläufigkeiten) eines Verfahrens gehen können, ist die Implementierung auf einem Prozessor zu optimieren. Dies sollte auch eine allgemeine Vorgehensweise sein. Auf jedem Multiprozessor-Vektorsystem gehört hierzu natürlich die Ausnutzung der Vektorisierung. Ferner ist zu überprüfen, inwieweit die Wahl einer höheren Programmiersprache Einfluß auf die gesamte Laufzeit einer numerischen Berechnung besitzt.

Zu einer Optimierung auf einer Rechnerarchitektur sind genaue Kenntnisse der jeweiligen Zielarchitektur erforderlich. Derartige Optimierungen bleiben hier bewußt unberücksichtigt. Um trotzdem eine auf möglichst verschiedenen Rechnerarchitekturen effiziente Implementierung zu erhalten, wurden ausschließlich optimierende Compiler-Optionen und Compiler-Direktiven verwendet. Damit wird erreicht, daß derartige Implementierungen auch für Dritte noch verständlich und somit auch leicht modifizierbar sind. Die Übersetzung mit ANSI C erfolgte somit mit den Compiler-Optionen

```
cc -O3 -h vector3 -Aa <Programmname>
```

und für Fortran 77 mit

```
f90 -O3 <Programmname>.
```

Wie schon in den vorangegangenen Kapiteln gibt `<Programmname>` den Namen des zu übersetzenden Programms an. Auf der T90 ist kein Fortran 77-Compiler mehr vorhanden. Da es aber mit einem Fortran 90-Übersetzer möglich ist auch F77-Programme zu übersetzen, bereitet dies keine Schwierigkeiten.

Im Quellcode erfolgt mit

```
   for (i=2; i<=N+1; i++)
#pragma _CRI ivdep
       for (j=2; j<=N+1; j++)
           u[i][j]= 0.25*( u[i+1][j]+u[i-1][j]+u[i][j+1]
                           +u[i][j-1]-h2*rhs[i][j] );
```

das Setzen entsprechender Compiler-Direktiven für das Übersetzungssystem (hier am Beispiel des lexikographischen Gauß-Seidel-Verfahrens in C-Notation dargestellt). Die Auswirkungen der in obigem Programmausschnitt vorhandenen Datenabhängigkeiten diskutieren wir in diesem Abschnitt ausführlich. Die Variable $N = 2^n - 1$ gibt wiederum die maximale Anzahl innerer Gitterpunkte je Raumrichtung an. Da Dirichlet-Randbedingungen Verwendung finden, erfolgt die Berechnung ausschließlich auf inneren Gitterpunkten (also ab jeweils dem zweiten Gitterpunkt bis zum jeweilig vorletzten). Die einzelnen Felder werden von 1 bis $N + 2 = 2^n + 1$ numeriert. In obigem Programmausschnitt ist ivdep die Abkürzung für „ignore vector dependencies". Es ist darauf zu achten, daß die Direktive in der ersten Spalte einer Programmzeile steht. Bei der Vektorisierung ist ferner auf die Reihenfolge in der Abarbeitung der beiden Schleifen zu achten. In unserem Beispiel erfolgt die Vektorisierung der innersten Schleife.

Analog ist in Fortran 77 zu verfahren. Hier lautet die Compiler-Direktive CDIR$ IVDEP, wiederum in der ersten Spalte einer Programmzeile zu plazieren.

Von den verschiedenen, im letzten Kapitel vorgestellten Gauß-Seidel-Varianten ist die lexikographische Abarbeitung die numerisch am effizienteste. Analoges gilt natürlich auch für das SOR-Verfahren. Der Leser sei hier an den Vergleich in den beiden Tabellen 3.2 und 3.3 aus Kapitel 3 erinnert. Durch das Ausnutzen der Vektorisierung ändert sich die Situation drastisch, wie Tabelle1 4.1 zeigt. In Klammern sind jeweils die erforderlichen Iterationszahlen der nicht-vektorisierten Version angegeben, um das Residuum auf einen Wert von $res = 0.00001$ zu senken. Aus der Tabelle ist klar der Anstieg an Iterationen für die lexikographische Variante zu erkennen, wohingegen bei der Vierfarben-Variante die

Problemgröße n	lexikographischer Gauß-Seidel	Vierfarben-Gauß-Seidel
1	1 (1)	1 (1)
2	28 (19)	20 (20)
3	121 (80)	83 (83)
4	489 (326)	337 (337)
5	1965 (1308)	1351 (1351)
6	7872 (5243)	5402 (5402)
7	31504 (20993)	21599 (21599)
8	125723 (84011)	86375 (86375)
9	502948 (336120)	345452 (345452)

Tabelle 4.1: *Anzahl der Iterationen in Abhängigkeit der Durchlaufrichtung für ein Residuum von res = 0.00001, bei Ausnutzung der Vektorisierung und der Fließbandverarbeitung (in Klammern stehen die Iterationszahlen ohne Ausnutzung der Vektorisierung und der Fließbandverarbeitung).*

Iterationszahlen konstant bleiben. Die zusätzliche Anzahl an Iterationen für die lexikographische Abarbeitung des Gleichungssystems ist als Vektorisierungs-Overhead (siehe hierzu auch die Diskussion in Kapitel 1) zu interpretieren. Das lexikographische Gauß-Seidel-Verfahren degeneriert bei der Fließbandabarbeitung hierbei zum Jacobi-Verfahren (siehe für das Jacobi-Verfahren die Diskussion am Ende des letzten Kapitels).

Bei der Ausnutzung der Vektorleistung ist somit der Vierfarben-Variante der Vorzug zu geben. Bei nicht-vektorisierenden Architekturen, wie z.B. der SP2, ist hingegen die lexikographische Variante vorzuziehen.

Beim SOR-Verfahren hat die Ausnutzung der Vektorisierung und der Fließbandverarbeitung sogar noch fatalere Folgen. Die lexikographische Variante ändert sich auch hier zum Jacobi-Verfahren. Nur benötigt ein gedämpftes Jacobi-Verfahren eine Unterrelaxation, wohingegen das

SOR-Verfahren nur stabil für eine Überrelaxation arbeitet. Das Ergebnis ist das Divergieren des Verfahrens. Die Vierfarben-Variante bleibt natürlich auch bei Verwendung der Vektorisierung und der Fließbandverarbeitung stabil. In Tabelle 4.2 sind die erzielten Mflops-Raten in Abhängigkeit der Gitterpunktzahlen angegeben. Die ab $n > 6$ etwas höheren Mflops-Zahlen des SOR-Verfahrens im Vergleich zum Vierfarben-Gauß-Seidel-Verfahren in ANSI-C (siehe die Tabellen 4.2 und 4.3) resultieren aus der geringfügig größeren Anzahl an Gleitpunktoperationen pro Schleifendurchlauf. Natürlich ist zum numerischen Berechnen der Laplace-Gleichung nicht eine Gitterpunktzahl von $2^9 - 1$ je Raumrichtung erforderlich. Für Laufzeituntersuchungen sind derartige Berechnungen aber trotzdem sinnvoll, da hiermit die maximal für das entsprechende Verfahren erreichbare Rechenleistung eines Parallelrechners gut ermittelbar ist. Der Leser sei auch daran erinnert, daß die hier diskutierten Gleichungen Modellcharakter für wesentlich komplexere Problemstellungen haben.

Problemgröße n	ANSI C Vierfarben-SOR
2	5.09
3	13.84
4	44.48
5	132.08
6	320.41
7	652.11
8	903.91
9	936.68

Tabelle 4.2: *Anzahl Mflops auf Cray T90, ermittelt mit vektorisiertem SOR-Verfahren für variierende Iterationszahlen bis zur Reduzierung des Residuums auf* $res = 0.00001$.

Nun diskutieren wir den Einfluß der Programmiersprache. In Tabelle 4.3 ist die Anzahl der bei einer vektorisierenden Abarbeitung erreichten Mflops in Abhängigkeit der Gitterpunktzahl $N = 2^n - 1$ für die Fortran

77- und die C-Version gegenübergestellt. In Abbildung 4.1 erfolgt das graphische Darstellen der Ergebnisse. Die Anzahl erreichter Mflops ist bei der F77-Version in der Asymptotik (d.h. für große Werte von n) höher als bei jener für C. Bei kleinen Werten für n hingegen hat C Vorteile. Im gesamten ist aber festzustellen, daß die erreichten Mflops-Raten nur geringfügig von der Wahl einer höheren Programmiersprache abhängig sind.

Problemgröße n	Fortran77 Vierfarben	ANSI C Vierfarben	ANSI C lexikographisch
2	3.46	9.75	22.41
3	24.77	30.32	64.57
4	95.14	75.75	150.63
5	213.05	168.24	317.49
6	424.85	327.72	525.01
7	681.49	567.41	769.44
8	937.70	777.96	790.34
9	939.14	781.00	800.20

Tabelle 4.3: *Anzahl Mflops auf Cray T90, ermittelt mit vektorisiertem Gauß-Seidel-Verfahren für variierende Iterationszahlen bis zur Reduzierung des Residuums auf* $res = 0.00001$.

Aus der Anzahl Iterationen ist auch ersichtlich, daß die Mflops-Raten kein hinreichendes Kriterium zur Leistungsbewertung darstellen kann. In Tabelle 4.3 sind für beide Durchlaufrichtungen (lexikographisch und Vierfarben) annähernd gleiche Mflops-Raten zu erkennen. Auf Grund der erforderlichen Anzahl an Iterationen ist aber ersichtlich, daß die Vierfarben-Version in der vektorisierten Variante erheblich kürzere Laufzeiten liefert als die lexikographische (siehe hierzu auch Tabelle 4.1). Somit ist die entstehende gesamte Laufzeit (hier indirekt in Form der Iterationszahl) für die Leistungsbewertung ein wesentlich objektiveres Maß als die Anzahl erzielter Gleitpunktoperationen pro Sekunde. Dies wird auch deutlich bei dem Vergleich der Mflops-Raten zwischen SOR-

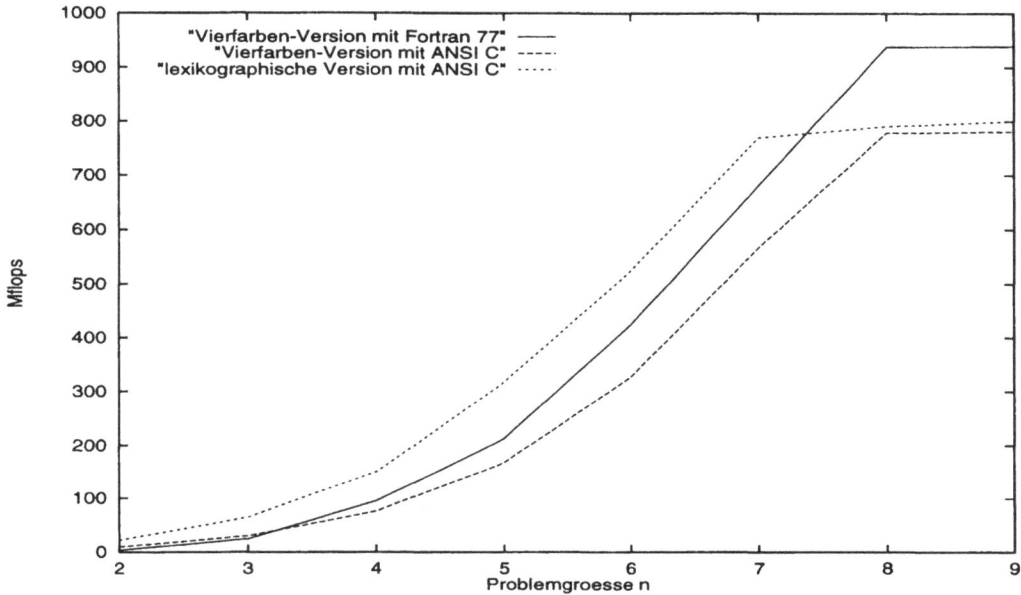

Abbildung 4.1: *Anzahl Mflops auf Cray T90 ermittelt mit vektorisiertem Gauß-Seidel-Verfahren in Abhängigkeit der Gitterpunktzahl $N = 2^n - 1$ pro Raumrichtung.*

und Gauß-Seidel-Verfahren in den Tabellen 4.2 und 4.3. Die erreichbare Rechenleistung eines Vektorprozessors hängt natürlich entscheidend von der Vektorlänge ab. Bei kleinen Vektorlängen (d.h. bei kleinen n) ist die erzielbare Rechenleistung in MFlops gering. Bei einer Erhöhung von n erhöht sich auch die erreichbare Anzahl an Gleitpunktoperationen pro Sekunde. Ab einem gewissen Wert tritt aber eine Sättigung ein (bei unserem Beispiel etwa bei $n = 8$, siehe Tabelle 4.3 und Abbildung 4.1).

Zusätzlich zu der bisherigen Diskussion betrachten wir nun auch noch ein Mehrgitterverfahren (CS-Variante). In Tabelle 4.4 sind wiederum für variierendes n die auf der T90 erzielten Mflops-Raten aufgetragen. Es wurden für die Laplace-Gleichung insgesamt 5 Mehrgitterzyklen (V-Zyklen) mit jeweils zwei Vor- und Nachglättungen (d.h. $\nu_1 = \nu_2 = 2$) berechnet. Die Anzahl der Gleitpunktoperationen pro Sekunde fällt etwas geringer aus als für das SOR-Verfahren. Dies resultiert aus der abnehmenden Vektorlänge für die gröberen Gitter.

Problemgröße	CS-Verfahren
2	4.62
3	13.01
4	40.65
5	105.83
6	235.94
7	458.47
8	664.42
9	707.40

Tabelle 4.4: *Anzahl Mflops auf Cray T90, ermittelt mit vektorisiertem CS-Verfahren in Abhängigkeit der Gitterpunktzahl $N = 2^n - 1$ pro Raumrichtung. Vierfarben-Gauß-Seidel als Glätter (Implementierung in ANSI C).*

Für Details bzgl. Optimierungen und Vektorisierung von sequentiellen Programmen, siehe [BR92, DDSvdV91].

Bei den hier näher diskutierten Parallelrechnern handelt es sich um Repräsentanten von sehr unterschiedlichen Architekturmodellen. Die Cray T90 ist ein Vertreter von MIMD-Rechnern mit gemeinsamen Speicher und die IBM SP2 jener eines MIMD-Rechners mit verteiltem Speicher. Bei der T90 kann die Parallelisierung auf zwei unterschiedliche Arten erfolgen. Die erste Möglichkeit zur Laufzeitreduzierung ist die Vektorisierung und das Pipelining. Die zweite entsteht durch das Ausnützen der eventuell in einem Programm vorhandenen Nebenläufigkeiten (siehe auch die Diskussion über die verschiedenen Möglichkeiten zur Parallelisierung in Kapitel 2). So sind schon bei der effizienten Implementierung auf einem einzelnen Prozessor die spezifischen Eigenschaften von Vektorrechnern zu berücksichtigen. Bei der SP2 besteht vor allem über das Ausnützen der Nebenläufigkeit die Möglichkeit zur Reduzierung der gesamten Laufzeit.

In den bisherigen Diskussionen war deutlich zu sehen, daß für Vektorrechner nur dann eine hohe Rechenleistung zu erzielen ist, falls lange Vektorlängen zu erreichen sind. Bei einer Parallelisierung mit Gebietszerlegungsmethoden können diese langen Vektorlängen bei einer ungünstigen Zerteilung des Gitters in einzelne Teile verlorengehen. Für die parallele Effizienz und damit auch den parallelen Speedup können bei einem derartigen Ansatz unnötig schlechte Resultate entstehen, da ja auf einem Prozessor dieses Problem nicht auftritt. Damit stellt sich aber auch nicht ein entsprechender Laufzeitgewinn bei Einsatz mehrerer Prozessoren ein (im Vergleich zu einer gut vektorisierten Version auf einem Prozessor). Dies resultiert aus der Reduzierung der vektoriellen Leistung. Bei einer effizienten Implementierung läßt sich dies aber vermeiden. Dieses Problem entschärft sich auch durch die Tatsache, daß bei Multiprozessor-Vektorrechnern nur eine geringe Anzahl an Prozessoren (meist 2 – 32) vorhanden ist. Trotzdem sollte dieser Punkt nicht außer acht gelassen werden.

Auf der T90 existieren verschiedene Möglichkeiten zur Ausnutzung der Nebenläufigkeit. Die kürzesten Laufzeiten bei einer Parallelisierung sind sicherlich durch Ausnutzung des shared memory-Konzeptes erreichbar. Hier sind spezifische Spracherweiterungen (z.B. für C oder Fortran 77) zu verwenden. Hardwareunabhängigkeit ist allerdings mit diesem Ansatz nicht mehr gewährleistet. Seit mehreren Jahren sind einige Rechnerhersteller aber bemüht, konform zu den spezifischen Spracherweiterungen von Cray zu sein.

Die zweite Möglichkeit sind die in Kapitel 2 diskutierten Kommunikationsbibliotheken (z.B. PVM oder MPI). Wie wir in Kapitel 2 allerdings sahen, wird bei diesen das nachrichtenorientierte Programmiermodell verwendet. Bei Verwendung auf Rechnern mit gemeinsamen Speicher ist also mit Laufzeiteinbußen im Vergleich zur ersten Möglichkeit zu rechnen. Damit ist allerdings ein hohes Maß an Hardwareunabhängigkeit gegeben, wobei PVM leider nicht standardisiert ist und sich somit durchaus Modifikationen in der Implementierung auf verschiedenen Rechnern nicht vermeiden lassen. Diese Aussage gilt nicht für MPI, da es einem Standard unterliegt. Ab MPI-2 existieren auch spezifische Konstrukte zur effizienten Unterstützung von shared memory-Architekturen.

Zuerst zu den Cray-Spracherweiterungen. Hier gilt es wiederum zwei Varianten zu unterscheiden. Zum einen kann die Parallelisierung dem Laufzeitsystem überlassen werden. In diesem Zusammenhang wird

oftmals der Begriff *Autotasking* verwendet. Somit ist es sicherlich die
bequemste Vorgehensweise. Dies geschieht durch folgende Compiler-
Optionen

```
cc -h task3 <Filename>
```

für C und durch

```
f90 -O task3 <Filename>
```

für Fortran. In beiden Beispielen gibt `<Filename>` den Namen des zu
übesetzenden Programms an. Die Optionen bei der Übersetzung sind
selbsterklärend. Wenn es die Datenabhängigkeit erlaubt, wird in obigem Programmausschnitt die äußerste Schleife parallelisiert (Ausnutzung der Nebenläufigkeit) und die innerste Schleife vektorisiert. Die
Parallelisierung erfolgt also in zwei Schichten (Schicht 2 und 3 des in
Kapitel 2 diskutierten Schichtenmodells). Das Autotasking ist allerdings nicht auf die äußerste Schleife limitiert.

Die zweite Möglichkeit der Parallelisierung ist leider etwas aufwendiger in der Realisierung. Hierbei handelt es sich um das sogenannte *Mikrotasking*. Eine alternative Bezeichnung ist *Benutzer definiertes
Tasking*. Bei dieser Variante gibt der Anwender explizit Anweisungen,
welche Variablen von allen Prozessoren gemeinsam genützt werden sollen (d.h. shared) und welche dem gemeinsamen Zugriff entzogen sind
(d.h. privat). Damit das Laufzeitsystem ein parallel abzuarbeitendes
Programmteil auch als solches erkennt, erfolgt dessen explizite Kenn-
zeichnung durch Compiler-Direktiven. Für die Programmiersprache C
sind dies `#pragma _CRI parallel` bzw. `#pragma _CRI end parallel`
(bzgl. weiteren Details, siehe [Cra93]).

Sollen Kommunikationsbibliotheken genutzt werden, so entstehen
leider Effizienzeinbußen, da diese bisher das Konzept des gemeinsamen
Speichers kaum oder gar nicht unterstützten. Die einzelnen Rechnerhersteller entwickelten daher spezifische Erweiterungen, siehe z.B. [Fei95].
Bei MPI-2 soll, wie schon erwähnt, dieses Manko allerdings beseitigt
werden. In den neuen Standard werden zusätzliche Routinen zur besseren Unterstützung von MIMD-Rechnern mit gemeinsamen Speicher
aufgenommen, siehe [GGHL+96].

Neben den MPI-Implementierungen einzelner Rechnerhersteller existieren auch für verschiedene Parallelrechner (z.B. IBM SP2 und Cray T3D) optimierte Public-domain-Versionen. Für Laufzeitvergleiche und Implementierungsdetails, siehe [GLDS96].

4.2   Systeme mit verteiltem Speicher

Nun zur parallelen Berechnung auf einem IBM-Parallelrechner. Die einzelnen Prozessoren der SP2 basieren auf dem RISC-Ansatz. Bei der Power 2-Architektur spielt die Vektorisierung nur eine geringe Rolle. Somit ist für die Implementierung auf einem Prozessor bei Eingitterverfahren (wie z.B. einem SOR-Verfahren) aus Effizienzgründen die lexikographische Variante vorzuziehen. Bei den verwendeten Programmiersprachen ist das Bild auf der SP2 analog zu jenem auf der T90. Auch hier ist kein signifikanter Einfluß auf das Laufzeitverhalten festzustellen. Dies ist allerdings keineswegs eine allgemeingültige Aussage. Sie muß vielmehr auf jedem einzelnen Großrechner überprüft werden. Dies kann z.B. mit einfachen Lösungsverfahren wie einem SOR erfolgen.

Bei der Diskussion verschiedener Lösungsverfahren beschränken wir uns auf das parallele Berechnen der Laplace-Gleichung mit dem CS-Verfahren und der Wärmeleitungsgleichung mit einem expliziten Euler-Verfahren. Eine Zerteilung des Gitters $\Omega_{n,n}$ mit $n = 2, 3, ..., 10$ erfolgt für alle hier diskutierten Problemstellungen in Form von überlappenden Streifen. Die Breite des Überlappungsgebietes beträgt einen Gitterpunkt. Somit entsteht pro Streifen ein maximaler Speichermehraufwand von $2 \cdot (2^n + 1)$ Gitterpunkten, siehe auch Abbildung 4.3. Die Parallelisierung erfolgte mit PVM 3.3.11.

Zuerst zur numerischen Effizienz der verschiedenen Lösungsverfahren. In Abbildung 4.2 ist das Verhältnis der Laufzeiten auf einem Prozessor zwischen lexikographischen SOR- und CS-Verfahren für eine Implementierung in C aufgetragen. Alle Berechnungen wurden bis zur Reduzierung des Residuums auf einen Wert von $res = 0.00001$ durchgeführt. Klar ist der Laufzeitvorteil des Mehrgitterverfahrens zu erkennen. Dieser Laufzeitvorteil steigt mit Erhöhung der Gitterpunktzahl rasch an. Für kleine Werte von n ist hingegen kein nennenswerter Laufzeitgewinn festzustellen.

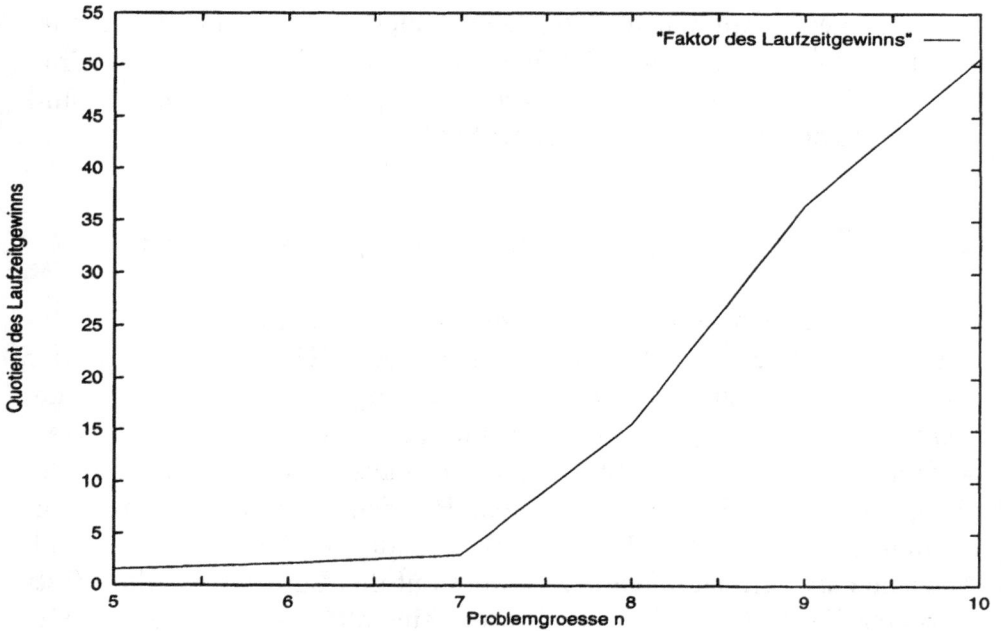

Abbildung 4.2: *Quotient aus den Laufzeiten bei Verwendung eines lexikographischen SOR- und eines CS-Verfahrens auf einem Prozessor einer IBM SP2.*

Nun zur parallelen Berechnung. In den folgenden qualitativen Betrachtungen erfolgt eine Vernachlässigung der Start-Zeit T_{start} und der Plazierungszeit T_{plaz}, bzgl. beiden siehe auch die Diskussion in Kapitel 1. Damit eine Laufzeitreduzierung durch eine Parallelisierung entsteht (d.h., es ergibt sich für den parallelen Speedup $S_{par}(P) > 1$), muß die Berechnungszeit T_{comp} pro Teilgebiet größer als die Kommunikationszeit T_{comm} und die Idle-Zeit T_{idle} sein (siehe auch die Diskussion zur Ermittlung der gesamten Laufzeit in Kapitel 2), also

$$T_{comp}^i > T_{comm}^i + T_{idle}^i,$$

mit $1 \leq i \leq P$ und P der Anzahl verwendeter Prozessoren, die hier auch gleichzeitig die Anzahl der Teilgebiete angibt. Die Berechnungszeit resultiert aus dem Lösen der partiellen Differentialgleichung. Es sind hierbei pro Prozessor Lösungen auf

$$\frac{(2^n - 1) \cdot (2^n - 1)}{P}$$

Gitterpunkten zu berechnen (dies gilt ausschließlich für Probleme mit Dirichlet-Randbedingungen). Die Kommunikationszeit je Prozessor resultiert aus dem Senden bzw. Empfangen von maximal

$$2 \cdot (2^n - 1)$$

Gitterpunkten je Kommunikationsintervall, siehe Abbildung 4.3. Insgesamt entsteht also ein Kommunikationsaufwand von maximal

$$(P - 1) \cdot 2 \cdot (2^n - 1)$$

Gitterpunkten. Bei einem iterativen Lösungsverfahren für das Lösen der Laplace-Gleichung ist eine Kommunikation nach jedem Iterationsschritt[1] und für die Wärmeleitungsgleichung bei einem expliziten Zeitschrittverfahren nach jedem Zeitschritt erforderlich.

Aus den bisherigen Überlegungen ist ersichtlich, daß bei einer Erhöhung der Gitterpunktzahl der Berechnungsaufwand wesentlich stärker anwächst als der Kommunikationsaufwand. Bei hinreichend großen n entsteht somit zwangsläufig für $S_{par}(P)$ ein Wert mit $S_{par}(P) > 1$.

Einflußgrößen auf die gesamte Laufzeit sind natürlich die Rechenleistung pro Prozessor, die Kommunikationsleistung der Verbindungsstruktur und die Implementierung. Mit dem Berechnungs- bzw. Kommunikationsaufwand verknüpft, ergeben sich für die beiden ersten Einflußgrößen die entsprechenden Laufzeiten T_{comp} und T_{comm}. Der Berechnungsaufwand ist pro Gitterpunkt konstant, d.h. unabhängig von der Problemgröße (Cache-Effeke werden bei dieser qualitativen Beurteilung außer acht gelassen). Die Kommunikationszeit hängt von der verwendeten Implementierung (z.B. überlappende bzw. nicht-überlappende Kommunikation, siehe auch die Diskussion in Kapitel 3), der verwendeten Kommunikationsbibliothek, dem Übertragungsprotokoll und

---

[1]Erfolgt eine Kommunikation in größeren Intervallen (z.B. nur jeden zweiten Iterationsschritt), so reduziert sich bei dem hier gewählten Ansatz die numerische Effizienz des Lösungsverfahrens, allerdings erhöht sich dessen parallele Effizienz.

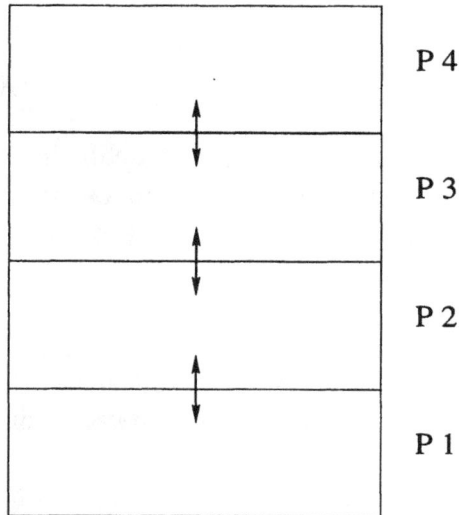

Abbildung 4.3: *Schematische Darstellung der zu kommunizierenden Daten bei einer Zerteilung des gesamten Gebietes in vier Streifen (Pfeile symbolisieren Sende- bzw. Empfangsvorgänge). P1 bis P4 bezeichnen die vier verwendeten Prozessoren.*

dem Datenformat ab. Im weiteren gehen wir als Vertreter einer Kommunikationsbibliothek auf PVM näher ein. Bei dieser kann die Kommunikation mit `PvmDataDefault` bzw. `PvmDataRaw` erfolgen (siehe auch die Diskussion in Kapitel 2). Bei ersterem geschieht die Datenübertragung im XDR-Format und bei letzterem im Binärformat. Das XDR-Format ist in einer heterogenen und das Binärformat in einer homogen Umgebung vorzuziehen. Wird XDR zur Datenübertragung verwendet, so entsteht ein zusätzlicher Konvertierungsaufwand, der beim Binärformat entfällt. Die verschiedenen Einflußparameter diskutieren wir nun im einzelnen bei den unterschiedlichen Lösungsansätzen.

Zuerst zum parallelelen Berechnen der Laplace-Gleichung mit einem CS-Verfahren. Es erfolgt das Berechnen von fünf V-Zyklen mit jeweils zwei Vor- und Nachglättungen und einem Mehrfarben-Gauß-Seidel-Verfahren als Glätter. Vergröberungen erfolgten zum einen bis zum gröbst möglichen Gitter und zum anderen für ausschließlich drei Gitterebenen. Die einzelnen Berechnungen wurden auf wide nodes durchgeführt. In Tabelle 4.5 ist der parallele Speedup $S_{par}(P)$ für eine variierende Anzahl an Prozessoren und an Gitterpunkten für eine Vergröberung bis zum gröbst möglichen Gitter angegeben. Zur Kommunikation wurde zuerst das XDR-Format verwendet. Ein Laufzeitgewinn stellte sich erst bei $2^9 - 1$ inneren Gitterpunkten je Raumrichtung ein, so daß Laufzeitergebnisse für n mit $n < 9$ in Tabelle 4.5 keine Berücksichtigung fanden.

n\P	1	2	4	8
9	1.00	1.39	2.30	1.59
10	1.00	1.45	2.43	3.70

Tabelle 4.5: *Paralleler Speedup für die Laplace-Gleichung mit einem CS-Verfahren bei Verwendung einer Gebietszerlegung, Kommunikation mit PVM und dem* `PvmDataDefault`*-Format (Vergröberung bis zum gröbst möglichen Gitter).*

Die einzelnen Berechnungen wurden mit dem Binärformat wiederholt, siehe Tabelle 4.6. Erwartungsgemäß sind hiermit bei Verwendung mehrerer Prozessoren höhere Laufzeitgewinne zu erzielen als mit dem XDR-Format. Dies zeigt auch der Vergleich der gesamten Laufzeiten für die Berechnungen mit beiden Alternativen. Alle Berechnungen wurden, wie schon erwähnt, auf sogenannten wide nodes durchgeführt.

n\P	1	2	4	8
9	1.00	1.60	2.56	2.54
10	1.00	1.83	3.05	3.89

Tabelle 4.6: *Paralleler Speedup für die Laplace-Gleichung mit einem CS-Verfahren bei Verwendung einer Gebietszerlegung, Kommunikation mit PVM und dem* `PvmDataRaw`*-Format (Vergröberung bis zum gröbst möglichen Gitter).*

Die einzelnen Berechnungen wurden nochmals wiederholt. Diesmal erfolgte allerdings das Berechnen von ausschließlich drei Gitterebenen. Hiermit soll der Einfluß der Anzahl an Gitterebenen auf den parallelen Speedup untersucht werden (siehe Tabelle 4.7).

n\P	1	2	4	8
9	1.00	1.89	2.65	2.89
10	1.00	1.92	3.35	5.95

Tabelle 4.7: *Paralleler Speedup für die Laplace-Gleichung mit einem CS-Verfahren bei Verwendung einer Gebietszerlegung, Kommunikation mit PVM und dem* `PvmDataRaw`*-Format (drei Gitterebenen).*

Für die teilweise gering ausfallenden Speedup-Werte lassen sich mehrere Gründe anführen. Zum einen ist die Rechenleistung der einzelnen Prozessoren sehr hoch im Vergleich zur Kommunikationsleistung. Mit PVMe (hierbei handelt es sich um ein IBM-Derivat von PVM) lassen sich wesentlich bessere Resultate erzielen. Zum anderen wurde eine sehr einfache Implementierung gewählt. Ferner erfolgten in den ersten beiden Fällen die Berechnungen bis zum gröbst möglichen Gitter. Dadurch entstehen hohe Idle-Zeiten einzelner Prozessoren. Bei einer Verringerung der Anzahl an Gitterebenen lassen sich diese Wartezeiten erheblich reduzieren rsp. sogar ganz vermeiden wie auch Tabelle 4.7 zeigt. Auf dem gröbsten Gitter ist dann allerdings das Problem möglichst exakt zu lösen (dies läßt sich z.B. auf einfache Weise mit einem SOR und einer entsprechenden Anzahl an Iterationen realisieren). Durch Einsatz alternativer numerischer Verfahren, die für eine Parallelisierung besser geeignet sind, können die Laufzeiten weiter reduziert werden. Eine Beschreibung derartiger Verfahren würde aber den für dieses Buch gesteckten Rahmen sprengen. So läßt sich z.B. mit dem im NAS Parallel Benchmark enthaltenen Mehrgitterverfahren ein annähernd linearer paralleler Speedup erreichen (siehe z.B. [SB96]). Auf den schon mehrfach erwähnten www-Seiten finden sich Angaben, wo der Quellcode verfügbar ist. Weitere Laufzeitvergleiche für alternative Parallelrechner sind unter anderem in [SBG96] oder in den aktuellen Publikationen zum schon erwähnten NAS Parallel Benchmark (siehe [SB96]) zu finden. Für Vergleiche zwischen PVM und dem IBM-Derivat PVMe, siehe [CDJ95, Hub96b]. Eine Diskussion bzgl. Portabilität und Effizienz numerischer Algorithmen wird in [tCV96] geführt.

Nun zur Wärmeleitungsgleichung. Für das Berechnen dieses parabolischen Modellproblems verwenden wir das explizite Euler-Verfahren. Auch bei der Wärmeleitungsgleichung handelt es sich um einen „harten" Testfall für den verwendeten Parallelisierungsansatz. Der Berechnungsaufwand ist wiederum im Vergleich zum Kommunikationsaufwand gering. In Tabelle 4.8 ist der parallele Speedup $S_{par}(P)$ in Abhängigkeit der Problemgröße n und der Anzahl verwendeter Prozessoren dargestellt. Für Werte von n kleiner als 8 konnte leider keine Laufzeitreduzierung erzielt werden. Ein wesentlich besseres Bild ergibt sich für die Kommunikation im Binärformat. Siehe hierzu auch Tabelle 4.9.

n\P	1	2	4	8
8	1.00	1.24	1.41	1.40
9	1.00	1.69	2.34	3.09
10	1.00	1.82	3.00	4.50

Tabelle 4.8: *Paralleler Speedup für die Wärmeleitungsgleichung mit einem expliziten Euler-Verfahren bei Verwendung einer Gebietszerlegung, Kommunikation mit PVM und dem* `PvmDataDefault`*-Format.*

Ebenso wie für das Mehrgitterverfahren schlägt sich für das explizite Euler-Verfahren das Verwenden des Binärformates in entsprechenden Reduzierungen der gesamten Laufzeit nieder. Bei der Nutzung von zwei Prozessoren entstehen nur sehr geringfügige Laufzeitunterschiede zwischen den einzelnen Kommunikationsformaten. Erfolgt eine Erhöhung der Prozessorzahl, so spielt die Wahl des Kommunikationsformats eine immer gewichtigere Rolle. Für acht Prozessoren und einer Problemgröße von $n = 10$ ergibt sich z.B. ein Wert von ca. 1.5, d.h. Berechnungen mit dem `PvmDataDefault`-Format benötigen ca. 1.5-mal längere

n\P	1	2	4	8
8	1.00	1.65	1.87	1.85
9	1.00	1.81	2.94	5.24
10	1.00	1.98	3.53	6.04

Tabelle 4.9: *Paralleler Speedup für die Wärmeleitungsgleichung mit einem expliziten Euler-Verfahren bei Verwendung einer Gebietszerlegung, Kommunikation mit PVM und dem* PvmDataRaw*-Format.*

Rechenzeit als bei Verwendung des PvmDataRaw-Formats. Die Reduzierungen der gesamten Laufzeiten ergeben sich unter anderem durch den Wegfall von Konvertierungen, die für das XDR-Format erforderlich sind.

In diesem Kapitel diskutierten wir Implementierungsdetails sowohl für MIMD-Rechner mit gemeinsamen, als auch für jene mit verteiltem Speicher. Bei Multiprozessor-Vektorrechnern besteht die Möglichkeit, sowohl das in einem Programm vorhandene Vektorisierungspotential als auch dessen Potential an Nebenläufigkeit zur Reduzierung der gesamten Laufzeit einzusetzen. Bei MIMD-Rechnern auf der Basis von RISC-Prozessoren erfolgt die Laufzeitreduzierung hauptsächlich durch die Ausnutzung der im Programm vorhandenen Nebenläufigkeiten. Für diese untersuchten wir verschiedene Lösungsverfahren und analysierten deren numerische Effizienz, sowie unterschiedliche Kommunikationsformate bei einer parallelen Implementierung. Die teilweise geringen Laufzeitgewinne durch eine Parallelisierung resultieren sowohl aus den diskutierten Modellproblemen als auch aus dem ungünstigen Verhältnis zwischen Kommunikations- und Rechenleistung und den einfachen Lösungsverfahren. Ebenso wurde der Idee einer einfachen Implementierung folgend auch der verwendete Parallelisierungsansatz möglichst leicht verständlich gehalten. Durch entsprechende Optimierungen liesen sich somit die Laufzeitgewinne erheblich steigern. Auch hat die Wahl der Kommunikationsbibliothek einen gewichtigen Einfluß auf die gesamten Laufzeiten und damit auch auf den hier diskutierten parallelen

Speedup. Mit PVMe bzw. MPI lassen sich bei unveränderter Kommunikationslogik wesentlich bessere Resultate erzielen. Auch existieren effizientere Parallelisierungsansätze. Die möglichen Optimierungen sind allerdings nicht alleine auf Implementierungsdetails zu beschränken, sie sollen vielmehr auch die Verwendung alternativer Diskretisierungs- und Lösungsverfahren beinhalten. Bei den im Mehrgitterverfahren verwendeten Glättern können z.B. kommunikationsärmere Löser eingesetzt werden.

Ziel war es aber nicht, sehr effiziente Ansätze vorzustellen, sondern vielmehr auf prinzipielle Probleme bei einer Implementierung von numerischen Lösungsverfahren auf Parallelrechnern aufmerksam zu machen. Daher erfolgten keine Optimierungen auf die spezifischen Eigenschaften der einzelnen Rechnerarchitekturen. Auch wurden dem einführenden Charakter dieses Buches folgend ausschließlich einfache Lösungsverfahren implementiert.

Kapitel 5

Implementierungen auf Workstationnetzen

Im letzten Kapitel diskutierten wir Implementierungsdetails für verschiedene MIMD-Systeme. Dies beinhaltete sowohl den sequentiellen als auch den parallelen Fall. In diesem Kapitel gehen wir nun auf die besonderen Eigenschaften von Workstationnetzen ein. Sie lassen sich wie MIMD-Rechner zur Parallelisierung nutzen. Im Gegensatz zu herkömmlichen Parallelrechnern haben sie einen erheblichen Kostenvorteil, da eine Neuanschaffung teurer Hardware entfällt. Workstationnetze stellen daher eine sehr gute Alternative zu konventionellen MIMD-Systemen dar. In der Praxis wird dieses Potential seit mehreren Jahren erfolgreich genutzt, siehe z.B. [Bro93, HHSZ94, SWZ93].

Einzelne Workstations kommunizieren im allgemeinen über Ethernet[1] untereinander. Daraus resultiert vielfach eine sehr geringe Kommunikationsleistung im Verhältnis zur vorhandenen Rechenleistung. Beim Entwurf parallel ablaufender numerischer Algorithmen ist dies zu berücksichtigen. Ferner treten in einer Workstation-Umgebung spezifische Probleme auf. Um den normalen Benutzerbetrieb nicht zu beeinträchtigen, können diese Rechner im allgemeinen ausschließlich nachts oder an Wochenenden zur parallelen Berechnung genutzt werden. Bei numerischen Berechnungen über einen langen Zeitraum sind Mechanismen zum Wie-

---

[1]Bei Ethernet handelt es sich um ein Übertragungsprotokoll (logische Verbindung). Physikalisch sind die einzelnen Workstations mit einem Kupfer- oder Glasfaserkabel miteinander verbunden.

deraufsetzen (engl. checkpointing) zu implementieren. Sollen Workstations auch während eines normalen Benutzerbetriebes zu umfangreichen Berechnungen herangezogen werden, so sind Lastverteilungsverfahren zu verwenden. Sowohl auf die Problematik des Wiederaufsetzens als auch der Lastverteilung gehen wir in Kapitel 7 dezidiert ein.

Bei der folgenden Diskussion wurden die einzelnen Workstations im dedizierten Modus (d.h. ohne fremde Benutzer) verwendet. Somit liesen sich die angesprochenen Probleme der Lastverteilung und des Wiederaufsetzens vermeiden. Zur Ermittlung der gesamten Laufzeit dienen wiederum das Unix-Time-Kommando und Funktionen bzw. Prozeduren in einer höheren Programmiersprache. Als Kommunikationsbibliothek wurde PVM 3.3.6 verwendet. Auf Grund der geringen Kommunikationsleistung des Ethernets von maximal 1 MByte/Sek. sind schlechtere Ergebnisse (sowohl bzgl. der gesamten Laufzeit als auch bzgl. dem parallelen Speedup) für die Implementierungen der einzelnen Verfahren im Vergleich zu ähnlich leistungsstarken MIMD-Rechnern zu erwarten. Bei einer Erhöhung der Anzahl der Kommunikationspartner erhöht sich bei einer gleichzeitigen Kommunikation auch die Anzahl der Kollisionen. Dies führt zu einer weiteren Verringerung der Kommunikationsleistung. Um auch auf Workstationnetzen zufriedenstellende Laufzeitresultate zu erhalten, sind kommunikationsarme Verfahren zu verwenden.

Ein Vertreter äußerst kommunikationsarmer numerischer Lösungsverfahren ist die Kombinationsmethode, die auf der Darstellung eines dünnen Gitters basiert (siehe Kapitel 3). Derartige Verfahren eignen sich somit sehr gut zur parallelen Berechnung auf Workstationnetzen.

Die Ergebnisse der sequentiellen Berechnungen sind analog zur SP2. Dies ist nicht verwunderlich, da die jeweils verwendeten Prozessoren auf dem RISC-Ansatz basieren. Die gesamten Laufzeiten sind allerdings auf den einzelnen Prozessoren einer IBM SP2 wesentlich kürzer als auf den hier benutzten Workstations. Dies resultiert aus der höheren Rechenleistung der Power 2 Prozessoren. Somit können wir uns hier ausschließlich auf den parallelen Fall konzentrieren. Analog zum letzten Kapitel diskutieren wir Implementierungsdetails für das parallele Lösen der Laplace- und der Wärmeleitungsgleichung.

Als Zielsystem stand ein baumartig strukturiertes Workstationnetz bestehend aus 16 HP 9000/720-Rechnern zur Verfügung, siehe Abbildung 5.1. Der Arbeitsspeicher der einzelnen Rechner variierte zwischen

32 und 192 MByte. Die theoretische maximale Rechenleistung beträgt pro Workstation $Mflop_{peak} = 17$. Die Kommunikationsleistung eines derartig aufgebauten Clusters bestehend aus Arbeitsplatzrechnern wurde durch mehrere einzelne Verbindungen erhöht. Um eine derartige Topologie zu realisieren, sind mehrere Netzkarten pro Rechner erforderlich. Die maximale Übertragungsleistung pro Netzstrang beträgt, wie schon erwähnt, 1 MByte/Sek.

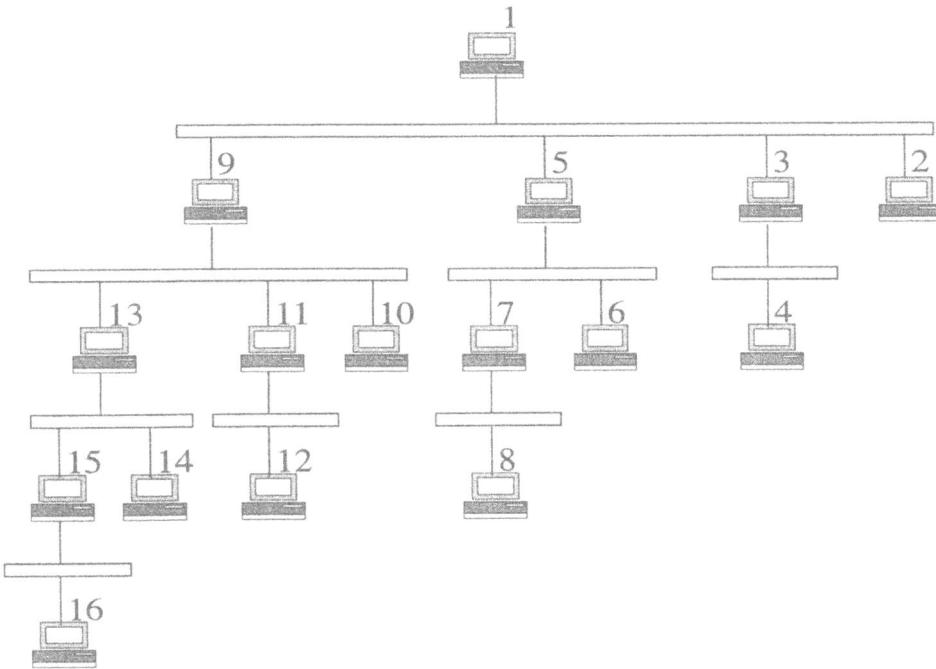

Abbildung 5.1: *Baumartige Anordnung von 16 Arbeitsplatzrechnern (mit 1-16 gekennzeichnet) mit acht Verbindungen. Die einzelnen waagrechten Balken symbolisieren die verschiedenen Kommunikationswege.*

5.1   Stationäre Probleme

Zuerst gehen wir auf das parallele Lösen der Laplace-Gleichung ein. Die Parallelisierung erfolgt durch ein streifenweises Zerteilen des gesamten Gitters. Es erfolgt also keine spezifische Optimierung auf die verwendete Workstation-Topologie.[2] Berechnungen wurden für Gitter mit $2^6 - 1$ bis $2^{10} - 1$ inneren Gitterpunkten je Raumrichtung durchgeführt. Natürlich ist eine räumliche Auflösung von $2^{10} - 1$ inneren Gitterpunkten für die betrachteten Modellprobleme nicht erforderlich. Es erfolgten trotzdem Berechnungen, um das Kommunikationsverhalten der verschiedenen Lösungsverfahren zu untersuchen.

Zuerst diskutieren wir ein Eingitterverfahren. Im Gegensatz zum letzten Kapitel erfolgte ausschließlich die Verwendung des Binärformates zur Kommunikation (d.h. PvmDataRaw). Um die gesamte Laufzeit in Grenzen zu halten, wurden maximal 1000 Iterationen parallel berechnet. Die Berechnungszeit T_{comp} überwiegt erst ab $n = 8$ die Kommunikationszeit T_{comm} und die Idle-Zeit T_{idle}, so daß erst für derartig große Werte von n eine Laufzeitreduzierung durch die Ausnutzung der Parallelität möglich ist, siehe auch Tabelle 5.1.

n\P	1	2	4	8	16
8	1.00	1.88	3.50	6.51	4.17
9	1.00	1.91	3.68	7.01	10.38
10	1.00	2.00	3.98	7.35	14.07

Tabelle 5.1: *Paralleler Speedup für die Laplace-Gleichung mit einem SOR-Verfahren bei Verwendung einer Gebietszerlegung, Kommunikation mit PVM.*

Bei dem zweiten, hier näher untersuchten Lösungsverfahren handelt es sich um das in Kapitel 3 diskutierte Mehrgitterverfahren (CS-Verfahren). Es erfolgt wiederum die parallele Berechnung der Laplace-Gleichung aus dem vorletzten Kapitel. Zur Kommunikation wurde das PvmDataRaw-Format verwendet. Bei der Ausnutzung aller Gitterebenen zur parallelen Berechnung ist die Anzahl an V-Zyklen gleich zur sequentiellen Berechnung (wiederum bei zwei Vor- und Nachglättungen). Dies resultiert

---

[2]Allerdings läßt sich auch mit diesem, auf die Topologie nicht vollständig abgestimmten Ansatz die höhere Kommunikationsleistung des Netzes nutzen.

aus der Kommunikation pro Iteration des verwendeten Glätters auf jeder Gitterebene. Für die parallele Implementierung des CS-Verfahrens konnten allerdings wesentlich schlechtere Werte für den parallelen Speedup ermittelt werden als beim gerade diskutierten SOR-Verfahren, siehe Tabelle 5.2. Gründe hierfür sind die wesentlich höheren Kommunikationskosten pro Iteration im Vergleich zum Eingitterverfahren. Ferner entstehen auf den gröberen Gittern Wartezeiten einzelner Prozessoren, da bei dem hier diskutierten Mehrgitterverfahren Berechnungen ja bis zum gröbst möglichen Gitter durchgeführt wurden. Eine Kommunikation erfolgte auf jeder Gitterebene nach jeder Iteration des verwendeten Glätters (hier Mehrfarben-Gauß-Seidel). Somit entsteht leider ein hoher Kommunikationsaufwand. Aber die numerische Effizienz der parallelen Version ist gleich zu der sequentiellen (d.h. die Anzahl erforderlicher Mehrgitterzyklen erhöhte sich durch die Parallelisierung nicht). Allerdings ist trotz der geringen parallelen Speedup-Werte die Laufzeit bei Verwendung des Mehrgitterverfahrens wesentlich kürzer, als für das SOR-Verfahren.

n\P	1	2	4	8	16
8	1.00	1.60	2.01	2.10	2.09
9	1.00	1.88	2.89	3.91	4.87
10	1.00	1.97	3.60	5.65	7.93

Tabelle 5.2: *Paralleler Speedup für die Laplace-Gleichung mit einem CS-Verfahren bei Verwendung einer Gebietszerlegung, Kommunikation mit PVM (Vergröberung bis zum gröbst möglichen Gitter).*

Es wurde bereits in Kapitel 3 der Einfluß der Anzahl verwendeter Gitterebenen auf den parallelen Speedup kurz angesprochen. Hierauf gehen wir nun genauer ein. In den Tabellen 5.3 und 5.4 wurden nochmals für das parallele CS-Verfahren Speedup-Werte ermittelt, allerdings erfolgte hier eine Vergröberung ausschließlich für fünf und drei Gitterebenen. Deutlich erkennbar sind die wesentlich besseren Werte für den parallelen Speedup im Vergleich zu der ersten Version. Dies darf aber nicht darüber hinwegtäuschen, daß die Laufzeiten höher ausfallen. Dies begründet sich mit dem höheren Glättungsaufwand auf dem gröbsten Gitter bzw. durch die größere Anzahl an Mehrgitterzyklen.

n\P	1	2	4	8	16
8	1.00	1.67	2.21	2.43	2.50
9	1.00	1.89	3.03	4.27	5.58
10	1.00	1.98	3.61	5.81	8.28

Tabelle 5.3: *Paralleler Speedup für die Laplace-Gleichung mit einem CS-Verfahren bei Verwendung einer Gebietszerlegung, Kommunikation mit PVM (fünf Gitterebenen).*

n\P	1	2	4	8	16
8	1.00	1.84	2.86	3.50	3.91
9	1.00	1.97	3.50	5.31	7.44
10	1.00	2.00	3.98	7.25	12.29

Tabelle 5.4: *Paralleler Speedup für die Laplace-Gleichung mit einem CS-Verfahren bei Verwendung einer Gebietszerlegung, Kommunikation mit PVM (drei Gitterebenen).*

Bei einem Vergleich verschiedener numerischer Lösungsverfahren sind daher nicht nur Speedup-Werte, sondern auch die gesamten Laufzeiten miteinander zu vergleichen. Es ist natürlich jenem Verfahren mit der kürzesten gesamten Laufzeit der Vorzug zu geben und nicht jenem mit den höchsten Speedup-Werten.

Ein vollkommen anderes Bild ergibt sich bei Verwendung der Kombinationsmethode (siehe Abbildung 5.2).[3] Eine Reduzierung der ge-

---

[3]Diese Berechnungen wurden für eine dreidimensionale Laplace-Gleichung und

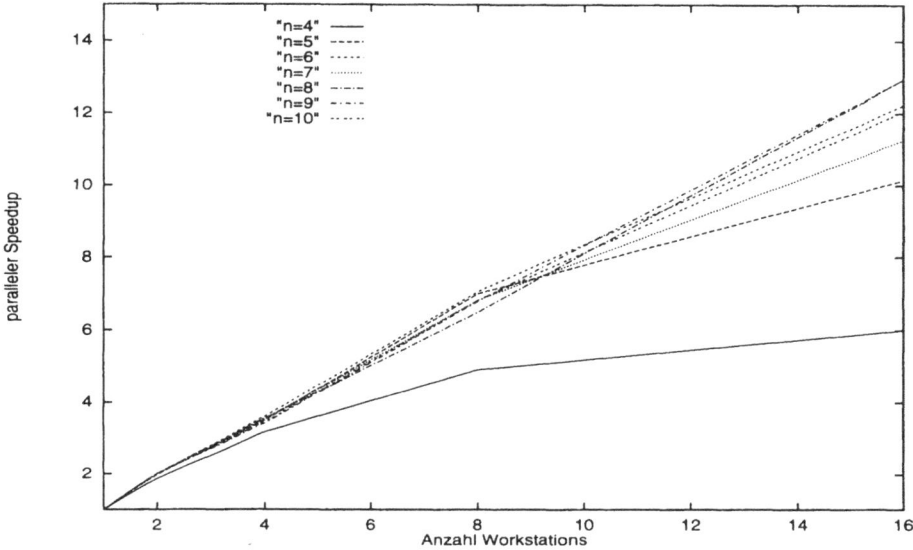

Abbildung 5.2: *Paralleler Speedup für die Laplace-Gleichung mit der Kombinationsmethode.*

samten Laufzeit ist nicht auf 16 Workstations beschränkt. Auch für $P > 16$ lassen sich analoge Verkürzungen für die gesamte Laufzeit erzielen, siehe [GHRS92, GHSZ93]. Erfolgt eine Parallelisierung auf MIMD-Rechnern, so fällt der parallele Speedup $S_{par}(P)$ noch größer aus. Für den Vergleich verschiedener Parallel- und Vektorrechner, siehe [GHSZ93]. Natürlich reduziert sich ferner die gesamte Laufzeit für festes n und P bei Verwendung der Kombinationsmethode auf dünnen Gittern im Gegensatz zu Lösungsverfahren auf vollen Gittern, siehe hierzu die Diskussion in Kapitel 3.

Auch für den parallelen Speedup auf Basis des fixed time-Modells ergeben sich sehr gute Resultate, wie aus Tabelle 5.5 zu ersehen ist. Hierzu wurde die Laufzeit für n und $n + 1$ je Raumrichtung bei einer Vervierfachung der Prozessorzahl miteinander verglichen. Für ein optimal parallelisierbares und numerisch effizientes Verfahren auf einem vollen Gitter sollte bei einer Vervierfachung der Gitterpunktzahl auch

---

eine Diskretisierung mit finiten Elementen durchgeführt. Auf Grund des sehr geringen Kommunikationsaufwandes der Kombinationsmethode lassen sich diese Ergebnisse aber analog auf den zweidimensionalen Fall übertragen.

der Rechenaufwand nur um den Faktor vier ansteigen. Durch das analoge Erhöhen der Anzahl verwendeter Workstations sollte also die gesamte Laufzeit konstant bleiben. Ergibt sich ein Speedup von größer als 1, so reduziert sich die Laufzeit überproportional, was auch in Tabelle 5.5 für fast alle Einträge zu sehen ist. Dies resultiert aus der Zunahme der Gitterpunktzahl eines dünnen Gitters ausschließlich um die Ordnung $O(N \cdot ld(N))$, wohingegen das assoziierte volle Gitter eine Zunahme von der Ordnung $O(N^2)$ aufweist.

n\P	$1 \to 4$	$2 \to 8$	$4 \to 16$
$4 \to 5$	0.93	1.00	0.85
$5 \to 6$	1.07	1.06	1.04
$6 \to 7$	1.16	1.12	1.02
$7 \to 8$	1.23	1.12	1.26
$8 \to 9$	1.24	1.23	1.32
$9 \to 10$	1.30	1.28	1.32

Tabelle 5.5: *Paralleler Speedup für die Laplace-Gleichung mit der Kombinationsmethode und eines fixed time-Modells.*

Aus dem Vergleich der verschiedenen Lösungsverfahren ist zu sehen, daß ein positiver Wert für den parallelen Speedup $S_{par}(P)$ zwar von der verwendeten Zielarchitektur (MIMD-Rechner oder Workstationnetz), dem Parallelisierungsmodell (bzw. dessen Realisierung), dem Parallelisierungsansatz (z.B. Gebietszerlegung), aber auch erheblich von dem verwendeten numerischen Lösungsverfahren und dessen Kommunikationsverhalten abhängt. Niedrige Werte für den parallelen Speedup (unabhängig, ob auf der Basis eines fixed size- oder eines fixed time-Modells) geben somit ausschließlich darüber Auskunft, daß ein numerisches Lösungsverfahren bzw. die verwendete Parallelisierungsstrategie für das betreffende Zielsystem nicht geeignet ist respektive noch Handlungsbedarf für diverse Optimierungen besteht.

5.2 Instationäre Probleme

Ein ähnliches Bild wie bei der Laplace-Gleichung ergibt sich auch für das parallele Lösen der Wärmeleitungsgleichung auf dem vollen Gitter. Hierbei wurden in Abhängigkeit der Gitterpunktzahl zwischen 200 und 2000 Zeitschritte parallel auf den einzelnen Workstations berechnet. Bei dem diskutierten expliziten Euler-Verfahren stellt sich ab $n = 6$ eine Laufzeitreduzierung ein, siehe auch die Tabelle 5.6.

n\P	1	2	4	8	16
6	1.00	1.80	2.85	4.11	4.24
7	1.00	1.85	3.57	6.23	9.55
8	1.00	1.92	3.89	7.22	13.13
9	1.00	1.99	3.93	7.74	14.37
10	1.00	1.99	3.97	7.76	15.03

Tabelle 5.6: *Paralleler Speedup für die Wärmeleitungsgleichung mit einem expliziten Euler-Verfahren bei Verwendung einer Gebietszerlegung und Kommunikation mit PVM.*

In diesem Kapitel diskutierten wir das Laufzeitverhalten verschiedenster numerischer Lösungsverfahren auf einem Workstationnetz. Es erfolgte bewußt keine Optimierung auf die Netztopologie (z.B. in Form einer der Baumtopologie angepaßten Gebietszerlegung). Durch eine entsprechende Anpassung der einzelnen Verfahren (sowohl der Kommunikation als auch der Berechnung) lassen sich der parallele Speedup und auch die gesamte Laufzeit erheblich verbessern.

Deutlich ist die bessere parallele und numerische Effizienz der Kombinationsmethode, die auf einer Dünngitterdarstellung basiert, im Vergleich zu traditionellen Verfahren auf vollen Gittern erkennbar. Mit dieser Methode ist der Nachteil einer geringeren Kommunikationsleistung im Verhältnis zu einer hohen Rechenleistung auf Workstationnetzen kompensierbar, da ein Datenaustausch bei den hier diskutierten einfachen Modellproblemen erst am Ende der gesamten Berechnung notwendig ist. Ferner läßt sich dieser Ansatz wesentlich leichter implementieren. Die Kombinationsmethode ist somit ein Prototyp für kommunikationsarme parallele Lösungsverfahren.

Für weitere umfangreiche parallele Berechnungen und Implementierungsdetails verschiedenster Lösungsverfahren auf Workstationnetzen siehe unter anderem [CS93, Hub96a, Pfa95, WBD96]. Hierbei erfolgten Parallelisierungen auf LAN (local area network) und WAN (wide area network).

Bei einem Vergleich der Speedup-Zahlen, die auf dem Workstationnetz ermittelt wurden, mit jenen des MIMD-Rechners mit verteiltem Speicher ist zu erkennen, daß auf ersterem bessere Werte erzielt wurden. Bei Verwendung von PVMe ändert sich die Situation zugunsten der SP2. Ferner ist zu beachten, daß die gesamten Laufzeiten auf der SP2 trotz PVM wesentlich kürzer sind als auf den HP-Rechnern (siehe auch Tabelle 5.7). Auf MIMD-Systemen sind also wesentlich geringere Rechenzeiten zum Berechnen des gleichen Problems erforderlich als auf dem Workstationnetz. Diese Vergleiche zeigen wiederum, daß Speedup-Zahlen zur Beurteilung verschiedener Rechnerarchitekturen ein nicht ausreichendes Kriterium darstellen.

$n\backslash P$	1	2	4	8
9	12.21	8.76	6.74	5.47
10	10.01	8.08	7.23	6.65

Tabelle 5.7: *Laufzeitvergleich zwischen SP2 (*PvmDataRaw*) und Workstationnetz für das parallele Lösen der Laplace-Gleichung mit einem CS-Verfahren.*

Die unterschiedliche Rechen- und Kommunikationsleistung beider Systeme zeigt sich auch anhand der maximalen Leistung. Ein wide node der SP2 liefert 267 MFlops, wohingegen auf einer HP720 nur etwa 17 MFlops erreicht werden können. Diesem großen Unterschied in der Rechenleistung steht aber keine entsprechend hohe Kommunikationsleistung der SP2 im Vergleich zum Workstationnetz gegenüber. Ineffizienzen in der Implementierung der Kommunikation machen sich somit auf den leistungsschwächeren Workstations geringer bemerkbar.

Kapitel 6

Werkzeugumgebungen

In Kapitel 4 und 5 standen Implementierungsdetails von numerischen Verfahren im Vordergrund. Optimierungen (d.h. Anpassung an die spezifischen Eigenschaften der jeweiligen Hardware) wurden bewußt nicht vorgenommen. Eine Verifizierung der einzelnen Laufzeiten für die unterschiedlichen Supercomputer erfolgte daher nur am Rande. Nun untersuchen wir Werkzeugumgebungen. Sie dienen sowohl zur Fehlersuche als auch zur Leistungsanalyse. Werkzeugumgebungen zur Analyse sequentiell ablaufender Programme finden nur geringe Berücksichtigung. Ein besonderes Interesse gilt hierbei jenen Werkzeugen bzw. Werkzeugumgebungen für parallel ablaufende Programme, die eine Praxisreife oder zumindest eine praktische Relevanz erlangt haben.

6.1 Aufbau und Einsatzgebiete

Werkzeugumgebungen bestehen aus

- einem oder mehreren Monitoren und
- verschiedenen Werkzeugen (engl. tools).

Monitore dienen zur Erfassung von Informationen. Werkzeuge werten diese Informationen aus.

Um die Einsatzgebiete von Werkzeugumgebungen besser verstehen zu können, verdeutlichen wir uns die einzelnen Entwurfsphasen eines parallel ablaufenden Programms (siehe z.B. [Bod96b]). Diese wurden auch schon in Kapitel 1 kurz angesprochen.

In der frühen Entwurfsphase erfolgt die

- Spezifikation,

- Verifikation,

- Codierung,

- Zerlegung und

- Abbildung (engl. mapping)

eines Programms. Die späte Entwurfsphase umfaßt die

- Leistungsbewertung,

- Fehlersuche und

- Visualisierung.

Die Spezifikation umfaßt die formale Beschreibung eines Programms. Bei der Verifikation wird versucht, die Korrektheit[1] des Programmablaufs mit formalen Mitteln zu beweisen. Im Anschluß daran erfolgt die Umsetzung der Spezifikation in eine höhere Programmiersprache (z.B. Fortran oder C). Damit ein Programm möglichst effizient parallel abläuft, ist eine Zerlegung (meist Datenzerlegung mit Gebietszerlegungsmethoden) und eine Abbildung auf die verwendete Prozessortopologie erforderlich.

Wir konzentrieren uns ausschließlich auf die späte Entwurfsphase. Komponenten von Werkzeugumgebungen für diese Phase des Programmentwurfs sind demnach

- Leistungsmesser,

- Debugger und

- Visualisierer.

Die Leistungsmessung (auch Leistungsanalyse genannt) dient dazu, ein

---

[1]Korrektheit bezieht sich hier auf die Einhaltung der Beschreibung in der Spezifikation.

Programm in seinem Laufzeitverhalten zu optimieren. Hierzu ist ein detailliertes Auflisten aller während des Programmlaufs erfolgten Funktions- und Prozeduraufrufe, Verweilzeiten in den verschiedenen Funktionen und Prozeduren usw. erforderlich.

Aufgabe eines Debuggers ist es, den Anwender bei der Fehlersuche zu unterstützen. Dies erfolgt im allgemeinen durch das interaktive Eingreifen in die Programmausführung und gegebenenfalls durch das Ändern des Programms bzw. des Programmzustandes (z.B. Modifikation einzelner Variablen). Debugger für parallele Architekturen müssen verteilt auftretende Ereignisse erkennen und richtig auf sie reagieren. Ereignisse kann der Benutzer definieren, z.B. in Form von Haltepunkten (engl. breakpoints). Das Problem hierbei ist der eventuell vorhandene Nichtdeterminismus eines parallel ablaufenden Programms. So kann bei Verwendung eines Debuggers ein Programm korrekt arbeiten und bei Nichtverwendung fehlerhafte Ergebnisse liefern.

Visualisierer liefern Informationen über den Programmablauf. So sind die in Kapitel 2 diskutierten Verklemmungen (engl. deadlocks) mit ihnen feststellbar. Aufrufhierarchien lassen sich ebenso graphisch darstellen. Sie sind unter anderem bei der Erstellung von Dokumentationen·nützlich. Durch das Aufzeigen von Datenabhängigkeiten bieten sie bei komplexen Programmen unerläßliche Hilfestellungen zur Parallelisierung.

Die graphische Aufbereitung (Visualisierung) des Programmablaufs kann auf verschiedene Weise geschehen. Um die Datenflut in Grenzen zu halten besteht die Möglichkeit, zeitlich gemittelte Werte zu speichern bzw. zu visualisieren. Bei der graphischen Darstellung erfolgt oftmals der Einsatz von Farben, um z.B. die Aktivität oder Passivität einzelner Prozesse (Tasks) zu verdeutlichen. Weitere Darstellungsarten sind Balkendiagramme (Histogramme) und Graphen. Letztere dienen unter anderem dazu

- die Aufrufhierarchie,

- die Prozessortopologie (Topologiegraph) und

- den zeitlichen Verlauf (Zeit-Ereignis-Diagramm)

graphisch aufzubereiten.

Leistungsmesser, Debugger und Visualisierer bilden die Werkzeuge in einer Werkzeugumgebung. Um nun ein Programm mit den einzelnen Werkzeugen analysieren zu können, sind Informationen über den Programmablauf erforderlich. Diese liefern die Monitore (bzw. Monitorsysteme), siehe Abbildung 6.1.

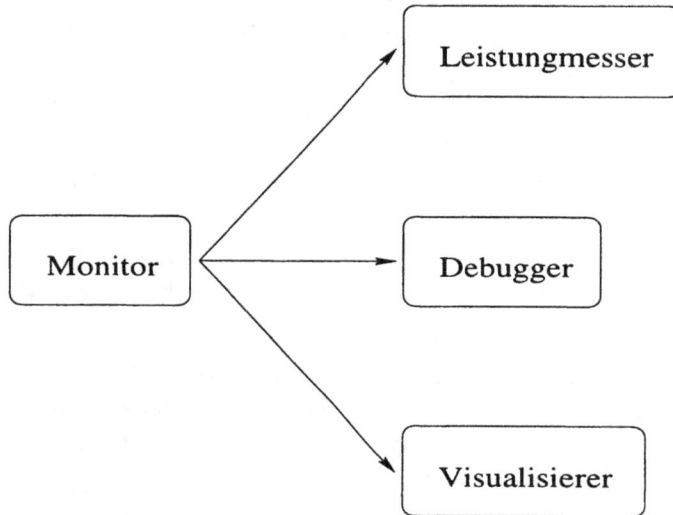

Abbildung 6.1: *Schematische Darstellung des Zusammenwirkens zwischen Monitor und Werkzeugen einer Werkzeugumgebung.*

Monitore können in Hardware-, Software- oder Hybrid-Form realisiert sein. Hardware-Monitore erlauben das Beobachten eines Programmablaufs und das Sammeln von Informationen für die Analyse, ohne das System- oder Laufzeitverhalten zu beeinflussen. Realisiert sind sie in Form zusätzlicher Hardware. Hardware-Monitore werden unter anderem in den Multiprozessor-Vektorsystemen der Firma Cray eingesetzt. Sie sind Inhalt von Abschnitt 6.2. Die wesentlich billigeren Software-Monitore beeinflussen hingegen das Laufzeitverhalten, da sie auf System- und Hardware-Ressourcen zugreifen. Änderungen des Laufzeitverhaltens sind unmittelbare Folgen. Hybrid-Monitore stellen eine Mischform zwischen beiden dar.

Eine Analyse parallel ablaufender Programme ist während des Programmlaufs (engl. online) oder im Anschluß, d.h. post-mortem (engl.

offline), möglich. Bei letzterem werden die notwendigen Daten während des Programmlaufs in entsprechenden Dateien (trace-files) gesammelt, um sie im Anschluß an die Berechnung auszuwerten. Ein großer Vorteil der teuren Hardware-Monitore ist die Möglichkeit zur unbeeinflußten Online-Analyse. Viele Werkzeugumgebungen arbeiten post-mortem. Damit ist allerdings die interaktive Beeinflussung des Programmablaufs durch den Anwender nicht mehr gegeben.

Bei der Post-mortem-Analyse werden während der Programmausführung Informationen in sogenannten „trace-files" gesammelt. Da es sich ja um ein parallel ablaufendes Programm handelt, entstehen die Daten gleichzeitig und verteilt. Um sie im Anschluß an die Programmausführung in der korrekten zeitlichen Reihenfolge ihres Entstehens auch zu visualisieren, müssen sie mit einem Zeitstempel versehen sein und vor der graphischen Darstellung in eine zeitliche Ordnung gebracht werden.

In diesem Kapitel diskutieren wir Werkzeugumgebungen, die online arbeiten. Ein Vertreter ist das auf den Power-PC-Systemen der Firma Parsytec verwendete TOPSYS-System. Weitere sind XPVM und XMPI (siehe unter anderem [Bod96b, GBD+94, Sch96a]).

Weitere Kriterien für Werkzeugumgebungen ist deren Portabilität. Diese ist natürlich bei Verwendung von Hardware-Monitoren nicht gegeben. Werkzeugumgebungen werden oft von einzelnen Herstellern für deren Hochleistungsrechner angeboten. Der Anwender ist dann gezwungen, bei einem Wechsel der Hardware auch andere Werkzeuge zu benutzen. So wird seit einiger Zeit versucht, analog zu den Kommunikationsbibliotheken auch für Werkzeugumgebungen Standards einzuführen (siehe [LOW96]). Die gleiche Intention verfolgen XPVM und XMPI. In den Public-domain-Versionen von PVM und MPI sind auch Werkzeugumgebungen (XPVM und XMPI) enthalten, die ebenso wie deren Kommunikationsroutinen hardwareunabhängig sind (siehe Abschnitt 6.3.1 und 6.3.2).

6.2 Hardwareabhängig

In diesem Abschnitt diskutieren wir Werkzeuge bzw. Werkzeugumgebungen einzelner Hersteller. Damit ist das Einsatzgebiet derartiger

Analyseprogramme auf eine eng begrenzte Hardware limitiert. Exemplarisch erfolgt die Diskussion anhand des Hardware-Performance-Monitors (hpm) von Cray Research und des Visualisation Tools (VT) von IBM. Erstere werden auf Multiprozessor-Vektorrechnern mit gemeinsamen Speicher und letztere auf MIMD-Rechnern mit verteiltem Speicher eingesetzt.

6.2.1 Hardware-Performance-Monitor

Cray Research hat viele Jahre den Supercomputermarkt dominiert. Es ist daher nicht verwunderlich, daß leistungsfähige Werkzeuge speziell zur Performanceanalyse auf deren Multiprozessor-Vektorrechnern verfügbar sind. Um das Leistungsverhalten eines parallel ablaufenden Programms nicht zu beeinträchtigen, erfolgte die Entwicklung eines Hardware-Monitors. Ein Vorteil am hpm ist, daß weder zusätzliche Compiler-Optionen noch Modifikationen im Quellprogramm für eine Performanceanalyse erforderlich sind. Mit ihm ist es möglich, verschiedenste Leistungsdaten direkt von den einzelnen CPU's (central processing unit's) zu erhalten. Der hpm gibt nicht nur Aufschluß über die Laufzeit und die erzielten Mflops, sondern auch über Speicherbankkonflikte, die Anzahl vektorisierter bzw. nichtvektorisierter Operationen usw. Durch den Aufruf

```
hpm <Programmname>
```

erhält der Anwender somit auf sehr einfache Weise wichtige Hinweise zur Laufzeitverbesserung seines Programms (<Programmname> gibt den Namen des ausführbaren Programms an). Mit dem hpm erhalten wir für ein sequentiell ablaufendes SOR-Verfahren auf einer Cray T90 z.B. die Ausgabe

```
CPU seconds : 0.51 CP executing : 230059596

Million inst/sec (MIPS) : 51.79 Instructions : 26475437
Avg. clock periods/inst : 8.69
Inst.buffer fetches/sec : 0.09M Inst.buf. fetches: 48443
Floating ops/sec        : 903.91M F.P. ops : 462117949
```

```
Vector Floating ops/sec : 903.79M Vec F.P. ops : 462058706
CPU mem. references/sec : 793.67M actual refs : 405757003
avg CP/mem. reference   : 33.24 actual ref CP : 13488772804
VEC mem. references/sec : 792.09M actual refs : 404951114
B/T mem. references/sec : 1.37M actual refs : 699728
I/O mem. references/sec : 0.00M actual refs : 0

Cache Hit Ratio : 98.00
```

Hierbei handelt es sich nur um einen Auszug aller Informationen. Ferner wurde die Spaltenform der ursprünglichen Darstellung aus Platzgründen modifiziert. Die einzelnen Daten variieren allerdings von Programmlauf zu Programmlauf leicht. Es empfiehlt sich daher, die Analyse mehrere Male zu wiederholen. Der Hardware-Performance-Monitor ist nicht ausschließlich auf die sequentielle Programmabarbeitung beschränkt. Er läßt sich auch für parallel ablaufende Programme einsetzen (Makrotasking bzw. Mikrotasking). Hier erhält der Anwender unter anderem Informationen über die Anzahl verwendeter Prozessoren und deren Auslastung. Durch die Angabe von spezifischen Optionen bei Aufruf des hpm läßt sich die Informationsflut gezielt steuern.

Ein weiteres Werkzeug ist atexpert. Im Gegensatz zum hpm arbeitet es fensterorientiert. Es gibt Schätzungen über die vorhandenen Parallelisierungseigenschaften eines Programms ab. Es ist auf das Makrotasking beschränkt. Ferner ist diese Anaylse nur auf Multiprozessor-Vektorrechnern durchführbar. Für Details, siehe [Cra95]. Natürlich ist auf den Cray-Rechnern auch ein leistungsfähiger Debugger vorhanden. Es existiert ferner eine Vielzahl von weiteren Werkzeugen auf den Vektorsystemen von Cray. Stabilitätsprobleme der einzelnen Werkzeuge existieren auch bei großen Programmen erfreulicherweise nicht. Allerdings arbeitet der hpm nicht fensterorientiert. Es ist auch leider keine gemeinsame Oberfläche vorhanden, mit der die einzelnen Werkzeuge gesteuert werden können. Sie lassen sich somit ausschließlich disjunkt einsetzen.

6.2.2 Visualization Tool

Performance-Werkzeuge sind natürlich auch für MIMD-Rechner mit verteiltem Speicher, wie der IBM SP2, vorhanden. Als Beispiel einer herstellerspezifischen Werkzeugumgebung gehen wir kurz auf VT (visualization tool) von IBM ein. Es ist unter anderem auf der SP1 und der SP2 vorhanden. Unterstützt werden MPL (message passing library[2]) und MPI. Es liefert detaillierte Informationen über das System, wie Fehlzugriffe auf den Cache, den Netzwerkstatus, über Plattentransferraten oder die CPU-Auslastung. VT ist im Gegensatz zu hpm fensterorientiert. Es läßt sich die aktuelle Konfiguration (d.h. die Anzahl der erzeugten Prozesse) anzeigen. Ferner ist es damit möglich, eine Kommunikation aufzuschlüsseln. Aktivitäten auf einzelnen Knoten sind online visualisierbar. Allerdings ist die gesamte Kommunikation ausschließlich post-mortem darstellbar. Eine gute Skalierbarkeit, vor allem bei großen Prozessorzahlen, ist nicht gegeben. Eine Momentaufnahme eines parallel ablaufenden Programms mit VT zeigt Abbildung 6.2 (siehe [Sch96a]).

Bei sehr großen Programmen zeigt VT leider Stabilitätsprobleme. Einsatzgebiet ist vor allem der interaktive Betrieb. Für weitere Informationen, siehe [Sch96a].

Nachteilig an all den bisher diskutierten Werkzeugen bzw. Werkzeugumgebungen ist die Beschränkung auf die Hardware einzelner Hersteller. Dafür sind sie aber in der Lage, Informationen verschiedener Schichten (d.h. von Kommunikationsverhalten bis hin zu Systemauslastung) sehr detailliert darzustellen und zu analysieren. Eine weitere Gemeinsamkeit der diskutierten Ansätze ist, daß keine zusätzlichen Anweisungen in einer höheren Programmiersprache im Programmtext einzufügen sind, um eine Analyse zu ermöglichen. Sie zeichnen sich ebenso durch eine hohe Benutzerfreundlichkeit aus. Schnelles und leichtes Erlernen ist somit möglich. Diese Faktoren sind natürlich für eine breite Akzeptanz unerläßlich. Für das verteilte Rechnen mit Workstations (distributed computing oder hyper computing) unterschiedlicher Hersteller sind sie auf Grund der Hardwarelimitierung leider nicht verwendbar.

---

[2]Bei MPL handelt es sich um eine von IBM entwickelte Kommunikationsbibliothek für die Parallelrechner SP1 und SP2.

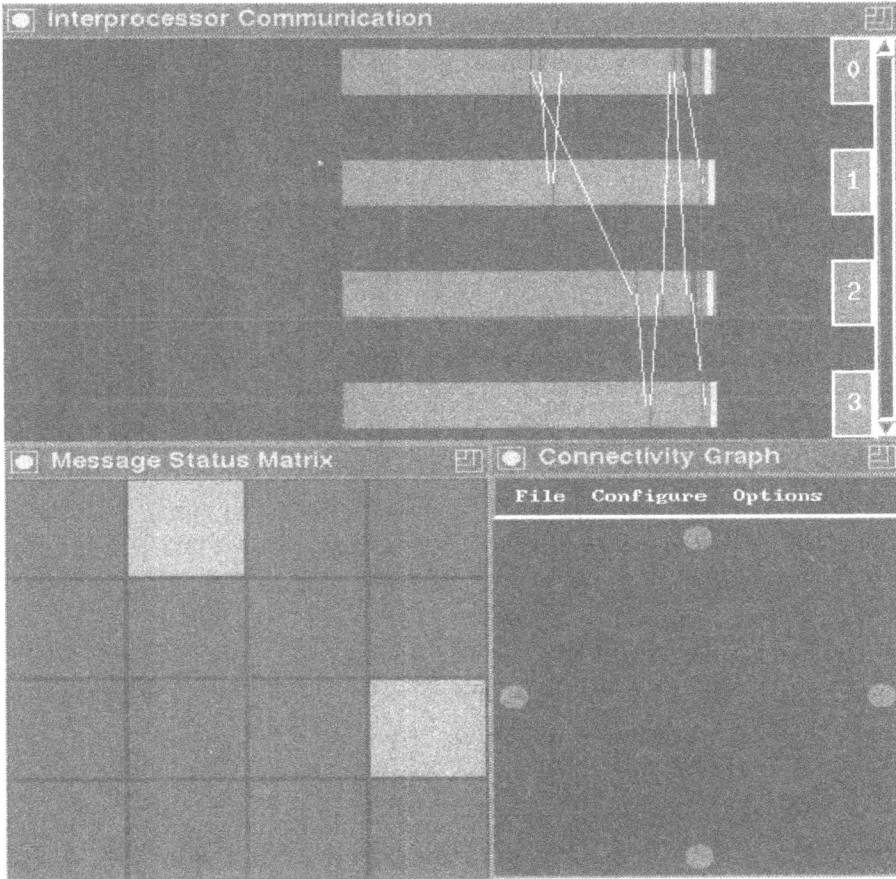

Abbildung 6.2: *Momentaufnahme von VT.*

6.3 Hardwareunabhängig

Das Manko der mangelnden Portabilität und der oftmals zu einer vollständigen Analyse nicht vorhandenen Mächtigkeit der Werkzeugumgebungen führte zu der Entwicklung von hardwareunabhängigen Werkzeugumgebungen. Ihren Ursprung haben diese Bemühungen im allgemeinen im universitären Bereich. Die hier näher untersuchten Werkzeugumgebungen haben aber den Sprung von einem reinen Forschungsprojekt hin zur industriellen Einsetzbarkeit vollzogen.

Zuerst erfolgt die Diskussion von XPVM. Ein sehr ähnliches Konzept wird mit XMPI verfolgt, das im Anschluß daran näher erläutert wird. Zuletzt gehen wir auf TOPSYS und dessen Weiterentwicklung genauer ein.

6.3.1 XPVM

XPVM (auch oft als PVM graphical user interface bezeichnet) steht ab der Version PVM 3.3 zur Verfügung. Ebenso wie PVM ist auch XPVM Public-domain. Aus der Namensgebung läßt sich ableiten, daß es auf die Analyse von PVM-Programmen beschränkt ist. XPVM umfaßt einen rudimentären Debugger für parallel ablaufende Programme, einen Performance-Monitor und einen Visualisierer. Die Werkzeugumgebung arbeitet fensterorientiert. Von einem zentralen Fenster aus können alle Werkzeuge gestartet bzw. verwaltet werden. XPVM ist in der Programmiersprache C unter Verwendung des TCL/TK Toolkits entwickelt worden.

Der Leistungsumfang des Debuggers für parallel arbeitende Programme ist ähnlich zu dem für sequentiell ablaufende Programme. Daher erfolgt hier keine nähere Beschreibung.

XPVM läuft wie jede andere PVM-Task. Es umfaßt die Funktionalität der in Abschnitt 2.3.1 diskutierten PVM-Konsole. Somit sind alle Befehle (z.B. reset oder exit) verwendbar. Es läßt sich sowohl mit als auch ohne Hostfile starten. Die Standardeinstellung ist ohne Hostfile (analog zur PVM-Konsole). XPVM läuft dann ausschließlich lokal. Erfolgt nicht die Angabe eines anderen Unix-Pfades, so erwartet XPVM das Hostfile im Stammverzeichnis ($HOME/.xpvm_hosts). Ein Sammeln von Informationen ist von allen in der Datei xpvm_hosts angegebenen Rechnern möglich (wiederum analog zur PVM-Konsole).

Die einzelnen Befehle der PVM-Konsole sind durch buttons realisiert. Der „host-button" zeigt die verschiedenen Rechner bzw. Prozessoren an. Mittels dem „task-button" lassen sich interativ einzelne Tasks starten. Zum Verlassen von XPVM dient der button „exit". Durch Auswählen von „halt" werden alle unter XPVM gestarteten Prozesse (Tasks) regulär gestoppt und PVM beendet.

Informationen zur Analyse eines parallel ablaufenden Programms unter PVM (trace-Informationen) werden im Verzeichnis /tmp gespeichert (wiederum default-Einstellung). Es erfolgt nur dann das Sammeln derartiger Informationen, wenn XPVM gestartet wurde. Ist die Werkzeugumgebung gestoppt und erfolgt das Starten einer PVM-Applikation, so werden keine trace-Informationen erzeugt. Das Abspeichern relevanter Daten im Verzeichnis `/tmp` erfolgt im SDDF-Format (self defining data format).

Das Haupteinsatzgebiet von XPVM dürfte wohl in der Visualisierung des parallelen Programmablaufes liegen. Diese kann online oder post-mortem erfolgen. Um die Visualisierungseigenschaften zu nutzen, sind keine zusätzlichen Anweisungen im Programmcode vorzunehmen.

Es ist möglich, den Status einzelner Tasks (Prozesse) anzuzeigen, d.h. ob sie aktiv sind oder warten. Natürlich läßt sich auch die aktuelle Konfiguration der VM (virtuellen Maschine) graphisch darstellen.

Ferner verfügt XPVM über sogenannte „view-buttons". Die wichtigsten sind der „network-view-" und der „space-time-view-button". Mit ersterem ist es möglich, neben der aktuellen VM-Konfiguration auch die Aktivitäten der einzelnen Knoten (Workstations bzw. Prozessoren) anzuzeigen. Jeder Knoten wird hierbei durch ein eigenes Symbol (engl. icon) realisiert. Um die einzelnen Symbole unterscheiden zu können, erhält jedes den Namen des Knotens. Die Aktivität jedes Knotens wird durch verschiedene Farben visualisiert. Grün bedeutet, daß mindestens eine Task auf dem jeweiligen Knoten aktiv ist. Gelb symbolisiert, daß keine Tasks aktiv sind, aber mindestens eine führt eine PVM-Routine aus. Ist keine Task auf dem jeweiligen Knoten plaziert, so erscheint dieser weiß. Es ist natürlich nicht möglich, Informationen über PVM-Prozesse anderer Benutzer bzw. von Nicht-PVM-Prozessen mit XPVM zu erhalten.

Mit dem „space-time-view" sind detaillierte Informationen über einzelne Tasks, die in der VM gestartet wurden, abrufbar. So läßt sich der Name jedes einzelnen Prozesses und der Name des zugeordneten Knotens anzeigen.

Wie die Namensgebung vermuten läßt, sind mit dem „space-time-view" die zeitlichen Aktivitäten von verschiedenen Prozessen zu visualisieren. Dies erfolgt wiederum durch eine Farbcodierung.

Jede einzelne Task wird durch einen Balken dargestellt. Er beginnt auf der Zeitachse mit dem Aufruf der entsprechenden Task und endet, wenn sie regulär beendet wird. Grüne Abschnitte kennzeichnen Benutzeraktivitäten (d.h. es erfolgt z.B. die numerische Berechnung des Problems). Gelb symbolisiert wiederum PVM-Aktivitäten und Weiß zeigt das Warten auf eine oder mehrere Nachrichten (idle-Zeit) an.

Die Kommunikationsaktivitäten einer Task lassen sich in einem weiteren Fenster graphisch sichtbar machen. Eine Linie zwischen zwei Tasks soll das Senden bzw. Empfangen einer Nachricht darstellen. Ist die Linie rot, so ist der Kommunikationskanal aktiv (d.h. Senden oder Empfangen von Daten).

Durch ein weiteres Fenster bietet die Werkzeugumgebung die Möglichkeit, zusätzliche detailliertere Informationen zu einzelnen Nachrichten zu erhalten. Zoom-Techniken runden die Leistungsfähigeit ab. Diese sind dann nützlich, falls einzelne Tasks eine sehr rege Kommunikationsaktivität entfalten oder sehr kurze Nachrichten senden.

Neben den beiden bisher beschriebenen Darstellungen (network- und space-time-view) existieren noch weitere Möglichkeiten, um Informationen eines parallel ablaufenden Programms zu erhalten. So ist es mit XPVM möglich, sich die Anzahl der aktuell aktiven bzw. wartenden Tasks anzeigen zu lassen. Ferner kann der aktuelle Aufrufbaum je Task dargestellt werden. Es lassen sich ebenso Ausgaben je Prozeß in ein seperates Fenster der Werkzeugumgebung umleiten. Für weitere Details, siehe [GBD+94, Sch96a].

6.3.2   XMPI

Die zweite in diesem Buch diskutierte Kommunikationsbibliothek war MPI (siehe Kapitel 2). Für die Public-domain-Version von MPI-1 wird als Werkzeugumgebung oftmals Upshot verwendet. Allerdings ist es nicht in der Spezifikation von MPI-1 enthalten. Ab MPI-2 soll sie durch XMPI abgelöst werden. Konzeptuell und funktional werden sich XMPI und XPVM nur geringfügig unterscheiden.

Upshot wurde am Argonne National Laboratory zur Analyse von Message-passing-Programmen entwickelt. Es ist somit sowohl hardware als auch softwareunabhängig. Upshot analysiert Daten post-mortem. Kommunikationsstrukturen werden, wie in XPVM, durch Linien visualisiert. Der Status jedes Prozesses wird als zeitliche Funktion dargestellt. Ferner verfügt es über Zoom-Funktionen. Farben dienen zur weiteren Differenzierung verschiedener Aktivitäten. Ebenso läßt sich die in Kommunikationsroutinen verstrichene Zeit anzeigen. Der Anwender erhält Informationen über die Anzahl und die Länge von Nachrichten. Eine Momentaufnahme von Upshot zeigt Abbildung 6.3 (siehe [Sch96a]). Für weitere Informationen, siehe [Fos94, Sch96a].

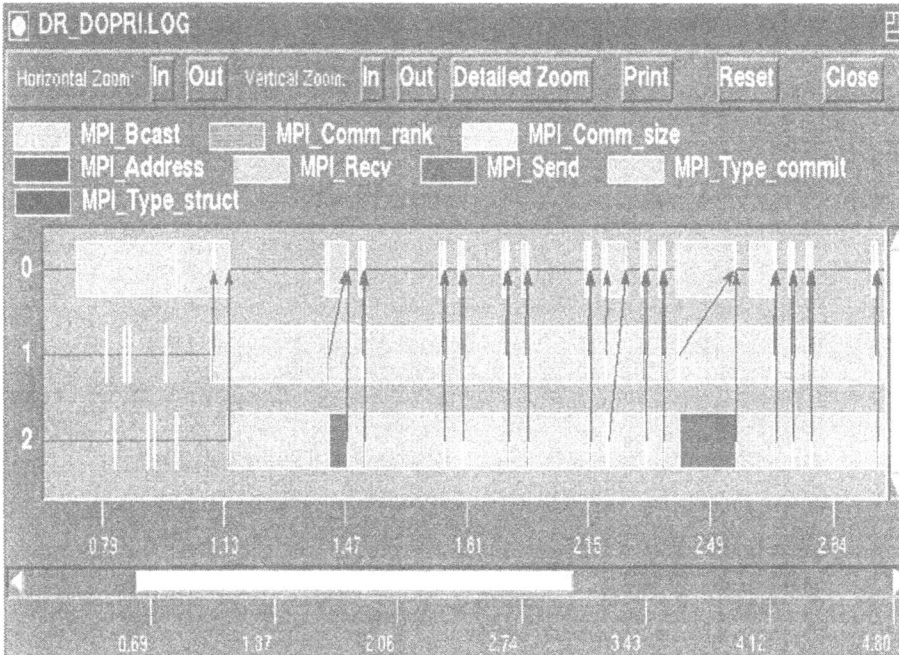

Abbildung 6.3: *Momentaufnahme von Upshot.*

Upshot und XPVM sind ähnlich aufgebaut. Beides sind Public-domain-Produkte. Auf den in der Einleitung erwähnten www-Seiten findet der Leser genauere Angaben.

6.3.3 TOPSYS

TOPSYS ist eine Werkzeugumgebung für das nachrichtenorientierte Programmiermodell. Im Gegensatz zu XPVM bzw. XMPI ist es nicht an eine spezielle Kommunikationsbibliothek oder Hardware gebunden. Daher verfügt es konsequenterweise über einen Software-Monitor. TOP-SYS ist fensterorientiert. Entwickelt wird das System an der TU München. Industriellen Einsatz findet die Werkzeugumgebung (hier speziell

der Debugger und der Leistungsmesser) in den Power-PC-Systemen der
Firma Parsytec. Komponenten von TOPSYS sind ein

- Debugger (DETOP),
- Visualisierer (VISTOP) und
- Leistungsmesser (PATOP)

(siehe [BB91, Bod94b]). Es ermöglicht die laufzeitorientierte (engl. online) Analyse von parallel ablaufenden Programmen auf Rechnern mit
verteiltem Speicher bzw. auf Workstationnetzen. Die einzelnen Werkzeuge diskutieren wir nun kurz.

Der in TOPSYS vorhandene Debugger DETOP für parallel ablaufende Programme verfügt über die auch auf einzelnen Workstations ge-
wohnte Mächtigkeit, wobei allerdings mehrere Prozesse bzw. Threads si-
multan bearbeitet werden können. Interaktive Beeinflussung eines Programms ist möglich.

Mit dem für die Leistungsanalyse und die Dokumentation wichtigen Visualisierer VISTOP sind verschiedene graphische Darstellungen möglich. Das Aufzeigen der aktuellen Konfiguration des parallelen Systems erfolgt mit verschiedenen Symbolen. Zur Unterscheidung
der einzelnen Workstations bzw. Prozessoren eines Parallelrechners erhalten die sie repräsentierenden Symbole unterschiedliche Namen. Die
Kommunikationsstruktur wird durch Pfeildiagramme visualisiert. Der
zeitliche Ablauf einer Berechnung kann animiert werden. Ferner finden
Farben Anwendung.

Zur Leistungsanalyse mit PATOP sind spezifische Werkzeuge unter
anderem zur Visualisierung erforderlich. Mit PATOP ist es möglich, die
dynamische Prozeßgenerierung (d.h. Prozeßkontrolle) zu überwachen.
Kommunikations- und Synchronisierungsereignisse lassen sich unter anderem durch Pfeildiagramme darstellen. Mit der graphischen Sichtbar-
machung der Prozeß- und Semaphor-Ebene können alle Komponenten
eines Datenaustausches animiert und visualisiert werden. Detailliertes
Wissen über diese Komponenten sind die Voraussetzung zur Optimierung parallel ablaufender Programme. Das Aufzeigen der Systemschicht
(z.B. dynamische Zuordnung von Prozessen auf Prozessoren bzw. Workstations) ist ebenfalls möglich. Wartezeiten einzelner Knoten und deren

Auslastung lassen sich feststellen. Damit kann die in einem Programm verwendete Lastbalancierung auf ihre Eignung für das berechnete Problem überprüft werden. Ebenso erhält der Anwender Informationen über die Netzauslastung und über Verzögerungen bei der Ein-/Ausgabe. Für weitere Details, siehe [WOKH95].

TOPSYS wurde in den letzten Jahren in seinem Leistungsumfang stark erweitert. Das auf TOPSYS aufbauende, aktuellste Produkt für PVM hat den Namen THE TOOL-SET, siehe [LWB⁺95, Wis96]. Es umfaßt

- einen Debugger,

- einen Visualisierer,

- einen Leistungsmesser,

- das Unterstützen von paralleler Ein-/Ausgabe,

- die Möglichkeit zum Erzeugen von Sicherungspunkten,

- einen dynamischen Lastbalancierer und

- Werkzeuge für die deterministische Ablaufsteuerung.

Eine Momentaufnahme des Visualisierers von THE TOOL-SET ist in Abbildung 6.4 zu sehen (siehe [Wis96]).

In diesem Kapitel untersuchten wir konzeptuell sehr unterschiedliche Werkzeuge und Werkzeugumgebungen. Diese waren hardwareabhängige, aber auch hardwareunabhängige. Viele Werkzeugumgebungen arbeiten post-mortem. Damit besteht aber für den Benutzer keine Möglichkeit zur interaktiven Beeinflussung des Programmablaufs. Im allgemeinen sind Werkzeugumgebungen fensterorientiert. Einige Analyse-Tools sind zwar hardwareunabhängig, aber dafür an konkrete Kommunikationsbibliotheken gebunden (wie XPVM und XMPI). Eine Ausnahme bilden hier Upshot und TOPSYS.

Natürlich existieren neben den in diesem Kapitel diskutierten Werkzeugumgebungen noch eine Vielzahl weiterer leistungsfähiger Hilfsmittel für den Anwender zur Analyse parallel ablaufender Programme, siehe unter anderem [Bod96b, Fos94].

Leider werden Werkzeugumgebungen bisher von Anwendern noch viel zu zögerlich genutzt, obwohl sie wichtige Informationen zur Lauf-

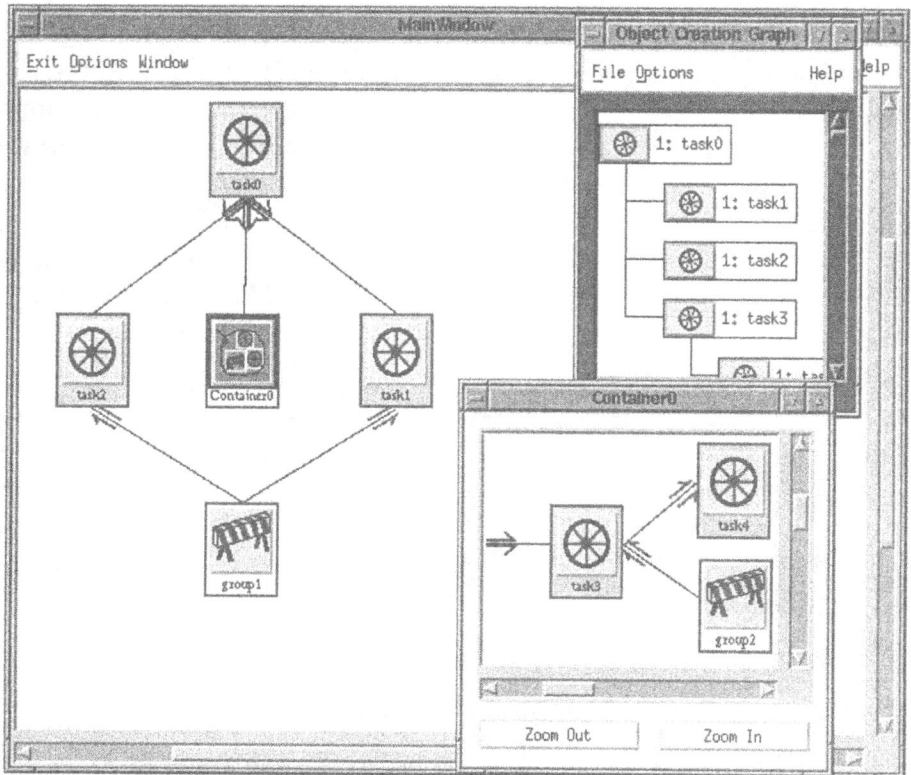

Abbildung 6.4: *Momentaufnahme des Visualisierers von* THE TOOL-
SET.

zeitoptimierung liefern. Es wird auch bei der Anschaffung von Supercomputern hauptsächlich ein Augenmerk auf die numerische Leistungsfähigkeit und weniger auf die ebenfalls wichtigen Werkzeuge ge-
legt.

Probleme aller Werkzeugumgebungen sind allerdings ihre sehr unterschiedlichen Einsatzgebiete. Sie reichen von reinen Debuggern bis hin
zu globalen Programmoptimierungen. Werkzeugumgebungen müssen
somit Anwendern sehr unterschiedliche Informationen liefern. Diese reichen vom Inhalt einzelner Variablen bis hin zur Zuordnung unterschiedlicher Prozesse an jeweilige Knoten. Dies bedeutet, daß der Benutzer
mit einer sehr großen Datenflut konfrontiert wird. Hilfestellung geben
hier Visualisierer. Sie bereiten die Daten geeignet auf. Die optisch über-

sichtliche Präsentation aller erforderlichen Informationen ist ein nicht-triviales Problem. Werkzeugumgebungen für Parallelrechner und Work-stationnetze sind Gegenstand aktueller Forschungen.

Kapitel 7

Weitere Aspekte

In diesem abschließenden Kapitel soll der Leser für weitere Probleme des parallelen Rechnens sensibilisiert werden. In den bisherigen Diskussionen gingen wir implizit von einer *statischen Lastverteilung* aus, d.h., es erfolgt einmalig zu Beginn einer numerischen Berechnung eine Zerteilung und Abbildung des Problems auf alle genutzten Prozessoren oder Workstations. Vielfach ändert sich aber der Berechnungsaufwand während eines Programmablaufes. Dies führt dann zu einem Lastungleichgewicht und somit zu einer unnötigen Verlängerung der gesamten Laufzeit durch eine Erhöhung von Wartezeiten (Idle-Zeiten) einzelner Knoten (d.h. Prozessoren oder Workstations). *Dynamische Lastverteilungsverfahren* sorgen hier für Abhilfe.

Ein weiteres Problem parallel ablaufender Programme sind deren oftmals sehr lange Gesamtlaufzeiten. Finden Workstations als Plattform zur Parallelisierung Anwendung, so können einzelne Rechner während der Berechnung ausfallen. Daher erscheint es sinnvoll, sogenannte *Sicherungspunkte* (engl. checkpoints) zu setzen. Sie stellen sicher, daß trotz eines Programmabsturzes nicht die gesamte Berechnung von Anfang an neu durchgeführt werden muß, sondern ab einem konsistenten Punkt innerhalb der Befehlsabfolge.

Im letzten Abschnitt dieses Kapitels behandeln wir noch die Problematik der parallelen Ein-/Ausgabe. Erfolgt das Schreiben bzw. Lesen auf bzw. von Plattenlaufwerken in sequentieller Form, so ist dieser Vorgang oftmals der Engpaß innerhalb einer parallelen Berechnung.

Zuerst erfolgt die Diskussion verschiedener Ansätze für die dynamische Lastverteilung (auch oft als Lastbalancierung bezeichnet) und im Anschluß daran gehen wir dezidiert auf die Technik der Sicherungspunkte ein. Zuletzt behandeln wir verschiedene Ansätze der parallelen Ein-/Ausgabe.

7.1 Dynamische Lastverteilungsverfahren

Die Zielsetzungen dynamischer Lastverteilungsverfahren (engl. dynamic load balancing methods) sind unterschiedlich. Sie können sowohl auf MIMD-Rechnern mit gemeinsamen und verteiltem Speicher als auch auf Workstationnetzen eingesetzt werden. Zum einen sollen durch deren Einsatz eine möglichst gleichmäßige Verteilung des Berechnungsaufwandes für die einzelnen verwendeten Prozessoren eines MIMD-Systems sichergestellt werden. Zum anderen können, speziell in einer homogenen oder heterogenen Workstationumgebung, durch den Einsatz von Lastverteilungsmethoden Arbeitsplatzrechner auch während des normalen Benutzerbetriebes als sogenannter virtueller Parallelrechner genutzt werden. Ziel ist also eine möglichst optimale Nutzung der zur Verfügung stehenden Ressourcen. Beide unterschiedlichen Motivationen und die sich daraus ergebenden Ansätze werden als dynamische Lastverteilungsverfahren bezeichnet. Lösungsansätze für beide sind ähnlich, so daß wir sie im weiteren soweit wie möglich gemeinsam diskutieren wollen. Das dezidierte Eingehen auf die verschiedenen Ansätze würde den Umfang dieses Buches bei weitem sprengen. Auch aus diesem Grund erscheint eine weitestgehend gemeinsame Behandlung der verschiedenen Ansätze als sinnvoll.

Eine Lastverteilung kann entweder statisch zu Beginn einer Berechnung (d.h. *statische Lastverteilung*) oder dynamisch während der Programmabarbeitung (d.h. *dynamische Lastverteilung*) erfolgen. Eine statische Lastverteilung geschieht durch den Anwender, z.B. mit Gebietszerlegungsmethoden, siehe auch Kapitel 3. Eine dynamische Lastverteilung kann Bestandteil einer Anwendung, des Betriebssystems, eine selbständige Komponente oder im weitesten Sinne auch Bestandteil einer Werkzeugumgebung sein (siehe [Bod96b]). Für weitere Details, siehe unter anderem [MDP96].

Die Integration von Lastverteilungsverfahren in eine Anwendung hat sowohl Vor- als auch Nachteile. Im allgemeinen erfolgt bei Auftreten eines Lastungleichgewichtes in derartigen Ansätzen ein Verschieben (d.h. Migrieren) von Daten. Der Implementierungsaufwand ist vielfach gering, da kein universeller Ansatz zu realisieren ist, sondern ausschließlich die charakteristischen Eigenschaften des betreffenden Lösungsverfahrens zu berücksichtigen sind. Somit zeichnet derartige Ansätze meistens eine hohe Effizienz aus. Allerdings ist bei einem Wechsel der Anwendung auch oftmals eine Neuimplementierung der dynamischen Lastverwaltung erforderlich. Bei Einsatz in einem Mehrprogrammbetrieb (z.B. auf Workstations) reduziert sich deren Effizienz erheblich, da die einzelnen parallel ablaufenden Berechnungen vollständig autark arbeiten. Somit erfolgt auch oftmals die Lastermittlung aller parallel ablaufender Anwendungen unabhängig voneinander. Wird die gesamte Knotenauslastung nicht berücksichtigt, so resultiert dies in einer unnötigen Erhöhung der gesamten Laufzeit jeder numerischen Berechnung. Derartige Verfahren sind somit für einen Mehrbenutzerbetrieb schlecht geeignet.

Die aufgeführten Nachteile motivieren den Einsatz von sogenannten *universellen Lastverteilungsverfahren*. Sie sind nicht an eine spezifische Anwendung gebunden. Im allgemeinen stellen diese universellen Ansätze Komponenten von Betriebssystemen, selbständige Systeme oder Teile von Werkzeugumgebungen dar. Bei MIMD-Systemen mit einem gemeinsamen Speicher sind sie Stand der Technik. Einsatz finden sie z.B. bei den Multiprozessor-Vektorsystemen der Firma Cray Research. Aus dem Anspruch der universellen Anwendbarkeit heraus resultieren wiederum charakteristische Eigenschaften derartiger dynamischer Lastverteilungsverfahren. Es sind keinerlei spezifische Kenntnisse von Eigenschaften parallel ablaufender Anwendungen erforderlich. Daraus resultiert im allgemeinen aber auch eine geringere Effizienz im Vergleich zu anwendungsorientierten Verfahren. Der Implementierungsaufwand ist um ein vielfaches höher, da universelle Kriterien und Mechanismen zur Lastverteilung zu entwickeln sind. Eine Portierung auf andere Rechnerarchitekturen ist oftmals sehr aufwendig. Allerdings sind derartige Ansätze für einen Mehrbenutzerbetrieb gut geeignet, da sie eine globale Sicht auf alle Knoten und deren Auslastung ermöglichen.

Als Komponenten eines universellen dynamischen Lastverteilungsver-
fahrens ergeben sich somit

- der Monitor,

- die Lastbewertung und

- die Lastverschiebung,

siehe auch Abbildung 7.1. Für eine vertiefende Diskussion sei hier z.B.
auf [Lud93] verwiesen.

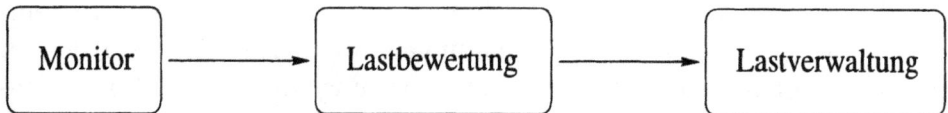

| Monitor | ⟶ | Lastbewertung | ⟶ | Lastverwaltung |

Abbildung 7.1: *Komponenten eines universellen dynamischen Lastver-
teilers.*

Aufgabe des Monitors ist die Erfassung des Lastzustandes aller verwendeten Knoten (d.h. Prozessoren eines MIMD-Rechners oder Workstations eines Workstationnetzes). Dies beinhaltet die Last, verursacht
durch parallel ablaufende Programme, aber auch durch das Betriebssystem bzw. interaktive Tätigkeiten von Benutzern. Es wird also die Ge-
samtknotenlast jedes einzelnen Knotens ermittelt (bzgl. Monitor, siehe
auch die Diskussion in Kapitel 6).

Aufgabe der Lastbewertung ist das Entscheiden, wann ein Verschieben einer Last auf andere Knoten sinnvoll scheint (Reaktionszeit). Hierbei ist oftmaliges Verschieben ebenso zu vermeiden wie ein zyklisches
(z.B. Migrieren von Knoten P1 nach P2 und wieder zurück). Eine Lastbewertung kann auf Grund von Heuristiken erfolgen, oder es wird versucht, aus dem Verhalten einer Anwendung bzw. des Systemverhal-
tens in der Vergangenheit Rückschlüsse auf das zukünftige Verhalten
zu ziehen. Erfolgt eine Lastbewertung ausschließlich auf der Basis aktueller Lastparameter (wie der Prozessor- oder Speicherauslastung bzw.
der Ein-/Ausgabeaktivität), so ist vielfach die Reaktionszeit zu hoch.
Das Lastverteilungssystem reagiert dann ausschließlich auf entstehende
Lasten. Somit können Fehlinterpretationen und damit Überreaktionen
(d.h. unnötige Lastverlagerungen) auftreten. Dies kann z.B. bei kurzzei-

tigen Lastspitzen der Fall sein. Effizient arbeitende Systeme agieren hingegen. Lastbewertungsverfahren sind Gegenstand aktueller Forschung.

Es stellt sich somit nun die Frage, wie eine Lastverschiebung erfolgen kann. Hierfür existieren verschiedene Ansätze. Verschiebung (d.h. Migration) von

- Prozessen,

- Threads (d.h. Teilen von Prozessen),

- Daten oder

- Objekten.

Das Verschieben von Objekten erfolgt konsequenter Weise bei objektorientierten Programmiersprachen zur Beschreibung von Parallelität. Ein Beispiel ist das System ALDY (siehe [Sch95b]).

Ein Vertreter der Datenmigration ist das System Parform (siehe [CS92, CS93]). Sie kann, wie schon erwähnt, innerhalb einer Anwendung oder durch ein übergeordnetes System erfolgen.

Das Verschieben von Threads bzw. von ganzen Prozessen ist die am häufigsten genutzte Möglichkeit zur dynamischen Lastverschiebung. Systeme sind z.B. Dynasty, co-check oder CODINE, siehe auch die reichhaltige Literatur [BPZ96, Gen93, Lud92, ST95]. Das System CODINE ist hierbei ein kommerzielles Produkt.

Für das Verschieben von Prozeßteilen bzw. ganzen Prozessen existieren wiederum unterschiedliche Strategien. Entsteht ein Lastungleichgewicht, so können schon existierende Komponenten solange migriert werden, bis eine möglichst gleichmäßige Last auf allen beteiligten Knoten entsteht. Eine andere Strategie geht von einer dynamischen Anzahl an Komponenten aus. Ein Verschieben erfolgt ausschließlich von neu entstandenen Prozessen bzw. Threads, schon existierende werden nicht umgruppiert.

Bei den in diesem Buch näher betrachteten numerischen Lösungsverfahren ist ferner der Zeitpunkt einer Migration innerhalb einer Berechnung für ein effizientes Arbeiten von Lastverteilungsverfahren von Bedeutung. Da iterative Lösungsverfahren Anwendung finden, erfolgt das Lösen eines gegebenen Problems in mehreren Iterationen. Eine Migration geschieht sinnvollerweise nach Beendigung einer Iteration. Bei instationären Problemen besteht noch eine zusätzliche Möglichkeit nach Abschluß der Berechnungen eines Zeitschritts. Für das Anwenden dynamischer Lastverteilungsverfahren auf numerische Problemstellungen, siehe unter anderem [Bas96, BPZ96, dKR91]. Für weitere Details bzgl. Strategien, siehe z.B. [Lud93].

Bei parallelen Systemen mit großen Prozessorzahlen gewinnt die Verteilungsstrategie und die Lasterfassung immer größere Bedeutung. Sie kann

- zentral,

- dezentral oder

- hierarchisch

erfolgen, siehe auch Abbildung 7.2. Eine zentrale Verteilung und Lasterfassung besitzt den Vorteil der leichteren Implementierung. Eine Skalierung auch für MPP-Systeme ist allerdings nicht gegeben. Dezentral und hierarchisch organisierte Ansätze sind daher die am häufigsten verwendeten. Eine Skalierung ist hierbei prinzipiell gegeben. Allerdings ist die Implementierung schwieriger. Ein Vertreter des hierarchischen Ansatzes ist Dynasty (siehe [BPZ96]).

In einem Netz von Arbeitsplatzrechnern ist neben der möglichst optimalen Verteilung der Last einer Anwendung auch ein Wahren der Eigentümerschaft[1] der eingesetzten Rechner sicherzustellen. Daher ergeben sich in einer Workstationumgebung zusätzliche Anforderungen an Lastverteilungsverfahren. In einer heterogenen Umgebung ist das Verschieben einzelner Komponenten z.B. durch das Setzen von Sicherungspunkten möglich. Im Anschluß an das Erzeugen konsistenter Daten ist ein Verschieben von Prozessen oder von Threads möglich (siehe z.B. [ST95]).

---

[1]Hierbei ist zu vermeiden, daß einzelne Rechner durch numerische Berechnungen stark belastet werden und somit einen interaktiven Betrieb nur noch erheblich eingeschränkt ermöglichen.

zentral

dezentral

P 1

Pr 1		Pr 2

| P 1 |——————| P 2 |

| Pr 1 | | Pr 2 | | Pr 3 | | Pr 4 |

hierarchisch

| P 1 |

| P 2 | | P 3 |

| Pr 1 | | Pr 2 | | Pr 3 | | Pr 4 |

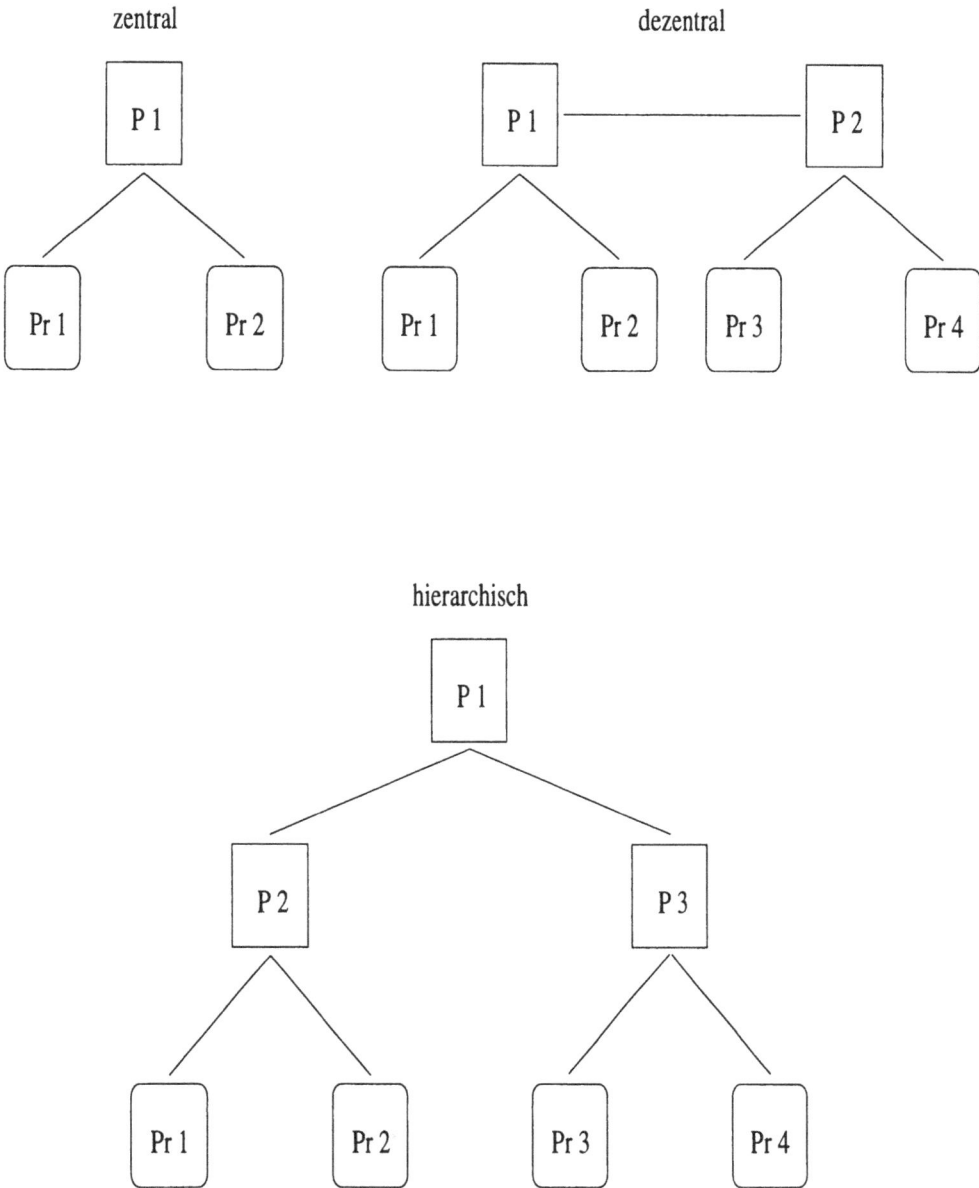

Abbildung 7.2: *Schematische Darstellung verschiedener Verteilungsstrategien für mehrere Komponenten (durch Pr angedeutet) und Knoten (durch P angedeutet).*

In diesem Abschnitt diskutierten wir dynamische Lastverteilungsverfahren. Die einzelnen Ansätze unterschieden sich sowohl in der Motivation als auch in den Lösungsansätzen erheblich voneinander. In Abbildung 7.3 sind daher die doch sehr unterschiedlichen Ansätze nochmals
zusammengefaßt.

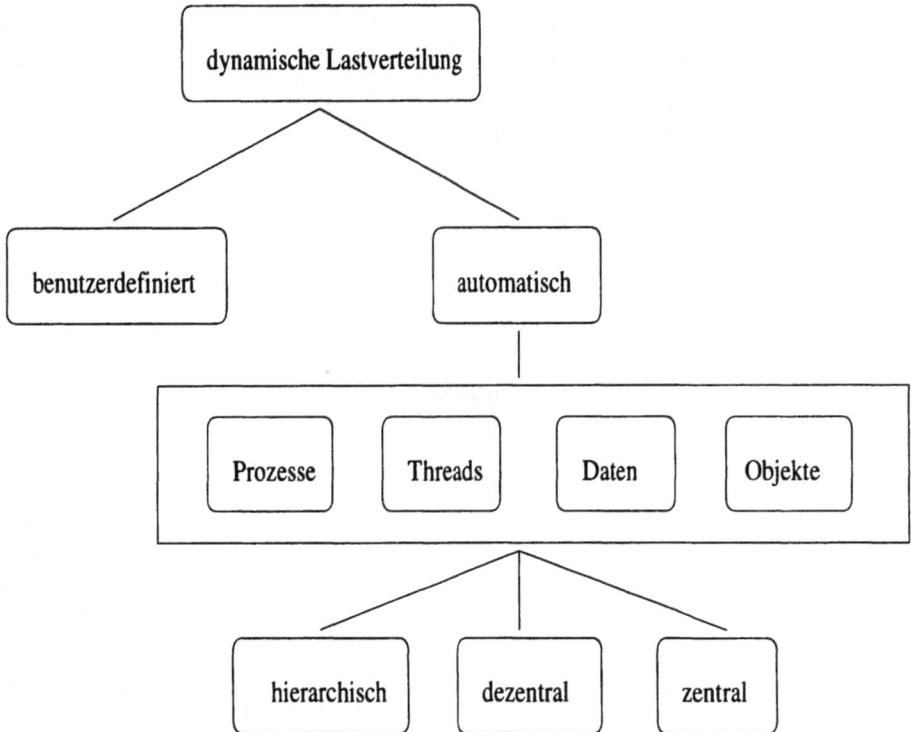

Abbildung 7.3: *Schematische Darstellung verschiedener Ansätze für eine dynamische Lastverteilung.*

7.2 Sicherungspunkte

Im letzten Abschnitt wurde schon die Nützlichkeit von Sicherungspunkten (engl. checkpoints) zur Prozeßmigration angesprochen. Der Hauptzweck ist allerdings das Sichern konsistenter Informationen, damit beim Ausfall einer oder mehrerer Knoten während einer parallel ablaufenden Berechnung diese nicht von Anfang neu zu starten ist, sondern lediglich ab dem letzten Sicherungspunkt. Analog zur dynamischen Lastverteilung können checkpoints vom

- Anwender oder
- System als Teil der Systemsoftware (automatische Systeme)

realisiert werden. Im weitesten Sinne können sie auch Bestandteil einer Werkzeugumgebung sein (siehe auch die Diskussion von THE TOOLSET in Kapitel 6).

Bei der ersten der oben aufgeführten Möglichkeiten sind die Lösungsansätze problemabhängig. Sicherungspunkte werden hier z.B. nach Beendigung eines Zeitschrittes für instationäre Probleme oder nach einer Iteration eines iterativen Verfahrens gesetzt. Diese Ansätze sind ähnlich zu jenen bei Lastverteilungssystemen. Der Implementierungsaufwand ist gering. Derartige Ansätze sind aber im allgemeinen auf die sequentielle oder auf die parallele Programmberechnung in einer homogenen Umgebung (speziell MIMD-Rechner) beschränkt.

Ist das Ziel hingegen ein universell einsetzbares Sicherungspunktsystem, bei dem für den Anwender keinerlei Implementierungsaufwand entsteht, so sind andere Ansätze zu verwenden (man bezeichnet diese dann auch als unsichtbare Systeme). Die im letzten Absatz erwähnten problemabhängigen Ansätze lassen sich in einer heterogenen Umgebung leider oftmals nur mit Effizienzeinbußen anwenden. Daher sind für ein derartiges Einsatzgebiet alternative Vorgehensweisen zu entwickeln.

Sicherungspunktsysteme sollen nicht nur das Wiederstarten ab einem Sicherungspunkt erlauben, sondern in erster Linie dafür Sorge tragen, daß bei Ausfall einzelner Knoten (z.B. Prozessoren eines MIMD-Systems oder Workstations innerhalb eines Workstationnetzes) das Wiederaufsetzen ohne merkliche Programmunterbrechung (d.h. ohne Programmabsturz und ohne erhebliche zeitliche Verzögerung) möglich ist.

Die letzte Forderung ist nur erreichbar, falls ausgefallene Knoten durch beliebig andere ersetzbar sind. Um dies zu erreichen, ist eine Migration aller für die parallele Berechnung notwendiger Prozesse und deren Daten der ausgefallenen Knoten auf Ersatzknoten erforderlich. Im allgemeinen stehen aber nicht binärkompatible Ersatzsysteme zur Verfügung, so daß derartige Ansätze hardwareunabhängig sein müssen. Ferner ist der Laufzeitoverhead und der Mehrbedarf an Plattenspeicher zu minimieren. Heutige Sicherungspunktsysteme sind in der Lage, den zeitlichen Mehraufwand auf weniger als 10% der gesamten Laufzeit zu beschränken (siehe [SR96]).

Bei automatischen Sicherungspunktsystemen stellen sich nun die konkreten Probleme, wo checkpoints zu setzen sind und ob diese aktiviert werden (d.h. eine Sicherungspunktdatei erzeugen).

Damit erhalten wir die beiden wesentlichen Komponenten eines Sicherungspunktsystems:

- Konstrukte zum Setzen von checkpoints und

- Kontrolleinheit.

Das Setzen von Sicherungspunkten kann durch entsprechende Compiler oder Erweiterungen bestehender Systeme erfolgen (siehe [CL85, SR96]). Eine andere Möglichkeit ist die Realisierung in Form einer Bibliothek, ähnlich den Kommunikationsbibliotheken.

Die Kontrolleinheit sorgt für ein effizientes Arbeiten des Sicherungspunktsystems. Es entscheidet, ob ein Sicherungspunkt aktiviert wird. Als einfaches Kriterium hierfür hat sich die mittlere Ausfallzeit (engl. mean time between failure, MTBF) erwiesen. Die Kontrolleinheit muß also Wissen über die schon verstrichene Laufzeit einer parallel ablaufenden Anwendung und die MTBF besitzen. Soll nun eine Sicherungspunktdatei erzeugt werden, so läßt sich der entstehende Overhead durch ein sogenanntes verzögertes Schreiben (engl. lazy writing) auf Magnetplatte (d.h. Festplatte) reduzieren. Implementierungen sind unter anderem in [EJZ92] für homogene Systeme beschrieben.

Bei heterogenen Systemen (z.B. heterogene Workstationnetze) stellt das Verschieben von Adressen eine zusätzliche Schwierigkeit dar. Dieses Problem läßt sich durch virtuelle Adressen (siehe [SR96, ST95]) lösen.

7.3 Parallele Ein-/Ausgabe

In diesem Abschnitt wenden wir uns der Problematik der parallelen Ein-/Ausgabe zu. Bei Anwendungen im wissenschaftlich-technischen Bereich stellt das I/O-System oftmals den Engpaß (d.h. Flaschenhals) eines parallelen Systems dar. Das Transferieren von mehreren bis hin zu hunderten von Megabytes an Daten aus dem Arbeitsspeicher der einzelnen Knoten auf Magnetplatten ist hier keine Seltenheit. Das Schreiben bzw. Lesen von Daten tritt hierbei oftmals nicht einmalig zu Beginn und am Ende einer Berechnung auf, sondern mehrfach. Man denke hierbei nur an die schon angesprochene Problematik des Setzens von Sicherungspunkten. Auch bei einer an die Berechnung anschließende Visualisierung sind zeitabhängige Daten im Bereich von einigen Megabytes pro Zeitschritt vom Plattenspeicher zu lesen. Es ist daher verständlich, daß derartige riesige Datenmengen nicht mehr ausschließlich auf einer einzigen Magnetplatte zu speichern sind und daß Parallelität die Zugriffs- und Transferzeiten erheblich reduzieren kann. Zur Realisierung einer effizienten Ein-/Ausgabe ist die Parallelität daher unerläßlich. Sie kann zu einer Erhöhung

- der Bandbreite (Zugriffsparallelität) und

- des Durchsatzes an Aufträgen (Auftragsparallelität)

eingesetzt werden (siehe auch [WZ93]). Wir beschränken uns im weiteren auf die Zugriffsparallelität. Sie läßt sich durch das Aufspalten eines einzelnen Ein-/Ausgabe-Auftrages in mehrere parallel ausführbare Plattenzugriffe realisieren. Ist das I/O-System an das Netzwerk der einzelnen Knoten angeschlossen, so reduziert sich bei gleichzeitig hohem Datentransferaufkommen und intensiven Kommunikationen allerdings die Kommunikationsbandbreite zwischen den einzelnen Knoten und die Transferrate hin zu den Plattenspeichern. Für eine hohe Bandbreite der Kommunikation und der Ein-/Ausgabe sind somit disjunkte Kommunikationskanäle erforderlich. Eine weitere Voraussetzung für das effiziente Nutzen der parallelen Ein-/Ausgabe ist das Vorhandensein eines parallelen File-Systems. Bei allen neueren MIMD-Rechnern (wie der IBM SP2, der Cray T3E oder der Intel iPSC/860) ist ein solches vorhanden.

Auf die Softwareaspekte gehen wir in diesem Buch nicht näher ein. Hier sei z.B. auf [Got93, JWB96] verwiesen.

Es existieren verschiedene Hardwareansätze zur Parallelisierung der Ein-/Ausgabe. Dies sind

- Disk-Farms und

- Disk-Arrays,

siehe auch die Abbildungen 7.4 und 7.5. Bei dem ersten Ansatz handelt es sich um teure, herstellerspezifische Hardwarekomponenten. Die einzelnen Magnetplatten zeichnen sich durch niedrige mittlere Zugriffszeiten aus. Disk-Farms stellen eine lose Sammlung gekoppelter großer Plattenlaufwerke dar.

Disk-Arrays sind eng oder lose gekoppelte Kollektionen kleiner Standardkomponenten. Somit sind die Einzelkomponenten wesentlich kostengünstiger als bei Disk-Farms. Sie weisen höhere mittlere Zugriffszeiten auf als jene bei Disk-Farms verwendeten Plattenlaufwerke. Seit mehreren Jahren haben sie in Form von RAID[2]-Systemen (redundant array of independent disks-Systemen) große Bedeutung erlangt.

In diesem Kapitel diskutierten wir kurz weitere wichtige Aspekte des parallelen Rechnens. Dies beinhaltete eine dynamische Lastverteilung ebenso wie das Setzen und das effiziente Realisieren von Sicherungspunkten und die parallele Ein-/Ausgabe. Für alle drei Punkte ist es wichtig, dem Anwender Lösungen zu präsentieren, die unabhängig von einer konkreten Problemstellung und ohne zusätzlichen Implementierungsaufwand effizient arbeiten. Ferner sollen derartige Lösungsansätze hardwareunabhängig sein. Nur so ist eine breite Akzeptanz zu erreichen.

---

[2]Das RAID-Projekt wurde an der University of California at Berkely initiiert.

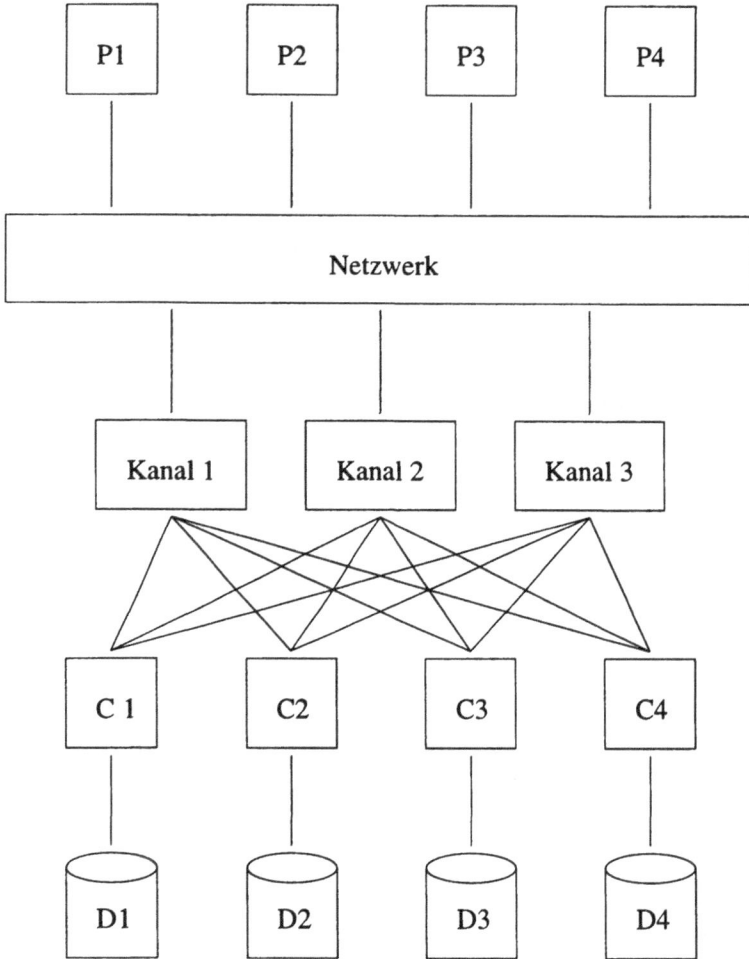

Abbildung 7.4: *Schematische Darstellung einer Disk-Farm für jeweils vier Magnetplatten D1 bis D4 und Controllern C1 bis C4.*

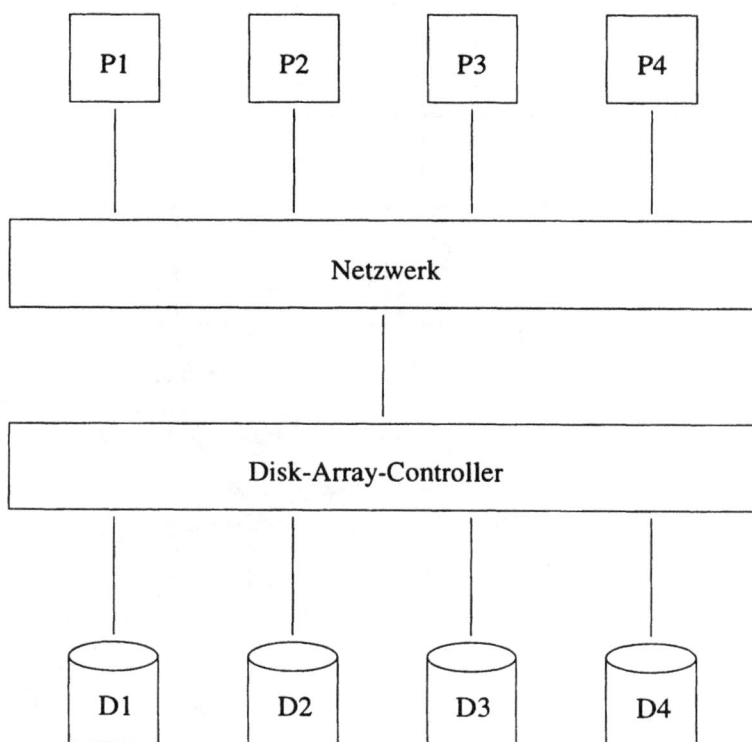

Abbildung 7.5: *Schematische Darstellung eines Disk-Arrays für vier Magnetplatten* D1 *bis* D4.

In diesem Buch diskutierten wir verschiedene Punkte, die alle zur Leistungsfähigkeit eines parallelen Systems beitragen. Die Leistungsfähigkeit hängt also nicht nur von der Prozessor- und Kommunikationsleistung des benutzten Parallelrechners ab, sondern auch von der zur Verfügung stehenden Software. Dies beinhaltet effizient arbeitende Compiler, um möglichst schnell pro Prozessor und für das gesamte parallele System eine hohe Rechenleistung zu erhalten. Ebenso soll eine effiziente Implementierung einer parallel ablaufenden Anwendung unabhängig von der verwendeten Hardware möglich sein. Dies ist speziell bei einem industriellen Einsatz von Parallelrechnern dringend erforderlich. Ferner sind leicht bedienbare und erlernbare Werkzeugumgebungen eine unabdingbare Voraussetzung zur Optimierung durch den Anwender. Intensives Lesen bzw. Schreiben auf Magnetplatten läßt sich durch eine Parallelisierung effizient realisieren. Dadurch ist dieser Engpaß innerhalb eines parallel arbeitenden Systems vermeidbar. Erst das effiziente Zusammenwirken all dieser Punkte ist die Voraussetzung für ein effizient und leistungsfähig arbeitendes paralleles System.

Natürlich existieren neben den in diesem Buch diskutierten Problemen noch weitere, auf die aus Platzgründen leider nicht eingegangen werden konnte. Die hier diskutierten Fragestellungen konnten sicherlich im Detail nicht erschöpfend behandelt werden. Der Leser mußte daher auf die hoffentlich in ausreichendem Maße angegebene weiterführende Literatur verwiesen werden. Intention des Buches war es, auf sehr unterschiedliche Probleme des parallelen Rechnens aufmerksam zu machen und eine entsprechende Sensibilisierung beim Leser zu erreichen.

Alle hier diskutierten Punkte machen aber deutlich, daß ein effizientes Nutzen von Parallelrechnern sowohl großes Wissen im Bereich der Numerik als auch der Informatik erfordert. Es ist nicht damit getan, einen möglichst optimalen parallelen Speedup zu erreichen, sondern es muß vielmehr die gesamte Laufzeit einer parallel ablaufenden Anwendung bei Einsatz von SIMD- bzw. MIMD-Rechnern entsprechend reduziert werden. Die verwendeten numerischen Lösungsverfahren müssen daher eine hohe numerische Effizienz aufweisen und der Problemstellung gerecht werden. Vor der Parallelisierung eines numerischen Lösungsverfahrens steht daher die Optimierung der sequentiellen Berechnung. Die Interpretation der erzielten numerischen Resultate erfordert speziell bei Problemstellungen aus dem Bereich der Ingenieur-

wissenschaften das Wissen von Anwendern. Eine intensive interdiszi-
plinäre Zusammenarbeit ist daher für das effiziente und sinnvolle Nutzen von parallelen Systemen unabdingbar.

Index

Datenparallelität, 43

ALDY, 199
Amdahl's Gesetz, 25
AMG-Verfahren, 110
Auftragsparallelität, 205
Autotasking, 156

Benchmarks, 19
   CPU, 19
   synthetische, 19

checkpoints, *siehe* Sicherungspunkte
co-check, 199
CODINE, 199
Conjugierte Gradienten-Verfahren, 126
Crank-Nicolson-Verfahren, 93
Cray T90, 146
CS-Verfahren, 110, 113, 154, 158, 161, 162, 171

Datenlokalität, 27
Debugger, 178, 180, 186, 191
DETOP, 190
Disk-Arrays, 206
Disk-Farms, 206
Diskretisierungsfehler, 80
   globaler, 90
   lokaler, 90

Dynasty, 199, 200
dünne Gitter, 133

Effizienz
   gesamte, 36
   parallele, 36
   skalierbar, 36
Einschrittverfahren, 101
Euklidsche Norm, 86
explizites Euler-Verfahren, 89, 175
extrinsische Funktionen, 50

FAS-Verfahren, 110
Fehler
   Diskretisierungsfehler, 80
   Iterationsfehler, 80
   Modellfehler, 79
   Rundungsfehler, 80
Finite Differenzen-Verfahren, 83
fixed size model, 29
fixed time model, 29
Flynn, 2
FMG-Verfahren, 110
Fortran 77, 49
Fortran 90, 44, 50

Gauß-Seidel-Verfahren, 100
Gebietszerlegungsmethoden, 95, 161–163, 170, 171, 175
Gesamtschrittverfahren, 125

Gesetz von Gustafson, 35
globaler Diskretisierungsfehler, 90
Granularität, 42

Hardware-Monitore, 180
Hardware-Performance-Monitor,
    182
High Performance Fortran, 44,
    52
hpm, 182
Hybrid-Monitore, 180

IBM SP2, 147, 158, 163
ILU, 126
implizites Euler-Verfahren, 92
Instruktionsparallelität, 43
Iterationsfehler, 80

Jacobi-Verfahren, 125

Kombinationsmethode, 135, 174
    raum-zeitparallel, 139
    raumparallel, 136, 173
Kommunikation, 7
    explizit, 11
    implizit, 50
    mit MPI, 70
    mit PVM, 63
Kommunikationskosten, 26
Kommunikationszeit, *siehe* Kom-
    munikationskosten
Konvergenzrate, 103

L_2 Norm, 86
Laplace-Gleichung, 84, 169
Laplace-Operator, 84
Lastbewertung, 198
Lastverschiebung, 198

Lastverteilung, 28
Lastverteilungsverfahren, 195
    dynamische, 195, 196, 198
    statische, 196
Laufzeitbestimmung, 25
Leistungsmesser, 178
lokaler Diskretisierungsfehler, 90

Maximumsnorm, 86
Mehrgitterverfahren, 109
Mflops, 18
Mikrotasking, 156
MIMD-Rechner, 6
    mit gemeinsamen Speicher,
        13
    mit verteiltem Speicher, 11
    mit virtuell gemeinsamen Spe
        cher, 14
Mips, 18
MISD-Rechner, 2
Modellfehler, 79
Monitor, 177, 198
Monitore, 48
MPI, 67
MPI-Modell, 67
Multiprozessorsysteme, 6

Nebenläufigkeit, 16
Norm
    Euklidsche, 86
    Maximum, 86

offline-Analyse, 181
online-Analyse, 180
ortsparallele Verfahren, 128

parabolische Mehrgitterverfahren
    132

Parallele Ein-/Ausgabe, 205
Parallelisierungsgrad, 30, 40–42
Parallelität
    explizite, 42
    implizite, 42
Parform, 199
PATOP, 190
pC++, 44, 50
Pipelining, 4, 16
Poisson-Gleichung, 84
post-mortem Analyse, 181
Prozesse
    schwergewichtige, 41
PVM, 57, 161–163, 170, 171, 175
PVM-Modell, 59

RAID-Systeme, 206
Relaxationsparameter, 104
Relaxationsverfahren, 104
Residuum, 86
Routen, 28
Rundungsfehler, 80

Schachbrett-Gauß-Seidel, 108
Semaphore, 48
Sicherungspunkte, 195, 203
SIMD-Rechner, 3
SISD-Rechner, 2
skalierbares Lösungsverfahren, 109
Skalierbarkeit, 36
Software-Monitore, 180
SOR-Verfahren, 104, 151, 158,
    170
Speedup, 29
    gesamter, 32
    heterogene Umgebung, 33
    parallel, 29, 161–163, 170–
    172, 174, 175

relativer, 30
skalierbarer, 35
superlinearer, 32
SPMD-Modus, 6, 43
SSOR-Verfahren, 106
Startup-Zeit, 26
Synchronisation, 44
    mit MPI, 70
    mit PVM, 63

The Tool-set, 191
TOPSYS, 189

unvollständige LU-Zerlegung, 126
Upshot, 188
USSOR-Verfahren, 106

Vektorisierung, 4, 149–152, 154
Vektorrechner, 4
Verklemmung, 44
Verteilungsstrategie
    dezentral, 200
    hierarchisch, 200
    zentral, 200
virtuelle Maschine, 57, 60
VISTOP, 190
Visualisierer, 178
visualization tool, 184
von-Neumann-Rechner, 2
VT, 184

Wärmeleitungsgleichung, 88, 164,
    175
Ware-Gesetz, 30
Werkzeuge, 177
Werkzeugumgebung, 177
wormhole-routing-Algorithmen, 10

XMPI, 188

XPVM, 186

Zeitdiskretisierung
     explizit, 89, 164, 175
     implizit, 92
zeitparallele Verfahren, 131
Zentraldifferenzen, 85
Zugriffsparallelität, 205

Literaturverzeichnis

[And91]   G. R. Andrews. *Concurrent Programming*. Addison-Wesley Publishing Company, 1991.

[AO82]   L. M. Adams und J. M. Ortega. A Multi-Color SOR Method for Parallel Computation. In *Int. Conf. on Parallel Processing*, Seiten 53–56, 1982.

[Arb96]   P. Arbenz. On Experiments with a Parallel Direct Solver for Diagonally Dominant Banded Linear Systems. In L. Bouge', P. Fraigniaud, A. Mignotte und Y. Robert, Hrsg., *Lecture Notes in Computer Science: Euro-Par'96, Band II*, Jgg. 1124, Seiten 3–10. Springer-Verlag, 1996.

[ATP84]   D. A. Anderson, J. C. Tannehill und R. H. Pletcher. *Computational Fluid Mechanics and Heat Transfer*. Hemisphere Publishing Corporation, 1984.

[Axe96]   O. Axelsson. *Iterative Solution Methods*. Cambridge University Press, 1996.

[Bal94]   R. Balder. Adaptive Verfahren für elliptische und parabolische Differentialgleichungen auf dünnen Gittern. Dissertation, Institut für Informatik, TU München, 1994.

[Ban94]   R. E. Bank. *PLTMG A Software Package for Solving Elliptic Partial Differential Equations*. Siam, 1994.

[Bar83]   J. G. P. Barnes. *Programmieren in Ada*. Hanser-
               Verlag, 1983.

[Bas96]   P. Bastian. Load Balancing for Adaptive Multigrid
               Methods. ICA Report, Institut für Computeranwen-
               dungen, Universität Stuttgart, Januar 1996.

[BB91]   T. Bemmerl und A. Bode. An Integrated Environ-
               ment for Programming Distributed Memory Multi-
               prozessors. In A. Bode, Hrsg., *Lecture Notes in Com-
               puter Science: Distributed Memory Computing*, Jgg.
               487, Seiten 130–142. Springer-Verlag, 1991.

[BCL91]   M. Berry, G. Cybenko und J. Larson. Scientific
               Benchmark Characterization. In *Parallel Computing*,
               Jgg. 17, Seiten 1173–1194. North-Holland, 1991.

[BE82]   R. H. Barlow und D. J. Evans. Parallel Algorithms
               for the Iterative Solution to Linear Systems. *The
               Computer Journal*, 25:56–60, 1982.

[BG91]   A. Brandt und J. Greenwald. Parbolic Multigrid
               Revisited. In W. Hackbusch und U. Trottenberg,
               Hrsg., *International Series of Numerical Mathema-
               tics, Multigrid Methods III*, Jgg. 98, Seiten 143–154.
               Birkhäuser, 1991.

[BGA95]   W. S. Brainerd, C. H. Goldberg und J. C. Adams.
               Programmer's Guide to Fortran 90. Springer-Verlag,
               1995.

[BGRZ94]   H. Bungartz, M. Griebel, D. Röschke und Chr. Zen-
               ger. Pointwise Convergence of the Combination Tech-
               nique for Laplace's Equation. In *East-West Journal
               of Numerical Mathematics 2*, Seiten 21–45, 1994.

[BH83]   A. Bode und W. Händler. *Rechnerarchitektur II*.
               Springer-Verlag, 1983.

[BH90]   P. Bastian und G. Horton. Parallelization of Robust
              Multi-Grid Methods: ILU Factorization and Frequen-
              cy Decomposition Method. In W. Hackbusch und
              R. Rannacher, Hrsg., *Notes on Numerical Fluid Me-
              chanics: Numerical Treatment of the Navier-Stokes
              Equations*, Jgg. 30, Seiten 24–36. Vieweg Verlag,
              1990.

[BH91]   J. Burmeister und G. Horton. Time-Parallel Mul-
              tigrid Solution of the Navier-Stokes Equations. In
              W. Hackbusch und U. Trottenberg, Hrsg., *Internatio-
              nal Series of Numerical Mathematics, Multigrid Me-
              thods III*, Jgg. 98, Seiten 155–166. Birkhäuser, 1991.

[BH96]   J. Burmeister und W. Hackbusch. On a Time
              and Space Parallel Multi-Grid Method Including Re-
              marks on Filtering Techniques. In *Notes on Numeri-
              cal Fluid Mechanics: Flow Simulation with High Per-
              formance Computers II*, Jgg. 52, Seiten 5–19, 1996.

[BL92]   R. M. Butler und E. L. Lusk. User's Guide to the
              p4 Programming System. Technical Report ANL-
              92/17, Mathematical and Computer Science Divisi-
              on, Argonne National Laboratory, Argone. IL, Okto-
              ber 1992.

[BLR92]   H. Blum, S. Lisky und R. Rannacher. A Domain
              Splitting Algorithm for Parabolic Problems. *Compu-
              ting*, 49:11–23, 1992.

[BMBTFCD+93] R. Barrett, J. Demmel M. Berry T. F. Chan, J. Dona-
              to, J.J. Dongarra, V. Eijkhout, R. Pozo, C. Romine
              und H. A. van der Vorst. *Templates for the Solu-
              tion of Linear Systms Building Blocks for Iterative
              Methods*. Siam, 1993.

[Bod94a]   A. Bode. Parallel Computer Architectures for Nu-
              merical Simulation. In M. Griebel und Chr. Zenger,

Hrsg., *Notes on Numerical Fluid Mechanics: Numerical Simulation in Science and Engineering*, Jgg. 48, Seiten 7–18. Vieweg Verlag, 1994.

[Bod94b] A. Bode. Parallel Program Performance Analysis and Visualization. In J. Dongarra und Tourancheau, Hrsg., *Environments and Tools for Parallel Scientific Computing*, Seiten 246–253. SIAM, 1994.

[Bod96a] A. Bode. Klassifikation paralleler Architekturen. In K. Waldschmidt, Hrsg., *Parallelrechner*, Seiten 11–40. Teubner Verlag, 1996.

[Bod96b] A. Bode. Performance-Werkzeuge. In K. Waldschmidt, Hrsg., *Parallelrechner*, Seiten 517–562. Teubner Verlag, 1996.

[BPX90] J. H. Bramble, J. E. Pasciak und J. Xu. Parallel Multilevel Preconditioners. *Math. Comp.*, 55:1–22, 1990.

[BPX92] J. H. Bramble, J. E. Pasciak und J. Xu. A Multilevel Preconditioner for Domain Decomposition Boundary Systems. In *Proc. 10'th International Conference on Comp. Meth. in Appl. Sci. and Eng.* Nova Sciences, 1992.

[BPZ96] M. Backschat, A. Pfaffinger und Chr. Zenger. Economic-Based Dynamic Load Distribution in Large Workstation Networks. In L. Bouge', P. Fraigniaud, A. Mignotte und Y. Robert, Hrsg., *Lecture Notes in Computer Science: Euro-Par'96, Band II*, Jgg. 1124, Seiten 631–634. Springer-Verlag, 1996.

[BR92] Th. Bonk und U. Rüde. Performance Analysis and Optimization of Numerically Intensive Programs. SFB-Bericht Nr.342/26/92A, Institut für Informatik, TU München, November 1992.

[Bra84]   A. Brandt. Multigrid Techniques: 1984 Guide with Applications to Fluid Dynamics. Technical Report 85, Gesellschaft für Mathematik und Datenverarbeitung, Mai 1984.

[Bra92]   D. Braess. *Finite Elemente*. Springer-Verlag, 1992.

[Bra93]   J. H. Bramble. *Multigrid Methods*. Longman Scientific & Technical, 1993.

[Bri87]   W. L. Briggs. *A Multigrid Tutorial*. Siam, 1987.

[Bro93]   S. Brode. Quantenchemie auf Workstation-Cluster. In H.W. Meuer, Hrsg., *Informatik aktuell, Supercomputer '93*, Seiten 162–165. Springer-Verlag, 1993.

[Bun92a]   H. Bungartz. An Adaptive Poisson Solver using Hierarchical Bases and Sparse Grids. In P. de Groen und R. Beauwens, Hrsg., *Proceedings of the IMACS International Symposium on Iterative Methods in Linear Algebra*. Amsterdam, Elsevier, 1992.

[Bun92b]   H. Bungartz. Dünne Gitter und deren Anwendung bei der adaptiven Lösung der dreidimensionalen Poisson-Gleichung. Dissertation, Institut für Informatik, TU München, 1992.

[BW96]   U. Brüning und K. Waldschmidt. Grundlagen paralleler Architekturen. In K. Waldschmidt, Hrsg., *Parallelrechner*, Seiten 63–124. Teubner Verlag, 1996.

[CDJ95]   H. Casanova, J. J. Dongarra und W. Jiang. The Performance of PVM on MPP Systems. Technical Report, Department of Computer Science, University of Tennessee, Juli 1995.

[CHHW94]   R. Calkin, R. Hempel, H.-C. Hoppe und P. Wypior. Portable Programming with the PARMACS Message-Passing Library. *Parallel Computing*, 20:615–632, April 1994.

[CL85]   K. M. Chandy und L. Lamport. Distributed Snaps-
            hots: Determing Global States of Distributed Sy-
            stems. *ACM Transactions on Computer Systems*, 3
            (1):63–75, 1985.

[Cra93]   Cray Research C Reference Manual. Technical Re-
            port SR-2074 4.0, 1993.

[Cra95]   Guide to Parallel Vector Application. Technical Re-
            port Cray Research SG-2182 2.0, Cray Research,
            1995.

[CS92]   C. Cap und V. Strumpen. THE PARFORM - A
            High Performace Platform for Parallel Computing in
            a Distributed Workstation Environment. Technical
            Report 1992/7, Universität Zürich, Institut für In-
            formatik, 1992.

[CS93]   C. Cap und V. Strumpen. Efficient Parallel Compu-
            ting in Distributed Workstation Environments. *Par-
            allel Computing*, 19:1221–1234, 1993.

[CT96]   A. Chalmers und J. Tidmus. *Practical Parallel Pro-
            cessing*. International Thomson Computer Press,
            1996.

[DBMS79]   J. J. Dongarra, J. R. Bunch, C. B. Moler und G. W.
            Stewart. *LINPACK User's Guide*. Siam, 1979.

[DDSvdV91] J. J. Dongarra, I. S. Duff, D. C. Sorensen und H. A.
            van der Vorst. *Solving Linear Systems on Vector and
            Shared Memory Computers*. Siam, 1991.

[DDT95]   A. Debussche, T. Dubois und R. Temam. The Non-
            linear Galerkin Method: A Multiscale Method Ap-
            plied to the Simulation of Homogeneous Turbulent
            Flows. *Theoretical and Computational Fluid Dyna-
            mics*, Springer-Verlag, 1995.

[DER86]   I. S. Duff, A. M. Erisman und J. K. Reid. *Direct Methods for Sparse Matrices.* Clarendon Press, 1986.

[Dij68]   E. W. Dijkstra. Cooperating Sequential Processes. In F. Genuys, Hrsg., *Programming Languages*, Seiten 43–112. Academic Press, 1968.

[dKR91]   J. de. Keyser und D. Roose. A Software Tool for Load Balanced Adaptive Multiple Grids on Distributed Memory Computers. In Q. Stout, Hrsg., *Proc. of the 6th Distributed Memory Computing confrence*, Seiten 122–128. IEEE Computer Society Press, 1991.

[DMS95]   J. J. Dongarra, H. W. Meuer und E. Strohmaier, Hrsg. *TOP500 Report 1995*, Jgg. 12, Nr. 1. SUPER-COMPUTER 63, 1995.

[EJZ92]   E. N. Elnozahy, D. B. Johnson und W. Zwaenepoel. The Performance of Consistent Checkpointing. In *11th Symposium on Reliable Distributed Systems*, Seiten 39–47. IEEE, 1992.

[EPL94]   T. M. R. Ellis, I. R. Philips und T. M. Lahey. *Fortran 90 Programming.* Addison-Wesley Publishing Company, 1994.

[Fei95]   K. Feind. Shared Memory Access (SHMEM) Routines. Technical Report, Cray Research, 1995.

[Fen72]   T. Y. Feng. Some Charateristics of Associative/Parallel Processing. In *Sagamore Computer Conference 1972*, Seiten 5–16, 1972.

[Fis91]   D. Fischer. On Superlinear Speedup. In *Parallel Computing*, Jgg. 17, Seiten 695–697. North-Holland, 1991.

[FKB91]   J. Flower, A. Kolawa und S. Bharadwaj. The Express Way to Distributed Processing. *Supercomputing Review*, Seiten 54–55, Mai 1991.

[Fle87]   C. A. J. Fletcher. *Computational Techniques for Fluid Dynamics; Band I und II.* Springer-Verlag, 1987.

[Fly66]   M. J. Flynn. Very High Speed Computing Systems. *Proc. IEEE*, 54:1901–1909, 1966.

[Fly72]   M.J. Flynn. Some Computer Organization and their Effectivenes. *IEEE Transaction on Computers*, C-21, Nr.9:948–960, 1972.

[Fos94]   I. T. Foster. *Designing and Building Parallel Programs.* Addison-Wesley Publishing Company, 1994.

[GBD⁺94]   A. Geist, A. Beguelin, J. J. Dongarra, W. Jiang, R. Manchek und V. Sunderam. *PVM: Parallel Virtuell Machine – A User's Guide and Tutorial for Networked Parallel Computing.* MIT Press, 1994.

[GBDM77]   B. S. Garbow, J. M. Boyle, J. J. Dongarra und C. B. Moler. *Matrix Eigensystem Routines-EISPACK Guide Extension.* Springer-Verlag, Lecture Notes in Computer Science 51, 1977.

[Gen93]   CODINE User's Guide. Technical Report, Genias Software GmbH, 1993.

[GGHL⁺96]   G. Geist, W. Gropp, S. Huss-Ledermann, A. Lumsdaine, E. Lusk, W. Saphir, T. Skjellum und M. Snir. MPI-2: Extending the Message-Passing Interface. In L. Bouge', P. Fraigniaud, A. Mignotte und Y. Robert, Hrsg., *Lecture Notes in Computer Science: Euro-Par'96, Band I*, Jgg. 1123, Seiten 128–135. Springer-Verlag, 1996.

[GHK⁺89]   D. Gries, C. A. R. Hoare, K. W. Kennedy, F. C. N. Pereira und D. S. Scott. Computer Language in Computer Science: Achievements and Oppertunities. SIAM, 1989.

[GHRS92]   M. Griebel, W. Huber, U. Rüde und T. Störtkuhl. The Combination Technique for Parallel Sparse-Grid-Preconditioning and -Solution of PDEs on Multi-processor Machines and Workstation Networks. In L. Bougé, M. Cosnard, Y. Robert und D. Trystram, Hrsg., *Proceedings of the Second Joint International Conference on Vector and Parallel Processing CONPAR/VAPP V 92*. Springer-Verlag, 1992. Auch erhältlich als SFB Bericht 342/11/92 A.

[GHSZ93]   M. Griebel, W. Huber, T. Störtkuhl und Chr. Zenger. On the Parallel Solution of 3D PDEs on a Network of Workstations and on Vector Computers. In A. Bode und M. Dal Cin, Hrsg., *Lecture Notes in Computer Science, Computer Architecture: Theory, Hardware, Software, Applications*. Springer-Verlag, 1993.

[GHZ96]   M. Griebel, W. Huber und Chr. Zenger. Turbulence Simulation on Sparse Grids using the Combination Method. In E. H. Hirschel, Hrsg., *Notes on Numerical Fluid Mechanics*, Jgg. 52, Seiten 34–47. Vieweg Verlag, 1996.

[GJMW93]   K. Gallivan, W. Jally, M. Molony und H. Wijshoff. Performance Prediction for Parallel Numerical Algorithms. In A. E. Fincham und B. Ford, Hrsg., *Parallel Computation*, Seiten 81–114. Clarendon Press, 1993.

[GK91]   A. Gürsoy und L. V. Kale. High Level Support for Divide-and-Conquer Parallism. In *Proc. Supercomputing'91*, Seiten 283–292. IEEE Computer Society Press, 1991.

[GLDS96]   W. Gropp, E. Lusk, N. Doss und A. Skjellum. A High-Performance, Portable Implementation of the MPI Message Passing Interface Standard. *Parallel Computing*, 22:789–828, 1996.

[GLS94]   W. Gropp, W. Lusk und A. Skjellum. *Using MPI: Portable Parallel Programming with the Message-Passing Interface*. MIT Press, 1994.

[GO92]   G. Golub und J. M. Ortega. *Wissenschaftliches Rechnen und Differentialgleichungen*. Heldermann Verlag, 1992.

[GO93]   G. Golub und J. M. Ortega. *Scientific Computing, An Introduction with Parallel Computing*. Academic Press, Inc., 1993.

[Got93]   Special Issue on Parallel I/O-Systems. *Parallel Computing*, 1–2, 1993.

[GR86]   N. H. Gehani und W. D. Roome. Concurrent C. *Software- Practice & Experience*, 16, 9:821–844, 1986.

[Gri90]   M. Griebel. Zur Lösung von Finite-Differenz- und Finite-Element-Gleichungen mittels der Hierarchischen-Transformations-Mehrgitter-Methode. Dissertation, Institut für Informatik, TU München, 1990.

[GS93]   B. Gropp und B. Smith. Chameleon Parallel Programming Tools User's Manual. Technical Report ANL-93/23, Mathematical and Computer Science Division, Argonne National Laboratory, Argone. IL, März 1993.

[GSZ90]   M. Griebel, M. Schneider und Chr. Zenger. A Combination Technique for the Solution of Sparse Grid Problems. In P. de Groen und R. Beauwens, Hrsg., *Proceedings of the IMACS International Symposium on Iterative Methods in Linear Algebra*. Amsterdam, Elsevier, 1990.

[GT95]   M. Griebel und V. Thurner. The Efficient Solution of Fluid Dynamics Problems by the Combination Technique. *Int. J. Num. Meth. for Heat and Fluid Flow*, 5, Nr.3:254–269, 1995.

[Gus88]   J. L. Gustafson. Reevaluating Amdahl's Law. *Communications of the ACM*, 31, Nr.5:532–533, 1988.

[Hab77]   R. Haberman. *Mathematical Models*. Prentice-Hall, Inc., 1977.

[Hac84]   W. Hackbusch. Parabolic Multi-Grid Methods. In *VI. Proc. of the 6th International Symposium on Computing Methods in Applied Sciences and Engineering 1983*, Seiten 20–45. North-Holland, 1984.

[Hac85]   W. Hackbusch. *Multi-Grid Methods and Application*. Springer-Verlag, 1985.

[Hac86]   W. Hackbusch. *Theorie und Numerik elliptischer Differentialgleichungen*. Teubner Verlag, 1986.

[Hac89]   W. Hackbusch. The Frequency Decomposition Multi-Grid Method I. Application to Anisotropic Equations. *Numerische Mathematik*, 56:229–245, 1989.

[Hac91]   W. Hackbusch. *Iterative Lösung großer schwachbesetzter Gleichungssysteme*. Teubner Verlag, 1991.

[Hac92]   W. Hackbusch. The Frequency Decomposition Multi-Grid Method II. Convergence Analysis Based on the Additive Schwarz Method. *Numerische Mathematik*, 63:433–453, 1992.

[Hal92]   K. Hallatschek. Fouriertransformation auf dünnen Gittern mit hierarchischen Basen. *Numerische Mathematik*, 63:83–98, 1992.

[Han75]   P. B. Hansen. The Programming Language Concurrent Pascal. *IEEE Transaction on Software Eng.*, 1,2:199–207, 1975.

[Hän77]   W. Händler. The Impact of Classification Schemes on Computer Architecture. In *1977 ICPP*, Seiten 7–15. IEEE, 1977.

[Har91]   R. J. Harrison. Portable Tools and Applications
               for Parallel Computers. *Intern. Journal Quantum
               Chem.*, 40 (847), 1991.

[HB85]   K. Hwang und F. A. Briggs. *Computer Architecture
               and Parallel Processing.* McGraw-Hill International
               Editions, Computer Science Series, 1985.

[HdZ93]   P. W. Hemker und P. M. de Zeeuw. BASIS3, A Data
               Structure for 3-Dimensional Sparse Grids. Technical
               Report NM-R9321 ISSN 0169-0388, Department of
               Numerical Mathematics, Centrum voor Wiskunde en
               Informatica, Amsterdam, 1993.

[Hen96]   M. Henneke. User's Guide to the p4 Programming
               System. Technical Report 63/96, Universiät Karlsru-
               he Rechenzentrum, Juni 1996.

[Her93]   F. Hertweck. A Comparison of some Current Parallel
               Computer Architektures. In H.W. Meuer, Hrsg., *In-
               formatik aktuell, Supercomputer '93*, Seiten 104–120.
               Springer-Verlag, 1993.

[Her96]   F. Hertweck. Realisierungen paralleler Rechnerarchi-
               tekturen. In K. Waldschmidt, Hrsg., *Parallelrechner*,
               Seiten 215–272. Teubner Verlag, 1996.

[Hey91]   A. J. G. Hey. The Genesis Distributed Memo-
               ry Benchmarks. *Parallel Computing*, 17:1275–1283,
               1991.

[HHSZ94]   W. Huber, R. Hüttl, M. Schneider und Chr. Zen-
               ger. Distributed Numerical Simulation on Workstati-
               on Networks. In M. Griebel und Chr. Zenger, Hrsg.,
               Notes on Numerical Fluid Mechanics, Jgg. 48, Seiten
               67–82. Vieweg Verlag, 1994.

[HK93]   G. Horton und R. Knirsch. Das Prinzip der Zeitpar-
               allelismus zur Lösung instationärer partieller Diffe-

rentialgleichungen auf Multiprozessoren. In G. Bader, R. Rannacher und G. Wittum, Hrsg., *Teubner Scripten zur Numerik: Numerische Algorithmen auf Transputer-Systemen*, Seiten 117–134. Teubner Verlag, 1993.

[HK96]   U. Herzog und R. Klar. Grundbegriffe der Leistungsbewertung. In K. Waldschmidt, Hrsg., *Parallelrechner*, Seiten 41–62. Teubner Verlag, 1996.

[Hoc91]   R. Hockney. Performance Parameters and Benchmarking of Supercomputers. In *Parallel Computing*, Jgg. 17, Seiten 1111–1130. North-Holland, 1991.

[HP94]   J. L. Hennessy und D. A. Patterson. *Rechnerarchitektur*. Vieweg Verlag, 1994.

[HT82]   W. Hackbusch und U. Trottenberg. *Multigrid Methods*. Springer-Verlag, 1982.

[HT91]   W. Hackbusch und U. Trottenberg. *Multigrid Methods III*. Birkhäuser, 1991.

[Hub96a]   W. Huber. Numerical Turbulence Simulation on Different Parallel Computers using the Sparse Grid Combination Method. In L. Bouge, P. Freigniaud, A. Mignotte und Y. Robert, Hrsg., *Euro-Par'96: Parallel Processing*, Jgg. 1124, Seiten 62–65. Springer-Verlag, 1996.

[Hub96b]   W. Huber. Turbulenzsimulation mit der Kombinationsmethode auf Workstation-Netzen und Parallelrechnern. Dissertation, Institut für Informatik, TU München, 1996.

[HV95]   G. Horton und S. Vandewalle. A Space-Time Multigrid Method for Parabolic Partial Differential Equations. *Siam Journal on Scientific Computing*, 16, Nr.4:848–864, 1995.

228   LITERATURVERZEICHNIS

[Hwa93]   K. Hwang. *Advanced Computer Architecture*. Mc
               Graw-Hill International Editions, Computer Science
               Series, 1993.

[HY81]   L. A. Hageman und D. M. Young. *Applied Iterative
               Methods*. Academic Press, 1981.

[Jéz96]   F. Jézéquel. A Time and Space Parallel Algorithm
               for the Heat Equation: The Implicit Collocation Me-
               thod. In L. Bouge', P. Fraigniaud, A. Mignotte
               und Y. Robert, Hrsg., *Lecture Notes in Computer
               Science: Euro-Par'96, Band II*, Jgg. 1124, Seiten 97–
               100. Springer-Verlag, 1996.

[JWB96]   R. Jain, J. Werth und J. C. Browne, Hrsg. *In-
               put/Output in Parallel and Distributed Computer Sy-
               stems*. Kluwer Academic Publishers, 1996.

[Kar93]   W. Karl. *Parallele Prozessorarchitekturen: Codegene-
               rierung für superskalare, superpipelined und VLIW-
               Architekturen*, Jgg. 93. BI-Wissenschaftsverlag, 1993.

[KGGK94]   V. Kumar, A. Grama, A. Gupta und G. Karypis. *In-
               troduction to Parallel Computing*. Addison-Wesley
               Publishing Company, 1994.

[KLS$^+$94]   C. H. Koebel, D. B. Loveman, R. S. Schreiber,
               G. L. Steele Jr. und M. E. Zosel. *The High Per-
               formance Fortran Handbook*. MIT Press, 1994.

[LG91]   J. K. Lee und D. Gannon. Object Oriented Paral-
               lel Programming Experiments and Results. In *Proc.
               Supercomputing '91*, Seiten 273–282. IEEE Compter
               Society Press, 1991.

[LLLH94]   J. Lenzer, T. Letschert, A. Lingen und D. Hollis. *Ei-
               ne Einführung in die Programmiersprache CHILL*.
               Hüthig Verlag, 1994.

[LOW96]   Th. Ludwig, M. Oberhuber und R. Wismüller. An
              Open Monitoring System for Parallel and Distributed
              Programs. In L. Bouge', P. Fraigniaud, A. Mignot-
              te and Y. Robert, Hrsg., *Lecture Notes in Computer
              Science: Euro-Par'96, Band I*, Jgg. 1123, Seiten 78–
              83. Springer-Verlag, 1996.

[Lud92]   Th. Ludwig. Lastverteilungsverfahren für Mehrpro-
              zessorsysteme mit verteiltem Speicher. Dissertation,
              Institut für Informatik, TU München, 1992.

[Lud93]   Th. Ludwig. *Automatische Lastverwaltung für Par-
              allelrechner*, Jgg. 94. BI-Wissenschaftsverlag, 1993.

[LV89]   X. Li und R. S. Varga. A Note on the SSOR and US-
              SOR Iterative Methods Applied to p-Cyclic Matrices.
              Numerische Mathematik, 56:109–121, 1989.

[LW95]   D. E. Lenoski und W.-D. Weber. *Scalable Shared-
              Memory Multiprocessing*. Morgan Kaufmann Publis-
              hers, 1995.

[LWB+95]   Th. Ludwig, R. Wismüller, R. Borgeest, S. Lamberts,
              C. Röder, G. Stellner und A. Bode. The Tool-SET–
              An Integrated Tool Environment for PVM. In *Lecture
              Notes in Computer Science: EuroPVM'95*. Springer-
              Verlag, 1995.

[McB94]   O. McBryan. An Overview of Message Passing En-
              vironments. *Parallel Computing*, 20:417–444, April
              1994.

[McC87]   S. F. McCormick. *Multigrid Methods*. Siam, 1987.

[McC96]   B. McColl. Universal Computing. In L. Bouge',
              P. Fraigniaud, A. Mignotte und Y. Robert, Hrsg.,
              Euro-Par'96 Parallel Processing, Jgg. 1123, Seiten
              25–36. Springer-Verlag, Lecture Notes in Computer
              Science, Band I, 1996.

[MDP96]   B. Monien, R. Diekmann und R. Preis. Lastver-
              teilungsverfahren für Parallelrechner mit verteiltem
              Speicher. In W. E. Nagel, Hrsg., *Partielle Differenti-
              algleichungen, Numerik und Anwendungen*, Jgg. 18,
              Seiten 205–226. Forschungszentrum Jülich, 1996.

[Meu93]   H.-W. Meuer. *Supercomputer'93*. Springer-Verlag,
              1993.

[Nie89]   U. Niethammer. The SOR Method on Parallel Com-
              puters. *Numerische Mathematik*, 56:247–254, 1989.

[NL91]   W. E. Nagel und M. A. Linn. Benchmarking Par-
              allel Programms in a Multiprogramming Environ-
              ment: The PAR-Bench System. In *Parallel Compu-
              ting*, Jgg. 17, Seiten 1153–1172. North-Holland, 1991.

[Ort89]   J. M. Ortega. *Introduction to Parallel and Vector
              Solution of Linear Systems*. Plenum Press, 1989.

[Osw94]   P. Oswald. On the Convergence Rate of SOR: A
              Worst Case Estimate. *Computing*, 52:245–255, 1994.

[Pat80]   S. V. Patankar. *Numerical Heat Transfer and Fluid
              Flow*. McGraw Hill, New York, 1980.

[Pfa95]   A. Pfaffinger. Parallel Communication on Work-
              station Networks with Complex Topologies. SFB-
              Bericht Nr. 342/08/95 A, Institut für Informatik, TU
              München, Mai 1995.

[Pfl96]   Chr. Pflaum. Diskretisierung elliptischer Differenti-
              algleichungen mit dünnen Gittern. Dissertation, In-
              stitut für Informatik, TU München, 1996.

[PSS92]   M. Peric, M. Schäfer und E. Schreck. Computation
              of Fluid Flow with a Parallel Multi-Grid Solver. In
              E. H. Hirschel, Hrsg., *Parallel Computational Fluid
              Dynamics '91*, Seiten 297–312. North-Holland, 1992.

[PTVF92]   W. H. Press, S. A. Teukosky, W. T. Vetterling und
             B. P. Flannery. *Numerical Recipes in C.* Cambridge
             University Press, 1992.

[QCB92]   A. Quealy, J. Cole und R. Blech. Portable Pro-
             gramming on Parallel/Networked Computers using
             the Application Portable Library (APPL). Technical
             Report, NASA, 1992.

[Qua91]   A. Quateroni. Domain Decomposition and Parallel
             Processing for the Numerical Solution of Partial Dif-
             ferential Equations. *Surv. Math. Ind.*, Seiten 75–118,
             1991.

[Qui88]   M. J. Quinn. *Designinig Efficient Algorithms for Par-
             allel Computers.* McGraw-Hill Book Company Series
             in Supercomputing and Artificial Intelligence, 1988.

[Ran95]   R. Rannacher. Parallel Solution Methods for the
             Navier-Stokes Equations. In A. Ecer, J. Hauser,
             P. Leca und J. Periaux, Hrsg., *Parallel Computational
             Fluid Dynamics*, Seiten 61–72. North-Holland, 1995.

[Rei92]   J. Reid. The Advantages of Fortran 90. *Computing*,
             48:219–238, 1992.

[RRW96]   H. Rentz-Reichert und G. Wittum. A Comparison
             of Smoothers and Numbering Strategies for Laminar
             Flow Around a Cylinder. In E. H. Hirschel, Hrsg.,
             *Notes on Numerical Fluid Mechanics: Flow Simula-
             tion with High-Performance Computers II*, Jgg. 52,
             Seiten 134–149. Vieweg Verlag, 1996.

[RW96]   W. Rosenstiel und J. Wedeck. Parallelität auf
             Block- und Instruktionsebene. In K. Waldschmidt,
             Hrsg., *Parallelrechner*, Seiten 125–180. Teubner Ver-
             lag, 1996.

[San93]   M. Santifaller. *TCP/IP und ONC/NFS in Theorie und Praxis.* Addison-Wesley Publishing Company, 1993.

[SB78]   J. Stoer und R. Bulirsch. *Einführung in die numerische Mathematik II.* Springer-Verlag, 1978.

[SB96]   S. Saini und D. H. Bailey. NAS Parallel Benchmark (Version 1.0) Results 11-96. Technical Report NAS-96-18, NASA Ames Research Center, Moffett Field, CA, November 1996.

[SBG96]   B. Smith, P. Björstad und W. Gropp. *Domain Decomposition: Parallel Multilevel Methods for Elliptic Partial Differential Equations.* Cambridge University Press, 1996.

[Sch94]   M. Schäfer. Efficient Methods and Parallel Computing in Numerical Fluid Mechanics. In M. Griebel und Chr. Zenger, Hrsg., *Notes on Numerical Fluid Mechanics: Numerical Simulation in Science and Engineering,* Jgg. 48, Seiten 173–188. Vieweg Verlag, 1994.

[Sch95a]   C. Schaller. Massiv Revival. *Unix Open,* 8:82–86, 1995.

[Sch95b]   Th. Schnekenburger. The ALDY Load Distribution System. SFB-Bericht Nr.342/11/95A, Institut für Informatik, TU München, Mai 1995.

[Sch96a]   C. Schaller. Der Blick auf den Tacho. *Unix Open,* 6:112–116, 1996.

[Sch96b]   C. Schaller. Galoppierende Dinosaurier. *Unix Open,* 2:80–84, 1996.

[Sch96c]   H. J. Schneider. Parallele Programmiersprachen. In K. Waldschmidt, Hrsg., *Parallelrechner,* Seiten 411–470. Teubner Verlag, 1996.

[SdS95]   V. Strumpen und E. de Sturler. First Experiences with High Performance Fortran on the Intel Paragon. Technical Report 234, Departement Informatik, ETH Zürich, Mai 1995.

[SF73]   G. Strang und G. Fix. *An Analysis of the Finite Element Method.* Englewood Cliffs:Prentice-Hall, 1973.

[SF89]   Y. L. Shih und J. Fier. Hypercube Systems and Key Applications. In K. Hwang und D. Degroot, Hrsg., *Parallel Processing for Supercomputers and Artificial Intelligence*, Seiten 203–244. McGraw-Hill International Editions, Computer Science Series, 1989.

[Smi70]   G. Smith. *Numerische Lösung von partiellen Differentialgleichungen.* Vieweg Verlag, 1970.

[SR96]   V. Strumpen und B. Ramkumar. Portable Checkpointing and Recovery in Heterogeneous Environments. Technical Report ECE-96-6-1, Departement of Electrical and Computer Engineering, University of Iowa, Juni 1996.

[SSS⁺94]   A. Skjellum, S. G. Smith, C. H. Still, A. P. Leung und M. Morari. The Zipcode Message-Passing System. In G. C. Fox, Hrsg., *Parallel Computing Works.* Morgan Kaufman, 1994.

[ST95]   G. Stellner und J. Trinitis. Dynamischer Lastausgleich für parallele Anwendungen auf Netzen aus Arbeitsplatzrechnern. In *Mitteilungen–Gesellschaft für Informatik e.V., Parallel–Algorithmen und Rechnerstrukturen*, 1995.

[STD⁺96]   M. Schäfer, S. Turek, F. Durst, E. Krause und R. Rannacher. Benchmark Computations of Laminar Flow Around a Cylinder. In E. H. Hirschel, Hrsg., *Notes on Numerical Fluid Mechanics: Flow Simulation with High-Performance Computers II*, Jgg. 52, Seiten 547–566. Vieweg Verlag, 1996.

[Ste96]   P. Stenström. Shared-Memory Multiprocessors - a
             Cost Effective Approach to High-Performance Par-
             allel Computing. In A. Y. Zomaya, Hrsg., *Parallel
             Computing*, Seiten 25–77. Thomson Computer Press,
             1996.

[Sto83]   J. Stoer. *Einführung in die numerische Mathematik
             I.* Springer-Verlag, 1983.

[Sto90]   H. S. Stone. *High-Performance Computer Architec-
             ture.* Addison-Wesley Publishing Company, 1990.

[Stü83]   K. Stüben. Algebraic Multigrid (AMG), Experience
             and Comparisons. *Appl. Math. Comp.*, 13:419–452,
             1983.

[SWZ93]   M. Schneider, U. Wever und Q. Zheng. Solving Large
             and Sparse Linear Blockmatrix Systems in Analog
             Circuit Simulation on a Cluster of Workstations. *The
             Computer Journal*, 36:685–689, 1993.

[tCV96]   H. H. ten Cate und E. A. H. Vollebregt. On the Porta-
             bility and Efficiency of Parallel Algorithms and Soft-
             ware. In *Parallel Computing*, Jgg. 22, Seiten 1149–
             1163. North-Holland, 1996.

[TO96]   U. Trottenberg und K. Oosterlee. Parallel Adaptive
             Multigrid - an Elementary Introduction. In W. E.
             Nagel, Hrsg., *Partielle Differentialgleichungen, Nu-
             merik und Anwendungen*, Jgg. 18, Seiten 159–194.
             Forschungszentrum Jülich, 1996.

[Tre96]   Th. Trefz. Multilevelartige Lösungsverfahren zum
             Berechnen elliptischer und parabolischer Differenti-
             algleichungen. Diplomarbeit, Institut für Informatik,
             TU München, 1996.

[Tsu84]   V. Tsujino. Concurrent C - A Programming Langua-
             ge for Distributed Multiprocessor Systems. *Software-
             Practice & Experience*, 14, 11:1061–1078, 1984.

[Tur93]   L. Turcotte. A Survey of Software Environments for Exploiting Networked Computing Resources. Technical Report DACW39-93-M-0978, Engineering Research Center for Computational Field Simulations, Mississippi, Juni 1993.

[WBD96]   K. Wechsler, M. Breuer und F. Durst. A Parallel Multigrid Method for the Prediction of Incompressible Flows on Workstation Clusters. In A. Bode, J. J. Dongarra, Th. Ludwig und V. Sunderam, Hrsg., *Lecture Notes in Computer Science: EuroPVM'96*, Jgg. 1156, Seiten 53–58. Springer-Verlag, 1996.

[Wei88]   R. Weicker. Leistungsmessung für RISC's. In A. Bode, Hrsg., *RISC-Architekturen*, Seiten 122–152. Wissenschaftsverlag, 1988.

[Wei91]   R. Weicker. A Detailed Look at some Popular Benchmarks. In *Parallel Computing*, Jgg. 17, Seiten 1153–1172. North-Holland, 1991.

[Wes92]   P. Wesseling. *An Introduction to Multigrid Methods.* John Wiley & Sons, 1992.

[Wis96]   R. Wismüller. State Based Visualization of PVM Applications. In A. Bode, J. Dongarra, Th. Ludwig und V. Sunderam, Hrsg., *Lecture Notes in Computer Science: EuroPVM'96*, Seiten 91–99. Springer-Verlag, 1996.

[WOKH95]   R. Wismüller, M. Oberhuber, J. Krammer und O. Hansen. Interactive Debugging and Performance Analysis of Massively Parallel Applications. *Parallel Computing*, 22:415–442, 1995.

[WW93]   B. Wojcieszynski und R. Wojcieszynski. *Fortran 90.* Addison-Wesley Publishing Company, 1993.

[WZ93]   G. Weikum und P. Zabback. I/O-Parallelität und Fehlertoleranz in Disk-Arrays. *Informatik-Spektrum*, 16, Nr.3:133–142, Juni 1993.

[ZC96]   H. P. Zima und B. M. Chapman. Automatische Parallelisierung sequentieller Programme. In K. Waldschmidt, Hrsg., *Parallelrechner*, Seiten 563–592. Teubner Verlag, 1996.

[Zen91a]   Chr. Zenger. Hierarchische Datenstrukturen für glatte Funktionen mehrerer Veränderlicher. In M. Broy, Hrsg., *Informatik und Mathematik*. Springer-Verlag, 1991.

[Zen91b]   Chr. Zenger. Sparse Grids. In W. Hackbusch, Hrsg., *Parallel Algorithms for Partial Differential Equations, Proceedings of the Sixth GAMM-Seminar, Kiel, 1990*. Vieweg Verlag, 1991.

[ZH88]   D. Zöbel und H. Hogenkamp. *Konzepte der parallelen Programmierung*. Teubner Verlag, 1988.

[Zur86]   R. Zurmühl. *Matrizen und ihre Anwendungen: Teil 2 Numerische Methoden*. Springer-Verlag, 1986.

www.ingramcontent.com/pod-product-compliance
Lightning Source LLC
Chambersburg PA
CBHW081536190326
41458CB00015B/5563

Learning C# by Developing Games with Unity

Seventh Edition

Get to grips with coding in C# and build simple 3D games in Unity 2023 from the ground up

Harrison Ferrone

‹packt›

BIRMINGHAM—MUMBAI

"If people reach perfection, they vanish, you know."

– T.H. White, The Once and Future King

Contributors

About the author

Harrison Ferrone was born in Chicago, Illinois and was raised all over. He's worked at Microsoft, PricewaterhouseCoopers, and a handful of small start-ups, but most days you can find him creating instructional content for LinkedIn Learning or working on new projects.

He holds various fancy looking pieces of paper from the University of Colorado at Boulder and Columbia College Chicago. Despite being a proud alumnus, these are stored in a basement somewhere.

After a few years as a full-time iOS and Unity developer, he fell into a teaching career and never looked back. Throughout all of this, he's bought many books, been owned by several cats, worked abroad, and continually wondered why Neuromancer isn't on more course syllabi.

Completing this book wouldn't have been possible without loving support from Kelsey, my wife and partner in crime on this journey.

About the reviewer

Simon Jackson is a long-time software engineer and architect with many years of Unity game development experience, as well as the author of several Unity game development titles. He loves to both create Unity projects as well as lend a hand to help educate others, whether it's via a blog, vlog, user group, or major speaking event.

His primary focus at the moment is with the XRTK (Mixed Reality Toolkit) project, which is aimed at building a cross-platform mixed reality framework to enable both VR and AR developers to build efficient solutions in Unity and then build/distribute them to as many platforms as possible.

We'd just like to extend our thanks to our beta readers, Luke Ryberg, Kyle Quesada, Karen Stingel, Laksh M., and our other beta readers for taking the time to review the content from the 7th edition of this book. Your reviews were incredibly helpful and important to our process; with your help, we were able to produce the highest quality book possible — one that will resonate closely with our target audience. We sincerely appreciate your partnership with us and hope we can work together again in the future!

Join us on discord!

Read this book alongside other users, Unity game development experts and the author himself.

Ask questions, provide solutions to other readers, chat with the author via. Ask Me Anything sessions and much more.

Scan the QR code or visit the link to join the community.

https://packt.link/csharpwithunity

Table of Contents

Preface   xvii

Chapter 1: Getting to Know Your Environment   1

Technical requirements 2

Getting started with Unity 2023 3

Using macOS • 8

Creating a new project • 9

Navigating the editor • 10

Using C# with Unity 13

Working with C# scripts • 13

Introducing the Visual Studio editor • 15

Opening a C# file • 15

Beware of naming mismatches • 16

Syncing C# files • 17

Exploring the documentation 18

Accessing Unity's documentation • 18

Locating C# resources • 22

Summary 23

Pop quiz—dealing with scripts 24

Chapter 2: The Building Blocks of Programming   25

Defining variables 26

Names are important • 27

Variables act as placeholders • 27

Understanding methods 31

Methods drive actions • 31

Methods are placeholders too • 32

Introducing classes 34

A common Unity class • 35

Classes are blueprints • 35

Communication among classes • 36

Working with comments 37

Single-line comments • 37

Multi-line comments • 37

Adding comments • 38

Putting the building blocks together 39

Scripts become components • 39

A helping hand from MonoBehaviour • 41

Unity application lifecycle • 41

Hero's trial—MonoBehaviour in the Scripting API • 42

Summary 42

Pop quiz—C# building blocks 42

Chapter 3: Diving into Variables, Types, and Methods   45

Writing proper C# 46

Debugging your code 47

Understanding variables 48

Declaring variables • 48

Type and value declarations • 49

Type-only declarations • 50

Using access modifiers • 50

Working with types • 52

Common built-in types • 52

Type conversions • 55

Inferred declarations • 57

Custom types • 57

Naming variables • 58

Understanding variable scope • 59

Introducing operators 60

Arithmetic and assignments • 61

Defining methods 63

Declaring methods • 64

Naming conventions • 65

Methods as logic detours • 66

Specifying parameters • 67

Specifying return values • 69

Using return values • 70

Hero's trial—methods as arguments • 71

Dissecting common Unity methods • 71

The Start() method • 72

The Update() method • 72

Summary 73

Pop quiz—variables and methods 74

Chapter 4: Control Flow and Collection Types   75

Selection statements 75

The if-else statement • 76

Using the NOT operator • 81

Nesting statements • 82

Evaluating multiple conditions • 84

The switch statement • 86

Pattern matching • 87

Fall-through cases • 90

Pop Quiz 1—if, and, or but • 92

Collections at a glance **92**

Arrays • 93

Indexing and subscripts • 94

Multidimensional arrays • 95

Range exceptions • 96

Lists • 97

Accessing and modifying lists • 99

Dictionaries • 101

Working with dictionary pairs • 103

Pop Quiz 2—all about collections • 104

Iteration statements **104**

for loops • 104

foreach loops • 108

Looping through key-value pairs • 110

while loops • 111

To infinity and beyond • 114

Summary **114**

Chapter 5: Working with Classes, Structs, and OOP   117

Introducing OOP **118**

Defining classes **118**

Instantiating class objects • 119

Adding class fields • 120

Using constructors • 122

Declaring class methods • 124

Declaring structs **126**

Understanding reference and value types **129**

Reference types • 129

Value types • 131

Integrating the object-oriented mindset **132**

Encapsulation • 132

Inheritance • 134

  Base constructors • 135

Composition • 137

Polymorphism • 137

Applying OOP in Unity **139**

Objects are a class act • 139

Accessing components • 140

  Accessing components in code • 141

  Drag and drop • 144

Summary **145**

Pop quiz—all things OOP **145**

Chapter 6: Getting Your Hands Dirty with Unity   **147**

A game design primer **148**

Game design documents • 148

The Hero Born one-pager • 149

Building a level **150**

Creating primitives • 150

Thinking in 3D • 153

Materials • 154

White-boxing • 157

  Editor tools • 158

  Hero's trial—putting up drywall • 160

  Keeping the hierarchy clean • 161

  Working with Prefabs • 163

Lighting basics **168**

Creating lights • 169

Light component properties • 170

Animating in Unity **172**

Creating animations in code • 172

Creating animations in the Unity Animation window • 174

Recording keyframes • 178

Curves and tangents • 182

Summary **184**

Pop quiz—basic Unity features **185**

Chapter 7: Movement, Camera Controls, and Collisions   187

Managing player movement **188**

Moving the player with the Transform component **189**

Understanding vectors • 191

Getting player input • 193

Moving the player • 195

Scripting camera behavior **198**

Working with the Unity physics system **202**

Rigidbody components in motion • 204

Colliders and collisions • 208

Picking up an item • 210

Using Collider triggers • 213

Creating an enemy • 213

Hero's trial—all the Prefabs! • 217

Physics roundup • 217

Summary **218**

Pop quiz—player controls and physics **218**

Chapter 8: Scripting Game Mechanics   219

Adding jumps **219**

Introducing enumerations • 220

Underlying types • 221

Working with layer masks • 224

Shooting projectiles **230**

Instantiating objects • 230

Adding the shooting mechanic • 232

Managing object build-up • 235

Creating a game manager 236

Tracking player properties • 236

The get and set properties • 238

Updating item collection • 241

Creating a GUI 243

Displaying player stats • 243

Win and loss conditions • 252

Pausing and restarting the game with using directives and namespaces • 257

Summary 262

Pop quiz – working with mechanics 263

Chapter 9: Basic AI and Enemy Behavior   265

Navigating 3D space in Unity 266

Navigation components • 266

Setting up enemy agents • 271

Moving enemy agents 273

Procedural programming • 274

Referencing the patrol locations • 274

Moving the enemy • 277

Enemy game mechanics 282

Seek and destroy: changing the agent's destination • 282

Lowering player health • 284

Detecting bullet collisions • 285

Updating the game manager • 288

Refactoring and keeping it DRY 290

Summary 292

Pop quiz—AI and navigation 293

Chapter 10: Revisiting Types, Methods, and Classes   295

Access modifiers 296

Constant and read-only properties • 296

Using the static keyword • 297

Revisiting methods 299

Overloading methods • 299

ref parameters • 301

out parameters • 303

Intermediate OOP 304

Interfaces • 304

Abstract classes • 309

Class extensions • 311

Namespace conflicts and type aliasing 315

Summary 316

Pop quiz—leveling up 316

Chapter 11: Specialized Collection Types and LINQ   317

Introducing stacks 318

Popping and peeking • 322

Common methods • 323

Working with queues 324

Adding, removing, and peeking • 325

Using HashSets 326

Performing operations • 327

Intermediate collections roundup 329

Querying data with LINQ 330

LINQ basics • 330

Lambda expressions • 333

Chaining queries • 334

Transforming data into new types • 335

Simplifying with optional syntax • 337

Summary 338

Pop quiz—intermediate collections 339

Chapter 12: Saving, Loading, and Serializing Data   341

Introducing data formats 342

Breaking down XML • 342

Breaking down JSON • 344

Understanding the filesystem 345

Working with asset paths • 348

Creating and deleting directories • 350

Creating, updating, and deleting files • 353

Working with streams 359

Managing your Stream resources • 360

Using StreamWriter and StreamReader • 360

Creating an XMLWriter • 364

Automatically closing streams • 368

Serializing data 369

Serializing and deserializing XML • 370

Serializing and deserializing JSON • 374

Data roundup 382

Summary 383

Pop quiz—data management 383

Chapter 13: Exploring Generics, Delegates, and Beyond   385

Introducing generics 385

Generic classes • 386

Generic methods • 388

Constraint type parameters • 392

Adding generics to Unity objects • 395

Delegating actions 396

Creating a debug delegate • 397

Delegates as parameter types • 399

Firing events **400**

Creating and invoking events • 401

Handling event subscriptions • 403

Cleaning up event subscriptions • 405

Handling exceptions **406**

Throwing exceptions • 406

Using try-catch • 408

Summary **411**

Pop quiz—intermediate C# **412**

Chapter 14: The Journey Continues   413

Diving deeper **413**

Remembering your object-oriented programming **414**

Design patterns primer **415**

Approaching Unity projects **416**

Unity features we didn't cover **416**

Next steps **417**

C# resources • 417

Unity resources • 417

Unity certifications • 418

Hero's trial—putting something out into the world **419**

Summary **419**

Pop Quiz Answers   421

Other Books You May Enjoy   427

Index   431

Preface

Unity is one of the most popular game engines in the world, catering to hobbyists, professional AAA studios, and cinematic production companies. While known for its use as a 3D tool, Unity has a host of dedicated features supporting everything from 2D games and virtual reality to post-production and cross-platform publishing.

Developers love its drag-and-drop interface and built-in features, but it's the ability to write custom C# scripts for behaviors and game mechanics that really takes Unity the extra mile. Learning to write C# code might not be a huge obstacle to a seasoned programmer with other languages under their belt, but it can be daunting for those of you who have no programming experience. That's where this book comes in, as I'll be taking you through the building blocks of programming and the C# language from scratch while building a fun and playable game prototype in Unity.

Who this book is for

This book was written for those of you who don't have any experience with the basic tenets of programming or C#. However, if you're a competent novice or seasoned professional coming from another language, or even C#, but need to get hands-on with game development in Unity, this is still where you want to be.

What this book covers

Chapter 1, Getting to Know Your Environment, starts off with the Unity installation process, the main features of the editor, and finding documentation for C# and Unity-specific topics. We'll also go through creating C# scripts from inside Unity and look at Visual Studio, the application where all our code editing takes place.

Chapter 2, The Building Blocks of Programming, begins by laying out the atomic-level concepts of programming, giving you the chance to relate variables, methods, and classes to situations in everyday life. From there, we move on to simple debugging techniques, proper formatting and commenting, and how Unity turns C# scripts into components.

Chapter 3, Diving into Variables, Types, and Methods, takes a deeper look at the building blocks from *Chapter 2*. This includes C# data types, naming conventions, access modifiers, and everything else you'll need for the foundation of a program. We'll also go over how to write methods, add parameters, and use return types, ending with an overview of standard Unity methods belonging to the `MonoBehaviour` class.

Chapter 4, Control Flow and Collection Types, introduces the common approaches to making decisions in code, consisting of the `if...else` and `switch` statements. From there, we move on to working with arrays, lists, and dictionaries, and incorporating iteration statements for looping through collection types. We end the chapter with a look at conditional looping statements and a special C# data type called enumerations.

Chapter 5, Working with Classes, Structs, and OOP, details our first contact with constructing and instantiating classes and structs. We'll go through the basic steps of creating constructors, adding variables and methods, and the fundamentals of subclassing and inheritance. The chapter will end with a comprehensive explanation of object-oriented programming and how it applies to C#.

Chapter 6, Getting Your Hands Dirty with Unity, marks our departure from C# syntax into the world of game design, level building, and Unity's featured tools. We'll start by going over the basics of a game design document and then move on to blocking out our level geometry and adding lighting and a simple particle system.

Chapter 7, Movement, Camera Controls, and Collisions, explains different approaches to moving a player object and setting up a third-person camera. We'll discuss incorporating Unity physics for more realistic locomotion effects, as well as how to work with collider components and capture interactions within a scene.

Chapter 8, Scripting Game Mechanics, introduces the concept of game mechanics and how to effectively implement them. We'll start by adding a simple jump action, create a shooting mechanic, and build on the previous chapters' code by adding logic to handle item collection.

Chapter 9, Basic AI and Enemy Behavior, starts with a brief overview of artificial intelligence in games and the concepts we will be applying to *Hero Born*. Topics covered in this chapter will include navigation in Unity, using the level geometry and a navigation mesh, smart agents, and automated enemy movement.

Chapter 10, Revisiting Types, Methods, and Classes, takes a more in-depth look at data types, intermediate method features, and additional behaviors that can be used for more complex classes. This chapter will give you a deeper understanding of the versatility and breadth of the C# language.

Chapter 11, Specialized Collection Types and LINQ, dives into Stacks, Queues, HashSets, and the different development scenarios that each is uniquely suited for. This chapter also explores filtering, ordering, and transforming data collections using LINQ.

Chapter 12, Saving, Loading, and Serializing Data, gets you ready to handle your game's information. Topics covered in this chapter include working with the filesystem and creating deleting and updating files. We'll also cover different data types including XML, JSON, binary data, and end with a practical discussion on serializing C# objects directly into data formats.

Chapter 13, Exploring Generics, Delegates, and Beyond, details intermediate features of the C# language and how to apply them in practical, real-world scenarios. We'll start with an overview of generic programming and progress to concepts such as delegation, events, and exception handling.

Chapter 14, The Journey Continues, reviews the main topics you've learned throughout the book and leaves you with resources for further study in both C# and Unity. Included in these resources will be online reading material, certifications, and a host of my favorite video tutorial channels.

To get the most out of this book

The only thing you need to get the most from your upcoming C# and Unity adventure is a curious mind and a willingness to learn. Having said that, doing all the code exercises, *Hero's trials*, and *Quiz* sections is a must if you hope to cement the knowledge you're learning. Lastly, revisiting topics and entire chapters to refresh or solidify your understanding before moving on is always a good idea. There is no sense in building a house on an unstable foundation.

You'll also need a current version of Unity installed on your computer—2023 or later is recommended. All code examples have been tested with Unity 2023.1 and should work with future versions without issues.

Software/hardware covered in the book
Unity 2023.1 or later
Visual Studio 2019 or later
C# 8.0 or later

Before starting, check that your computer setup meets the Unity system requirements at https://docs.unity3d.com/2023.1/Documentation/Manual/system-requirements.html.

Download the example code files

The code bundle for the book is hosted on GitHub at `https://github.com/PacktPublishing/` `Learning-C-by-Developing-Games-with-Unity-Seventh-Edition`. To keep things as up-to-date as possible, we've included project branches on GitHub for different Unity versions – please use the **Unity_2023** branch pictured below (by selecting **Unity_2023** from the branch dropdown in the upper-left corner):

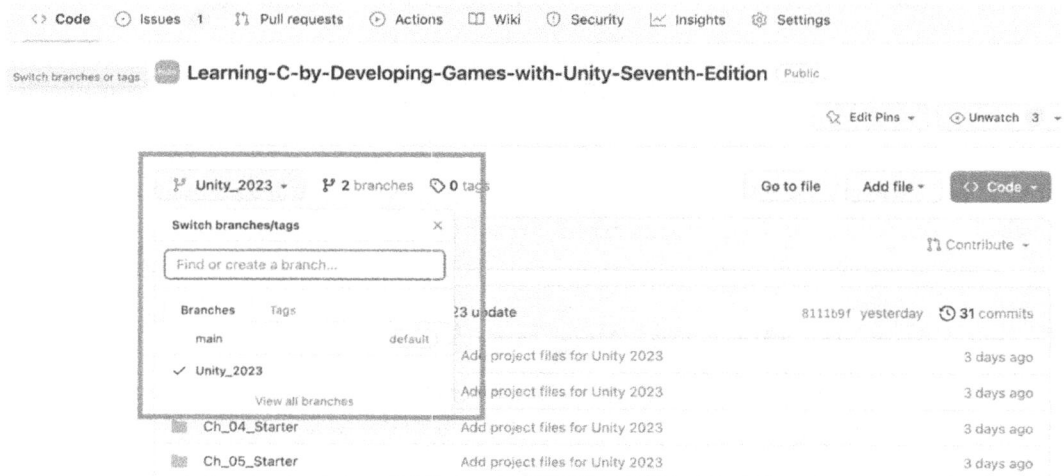

We also have other code bundles from our rich catalog of books and videos available at `https://` `github.com/PacktPublishing/`. Check them out!

Download the color images

To provide a complete view of the Unity editor, all our screenshots are taken in full-screen mode. For color versions of all book images, use the link below: `https://packt.link/7yy5V`.

Conventions used

There are a number of text conventions used throughout this book.

`CodeInText`: Indicates code words in text, database table names, folder names, filenames, file extensions, pathnames, dummy URLs, user input, and Twitter handles. For example: "Mount the downloaded `WebStorm-10*.dmg` disk image file as another disk in your system."

A block of code is set as follows:

```
public class Shop<T>
{
    public List<T> inventory = new List<T>();
    // 1
    public void AddItem(T newItem)
    {

        inventory.Add(newItem);
    }
}
```

Any command-line input or output is written as follows:

```
# cp /usr/src/asterisk-addons/configs/cdr_mysql.conf.sample
      /etc/asterisk/cdr_mysql.conf
```

Bold: Indicates a new term, an important word, or words that you see on the screen. For instance, words in menus or dialog boxes appear in the text like this. For example: "Select **System info** from the **Administration** panel."

> Warnings or important notes appear like this.

> Tips and tricks appear like this.

Get in touch

Feedback from our readers is always welcome.

General feedback: Email feedback@packtpub.com and mention the book's title in the subject of your message. If you have questions about any aspect of this book, please email us at questions@packtpub.com.

Errata: Although we have taken every care to ensure the accuracy of our content, mistakes do happen. If you have found a mistake in this book, we would be grateful if you reported this to us. Please visit http://www.packtpub.com/submit-errata, click **Submit Errata**, and fill in the form.

Piracy: If you come across any illegal copies of our works in any form on the internet, we would be grateful if you would provide us with the location address or website name. Please contact us at copyright@packtpub.com with a link to the material.

If you are interested in becoming an author: If there is a topic that you have expertise in and you are interested in either writing or contributing to a book, please visit http://authors.packtpub.com.

Share your thoughts

Once you've read *Learning C# by Developing Games with Unity, Seventh Edition*, we'd love to hear your thoughts! Scan the QR code below to go straight to the Amazon review page for this book and share your feedback.

https://packt.link/r/1837636877

Your review is important to us and the tech community and will help us make sure we're delivering excellent quality content.

Download a free PDF copy of this book

Thanks for purchasing this book!

Now with every Packt book you get a DRM-free PDF version of that book at no cost.

Read anywhere, any place, on any device. Search, copy, and paste code from your favorite technical books directly into your application.

The perks don't stop there, you can get exclusive access to discounts, newsletters, and great free content in your inbox daily.

Follow these simple steps to get the benefits:

1. Scan the QR code or visit the link below:

https://packt.link/free-ebook/9781837636877

2. Submit your proof of purchase.
3. That's it! We'll send your free PDF and other benefits to your email directly.

1

Getting to Know Your Environment

Pop culture likes to market computer programmers as outsiders, lone wolves, or geeky hackers; people who possess extraordinary mental gifts for algorithmic thought, little social IQ, and the odd anarchic bent. While this isn't the case, there is something to the idea that learning to code fundamentally changes the way you look at the world.

The good news is that your naturally curious mind already wants to see these kinds of patterns in the world, and you may even come to enjoy this new way of thinking. From the moment your eyes snap open in the morning to the last glimpse of your ceiling fan before you go to sleep, you're unconsciously using analytical skills that directly translate to programming—you're just missing the right language and syntax to map those life skills into code.

You know your age, right? That's a variable. When you cross the street, I presume you look down the road in both directions before stepping off the curb like the rest of us. That's evaluating different conditions, better known as control flow in programming terminology. When you look at a can of soda, you instinctively identify that it has certain properties, like shape, weight, and contents. That's a class object! You get the idea.

With all that real-world experience at your fingertips, you're more than ready to cross over into the realm of programming. To kick off your journey, you'll need to know how to set up your development environment, work with the applications involved, and know exactly where to go when you need help.

To those ends, we're going to begin by delving into the following C# topics:

- Getting started with Unity 2023
- Using C# with Unity
- Exploring the documentation

Let's get started!

Technical requirements

Sometimes it's easier to start with what a thing isn't, rather than what it is. The goal of this book *isn't* to teach you everything there is to know about the Unity game engine or game development. By necessity, we'll cover these topics at a basic level at the beginning of our journey, and in more detail in *Chapter 6, Getting Your Hands Dirty with Unity*. These topics are included to provide a fun, accessible way to learn the C# programming language from the ground up, not an in-depth Unity tutorial. With programming as our main goal, there will be times when we opt for a code-based solution even though Unity may have a specific feature that does the same thing without any code. Don't worry, I'll point you in the right direction should you want to try them out later on in your game development journey!

Since this book is aimed at complete beginners to programming, if you have no previous experience with either C# or Unity, you're in the right place! If you've had some experience with the Unity Editor but not with programming, guess what? This is still the place to be. Even if you've dabbled in a bit of C# mixed with Unity, but want to explore some more intermediate or advanced topics, the later chapters of this book can provide you with what you're looking for.

If you're an experienced programmer in other languages, feel free to skip the beginner theory and dive right into the parts you're interested in, or stick around and refresh your fundamentals.

Getting started with Unity 2023

If you don't have Unity installed (or are running an earlier version), follow these steps to set up your environment:

1. Head over to `https://www.unity.com/`.

2. Select **Download** (shown in *Figure 1.1*):

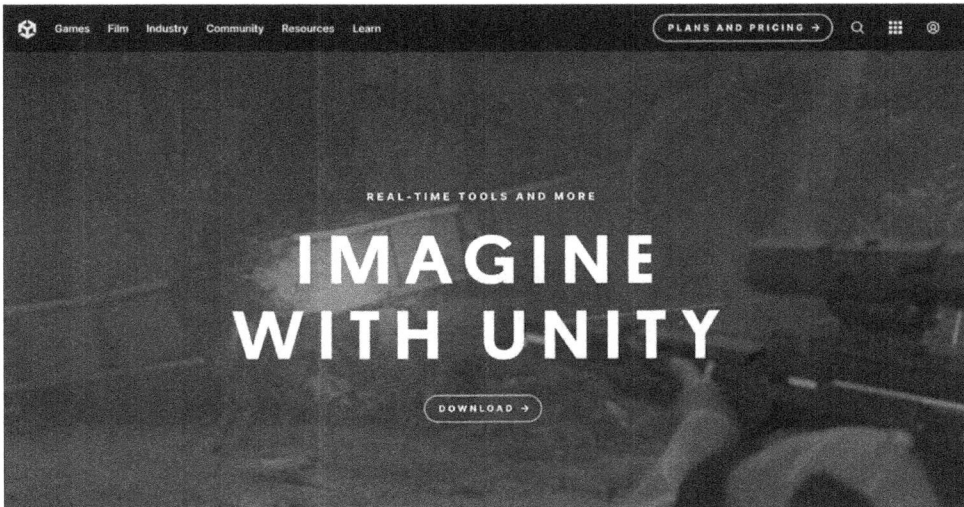

Figure 1.1: Unity homepage

To provide a complete view of the Unity editor, all our screenshots are taken in full-screen mode. For color versions of all book images, use the link below: `https://packt.link/7yy5V`.

3. This will take you to the Unity store page. Don't feel overwhelmed by this—you can download Unity completely for free!

> If the Unity homepage looks different for you than what you can see in *Figure 1.1*, you can go directly to `https://store.unity.com`.

4. Scroll down to the **How to get started** section and download the **Unity Hub** application for either Windows or Mac, as shown in *Figure 1.2*. I'll be using a Mac, but everything works the same on a Windows machine:

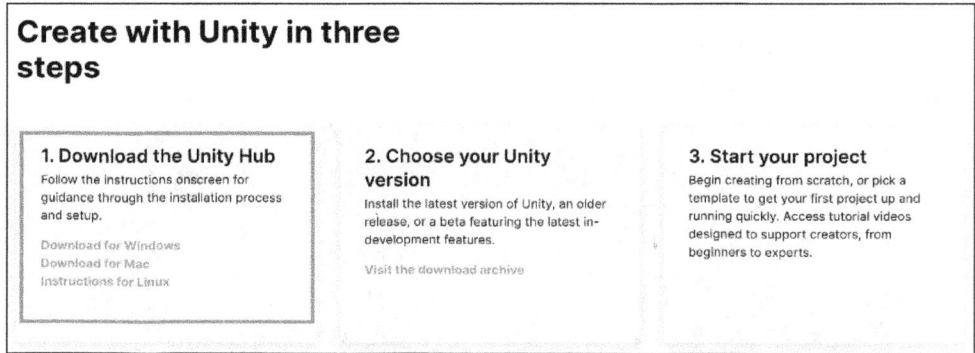

Create with Unity in three steps

1. Download the Unity Hub

Follow the instructions onscreen for guidance through the installation process and setup.

Download for Windows
Download for Mac
Instructions for Linux

2. Choose your Unity version

Install the latest version of Unity, an older release, or a beta featuring the latest in-development features.

Visit the download archive

3. Start your project

Begin creating from scratch, or pick a template to get your first project up and running quickly. Access tutorial videos designed to support creators, from beginners to experts.

Figure 1.2: Start creating with the Unity portal

5. Once the download is complete, follow these steps:

    1. Open up the installer (by double-clicking it)

    2. Accept the user agreement

    3. Follow the installation instructions

6. When you get the green light, go ahead and fire up the Unity Hub application!

    1. If Unity asks you to choose a license option, select the **Personal** license option (which is completely free) and follow the instructions to set up your account.

7. The newest version of Unity Hub will prompt you to install the latest **LTS (Long Term Support)** version of Unity, as shown in *Figure 1.3*. If the default version is Unity 2023 or higher when you're reading these instructions, select **Install Unity Editor**:

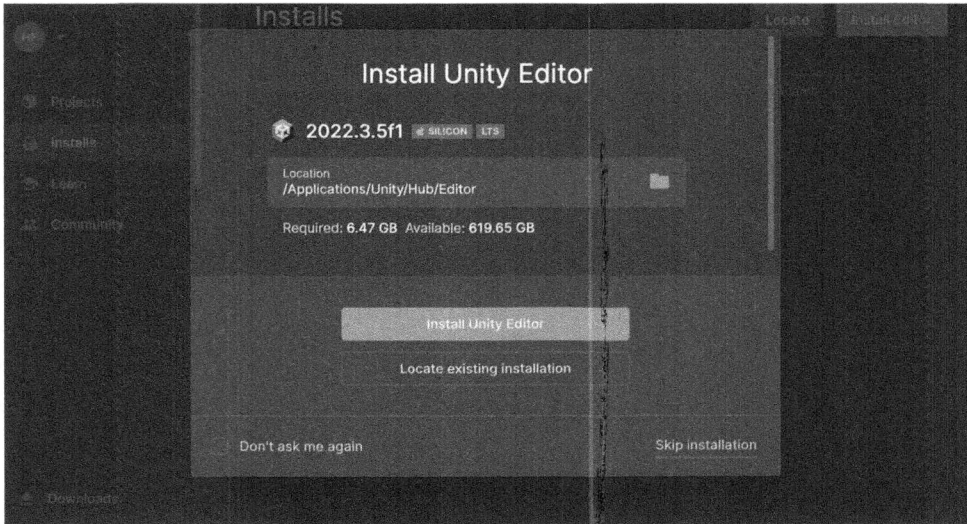

Figure 1.3: Install Unity Editor window

8. If Unity 2023 is not the default version when you're reading this, select **Skip installation** in the bottom-right corner of *Figure 1.4*:

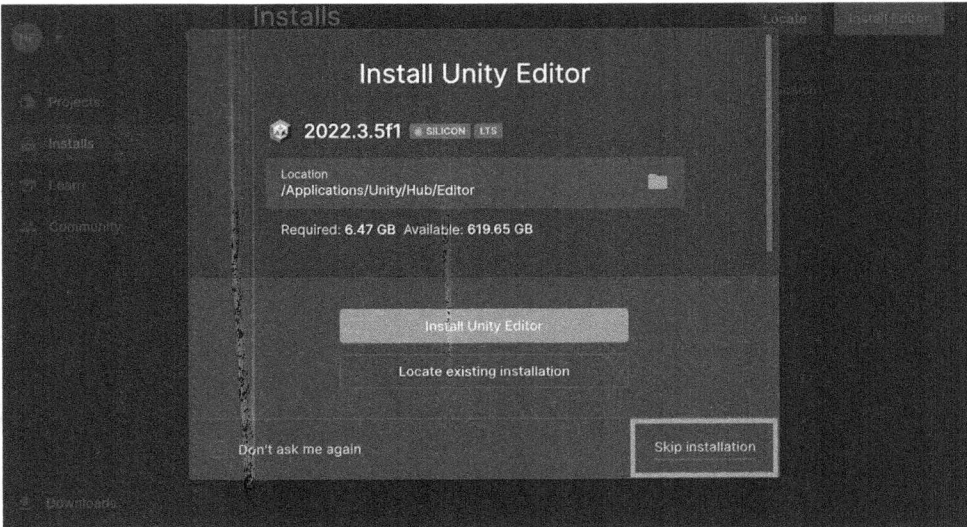

Figure 1.4: Install wizard

9. Switch to the **Installs** tab from the left-hand menu and select **Install Editor**, as shown in *Figure 1.5*:

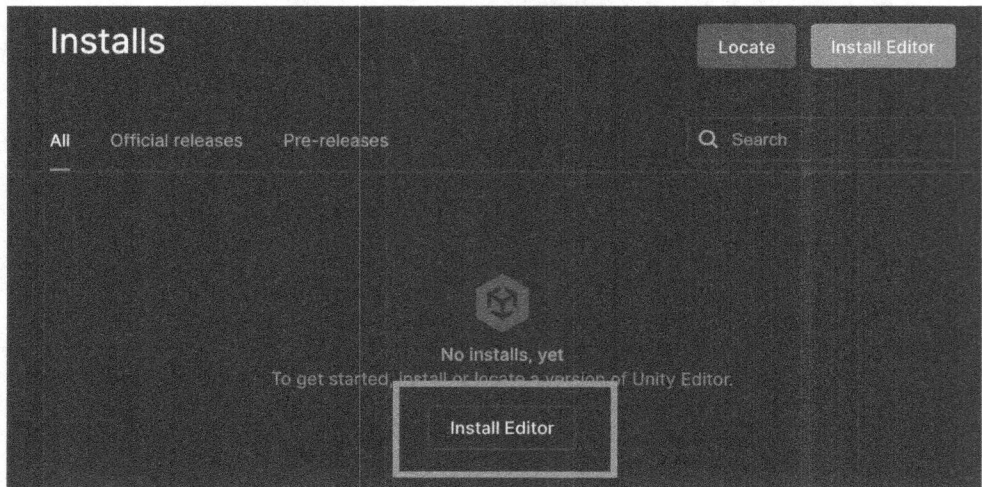

Figure 1.5: Unity Hub Installs panel

10. On the **Official releases** tab, select your desired version of Unity, then click **Install** (*Silicon* for Macs, *Intel* for Windows). At the time of writing, Unity 2023 is listed under the **OTHER VERSIONS** section of the **Official releases** tab, but you should be able to select a 2023 version from the **Official releases** list by the time you're reading this:

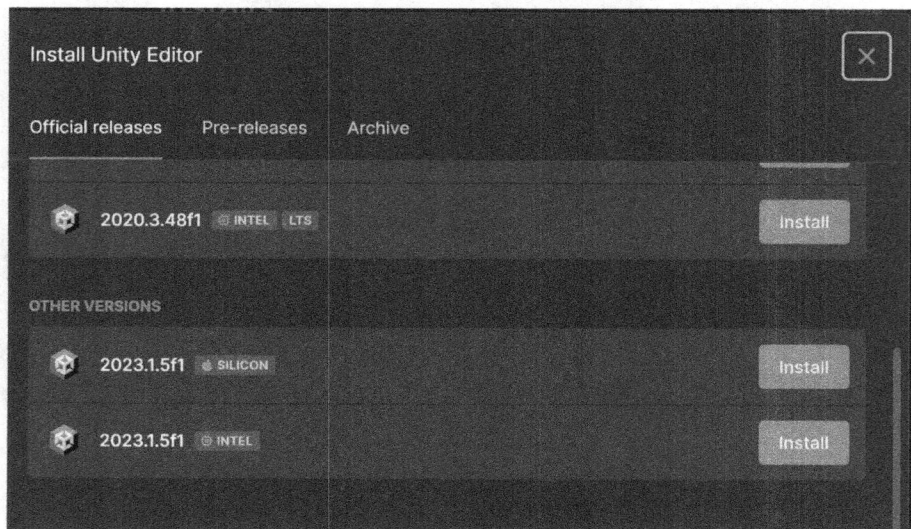

Figure 1.6: Add Unity version pop-up window

11. You'll then be given the option to add various modules to your installation. Make sure the **Visual Studio** (for Mac or Windows accordingly) module is selected and click **Continue**:

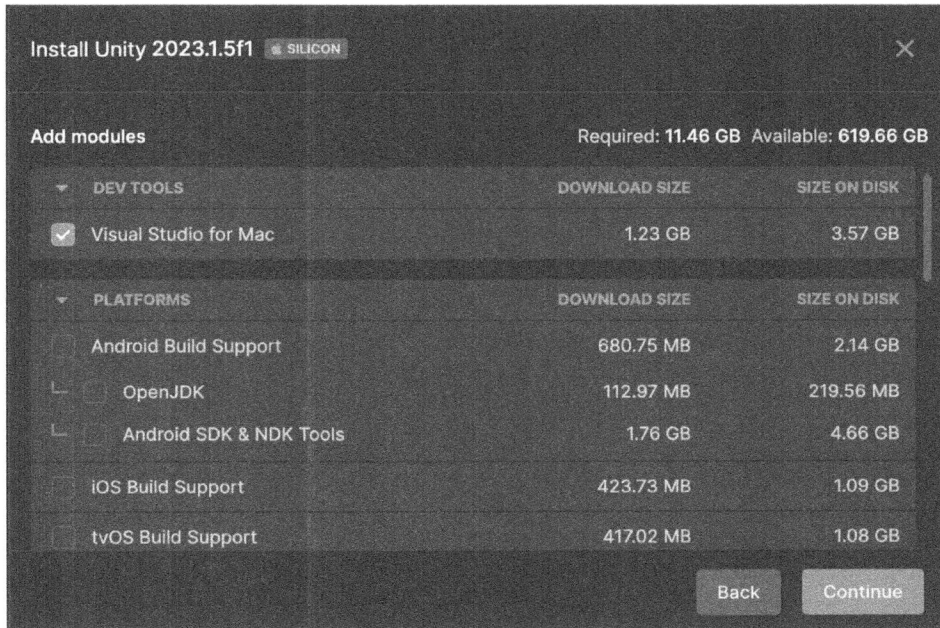

Figure 1.7: Adding install modules

12. If you want to add any modules later, you can click the gear icon to the right of any installed version in the **Installs** window.

When the installation is complete, you'll see a new version in your **Installs** panel, as follows:

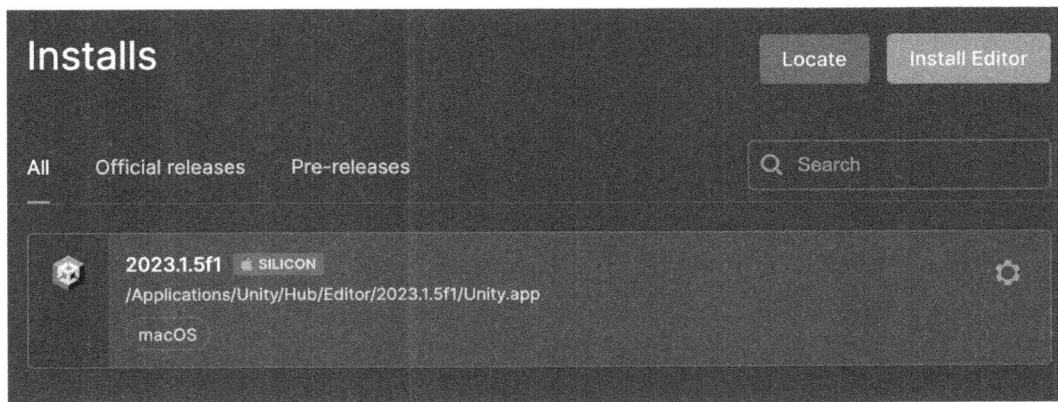

Figure 1.8: Installs tab with Unity versions

You can find additional information and resources about the Unity Hub application at `https://docs.unity3d.com/hub/manual/index.html`.

There's always a chance of something going wrong, so be sure to check the following section if you're using macOS Catalina or later, which has been known to throw up issues.

Using macOS

If you're working on a Mac with OS Catalina or later, there is a known issue when using some versions of Unity Hub to install Unity. If this is the case for you, take a deep breath, go to the **Unity download archive**, and grab the 2023 version you need (`https://unity3d.com/get-unity/download/archive`). Remember to use the **Downloads (Mac)** or **Downloads (Win)** option instead of the Unity Hub download:

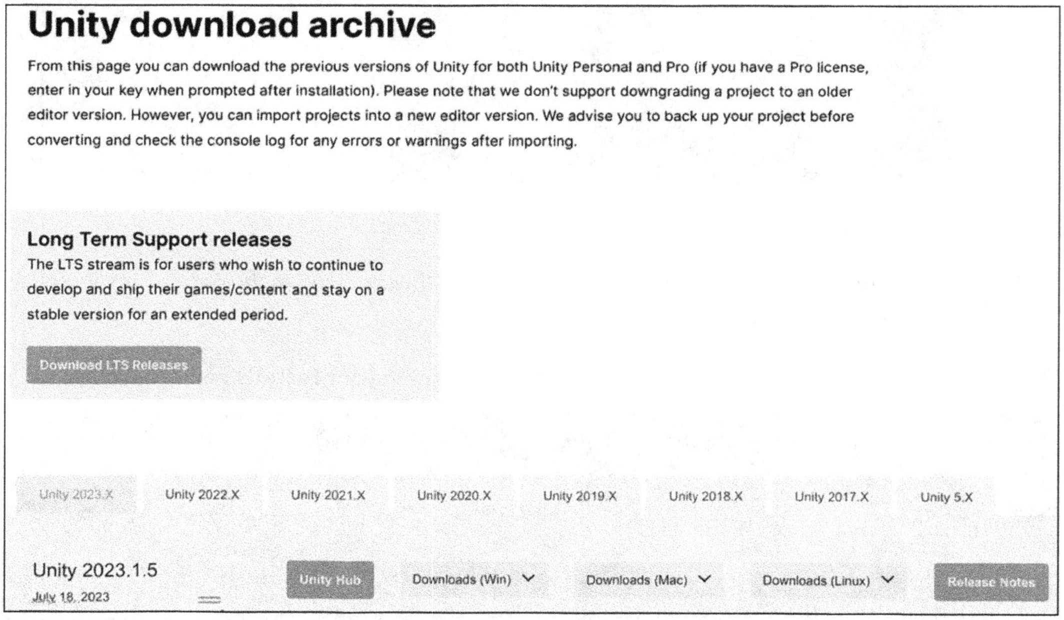

Unity download archive

From this page you can download the previous versions of Unity for both Unity Personal and Pro (if you have a Pro license, enter in your key when prompted after installation). Please note that we don't support downgrading a project to an older editor version. However, you can import projects into a new editor version. We advise you to back up your project before converting and check the console log for any errors or warnings after importing.

Long Term Support releases
The LTS stream is for users who wish to continue to develop and ship their games/content and stay on a stable version for an extended period.

Download LTS Releases

| Unity 2023.X | Unity 2022.X | Unity 2021.X | Unity 2020.X | Unity 2019.X | Unity 2018.X | Unity 2017.X | Unity 5.X |

Unity 2023.1.5
July 18, 2023

Unity Hub   Downloads (Win) ⌄   Downloads (Mac) ⌄   Downloads (Linux) ⌄   Release Notes

Figure 1.9: Unity download archive

Once the installer application downloads, open it up and follow the setup instructions! All of the examples and screenshots for this book were created and captured using Unity 2023.1.5f1. If you're using a newer version, things might look slightly different in the Unity Editor, but this shouldn't affect your following along.

Now that Unity Hub and Unity 2023 are installed, it's time to create a new project!

Creating a new project

Launch the Unity Hub application, which is your staging area—you can see a list of all your projects and Unity versions and access learning resources and community features here. Then, take the following steps:

1. To get started, click on **New project** in the top-right corner:

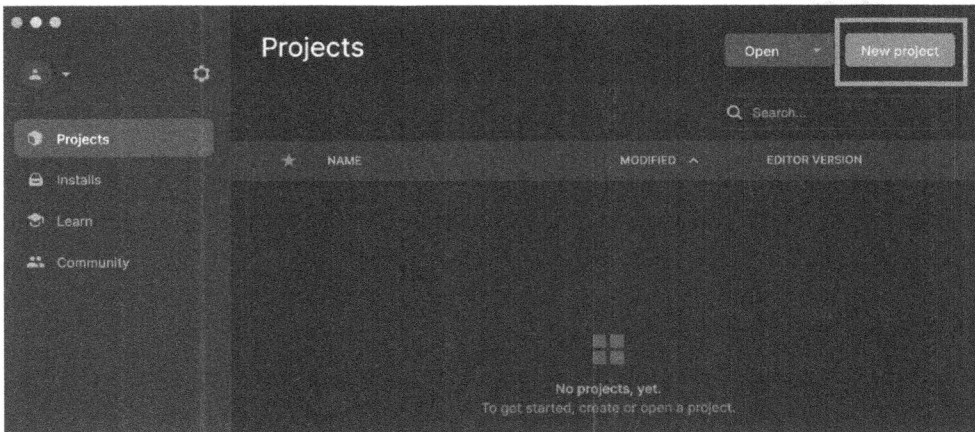

Figure 1.10: Unity Hub Projects panel

2. Make sure the editor version at the top is set to your 2023 version and set the following fields:

   - **Templates:** The project will default to **3D Core**
   - **Project name:** I'll be calling mine Hero Born
   - **Location:** Wherever you'd like the project to be saved

3.   Once the settings have been configured, hit **Create project**:

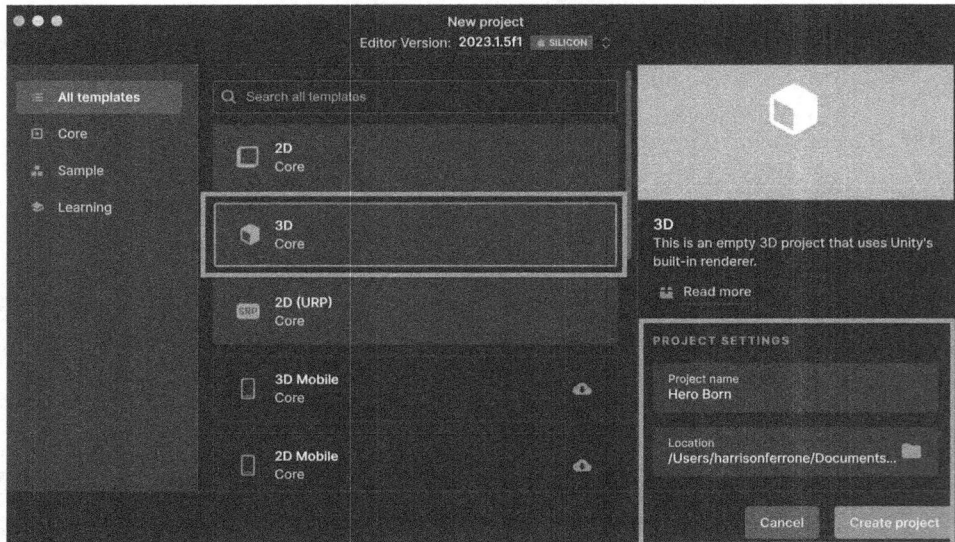

Figure 1.11: Unity Hub with New project configuration popup

With the project created, you're all set to explore the Unity interface! You can re-open your project anytime from the **Projects** panel in Unity Hub, but if your computer is running a little slow with both Unity and Unity Hub open, feel free to close Unity Hub.

Navigating the editor

When the new project finishes initializing, you'll see the glorious Unity Editor! I've marked the important tabs (or windows, if you prefer) in *Figure 1.12*:

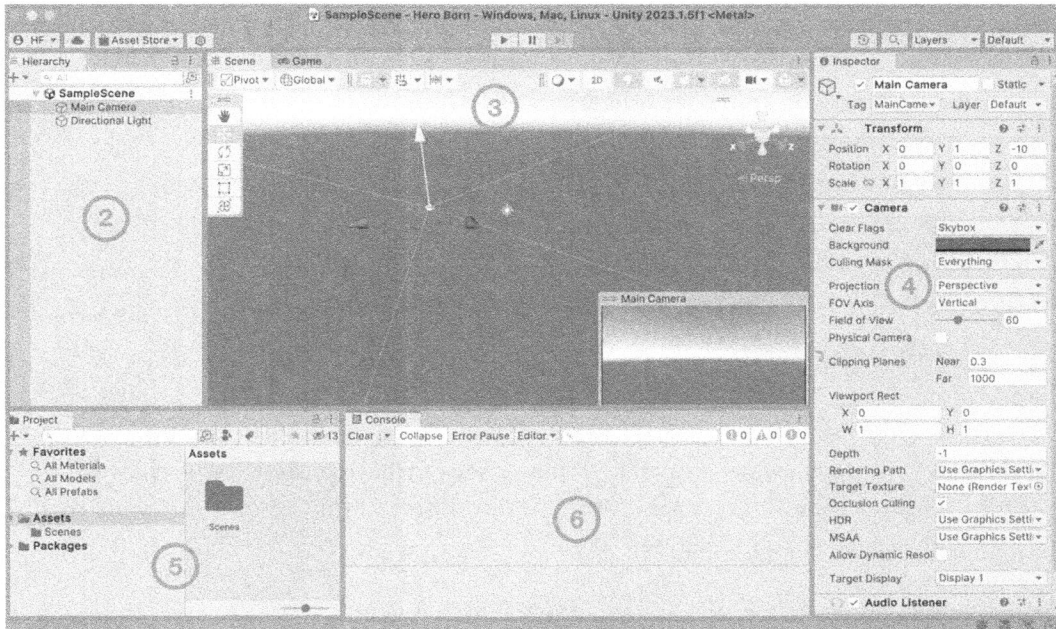

Figure 1.12: Unity interface

This is a lot to take in, so we'll look at each of these panels in more detail:

1. The **Toolbar** panel is the topmost part of the Unity Editor. From here, you can sign in to a Unity account, manage services, access the Asset Store, collaborate with a team (far-left button group), and play and pause the game (the center buttons). The right-most button group contains a search feature, **LayerMasks**, and layout scheme features, which we won't be using in this book because they don't apply to learning C#.

2. The **Hierarchy** window shows every item currently in the game **scene**. In the starter project, this is just the default camera and directional light, but when we create our prototype environment, this window will start to get filled in with the objects we create in the scene.

3. The **Game** and **Scene** windows are the most visual aspects of the editor. Think of the **Scene** window as your stage, where you can move and arrange 2D and 3D objects. When you hit the **Play** button, the **Game** window will take over, rendering the **Scene** view and any programmed interactions. You can also use the **Scene** view when you're in play mode.

4. The **Inspector** window is your one-stop shop for viewing and editing the properties of objects in the scene. If you select **Main Camera** in the **Hierarchy** (highlighted in blue in the above screenshot), you'll see several parts displayed, which Unity calls components—all of which are accessible from the **Inspector**.

5. The **Project** window holds every asset that's currently in your project. Think of this as a representation of your project's folders and files.

6. The **Console** window is where any output we want our scripts to print will show up. From here on out, if we talk about the console or debug output, this panel is where it will be displayed.

> If any of these windows get closed by accident, you can re-open them anytime from the **Unity menu** > **Window** > **General**. You can find more in-depth breakdowns of each window's functionality in the Unity docs at: `https://docs.unity3d.com/Manual/UsingTheEditor.html`.

Before continuing, it's important that Visual Studio is set up as the script editor for your project. Go to the **Unity menu** > **Preferences** > **External Tools** and check that **External Script Editor** is set to **Visual Studio for Mac** (or **Windows**):

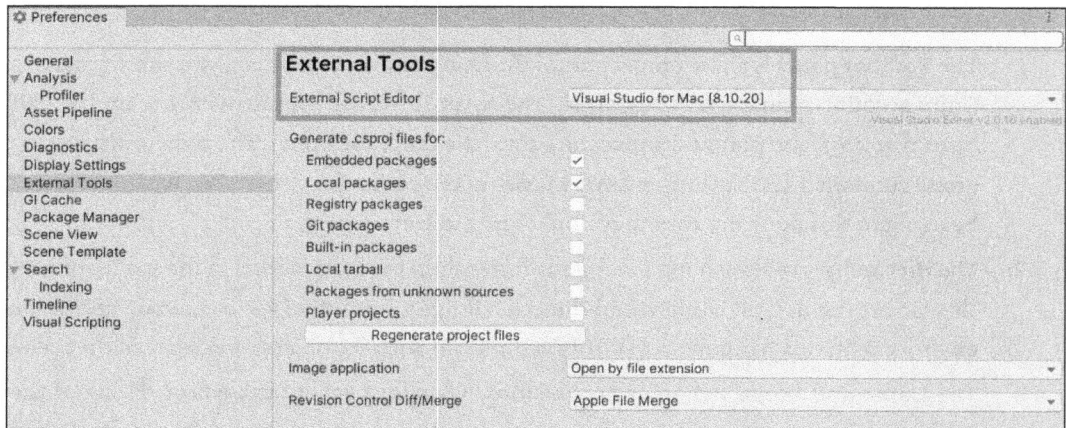

Figure 1.13: Changing External Script Editor to Visual Studio

> As a final tip, if you want to switch between light and dark modes, go to the **Unity menu** > **Preferences** > **General** and change **Editor Theme**:

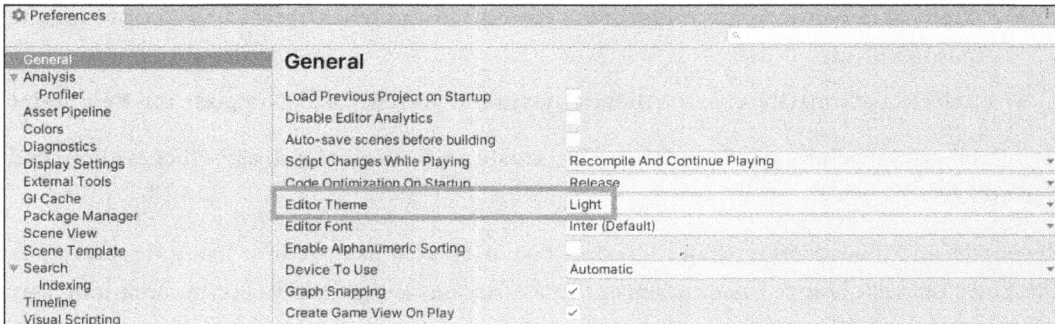

Figure 1.14: Unity general preferences panel

I know that was a lot to process if you're new to Unity, but rest assured that any instructions going forward will always reference the necessary steps. I won't leave you wondering what button to push. With that out of the way, let's start creating some actual C# scripts.

Using C# with Unity

Going forward, it's important to think of Unity and C# as symbiotic entities. Unity is the engine where you'll create scripts and GameObjects, but the actual programming takes place in another program called Visual Studio.

Working with C# scripts

We haven't covered any basic programming concepts yet, but they won't have a home until we know how to create an actual C# script in Unity. A C# script is a special kind of C# file in which you'll write C# code. These scripts can be used in Unity to do virtually anything, from controlling an in-game character with your keyboard, to animating objects in your level.

There are several ways to create C# scripts from the editor:

- Select **Assets > Create > C# Script**
- Right under the **Project** tab, select the + icon and choose **C# Script**

- Right-click on the **Assets** folder in the **Project** tab and select **Create > C# Script** from the pop-up menu
- Select any GameObject in the **Hierarchy** window and click **Add Component > New Script**

Going forward, whenever you're instructed to create a C# script, please use whichever method you prefer.

Resources and objects other than C# scripts can be created in the editor using the preceding methods. I'm not going to call out each of these variations every time we create something new, so just keep the options in the back of your mind.

For the sake of organization, we're going to store our various assets and scripts inside their own named folders. This isn't just a Unity-related task—it's something you should always do, and your co-workers will thank you (I promise):

1. Select **Assets > Create > Folder** and name it `Scripts`:

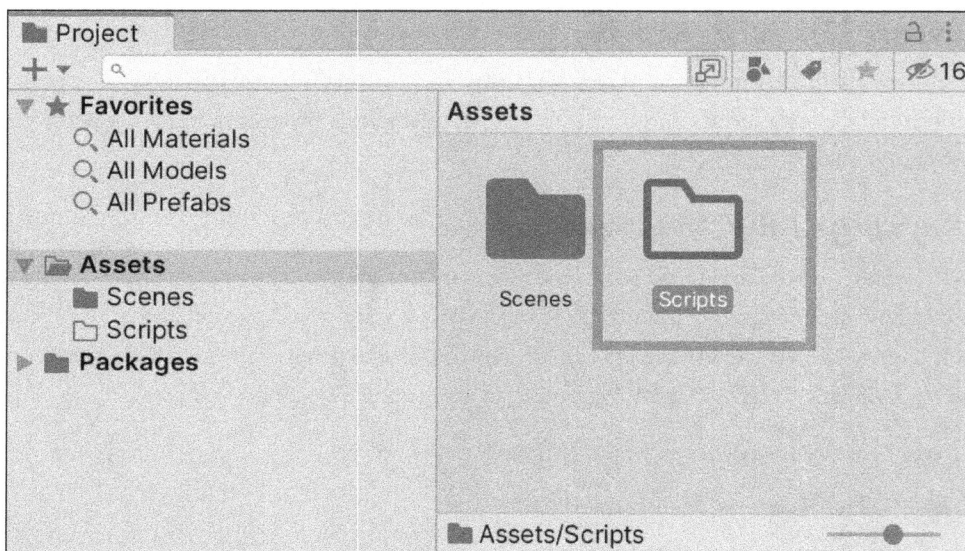

Figure 1.15: Creating a C# script

2. Double-click on the **Scripts** folder and create a new C# script. By default, the script will be named NewBehaviourScript, but you'll see the filename highlighted, so you have the option to immediately rename it. Type in LearningCurve and hit *Enter*:

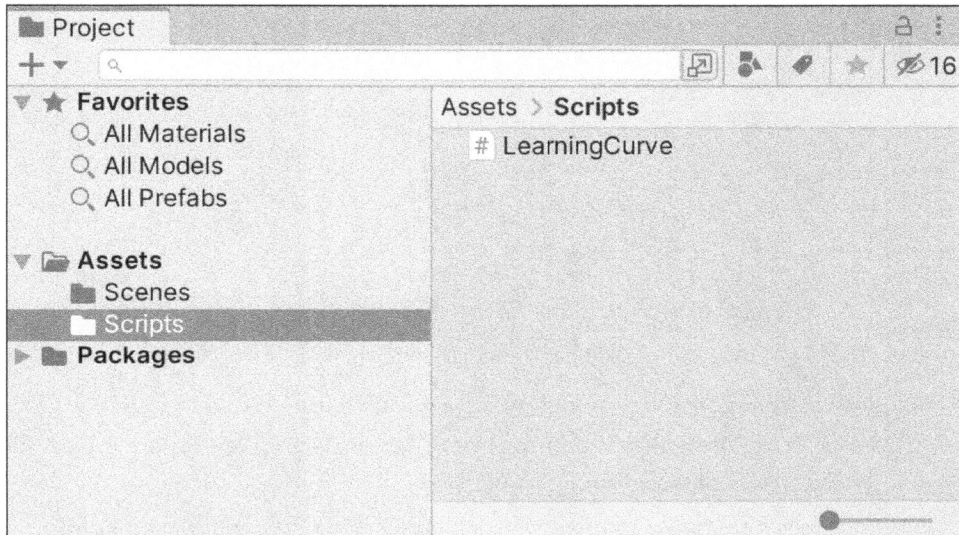

Figure 1.16: Project window with the Scripts folder selected

3. You can use the small slider in the bottom right of the **Project** tab to change how your files are displayed.

So, you've just created a subfolder named Scripts, as shown in the preceding screenshot. Inside that parent folder, you created a C# script named LearningCurve.cs (the .cs file type stands for C-Sharp, in case you were wondering), which is now saved as part of our *Hero Born* project assets. All that's left to do is open it up in Visual Studio!

Introducing the Visual Studio editor

While Unity can create and store C# scripts, they need to be edited using Visual Studio. A copy of Visual Studio comes pre-packaged with Unity and will open up automatically when you double-click any C# script from inside the editor.

Opening a C# file

Unity will synchronize with Visual Studio the first time you open a file. The simplest way to do this is by selecting the script from the **Project** tab. Take the following steps:

1. Double-click on `LearningCurve.cs`, which will open up the C# file in Visual Studio:

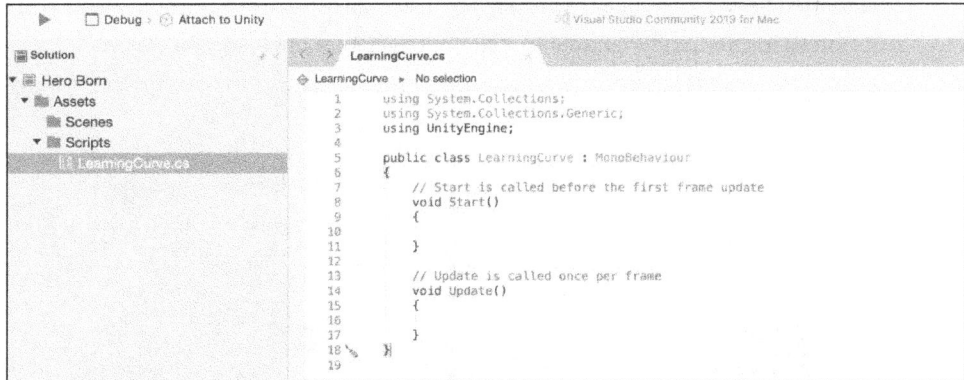

Figure 1.17: LearningCurve C# script in Visual Studio

2. You can change the Visual Studio tabs at any time from **Visual Studio | View | Layout**. I'll be using the **Design** layout for the rest of the book so we can see our project files on the left-hand side of the editor.

3. You'll see a folder structure on the left-hand side of the interface that mirrors the one in Unity, which you can access like any other. On the right-hand side is the actual code editor where the magic happens (all the code you write will live here). There are far more features to the Visual Studio application, but this is all we need to get started.

The Visual Studio interface is different for Windows and Mac environments, but the code we'll be using throughout this book will work equally well with both. All the screenshots in this book have been taken in a Mac environment, so if things look different on your computer, there's no need to worry.

Beware of naming mismatches

One common pitfall that trips up new programmers is file naming—more specifically, naming mismatches—which we can illustrate using line 5 from *Figure 1.17* of the C# file in Visual Studio:

```
public class LearningCurve : MonoBehaviour
```

The `LearningCurve` class name is the same as the `LearningCurve.cs` filename. This is an essential requirement. It's OK if you don't know what a class is quite yet. The important thing to remember is that, in Unity, the filename and the class name need to be the same. If you're using C# outside of Unity, the filename and class name don't have to match.

When you create a C# script file in Unity, the filename in the **Project** tab is already in **Edit** mode, ready to be renamed. It's a good habit to rename it then and there. If you rename the script later, the filename and the class name won't match.

If you were to rename the file at a later point, the filename would change, but line 5 would be as follows:

```
public class NewBehaviourScript : MonoBehaviour
```

If you accidentally do this, it's not the end of the world. All you need to do is right-click on the script in the **Projects** tab and choose **Rename**:

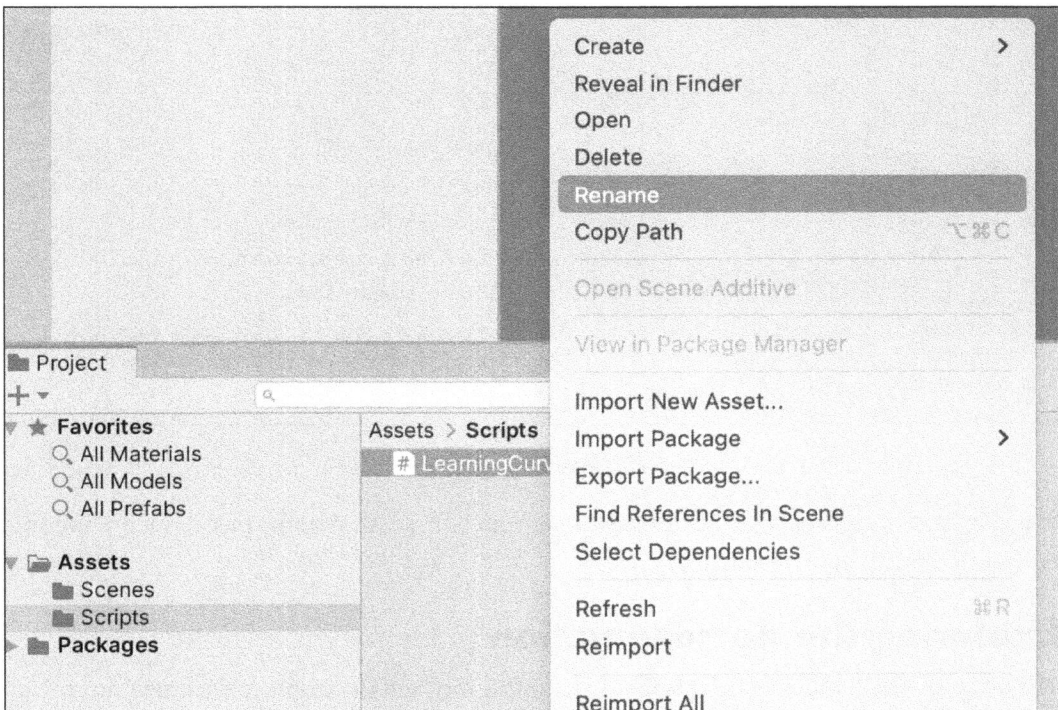

Figure 1.18: Renaming a C# script

Syncing C# files

As part of their symbiotic relationship, Unity and Visual Studio communicate with each other to synchronize their content. This means that if you add, delete, or change a script file in one application, the other application will see the changes automatically.

So, what happens when Murphy's Law, which states that *"anything that can go wrong will go wrong,"* strikes and syncing just doesn't seem to be working correctly? If you run into this situation, take a deep breath, select the troublesome script in Unity, right-click, and select **Refresh**.

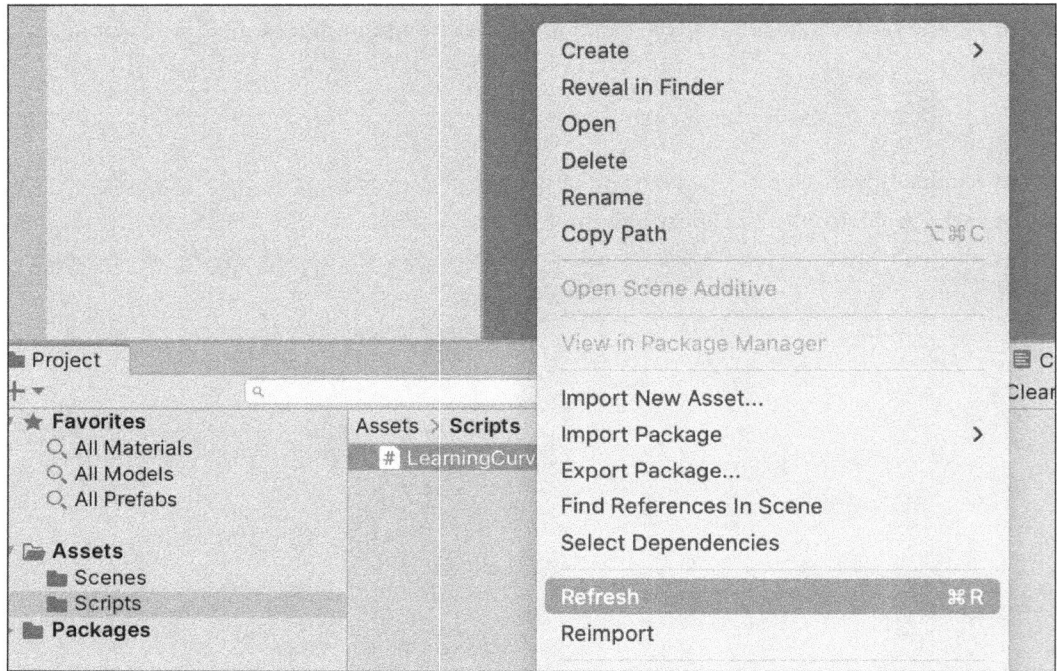

Figure 1.19: Refreshing a C# script

You now have the basics of script creation under your belt, so it's time we talk about finding and efficiently using helpful resources.

Exploring the documentation

The last topic we'll touch on in this first foray into Unity and C# scripts is documentation. Not sexy, I know, but it's important to form good habits early when dealing with new programming languages or development environments.

Accessing Unity's documentation

Once you start writing scripts in earnest, you'll be using Unity's documentation quite often, so it's beneficial to know how to access it early on. The **Reference Manual** will give you an overview of a component or topic, while specific programming examples can be found in the **Scripting Reference**.

Every GameObject (an item in the **Hierarchy** window) in a scene has a **Transform** component that controls its **Position, Rotation,** and **Scale**. To keep things simple, we'll just look up the camera's **Transform** component in the Reference Manual:

1.   In the **Hierarchy** tab, select the **Main Camera** GameObject.

2.   Move over to the **Inspector** tab and click on the information icon (question mark, **?**) at the top right of the **Transform** component:

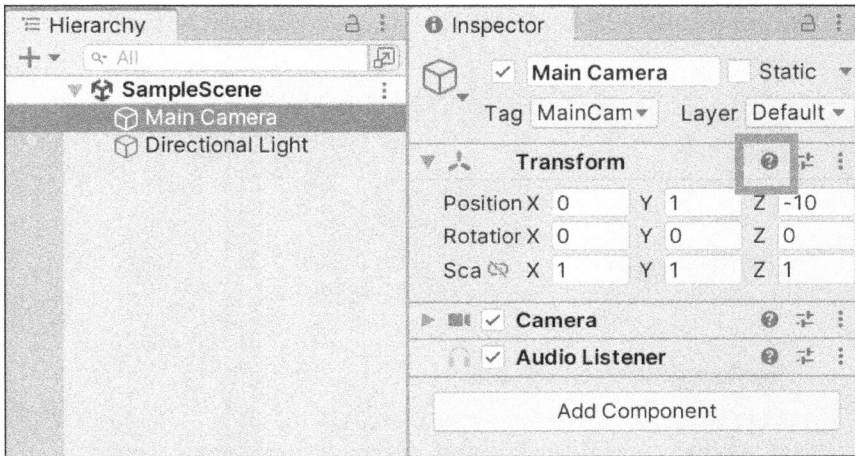

Figure 1.20: Main Camera GameObject selected in the Inspector

3.   You'll see a web browser open on the **Transforms** page of the Reference Manual:

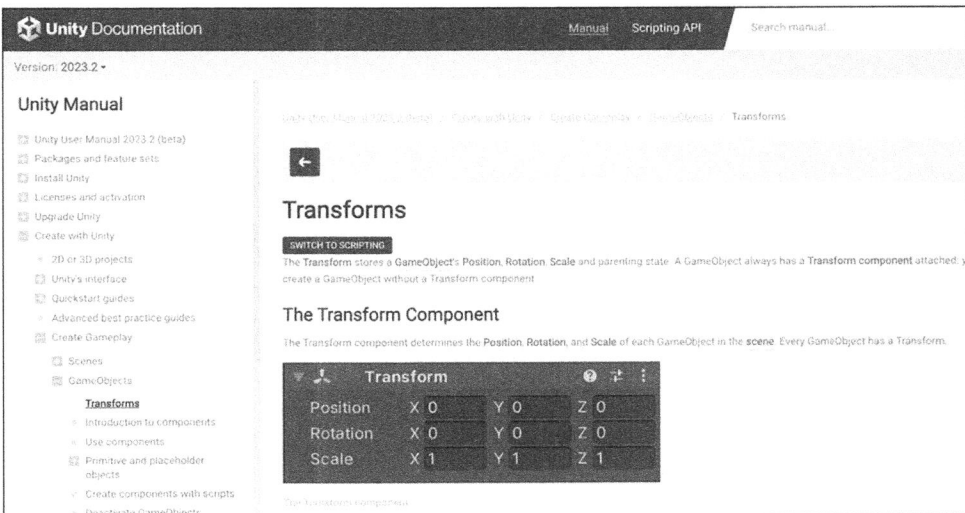

Figure 1.21: Unity Reference Manual

All the components in Unity have this feature, so if you ever want to know more about how something works, you know what to do.

So, we've got the Reference Manual open, but what if we wanted concrete coding examples related to the **Transform** component? It's pretty simple—all we need to do is ask the Scripting Reference:

1. Click on the **SWITCH TO SCRIPTING** link underneath the component or class name (**Transforms**, in this case):

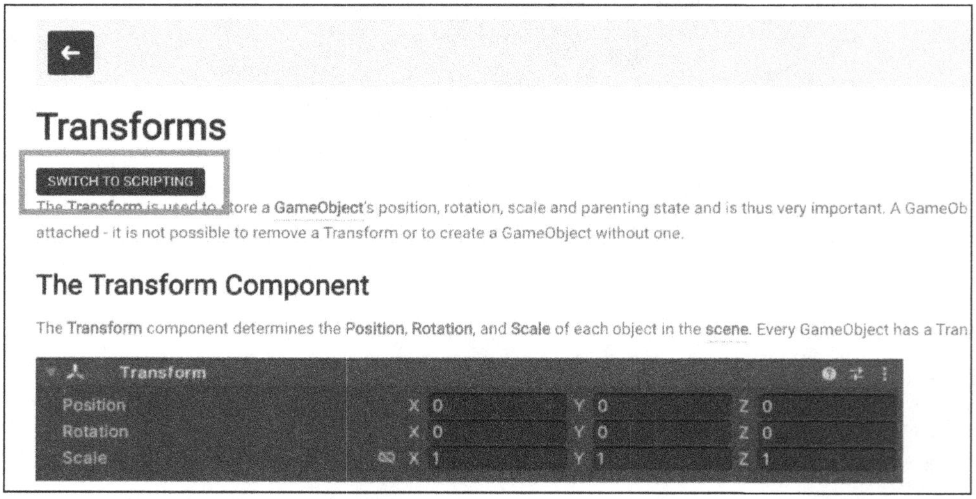

Figure 1.22: Unity Reference Manual with the SWITCH TO SCRIPTING button highlighted

2. By doing so, the Reference Manual automatically switches to the Scripting Reference:

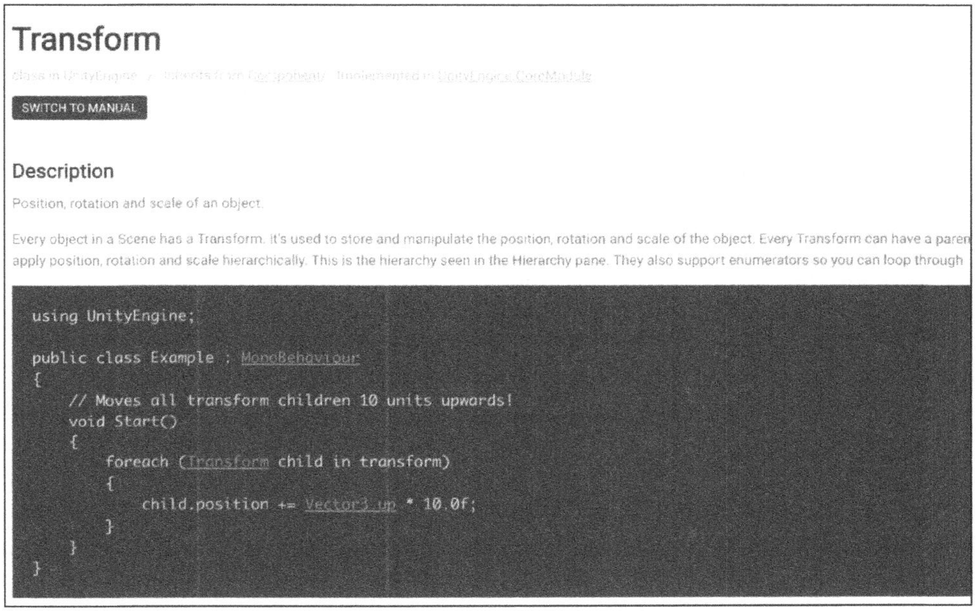

Figure 1.23: Unity scripting documentation with SWITCH TO MANUAL

3. As you can see, as well as coding help, there is also an option to switch back to the Reference Manual if necessary.

The Scripting Reference is a large document because it has to be. However, this doesn't mean you have to memorize it or even be familiar with all of its information to start writing scripts. As the name suggests, it's a reference, not a test.

If you find yourself lost in the documentation, or just out of ideas regarding where to look, you can also find solutions within the rich Unity development community in the following places:

- Unity Forum: `https://forum.unity.com/`
- Unity Answers: `https://answers.unity.com/index.html`
- Unity Discord: `https://discord.com/invite/unity`

On the other side of things, you'll need to know where to find resources on any C# question, which we'll cover next.

Locating C# resources

Now that we've got our Unity resources taken care of, let's take a look at some of Microsoft's C# resources. For starters, the Microsoft Learn documentation at `https://docs.microsoft.com/ en-us/dotnet/csharp` has a ton of great tutorials, quick start guides, and how-to articles. You can also find great overviews of individual C# topics at: `https://docs.microsoft.com/en-us/ dotnet/csharp/programming-guide/index`.

However, if you want detailed information on a specific C# language feature, the reference guides are the place to go. These reference guides are an important resource for any C# programmer, but since they aren't always the easiest to navigate, let's take a few minutes to learn how to find what we're looking for.

Let's load up the programming guide link (`https://docs.microsoft.com/en-us/dotnet/csharp/ programming-guide/index`) and scroll down to **Language Sections** and click on the **Strings** link directly:

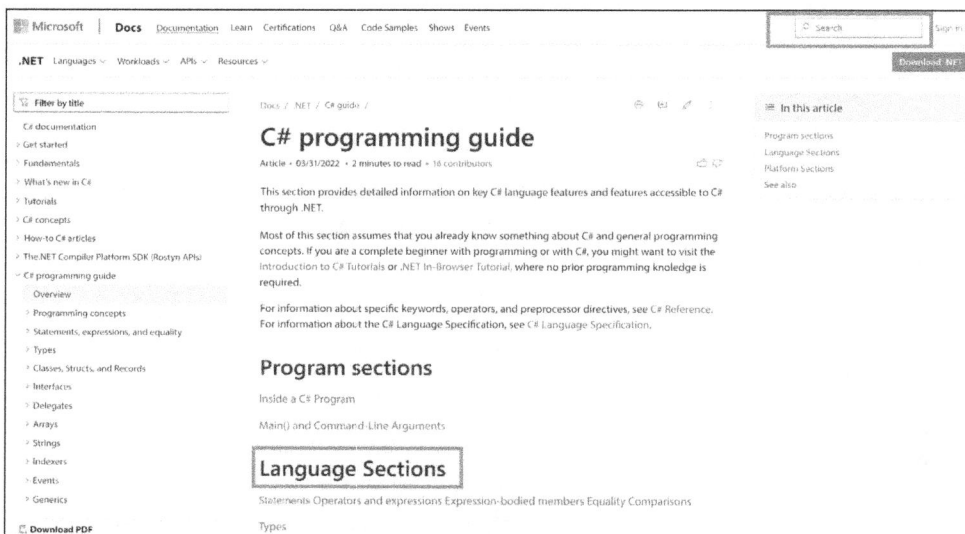

Figure 1.24: Navigating Microsoft's C# reference guide

You should see something like the following for the class description page:

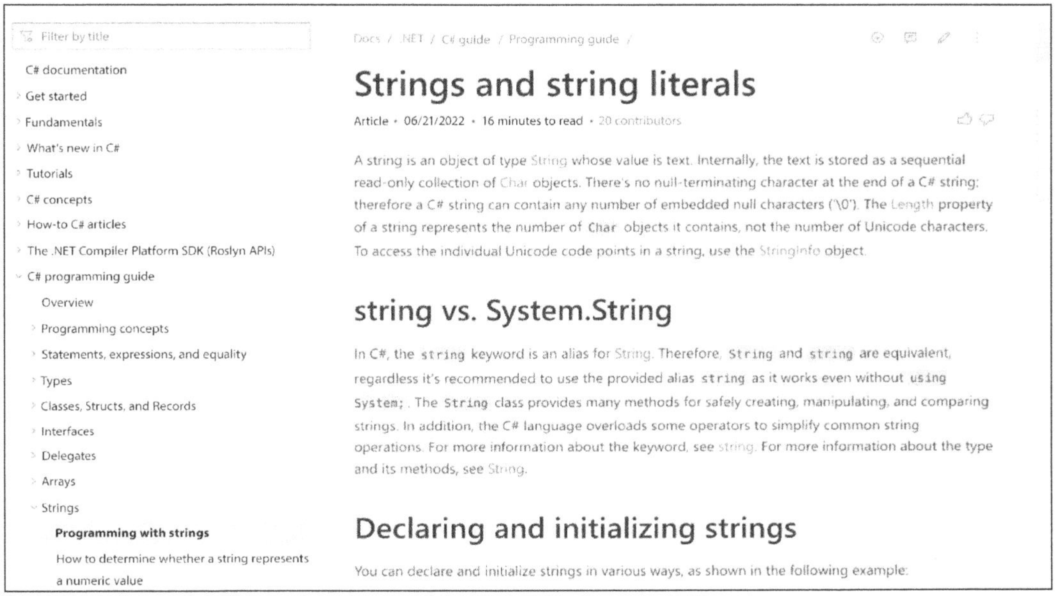

Figure 1.25: Microsoft's Strings (C# Programming Guide) page

Unlike Unity's documentation, the C# reference and scripting information is all bundled up into one, but its saving grace is the subtopic list on the right-hand side. Use it well! It's extremely important to know where to find help when you're stuck or have a question, so be sure to circle back to this section whenever you hit a roadblock.

Summary

We covered quite a bit of logistical information in this chapter, so I can understand if you're itching to write some code. Starting new projects, creating folders and scripts, and accessing documentation are topics that are easily forgotten in the excitement of a new adventure. Just remember that this chapter has a lot of resources you might need in the coming pages, so don't be afraid to come back and visit. Thinking like a programmer is like strengthening a muscle: the more you work it, the stronger it gets.

In the next chapter, we'll start laying out the theory, vocabulary, and main concepts you'll need to prime your coding brain. Even though the material is conceptual, we'll still be writing our first lines of code in the LearningCurve script. Get ready!

Pop quiz—dealing with scripts

1. What type of relationship do Unity and Visual Studio share?

2. The Scripting Reference supplies example code in regard to using a particular Unity component or feature. Where can you find more detailed (non-code-related) information about Unity components?

3. The Scripting Reference is a large document. How much of it do you have to memorize before attempting to write a script?

4. When is the best time to name a C# script?

Don't forget to check your answers against mine in the *Pop Quiz Answers* appendix to see how you did!

Join us on discord!

Read this book alongside other users, Unity game development experts and the author himself.

Ask questions, provide solutions to other readers, chat with the author via Ask Me Anything sessions and much more.

Scan the QR code or visit the link to join the community.

https://packt.link/csharpwithunity

2

The Building Blocks of Programming

Any programming language starts off looking like ancient Greek to the unaccustomed eye, and C# is no exception. The good news is that beneath the initial mystery, all programming languages are made up of the same essential building blocks. Variables, methods, and classes (or objects) make up the DNA of conventional programming; understanding these simple concepts opens up an entire world of diverse and complex applications. After all, there are only four different DNA nucleobases in every person on earth, yet each of us is a totally unique organism.

If you are new to programming, there's going to be a lot of information coming at you in this chapter, and this could mark the first lines of code that you've ever written. The point is not to overload your brain with facts and figures; it's to give you a holistic look at the building blocks of programming using examples from everyday life.

This chapter is all about the high-level view of the bits and pieces that make up a program. Getting the hang of how things work before getting into the code directly will not only help you new coders find your feet, but it will also solidify the topics with easy-to-remember references. Ramblings aside, we'll focus on the following topics throughout this chapter:

- Defining variables
- Understanding methods
- Introducing classes
- Working with comments
- Putting the building blocks together

Let's dive in!

Defining variables

To start, we need to ask ourselves a simple question: what is a variable? Depending on your point of view, there are a few different ways of answering this question (all of which are valid):

- Conceptually, a variable is the most basic unit of programming, as an atom is to the physical world (excepting string theory). Everything starts with variables, and programs can't exist without them.

- Technically, a variable is a tiny section of your computer's memory that holds an assigned value. Every variable keeps track of where its information is stored (this is called a **memory address**), its value, and its type (for instance, numbers, words, or lists).

- Practically, a variable is a container. You can create new ones whenever you want, fill them with stuff, move them around, change what they're holding, and reference them as needed. They can even be empty and still be useful!

> You can find an in-depth explanation of variables in the Microsoft C# documentation at https://docs.microsoft.com/en-us/dotnet/csharp/language-reference/language-specification/variables.

A practical real-life example of a variable is a mailbox—remember those?

Figure 2.1: A row of colorful mailboxes

To provide a complete view of the Unity editor, all our screenshots are taken in full-screen mode. For color versions of all book images, use the link below: https://packt.link/7yy5V.

They can hold letters, bills, a picture from your aunt Mabel—anything. The point is that what's in a mailbox can vary: they can have a name and hold information (physical mail), and their contents can even be changed if you have the right security clearance.

Similarly, variables can hold different kinds of information. Variables in C# can hold strings (text), integers (numbers), and even Booleans (binary values that represent either true or false).

Names are important

Referring to *Figure 2.1*, if I asked you to go over and open the mailbox, the first thing you'd probably ask is: which one? If I said the Smith family mailbox, or the sunflower mailbox, or even the droopy mailbox on the far right, then you'd have the necessary context to open the mailbox I'm referencing. Similarly, when you are creating variables, you have to give them unique names that you can reference later. We'll get into the specifics of proper formatting and descriptive naming in *Chapter 3, Diving into Variables, Types, and Methods*, but for now let's keep things simple.

Variables act as placeholders

When you create and name a variable, you are creating a placeholder for the value that you want to store. Let's take the following simple math equation as an example:

```
2+9=11
```

Okay, no mystery here, but what if we wanted the number 9 to be its own variable? Consider the following code block:

```
MyVariable = 9
```

Now we can use the variable name, MyVariable, as a substitute for 9 anywhere we need it:

```
2 + MyVariable = 11
```

If you're wondering whether variables have other rules or regulations, they do. We'll get to those in *Chapter 3, Diving into Variables, Types, and Methods*, so sit tight.

Even though this example isn't real C# code, it illustrates the power of variables and their use as placeholder references. In the next section you'll start creating variables of your own, so keep going!

Alright, enough theory—let's create a real variable in the LearningCurve script we created in *Chapter 1, Getting to Know Your Environment*:

1. Double-click on LearningCurve.cs from the **Project** window in Unity to open it in Visual Studio.

2. Add a space between lines 6 and 7 and add the following line of code to declare a new variable:

```
public int CurrentAge = 30;
```

3. Inside the Start method, add two debug logs to print out the following calculations:

```
Debug.Log(30 + 1);
Debug.Log(CurrentAge + 1);
```

Let's break down the code we just added. First, we created a new variable called CurrentAge and assigned it a value of 30. Then, we added two debug logs to print out the result of 30 + 1 and CurrentAge + 1 to show how variables are storage for values. They can be used in the exact same way as the values themselves.

It's also important to note that public variables appear in the Unity Inspector, while private ones don't. Don't worry about the syntax right now—just make sure your script is the same as the script that is shown in the following screenshot:

```
LearningCurve.cs

LearningCurve  ▶  Start()
1      using System.Collections;
2      using System.Collections.Generic;
3      using UnityEngine;
4
5      public class LearningCurve : MonoBehaviour
6      {
7          public int CurrentAge = 30;
8
9          // Start is called before the first frame update
10         void Start()
11         {
12             Debug.Log(30 + 1);
13             Debug.Log(CurrentAge + 1);
14         }
15
```

Figure 2.2: LearningCurve script open in Visual Studio

To finish, save the file using **Editor > File > Save** or whichever hotkey combination your computer supports. Saving is a crucial step when editing scripts because Unity only recognizes saved changes back in the editor. If you add code to a script in Visual Studio but don't save, Unity won't know about it.

For scripts to run in Unity, they have to be attached to GameObjects in the scene. Unity considers everything in your game as a GameObject—lights, player avatars, items, buildings, all of it.

By default, the sample scene in *Hero Born* has a camera for rendering the scene and a directional light to light the scene, so let's attach LearningCurve to the camera to keep things simple:

1. Drag and drop LearningCurve.cs onto the **Main Camera**.

2. Select the **Main Camera** so that it appears in the **Inspector** panel, and verify that the LearningCurve.cs (script) component is attached properly.

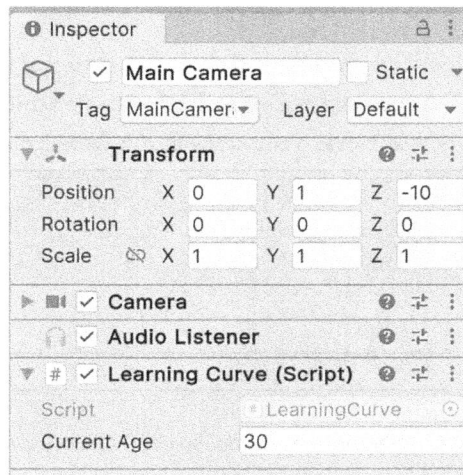

Figure 2.3: LearningCurve script attached to Main Camera in the Inspector

3. Click **Play** and watch for the output in the **Console** panel:

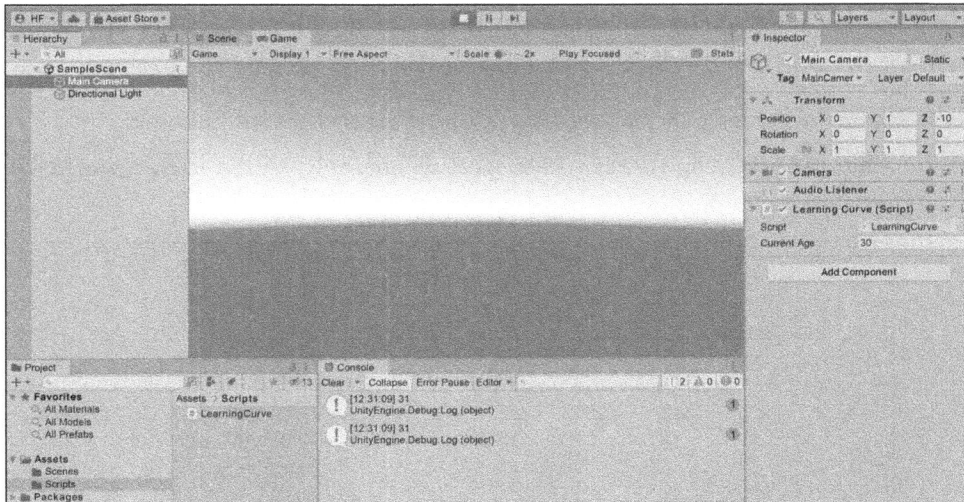

Figure 2.4: Unity Editor window with callouts for dragging and dropping scripts

You may have noticed the editor has a slightly darker tint and the **Play** button turned blue when you ran the game. This is because Unity has two states: editor and runtime. When you're working on scripts or adding objects to your scene, you're in the editor state.

Any changes will be saved to the project in this state. However, when you hit the **Play** button, Unity switches to the runtime state. Any changes you make while the game is running won't be saved, so pay special attention to *when* you're making updates.

The `Debug.Log()` statements printed out the result of the simple math equations we put in between the parentheses. As you can see in the following **Console** screenshot, the equation that used our variable, `CurrentAge`, worked the same as if it were a real number:

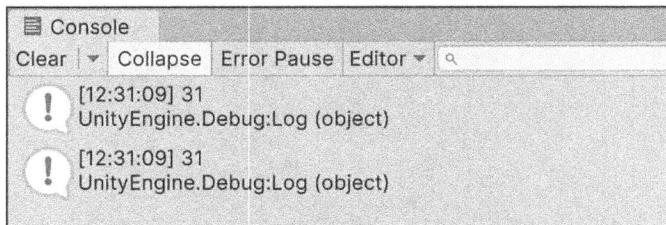

Figure 2.5: Unity console with debug output from the attached script

We'll get into how Unity converts C# scripts into components in the *Scripts become components* section at the end of this chapter, but first, let's work on changing the value of one of our variables.

Since `CurrentAge` was declared as a variable on line 7, as shown in *Figure 2.2*, the value it stores can be changed in the script or in the Unity **Inspector** since it's **public**. The updated value will then trickle down to wherever the variable is used in code. Let's see this in action:

1. Stop the game by clicking the **Play** button if the scene is still running.
2. Change **Current Age** to 18 in the **Inspector** panel and play the scene again, looking at the new output in the **Console** panel:

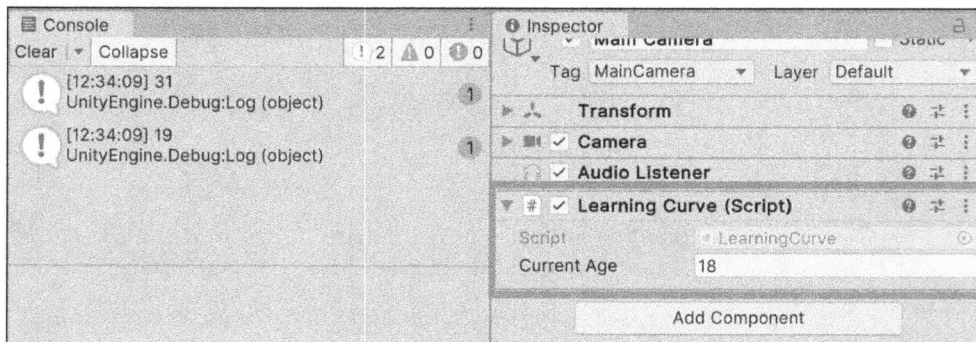

Figure 2.6: Unity console with debug logs and the LearningCurve script attached to Main Camera

The first output will still be 31 because we didn't change anything in the script, but the second output is now 19 because we changed the value of CurrentAge in the **Inspector**.

The goal here wasn't to go over variable syntax but to show how variables act as containers that can be created once and referenced elsewhere. Now that we know how to create variables in C# and assign them values, we're ready to dive into the next important programming building block: methods!

Understanding methods

On their own, variables can't do much more than keep track of their assigned values. While this is vital, they are not very useful on their own in terms of creating meaningful applications. So, how do we go about creating actions and driving behavior in our code? The short answer is by using methods.

Before we get to what methods are and how to use them, we should clarify a small point of terminology. In the world of programming, you'll commonly see the terms *method* and *function* used interchangeably, especially in regard to Unity.

Since C# is an object-oriented language (this is something that we'll cover in *Chapter 5, Working with Classes, Structs, and OOP*), we'll be using the term *method* for the rest of the book to conform to standard C# guidelines.

When you come across the word *function* in the Scripting Reference or any other documentation, think *method*.

Methods drive actions

Like variables, defining programming methods can be tediously long-winded or dangerously brief; here's another three-pronged approach to consider:

- *Conceptually*, methods are how work gets done in an application.
- *Technically*, a method is a block of code containing executable statements that run when the method is called by name. Methods can take in arguments (also called parameters), which can be used inside the method's scope.
- *Practically*, a method is a container for a set of instructions that run every time it's executed. These containers can also take in variables as inputs, which can only be referenced inside the method itself.

Taken all together, methods are the bones of any program—they connect everything and almost everything is built off of their structure.

You can find an in-depth guide to methods in the Microsoft C# documentation at https://docs. microsoft.com/en-us/dotnet/csharp/programming-guide/classes-and-structs/methods.

Methods are placeholders too

Let's take an oversimplified example of adding two numbers together to drive the concept home. When writing a script, you're essentially laying down lines of code for the computer to execute in sequential order. The first time you need to add two numbers together, you could just add them like in the following code block:

```
SomeNumber + AnotherNumber
```

But then you conclude that these numbers need to be added together somewhere else.

Instead of copying and pasting the same line of code, which results in sloppy or "spaghetti" code and should be avoided at all costs, you can create a named method that will take care of this action:

```
AddNumbers()
{
    SomeNumber + AnotherNumber
}
```

Now AddNumbers is holding a place in memory, just like a variable; however, instead of a value, it holds a block of instructions. Using the name of the method (or calling it) anywhere in a script puts the stored instructions at your fingertips without having to repeat any code:

```
AddNumbers()
```

If you find yourself writing the same lines of code over and over, you're likely missing a chance to simplify or condense repeated actions into common methods.

This produces what programmers jokingly call **spaghetti code** because it can get messy. You'll also hear programmers refer to a solution called the **Don't Repeat Yourself** (**DRY**) principle, which is a mantra you should keep in mind.

As before, once we've seen a new concept in pseudocode, it's best if we implement it ourselves, which is what we'll do in the *Introducing classes* section to drive it home.

Let's open up LearningCurve again and see how a method works in C#. Just like with the variables example, you'll want to copy the code into your script exactly as it appears in the following screenshot. I've deleted the previous example code to make things neater, but you can, of course, keep it in your script for reference:

1. Open up `LearningCurve` in Visual Studio.

2. Add a new variable to line 8:

    ```
    public int AddedAge = 1;
    ```

3. Add a new method to line 16 that adds `CurrentAge` and `AddedAge` together and prints out the result:

    ```
    void ComputeAge()
    {
        Debug.Log(CurrentAge + AddedAge);
    }
    ```

4. Call the new method inside `Start` with the following line:

    ```
    void Start()
    {
        ComputeAge();
    }
    ```

5. Double-check that your code looks like the following screenshot before you run the script in Unity:

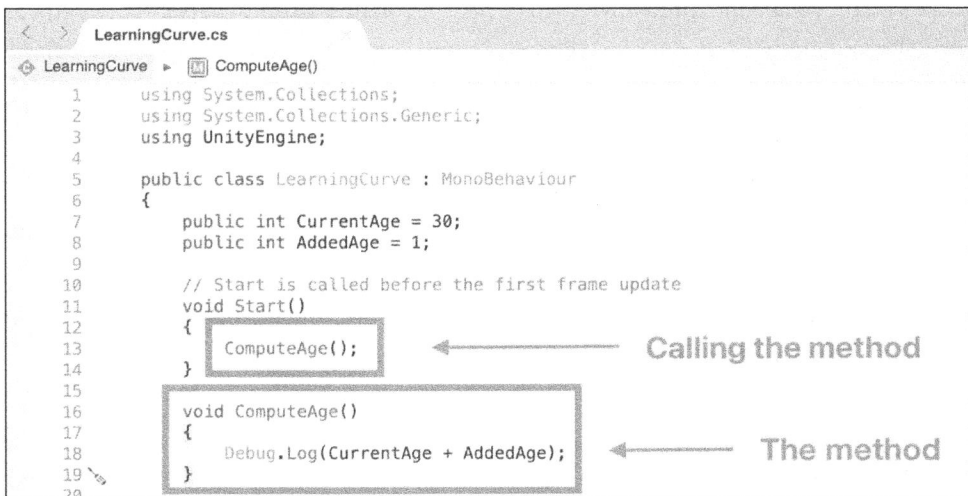

```
LearningCurve.cs

LearningCurve ► ComputeAge()

    1       using System.Collections;
    2       using System.Collections.Generic;
    3       using UnityEngine;
    4
    5       public class LearningCurve : MonoBehaviour
    6       {
    7           public int CurrentAge = 30;
    8           public int AddedAge = 1;
    9
    10          // Start is called before the first frame update
    11          void Start()
    12          {
    13              ComputeAge();                        ◄───────  Calling the method
    14          }
    15
    16          void ComputeAge()
    17          {
    18              Debug.Log(CurrentAge + AddedAge);    ◄───────  The method
    19          }
    20
```

Figure 2.7: LearningCurve with the new ComputeAge method

6. Save the file, and then go back and hit **Play** in Unity to see the new **Console** output.

You defined your first method on lines 16 to 19 and called it on line 13. Now, wherever ComputeAge( ) is called, the two variables will be added together and printed to the console, even if their values change. Remember, you set CurrentAge to 18 in the Unity Inspector, and the **Inspector** value will always override the value in a C# script:

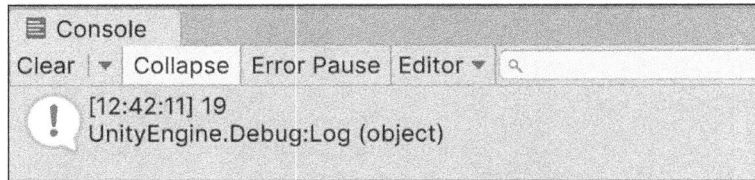

Figure 2.8: Console output from changing the variable value in the Inspector

Go ahead and try out different variable values in the **Inspector** panel to see this in action! More details on the actual code syntax of what you just wrote are coming up in the next chapter.

With a bird's-eye view of methods under our belts, we're ready to tackle the biggest topic in the programming landscape—classes!

Introducing classes

We've seen how variables store information and how methods perform actions, but our programming toolkit is still somewhat limited. We need a way of creating a sort of super container, containing variables and methods that can be referenced from within the container itself. Enter classes:

- *Conceptually*, a class holds related information, actions, and behaviors inside a single container. They can even communicate with each other.
- *Technically*, classes are data structures. They can contain variables, methods, and other programmatic information, all of which can be referenced when an object of the class is created.
- *Practically*, a class is a blueprint. It sets out the rules and regulations for any object (called an instance) created using the class blueprint.

> You've probably realized that classes surround us not only in Unity but in the real world as well. Next, we'll take a look at the most common Unity class and how classes function in the wild.

You can find an in-depth guide to classes in the Microsoft C# documentation at https://docs.microsoft.com/en-us/dotnet/csharp/fundamentals/types/classes.

A common Unity class

Before you start wondering what a class looks like in C#, you should know that you've been working with a class this whole chapter. By default, every script created in Unity is a class, which you can see from the `class` keyword on line 5:

```
public class LearningCurve: MonoBehaviour
{


}
```

`MonoBehaviour` just means that this class can be attached to a GameObject in the Unity scene, and the two brackets mark the boundaries of the class—any code inside those brackets belong to that class.

Classes can exist on their own, which we'll see when we create standalone classes in *Chapter 5, Working with Classes, Structs, and OOP.*

The terms *script* and class are sometimes used interchangeably in Unity resources. For consistency, I'll be referring to C# files as *scripts* if they're attached to GameObjects and as *classes* if they are standalone.

Classes are blueprints

For our last example, let's think about a local post office. It's a separate, self-contained environment that has properties, such as a physical address (a variable), and the ability to execute actions, such as sending out your mail (methods).

This makes a post office a great example of a potential class that we can outline in the following block of pseudocode:

```
public class PostOffice
{
    // Variables
    public string Address = "1234 Letter Opener Dr."

    // Methods
    DeliverMail() {}
    SendMail() {}
}
```

The main takeaway here is that when information and behaviors follow a predefined blueprint, complex actions and inter-class communication become possible. For instance, if we had another class that wanted to send a letter through our `PostOffice` class, it wouldn't have to wonder where to go to fire this action. We would create an instance of the PostOffice class and store it in its own unique variable so we can access it whenever we want (because there can be several post offices in your town and we need to tell them apart).

```
MyLocalPostOffice = new PostOffice()
```

Now we can call the `SendMail` function from the `PostOffice` instance, as follows:

```
MyLocalPostOffice().SendMail()
```

Alternatively, you could use it to look up the address of the post office, so you know where to post your letters:

```
MyLocalPostOffice().address
```

If you're wondering about the use of periods (called **dot notation**) between words, we'll be diving into that in the next section—hold tight.

Communication among classes

Up until now, we've described classes and, by extension, Unity components as separate standalone entities; in reality, they are deeply intertwined. You'd be hard-pressed to create any kind of meaningful software application without invoking some kind of interaction or communication between classes.

In the post office example above, the example code made use of periods (or dots) to reference classes, variables, and methods. If you think of classes as directories of information, then **dot notation** is the indexing tool:

```
MyLocalPostOffice().Address
```

Any variables, methods, or other data types within a class can be accessed with dot notation. This applies to nested, or subclass, information as well, but we'll tackle all those subjects when we get to *Chapter 5, Working with Classes, Structs, and OOP.*

Dot notation is also what drives communication between classes. Whenever a class needs information about another class or wants to execute one of its methods, dot notation is used:

```
MyLocalPostOffice().DeliverMail()
```

Dot notation is sometimes referred to as the **. operator**, so don't be thrown off if you see it mentioned this way in the documentation.

If dot notation doesn't quite click with you yet, don't worry, it will. It's the bloodstream of the entire programming body, carrying information and context wherever it's needed.

Now that you know a little more about classes, let's talk about the tool you'll use the most in your programming career—comments!

Working with comments

You might have noticed that `LearningCurve` has an odd line of text (10 in *Figure 2.6*) starting with two forward slashes, which were created by default with the script.

These are code comments! In C#, there are a few ways that you can use to create comments, and Visual Studio (and other code editing applications) will often make it even easier with built-in shortcuts.

Some professionals wouldn't call commenting an essential building block of programming, but I'll have to respectfully disagree. Correctly commenting out your code with meaningful information is one of the most fundamental habits a new programmer can develop.

Single-line comments

The following single-line comment is like the one we've included in `LearningCurve`:

```
// This is a single-line comment
```

Visual Studio doesn't compile lines starting with two forward slashes (without empty space) as code, so you can use them as much as needed to explain your code to others or your future self.

Multi-line comments

Since it's in the name, you'd be right to assume that single-line comments only apply to one line of code. If you want multi-line comments, you'll need to use a forward slash and an asterisk, (/* and */ as opening and closing characters respectively) around the comment text:

```
/* this is a
    multi-line comment */
```

You can also comment and uncomment blocks of code by highlighting them and using the *Cmd + /* shortcut on macOS and *Ctrl + K + C* on Windows.

Visual Studio also provides a handy auto-generated commenting feature; type in three forward slashes on the line preceding any line of code (variables, methods, classes, and more) and a summary comment block will appear, which you can see in *Figure 2.9*.

Seeing example comments is good, but putting them in your code is always better. It's never too early to start commenting!

Adding comments

Open up `LearningCurve` and add in three backslashes above the `ComputeAge()` method:

```
16          /// <summary>
17          /// Computes a modified age by adding two variables together
18          /// </summary>
19          void ComputeAge()
20          {
21              Debug.Log(CurrentAge + AddedAge);
22          }
```

Figure 2.9: Triple-line comment automatically generated for a method

You should see a three-line comment with a space for a description of the method generated by Visual Studio, sandwiched between two `<summary>` tags. You can, of course, change the text, or add new lines by hitting *Enter* just as you would in a text document; just make sure not to touch the `<summary>` tags or Visual Studio won't recognize the comments correctly.

The useful part about these detailed comments is clear when you want to know something about a method you've written. If you've used a triple-forward-slash comment, all you need to do is hover over the method name anywhere it's called within a class or script, and Visual Studio will pop up with your summary:

```
// Start is called before the first frame update
void Start()
{
    ComputeAge();|
}

//    <      M  void LearningCurve.ComputeAge()
//    C
//         Computes a modified age by adding two variables together    together
//    </summary>
void ComputeAge()
{
    Debug.Log(CurrentAge + AddedAge);
}
```

Figure 2.10: Visual Studio pop-up info box with the comment summary

Your basic programming toolkit is now complete (well, the theory drawer, at least). However, we still need to understand how everything we've learned in this chapter applies to the Unity game engine, which is what we'll be focusing on in the next section!

Putting the building blocks together

With the building blocks squared away, it's time to do a little Unity-specific housekeeping before wrapping up this chapter. Specifically, we need to know more about how Unity handles C# scripts attached to GameObjects.

For this example, we'll keep using our LearningCurve script and **Main Camera** GameObject.

Scripts become components

All GameObject components are scripts, whether they're written by you or the good people at Unity. The only difference is that Unity-specific components such as Transform and their respective scripts just aren't supposed to be edited by users.

The moment a script that you have created is dropped onto a GameObject, it becomes another component of that object, which is why it appears in the **Inspector** panel. To Unity, it walks, talks, and acts like any other component, complete with public variables underneath the component that can be changed at any time. Even though we aren't supposed to edit the components provided by Unity, we can still access their properties and methods, making them powerful development tools.

Unity also makes some automatic readability adjustments when a script becomes a component. You might have noticed in *Figures 2.4* and *2.6* that when we added LearningCurve to **Main Camera**, Unity displayed it as Learning Curve, with CurrentAge changing to Current Age.

We looked at how to update a variable in the **Inspector** panel in the *Variables act as placeholders* section, but it's important to reiterate how this works in more detail. There are three situations in which you can modify a property value:

- In **Play Mode** in the Unity Editor window (editor state)
- In **Development Mode** in the Unity Editor window (runtime state)
- In the Visual Studio code editor

Changes made in **Play Mode** take effect in real time, which is great for testing and fine-tuning gameplay. However, it's important to note that any changes made while in **Play Mode** will be lost when you stop the game and return to **Development Mode**. It can be extremely frustrating to lose any changes you've made while in **Play Mode**, so please, please keep an eye on which mode you're in when playtesting.

To copy over any changes you made from **Play Mode**:

1. Right-click on the component you changed and select **Copy Component**, as shown in *Figure 2.10*:

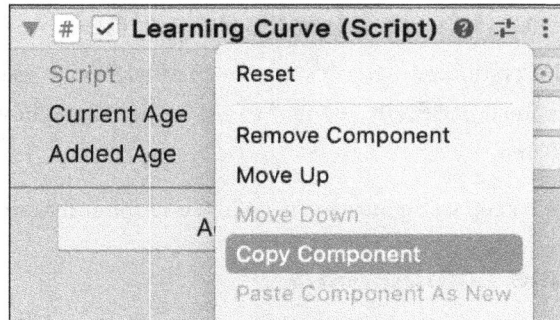

Figure 2.11: Copying component values from the Inspector

2. Exit **Play Mode** and right-click on the component again, this time selecting **Paste Component Values**, as shown in *Figure 2.11*:

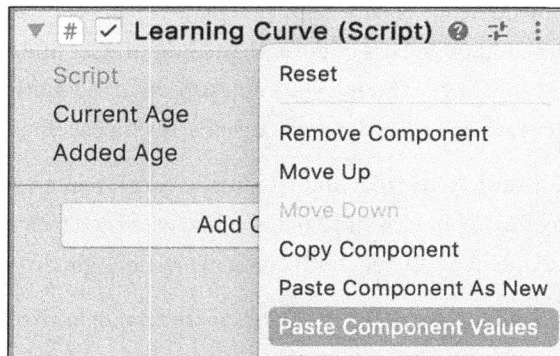

Figure 2.12: Pasting component values from the Inspector

When you're in **Development Mode**, any changes that you make to the variables will be saved by Unity. This means that if you were to quit Unity and then restart it, the changes would be retained.

The changes that you make to values in the **Inspector** panel while in **Play Mode** do not modify your script, but they will override any values you had assigned in your script when in **Development Mode**.

Any changes made in **Play Mode** will always reset automatically when you stop **Play Mode**. If you need to undo any changes made in the **Inspector** panel, you can reset the script to its default (sometimes called **initial**) values. Click on the three-vertical-dots icon to the right of any component, and then select **Reset**, as shown in the following screenshot:

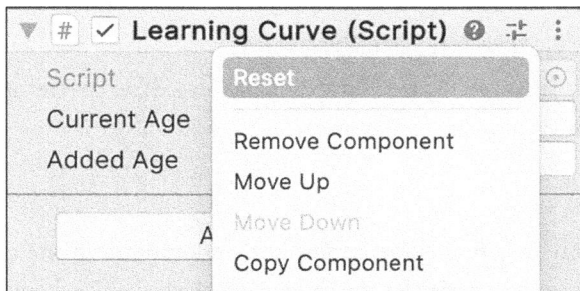

Figure 2.13: Script reset option in the Inspector

This should give you some peace of mind—if your variables get out of hand, there's always the hard reset.

A helping hand from MonoBehaviour

Since C# scripts are classes, how does Unity know to make some scripts components and not others? The short answer is that LearningCurve (and any script created in Unity) inherits from MonoBehaviour (a default class provided by Unity). This tells Unity that the C# class can be transformed into a component. However, all scripts do not have to inherit from MonoBehaviour—it's only necessary for the ones you want to add to GameObjects in your Unity scenes.

The topic of class inheritance is a bit advanced for this point of your programming journey; think of it as the MonoBehaviour class lending a few of its variables and methods to LearningCurve. *Chapter 5, Working with Classes, Structs, and OOP*, will cover class inheritance in practical detail. We'll also go over how to write classes that don't inherit from MonoBehaviour.

Unity application lifecycle

The Start() and Update() methods that we've used belong to MonoBehaviour, which Unity runs automatically on any script attached to a GameObject. The Start() method runs once when the scene starts playing, while the Update() method runs once per frame (depending on the frame rate of your machine).

Now that your familiarity with Unity's documentation has gotten a nice bump, I've put together a short optional challenge for you to tackle!

Hero's trial—MonoBehaviour in the Scripting API

Now it's time for you to get comfortable using the Unity documentation on your own, and what better way than to look up some of the common MonoBehaviour methods?

- Try searching for the Start() and Update() methods in the Scripting API to gain a better understanding of what they do in Unity
- If you're feeling brave, go the extra step and have a look at the MonoBehaviour class in the manual for a more detailed explanation

Summary

We've come a long way in a few short pages, but understanding the overarching theory of fundamental concepts such as variables, methods, and classes will give you a strong foundation to build on. Bear in mind that these building blocks have very real counterparts in the real world. Variables hold values like mailboxes hold letters; methods store instructions like recipes, to be followed for a predefined result; and classes are blueprints just like real blueprints. You can't build a house without a well-thought-out design to follow if you expect it to stay standing.

The rest of this book will take you on a deep dive into C# syntax from scratch, starting with more detail in the next chapter on how to create variables, manage value types, and work with simple and complex methods.

Pop quiz—C# building blocks

1. What is the main purpose of a variable?
2. What role do methods play in scripts?
3. How does a script become a component?
4. What is the purpose of dot notation?

Don't forget to check your answers against mine in the *Pop Quiz Answers* appendix to see how you did!

Join us on discord!

Read this book alongside other users, Unity game development experts and the author himself.

Ask questions, provide solutions to other readers, chat with the author via Ask Me Anything sessions and much more.

Scan the QR code or visit the link to join the community.

https://packt.link/csharpwithunity

3

Diving into Variables, Types, and Methods

The initial steps into any programming language are plagued with a fundamental issue—you can understand the words being typed out, but not the meaning behind them. Normally, this would be cause for a paradox, but programming is a special case.

C# is not its own language; it's written in English. The discrepancy between the words you use every day and the code in Visual Studio comes from missing context, which is something that must be learned all over again. You know how to say and spell the words used in C#, but what you don't know is where, when, why, and, most importantly, how they make up the syntax of the language.

This chapter marks our departure from programming theory and the beginning of our journey into actual coding. We'll talk about accepted formatting, debugging techniques, and putting together more complex examples of variables and methods. There's a lot of ground to cover, but by the time you reach the last quiz, you'll be comfortable with the following high-level topics:

- Writing proper C#
- Debugging your code
- Understanding variables
- Introducing operators
- Defining methods

Let's get started!

Writing proper C#

Lines of code function like sentences, meaning they need to have some sort of separating or ending character. Every line of C#, called a statement, *must* end with a semicolon to separate them for the code compiler to process.

However, there's a catch that you need to be aware of. Unlike the written word we're all familiar with, a C# statement doesn't technically have to be on a single line; whitespace and new lines are ignored by the code compiler. For example, a simple variable could be written like this:

```
public string FirstName = "Harrison";
```

Alternatively, it could also be written as follows:

```
public
string
FirstName
=
"Harrison";
```

These two code snippets are both perfectly acceptable to Visual Studio, but the second option is highly discouraged in the software community as it makes code extremely hard to read. The idea is to write your programs as efficiently and clearly as possible.

There will be times when a statement will be too long to reasonably fit on a single line, but those are few and far between. Just make sure that it's formatted in a way someone else could understand, and don't forget the semicolon.

The second formatting rule you need to drill into your coding muscle memory is the use of curly brackets or braces: {}. Methods, classes, and interfaces all need a set of curly brackets after their declaration. We'll talk about each of these in depth later on in the book, but it's important to get the standard formatting in your head early on.

The traditional practice in C# is to include each bracket on a new line, as shown in the following method:

```
public void MethodName()
{
}
```

However, you might see the first curly bracket located on the same line as the declaration out in the wild. It's all down to personal preference:

```
public void MethodName() {
}
```

While this isn't something to tear your hair out over, the important thing is to be consistent. In this book, we'll stick with "pure" C# code, which will always put each bracket on a new line, while C# examples that have to do with Unity and game development will often follow the second example.

A good, consistent formatting style is paramount when starting in programming, but so is being able to see the fruits of your work. In the next section, we'll talk about how to print out variables and information straight to the Unity console.

Debugging your code

While we're working through practical examples, we'll need a way to print out information and feedback to the **Console** window in the Unity editor. This information is just to help you mark where and when things are happening in your code and won't be visible in the game itself. The programmatic term for this is **debugging**, and both C# and Unity provide helper methods to make this process easier for developers. You already debugged your code from the last chapter, but we didn't go into much detail about how it actually works. Let's fix that.

Whenever I ask you to debug or print something out, use one of the following methods:

- For simple text or individual variables, use the standard Debug.Log() method. The text needs to be inside a set of parentheses, and variables can be used directly with no added characters, for example:

  ```
  Debug.Log("Text goes here.");
  Debug.Log(CurrentAge);
  ```

  This will produce the following in the **Console** panel:

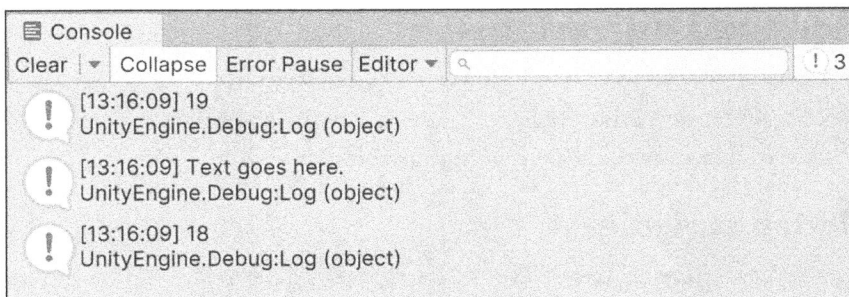

Figure 3.1: Observing Debug.Log output

To provide a complete view of the Unity editor, all our screenshots are taken in full-screen mode. For color versions of all book images, use the link below: `https://packt.link/7yy5V`.

- For more complex debugging, use `Debug.LogFormat()`. This will let you place variables inside the printed text by using placeholders. These are marked with a pair of curly brackets, each containing an index. An index is a regular number, starting at 0 and increasing sequentially by 1. In the following example, the `{0}` placeholder is replaced with the `CurrentAge` value, `{1}` with `FirstName`, and so on:

```
Debug.LogFormat("Text goes here, add {0} and {1} as variable
    placeholders", CurrentAge, FirstName);
```

This will produce the following in the **Console** panel:

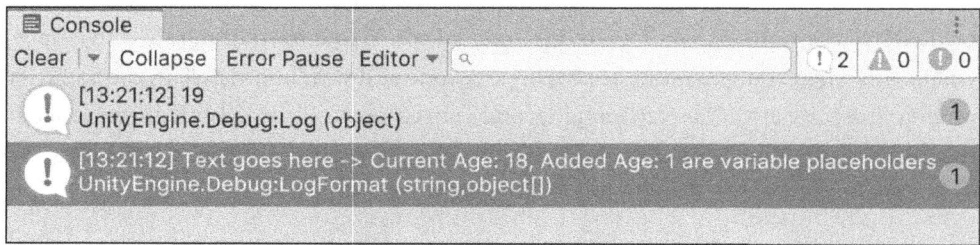

Figure 3.2: Observing Debug.LogFormat

You might have noticed that we're using **dot notation** in our debugging techniques, and you'd be right! Debug is the class we're using, and `Log()` and `LogFormat()` are different methods that we can use from that class.

With the power of debugging under our belts, we can safely move on and dive into how variables are declared, as well as the different ways that syntax can play out.

Understanding variables

In the previous chapter, we saw how variables are written and touched on the high-level functionality that they provide. However, we're still missing the syntax that makes all that possible, so let's start with the very basics: declaring variables.

Declaring variables

Variables don't just appear at the top of a C# script; they have to be declared according to certain rules and requirements. At its most basic level, a variable statement needs to satisfy the following requirements:

- The type of data the variable will store needs to be specified
- The variable has to have a unique name
- If there is an assigned value, it must match the specified type
- The variable declaration needs to end with a semicolon

The result of adhering to these rules is the following syntax:

```
dataType UniqueName = value;
```

> Variables need unique names to avoid conflicts with words that have already been taken by C#, which are called **keywords**. You can find the full list of protected keywords at: https://docs.microsoft.com/en-us/dotnet/csharp/language-reference/keywords/index.

This is simple, neat, and efficient. However, a programming language wouldn't be useful in the long run if there was only one way of creating something as pervasive as variables. Complex applications and games have different use cases and scenarios, all of which have unique C# syntax. Let's take a look at these in the next two sections as we explore type and value declarations.

Type and value declarations

The most common scenario for creating variables is one that has all of the required information available when the declaration is made. For instance, if we knew a player's age, storing it would be as easy as doing the following:

```
int CurrentAge = 32;
```

Here, all of the basic requirements have been met:

- A data type is specified, which is int (short for integer, which is a fancy word for a whole number)
- A unique name is used, which is CurrentAge
- 32 is an integer, which matches the specified data type
- The statement ends with a semicolon

However, there will be scenarios where you'll want to declare a variable without knowing its value right away. We'll talk about this topic in the following section.

Type-only declarations

Consider another scenario—you know the type of data you want a variable to store and its name, but not its value. The value will be computed and assigned somewhere else, but you still need to declare the variable at the top of the script. This situation is perfect for a type-only declaration:

```
int CurrentAge;
```

Only the type (int) and unique name (CurrentAge) are defined, but the statement is still valid because we've followed the rules. With no assigned value, default values will be assigned according to the variable's type. In this case, CurrentAge will be set to 0, which matches the int type. As soon as the actual value of the variable becomes available, it can easily be set in a separate statement by referencing the variable name and assigning it a value:

```
CurrentAge = 32;
```

> You can find a complete list of all C# types and their default values at: https://docs.microsoft.com/en-us/dotnet/csharp/language-reference/builtin-types/default-values.

At this point, you might be asking why, so far, our variables haven't included the public keyword, called an *access modifier*, which we saw in earlier scripting examples. The answer is that we didn't have the necessary foundation to talk about them with any clarity. Now that we have that foundation, it's time to revisit them in detail.

Using access modifiers

Now that the basic syntax is no longer a mystery, let's get into the finer details of variable statements. Since we read code from left to right, it makes sense to begin our variable deep dive with the keyword that traditionally comes first—an **access modifier**.

Take a quick look back at the variables we used in the preceding chapter in LearningCurve and you'll see they had an extra keyword at the front of their statements: public. This is the variable's access modifier. Think of it as a security setting, determining who and what can access the variable's information.

Any variable that isn't marked public is defaulted to private and won't show up in the Unity **Inspector** panel. If you include a modifier, the updated syntax recipe we put together at the beginning of this chapter will look like this:

```
accessModifier dataType UniqueName = value;
```

While explicit access modifiers aren't necessary when declaring a variable, it's a good habit to get into as a new programmer. That extra word goes a long way toward readability and professionalism in your code.

There are four main access modifiers available in C#, but the two you'll be working with most often as a beginner are the following:

- **Public**: This is available to any script without restriction.
- **Private**: This is only available in the class they're created in (which is called the containing class). Any variable without an access modifier will default to Private.

The two advanced modifiers have the following characteristics:

- **Protected**: Accessible from their containing class or types derived from it.
- **Internal**: Only available in the current assembly (an automatically generated file that bundles your code, resources, and pretty much everything else together in a neat package).

There are specific use cases for each of these modifiers, but until we get to the advanced chapters, don't worry about **protected** and **internal**.

> Two combined modifiers also exist, but we won't be using them in this book. You can find more information about them at: https://docs.microsoft.com/en-us/dotnet/csharp/language-reference/keywords/access-modifiers.

Let's try out some access modifiers of our own! Just like information in real life, some data needs to be protected or shared with specific people. If there's no need for a variable to be changed in the **Inspector** window or accessed from other scripts, it's a good candidate for a private access modifier.

Perform the following steps to update LearningCurve:

1. Change the access modifier in front of CurrentAge from public to private and save the file.
2. Go back into Unity, select the **Main Camera**, and take a look at what changed in the LearningCurve section:

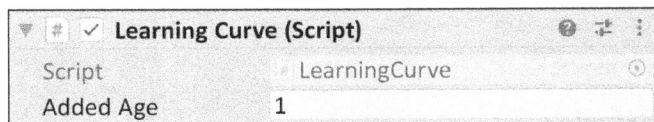

Figure 3.3: LearningCurve script component attached to the Main Camera

Since CurrentAge is now private, it's no longer visible in the **Inspector** window and can only be accessed within the LearningCurve script in code. If we click **Play**, the script will still work exactly as it did before.

This is a good start on our journey into variables, but we still need to know more about what kinds of data they can store. This is where data types come in, which we'll look at in the next section.

Working with types

Assigning a specific type to a variable is an important choice, one that trickles down into every interaction a variable has over its entire lifespan. Since C# is what's called a *strongly typed* or *type-safe* language, every variable must have a data type without exception. In comparison, programming languages like JavaScript, for example, are non-type-safe. This means that there are specific rules when it comes to performing operations with certain types, and regulations when converting a given variable type into another.

Common built-in types

All data types in C# trickle down (or **derive**, in programmatic terms) from a common ancestor: System.Object. This hierarchy, called the Common Type System (CTS), means that different types have a lot of shared functionality. The following table lays out some of the most common data type options and the values they store:

Type	Contents of the variable
int	A simple integer, such as the number 3
float	A number with a decimal, such as the number 3.14
string	Characters in double quotes, such as,"Watch me go now"
bool	A Boolean, either **true** or **false**

Figure 3.4: Common data types for variables

In addition to specifying the kind of value a variable can store, types contain added information about themselves, including the following:

- Required storage space
- Minimum and maximum values
- Allowed operations
- Location in memory
- Accessible methods
- Base (derived) type

If this seems overwhelming, take a deep breath. Working with all of the types C# offers is a perfect example of using documentation over memorization. Pretty soon, using even the most complex custom types will feel like second nature.

> You can find a complete list of all of the C# built-in types and their specifications at: https://docs.microsoft.com/en-us/dotnet/csharp/programming-guide/ types/index.

Before the list of types in *Figure 3.4* gets too overwhelming, it's best to experiment with them. After all, the best way to learn something new is to use it, break it, and then learn to fix it.

Go ahead and open up LearningCurve and add a new variable for each type in the preceding table from the *Common built-in types* section. The names and values you use are up to you; just make sure they're marked as public so we can see them in the **Inspector** window. If you need inspiration, take a look at my code:

```
public class LearningCurve : MonoBehaviour
{
    private int CurrentAge = 30;
    public int AddedAge = 1;

    public float Pi = 3.14f;
    public string FirstName = "Harrison";
    public bool IsAuthor = true;

    // Start is called before the first frame update
    void Start()
    {
        ComputeAge();
    }

    /// <summary>
    /// Time for action - adding comments
    /// Computes a modified age integer
    /// </summary>
    void ComputeAge()
```

```
    {
        Debug.Log(CurrentAge + AddedAge);
    }
}
```

When dealing with string types, the actual text value needs to be inside a pair of double quotes, while float values need to end with a lowercase f, as you can see with FirstName and Pi.

All our different variable types are now visible. Take note of the bool variable that Unity displays as a checkbox (true is checked and false is unchecked).

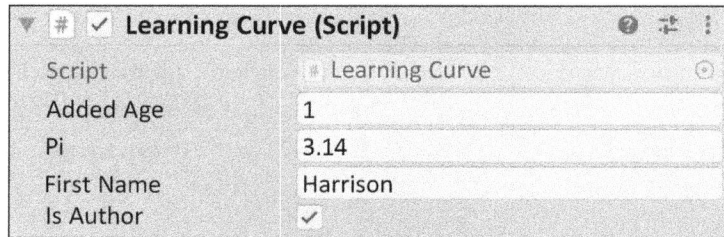

Figure 3.5: LearningCurve script component with common variable types

Remember, any variables you declare as private won't show up in the **Inspector** window. Before we move on to conversions, we need to touch on a common and powerful application of the **string data type**—namely, the creation of strings that have variables interspersed at will.

While number types behave as you'd expect from grade school math, strings are a different story. It's possible to insert variables and literal values directly into text by starting with a $ character, which is called **string interpolation**. You've already used an interpolated string in your LogFormat() debugging; adding the $ character lets you use them anywhere!

Let's create a simple interpolated string of our own inside LearningCurve to see this in action. Print out the interpolated string inside the Start() method directly after ComputeAge() is called:

```
void Start()
{
    ComputeAge();
    Debug.Log($"A string can have variables like {FirstName} inserted
directly!");
}
```

In the console, this string will output the following text:

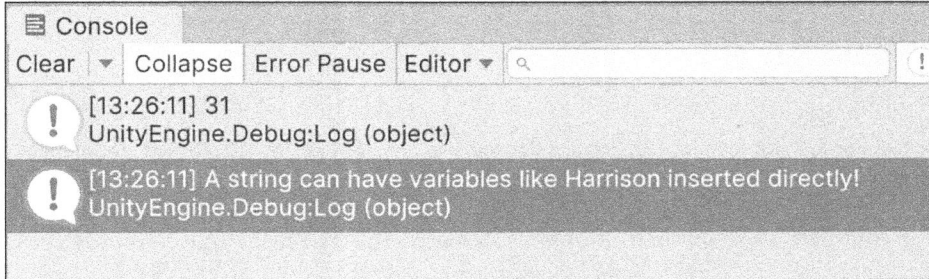

Figure 3.6: Console showing debug log output

Notice that because **Current Age** is now private, it defaults to using the value we set in code (30). It's also possible to create interpolated strings using the + operator, which we'll talk about in the *Introducing operators* section. For now, let's move on to type conversions.

Type conversions

We've already seen that variables can only hold values of their declared types, but there will be situations where you'll need to combine variables of different types. In programming terminology, these are called conversions, and they come in two main flavors:

- **Implicit** conversions take place automatically, usually when a smaller value will fit into another variable type without any rounding. For example, any integer can be implicitly converted into a double or float value without additional code:

    ```
    int MyInteger = 3;
    float MyFloat = MyInteger;

    Debug.Log(MyInteger);
    Debug.Log(MyFloat);
    ```

The output in the **Console** panel can be seen in the following screenshot, where you can see both numbers showing **3** (even though the float is technically 3.0, the zero is rounded off in C#):

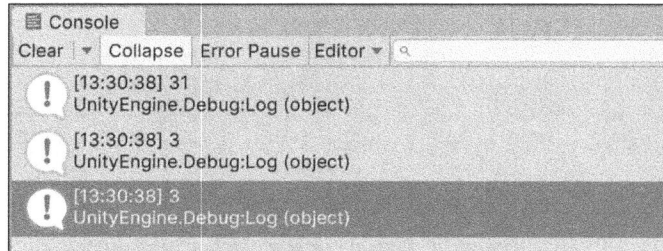

Figure 3.7: Implicit type conversion debug log output

- **Explicit** conversions are needed when there is a risk of losing a variable's information during the conversion. For example, if we wanted to convert a double value into an int value, we would have to explicitly cast (convert) it by adding the destination type in parentheses before the value we want to convert.

This tells the compiler that we are aware that data (or precision) might be lost:

```
int ExplicitConversion = (int)3.14;
Debug.Log(ExplicitConversion);
```

In this explicit conversion, 3.14 would be rounded down to 3, losing the decimal values:

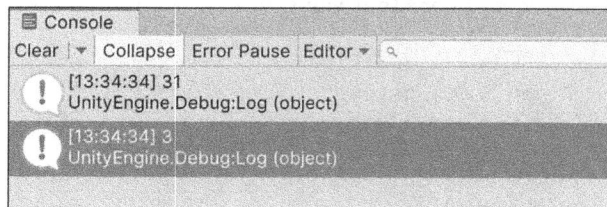

Figure 3.8: Explicit type conversion debug log output

C# provides built-in methods for explicitly converting values to common types. For example, any type can be converted into a string value with the ToString() method, while the Convert class can handle more complicated conversions. You can find more info about these features under the *Methods* section at: https://docs.microsoft.com/en-us/dotnet/api/system.convert?view=netframework-4.7.2.

So far, we've learned that types have rules regarding their interactions, operations, and conversion, but how do we handle a situation where we need to store a variable of an unknown type? This might sound crazy, but think about a data-download scenario—you know the information is coming into your game, but you're not sure what form it will take. We'll discuss how to handle this in the following section.

Inferred declarations

Luckily, C# can *infer* a variable's type from its assigned value. For example, the var keyword can let the program know that the type of the data, CurrentAge, needs to be determined by its value of 32, which is an integer:

```
var CurrentAge = 32;
```

While this is handy in certain situations, don't be suckered into the lazy programming habit of using inferred variable declarations for everything. This adds a lot of guesswork to your code, where it should be crystal clear. Inferred variable declarations should really only be used when you're testing code and don't know the data type that's being stored. Once you do, changing the variable declaration to the specific type is recommended to avoid runtime errors later on. Before we wrap up our discussion on data types and conversion, we do need to briefly touch on the idea of creating custom types, which we'll do next.

Custom types

When we're talking about data types, it's important to understand early on that numbers and words (referred to as *literal values*) are not the only kinds of values a variable can store. For instance, a class, struct, or enumeration can be stored as variables. We will introduce these topics in *Chapter 5, Working with Classes, Structs, and OOP*, and explore them in greater detail in *Chapter 10, Revisiting Types, Methods, and Classes*.

Types are complicated, and the only way to get comfortable with them is by using them. However, here are some important things to keep in mind:

- All variables need to have a specified type (be it explicit or inferred)
- Variables can only hold values of their assigned type (a string value can't be assigned an int variable)
- If a variable needs to be assigned or combined with a variable of a different type, a conversion needs to take place (either implicit or explicit)
- The C# compiler can infer a variable's type from its value using the var keyword, but should only be used when the type isn't known when it's created

That's a lot of nitty-gritty detail we've just jammed into a few sections, but we're not done yet. We still need to understand how naming conventions work in C#, as well as where the variables live in our scripts.

Naming variables

Picking names for your variables might seem like an afterthought in light of everything we've learned about access modifiers and types, but it shouldn't be a straightforward choice. Clear and consistent naming conventions in your code will not only make it more readable but will also ensure that other developers on your team understand your intentions without having to ask.

The first rule when it comes to naming a variable is that the name you give it should be meaningful; the second rule is that you use Pascal case (where the first letter of each compound word in a variable name is capitalized — i.e., HelloWorld).

> C# does support camel casing (where the first letter of the variable name doesn't need to be capitalized — i.e., helloWorld), so if you're coming from another programming language like Java or C and are more comfortable with that formatting, the compiler won't complain. Pascal case is the more generally accepted way of doing things in C#, so we'll use that going forward.

Let's take a common example from games and declare a variable to store a player's health:

```
public int Health = 100;
```

If you find yourself declaring a variable like this, alarm bells should be going off in your head. Whose health? Is it storing the maximum or minimum value? What other code will be affected when this value changes? These are all questions that should be easily answered by a meaningful variable name; you don't want to find yourself confused by your own code in a week or a month.

With that said, let's try to make this a bit better using a Pascal case name:

```
public int MaxPlayerHealth = 100;
```

Remember, Pascal case starts each word in the variable name with an uppercase letter.

That's much better. With a little thought, we've updated the variable name with meaning and context. Since there is no technical limit in terms of how long a variable name can be, you might find yourself going overboard and writing out ridiculously descriptive names, which will give you problems just as much as a short, non-descriptive name would.

As a general rule, make a variable name as descriptive as it needs to be—no more, no less. Find your style and stick to it.

Understanding variable scope

We're getting to the end of our dive into variables, but there's still one more important topic we need to cover: **scope**. Similar to access modifiers, which determine the outside classes that can grab a variable's information, the variable **scope** is the term used to describe where a given variable exists and its access point within its containing class.

There are three main levels of variable scope in C#:

- **Global scope** refers to a variable that can be accessed by an entire program; in this case, a game. C# doesn't directly support global variables, but the concept is useful in certain cases, which we'll cover in *Chapter 10, Revisiting Types, Methods, and Classes.*

- **Class scope** or **member scope** refers to a variable that is accessible anywhere in its containing class.

- **Local** scope refers to a variable that is only accessible inside the specific method or block of code it's created in.

Take a look at the following screenshot. You don't need to put this into LearningCurve if you don't want to; it's only for visualization purposes at this point:

```
5     public class LearningCurve : MonoBehaviour
6     {
7         public string CharacterClass = "Ranger";    ◄──────────── Class scope
8
9         // Start is called before the first frame update
10        void Start()
11        {
12            int CharacterHealth = 100;    ◄──────────── Local scope 1
13            Debug.Log(CharacterClass + " - HP: " + CharacterHealth);
14        }
15
16        void CreateCharacter()
17        {
18            string CharacterName = "Aragorn";    ◄──────────── Local scope 2
19            Debug.Log(CharacterName + " - " + CharacterClass);
20        }
21    }
```

Figure 3.9: Diagram of different scopes in the LearningCurve script

When we talk about code blocks, we're referring to the area inside any set of curly brackets. These brackets serve as a kind of visual hierarchy in programming; the farther right-indented they are, the deeper they are nested in the class.

Let's break down the class and local scope variables in *Figure 3.9*:

- `CharacterClass` is declared at the very top of the class, which means we can reference it by name anywhere inside `LearningCurve`. You might hear this concept referred to as **variable visibility**, which is a good way of thinking about it.

- `CharacterHealth` is declared inside the `Start()` method, which means it is only visible inside that block of code. We can still access `CharacterClass` from `Start()` with no issue, but if we attempted to access `CharacterHealth` from anywhere but `Start()`, we would receive an error.

- `CharacterName` is in the same boat as `CharacterHealth`; it can only be accessed from the `CreateCharacter()` method. This was just to illustrate that there can be multiple, even nested, local scopes in a single class.

If you spend enough time around programmers, you'll hear discussions (or arguments, depending on the time of day) about the best place to declare a variable. The answer is simpler than you might think: variables should be declared with their use in mind. If you have a variable that needs to be accessed throughout a class, make it a class variable. If you only need a variable in a specific section of code, declare it as a local variable.

> Note that only class variables can be viewed in the **Inspector** window, which isn't an option for local or global variables.

With naming and scope in our toolbox, let's transport ourselves back to middle school math class and relearn how arithmetic operations work all over again!

Introducing operators

Operator symbols in programming languages represent the *arithmetic, assignment, relational,* and *logical* functionality that types can perform. Arithmetic operators represent basic math functions, while assignment operators perform math and assignment functions together on a given value. Relational and logical operators evaluate conditions between multiple values, such as *greater than, less than,* and *equal to.*

C# also offers bitwise and miscellaneous operators, but these won't come into play for you until you're well on your way to creating more complex applications. At this point, it only makes sense to cover arithmetic and assignment operators; we'll get to relational and logical functionality when it becomes relevant in *Chapter 4, Control Flow and Collection Types.*

Arithmetic and assignments

You're already familiar with the arithmetic operator symbols from school:

- + for addition
- - for subtraction
- / for division
- * for multiplication

C# operators follow the conventional order of operations, that is, evaluating parentheses first, then exponents, then multiplication, then division, then addition, and finally, subtraction.

For instance, the following equations will provide different results, even though they contain the same values and operators:

```
5 + 4 - 3 / 2 * 1 = 8
5 + (4 - 3) / 2 * 1 = 5
```

Operators work the same when applied to variables as they do with literal values. Assignment operators can be used as a shorthand replacement for any math operation by using any arithmetic and equals symbol together. For example, if we wanted to multiply a variable, you could use the following code:

```
int CurrentAge = 32;
CurrentAge = CurrentAge * 2;
```

The second, alternative, way to do this is shown here:

```
int CurrentAge = 32;
CurrentAge *= 2;
```

The equals symbol is also considered an assignment operator in C#. The other assignment symbols follow the same syntax pattern as our preceding multiplication example: +=, -=, and /= for add and assign, subtract and assign, and divide and assign, respectively.

Strings are a special case when it comes to operators as they can use the addition symbol to create patchwork text. For example, if you put the following code into the Start method:

```
string FullName = "Harrison " + "Ferrone";
```

This will produce the following when logged in to the **Console** panel:

```
Project    Console
Clear  ▼  Collapse  Error Pause  Editor ▼    ⌕                                    1   ⚠ 0   ⓘ 0
    ⓘ  [17:49:25] Harrison Ferrone
       UnityEngine.Debug:Log (object)
```

Figure 3.10: Using operators on strings

This approach tends to produce clunky code, making string interpolation the preferred method for putting together different bits of text in most cases.

Take note that arithmetic operators don't work on all data types. For example, the * and / operators don't work on string values, and none of these operators work on Booleans. Having learned that types have rules that govern what kind of operations and interactions they can have, we'll give it a shot in the *Defining methods* section.

Let's do a little experiment: we'll try to multiply our string and float variables together, as we did earlier with our numbers:

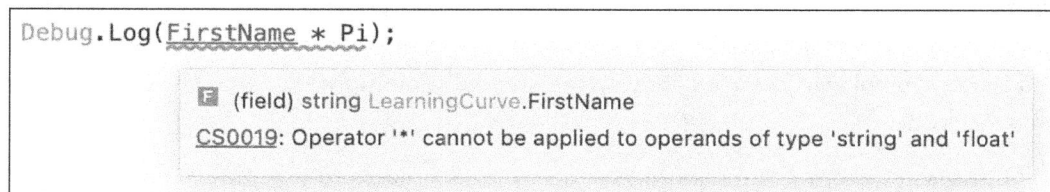

```
Debug.Log(FirstName * Pi);

        🔲 (field) string LearningCurve.FirstName
        CS0019: Operator '*' cannot be applied to operands of type 'string' and 'float'
```

Figure 3.11: Visual Studio incorrect type operation error message

Look at Visual Studio and you'll see we've got an error message letting us know that a string type and a float type can't be multiplied. This error will also show up in the Unity **Console**, and won't let the project build.

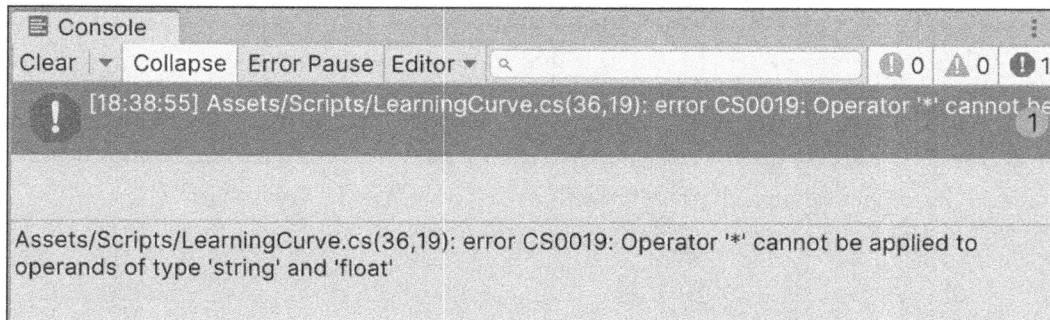

```
Console                                                                                      ⋮
Clear  ▼  Collapse  Error Pause  Editor ▼    ⌕                                    ⓘ 0   ⚠ 0   ⓘ 1
    ⓘ  [18:38:55] Assets/Scripts/LearningCurve.cs(36,19): error CS0019: Operator '*' cannot be
                                                                                              1



Assets/Scripts/LearningCurve.cs(36,19): error CS0019: Operator '*' cannot be applied to
operands of type 'string' and 'float'
```

Figure 3.12: Console showing operator errors on incompatible data types

Whenever you see this type of error, go back and inspect your variable types for incompatibilities.

We must clean up this example, as the compiler won't allow us to run our game at this point. Choose between a pair of backslashes (//) at the beginning of the line `Debug.Log(FirstName*Pi)`, or delete it altogether.

That's as far as we need to go in terms of variables and types for the moment. Be sure to test yourself on the quiz at the end of this chapter before moving on!

Defining methods

In the previous chapter, we briefly touched on the role methods play in our programs; namely, that they store and execute instructions, just like variables store values. Now, we need to understand the syntax of method declarations and how they drive action and behavior in our classes.

As with variables, method declarations have their basic requirements, which are as follows:

- The type of data that will be returned by the method (methods don't all have to return anything, so this can be void)
- A unique name, starting with a capital letter
- A pair of parentheses following the method name
- A pair of curly brackets marking the method body (where instructions are stored)

Putting all of these rules together, we get a simple method blueprint:

```
returnType UniqueName()
{
    method body
}
```

Let's break down the default `Start()` method in `LearningCurve` as a practical example:

```
void Start()
{
}
```

In the preceding output, we can see the following:

- The method starts with the `void` keyword, which is used as the method's return type if it doesn't return anything.
- The method has a unique name within the class. You can use the same name in different classes, but you should aim to always make your names unique no matter what.

- The method has a pair of parentheses after its name to hold any potential parameters.
- The method body is defined by a set of curly brackets.

In general, if you have a method that has an empty method body, it's good practice to delete it from the class. You always want to be pruning your scripts of unused code.

Like variables, methods can also have security levels. However, they can also have input parameters, both of which we'll be discussing next!

Declaring methods

Methods can also have the same four access modifiers that are available to variables, as well as input parameters. Parameters are variable placeholders that can be passed into methods and accessed inside them. The number of input parameters you can use isn't limited, but each one needs to be separated by a comma, show its data type, and have a unique name.

Think of method parameters as variable placeholders whose values can be used inside the method body. If we apply these options, our updated blueprint will look like this:

```
accessModifier returnType UniqueName(parameterType parameterName)
{
    method body
}
```

If there is no explicit access modifier, the method defaults to private. A private method, like a private variable, cannot be called from other scripts. To call a method (meaning to run or execute its instructions), we simply use its name, followed by a pair of parentheses, with or without parameters, and cap it off with a semicolon:

```
// Without parameters
UniqueName();
// With parameters
UniqueName(parameterVariable);
```

Like variables, every method has a fingerprint that describes its access level, return type, and parameters. This is called its method signature. Essentially, a method's signature marks it as unique to the compiler so Visual Studio knows what to do with it.

Now that we understand how methods are structured, let's create one of our own.

The *Methods are placeholders too* section in the previous chapter had you blindly copy a method called ComputeAge() into LearningCurve without you knowing what you were getting into. This time, let's purposefully create a method:

1. Declare a public method with a void return type called GenerateCharacter():

```
public void GenerateCharacter()
{
}
```

2. Add a simple Debug.Log() inside the new method and print out a character name from your favorite game or movie:

```
Debug.Log("Character: Spike");
```

3. Call GenerateCharacter() inside the Start() method:

```
void Start()
{
    GenerateCharacter();
}
```

4. Hit **Play** to see the output.

When the game starts up, Unity automatically calls Start(), which, in turn, calls our GenerateCharacter() method and prints the result to the **Console** window.

If you have read enough documentation, you'll see different terminology related to methods. Throughout the rest of this book, when a method is created or declared, I'll refer to this as defining a method. Similarly, I'll refer to running or executing a method as calling that method.

The power of naming is integral to the entirety of the programming landscape, so it shouldn't be a surprise that we're going to revisit naming conventions for methods before moving on.

Naming conventions

Like variables, methods need unique, meaningful names to distinguish them in code. Methods drive actions, so it's a good practice to name them with that in mind. For example, GenerateCharacter() sounds like a command, which reads well when you call it in a script, whereas a name such as Summary() is bland and doesn't paint a very clear picture of what the method will accomplish. Like variables, method names are written in Pascal case.

Methods as logic detours

We've seen that lines of code execute sequentially in the order they're written, but bringing methods into the picture introduces a unique situation. Calling a method tells the program to take a detour into the method instructions, run them one by one, and then resume sequential execution where the method was called.

Take a look at the following screenshot and see whether you can figure out in what order the debug logs will be printed out to the console:

```
13      // Use this for initialization
14      void Start ()
15      {
16          Debug.Log("Choose" a character.");
17          GenerateCharacter();
18          Debug.Log("A fine choice.");
19      }
20
21      public void GenerateCharacter()
22      {
23          Debug.Log("Character: Spike");
24      }
```

Figure 3.13: Considering the order of debug logs

These are the steps that occur:

1. Choose a character prints out first because it's the first line of code.

2. When GenerateCharacter() is called, the program jumps to line 23, prints out Character: Spike, and then resumes execution at line 17.

3. A fine choice prints out last, after all the lines in GenerateCharacter() have finished running.

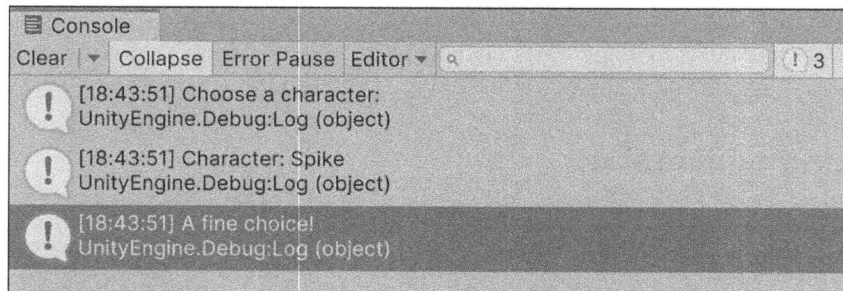

Figure 3.14: Console showing the output of character-building code

Now, methods in themselves wouldn't be very useful beyond simple examples like these if we couldn't add parameter values to them, which is what we'll do next.

Specifying parameters

Chances are your methods aren't always going to be as simple as GenerateCharacter(). To pass in additional information, we'll need to define parameters that our method can accept and work with. Every method parameter is an instruction and needs to have two things:

- An explicit type
- A unique name

Does this sound familiar? Method parameters are essentially stripped-down variable declarations and perform the same function. Each parameter acts like a local variable, only accessible inside their specific method.

You can have as many parameters as you need. Whether you're writing custom methods or using built-in ones, the parameters that are defined are what the method requires to perform its specified task.

If parameters are the blueprint for the types of values a method can accept, then arguments are the values themselves. To break this down further, consider the following:

- The argument that's passed into a method needs to match the parameter type, just like a variable type and its value
- Arguments can be literal values (for instance, the number 2) or other variables you've declared in the class

> Argument names and parameter names don't need to match to compile.

Now, let's move on and add some method parameters to make GenerateCharacter() a bit more interesting.

Let's update GenerateCharacter() so that it can take in two parameters:

1. Add two method parameters: one for a character's name of the string type, and another for a character's level of the int type:

```
public void GenerateCharacter(string name, int level)
{
}
```

2. Update `Debug.Log()` so that it uses these new parameters:

```
Debug.LogFormat("Character: {0} - Level: {1}", name, level);
```

3. Update the `GenerateCharacter()` method call in `Start()` with your arguments, which can be either literal values or declared variables:

```
int CharacterLevel = 32;
GenerateCharacter("Spike", CharacterLevel);
```

Your code should look like the following:

Figure 3.15: Updating the GenerateCharacter() method

Here, we defined two parameters, `name` (`string`) and `level` (`int`), and used them inside the `GenerateCharacter()` method, just like local variables. When we called the method inside `Start()`, we added argument values for each parameter with corresponding types. In *Figure 3.15*, you can see that using the literal string value in quotations produced the same result as using `characterLevel`.

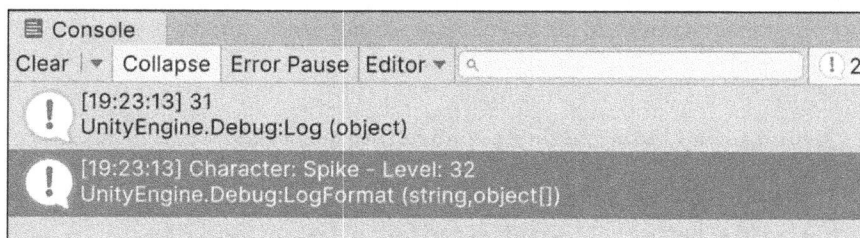

Figure 3.16: Console showing the output from method parameters

Going even further with methods, you might be wondering how we can pass values from inside the method and back out again. This brings us to our next section on return values.

Specifying return values

Aside from accepting parameters, methods can return values of any C# type. All of our previous examples have used the void type, which doesn't return anything, but being able to write instructions and pass back computed results is where methods shine.

According to our blueprints, method return types are specified after the access modifier. In addition to the type, the method needs to contain the return keyword, followed by the return value. A return value can be a variable, a literal value, or even an expression, as long as it matches the declared return type.

Methods that have a return type of void can still use the return keyword with no value or expression assigned.

Once the line with the return keyword is reached, the method will stop executing. This is useful in cases where you want to check whether a value or values exist before continuing or guard against program crashes.

Next, add a return type to GenerateCharacter() and learn how to capture it in a variable. Let's update the GenerateCharacter() method so that it returns an integer:

1. Change the return type in the method declaration from void to int, and set the return value to level += 5 using the return keyword:

    ```
    public int GenerateCharacter(string name, int level)
    {
            Debug.LogFormat("Character: {0} - Level: {1}", name, level);

            return level += 5;
    }
    ```

2. GenerateCharacter() will now return an integer. This is computed by adding 5 to the level argument. We haven't specified how, or if, we want to use this return value, which means that right now, the script won't do anything new.

Now, the question becomes: how do we capture and use the newly added return value? Well, we'll discuss that very topic in the following section.

Using return values

When it comes to using return values, there are two approaches available:

- Create a local variable to capture (store) the returned value.
- Use the calling method itself as a stand-in for the returned value, using it just like a variable. The calling method is the actual line of code that fires the instructions, which, in our example, would be GenerateCharacter("Spike", CharacterLevel). You can even pass a calling method into another method as an argument if need be.

The first option is preferred in most programming circles for its readability. Throwing around method calls as variables can get messy fast, especially when we use them as arguments in other methods.

Let's give this a try in our code by capturing and debugging the return value that GenerateCharacter() returns.

We're going to use both ways of capturing and using return variables with two simple debug logs:

1. Create a new int variable in the Start method called nextSkillLevel and assign it to the return value of the GenerateCharacter() method call we already have in place:

    ```
    int nextSkillLevel = GenerateCharacter("Spike", characterLevel);
    ```

2. Add two debug logs, with the first printing out nextSkillLevel and the second printing out a new calling method with argument values of your choice:

    ```
    Debug.Log(nextSkillLevel);
    Debug.Log(GenerateCharacter("Faye", characterLevel));
    ```

3. Comment out the debug log inside GenerateCharacter() with two forward slashes (//) to make the console output less cluttered. Your code should look like the following:

    ```
    // Start is called before the first frame update
    void Start()
    {
        int characterLevel = 32;
        int nextSkillLevel = GenerateCharacter("Spike", characterLevel);
        Debug.Log(nextSkillLevel);
        Debug.Log(GenerateCharacter("Faye", characterLevel));
    }
    ```

```csharp
public int GenerateCharacter(string name, int level)
{
    // Debug.LogFormat("Character: {0} - Level: {1}", name, level);
    return level += 5;
}
```

4. Save the file and hit **Play** in Unity. To the compiler, the nextSkillLevel variable and the GenerateCharacter() method caller represent the same information, namely an integer, which is why both logs show the number 37:

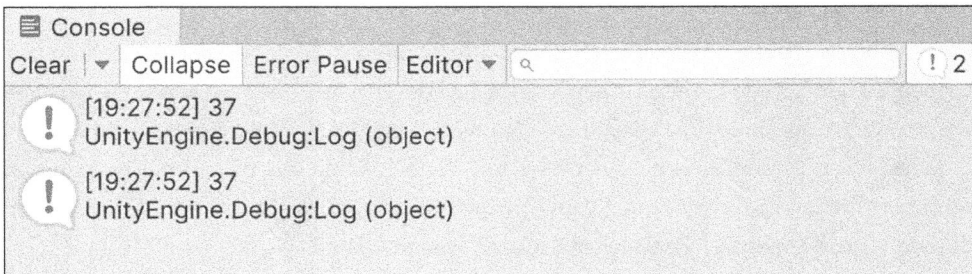

Figure 3.17: Console output from the character generation code

That was a lot to take in, especially given the exponential possibilities of methods with parameters and return values. However, we'll ease off the throttle here for a minute and consider some of Unity's most common methods to catch a little breathing room.

But first, see if you can handle a challenge in the next *Hero's trial*!

Hero's trial—methods as arguments

If you're feeling brave, why not try creating a new method that takes in an int parameter and simply prints it out to the console? No return type is necessary. When you've got that, call the method in Start, pass in a GenerateCharacter method call as its argument, and take a look at the output.

Dissecting common Unity methods

We're now at a point where we can realistically discuss the most common default methods that come with any new Unity C# script: Start() and Update(). Unlike the methods we define ourselves, methods belonging to the MonoBehaviour class are called automatically by the Unity engine according to their respective rules. In most cases, it's important to have at least one MonoBehaviour method in a script to kick off your code.

> You can find a complete list of all available `MonoBehaviour` methods and their descriptions at: `https://docs.unity3d.com/ScriptReference/MonoBehaviour.html`. You can also find the order in which each method is executed at: `https://docs.unity3d.com/Manual/ExecutionOrder.html`.

Just like stories, it's always a good idea to start at the beginning. So, naturally, we should take a look at every Unity script's first default method—`Start()`.

The Start() method

Unity calls the `Start()` method on the first frame where a script is enabled for the first time. Since `MonoBehaviour` scripts are almost always attached to *GameObjects* in a scene, their attached scripts are enabled at the same time they are loaded when you hit play. In our project, `LearningCurve` is attached to the **Main Camera** *GameObject*, which means that its `Start()` method runs when the camera is loaded into the scene. `Start()` is primarily used to set up variables or perform logic that needs to happen before `Update()` runs for the first time.

The examples we've worked on so far have all used `Start()`, even though they weren't performing setup actions, which isn't normally the way it would be used. However, it only fires once, making it an excellent tool to use for displaying one-time-only information on the console.

Other than `Start()`, there's one other major Unity method that you'll run into by default: `Update()`. Let's familiarize ourselves with how it works in the following section before we finish this chapter.

The Update() method

If you spend enough time looking at the sample code in the Unity Scripting Reference (`https://docs.unity3d.com/ScriptReference/`), you'll notice that a vast majority of the code is executed using the `Update()` method. As your game runs, the **Scene** window is displayed many times per second, which is called the **frame rate** or **frames per second (FPS)**.

After each frame is displayed, the `Update()` method is called by Unity, making it one of the most executed methods in your game. This makes it ideal for detecting mouse and keyboard input or running gameplay logic.

If you're curious about the FPS rating on your machine, hit play in Unity and click the **Stats** tab in the upper-right corner of the **Game** view:

Figure 3.18: Unity editor showing the Stats panel with graphics FPS count

You'll be using the Start() and Update() methods in the lion's share of your initial C# scripts, so get acquainted with them. That being said, you've reached the end of this chapter with a pocketful of the most fundamental building blocks programming with C# has to offer.

Summary

This chapter has been a fast descent from the basic theory of programming and its building blocks into the strata of real code and C# syntax. We've seen good and bad forms of code formatting, learned how to debug information in the Unity console, and created our first variables.

C# types, access modifiers, and variable scope weren't far behind, as we worked with member variables in the **Inspector** window and started venturing into the realm of methods and actions.

Methods helped us to understand written instructions in code, but more importantly, how to properly harness their power into useful behaviors. Input parameters, return types, and method signatures are all important topics, but the real gift they offer is the potential for new kinds of actions to be performed.

You're now armed with the two fundamental building blocks of programming—variables and methods; almost everything you'll do from now on will be an extension or application of these two concepts.

In the next chapter, we'll take a look at a special subset of C# types called collections, which can store groups of related data, and learn how to write decision-based code.

Pop quiz—variables and methods

1. What is the proper way to write a variable name in C#?

2. How do you make a variable appear in Unity's Inspector window?

3. What are the four access modifiers available in C#?

4. When are explicit conversions needed between types?

5. What are the minimum requirements for defining a method?

6. What is the purpose of the parentheses at the end of the method name?

7. What does a return type of void mean in a method definition?

8. How often is the Update() method called by Unity?

Don't forget to check your answers against mine in the *Pop Quiz Answers* appendix to see how you did!

Join us on discord!

Read this book alongside other users, Unity game development experts and the author himself.

Ask questions, provide solutions to other readers, chat with the author via. Ask Me Anything sessions and much more.

Scan the QR code or visit the link to join the community.

https://packt.link/csharpwithunity

4

Control Flow and Collection Types

One of the central duties of a computer is to control what happens when predetermined conditions are met. When you click on a folder, you expect it to open; when you type on the keyboard, you expect the text to mirror your keystrokes. Writing C# code for applications or games is no different—they both need to behave in a certain way in one state, and in another when conditions change. In programming terms, this is called control flow, which is apt because it controls the flow of how code is executed in different scenarios.

In addition to working with control statements, we'll be taking a hands-on look at collection data types. Collections are a category of types that allow multiple values, and groupings of values, to be stored in a single variable. We'll break the chapter down into the following topics:

- Selection statements
- Working with array, dictionary, and list collections
- Iteration statements with for, foreach, and while loops
- Fixing infinite loops

Selection statements

The most complex programming problems can often be boiled down to sets of simple choices that a game or program evaluates and acts on. Since Visual Studio and Unity can't make those choices by themselves, writing out those decisions is up to you.

The `if-else` and `switch` selection statements allow you to specify branching paths, based on one or more conditions, and the actions you want to be taken in each case. Traditionally, these conditions include the following:

- Detecting user input
- Evaluating expressions and Boolean logic
- Comparing variables or literal values

You're going to start with the simplest of these conditional statements, `if-else`, in the following section.

The if-else statement

`if-else` statements are the most common way of making decisions in code. When stripped of all its syntax, the basic idea behind an `if-else` statement is: *If my condition is met, execute this block of code; if it's not, execute this other block of code.* Think of `if-else` statements as gates, or doors, with the conditions as their keys. To pass through, the key needs to be valid. Otherwise, entry will be denied and the code will be sent to the next possible door. Let's take a look at the syntax for declaring one of these gates.

A valid `if-else` statement requires the following:

- The `if` keyword at the beginning of the line
- A pair of parentheses to hold the condition
- A statement body inside curly brackets

It looks like this:

```
if(condition is true)
{
    Execute block of code
}
```

Optionally, an `else` statement can be added to store the action you want to take when the `if` statement condition fails. The same rules apply for the `else` statement:

```
else
{
    Execute another block of code
}
```

In blueprint form, the syntax almost reads like a sentence, which is why this is the recommended approach:

```
if(condition is true)
{
    Execute this code
    block
}
else
{
    Execute this code
    block
}
```

Since these are great introductions to logical thinking, at least in programming, we'll break down the three different if-else variations in more detail. Adding this code to your LearningCurve. cs script is optional right now, as we'll get into more details in later exercises:

1. A single if statement can exist by itself in cases where you don't care about what happens if the condition isn't met. In the following example, if HasDungeonKey is set to true, then a debug log will print out; if set to false, no code will execute:

```
public class LearningCurve: MonoBehaviour
{
    public bool HasDungeonKey = true;

    void Start()
    {
        if(hasDungeonKey)
        {
            Debug.Log("You possess the sacred key: enter.");
        }
    }
}
```

> When referring to a condition as being met, I mean that it evaluates to true, which is often referred to as a passing condition.

2. Add an else statement in cases where an action needs to be taken whether the condition is true or false. If HasDungeonKey were false, the if statement would fail and the code execution would jump to the else statement:

```
public class LearningCurve: MonoBehaviour
{
    public bool HasDungeonKey = true;

    void Start()
    {
        if(HasDungeonKey)
        {
            Debug.Log("You possess the sacred key: enter.");
        }
        else
        {
            Debug.Log("You have not proved yourself yet.");
        }
    }
}
```

3. For cases where you need to have more than two possible outcomes, add an else-if statement with its parentheses, conditions, and curly brackets. This is best shown rather than explained, which we'll do in the next exercise.

Keep in mind that if statements can be used by themselves, but the other statements cannot exist on their own. You can also create more complex conditions with basic math operations, such as:

- > (greater than)
- < (less than)
- >= (greater than or equal to)
- <= (less than or equal to)
- == (equivalent)

For example, a condition of (2 > 3) will return false and fail, while a condition of (2 < 3) will return true and pass. Let's write out an if-else statement that checks the amount of money in a character's pocket, returning different debug logs for three different cases—greater than 50, less than 15, and anything else:

1. Open up LearningCurve and add a new public int variable named CurrentGold to the top of the script and set its value to between 1 and 100:

    ```
    public int CurrentGold = 32;
    ```

2. Create a public method with no return value, called Thievery:

    ```
    public void Thievery()
    {
    }
    ```

3. Inside the new function, add an if statement to check whether CurrentGold is greater than 50, and print a message to the console if this is true:

    ```
    if(CurrentGold > 50)
    {
        Debug.Log("You're rolling in it!");
    }
    ```

4. Add an else-if statement to check whether CurrentGold is less than 15 with a different debug log:

    ```
    else if (CurrentGold < 15)
    {
        Debug.Log("Not much there to steal...");
    }
    ```

5. Add an else statement with no condition and a final default log:

    ```
    else
    {
        Debug.Log("Looks like your purse is in the sweet spot.");
    }
    ```

6. Call the Thievery method inside Start:

    ```
    void Start()
    {
        Thievery();
    }
    ```

7. Save the file, check that your method matches the code below, and click **Play**:

```
public void Thievery()
{
    if(CurrentGold > 50)
    {
        Debug.Log("You're rolling in it!");
    }
    else if (CurrentGold < 15)
    {
        Debug.Log("Not much there to steal...");
    }
    else
    {
        Debug.Log("Looks like your purse is in the sweet spot.");
    }
}
```

With CurrentGold set to 32 in my example, we can break down the code sequence as follows:

1. The if statement and debug log are skipped because CurrentGold is not greater than 50.

2. The else-if statement and debug log are also skipped because CurrentGold is not less than 15.

3. Since 32 is not less than 15 or greater than 50, neither of the previous conditions was met, so the else statement executes and the third debug log is displayed:

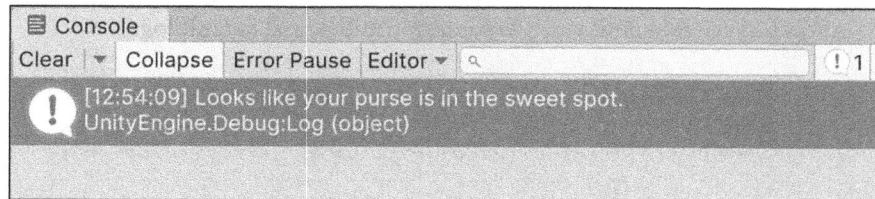

Figure 4.1: Screenshot of the console showing the debug output

To provide a complete view of the Unity editor, all our screenshots are taken in full-screen mode.
For color versions of all book images, use the link below: https://packt.link/7yy5V.

After trying out some other values for CurrentGold on your own, let's discuss what happens if we want to test a failing condition.

Using the NOT operator

Use cases won't always require checking for a positive, or true, condition, which is where the NOT operator comes in. Represented by typing a single exclamation point, the NOT operator allows negative, or false, conditions to be met by if or else-if statements. This means that the following conditions are the same:

```
if(variable == false)


// AND


if(!variable)
```

As you already know, you can check for Boolean values, literal values, or expressions in an if condition. So, naturally, the NOT operator has to be adaptable.

Take a look at the following example of two different negative values, HasDungeonKey and WeaponType, used in an if statement:

```
public class LearningCurve : MonoBehaviour
{
    public bool HasDungeonKey = false;
    public string WeaponType = "Arcane Staff";

    void Start()
    {
        if(!HasDungeonKey)
        {
            Debug.Log("You may not enter without the sacred key.");
        }

        if(WeaponType != "Longsword")
        {
            Debug.Log("You don't appear to have the right type of
weapon...");
        }
    }
}
```

We can evaluate each statement as follows:

- The first statement can be translated to, *If* HasDungeonKey *is* false, *the* if *statement evaluates to* true *and executes its code block.*

  If you're asking yourself how a false value can evaluate to true, think of it this way: the if statement is not checking whether the value is true, but that the expression itself is true. HasDungeonKey might be set to false, but that's what we're checking for, so it's true in the context of the if condition.

- The second statement can be translated to, *If the string value of* WeaponType *is* not equal *to* Longsword, *then execute this code block.*

  If you were to put this code into LearningCurve.cs, the results would match the following screenshot:

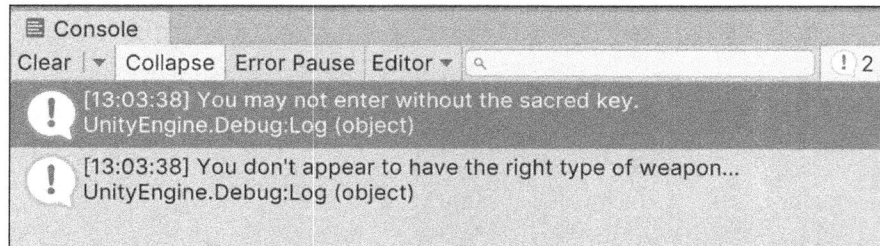

Figure 4.2: Screenshot of the console showing the NOT operator output

However, if you're still confused, copy the code we've looked at in this section into LearningCurve.cs and play around with the variable values until it makes sense.

So far, our branching conditions have been fairly simple, but C# also allows conditional statements to be nested inside each other for more complex situations.

Nesting statements

One of the most valuable functions of if-else statements is that they can be nested inside each other, creating complex logic routes through your code. In programming, we call them decision trees. Just like a real hallway, there can be doors behind other doors, creating a labyrinth of possibilities:

```
public class LearningCurve : MonoBehaviour
{
    public bool WeaponEquipped = true;
    public string WeaponType = "Longsword";
```

```
void Start()
{
    if(WeaponEquipped)
    {
        if(WeaponType == "Longsword")
        {
            Debug.Log("For the Queen!");
        }
    }
    else
    {
        Debug.Log("Fists aren't going to work against armor...");
    }
}
```

Let's break down the preceding example:

1. First, an if statement checks whether we have WeaponEquipped. At this point, the code only cares whether it's true, not what type of weapon it is.

2. The second if statement checks the WeaponType and prints out the associated debug log.

3. If the first if statement evaluates to false, the code would jump to the else statement and its debug log. If the second if statement evaluates to false, nothing is printed because there is no else statement.

> The responsibility of handling logic outcomes is 100% on the programmer. It's up to you to determine the possible branches or outcomes your code can take.

What you've learned so far will get you through simple use cases with no problem. However, you'll quickly find yourself in need of more complex statements, which is where evaluating multiple conditions comes into play.

Evaluating multiple conditions

In addition to nesting statements, it's also possible to combine multiple condition checks into a single if or else-if statement with AND OR logic operators:

- AND is represented by two ampersand characters, &&. Any condition using the AND operator means that all conditions need to evaluate to true for the if statement to execute.
- OR is represented with two pipe characters, ||. An if statement using the OR operator will execute if one or more of its conditions is true.
- Conditions are always evaluated from left to right.

In the following example, the if statement has been updated to check for both WeaponEquipped and WeaponType, both of which need to be true for the code block to execute:

```
if(WeaponEquipped && WeaponType == "Longsword")
{
    Debug.Log("For the Queen!");
}
```

The AND OR operators can be combined to check multiple conditions in any order. There is also no limit to how many operators you can combine—just be careful when using them together that you don't create logic conditions that will never execute.

It's time to put everything we've learned so far about if statements to the test. So, review this section if you need to, and then move on to the next section.

Let's cement this topic with a little treasure chest experiment:

1. Declare three variables at the top of LearningCurve: PureOfHeart is a bool and should be true, HasSecretIncantation is also a bool and should be false, and RareItem is a string and its value is up to you:

   ```
   public bool PureOfHeart = true;
   public bool HasSecretIncantation = false;
   public string RareItem = "Relic Stone";
   ```

2. Create a public method at the bottom of the script with no return value called OpenTreasureChamber:

   ```
   public void OpenTreasureChamber()
   {
   }
   ```

3. Inside OpenTreasureChamber, declare an if-else statement to check whether PureOfHeart is true *and* that RareItem matches the string value you assigned to it:

    ```
    if(PureOfHeart && RareItem == "Relic Stone")
    {
    }
    ```

4. Create a nested if-else statement inside the first, checking whether HasSecretIncantation is false:

    ```
    if(!HasSecretIncantation)
    {
        Debug.Log("You have the spirit, but not the knowledge.");
    }
    ```

5. Add debug logs for each if-else case.

6. Call the OpenTreasureChamber method inside Start:

    ```
    void Start()
    {
        OpenTreasureChamber();
    }
    ```

7. Save, check that your code matches the code below, and click **Play**:

    ```
    public class LearningCurve : MonoBehaviour
    {
        public bool PureOfHeart = true;
        public bool HasSecretIncantation  = false;
        public string RareItem = "Relic Stone";

        void Start()
        {
            OpenTreasureChamber();
        }

        public void OpenTreasureChamber()
        {
            if(PureOfHeart && RareItem == "Relic Stone")
            {
                if(!HasSecretIncantation)
    ```

```
        {
            Debug.Log("You have the spirit, but not the
knowledge.");
        }
        else
        {
            Debug.Log("The treasure is yours, worthy hero!");
        }
    }
    else
    {
        Debug.Log("Come back when you have what it takes.");
    }
    }
}
```

If you matched the variable values to the preceding screenshot, the nested if statement debug log will be printed out. This means that our code got past the first if statement checking for two conditions, but failed the third:

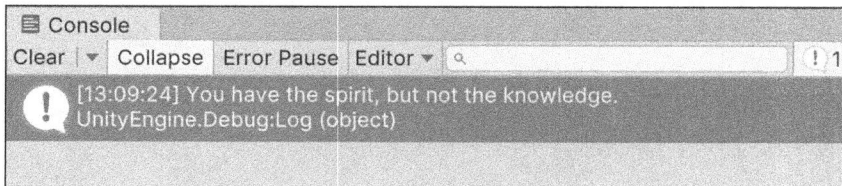

Figure 4.3: Screenshot of the debug output in the console

Now, you could stop here and use even bigger if-else statements for all your conditional needs, but that's not going to be efficient in the long run. Good programming is about using the right tool for the right job, which is where the switch statement comes in.

The switch statement

if-else statements are a great way to write decision logic. However, when you have more than three or four branching actions, they just aren't feasible. Before you know it, your code can end up looking like a tangled knot that's hard to follow, and a headache to update.

switch statements take in expressions and let us write out actions for each possible outcome, but in a much more concise format than if-else.

switch statements require the following elements:

- The switch keyword followed by a pair of parentheses holding its condition
- A pair of curly brackets
- A case statement for each possible path ending with a colon: individual lines of code or methods, followed by the break keyword and a semicolon
- A default case statement ending with a colon: individual lines of code or methods, followed by the break keyword and a semicolon

In blueprint form, it looks like this:

```
switch(matchExpression)
{
    case matchValue1:
        Executing code block
        break;
    case matchValue2:
        Executing code block
        break;
    default:
        Executing code block
        break;
}
```

The highlighted keywords in the preceding blueprint are the important bits. When a case statement is defined, anything between its colon and break keyword acts like the code block of an if-else statement. The break keyword just tells the program to exit the switch statement entirely after the selected case fires. Now, let's discuss how the statement determines which case gets executed, which is called pattern matching.

Pattern matching

In switch statements, pattern matching refers to how a **match expression** is validated against multiple case statements. A match expression can be of any type that isn't null or nothing; all case statement values need to match the type of the match expression.

For example, if we had a switch statement that was evaluating an integer variable, each case statement would need to specify an integer value for it to check against.

The case statement with a value that matches the expression is the one that is executed. If no case is matched, the default case fires. Let's try this out for ourselves!

That was a lot of new syntax and information, but it helps to see it in action. Let's create a simple switch statement for different actions a character could take:

1. Create a new public string variable named CharacterAction and set its value to "Attack":

```
public string CharacterAction = "Attack";
```

2. Create a public method with no return value called PrintCharacterAction:

```
public void PrintCharacterAction()
{
}
```

3. Declare a switch statement inside the new method and use CharacterAction as the match expression:

```
switch(CharacterAction)
{
}
```

4. Create two case statements for "Heal" and "Attack" with different debug logs. Don't forget to include the break keyword at the end of each:

```
case "Heal":
    Debug.Log("Potion sent.");
    break;
case "Attack":
    Debug.Log("To arms!");
    break;
```

5. Add a default case with a debug log and break:

```
default:
    Debug.Log("Shields up.");
    break;
```

6. Call the `PrintCharacterAction` method inside `Start`:

```
void Start()
{
    PrintCharacterAction();
}
```

7. Save the file, make sure your code matches the screenshot below, and click **Play**:

```
public string CharacterAction = "Attack";

void Start()
{
    PrintCharacterAction();
}

public void PrintCharacterAction()
{
    switch(CharacterAction)
    {
        case "Heal":
            Debug.Log("Potion sent.");
            break;
        case "Attack":
            Debug.Log("To arms!");
            break;
        default:
            Debug.Log("Shields up.");
            break;
    }
}
```

Since `CharacterAction` is set to `"Attack"`, the `switch` statement executes the second case and prints out its debug log:

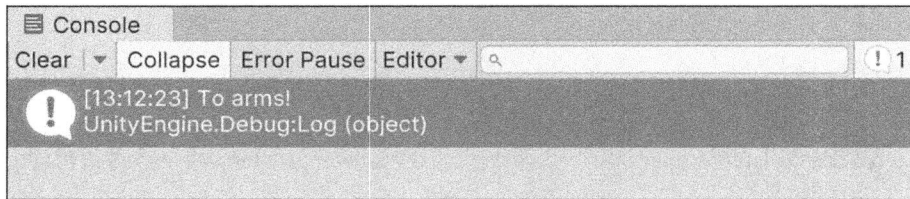

Figure 4.4: Screenshot of the switch statement output in the console

> Change `CharacterAction` to either `"Heal"` or an undefined action to see the first and default cases in action.

There are going to be times where you need several, but not all, `switch` cases to perform the same action. These are called **fall-through cases** and are the subject of our next section.

Fall-through cases

`switch` statements can execute the same action for multiple cases, similar to how we specified several conditions in a single `if` statement. The term for this is called fall-through or, sometimes, fall-through cases. Fall-through cases let you define a single set of actions for multiple cases. If a case block is left empty or has code without the `break` keyword, it will fall through to the case directly beneath it. This helps keep your `switch` code clean and efficient, without duplicated case blocks.

Cases can be written in any order, so creating fall-through cases greatly increases code readability and efficiency.

Let's simulate a tabletop game scenario with a `switch` statement and fall-through case, where a dice roll determines the outcome of a specific action:

1. Create a `public int` variable named `Dice` and assign it a value of 7:

   ```
   public int Dice = 7;
   ```

2. Create a `public` method with no return value called `RollDice`:

   ```
   public void RollDice()
   {

   }
   ```

3. Add a `switch` statement with `Dice` as the match expression:

```
switch(Dice)
{
}
```

4. Add three cases for possible dice rolls at 7, 15, and 20, with a default `case` statement at the end.

5. Cases 15 and 20 should have their own debug logs and break statements, while case 7 should fall through to case 15:

```
case 7:
case 15:
    Debug.Log("Mediocre damage, not bad.");
    break;
case 20:
    Debug.Log("Critical hit, the creature goes down!");
    break;
default:
    Debug.Log("You completely missed and fell on your face.");
    break;
```

6. Call the `RollDice` method inside `Start`:

```
void Start()
{
    RollDice();
}
```

7. Save the file and run it in Unity.

> If you want to see the fall-through case in action, try adding a debug log to case 7, but without the `break` keyword.

With `Dice` set to 7, the `switch` statement will match with the first `case`, which will fall through and execute `case` 15 because it lacks a code block and a break statement. If you change `Dice` to 15 or 20, the console will show their respective messages, and any other value will fire off the default case at the end of the statement:

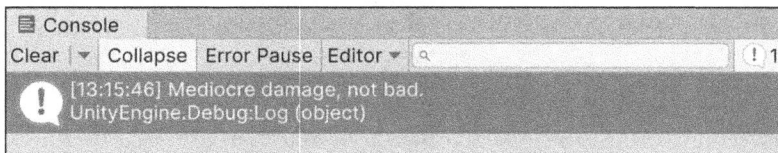

Figure 4.5: Screenshot of fall-through switch statement code

> `switch` statements are extremely powerful and can simplify even the most complex decision logic. If you want to dig deeper into switch pattern matching, refer to: https://docs.microsoft.com/en-us/dotnet/csharp/language-reference/keywords/switch.

That's all we need to know about conditional logic for the moment. So, review this section if you need to, and then test yourself on the following quiz before moving on to collections!

Pop Quiz 1—if, and, or but

Test your knowledge with the following questions:

1. What values are used to evaluate `if` statements?

2. Which operator can turn a true condition false or a false condition true?

3. If two conditions need to be true for an `if` statement's code to execute, what logical operator would you use to join the conditions?

4. If only one of two conditions needs to be true to execute an `if` statement's code, what logical operator would you use to join the two conditions?

Don't forget to check your answers against mine in the *Pop Quiz Answers* appendix to see how you did!

With that done, you're ready to step into the world of collection data types. These types are going to open up a whole new subset of programming functionality for your games and C# programs!

Collections at a glance

So far, we've only needed variables to store a single value, but there are many conditions where a group of values will be required. **Collection types** in C# include arrays, dictionaries, and lists—each has its strengths and weaknesses, which we'll discuss in the following sections.

Arrays

Arrays are the most basic collection that C# offers. Think of them as containers for a group of values, called *elements* in programming terminology, each of which can be accessed or modified individually:

- Arrays can store any type of value; all the elements need to be of the same type.
- The length, or the number of elements an array can have, is set when it's created and can't be modified afterward.
- If no initial values are assigned when it's created, each element will be given a default value. Arrays storing number types default to zero, while any other type gets set to null or nothing.

Arrays are the least flexible collection type in C#. This is mainly because elements can't be added or removed after they have been created. However, they are particularly useful when storing information that isn't likely to change. That lack of flexibility makes them faster compared to other collection types.

Declaring an array is similar to other variable types we've worked with, but has a few modifications:

- Array variables require a specified element type, a pair of square brackets, and a unique name.
- The new keyword is used to create the array in memory, followed by the value type and another pair of square brackets. The reserved memory area is the exact size of the data you're intending to store in the new array.
- The number of elements the array will store goes inside the second pair of square brackets.

In blueprint form, it looks like this:

```
elementType[] name = new elementType[numberOfElements];
```

Let's take an example where we need to store the top three high scores in our game:

```
int[] TopPlayerScores = new int[3];
```

Broken down, TopPlayerScores is an array of integers that will store three integer elements. Since we didn't add any initial values, each of the three values in TopPlayerScores is 0. However, if you change the array size, the contents of the original array are lost, so be careful.

You can assign values directly to an array when it's created by adding them inside a pair of curly brackets at the end of the variable declaration. C# has a longhand and shorthand way of doing this, but both are equally valid:

```
// Longhand initializer
int[] TopPlayerScores = new int[] {713, 549, 984};


// Shortcut initializer
int[] TopPlayerScores = { 713, 549, 984 };
```

> Initializing arrays with the shorthand syntax is very common, so I'll be using it for the rest of the book. However, if you want to remind yourself of the details, feel free to use the explicit longhand initializer syntax as shown above.

Now that the declaration syntax is no longer a mystery, let's talk about how array elements are stored and accessed.

Indexing and subscripts

Each array element is stored in the order it's assigned, which is referred to as its **index**. Arrays are zero-indexed, meaning that the element order starts at 0 instead of 1. Think of an element's index as its reference, or location.

In TopPlayerScores, the first integer, 452, is located at index 0, 713 at index 1, and 984 at index 2:

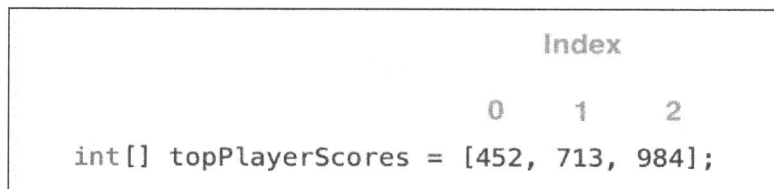

```
                                          Index

                           0      1      2
int[] topPlayerScores = [452, 713, 984];
```

Figure 4.6: Array indexes mapped to their values

Individual values are located by their index using the **subscript operator**, which is a pair of square brackets that contains the index of the elements.

For example, to retrieve and store the second array element in TopPlayerScores, we would use the array name followed by subscript brackets and index 1:

```
// The value of score is set to 713
int score = TopPlayerScores[1];
```

The subscript operator can also be used to directly modify an array value just like any other variable, or even passed around as an expression by itself:

```
TopPlayerScores[1] = 1001;
```

The values in TopPlayerScores would then be 452, 1001, and 984.

Multidimensional arrays

Arrays are also a great way to store elements in a table format—think rows and columns in the real world. These are called multidimensional arrays because each added element brings another dimension to the data. The array examples above only hold one element per index, so they are one-dimensional. If we wanted an array to hold, say, an x and y coordinate in each element like in middle-school math class, we could create a two-dimensional array like so:

```
// The Coordinates array has 3 rows and 2 columns
int[,] Coordinates = new int[3,2];
```

Notice we used a comma inside the square brackets to mark the array as two-dimensional, and we added two initialization fields, which are also separated by a comma.

We can also directly initialize a multidimensional array with values, so creating a table of x and y coordinates like the one above could be shortened to the following:

```
int[,] Coordinates = new int[3,2]
{
    {5,4},
    {1,7},
    {9,3}
};
```

You can see that we have three rows, or elements, each containing 2 columns of data for the x and y values. Now here's the tricky bit of mental gymnastics—you need to think of multidimensional arrays as arrays *of* arrays. In the above example, each element is still stored at an index starting with 0 and moving up, but each element is an array instead of a single value.

To put this in concrete terms, the value of 4 in the first column of the first row is located at index 0, and the actual value of 4 is located at the second element in that row's array, or 1:

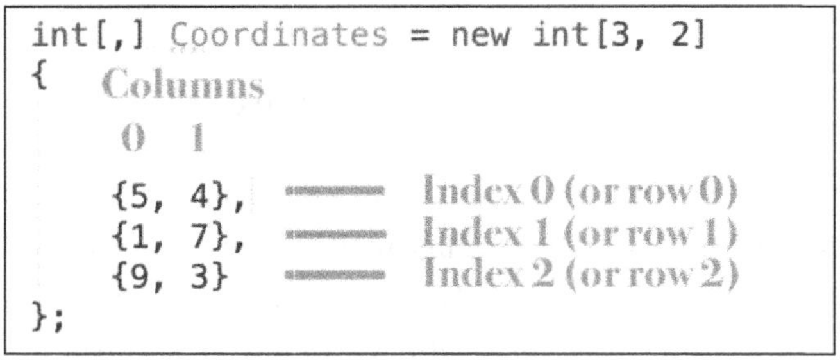

```
int[,] Coordinates = new int[3, 2]
{   Columns
    0  1
    {5, 4},    ———    Index 0 (or row 0)
    {1, 7},    ———    Index 1 (or row 1)
    {9, 3}     ———    Index 2 (or row 2)
};
```

Figure 4.7: Multidimensional array mapped with indexes

In code, we would use the following subscript, using the row subscript first, followed by the column index:

```
// Finding the value in the first row, first column
int coordinateValue = Coordinates[0, 1];
```

Changing a value in a multidimensional array is the same as with a regular array, we use the subscript of the value we want to update and then assign a new value:

```
// Value in the first row, first column is now 10
Coordinates[0, 1] = 10;
```

A C# array can have up to 32 dimensions, which is a lot, but the rules for creating them are the same — add an extra comma for every dimension inside the type brackets at the beginning of the variable and an extra comma and number of elements in the initialization. For instance, a three-dimensional array would look like this:

```
int[,,] Coordinates = new int[3,3,2];
```

> This is a bit advanced for our needs, but you can get into more complex multidimensional array code at: https://learn.microsoft.com/dotnet/csharp/programming-guide/arrays/multidimensional-arrays.

Range exceptions

When arrays are created, the number of elements is set and unchangeable, which means we can't access an element that doesn't exist. In the TopPlayerScores example, the array length is 3, so the range of valid indices is from 0 to 2.

For example, if we tried to run the following code:

```
Debug.Log(TopPlayerScores[3]);
```

The console would print an aptly-named `IndexOutOfRangeException` error in the console because any index of 3 or higher is out of the array's range:

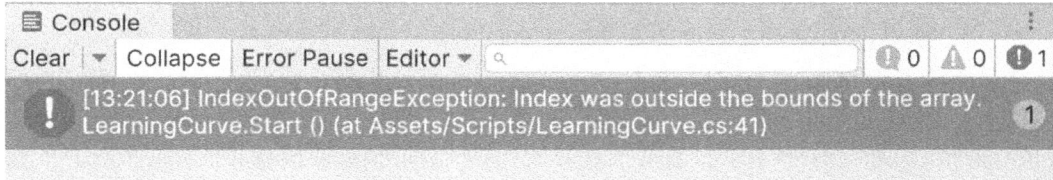

Figure 4.8: Screenshot of index-out-of-range exception

Good programming habits dictate that we avoid range exceptions by checking whether the value we want is within an array's index range, which we'll cover in the *Iteration statements* section.

You can always check the length of an array—that is, how many items it contains—with the `Length` property:

```
TopPlayerScores.Length;
```

Arrays aren't the only collection types C# has to offer. In the next section, we'll deal with lists, which are more flexible and more common in the programming landscape.

Lists

Lists are closely related to arrays, collecting multiple values of the same type in a single variable. They're much easier to deal with when it comes to adding, removing, and updating elements, but their elements aren't stored sequentially. They are also mutable, meaning you can change the length or number of items you're storing, without overwriting the whole variable. This can, sometimes, lead to a higher performance cost over arrays.

> Performance cost refers to how much of a computer's time and energy a given operation takes up. Nowadays, computers are fast, but they can still get overloaded by big games or applications.

A list-type variable needs to meet the following requirements:

- The List keyword, its element type inside left and right arrow characters, and a unique name
- The new keyword to initialize the list in memory, with the List keyword and element type between arrow characters
- A pair of parentheses capped off by a semicolon

In blueprint form, it reads as follows:

```
List<elementType> name = new List<elementType>();
```

> List length can always be modified, so there is no need to specify how many elements it will eventually hold when created.

Like arrays, lists can be initialized in the variable declaration by adding element values inside a pair of curly brackets:

```
List<elementType> name = new List<elementType>() { value1, value2 };
```

Elements are stored in the order they are added (instead of the sequential order of the values themselves), are zero-indexed like arrays, and can be accessed using the subscript operator.

Let's start setting up a list of our own to test out the basic functionality this class has on offer.

We'll start with a warm-up exercise by creating a list of party members in a fictional role-playing game:

1. Create a new List of the string type inside Start called QuestPartyMembers, and initialize it with the names of three characters:

```
List<string> QuestPartyMembers = new List<string>()
{
    "Grim the Barbarian",
    "Merlin the Wise",
    "Sterling the Knight"
};
```

2. Add a debug log to print out the number of party members in the list using the `Count` method:

```
Debug.LogFormat("Party Members: {0}", QuestPartyMembers.Count);
```

3. Save the file and play it in Unity.

We initialized a new list, called `QuestPartyMembers`, which now holds three string values, and used the `Count` method from the `List` class to print out the number of elements.

Notice that you use `Count` for lists, but `Length` for arrays.

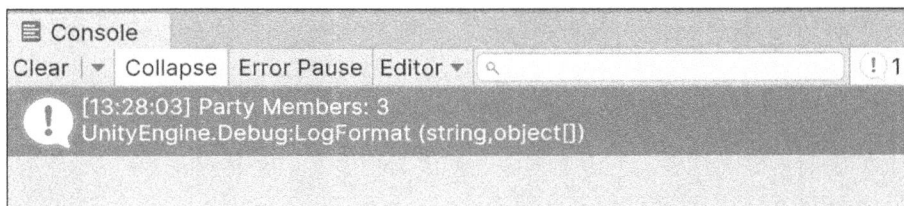

Figure 4.9: Screenshot of list item output in the console

Knowing how many elements are in a list is highly useful; however, in most cases, that information is not enough. We want to be able to modify our lists as needed, which we'll discuss next.

Accessing and modifying lists

List elements can be accessed and modified like arrays with a subscript operator and index, as long as the index is within the `List` class's range. However, the `List` class has a variety of methods that extend its functionality, such as adding, inserting, and removing elements.

Sticking with the `QuestPartyMembers` list, let's add a new member to the team:

```
QuestPartyMembers.Add("Craven the Necromancer");
```

The `Add()` method appends the new element at the end of the list, which brings the `QuestPartyMembers` count to four and the element order to the following:

```
{
    "Grim the Barbarian",
    "Merlin the Wise",
    "Sterling the Knight",
    "Craven the Necromancer"
};
```

To add an element to a specific spot in a list, we can pass the index and the value that we want to add to the `Insert()` method:

```
QuestPartyMembers.Insert(1, "Tanis the Thief");
```

When an element is inserted at a previously occupied index, all the elements in the list have their indices increased by 1. In our example, `"Tanis the Thief"` is now at index 1, meaning that `"Merlin the Wise"` is now at index 2 instead of 1, and so on:

```
{
    "Grim the Barbarian",
    "Tanis the Thief",
    "Merlin the Wise ",
    "Sterling the Knight",
    "Craven the Necromancer"
};
```

Removing an element is just as simple; all we need is the index or the literal value, and the `List` class does the work:

```
// Both of these methods would remove the required element
QuestPartyMembers.RemoveAt(0);
QuestPartyMembers.Remove("Grim the Barbarian");
```

At the end of our edits, `QuestPartyMembers` now contains the following elements indexed from 0 to 3:

```
{
    "Tanis the Thief",
    "Merlin the Wise",
    "Sterling the Knight",
    "Craven the Necromancer"
};
```

If you run the game now, you'll also see the party list length is 4 instead of 3!

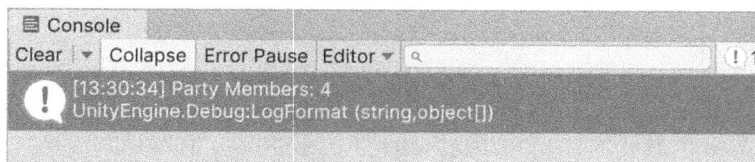

Figure 4.10: Screenshot of modified list items in the console

There are many more `List` class methods that allow for value checks, finding and sorting elements, and working with ranges. A full method list, with descriptions, can be found here: `https://docs.microsoft.com/en-us/dotnet/api/system.collections.generic.list-1?view=netframework-4.7.2`.

While lists are great for single-value elements, there are cases where you'll need to store information or data containing more than one value. This is where dictionaries come into play.

Dictionaries

The **Dictionary** type steps away from arrays and lists by storing value pairs in each element, instead of single values. These elements are referred to as key-value pairs: the key acts as the index, or lookup value, for its corresponding value. Unlike arrays and lists, dictionaries are unordered. However, they can be sorted and ordered in various configurations after they are created.

Declaring a dictionary is almost the same as declaring a list, but with one added detail—both the key and the value type need to be specified inside the arrow symbols:

```
Dictionary<keyType, valueType> name = new
Dictionary<keyType, valueType>();
```

To initialize a dictionary with key-value pairs, do the following:

- Use a pair of curly brackets at the end of the declaration
- Add each element within its pair of curly brackets, with the key and the value separated by a comma
- Separate elements with a comma, except the last element where the comma is optional

It looks like this:

```
Dictionary<keyType, valueType> name = new
Dictionary<keyType, valueType>()
{
    {key1, value1},
    {key2, value2}
};
```

An important note to consider when picking key values is that each key must be unique, and they cannot be changed. If you need to update a key, then you need to change its value in the variable declaration or remove the entire key-value pair and add another in the code, which we'll look at next.

Just like with arrays and lists, dictionaries can be initialized on a single line with no problems from Visual Studio. However, writing out each key-value pair on its line, as in the preceding example, is a good habit to get into—both for readability and your sanity.

Let's create a dictionary to store items that a character might carry:

1. Declare a `Dictionary` with a key type of `string` and a value type of `int` called `ItemInventory` in the `Start` method.

2. Initialize it to new `Dictionary<string, int>()`, and add three key-value pairs of your choice. Make sure each element is in its pair of curly brackets:

    ```
    Dictionary<string, int> ItemInventory = new
    Dictionary<string, int>()
    {
        { "Potion", 5 },
        { "Antidote", 7 },
        { "Aspirin", 1 }
    };
    ```

3. Add a debug log to print out the `ItemInventory.Count` property so that we can see how items are stored:

    ```
    Debug.LogFormat("Items: {0}", ItemInventory.Count);
    ```

4. Save the file and play.

Here, a new dictionary, called `ItemInventory`, was created and initialized with three key-value pairs. We specified the keys as strings, with corresponding values as integers, and printed out how many elements `ItemInventory` currently holds:

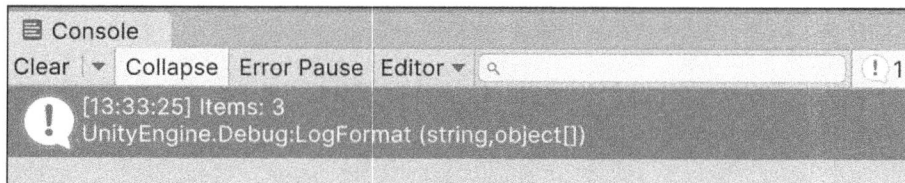

Figure 4.11: Screenshot of dictionary count in console

Like lists, we need to be able to do more than just print out the number of key-value pairs in a given dictionary. We'll explore adding, removing, and updating these values in the following section.

Working with dictionary pairs

Key-value pairs can be added, removed, and accessed from dictionaries using both subscript and class methods. To retrieve an element's value, use the subscript operator with the element's key—in the following example, numberOfPotions would be assigned a value of 5:

```
int numberOfPotions = ItemInventory["Potion"];
```

An element's value can be updated using the same method—the value associated with "Potion" would now be 10:

```
ItemInventory["Potion"] = 10;
```

Elements can be added to dictionaries in two ways: with the Add method and with the subscript operator. The Add method takes in a key and a value and creates a new key-value element, as long as their types correspond to the dictionary declaration:

```
ItemInventory.Add("Throwing Knife", 3);
```

If the subscript operator is used to assign a value to a key that doesn't exist in a dictionary, the compiler will automatically add it as a new key-value pair. For example, if we wanted to add a new element for "Bandage", we could do so with the following code:

```
ItemInventory["Bandage"] = 5;
```

This brings up a crucial point about referencing key-value pairs: it's better to be certain that an element exists before trying to access it, to avoid mistakenly adding new key-value pairs. Pairing the ContainsKey method with an if statement is the simple solution since ContainsKey returns a Boolean value based on whether the key exists. In the following example, we make sure that the "Aspirin" key exists using an if statement before modifying its value:

```
if(ItemInventory.ContainsKey("Aspirin"))
{
    ItemInventory["Aspirin"] = 3;
}
```

Finally, a key-value pair can be deleted from a dictionary using the Remove() method, which takes in a key parameter:

```
ItemInventory.Remove("Antidote");
```

Like lists, dictionaries offer a variety of methods and functionality to make development easier, but we can't cover them all here. If you're curious, the official documentation can be found at: `https://docs.microsoft.com/en-us/dotnet/api/system.collections.generic.dictionary-2?view=netframework-4.7.2`.

Collections are safely in our toolkit, so it's time for another quiz to make sure you're ready to move on to the next big topic: iteration statements.

Pop Quiz 2—all about collections

1. What is an element in an array or list?

2. What is the index number of the first element in an array or list?

3. Can a single array or list store different types of data?

4. How can you add more elements to an array to make room for more data?

Don't forget to check your answers against mine in the *Pop Quiz Answers* appendix to see how you did!

Since collections are groups or lists of items, they need to be accessible in an efficient manner. Luckily, C# has several iteration statements, which we'll talk about in the following section.

Iteration statements

We've accessed individual collection elements through the subscript operator, along with collection type methods, but what do we do when we need to go through the entire collection element by element? In programming, this is called **iteration**, and C# provides several statement types that let us loop through (or iterate over, if you want to be technical) collection elements. Iteration statements are like methods, in that they store a block of code to be executed; however, unlike methods, they can repeatedly execute their code blocks as long as their conditions are met.

for loops

The `for` loop is most commonly used when a block of code needs to be executed a certain number of times before the program continues. The statement itself takes in three expressions, each with a specific function to perform before the loop executes. Since `for` loops keep track of the current iteration, they are best suited to arrays and lists.

Take a look at the following looping statement blueprint:

```
for (initializer; condition; iterator)
{
    code block;
}
```

Let's break this down:

1. The for keyword starts the statement, followed by a pair of parentheses.
2. Inside the parentheses are the gatekeepers: the initializer, condition, and iterator expressions.
3. The loop starts with the initializer expression, which is a local variable created to keep track of how many times the loop has executed—this is usually set to 0 because collection types are zero-indexed.
4. Next, the condition expression is checked and, if true, proceeds to the iterator.
5. The iterator expression is used to either increase or decrease (**increment** or **decrement**) the initializer, meaning the next time the loop evaluates its condition, the initializer will be different.

Increasing and decreasing a value by 1 is called **incrementing** and **decrementing**, respectively (-- will decrease a value by 1, and ++ will increase it by 1).

That all sounds like a lot, so let's look at a practical example with the QuestPartyMembers list we created earlier. Add the following code:

```
int listLength = QuestPartyMembers.Count;

for (int i = 0; i < listLength; i++)
{
    Debug.LogFormat("Index: {0} - {1}", i, QuestPartyMembers[i]);
}
```

Let's go through the loop again and see how it works:

1. First, the initializer in the for loop is set as a local int variable named i with a starting value of 0.
2. Second, we store the list of the list in a variable so the loop doesn't need to check the length every time through, which is best practice for performance.

3.   To ensure we never get an out-of-range exception, the for loop makes sure that the loop
     only runs another time if i is less than the number of elements in QuestPartyMembers:

     •   With arrays, we use the Length property to determine how many items it has

     •   With lists, we use the Count property

4.   Finally, i is increased by 1 each time the loop runs with the ++ operator.

5.   Inside the for loop, we've just printed out the index and the list element at that index
     using i.

6.   Notice that i is in step with the index of the collection elements, since both start at 0:

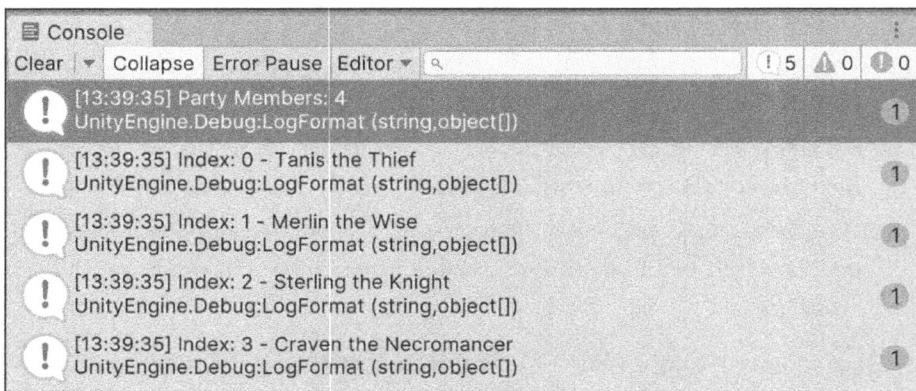

Figure 4.12: Screenshot of list values printed out with a for loop

Traditionally, the letter i is used as the initializer variable name. If you happen to have nested
for loops, the variable names used should be the letters j, k, l, and so on.

Let's try out our new iteration statements on one of our existing collections.

While we loop through QuestPartyMembers, let's see whether we can identify when a certain
element is iterated over and add a special debug log just for that case:

1.   Move the QuestPartyMembers list and for loop into a public function called
     FindPartyMember and call it in Start.

2.   Add an if statement below the debug log in the for loop to check whether the current
     questPartyMember list matches "Merlin the Wise":

```
if(QuestPartyMembers[i] == "Merlin the Wise")
{
    Debug.Log("Glad you're here Merlin!");
}
```

3. If it does, add a debug log of your choice, check that your code matches the screenshot below, and hit play:

```
void Start()
{
    FindPartyMember();
}

public void FindPartyMember()
{
    List<string> QuestPartyMembers = new
    List<string>()
    {
        "Grim the Barbarian",
        "Merlin the Wise",
        "Sterling the Knight"
    };

    QuestPartyMembers.Add("Craven the Necromancer");
    QuestPartyMembers.Insert(1, "Tanis the Thief");
    QuestPartyMembers.RemoveAt(0);
    //QuestPartyMembers.Remove("Grim the Barbarian");

    int listLength = QuestPartyMembers.Count;
    Debug.LogFormat("Party Members: {0}", listLength);

    for(int i = 0; i < listLength; i++)
    {
        Debug.LogFormat("Index: {0} - {1}", i,
QuestPartyMembers[i]);

        if(QuestPartyMembers[i] == "Merlin the Wise")
        {
            Debug.Log("Glad you're here Merlin!");
        }
    }
}
```

The console output should look almost the same, except that there is now an extra debug log—one that only printed once when it was Merlin's turn to go through the loop. More specifically, when i was equal to 1 on the second loop, the if statement fired and two logs were printed out instead of just one:

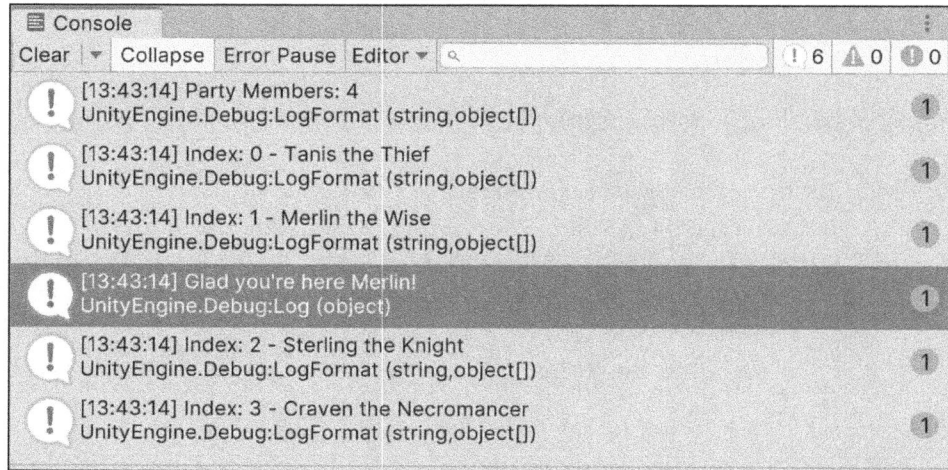

Figure 4.13: Screenshot of the for loop printing out list values and matching if statements

Using a standard for loop can be highly useful in the right situation, but there's seldom just one way to do things in programming, which is where the foreach statement comes into play.

foreach loops

foreach loops take each element in a collection and store each one in a local variable, making it accessible inside the statement. The local variable type must match the collection element type to work properly. foreach loops can be used with arrays and lists, but they are especially useful with dictionaries, since dictionaries are key-value pairs instead of numeric indexes.

In blueprint form, a foreach loop looks like this:

```
foreach(elementType localName in collectionVariable)
{
    code block;
}
```

Let's stick with the QuestPartyMembers list example and do a roll call for each of its elements. Replace the for-loop in FindPartyMembers with the following code:

```
foreach(string partyMember in QuestPartyMembers)
{
    Debug.LogFormat("{0} - Here!", partyMember);
}
```

You can also use the var keyword to automatically determine the type of collection you're looping through, like so:

```
foreach(var partyMember in QuestPartyMembers)
{
    Debug.LogFormat("{0} - Here!", partyMember");
}
```

We can break this down as follows:

- The element type is declared as a string, which matches the values in QuestPartyMembers
- A local variable, called partyMember, is created to hold each element as the loop repeats
- The in keyword, followed by the collection we want to loop through, in this case, QuestPartyMembers, finishes things off:

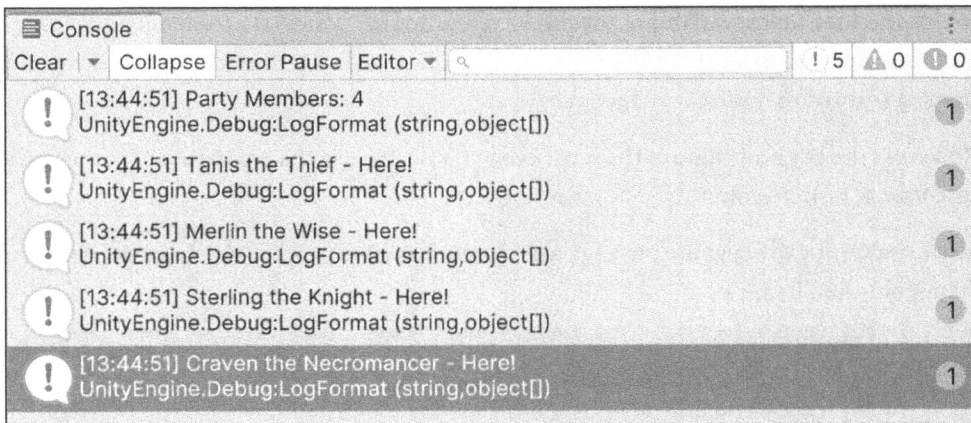

Figure 4.14: Screenshot of a foreach loop printing out list values

This is a good deal simpler than the for loop. However, when dealing with dictionaries, there are important differences we need to mention—namely how to deal with key-value pairs as local variables.

Looping through key-value pairs

To capture a key-value pair in a local variable, we need to use the aptly named KeyValuePair type, assigning both the key and value types to match the dictionary's corresponding types. Since KeyValuePair is its type, it acts just like any other element type, as a local variable.

For example, let's loop through the ItemInventory dictionary we created earlier in the *Dictionaries* section and debug each key-value like a shop item description:

```
Dictionary<string, int> ItemInventory = new
Dictionary<string, int>()
{
    { "Potion", 5},
    { "Antidote", 7},
    { "Aspirin", 1}
};

foreach(KeyValuePair<string, int> kvp in ItemInventory)
{
    Debug.LogFormat("Item: {0} - {1}g", kvp.Key, kvp.Value);
}
```

We've specified a local variable of KeyValuePair, called kvp, which is a common naming convention in programming, like calling the for loop initializer i, and setting the key and value types to string and int to match ItemInventory.

To access the key and value of the local kvp variable, we use the KeyValuePair properties of Key and Value, respectively.

In this example, the keys are strings and the values are integers, which we can print out as the item name and item price:

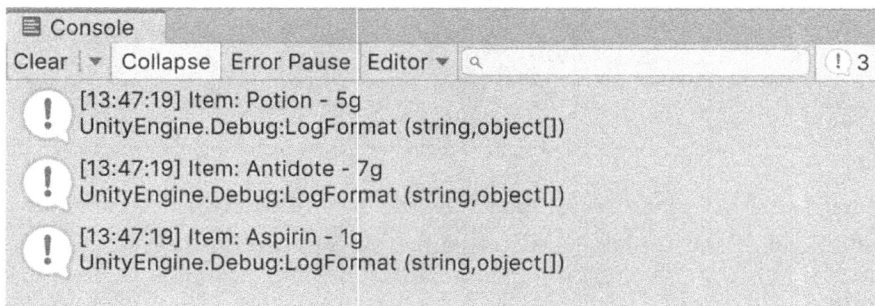

Figure 4.15: Screenshot of a foreach loop printing out dictionary key-value pairs

If you're feeling particularly adventurous, try out the following optional challenge to drive home what you've just learned.

Hero's trial—finding affordable items

Using the preceding script, create a variable to store how much gold your fictional character has, and see whether you can add an `if` statement inside the `foreach` loop to check for items that you can afford.

Hint: use `kvp.Value` to compare prices with what's in your wallet.

while loops

`while` loops are similar to `if` statements in that they run as long as a single expression or condition is true.

Value comparisons and Boolean variables can be used as `while` conditions, and they can be modified with the `NOT` operator.

The `while` loop syntax says, *While my condition is true, keep running my code block indefinitely*:

```
Initializer
while (condition)
{
    code block;
    iterator;
}
```

With `while` loops, it's common to declare an initializer variable, as in a `for` loop, and manually increment or decrement it at the end of the loop's code block. We do this to avoid an infinite loop, which we will discuss at the end of the chapter. Depending on your situation, the initializer is usually part of the loop's condition.

`while` loops are very useful when coding in C#, but they are not considered good practice in Unity because they can negatively impact performance and routinely need to be manually managed.

Let's take a common use case where we need to execute code while the player is alive, and then debug when that's no longer the case:

1. Create a public variable called `PlayerLives` of the `int` type and set it to 3:

    ```
    public int PlayerLives = 3;
    ```

2. Create a new public function called `HealthStatus`:

    ```
    public void HealthStatus()
    {
    }
    ```

3. Declare a `while` loop with the condition checking whether `PlayerLives` is greater than 0 (that is, the player is still alive):

    ```
    while(PlayerLives > 0)
    {
    }
    ```

4. Inside the `while` loop, debug something to let us know the character is still kicking, then decrement `PlayerLives` by 1 using the `--` operator:

    ```
    Debug.Log("Still alive!");
    PlayerLives--;
    ```

5. Add a debug log after the `while` loop curly brackets to print something when our lives run out:

    ```
    Debug.Log("Player KO'd...");
    ```

6. Call the `HealthStatus` method inside `Start`:

    ```
    void Start()
    {
        HealthStatus();
    }
    ```

Your code should look like the following:

```
public int PlayerLives = 3;

void Start()
{
```

```
        HealthStatus();
    }

    public void HealthStatus()
    {
        while(PlayerLives > 0)
        {
            Debug.Log("Still alive!");
            PlayerLives--;
        }

        Debug.Log("Player KO'd...");
    }
```

With PlayerLives starting out at 3, the while loop will execute three times. During each loop, the debug log, "Still alive!", fires, and a life is subtracted from PlayerLives.

When the while loop goes to run a fourth time, our condition fails because PlayerLives is 0, so the code block is skipped and the final debug log prints out:

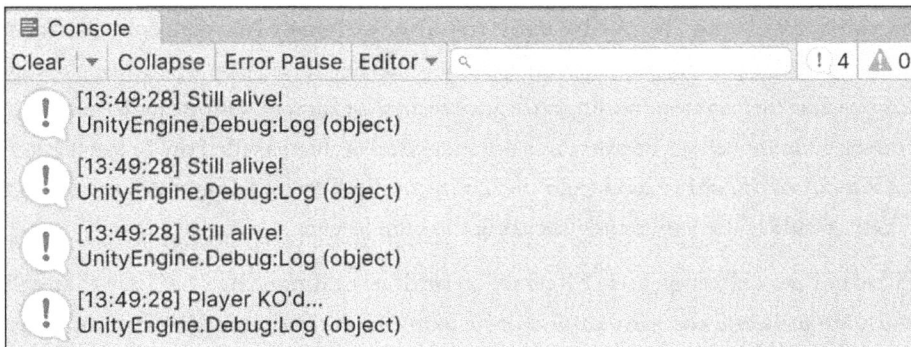

Figure 4.16: Screenshot of while loop output in the console

If you're not seeing multiple "Still alive!" debug logs, make sure the **Collapse** button in the **Console** toolbar isn't selected:

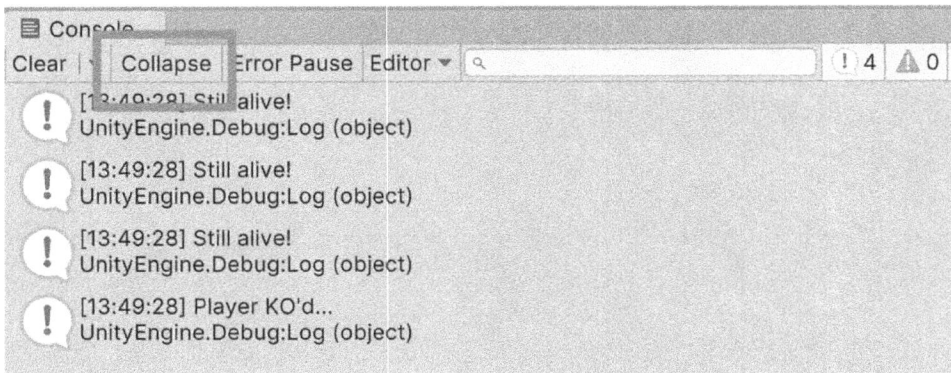

Figure 4.17: Screenshot of console messages with Collapse option unchecked

The question now is what happens if a loop never stops executing? We'll discuss this issue in the following section.

To infinity and beyond

Before finishing this chapter, we need to understand one extremely vital concept when it comes to iteration statements: *infinite loops*. These are exactly what they sound like: when a loop's conditions make it impossible for it to stop running and move on in the program. Infinite loops usually happen in for and while loops when the iterator is not increased or decreased; if the PlayerLives line of code was left out of the while loop example, Unity would freeze and/or crash, recognizing that PlayerLives would always be 3 and executing the loop forever.

Iterators are not the only culprits to be aware of; setting conditions in a for loop that will never fail, or evaluate to false, can also cause infinite loops. In the party members example, from the *Looping through key-value pairs* section, if we had set the for loop condition to i < 0 instead of i < QuestPartyMembers.Count, i would always be less than 0, looping until Unity crashed.

Summary

As we bring the chapter to a close, we should reflect on how much we've accomplished and what we can build with that new knowledge. We know how to use simple if-else checks and more complex switch statements, allowing decision making in code. We can create variables that hold collections of values with arrays and lists or key-value pairs with dictionaries.

This allows complex and grouped data to be stored efficiently. We can even choose the right looping statement for each collection type, while carefully avoiding infinite-loop crashes.

If you're feeling overloaded, that's perfectly OK—logical, sequential thinking is all part of exercising your programming brain.

The next chapter will complete the basics of C# programming with a look at classes, structs, and **object-oriented programming (OOP)**. We'll be putting everything we've learned so far into these topics, preparing for our first real dive into understanding and controlling objects in the Unity engine.

Join us on discord!

Read this book alongside other users, Unity game development experts and the author himself.

Ask questions, provide solutions to other readers, chat with the author via Ask Me Anything sessions and much more.

Scan the QR code or visit the link to join the community.

`https://packt.link/csharpwithunity`

5

Working with Classes, Structs, and OOP

For obvious reasons, the goal of this book isn't to give you a splitting headache from information overload. However, these next topics will take you out of the beginner's cubicle and into the open air of **object-oriented programming (OOP)**. Up to this point, we've been relying exclusively on predefined variable types that are part of the C# language: under-the-hood strings, lists, and dictionaries that are classes, which is why we can create them and use their properties through dot notation. However, relying on built-in types has one glaring weakness—the inability to deviate from the blueprints that C# has already set.

Creating your classes gives you the freedom to define and configure blueprints of your design, capturing information and driving action that is specific to your game or application. In essence, custom classes and OOP are the keys to the programming kingdom; without them, unique programs will be few and far between.

In this chapter, you'll get hands-on experience creating classes from scratch and discuss the inner workings of class variables, constructors, and methods. You'll also be introduced to the differences between reference and value type objects, and how these concepts can be applied in Unity. The following topics will be discussed in more detail as you move along:

- Introducing OOP
- Defining classes
- Declaring structs
- Understanding reference and value types

- Integrating the object-oriented mindset
- Applying OOP in Unity

Introducing OOP

Object-Oriented Programming is the main programming paradigm that you'll use when coding in C#. If classes and structs are the blueprints of our programs, then OOP is the architecture that holds everything together. When we refer to OOP as a programming paradigm, we are saying that it has specific principles for how the overall program should work and communicate.

Essentially, OOP focuses on objects rather than pure sequential logic—the data they hold, how they drive action, and, most importantly, how they communicate with each other.

Defining classes

Back in *Chapter 2, The Building Blocks of Programming*, we talked briefly about how classes are blueprints for objects (in this case objects in code, not GameObjects in Unity) and mentioned that they can be treated as custom variable types. We also learned that the LearningCurve script is a class, but a special one that Unity can attach to objects in the scene. The main thing to remember with classes is that they are **reference types**—that is, when they are assigned or passed to another variable, the original object is referenced, not a new copy. We'll get into this after we discuss structs in the *Declaring structs* section. However, before any of that, we need to understand the basics of creating classes.

For now, we're going to set aside how classes and scripts work in Unity and focus on how they are created and used in C#. Classes are created using the class keyword, as follows:

```
accessModifier class UniqueName
{
    Variables
    Constructors
    Methods
}
```

> Any variables or methods declared inside a class belong to that class and are accessed through its unique class name.

To make the examples as cohesive as possible throughout this chapter, we'll be creating and modifying a simple Character class that a typical game would have. We'll also be moving away from code screenshots to get you accustomed to reading and interpreting code as you would see it "in the wild." However, the first thing we need is a custom class of our own, so let's create one.

We'll need a class to practice with before we can understand their inner workings, so let's create a new C# script and start from scratch:

1. Right-click on the Scripts folder that you created in *Chapter 1, Getting to Know Your Environment,* and choose **Create > C# Script**.

2. Name the script Character, open it up in Visual Studio, and delete all the generated code except the first three lines that start with the using keyword.

3. Declare a public class called Character followed by a set of curly braces {}, and then save the file. Your class code should exactly match the following code:

```
using System.Collections;
using System.Collections.Generic;
using UnityEngine;

public class Character
{
}
```

> We deleted the generated code because we won't need to attach this script to a Unity GameObject.

Character is now registered as a public class blueprint. This means that any class in the project can use it to create characters. However, these are just the instructions—to create a character takes an additional step. This creational step is called **instantiation** and is the subject of the next section.

Instantiating class objects

Instantiation is the act of creating an object from a specific set of instructions, which is called an **instance**. If classes are blueprints, instances are the houses built from their instructions; every new instance of Character is its object, just as two houses built from the same instructions are still two different physical structures. What happens to one doesn't have any repercussions for the other.

In *Chapter 4*, *Control Flow and Collection Types*, we created lists and dictionaries, which are default classes that come with C#, using their types and the new keyword. We can do the same thing for custom classes such as `Character`, which you'll do next.

We declared the `Character` class as public, which means you can create a `Character` instance in any other class. Since we have `LearningCurve` working already, let's declare a new character in the `Start()` method.

Open `LearningCurve` and declare a new `Character` type variable, called `hero`, in the `Start()` method:

```
Character hero = new Character();
```

Let's break this down one step at a time:

1. The variable type is specified as `Character`, meaning that the variable is an instance of that class.
2. The variable is named `hero`, and it is created using the `new` keyword, followed by the `Character` class name and two parentheses (). This is where the actual instance is created in the program's memory, even if the class is empty right now.
3. We can use the `hero` variable just like any other object we've worked with so far. When the `Character` class gets variables and methods of its own, we can access them from `hero` using dot notation.

You could just as easily have used an inferred declaration when creating the `hero` variable, like so:

```
var hero = new Character();
```

Now, our character class can't do much without any class fields to work with. You'll be adding class fields and more in the next few sections.

Adding class fields

Adding variables, or fields, to a custom class is no different from what we've already been doing with `LearningCurve`. The same concepts apply, including access modifiers, variable scope, and value assignments. However, any variables belonging to a class are created with the class instance, meaning that if there are no values assigned, they will default to zero or null. In general, choosing to set initial values comes down to what information they will store:

- If a variable needs to have the same starting value whenever a class instance is created, setting an initial value is a solid idea. This would be useful for something like experience points or the starting score.

- If a variable needs to be customized in every class instance, like `CharacterName`, leave its value unassigned and use a class constructor (a topic that we'll get to in the *Using constructors* section).

Every character class is going to need a few basic fields; it's your job to add them.

Let's incorporate two variables to hold the character's name and the number of starting experience points:

1. Add two `public` variables inside the `Character` class's curly braces—a `string` variable for the name, and an `integer` variable for the experience points.

2. Leave the `name` value empty, but set the experience points to 0 so that every character starts from the bottom:

```
public class Character
{
    public string Name;
    public int Exp;
}
```

3. Add a debug log in `LearningCurve` right after the `Character` instance was initialized. Use it to print out the new character's name and exp variables using dot notation:

```
Character hero = new Character();
Debug.LogFormat("Hero: {0} - {1} EXP", hero.Name, hero.Exp);
```

4. Run the game.

When `hero` is initialized, `name` is assigned a null value that shows up as an empty space in the debug log, while `exp` prints out as 0. Notice that we didn't have to attach the `Character` script to any GameObjects in the scene; we just referenced them in `LearningCurve` and Unity did the rest. The console will now debug our character information, which is referenced as follows:

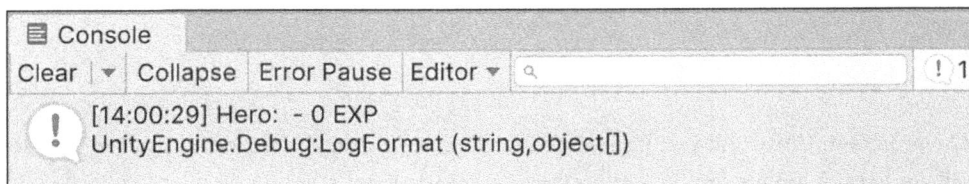

Figure 5.1: Screenshot of custom class properties printed in the console

To provide a complete view of the Unity editor, all our screenshots are taken in full-screen mode. For color versions of all book images, use the link below: `https://packt.link/7yy5V`.

At this point, our class is working, but it's not very practical with these empty values. You'll need to fix that with what's called a class constructor.

Using constructors

Class constructors are special methods that fire automatically when a class instance is created, which is similar to how the Start method runs in LearningCurve. Constructors build the class according to its blueprint:

- If a constructor is not specified, C# generates a default one. The default constructor sets any variables to their default type values—numeric values are set to 0, Booleans to false, and reference types (classes) to null.
- Custom constructors can be defined with parameters, just like any other method, and are used to set class variable values at initialization.
- A class can have multiple constructors.

Constructors are written like regular methods but with a few differences; for instance, they need to be public, have no return type, and the method name is always the class name. As an example, let's add a basic constructor with no parameters to the Character class and set the name field to something other than null.

Add this new code directly underneath the class variables, as follows:

```
public class Character
{
    public string Name;
    public int Exp = 0;

    public Character()
    {
        Name = "Not assigned";
    }
}
```

Run the project in Unity and you'll see the hero instance using this new constructor. The debug log will show the hero's name as **Not assigned** instead of a null value:

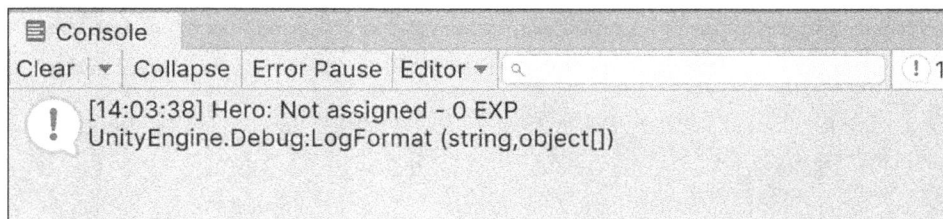

Figure 5.2: Screenshot of unassigned custom class variables printed to the console

This is good progress, but we need the class constructor to be more flexible. This means that we need to be able to pass in values so that they can be used as starting values, which you'll do next.

Now, the Character class is starting to behave more like a real object, but we can make this even better by adding a second constructor to take in a name at initialization and set it to the name field:

1. Add another constructor to Character that takes in a string parameter, called name. Having multiple constructors in a single class is called **constructor overloading**.

2. Assign the parameter to the class's Name variable using the this keyword:

```
public class Character
{
        public string Name;
        public int Exp;

        public Character()
        {
            Name = "Not assigned";
        }

        public Character(string name)
        {
            this.Name = name;
        }
}
```

3. For convenience, constructors will often have parameters that share a name with a class variable. In these cases, use the this keyword to specify which variable belongs to the class. In the example here, this.Name refers to the class's name variable, while name is the parameter; without the this keyword, the compiler will throw a warning because it won't be able to tell them apart. For clarity, you could also have used the this keyword in the default constructor where we set the Name property to Not assigned.

4. Create a new `Character` instance in `LearningCurve`, called `heroine`. Use the custom constructor to pass in a name when it's initialized and print out the details in the console:

```
Character heroine = new Character("Agatha");
Debug.LogFormat("Hero: {0} - {1} EXP", heroine.Name,
        heroine.Exp);
```

5. When a class has multiple constructors or a method has multiple variations, Visual Studio will show a set of arrows in the autocomplete popup that can be scrolled through using the arrow keys:

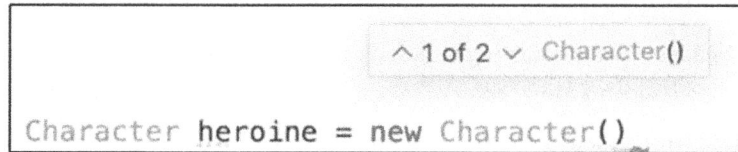

Figure 5.3: Screenshot of multiple method constructors in Visual Studio

6. We can now choose between the basic and custom constructors when we initialize a new `Character` class. The `Character` class itself is now far more flexible when it comes to configuring different instances for different situations:

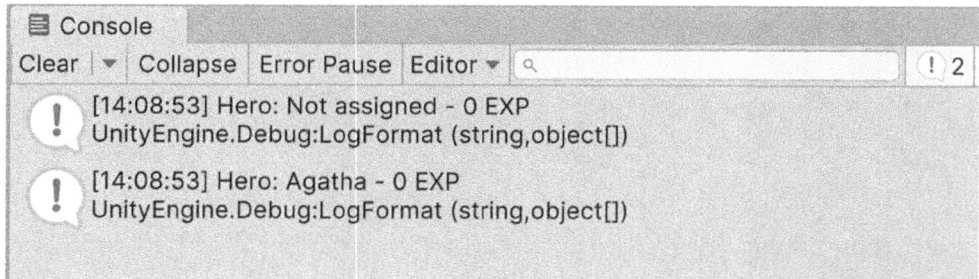

Figure 5.4: Screenshot of multiple custom class instances printed in the console

Now the real work starts; our class needs methods to be able to do useful things besides acting as a storage facility for variables. Your next task is to put this into practice.

Declaring class methods

Adding methods to custom classes is no different from adding them to `LearningCurve`. However, this is a good opportunity to talk about a staple of good programming—**Don't Repeat Yourself** (**DRY**). DRY is a benchmark of all well-written code. Essentially, if you find yourself writing the same line, or lines, over and over, it's time to rethink and reorganize.

This usually takes the form of a new method to hold the repeated code, making it easier to modify and call that functionality elsewhere in the current script or even from other scripts. In programming terms, you'll see this referred to as **abstracting** a method or feature.

We have a fair bit of repeated code already, so let's take a look and see where we can increase the legibility and efficiency of our scripts.

Our repeated debug logs are a perfect opportunity to abstract out some code directly into the Character class:

1. Add a new `public` method with a `void` return type, called `PrintStatsInfo`, to the Character class.

    1. Copy and paste the debug log from `LearningCurve` into the method body.

    2. Change the variables to `name` and `exp`, since they can now be referenced from the class directly:

        ```
        public void PrintStatsInfo()
        {
                Debug.LogFormat("Hero: {0} - {1} EXP", this.name, this.
        exp);
        }
        ```

2. Replace the character debug log that we previously added to `LearningCurve` with method calls to `PrintStatsInfo`:

    ```
    Character hero = new Character();
    hero.PrintStatsInfo();

    Character heroine = new Character("Agatha");
    heroine.PrintStatsInfo();
    ```

3. Run the game and everything in the console will work the same (but with better code).

Now that the Character class has a method, any instance can freely access it using dot notation. Since `hero` and `heroine` are both separate objects, `PrintStatsInfo` debugs their respective Name and Exp values to the console.

This behavior is better than having the debug logs directly in `LearningCurve`. It's always a good idea to group functionality into a class and drive action through methods. This makes the code more readable—as our Character objects are giving a command when printing out the debug logs, instead of repeating code.

The entire `Character` class should look like the following code:

```
using System.Collections;
using System.Collections.Generic;
using UnityEngine;

public class Character
{
    public string Name;
    public int Exp;

    public Character()
    {
        Name = "Not assigned";
    }

    public Character(string name)
    {
        this.Name = name;
    }

    public void PrintStatsInfo()
    {
        Debug.LogFormat("Hero: {0} - {1} EXP", this.Name, this.Exp);
    }
}
```

With classes covered, you're well on your way to writing modularized code that's readable, lightweight, and reusable. Now it's time to tackle the class's cousin object —the struct!

Declaring structs

Structs are similar to classes in that they are also blueprints for objects you want to create in your programs. The main difference is that they are **value types**, meaning they are passed by value instead of reference, like classes are. When structs are assigned or passed to another variable, a new copy of the struct is created, so the original isn't referenced at all. We'll go into this in more detail in the next section. First, we need to understand how structs work and the specific rules that apply when creating them.

Structs are declared in the same way as classes, and can hold fields, methods, and constructors:

```
accessModifier struct UniqueName
{
    Variables
    Constructors
    Methods
}
```

Like classes, any variables and methods belong exclusively to the struct and are accessed by its unique name.

However, structs have a few limitations:

- Variables cannot be initialized with values inside the struct declaration unless they're marked with the `static` or `const` modifier—you can read more about this in *Chapter 10, Revisiting Types, Methods, and Classes*. For example, the following code would throw an error:

  ```
  public struct Author
      {
          string Name = "Harrison";
          int Age = 32;
      }
  ```

- Constructors without parameters aren't permitted. For example, the following code would also throw an error:

  ```
  public struct Author
  {
      public Author()
        {
        }
  }
  ```

- Structs come with a default constructor that will automatically set all variables to their default values according to their type.

Every character requires a good weapon, and these weapons are the perfect fit for a struct object over a class. We'll discuss why that is in the *Understanding reference and value types* section of this chapter. However, first, you're going to create one to play around with.

Our characters are going to need good weapons to see them through quests, which are good candidates for a simple struct:

1. Right-click on the Scripts folder, choose **Create**, and select **C# Script**.

2. Name it Weapon, open it up in Visual Studio, and delete all the generated code after using UnityEngine.

3. Declare a public struct called Weapon, followed by a set of curly braces, and add a field for Name of type string and another field for Damage of type int.

    1. You can have classes and structs nested within each other, but this is generally frowned upon because it clutters up the code:

        ```
        public struct Weapon
        {
            public string Name;
            public int Damage;
        }
        ```

4. Declare a constructor with the Name and Damage parameters, and set the struct fields using the this keyword:

    ```
    public Weapon(string name, int damage)
    {
        this.Name = name;
        this.Damage = damage;
    }
    ```

5. Add a debug method below the constructor to print out the weapon information:

    ```
    public void PrintWeaponStats()
    {
        Debug.LogFormat("Weapon: {0} - {1} DMG", this.Name, this.
    Damage);
    }
    ```

6. In LearningCurve, create a new Weapon struct using the custom constructor and the new keyword, then use the PrintWeaponStats method to debug the struct values:

    ```
    Weapon huntingBow = new Weapon("Hunting Bow", 105);
    huntingBow.PrintWeaponStats();
    ```

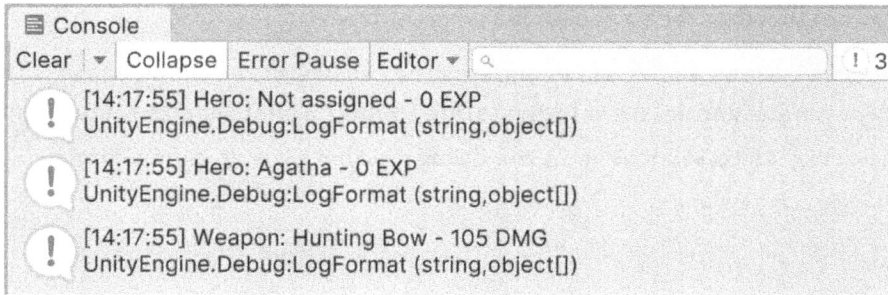

Figure 5.5: Screenshot of weapon struct properties printed to the console

Our new huntingBow object uses the custom constructor and provides values for both fields on initialization. It's a good idea to limit scripts to a single class, but it's fairly common to see structs that are used exclusively by a class included in the file.

Now that we have an example of both reference (class) and value (struct) objects, it's time to get acquainted with each of their finer points. More specifically, you'll need to understand how each of these objects is passed and stored in memory.

Understanding reference and value types

Other than keywords and initial field values, we haven't seen much difference between classes and structs so far. Classes are best suited for grouping together complex actions and data that will change throughout a program; structs are a better choice for simple objects and data that will remain constant for the most part, like values that stay the same throughout the entire project. Besides their uses, they are fundamentally different in one key area—that is, how they are passed or assigned between variables. Classes are **reference types**, meaning that they are passed by reference; structs are **value types**, meaning that they are passed by value.

Reference types

When the instances of our Character class are initialized, the hero and heroine variables don't hold their class information—instead, they hold a reference to where the object is located in the program's memory. If we assigned hero or heroine to another variable in the same class, the memory reference is assigned, not the character data. This has several implications, the most important being that if we have multiple variables storing the same memory reference, a change to one affects them all.

Topics like this are better demonstrated than explained; it's up to you to try this out in a practical example, next.

It's time to test that the Character class is a reference type:

1. Declare a new Character variable in LearningCurve called villain. Assign villain to the hero variable and use the PrintStatsInfo method to print out both sets of information.

2. Click **Play** and take a look at the two debug logs that show up in the console:

```
Character hero = new Character();
Character villain= hero;


hero.PrintStatsInfo();
villain.PrintStatsInfo();
```

3. The two debug logs will be identical because villain was assigned to hero when it was created. At this point, both hero and villain point to where hero is stored in memory:

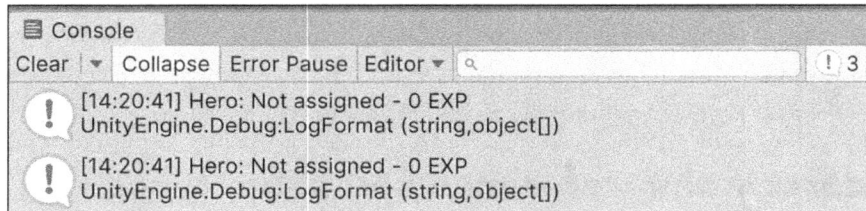

Figure 5.6: Screenshot of the struct stats printed to the console

4. Now, change the name of villain to something fun and click **Play** again:

```
Character villain = hero;
villain.Name = "Sir Kane the Bold";
```

5. You'll see that both hero and hero2 now have the same name, even though only one of our characters' data was changed:

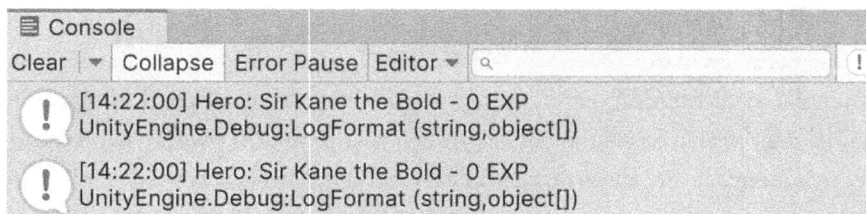

Figure 5.7: Screenshot of class instance properties printed to the console

The lesson here is that reference types need to be treated carefully and not copied when assigned to new variables. Any change to one reference trickles through all other variables holding the same reference.

If you're trying to copy a class, either create a new, separate instance or reconsider whether a struct might be a better choice for your object blueprint. You'll get a better glimpse of value types in the following section.

Value types

When a struct object is created, all of its data is stored in its corresponding variable with no references or connections to its memory location. This makes structs useful for creating objects that need to be copied quickly and efficiently, while still retaining their separate identities. Try this out with our Weapon struct in the following exercise.

Let's create a new weapon object by copying huntingBow into a new variable and updating its data to see whether the changes affect both structs:

1. Declare a new Weapon struct in LearningCurve, and assign huntingBow as its initial value:

   ```
   Weapon huntingBow = new Weapon("Hunting Bow", 105);
   Weapon warBow = huntingBow;
   ```

2. Print out each weapon's data using the debug method:

   ```
   huntingBow.PrintWeaponStats();
   warBow.PrintWeaponStats();
   ```

3. The way they're set up now, both huntingBow and warBow will have the same debug logs, just like our two characters did before we changed any data:

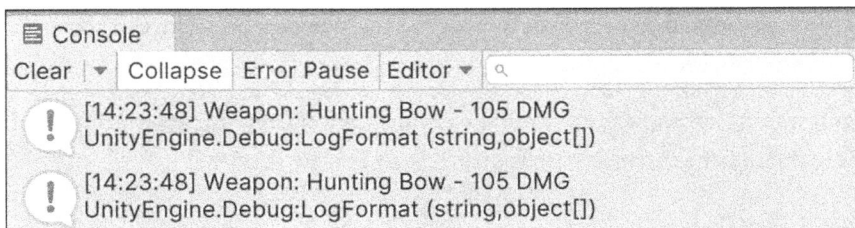

Figure 5.8: Screenshot of the struct instances printed to the console

4. Change the Name and Damage fields to values of your choice and click on **Play** again:

```
Weapon warBow = huntingBow;
warBow.Name = "War Bow";
warBow.Damage = 155;
```

5. The console will show that only the data relating to warBow was changed, and that huntingBow retains its original data.

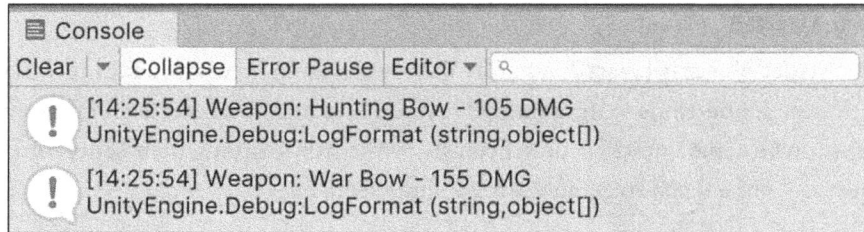

Figure 5.9: Screenshot of updated struct properties printed to the console

The takeaway from this example is that structs are easily copied and modified as their separate objects, unlike classes, which retain references to an original object. Now that we understand a little more about how structs and classes work under the hood, and have confirmed how reference and value types behave in their natural habitat, we're in a good place to start talking about one of the most important coding topics, OOP, and how it fits into the programming landscape.

Integrating the object-oriented mindset

Things in the physical world operate on a similar level to OOP; when you want to buy a soft drink, you grab a can of soda, not the liquid itself. The can is an object, grouping related information and actions together in a self-contained package. However, there are rules when dealing with objects, both in programming and the grocery store—for instance, who can access them. Different variations and generic actions all play into the nature of the objects all around us.

In programming terms, these rules are the main tenets of OOP: **encapsulation**, **inheritance**, and **polymorphism**. Let's discuss these topics in the next few sections!

Encapsulation

One of the best things about OOP is that it supports encapsulation—defining how accessible an object's variables and methods are to outside code (this is sometimes referred to as **calling code**). Take our soda can as an example—in a vending machine, the possible interactions are limited.

Since the machine is locked, not just anyone can come up and grab one; if you happen to have the right change, you'll be allowed provisional access to it, but in a specified quantity. If the machine itself is locked inside a room, only someone with the door key will even know the soda can exists.

The question you're asking yourself now is, how do we set these limitations? The simple answer is that we've been using encapsulation this entire time by specifying access modifiers for our object variables and methods.

> If you need a refresher, go back and visit the *Access modifiers* section in *Chapter 3, Diving into Variables, Types, and Methods.*

Let's try out a simple encapsulation example to understand how this works in practice. Our `Character` class is public, as are its fields and methods. However, what if we wanted a method that can reset a character's data to its initial values? This could come in handy, but could prove disastrous if it was accidentally called, making it a perfect candidate for a private object member:

1. In `Character.cs`, create a `private` method called `Reset`, with no return value inside the `Character` class. Set the `Name` and `Exp` variables back to `"Not assigned"` and `0`, respectively:

    ```
    private void Reset()
    {
        this.Name = "Not assigned";
        this.Exp = 0;
    }
    ```

2. Try and call `Reset()` from `LearningCurve` after printing out the `hero2` data:

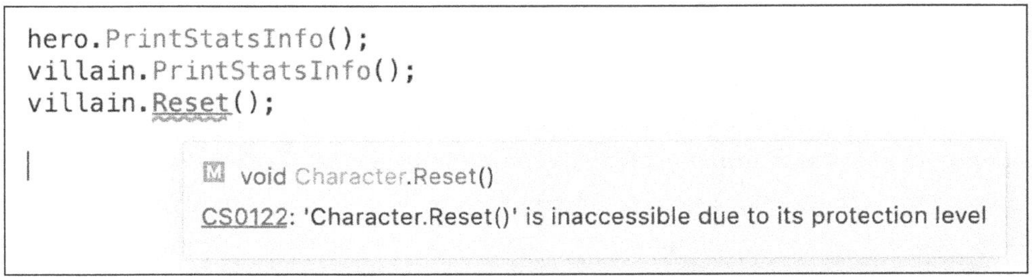

    ```
    hero.PrintStatsInfo();
    villain.PrintStatsInfo();
    villain.Reset();
    ```

    ```
    M  void Character.Reset()
    CS0122: 'Character.Reset()' is inaccessible due to its protection level
    ```

Figure 5.10: Screenshot of an inaccessible method in the Character class

If you're wondering whether Visual Studio is broken, it's not. Marking a method or variable as private will make it inaccessible using dot notation; it can only be called from within the class or struct it belongs to. If you manually type it in and hover over Reset(), you'll see an error message regarding the method being protected.

This method can only be called from within the Character class, so for example we could reset our data in the default constructor:

```
public Character()
{
    Reset();
}
```

Encapsulation does allow more complex accessibility setups with objects; however, for now, we're going to stick with public and private members. As we begin to flesh out our game prototype in the next chapter, we'll add different modifiers as needed.

Now, let's talk about inheritance, which is going to be your best friend when creating class hierarchies in your future games.

Inheritance

A C# class can be created in the image of another class, sharing its member variables and methods, but able to define its unique data. In OOP, we refer to this as **inheritance**, and it's a powerful way of creating related classes without having to repeat code. Take the soda example again—there are generic sodas on the market that have all the same basic properties, and then there are special sodas. The special sodas share the same basic properties but have different branding, or packaging, that sets them apart. When you look at both side by side, it's obvious that they're both cans of soda—but they're also obviously not the same.

The original class is usually called the base or parent class, while the inheriting class is called the derived or child class. Any base class members marked with the public, protected, or internal access modifiers are automatically part of the derived class—except for constructors. Class constructors always belong to their containing class, but they can be used from derived classes to keep repeated code to a minimum. Don't worry too much about the different base class scenarios right now. Instead, let's try out a simple game example.

Most games have more than one type of character, so let's create a new class called Paladin that inherits from the Character class. You can add this new class to the Character script or create a new one.

If you're adding the new class to the `Character` script, make sure it's outside the `Character` class's curly brackets:

```
public class Character
{
    // All our previous code...
}

public class Paladin: Character
{
}
```

Just as `LearningCurve` inherits from `MonoBehavior`, all we need to do is add a colon : and the base class we want to inherit from, and C# does the rest. Now, any `Paladin` instances will have access to a `name` property and an `exp` property along with a `PrintStatsInfo` method.

It's generally considered best practice to create a new script for different classes instead of adding them to existing ones. This separates your scripts and avoids having too many lines of code in any single file (called a **bloated file**).

This is great, but how do inherited classes handle their construction? You can find out in the following section.

Base constructors

When a class inherits from another class, they form a pyramid of sorts with member variables flowing down from the parent class to any of its derived children. The parent class isn't aware of any of its children, but all children are aware of their parent. However, parent class constructors can be called directly from child constructors with a simple syntax modification:

```
public class ChildClass: ParentClass
{
    public ChildClass(): base()
    {
    }
}
```

The base keyword stands in for the parent constructor—in this case, the default constructor. However, since base is standing in for a constructor, and a constructor is a method, a child class can pass parameters up the pyramid to its parent constructor.

Since we want all Paladin objects to have a name variable, and Character already has a constructor that handles this, we can call the base constructor directly from the Paladin class and save ourselves the trouble of rewriting a constructor:

1. Add a constructor to the Paladin class that takes in a string parameter, called name. Use a colon (:) and the base keyword to call the parent constructor, passing in name:

```
public class Paladin: Character
{
    public Paladin(string name): base(name)
    {

    }
}
```

2. In LearningCurve, create a new Paladin instance called knight. Use the base constructor to assign a value. Call PrintStatsInfo from knight and take a look at the console:

```
Paladin knight = new Paladin("Sir Arthur");
knight.PrintStatsInfo();
```

3. The debug log will be the same as our other Character instances, but with the name that we assigned to the Paladin constructor:

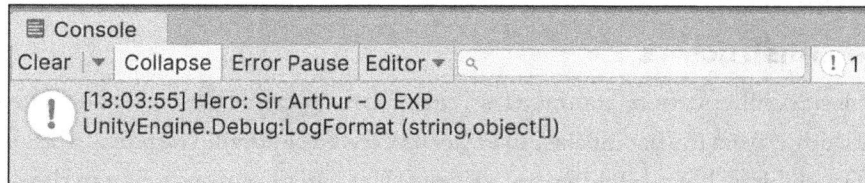

Figure 5.11: Screenshot of base character constructor properties

When the Paladin constructor fires, it passes the name parameter to the Character constructor, which sets the name value. Essentially, we used the Character constructor to do the initialization work for the Paladin class, making the Paladin constructor only responsible for initializing its unique properties, which it doesn't have at this point.

Aside from inheritance, there will be times when you want to make new objects out of a combination of other existing objects. Think of *LEGO®*; you don't start building from nothing—you already have different colored blocks and structures to work with. In programming terms, this is called **composition**, which we'll discuss in the following section.

Composition

Aside from inheritance, classes can be composed of other classes. Take our Weapon struct, for example. Paladin can easily contain a Weapon variable inside itself and have access to all its properties and methods. Let's do that by updating Paladin to take in a starting weapon and assign its value in the constructor:

```
public class Paladin: Character
{
    public Weapon PrimaryWeapon;

    public Paladin(string name, Weapon weapon): base(name)
    {
        this.PrimaryWeapon = weapon;
    }
}
```

Since PrimaryWeapon is unique to Paladin and not Character, we need to set its initial value in the constructor. We also need to update the knight instance to include a Weapon variable. So, let's go back into LearningCurve.cs and use huntingBow:

```
Paladin knight = new Paladin("Sir Arthur", huntingBow);
```

If you run the game now, you won't see anything different because we're using the PrintStatsInfo method from the Character class, which doesn't know about the Paladin class's weapon property. To tackle this problem, we need to talk about **polymorphism**.

Polymorphism

Polymorphism is the Greek word for *many-shaped* and applies to OOP in two distinct ways:

- Derived class objects are treated the same as parent class objects. For example, an array of Character objects could also store Paladin objects, as they derive from Character.
- Parent classes can mark methods as virtual, meaning that their instructions can be modified by derived classes using the override keyword. In the case of Character and Paladin, it would be useful if we could debug different messages from PrintStatsInfo for each one.

Polymorphism allows derived classes to keep the structure of their parent class while also having the freedom to tailor actions to fit their specific needs. Any method you mark as virtual will give you the freedom of object polymorphism.

Let's take this new knowledge and apply it to our character debug method.

Let's modify Character and Paladin to print out different debug logs using PrintStatsInfo:

1. In Character.cs, change PrintStatsInfo in the Character class by adding the virtual keyword between public and void:

    ```
    public virtual void PrintStatsInfo()
    {
        Debug.LogFormat("Hero: {0} - {1} EXP", this.Name, this.Exp);
    }
    ```

2. Declare the PrintStatsInfo method in the Paladin class using the override keyword. Add a debug log to print out the Paladin properties in whatever way you like:

    ```
    public override void PrintStatsInfo()
    {
        Debug.LogFormat("Hail {0} - take up your {1}!", this.Name,
                    this.PrimaryWeapon.Name);
    }
    ```

3. This might look like repeated code, which we already said is bad form, but this is a special case. What we've done by marking PrintStatsInfo as virtual in the Character class is to tell the compiler that this method can have many shapes according to the calling class.

4. When we declared the overridden version of PrintStatsInfo in Paladin, we added the custom behavior that only applies to that class. Thanks to polymorphism, we don't have to choose which version of PrintStatsInfo we want to call from a Character or Paladin object—the compiler already knows:

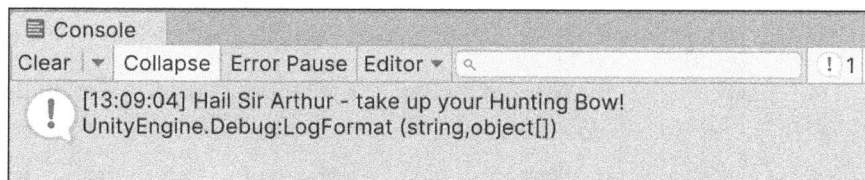

Figure 5.12: Screenshot of polymorphic character properties

This was a lot to take in, I know. So, let's review some of the main points of OOP as we approach the finish line:

*   OOP is all about grouping related data and actions into objects—objects that can communicate and act independently of each other

- Access to class members can be set using access modifiers, just like variables
- Classes can inherit from other classes, creating trickle-down hierarchies of parent/child relationships
- Classes can have members of other class or struct types
- Classes can override any parent methods marked as `virtual`, allowing them to perform custom actions while retaining the same blueprint

> OOP is not the only programming paradigm that can be used with C#—you can find practical explanations of the other main approaches here: `http://cs.lmu.edu/~ray/notes/paradigms`.

All the OOP you've learned in this chapter is directly applicable to the C# world. However, we still need to put this into perspective with Unity, which is what you'll spend the rest of the chapter focusing on.

Applying OOP in Unity

If you're around OOP languages enough, you'll eventually hear the phrase *"everything is an object"* whispered like a secret prayer between developers. Following OOP principles, everything in a program should be an object, but GameObjects in Unity can represent your classes and structs. However, that's not to say all objects in Unity have to be in the physical scene, so we can still use our newfound programmed classes behind the scenes.

Objects are a class act

Back in *Chapter 2, The Building Blocks of Programming*, we discussed how a script is transformed into a component when it's added to a GameObject in Unity. Think of this in terms of the OOP principle of composition—GameObjects are the parent containers, and they can be made up of multiple components. This might sound contradictory to the idea of one C# class per script but, in truth, that's more of a guideline for better readability than an actual requirement. Classes can be nested inside one another—it just gets messy fast. However, having multiple script components attached to a single GameObject can be very useful, especially when dealing with manager classes or behaviors.

Always try to boil down objects to their most basic elements, and then use composition to build bigger, more complex objects out of those smaller classes. It's easier to modify a GameObject made out of small, interchangeable components than a large, clunky one.

Let's take a look at **Main Camera** to see this in action:

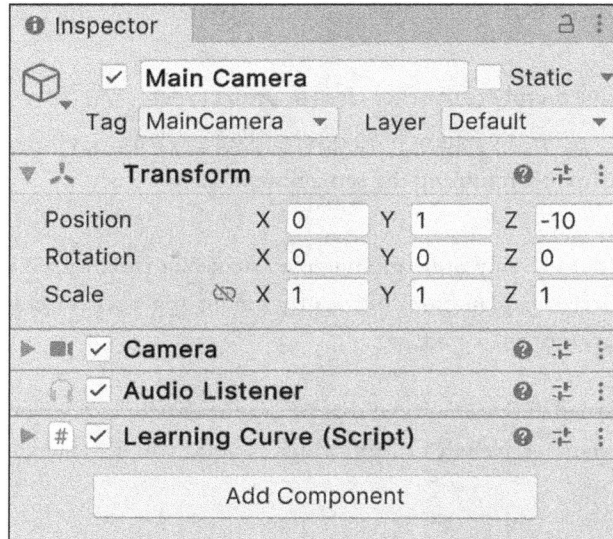

Figure 5.13: Screenshot of the Main Camera object in the Inspector

Each component in the preceding screenshot (**Transform, Camera, Audio Listener,** and the **Learning Curve** script) started as a class in Unity. Like instances of Character or Weapon, these components become objects in computer memory when we click on **Play**, complete with their member variables and methods.

If we were to attach LearningCurve (or any script or component) to 1,000 GameObjects and click on **Play**, 1,000 separate instances of LearningCurve would be created and stored in memory.

We can even create our instances of these components using their component name as the data type. Like classes, Unity component classes are reference types and can be created like any other variable. However, finding and assigning these Unity components is slightly different than what you've seen so far. For that, you'll need to understand a little more about how GameObjects work in the following section.

Accessing components

Now that we know how components act on GameObjects, how do we go about accessing their specific instances? Lucky for us, all GameObjects in Unity inherit from the GameObject class, which means we can use their member methods to find anything we need in a scene. There are two ways to assign or retrieve GameObjects that are active in the current scene:

1. Through the GetComponent() or Find() methods in the GameObject class, which work with public and private variables. However, it's important to be careful with these two methods; for optimal performance and best practices, the result of the GetComponent() call should always be saved in its own variables and Find() should be used sparingly and never in an Update() loop.

2. By dragging and dropping the GameObjects themselves from the Project panel directly into variable slots in the **Inspector** tab. This option only works with public variables in C#, since they are the only ones that will appear in the **Inspector**. If you decide you need a private variable displayed in the **Inspector**, you can mark it with the SerializeField attribute.

> You can learn more about attributes and SerializeField in the Unity documentation: https://docs.unity3d.com/ScriptReference/SerializeField.html.

Let's take a look at the syntax of the first option.

Accessing components in code

Using GetComponent is fairly simple, but its method signature is slightly different from other methods that we've seen so far:

```
GameObject.GetComponent<ComponentType>();
```

All we need is the component type that we're looking for, and the GameObject class will return the component if it exists and null if it doesn't. There are other variations of the GetComponent method, but this one is the simplest because we don't need to know specifics about the GameObject class that we're looking for.

This is called a generic method, which we'll discuss further in *Chapter 13, Exploring Generics, Delegates, and Beyond*. However, for now, let's just work with the camera's Transform.

Since LearningCurve is already attached to the **Main Camera** object, let's grab the camera's Transform component and store it in a public variable. The Transform component controls an object's position, rotation, and scale in Unity, so it's a handy example:

1. In LearningCurve, add a new public Transform type variable, called CamTransform:

   ```
   public Transform CamTransform;
   ```

2. Initialize `CamTransform` in `Start` using the `GetComponent` method from the `GameObject` class. Use the `this` keyword, since `LearningCurve` is attached to the same `GameObject` component as the `Transform` component.

    a. Access and debug the `localPosition` property of `CamTransform` using dot notation (notice we're storing the component in its own variable for performance):

    ```
    void Start()
    {
        CamTransform = this.GetComponent<Transform>();
        Debug.Log(CamTransform.localPosition);
    }
    ```

3. We've added an uninitialized `public Transform` variable at the top of `LearningCurve` and initialized it using the `GetComponent` method inside `Start`. `GetComponent` finds the `Transform` component attached to this `GameObject` component and returns it to `CamTransform`. With `CamTransform` now storing a `Transform` object, we have access to all its class properties and methods—including `localPosition` in the following screenshot:

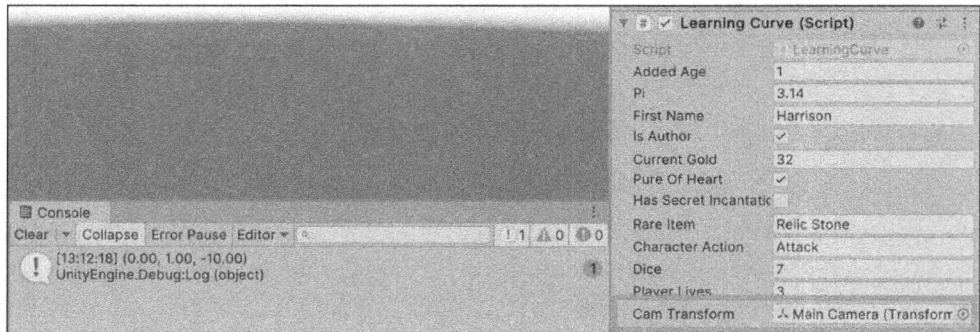

Figure 5.14: Screenshot of the Transform position printed to the console

The `GetComponent` method is fantastic for quickly retrieving components, but it only has access to components on the GameObject that the calling script is attached to. For instance, if we use `GetComponent` from the `LearningCurve` script attached to the **Main Camera**, we'll only be able to access the **Transform, Camera,** and **Audio Listener** components.

If we want to reference a component on a separate GameObject, such as **Directional Light**, we would need to get a reference to the object first using the `Find` method. All it takes is the name of a GameObject, and Unity will kick back the appropriate GameObject for us to store or manipulate.

For reference, the name of each GameObject can be found at the top of the **Inspector** tab with the object selected:

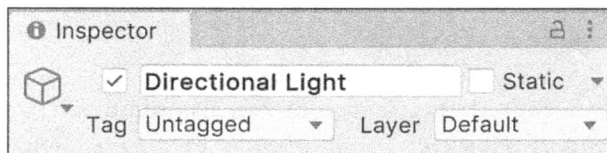

Figure 5.15: Screenshot of the Directional Light object in the Inspector

Finding objects in your game scenes is crucial in Unity, so you'll need to practice. Let's take the objects we have to work with and practice finding and assigning their components.

Let's take the Find method out for a spin and retrieve the **Directional Light** object from LearningCurve:

1. Add two variables to LearningCurve underneath CamTransform—one of type GameObject and one of type Transform:

    ```
    public GameObject DirectionLight;
    public Transform LightTransform;
    ```

2. Find the Directional Light component by name, and use it to initialize DirectionLight inside the Start() method:

    ```
    void Start()
    {
        DirectionLight = GameObject.Find("Directional Light");
    }
    ```

3. Set the value of LightTransform to the Transform component attached to DirectionLight, and debug its localPosition. Since DirectionLight is its GameObject now, GetComponent works perfectly:

    ```
    LightTransform = DirectionLight.GetComponent<Transform>();
    Debug.Log(LightTransform.localPosition);
    ```

Before running the game, it's important to understand that method calls can be chained together to cut down the number of code steps. For instance, we could initialize LightTransform in a single line by combining Find and GetComponent without having to go through DirectionLight:

```
GameObject.Find("Directional Light").GetComponent<Transform>();
```

A word of warning—long lines of chained code can lead to poor readability and confusion when working on complex applications. It's a good rule of thumb to avoid lines longer than this example.

While finding objects in code always works, you can also simply drag and drop the objects themselves into the **Inspector** tab. Let's demonstrate how to do that in the following section.

Drag and drop

Now that we've covered the code-intensive way of doing things, let's take a quick look at Unity's drag and drop functionality. Although dragging and dropping is much faster than using the GameObject class in code, Unity sometimes loses the connections between objects and variables made this way when saving or exporting projects, or when Unity updates.

When you need to assign a few variables quickly, then, by all means, take advantage of this feature. For most cases, I'd advise sticking with code.

Let's change LearningCurve to show how to assign a GameObject component using drag and drop:

1. Comment the following line of code, where we used GameObject.Find() to retrieve and assign the **Directional Light** object to the DirectionLight variable:

   ```
   //DirectionLight = GameObject.Find("Directional Light");
   ```

2. Select the **Main Camera** GameObject, drag **Directional Light** to the Direction Light field in the **Learning Curve** component, and click on **Play**:

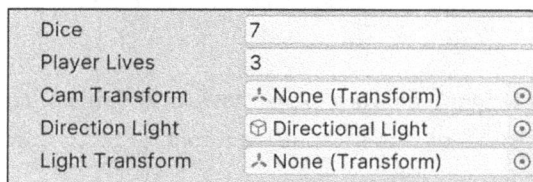

Dice	7
Player Lives	3
Cam Transform	⚘ None (Transform) ⊙
Direction Light	☺ Directional Light ⊙
Light Transform	⚘ None (Transform) ⊙

Figure 5.16: Screenshot of dragging Directional Light to the script property

3. The **Directional Light** GameObject is now assigned to the DirectionLight variable. No code was involved because Unity assigned the variable internally, with no change to the LearningCurve class.

It is important to understand a few things when deciding whether to assign variables using drag and drop or GameObject.Find(). First, the Find() method is marginally slower, leaving your game open to performance issues if you are calling the method multiple times in multiple scripts.

Second, you need to be sure your GameObjects all have unique names in the scene hierarchy; if they don't, it may lead to some nasty bugs in situations where you have several objects of the same name or change the object names themselves.

Summary

Our journey into classes, structs, and OOP marks the end of the first section on the fundamentals of C#. You've learned how to declare your classes and structs, which is the scaffolding for every application or game you'll ever make. You've also identified the differences in how these two objects are passed and accessed and how they relate to OOP. Finally, you got hands-on with the tenets of OOP—creating classes using inheritance, composition, and polymorphism.

Identifying related data and actions, creating blueprints to give them shape, and using instances to build interactions are strong foundations for approaching any program or game. Add the ability to access components to the mix, and you've got the makings of a Unity developer.

The next chapter will segue into the basics of game development and scripting object behavior directly in Unity. We'll start by fleshing out the requirements of a simple open-world adventure game, work with GameObjects in the scene, and finish off with a white-boxed environment ready for our characters.

Pop quiz—all things OOP

1. What method handles the initialization logic inside a class?

2. Being value types, how are structs passed?

3. What are the three main tenets of OOP?

4. Which `GameObject` class method would you use to find a component on the same object as the calling class?

Don't forget to check your answers against mine in the *Pop Quiz Answers* appendix to see how you did!

Join us on discord!

Read this book alongside other users, Unity game development experts and the author himself.

Ask questions, provide solutions to other readers, chat with the author via. Ask Me Anything sessions and much more.

Scan the QR code or visit the link to join the community.

https://packt.link/csharpwithunity

6

Getting Your Hands Dirty with Unity

Creating a game involves much more than just simulating actions in code. Design, story, environment, lighting, and animation all play an important part in setting the stage for your players. A game is, first and foremost, an experience—something that code alone can't deliver.

Unity has placed itself at the forefront of game development over the past decade by bringing advanced tools to programmers and non-programmers alike. Animation and effects, audio, environment design, and much more are all available directly from the Unity Editor without a single line of code. We'll discuss these topics as we define the requirements, environment, and game mechanics of our game. However, first, we need a topical introduction to game design.

Game design theory is a large area of study and learning all its secrets can consume an entire career. However, we'll only be getting hands-on with the basics; everything else is up to you to explore! This chapter will set us up for the rest of the book and will cover the following topics:

- A game design primer
- Building a level
- Lighting basics
- Animating in Unity

A game design primer

Before jumping into any game project, it's important to have a blueprint of what you want to build. Sometimes, ideas will start crystal clear in your mind, but the minute you start creating character classes or environments, things seem to drift away from your original intention. This is where the game's design allows you to plan out the following touchpoints:

- **Concept**: The big-picture idea and design of a game, including its genre and play style.
- **Core mechanics**: The playable features or interactions that a character can take in-game. Common gameplay mechanics include jumping, shooting, puzzle-solving, or driving.
- **Control schemes**: A map of the buttons and/or keys that give players control over their character, environment interactions, and other executable actions.
- **Story**: The underlying narrative that fuels a game, creating empathy and a connection between players and the game world they play in.
- **Art style**: The game's overarching look and feel, consistent across everything from characters and menu art to the levels and environments.
- **Win and lose conditions**: The rules that govern how the game is won or lost, usually consisting of objectives or goals that carry the weight of potential failure.

These topics are by no means an exhaustive list of what goes into designing a game. However, they're a good place to start fleshing out something called a **game design document**, which is your next task!

Game design documents

Googling game design documents will result in a flood of templates, formatting rules, and content guidelines that can leave a new programmer ready to give it all up. The truth is, design documents are tailored to the team or company that creates them, making them much easier to draft than the internet would have you think.

In general, there are three types of design documentation, as follows:

- **Game Design Document (GDD)**: The GDD houses everything from how the game is played to its atmosphere, story, and the experience it's trying to create. Depending on the game, this document can be a few pages long or several hundred.
- **Technical Design Document (TDD)**: This document focuses on all the technical aspects of the game, from the hardware it will run on to how the classes and program architecture need to be built out. Like a GDD, the length will vary based on the project.

- **One-Page:** Usually used for marketing or promotional situations, a one-page document is essentially a snapshot of your game. As the name suggests, it should only take up a single page.

> There's no right or wrong way to format a GDD, so it's a good place to let your brand of creativity thrive. Throw in pictures of reference material that inspires you; get creative with the layout—this is your place to define your vision.

The game we'll be working on throughout the rest of this book is fairly simple and won't require anything as detailed as a GDD or TDD. Instead, we'll create a one-pager to keep track of our project objectives and some background information.

The Hero Born one-pager

To keep us on track going forward, I've put together a simple document that lays out the basics of the game prototype. Read through it before moving on, and try to start imagining some of the programming concepts that we've learned so far being put into practice:

Concept
Game prototype focused on stealthily avoiding enemies and collecting health items - with a little FPS on the side.

Gameplay
Main mechanic centers around using line-of-sight to stay one step ahead of patrolling enemies and collecting required items.

Combat will consist of shooting projectiles at enemies, which will automatically trigger an attack response.

Interface
Control scheme for movement will be the WASD or arrow keys using the mouse for camera control. Shooting mechanic will use the Space bar, and item collection will work off of object collisions.

Simple HUD will show items collected and remaining ammo, as well as a standard health bar.

Art Style
Level and character art style will be all primitive GameObjects for fast and efficient, no-frills development. These can be swapped out at a later date with 3D models or terrain environments if needed.

Figure 6.1: Hero Born one-page document

To provide a complete view of the Unity editor, all our screenshots are taken in full-screen mode. For color versions of all book images, use the link below: `https://packt.link/7yy5V.`

Now that you have a high-level view of the pillars of our game, you're ready to start building a prototype level to house the game experience.

Building a level

When building your game levels, it's always a good idea to try to see things from the perspective of your players. How do you want them to see the environment, interact with it, and feel while walking around in it? You're literally building the world your game exists in, so be consistent.

With Unity, you can use basic 3D shapes to block out simple environments, the more advanced **ProBuilder tool**, or a mixture of the two. You can even import 3D models from other programs, such as Blender, to use as objects in your scenes.

> Unity has a great introduction to the ProBuilder tool at: `https://unity.com/features/probuilder`.
>
> You can also use tools like Blender to create your game assets, which you can find at: `https://www.blender.org/features/modeling/`.

For *Hero Born*, we'll stick with a simple indoor arena-like setting that's easy to get around, but with a few corners to hide in. You'll cobble all this together using **primitives**—base object shapes provided in Unity—because of how easy they are to create, scale, and position in a scene.

Creating primitives

Looking at games you might play regularly, you're probably wondering how you'll ever create models and objects that look so realistic that it seems you could reach through the screen and grab them. Fortunately, Unity has a set of primitive GameObjects that you can select from to prototype faster. These won't be super fancy or high-definition, but they are a lifesaver when you're learning the ropes or don't have a 3D artist on your development team.

If you open up Unity, you can go into the **Hierarchy** panel and click on **+ > 3D Object**, and you'll see all the available options, but only about half of these are primitives or common shapes, indicated in the following screenshot:

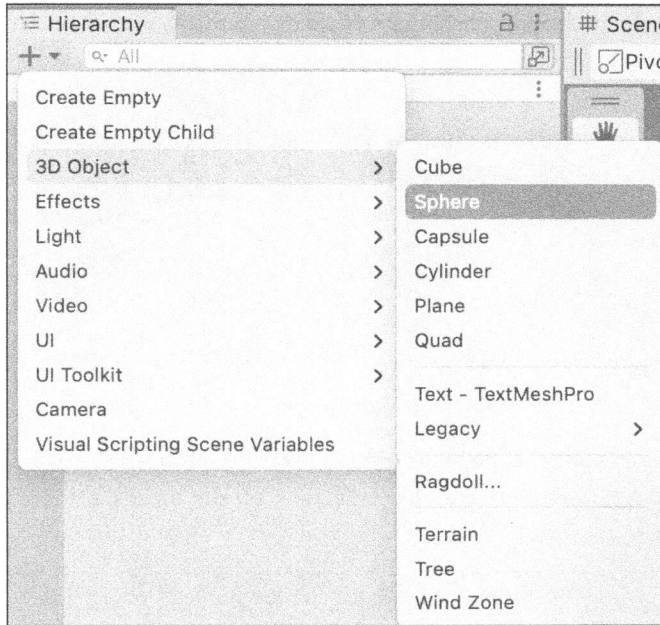

Figure 6.2: Unity Hierarchy window with the 3D Object option selected

Other **3D Object** options, such as **Terrain, Wind Zone**, and **Tree**, are a bit too advanced for what we need, but feel free to experiment with them if you're interested.

> You can find out more about building Unity environments at: `https://docs.` `unity3d.com/Manual/CreatingEnvironments.html`.

Before we jump too far ahead, it's usually easier to walk around when you've got a floor underneath you, so let's start by creating a ground plane for our arena using the following steps:

1. In the **Hierarchy** panel, click on + > **3D Object** > **Plane**.

2. Select the new object in the **Hierarchy** tab and rename the GameObject to Ground in the **Inspector** tab or by pressing *Enter*.

3. In the **Transform** dropdown, change **Scale** to 3 in the **X**, **Y**, and **Z** axes:

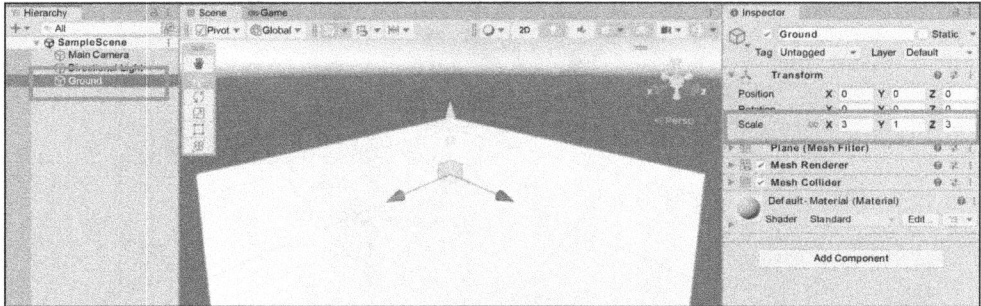

Figure 6.3: Unity Editor with a Ground plane

4. If the lighting in your scene looks dimmer or different from the preceding image, select **Directional Light** in the **Hierarchy** panel, and set the **Intensity** value of the **Directional Light** component to 1:

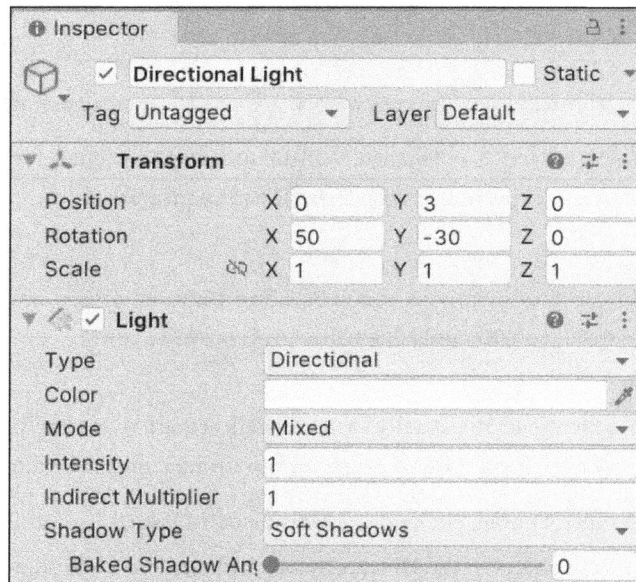

Figure 6.4: Directional Light object selected in the Inspector pane

Here, we created a plane GameObject, and increased its size to make more room for our future characters to walk around. This plane will act like a 3D object bound by real-life physics, meaning other objects will know it's there and won't just fall through the floor into oblivion. We'll talk more about the Unity physics system and how it works in *Chapter 7, Movement, Camera Controls, and Collisions*. Right now, we need to start thinking in 3D.

Thinking in 3D

Now that we have our first object in the scene, we can talk about 3D space—specifically, how an object's position, rotation, and scale behave in three dimensions. If you think back to high school geometry, a graph with an x and y coordinate system should be familiar. To put a point on the graph, you need an x value and a y value.

Unity supports both 2D and 3D game development, and if we were making a 2D game, we could leave our explanation there. However, when dealing with 3D space in the Unity Editor, we have an extra axis, called the z axis. The z axis maps depth, or perspective, giving our space and the objects in it their 3D quality.

This might be confusing at first, but Unity has some nice visual aids to help you get your head on straight. In the top-right corner of the **Scene** panel, you'll see a geometric-looking icon with the x, y, and z axes marked in red, green, and blue, respectively. All GameObjects in the scene will show their axis arrows when they're selected in the **Hierarchy** window:

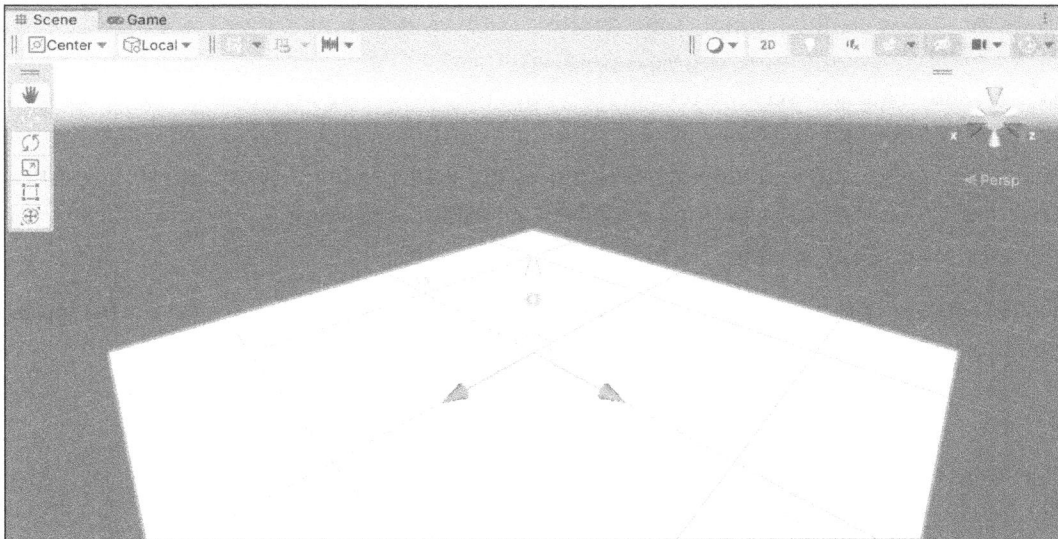

Figure 6.5: Scene view with the orientation gizmo highlighted

This will always show the current orientation of the scene and the objects placed inside it. Clicking on any of the colored axes will switch the scene orientation to the selected axis. Give this a go yourself to get comfortable with switching perspectives.

If you take a look at the **Ground** object's **Transform** component in the **Inspector** window, you'll see that the position, rotation, and scale are all determined by these three axes.

The position determines where the object is placed in the scene, its rotation governs how it's angled, and its scale takes care of its size. These values can be changed at any time in the **Inspector** pane or in a C# script:

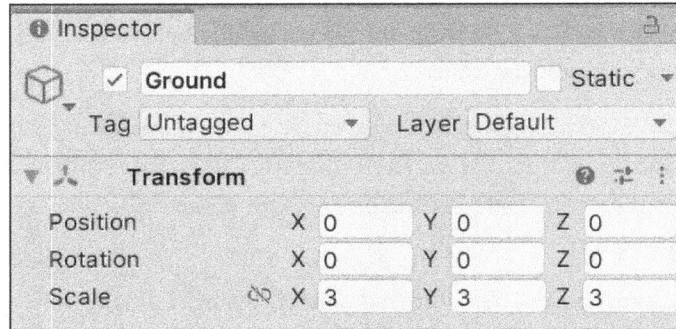

Figure 6.6: Ground object selected in the Hierarchy

Right now, the ground is looking a little boring. Let's change that with a material.

Materials

Our ground plane isn't very interesting right now, but we can use **Materials** to breathe a little life into the level. Materials are in charge of setting GameObject properties like color and texture; the material is passed to the shader, which uses the shader to render the material properties onscreen. Think of **Shaders** as being responsible for combining lighting and texture data into a representation of how the material looks.

Each GameObject starts with a default **Material** and **Shader** (pictured here from the **Inspector** pane), setting its color to a standard white:

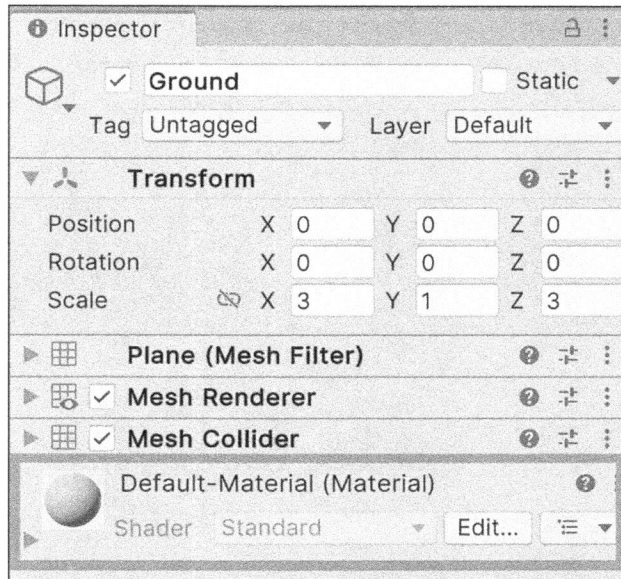

Figure 6.7: Default material on an object

To change an object's color, we need to create a material and drag it to the object that we want to modify. Remember, everything is an object in Unity—materials are no different. Materials can be reused on as many GameObjects as needed, but any change to a material will also carry through to any objects the material is attached to. If we had several enemy objects in the scene with a material that set them all to red, and we changed that base material color to blue, all our enemies would then be blue.

Blue is eye-catching; let's change the color of the ground plane to match, and create a new material to turn the ground plane from a dull white to a dark and vibrant blue:

1. Create a new folder in the **Project** panel by *right-clicking* > **Create** > **Folder**, and name it Materials.
2. Inside the **Materials** folder, *right-click* > **Create** > **Material**, and name it Ground_Mat.

3. Select the new material in the **Project** panel and look at its properties in the **Inspector**. Click on the color box next to the **Albedo** property, select your color from the color picker window that pops up (the big square in the middle sets the actual color), and then close it:

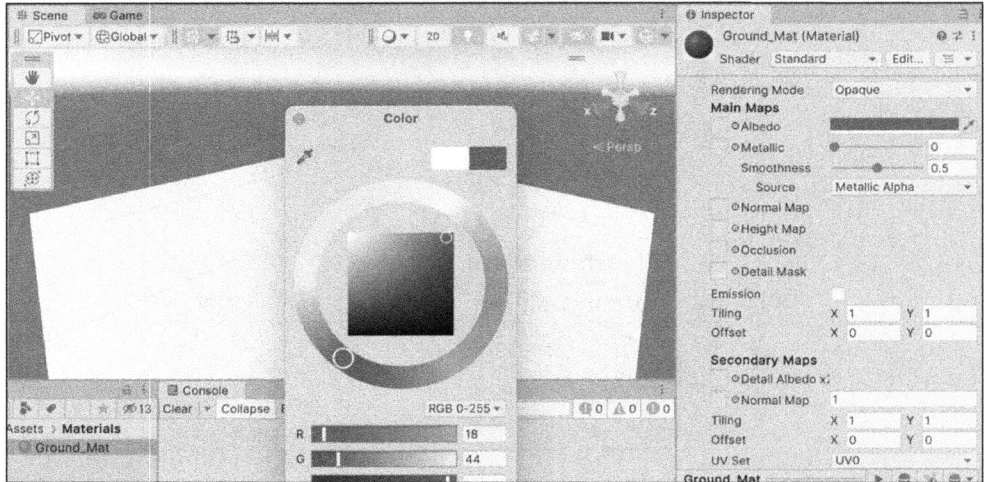

Figure 6.8: Material color picker

4. Drag the Ground_Mat object from the **Project** panel, and drop it onto the Ground GameObject in the **Hierarchy** panel.

The new material you created is now a project asset. Dragging and dropping Ground_Mat from the **Project** panel onto the Ground GameObject in the **Hierarchy** changed the color of the plane, which means any changes to Ground_Mat will be reflected in the Ground GameObject.

If you select Ground in the **Hierarchy**, you'll also see the **Ground_Mat (Material)** component at the very bottom is now being used by the **Standard Shader** to render the plane's color property:

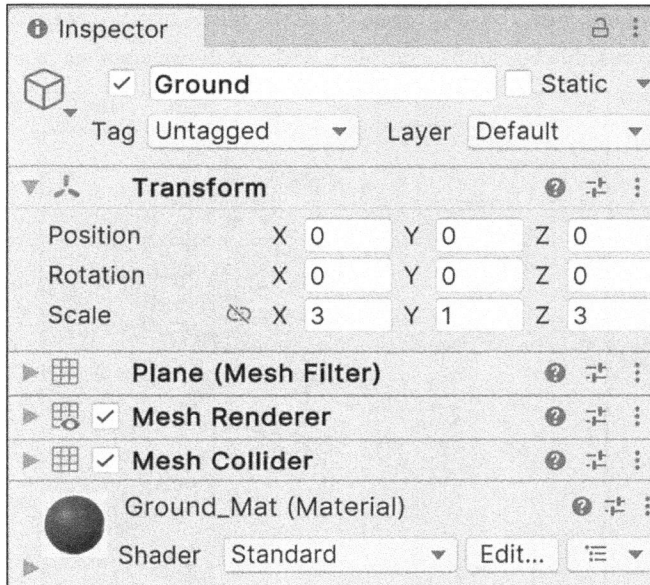

Figure 6.9: Ground plane with the updated color material

The ground is our canvas; however, in 3D space, it can support other 3D objects on its surface. It'll be up to you to populate it with fun and interesting obstacles for your future players, which we'll do in the next section when we learn a little about white-boxing!

White-boxing

White-boxing is a design term for laying out ideas using placeholders, usually with the intent of replacing them with finished assets at a later date. In level design, the practice of white-boxing is to block out an environment with primitive GameObjects to get a sense of how you want it to look. This is a great way to start things off, especially during the prototyping stages of your game.

Before diving into Unity, I'd like to start with a simple sketch of the basic layout and position of my level. This gives us a bit of direction and will help to get our environment laid out quicker.

In the following drawing, you'll be able to see the arena I have in mind, with a raised platform in the middle that is accessible by ramps, complete with small turrets in each corner:

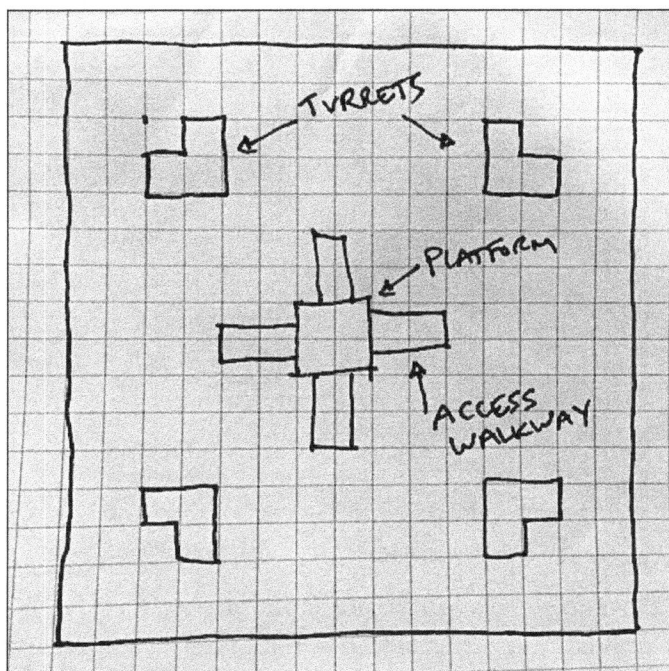

Figure 6.10: Sketch of the Hero Born level arena

> Don't worry if you're not an artist—neither am I. The important thing is to get your ideas down on paper to solidify them in your mind and work out any kinks before getting busy in Unity.

Before you go full steam ahead and put this sketch into production, you'll need to familiarize yourself with a few Unity Editor shortcuts to make white-boxing easier.

Editor tools

When we discussed the Unity interface in *Chapter 1, Getting to Know Your Environment*, we skimmed over some of the Toolbar functionality, which we need to revisit so that we know how to efficiently manipulate GameObjects. You can find these in the upper-left corner of the Unity Editor:

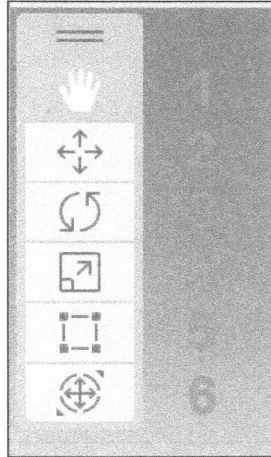

Figure 6.11: Unity Editor Toolbar

Let's break down the different tools that are available to us from the Toolbar in the preceding screenshot:

1. **View**: This allows you to pan and change your position in the scene by clicking and dragging your mouse.

2. **Move**: This lets you move objects along the x, y, and z axes by dragging their respective arrows.

3. **Rotate**: This lets you adjust an object's rotation by turning or dragging its respective markers.

4. **Scale**: This lets you modify an object's scale by dragging it to specific axes.

5. **Rect Transform**: This combines the **Move**, **Rotate**, and **Scale** tool functionality into one package.

6. **Transform**: This gives you access to the position, rotation, and scale of an object all at once.

> You can find more information about navigating and positioning Game-Objects in the **Scene** panel at: `https://docs.unity3d.com/Manual/PositioningGameObjects.html`. It's also worth noting that you can move, position, and scale objects using the **Transform** component, as we discussed earlier in the *Thinking in 3D* section.

Panning and navigating the scene can be done with similar tools, although not from the Unity Editor itself:

- To look around, hold down the right mouse button and drag it to pan the camera around.

- To move around while using the camera, continue to hold the right mouse button and use the *W*, *A*, *S*, and *D* keys to move forward, back, left, and right, respectively. If you're on a Mac and using your trackpad instead of a mouse, click-and-hold two fingers while pressing the *W*, *A*, *S*, and *D* keys.

- Hit the *F* key to zoom in and focus on a GameObject that has been selected in the **Hierarchy** panel.

> This kind of scene navigation is more commonly known as fly-through mode, so when I ask you to focus on or navigate to a particular object or viewpoint, use a combination of these features.
>
> Getting around the **Scene** view can be a task all on its own, but it all comes down to repeated practice. For a more detailed list of scene navigation features, visit: `https://docs.unity3d.com/Manual/SceneViewNavigation.html`.

Even though the ground plane won't allow our character to fall through it, we could still walk off the edge at this point. Now, your job is to wall in the arena so that the player has a confined locomotion area.

Hero's trial—putting up drywall

Using primitive cubes and the toolbar, position four walls around the level using the **Move**, **Rotate**, and **Scale** tools to section off the main arena:

1. In the **Hierarchy** panel, select **+ > 3D Object > Cube** to create the first wall and name it `Wall`.
2. Set its scale value to `30` for the *x* axis, `1.5` for the *y* axis, and `0.2` for the *z* axis.

> Note that planes operate on a scale 10 times larger than objects—so our plane with a length of 3 is the same length as any other object of length 30.

3. With the `Wall` object selected in the **Hierarchy** panel, switch to the **Position** tool in the upper-left corner and use the red, green, and blue arrows to position the wall at the edge of the ground plane.

4. Repeat *steps 1-3* until you have four walls surrounding your area:

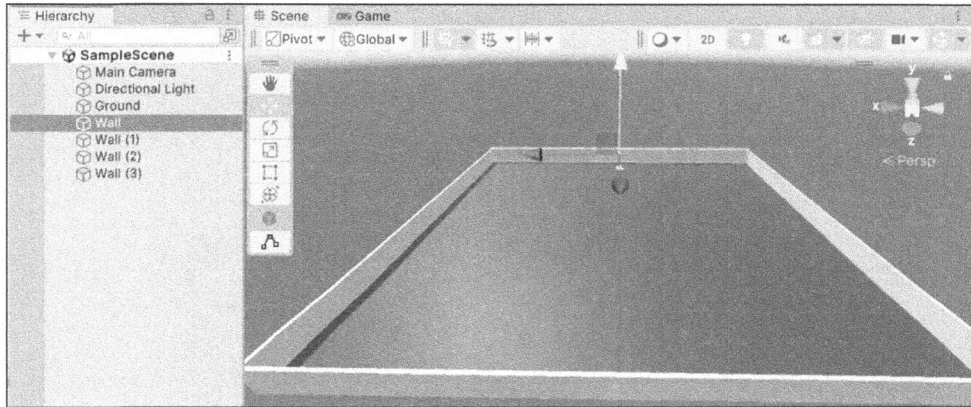

Figure 6.12: Level arena with four walls and a ground plane

> From this chapter onward, I'll be giving some basic values for wall position, rotation, and scale, but feel free to be adventurous and use your own creativity. I want you to experiment with the Unity Editor tools so you get comfortable faster.

That was a bit of construction, but the arena is starting to take shape! Before we move on to adding obstacles and platforms, you'll want to get into the habit of cleaning up your object hierarchy. We'll talk about how that works in the following section.

Keeping the hierarchy clean

Normally, I would put this sort of advice in a blurb at the end of a section, but making sure your project hierarchy is as organized as possible is so important that it needs its own subsection. Ideally, you'll want all related GameObjects to be under a single **parent object**. Right now, it's not a risk because we only have a few objects in the scene; however, when that gets into the hundreds on a big project, you'll be struggling.

The easiest way to keep your hierarchy clean is to store related objects in a parent object, just as you would with files inside a folder on your desktop. Our level has a few objects that could use some organization, and Unity makes this easy by letting us create empty GameObjects. An empty object is a perfect container (or folder) for holding related groups of objects because it doesn't come with any components attached—it's a shell.

Let's take our ground plane and four walls and group them all under a common empty GameObject:

1. Select + > **Create Empty** in the **Hierarchy** panel and name the new object Environment.

2. Select the **Environment** empty object and check that its **X**, **Y**, and **Z** positions are all set to 0.

3. Drag and drop the ground plane and the four walls into **Environment**, making them child objects:

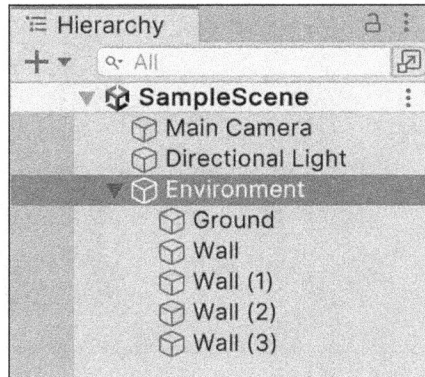

Figure 6.13: Hierarchy panel showing the empty GameObject parent

The environment exists in the **Hierarchy** tab as a parent object, with the arena objects as its children. Now we're able to expand or close the **Environment** object drop-down list with the arrow icon, making the **Hierarchy** panel less cluttered.

It's important to set the **Environment** object's **X**, **Y**, and **Z** positions to 0 because the child object positions are now relative to the parent position. This leads to an interesting question: what are the origin points of these positions, rotations, and scales that we're setting? The answer is that they depend on what relative space we're using, which, in Unity, is either **World** or **Local**:

- **World space** uses a set origin point in the scene as a constant reference for all GameObjects. In Unity, this origin point is (0, 0, 0), or 0 on the x, y, and z axes.

- **Local space** uses the object's parent Transform component as its origin, essentially changing the perspective of the scene. Unity also sets this local origin to (0, 0, 0). Think of this as the parent Transform being the center of the universe, with everything else orbiting in relation to it.

Both of these orientations are useful in different situations, but right now, resetting it at this point starts everyone on an even playing field.

Working with Prefabs

Prefabs are one of the most powerful components you'll come across in Unity. They come in handy not only in level building but in scripting as well. Think of Prefabs as GameObjects that can be saved and reused with every child object, component, C# script, and property setting intact. Once created, a Prefab is like a class template; each copy used in a scene is a separate instance of that Prefab. Consequently, any change to the base Prefab will also change all the unaltered active instances in the scene.

The arena looks a little too simple and completely wide open, making it a perfect place to test out creating and editing Prefabs. Since we want four identical turrets in each corner of the arena, they're a perfect case for a Prefab.

> Again, I haven't included any precise barrier position, rotation, or scale values because I want you to get up close and personal with the Unity Editor tools.
>
> Going forward, when you see a task ahead of you that doesn't include specific position, rotation, or scale values, I'm expecting you to learn by doing.

Let's create the turrets with the following steps:

1. Select the **Environment** parent object, **right-click** > **Create Empty**, and name it Barrier.

2. Select **Barrier** and **right-click** > **3D Object** > **Cube** twice, then position and scale them as a v-shaped base.

   a. Change the **X Scale** of the first **Cube** to 3 and the second cube to 4 if you're not sure how big they should be.

3. Create two more cube primitives (no need to rescale them) and place them on top of the ends of the turret base:

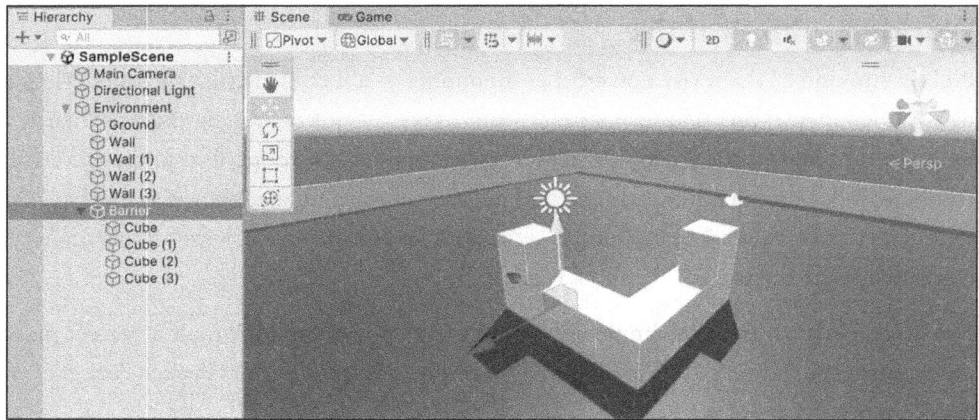

Figure 6.14: Screenshot of the turret composed of cubes

4. In the main **Assets** folder, create a new folder named Prefabs and drag the **Barrier** GameObject from the **Hierarchy** panel to the **Prefabs** folder in the **Project** view:

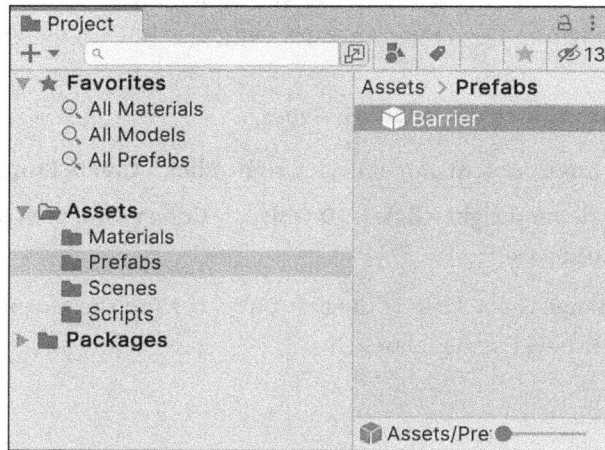

Figure 6.15: Barrier Prefab in the Prefabs folder

Barrier, and all its child objects, are now Prefabs, meaning that we can reuse it by dragging copies from the Prefabs folder or duplicating the one in the scene. **Barrier** turned blue in the **Hierarchy** tab to signify its status change, and also added a row of **Prefab** function buttons in the **Inspector** tab underneath its name:

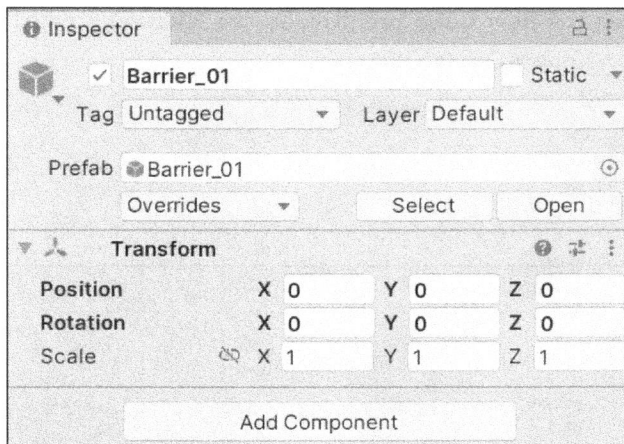

Figure 6.16: Barrier_01 Prefab highlighted in the Inspector pane

Any edits to the original Prefab object, **Barrier**, will now affect any copies in the scene. Since we need a fifth cube to complete the barrier, let's update and save the Prefab to see this in action.

Now our turret has a huge gap in the middle, which isn't ideal for covering our character, so let's update the **Barrier** Prefab by adding another cube and applying the change:

1. Create a **Cube** primitive and place it at the intersection of the turret base.

   a. The new **Cube** primitive will be marked as gray with a little + icon next to its name in the **Hierarchy** tab. This means it's not officially part of the Prefab yet:

Figure 6.17: New Prefab update marked in the Hierarchy window

2. Right-click on the new **Cube** primitive in the **Hierarchy** panel and select **Added GameObject > Apply to Prefab 'Barrier'**:

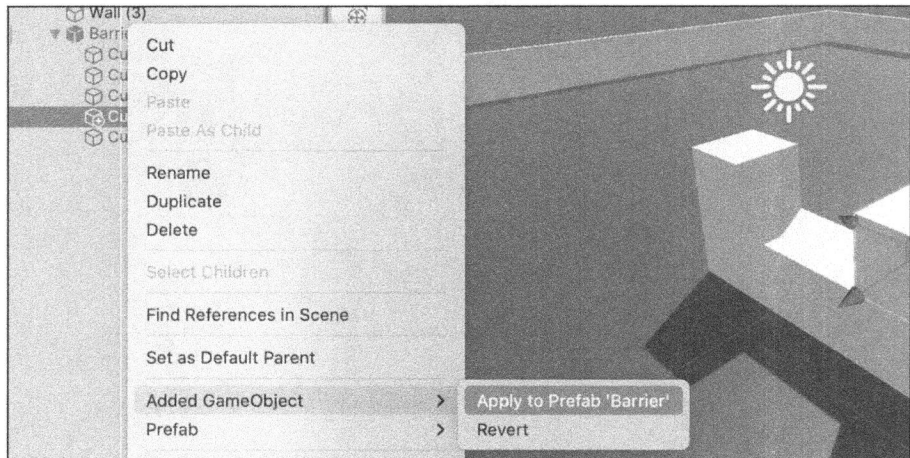

Figure 6.18: Option to apply Prefab changes to the base Prefab

The **Barrier** Prefab is now updated to include the new cube, and the entire Prefab hierarchy should be blue again. You now have a turret Prefab that looks like the preceding screenshot or, if you're feeling adventurous, something more creative. However, we want these to be in every corner of the arena.

Duplicate the **Barrier** Prefab three times and place each one in a different corner of the arena. You can do this by dragging multiple **Barrier** objects from the **Prefabs** folder into the scene, or right-clicking on **Barrier** in the **Hierarchy** and selecting **Duplicate**.

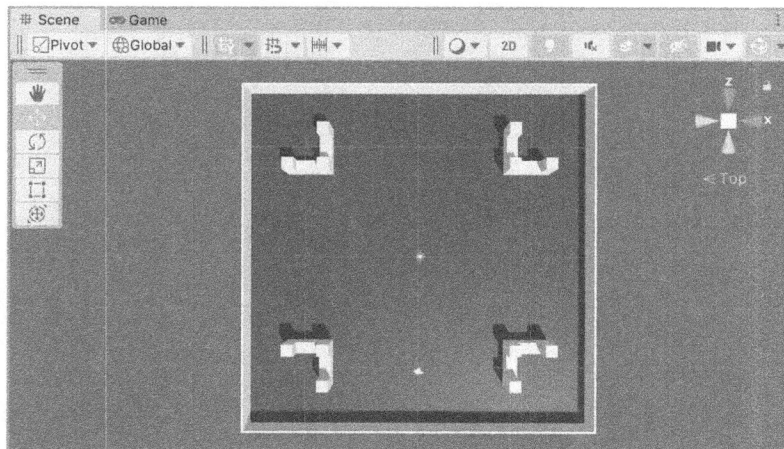

Figure 6.19: Barriers placed in the corners of the arena

Now that we've got a reusable barrier Prefab, let's build out the rest of the level to match the rough sketch that we had at the beginning of the section:

1. Create a new empty GameObject inside the **Environment** parent object, name it Platform, and set its position in the x, y, and z axes to 0.

2. Create a **Cube** as a child object of Platform and scale it (x: 5, y: 2, z: 5) to form a platform as shown in *Figure 6.20* below.

3. Create a **Plane** and scale it into a ramp (x: 1, y: 1, z: 0.5):

    *   Hint: Rotate the plane around the z axis to create an angled plane

    *   Then, position it so that it connects the platform to the ground with enough room to walk onto it

4. Duplicate the ramp object by using *Cmd + D* on a Mac, or *Ctrl + D* on Windows. Then, repeat the rotation and positioning steps.

5. Repeat the previous step twice more, until you have four ramps in total leading to the platform:

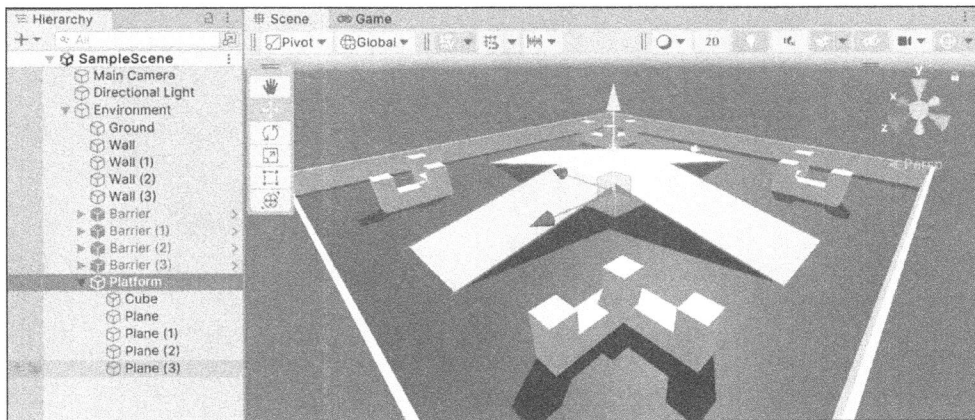

Figure 6.20: Platform parent GameObject

You've now successfully white-boxed your first game level! Don't get too caught up in it yet, though—we're just getting started. All good games have items that players can pick up or interact with. In the following challenge, it's your job to create a health item and make it a Prefab.

Hero's trial—creating a health pickup

Putting together everything we've learned so far in this chapter might take you a few minutes, but it's well worth the time. Create the pickup item as follows:

1. Create a **Capsule** GameObject by selecting + > **3D Object** > **Capsule** and name it Health_Pickup.

2. Set the scale to 0.3 for the *x*, *y*, and *z* axes, and then switch to the **Move** tool and position it near one of your barriers.

3. Create and attach a new yellow-colored **Material** to the **Health_Pickup** object.

4. Drag the **Health_Pickup** object from the **Hierarchy** pane into the **Prefab** folder.

Refer to the following screenshot for an example of what the finished product should look like:

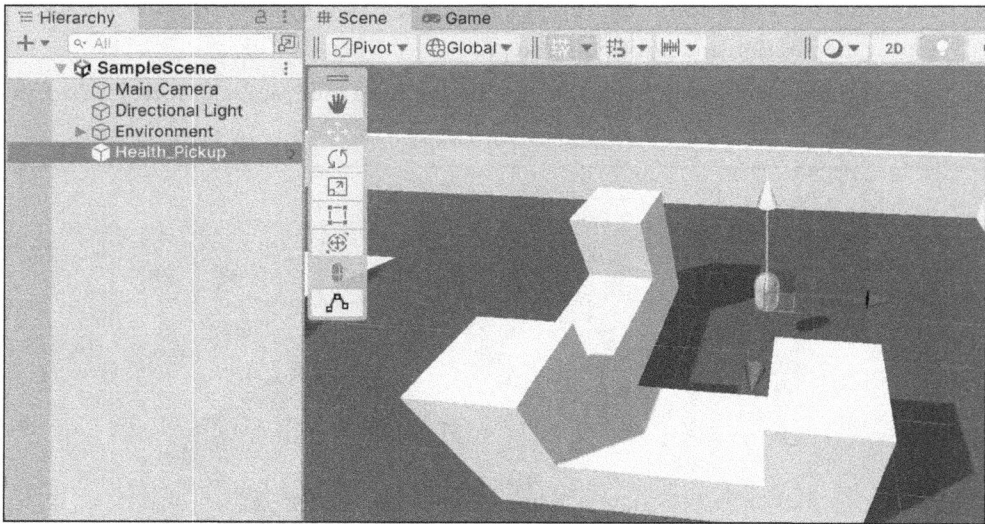

Figure 6.21: Pickup item and barrier Prefab in Scene

That wraps up our work with level design and layout for now. Next up, you're going to get a crash course in lighting with Unity, and we'll learn about animating our item later on in the chapter.

Lighting basics

Lighting in Unity is a broad topic, but it can be boiled down into two categories: real-time and precomputed. Both types of lights take into account properties such as the color and intensity of the light, as well as the direction it is facing in the scene, which can all be configured in the **Inspector** pane. The difference is how the Unity engine computes how the lights act:

- **Real-time lighting** is computed in every frame, meaning that any object that passes in its path will cast realistic shadows and generally behave like a real-world light source. However, this can significantly slow down your game and cost an exponential amount of computing power, depending on the number of lights in your scene.

- **Precomputed lighting**, on the other hand, stores the scene's lighting in a texture called a **lightmap**, which is then applied, or baked, into the scene. While this saves computing power, baked lighting is static. This means that it doesn't react realistically or change when objects move in the scene.

> There is also a mixed type of lighting called **Precomputed Realtime Global Illumination**, which bridges the gap between real-time and precomputed processes. This is an advanced Unity-specific topic, so we won't cover it in this book, but feel free to view the documentation at: `https://docs.unity3d.com/Manual/GIIntro.html`.

Let's now take a look at how to create light objects in the Unity scene itself.

Creating lights

By default, every scene comes with a directional light component to act as a main source of illumination, but lights can be created in the hierarchy like any other GameObject. Even though the idea of controlling light sources might be new to you, they are objects in Unity, which means they can be positioned, scaled, and rotated to fit your needs:

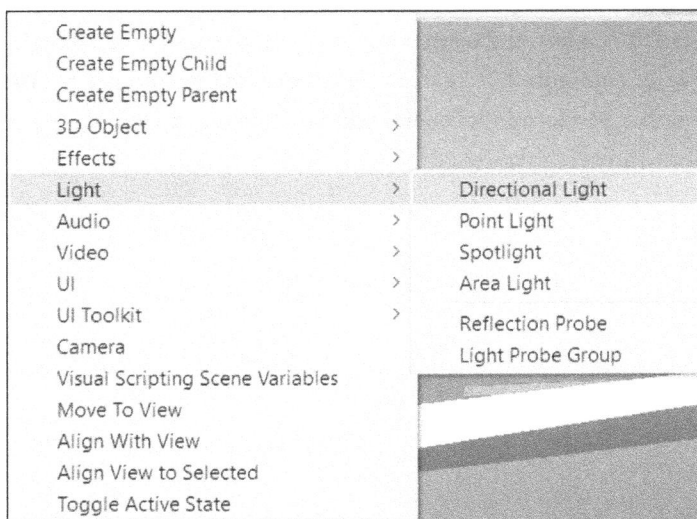

Figure 6.22: Lighting creation menu option

Let's take a look at some examples of real-time light objects and their performance:

- **Directional lights** are great for simulating natural light, such as sunshine. They don't have an actual position in the scene, but their light hits everything as if it's always pointed in the same direction.

- **Point lights** are essentially floating globes, sending light rays out from a central point in all directions. These have defined positions and intensities in the scene.

- **Spotlights** send light out in a given direction, but they are locked in by their angle and focused on a specific area of the scene. Think of these as spotlights or floodlights in the real world.

- **Area lights** are shaped like rectangles, sending out the light from their surface from a single side of the rectangle.

> **Reflection Probes** and **Light Probe Groups** are beyond what we need for *Hero Born*; however, if you're interested, you can find out more at: https://docs.unity3d.com/Manual/ReflectionProbes.html and https://docs.unity3d.com/Manual/LightProbes.html.

Like all GameObjects in Unity, lights have properties that can be adjusted to give a scene a specific ambiance or theme.

Light component properties

The following screenshot shows the **Light** component on the directional light in our scene. All of these properties can be configured to create immersive environments, but the basic ones we need to be aware of are **Color**, **Mode**, and **Intensity**. These properties govern the light's tint, real-time or computed effects, and general strength:

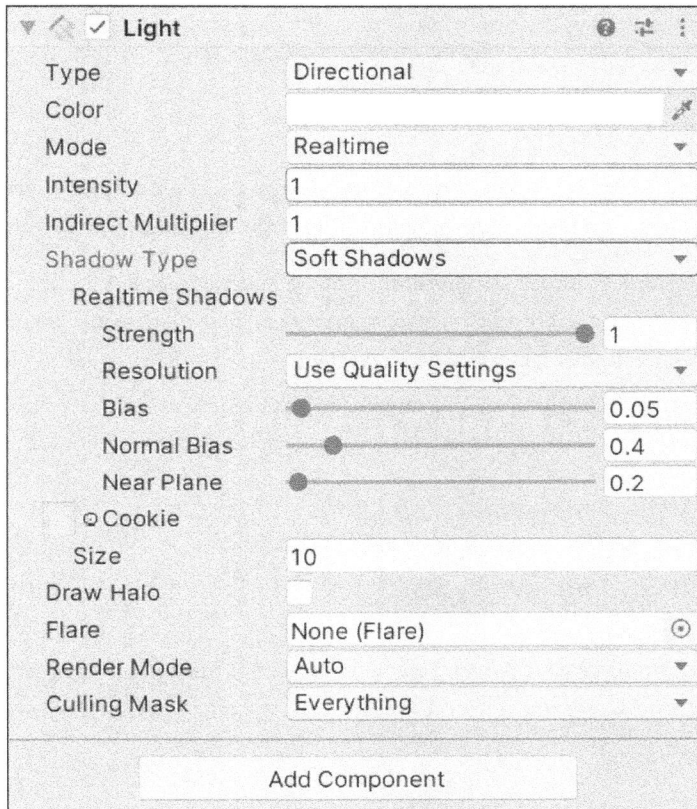

Figure 6.23: Light component in the Inspector window

Like other Unity components, these properties can be accessed through scripts and the `Light` class, which can be found at: `https://docs.unity3d.com/ScriptReference/Light.html`.

Try this out for yourself by selecting + | **Light** | **Point Light** and seeing how it affects the area lighting. After you've played around with the settings, delete the point light by right-clicking on it in the **Hierarchy** panel and choosing **Delete**.

Now that we know a little more about what goes into lighting up a game scene, let's turn our attention to adding some animations!

Animating in Unity

Animating objects in Unity can range from a simple rotation effect to complex character movements and actions. You can create animations in code or with the Animation and Animator windows:

- The **Animation** window is where animation segments, called clips, are created and managed using a timeline. Object properties are recorded along this timeline and are then played back to create an animated effect.

- The **Animator** window manages these clips and their transitions using objects called animation controllers.

> You can find more information about the **Animator** window and its controllers at: `https://docs.unity3d.com/Manual/AnimatorControllers.html`.

Creating and manipulating your target objects in clips will have your game moving in no time. For our short trip into Unity animations, we'll create the same rotation effect in code, and by using the Animator.

Creating animations in code

To start, we're going to create an animation in code to rotate our health item pickup. Since all GameObjects have a `Transform` component, we can grab our item's `Transform` component and rotate it indefinitely.

To create an animation in code, you need to perform the following steps:

1. In the `Scripts` folder, create a new C# script named `ItemRotation`, and open it in Visual Studio Code.

2. At the top of the new class, add a public `int` variable containing the value 100 called `RotationSpeed`, and a private `Transform` variable called `_itemTransform`. If you don't specify an access level, Visual Studio assumes it's private, but the best practice is to use explicit access modifiers to make sure your code is crystal clear:

```
public int RotationSpeed = 100;
private Transform _itemTransform;
```

3. Inside the `Start()` method body, grab the GameObject's `Transform` component and assign it to `itemTransform`:

```
_itemTransform = this.GetComponent<Transform>();
```

4. Inside the `Update()` method body, call `_itemTransform.Rotate`. This `Transform` class method takes in three axes, one for the *x*, *y*, and *z* rotations you want to execute. Since we want the item to rotate end over end, we'll use the *x* axis and leave the others set to 0:

```
_itemTransform.Rotate(RotationSpeed * Time.deltaTime, 0, 0);
```

> You'll notice that we're multiplying our `RotationSpeed` by something called `Time.deltaTime`. This is the standard way of normalizing movement effects in Unity so that they look smooth no matter how fast or slow the player's computer is running. In general, you should always multiply your movement or rotation speeds by `Time.deltaTime`.

5. Back in Unity, select the `Health_Pickup` object in the `Prefabs` folder in the **Projects** pane and scroll down to the bottom of the **Inspector** window. Click **Add Component**, search for the `ItemRotation` script, and then press *Enter*:

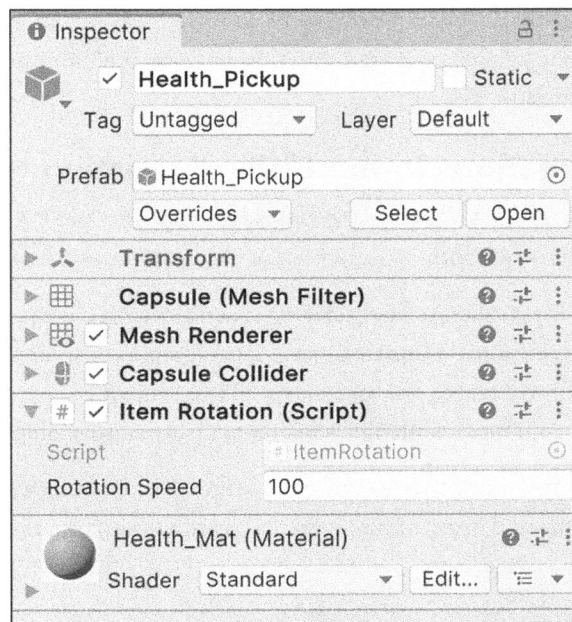

Figure 6.24: Add Component button in the Inspector panel

6. Now that our Prefab is updated, move the **Main Camera** so that you can see the Health_
   Pickup object and click on **Play**!

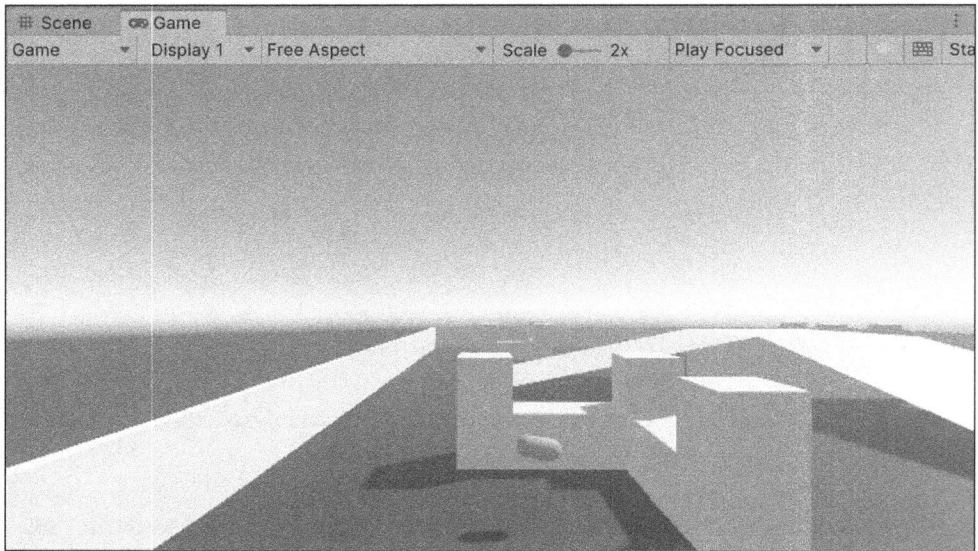

Figure 6.25: Screenshot of the camera focused on the health item

As you can see, the health pickup now spins around its x axis in a continuous and smooth animation! Now that you've animated the item in code, we'll duplicate our animation using Unity's built-in animation system.

Creating animations in the Unity Animation window

Before we go any further, it's important to choose the code method **OR** Unity's animation system for *a single animation*—not both. Otherwise, the two systems will end up fighting each other.

Any GameObject that you want to apply an animation clip to needs to be attached to an **Animator** component with an **Animation Controller** set. If there is no controller in the project when a new clip is created, Unity will create one and save it in the **Project** panel, which you can then use to manage your clips. Your next challenge is to create a new animation clip for the pickup item.

We're going to start animating the Health_Pickup Prefab by creating a new animation clip, which will spin the object around in an infinite loop. To create a new animation clip, we need to perform the following steps:

1. Navigate to **Window > Animation > Animation** and drag and drop the **Animation** tab next to the **Game** tab:

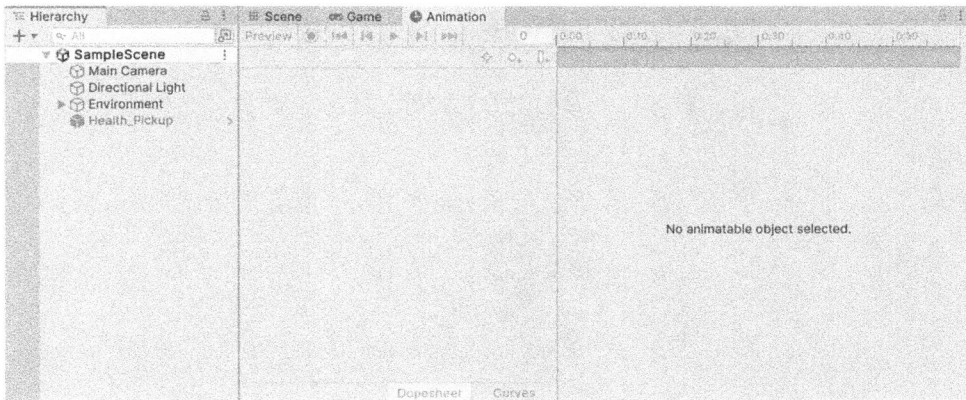

Figure 6.26: Screenshot of the Unity Animation window

2. Make sure the Health_Pickup item is selected in **Hierarchy** and then click on **Create** in the **Animation** panel:

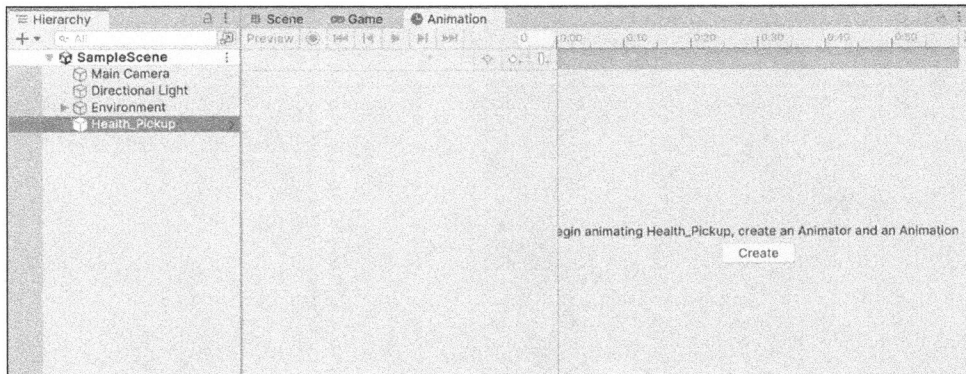

Figure 6.27: Screenshot of the Unity Animation window

3. Create a new folder under **Assets** from the following drop-down list, name it Animations, and then name the new clip Spin:

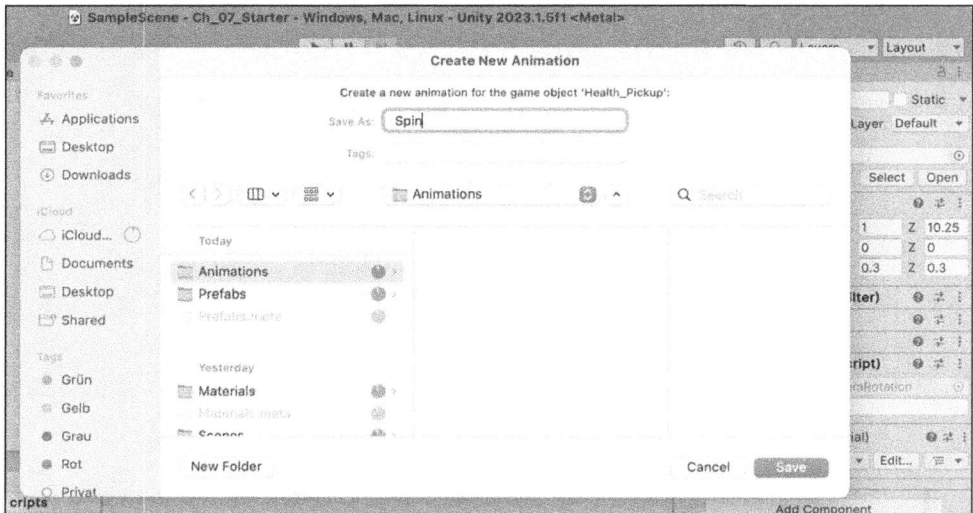

Figure 6.28: Screenshot of the Create New Animation window

4. Make sure the new clip shows up in the **Animation** panel:

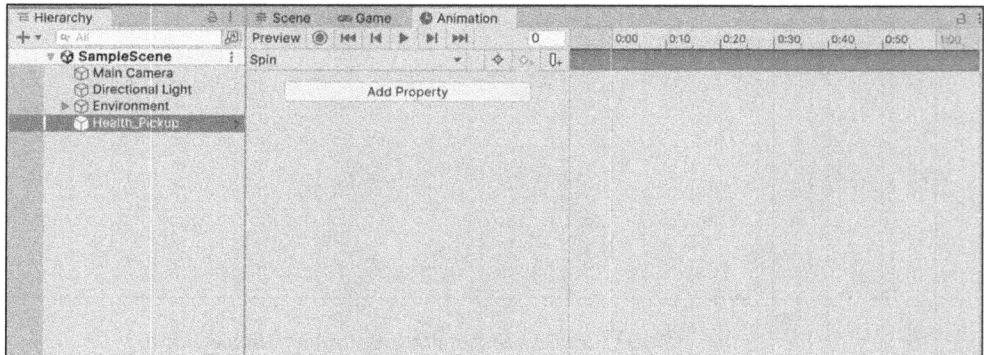

Figure 6.29: Screenshot of the Animation window with a clip selected

5. Since we didn't have any **Animator** controllers, Unity created one for us in the Animation folder called **Health_Pickup** (along with the animation itself).

   a. With **Health_Pickup** selected, note in the **Inspector** pane that when we created the clip, an **Animator** component was also added to the Prefab for us but hasn't been officially saved to the Prefab yet with the **Health_Pickup** controller set.

6. In the **Inspector**, notice that the + icon is showing in the top left of the **Animator** component, meaning it's not yet part of the **Health_Pickup** Prefab:

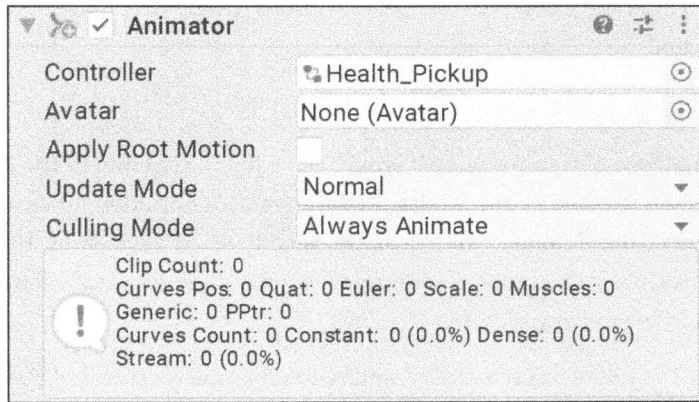

Figure 6.30: Animator component in the Inspector panel

7. Select the three-vertical-dots icon at the top right and choose **Added Component > Apply to Prefab 'Health_Pickup'**:

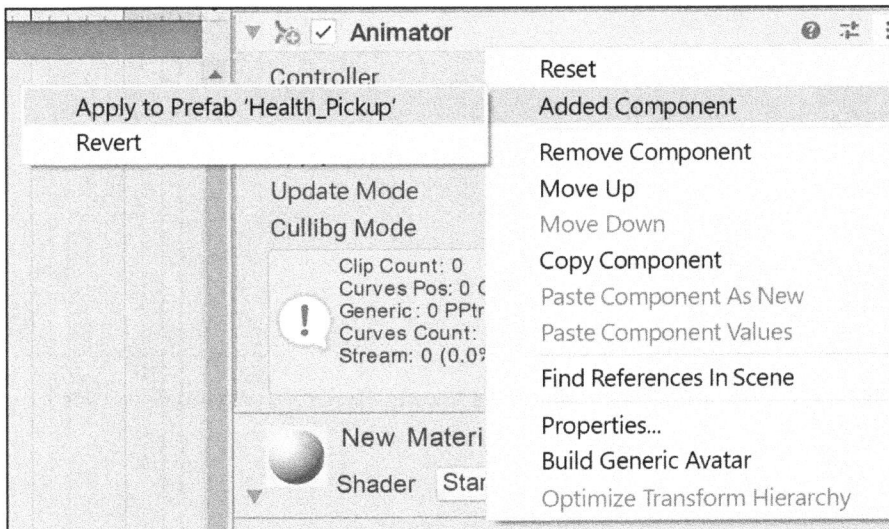

Figure 6.31: Screenshot of a new component being applied to the Prefab

Now that you've created and added an **Animator** component to the **Health_Pickup** Prefab, it's time to start recording some animation frames.

When you think of motion clips, as in movies, you may think of frames. As the clip moves through its frames, the animation advances, giving the effect of movement. It's no different in Unity; we need to record our target object in different positions throughout different frames so that Unity can play the clip.

Recording keyframes

Now that we have a clip to work with, you'll see a blank timeline in the **Animation** window. Essentially, when we modify our **Health_Pickup** Prefab's z rotation, or any other property that can be animated, the timeline will record those changes as keyframes. Unity then assembles those keyframes into your complete animation, similar to how individual frames on analog film play together into a moving picture.

Take a look at the following screenshot and remember the locations of the **Record** button and the timeline:

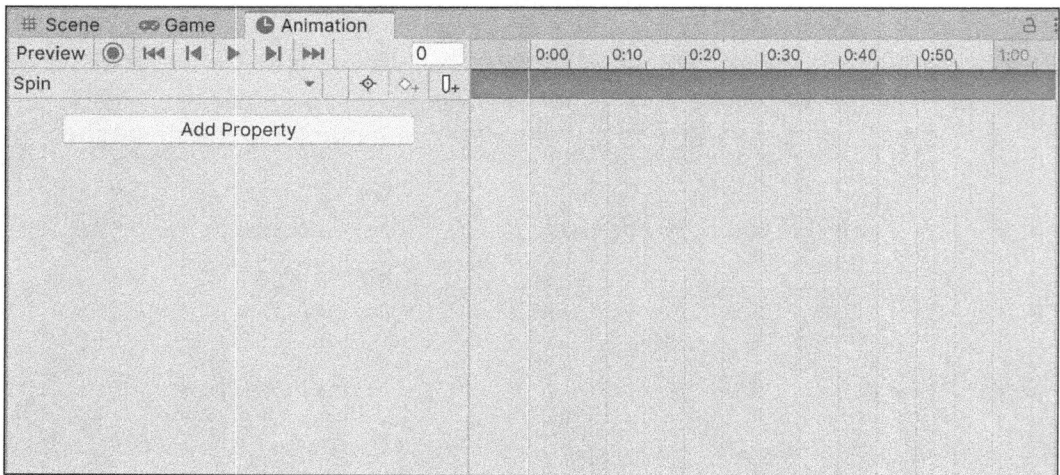

Figure 6.32: Screenshot of the Animation window and keyframe timeline

Now, let's get our item spinning. For the spinning animation, we want the **Health_Pickup** Prefab to make a complete 360-degree rotation on its z axis every second, which can be done by setting three keyframes and letting Unity take care of the rest:

1. Select the **Health_Pickup** object in the **Hierarchy** window, choose **Add Property > Transform**, and then click on the + sign next to **Rotation**:

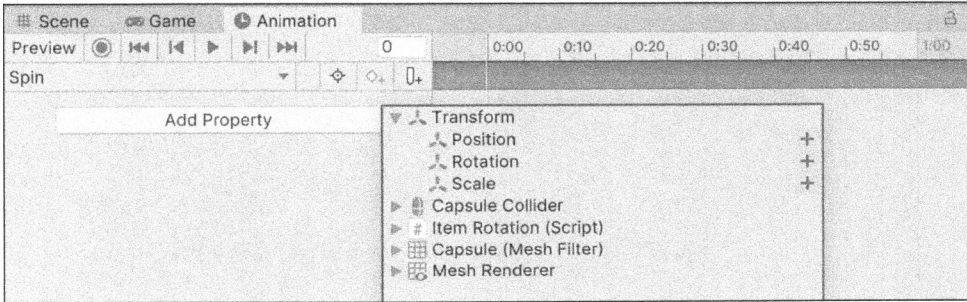

Figure 6.33: Screenshot of adding a Transform property for animation

2. Click on the **Record** button to start the animation:

   - Place your cursor at 0:00 on the timeline but leave the Health_Pickup Prefab's z rotation at 0 in the **Inspector**—the modifiable fields will appear in red so you don't accidentally animate a property by mistake:

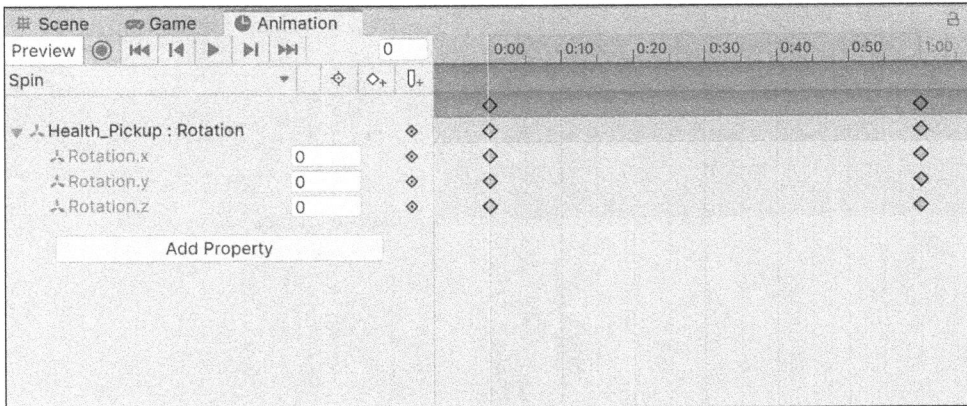

Figure 6.34: Screenshot of animatable property in the Inspector

- Place your cursor at 0:30 on the timeline and set the z rotation to 180:

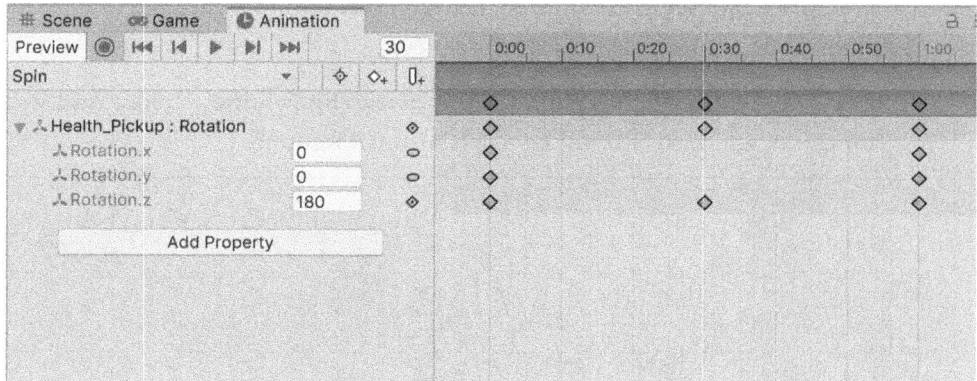

Figure 6.35: Screenshot of animatable property in the Inspector

- Place your cursor at 1:00 on the timeline and set the z rotation to 360:

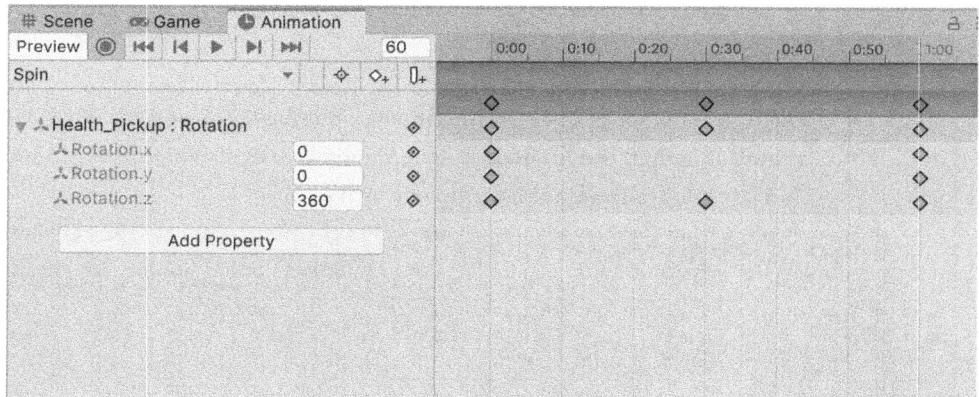

Figure 6.36: Screenshot of Animation keyframes being recorded

3. Click on the **Record** button to finish the animation.

4. Click on the **Play** button to the right of the **Record** button to see the animation loop:

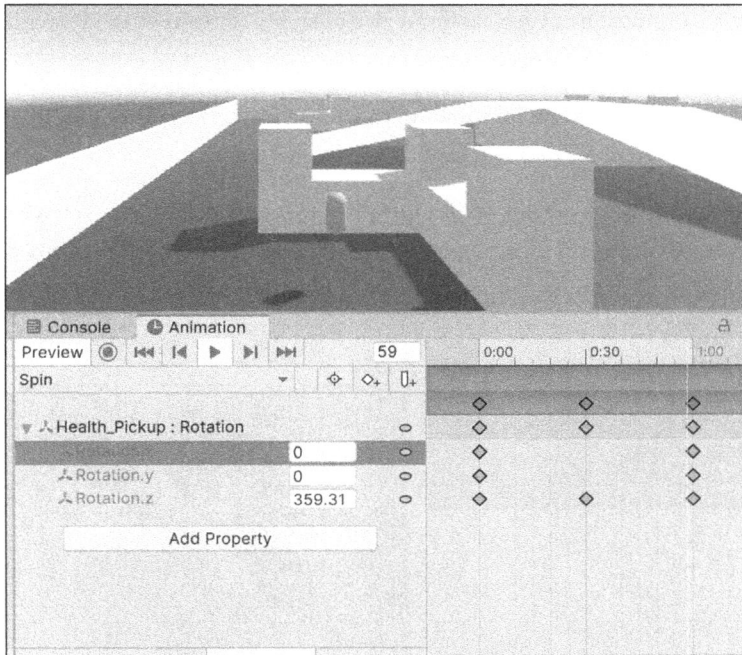

Figure 6.37: Screenshot of the animation playing

You'll notice that our **Animator** animation overrides the one we wrote in code earlier. Don't worry; this is expected behavior. You can click the small checkbox to the right of any component in the **Inspector** panel to activate or deactivate it. If you deactivate the **Animator** component, **Health_Pickup** will rotate around the *x* axis again using our code.

The **Health_Pickup** object now rotates on the *z* axis between 0, 180, and 360 degrees every second, creating the looping spin animation. If you play the game now, the animation will run indefinitely.

All animations have curves, which determine specific properties of how an animation executes. We won't be doing too much with these, but it's important to understand the basics.

Curves and tangents

In addition to animating an object property, Unity lets us manage how the animation plays out over time with animation curves. So far, we've been in **Dopesheet** mode, which you can change at the bottom of the **Animation** window.

If you click on the **Curves** view (pictured in the following screenshot), you'll see a different graph with accent points in place of our recorded keyframes.

We want the spinning animation to be smooth—what we call linear—so we'll leave everything as is. However, speeding up, slowing down, or altering the animation at any point in its run can be done by dragging or adjusting the points on the curve graph in any direction:

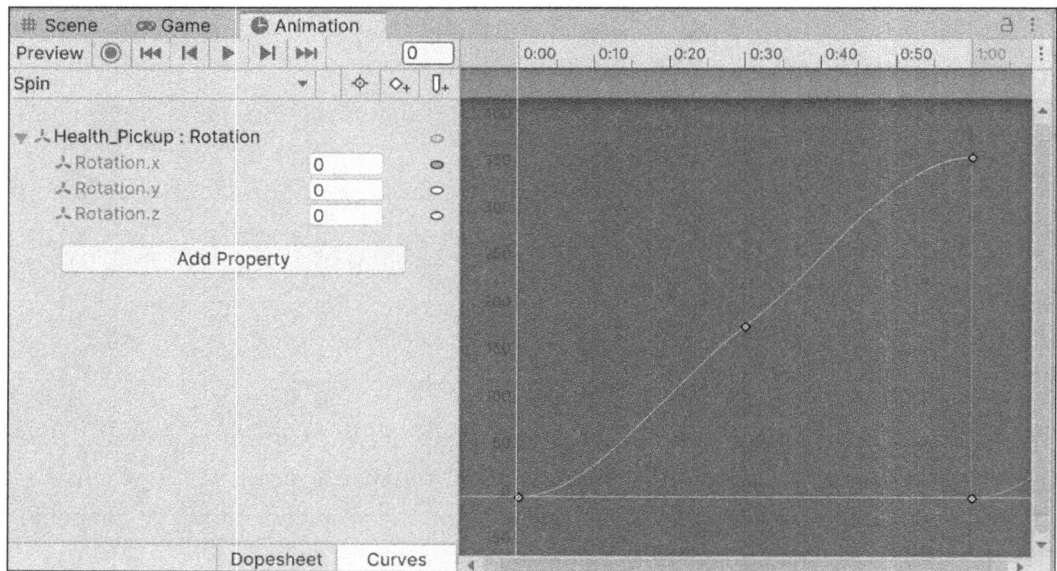

Figure 6.38: Screenshot of an animation playing in the Animation window

With animation curves handling how properties act over time, we still need a way to fix the stutter that occurs every time the **Health_Pickup** animation repeats. For that, we need to change the animation's tangent, which manages how keyframes blend into one another.

These options can be accessed by right-clicking on any top keyframe on the timeline in **Dopesheet** mode, which you can see here:

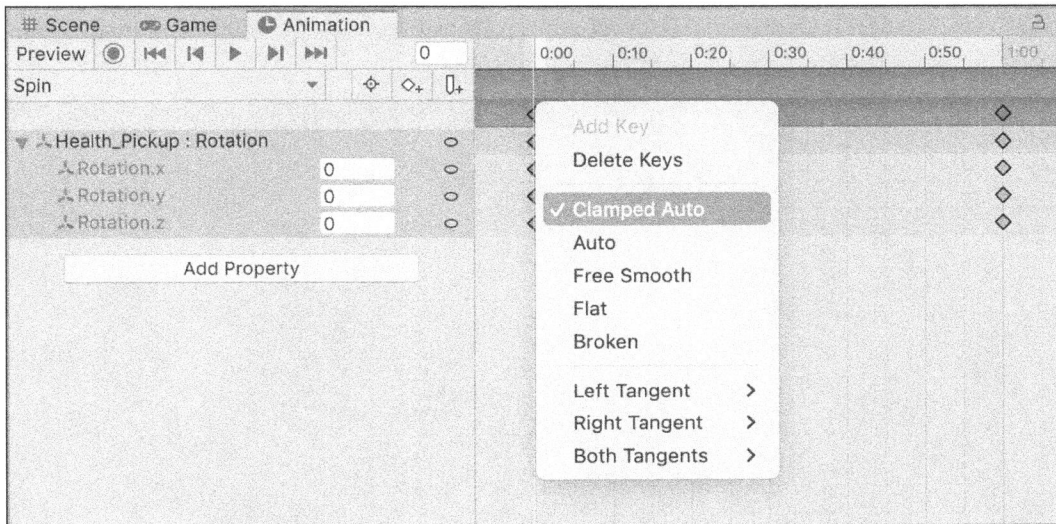

Figure 6.39: Screenshot of keyframe smoothing options

Both curves and tangents are intermediate/advanced, so we won't be delving too deeply into them. If you're interested, you can take a look at the documentation on animation curves and tangent options at: `https://docs.unity3d.com/Manual/animeditor-AnimationCurves.html`.

If you play the spinning animation as it is now, there's a slight pause between when the item completes its full rotation and starts a new one. Your job is to smooth that out, which is the subject of the next challenge.

Let's adjust the tangents on the first and last frames of the animation so that the spinning animation blends seamlessly together when it repeats:

1. Right-click on the first and last keyframes' diamond icons on the animation timeline and select **Auto**:

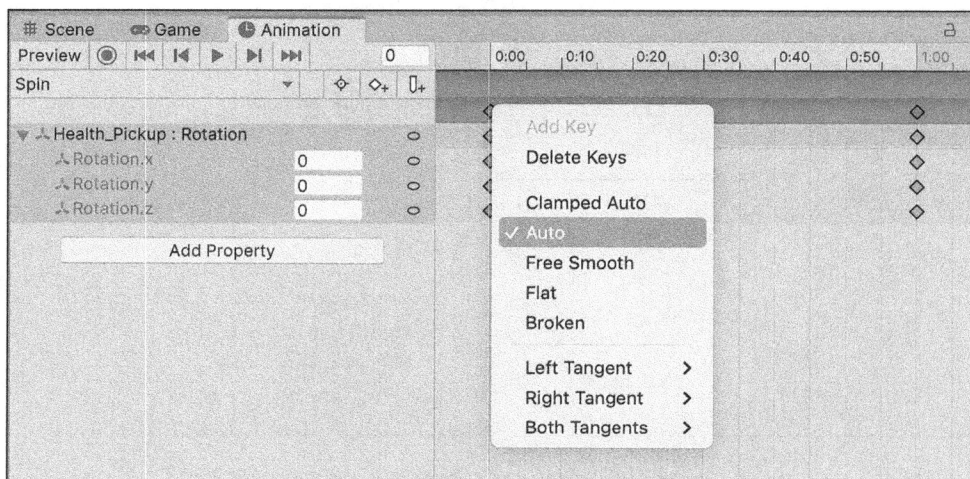

Figure 6.40: Changing keyframe smoothing options

2. If you haven't already done so, move the **Main Camera** so that you can see the Health_ Pickup object, and click on **Play**.

Changing the first and last keyframe tangents to **Auto** tells Unity to make their transitions smooth, which eliminates the jerky stop/start motion when the animation loops.

That's all the animation you'll need for this book, but I'd encourage you to check out the full toolbox that Unity offers in this area. Your games will be more engaging and your players will thank you!

Summary

We made it to the end of another chapter that had a lot of moving parts, which might have been a lot for those of you who are new to Unity.

Even though this book is focused on the C# language and its implementation in Unity, we still need to take time to get an overview of game development, documentation, and the non-scripting features of the engine. While we didn't have time for in-depth coverage of the lighting and animation, it's worth getting to know them if you're thinking about continuing to create Unity projects.

In the next chapter, we'll be switching our focus back to programming *Hero Born*'s core mechanics, starting with setting up a moveable player object, controlling the camera, and understanding how Unity's physics system governs the game world.

Pop quiz—basic Unity features

1. Cubes, capsules, and spheres are examples of what kind of GameObject?

2. What axis does Unity use to represent depth, which gives scenes their 3D appearance?

3. How do you turn a GameObject into a reusable Prefab?

4. What unit of measurement does the Unity animation system use to record object animations?

Don't forget to check your answers against mine in the *Pop Quiz Answers* appendix to see how you did!

Join us on discord!

Read this book alongside other users, Unity game development experts and the author himself.

Ask questions, provide solutions to other readers, chat with the author via. Ask Me Anything sessions and much more.

Scan the QR code or visit the link to join the community.

https://packt.link/csharpwithunity

7

Movement, Camera Controls, and Collisions

One of the first things a player does when starting a new game is to try out character movement (if, of course, the game has a moveable character) and camera controls. Not only is this exciting, but it lets your player know what kind of gameplay they can expect. The character in *Hero Born* will be a capsule object that can be moved and rotated using the *W*, *A*, *S*, *D*, and arrow keys, respectively.

We'll start by learning how to manipulate the player object's Transform component and then replicate the same player control scheme using applied force. This produces a more realistic movement effect. When we move the player, the camera will follow along from a position that is slightly behind and above the player, making aiming easier when we implement the shooting mechanic. Finally, we'll explore how collisions and physical interactions are handled by Unity's physics system by working with our item pickup Prefab.

All of this will come together at a playable level, albeit without any shooting mechanics just yet. It's also going to give us our first taste of C# being used to program game features by tying together the following topics:

- Managing player movement
- Moving the player with the Transform component
- Scripting camera behavior
- Working with the Unity physics system

Managing player movement

When you're deciding on how best to move your player character around your virtual world, consider what's going to look the most realistic and not run your game into the ground with expensive computations. This is somewhat of a trade-off in most cases, and Unity is no different.

The three most common ways of moving a GameObject and their results are as follows:

- **Option A:** Use a GameObject's Transform component for movement and rotation. This is the easiest solution and the one we'll be working with first.

- **Option B:** Use real-world physics by attaching a **Rigidbody** component to a GameObject and apply force in code. Rigidbody components add simulated real-world physics to any GameObject they are attached to. This solution relies on Unity's physics system to do the heavy lifting, delivering a far more realistic effect. We'll update our code to use this approach later on in this chapter to get a feel for both methods.

> Unity suggests sticking to a consistent approach when moving or rotating a GameObject; manipulate either an object's Transform or Rigidbody component, but never both at the same time.

- **Option C:** Attach a ready-made Unity component or Prefab, such as **Character Controller** or **First-Person Controller**. This cuts out the boilerplate code and still delivers a realistic effect while speeding up the prototyping time.

> We won't be doing any work with Option C, but there are tons of assets in the Asset Store and out in the Unity community for you to explore!
>
> You can find more information on the Character Controller component and its uses at: https://docs.unity3d.com/ScriptReference/CharacterController.html.
>
> The First-Person Controller Prefab is available from the Standard Assets package, which you can download from: https://assetstore.unity.com/packages/essentials/asset-packs/standard-assets-32351.

Since you're just getting started with player movement in Unity, you'll start off using the player **Transform** component in the next section, and then move on to Rigidbody physics later in the chapter.

Moving the player with the Transform component

We want a third-person adventure setup for *Hero Born*, so we'll start with a capsule that can be controlled with keyboard input and a camera to follow the capsule as it moves. Even though these two GameObjects will work together in the game, we'll keep them, and their scripts, separate for better control.

Before we can do any scripting, you'll need to add a player capsule to the scene, which is your next task.

We can create a nice player capsule in just a few steps:

1. Click on + > **3D Object** > **Capsule** from the **Hierarchy** panel and name it Player.
2. Position the player capsule in the level wherever you like, but I like to put it close to one of the central ramps. It's also important to position the capsule above the ground plane, so be sure to set the Transform Y position value to **1** in the **Inspector**.
3. Select the Player GameObject and click on **Add Component** at the bottom of the **Inspector** tab. Search for **Rigidbody** and hit *Enter* to add it. We won't use this component until later, but it's good to set things up properly at the beginning.

4. At the bottom of the **Rigidbody** component, expand the **Constraints** property:

- Check the boxes for **Freeze Rotation** on the x, y, and z axes so the player can't be rotated by accident during collisions or other physics interactions. We want to limit rotation to the code we'll write later:

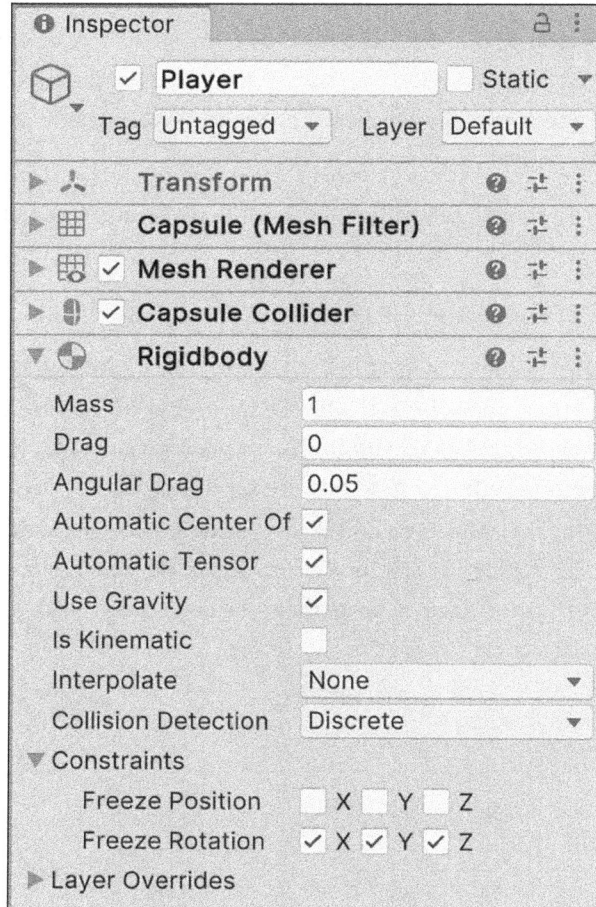

Figure 7.1: Rigidbody component

To provide a complete view of the Unity editor, all our screenshots are taken in full-screen mode. For color versions of all book images, use the link below: https://packt.link/7yy5V.

5. Select the Materials folder in the **Project** panel and click on **Create** | **Material**. Name it Player_Mat.

6. Select Player_Mat in the **Hierarchy**, then change the **Albedo** property in the **Inspector** to a bright green.

7. Drag the material to the **Player** object in the **Hierarchy** panel:

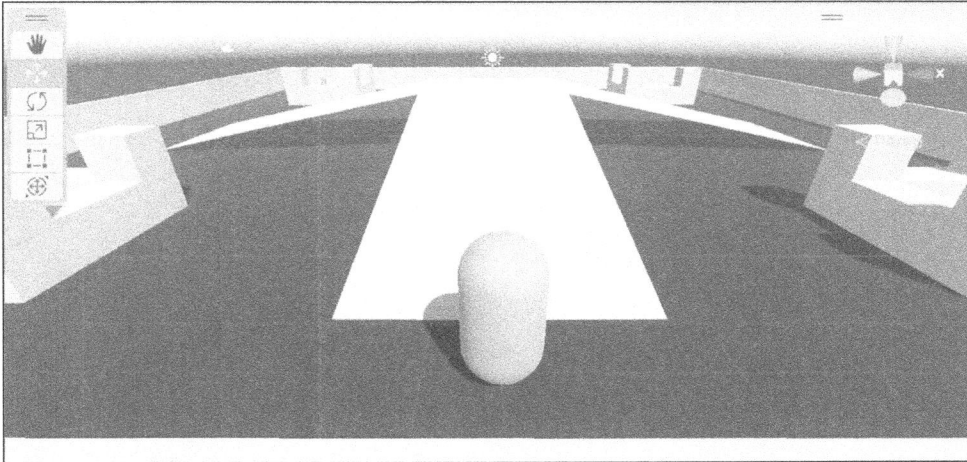

Figure 7.2: Player material attached to a capsule

You've created the **Player** object out of a capsule primitive, a **Rigidbody** component, and a new bright green material. Don't worry about what the **Rigidbody** component is just yet—all you need to know right now is that it allows our capsule to interact with the physics system. We'll go into more detail in the *Working with the Unity physics system* section at the end of this chapter. Before we get to that, we need to talk about a very important subject in 3D space: vectors.

Understanding vectors

Now that we have a player capsule and camera set up, we can start looking at how to move and rotate a GameObject using its **Transform** component. The Translate and Rotate methods are part of the Transform class that Unity provides, and each needs a vector parameter to perform its given function.

In Unity, vectors are used to hold position and direction data in 2D and 3D spaces, which is why they come in two varieties—Vector2 and Vector3. These can be used like any other variable type we've seen; they just hold different information. Since our game is in 3D, we'll be using Vector3 objects, which means we'll need to construct them using x, y, and z values.

For 2D vectors, only the *x* and *y* positions are required. Remember, the most up-to-date orientation in your 3D scene will be displayed in the upper-right graphic that we discussed in the previous chapter, *Chapter 6, Getting Your Hands Dirty with Unity*:

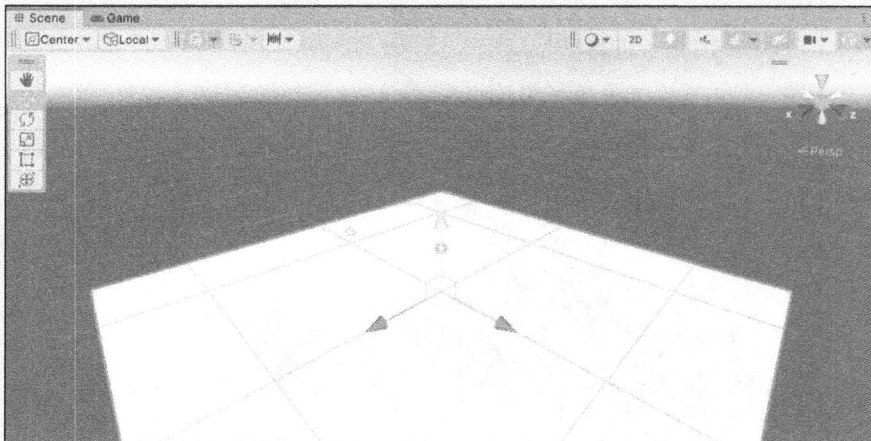

Figure 7.3: Vector gizmos in Unity Editor

If you would like more information about vectors in Unity, refer to the documentation and scripting reference at: `https://docs.unity3d.com/ScriptReference/Vector3.html`.

For instance, if we wanted to create a new vector to hold a position in our scene, we could use the following code:

```
Vector3 Origin = new Vector(1f, 1f, 1f);
```

All we've done here is created a new Vector3 variable and initialized it with a 1 for the *x* position, 1 for the *y* position, and 1 for the *z* position, in that order. Float values can be written with or without a decimal, but they always need to end with a lowercase f.

We can also create directional vectors by using the Vector2 or Vector3 class properties:

```
Vector3 ForwardDirection = Vector3.forward;
```

Instead of holding a position, ForwardDirection references the forward direction in our scene along the *z* axis in the 3D space. The neat thing about using the Vector3 direction is that no matter which way we make the player look, our code will always know which way is forward. We'll look at using vectors later in this chapter, but for now just get used to thinking about 3D movement in terms of *x*, *y*, and *z* positions and directions.

> Don't worry if the concept of vectors is new to you—it's a complicated topic. Unity's vector cookbook is a great place to start: https://docs.unity3d.com/Manual/VectorCookbook.html.

Now that you understand vectors a bit more, you can start implementing the basics of moving the player capsule. For that, you'll need to gather player input from the keyboard, which is the topic of the following section.

Getting player input

Positions and directions are useful in themselves, but they can't generate movement without input from the player. This is where the Input class comes in, which handles everything from keystrokes and mouse position to acceleration (applied force in a direction) and gyroscopic data (rotation).

We're going to be using the *W*, *A*, *S*, *D*, and arrow keys for movement in *Hero Born*, coupled with a script that allows the camera to follow where the player points the mouse. To do that, we'll need to understand how input axes work.

First, go to **Edit** | **Project Settings** | **Input Manager** to open the **Input Manager** tab shown in the following screenshot:

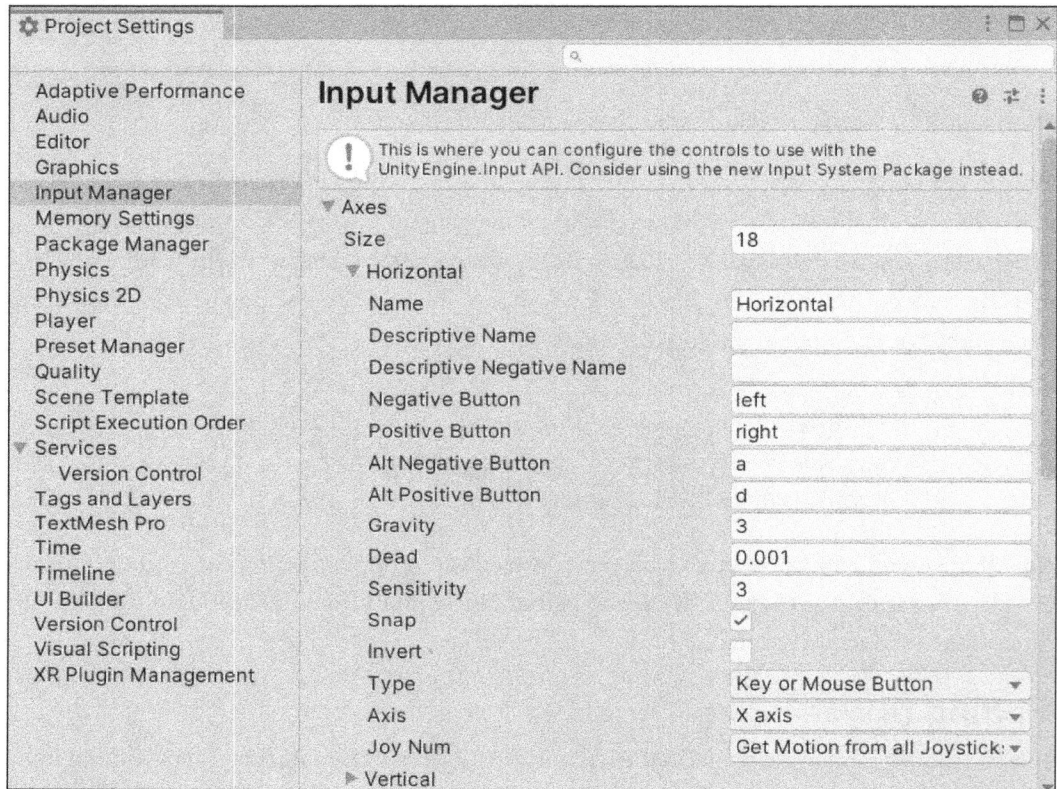

Figure 7.4: Input Manager window

Deciding how to handle player input in Unity has become more complicated in the last few years because Unity introduced a new input system that removes a lot of setup and coding work by wrapping input handling into a component you can use from the editor. I've chosen to stay with the older, programmatic approach in this chapter to avoid introducing topics like delegates and actions too early, which are necessary with the new Input System.

However, once you finish this book and are comfortable with your C# skills, I recommend diving into the new Input System for your future projects to stay with the times. You can find more documentation on the new Input System at https://unity. com/features/input-system and a great tutorial at https://learn.unity.com/ project/using-the-input-system-in-unity.

You'll see a long list of Unity's default inputs already configured, but let's take the **Horizontal** axis as an example. You can see that the **Horizontal** input axis has the **Positive** and **Negative** buttons set to left and right, and the **Alt Negative** and **Alt Positive** buttons set to the A and D keys.

Whenever an input axis is queried from the code, its value will be between -1 and 1. For example, when the left arrow or *A* key is pushed down, the horizontal axis registers a -1 value. When those keys are released, the value returns to 0. Likewise, when the right arrow or *D* key is used, the horizontal axis registers a value of 1. This allows us to capture four different inputs for a single axis with only one line of code, as opposed to writing out a long if-else statement chain for each.

Capturing input axes is as simple as calling Input.GetAxis() and specifying the axis we want by name, which is what we'll do with the Horizontal and Vertical inputs in the following sections. As a side benefit, Unity applies a smoothing filter, which makes the input frame rate independent.

> Default inputs can be modified in any way you need, but you can also create custom axes by increasing the Size property in the input manager and renaming the copy that's been created for you. You have to increase the Size property in order to add a custom input.

Let's start getting our player moving using Unity's input system and a custom locomotion script of our own.

Moving the player

Before you get the player moving, you'll need to attach a script to the player capsule:

1. Create a new C# script in the Scripts folder, name it PlayerBehavior, and drag it onto the **Player** capsule in the **Hierarchy** panel.

2. Add the following code and save:

```
using System.Collections;
using System.Collections.Generic;
using UnityEngine;

public class PlayerBehavior : MonoBehaviour
{
    // 1
    public float MoveSpeed = 10f;
    public float RotateSpeed = 75f;
```

```
// 2
private float _vInput;
private float _hInput;

void Update()
{
    // 3
    _vInput = Input.GetAxis("Vertical") * MoveSpeed;
    // 4
    _hInput = Input.GetAxis("Horizontal") * RotateSpeed;
    // 5
    this.transform.Translate(Vector3.forward * _vInput *
    Time.deltaTime);
    // 6
    this.transform.Rotate(Vector3.up * _hInput *
    Time.deltaTime);
}
}
```

Using the this keyword is optional. Visual Studio may suggest that you remove it to simplify the code, but I prefer leaving it in so my code is always super clear. When you have empty methods, such as Start, in this case, it's common to delete them for clarity.

Here's a breakdown of the preceding code:

1. Declares two public variables to be used as multipliers:

    -   MoveSpeed for how fast we want the Player to go forward and backward
    -   RotateSpeed for how fast we want the Player to rotate left and right

2. Declares two private variables to hold inputs from the player; initially set with no value:

    -   _vInput will store the vertical axis input
    -   _hInput will store the horizontal axis input

3. `Input.GetAxis("Vertical")` detects when the up arrow, down arrow, *W*, or *S* key is pressed and multiplies that value by `MoveSpeed`:

    - The up arrow and *W* keys return a value of 1, which will move the player in the forward (positive) direction
    - The down arrow and *S* keys return -1, which moves the player backward in the negative direction

4. `Input.GetAxis("Horizontal")` detects when the left arrow, right arrow, *A*, or *D* key is pressed and multiplies that value by `RotateSpeed`:

    - The right arrow and *D* keys return a value of 1, which will rotate the capsule to the right
    - The left arrow and *A* keys return -1, rotating the capsule to the left

> If you're wondering whether it's possible to do all the movement calculations on one line, the simple answer is yes. However, it's better to have your code broken down, even if you're the only one reading it.

5. Uses the `Translate` method, which takes in a `Vector3` parameter, to move the capsule's **Transform** component:

    - Remember that the `this` keyword specifies the GameObject the current script is attached to, which, in this case, is the player capsule.
    - `Vector3.forward` multiplied by `_vInput` and `Time.deltaTime` supplies the direction and speed the capsule needs to move forward or back along the *z* axis at the speed we've calculated.
    - `Time.deltaTime` will always return the value in seconds since the last frame of the game was executed. It's commonly used to smooth values that are captured or run in the `Update` method instead of letting it be determined by the device's frame rate.

6. Uses the `Rotate` method to rotate the capsule's **Transform** component relative to the vector we pass in as a parameter:

    - `Vector3.up` multiplied by `_hInput` and `Time.deltaTime` gives us the left/right rotation axis we want

- We use the `this` keyword and `Time.deltaTime` here for the same reasons

> As we discussed earlier, using direction vectors in the `Translate` and `Rotate` functions is only one way to go about this. We could have created new `Vector3` variables from our axis inputs and used them as parameters just as easily.

When you click **Play**, you'll be able to move the capsule forward and backward using the up/down arrow keys and the *W/S* keys, while rotating or turning with the left/right arrow keys and the *A/D* keys. Since the camera doesn't follow our player yet, you may need to move the camera to a higher position to see the capsule move when you press the input keys.

With these few lines of code, you've set up two separate controls that are frame rate independent and easily modified. However, our camera doesn't follow the capsule as it moves around, so let's fix that in the following section.

Scripting camera behavior

The easiest way to get one GameObject to follow another is to make one of them a child of the other. When an object is a child of another, the child object's position and rotation are relative to the parent. This means that any child object will move and rotate with the parent object.

However, this approach means that any kind of movement or rotation that happens to the player capsule also affects the camera (like a waterfall affects the water downstream), which is something we don't necessarily want. We always want the camera to be positioned a set distance behind our player and always rotate to look at it, no matter what. Luckily, we can easily set the position and rotation of the camera relative to the capsule with methods from the `Transform` class. It's your task to script out the camera logic in the next challenge.

Since we want the camera behavior to be entirely separate from how the player moves, we'll be controlling where the camera is positioned relative to a target we can set from the **Inspector** tab:

1. Create a new C# script in the `Scripts` folder, name it `CameraBehavior`, and drag it into **Main Camera** in the **Hierarchy** panel.
2. Add the following code and save it:

```
using System.Collections;
using System.Collections.Generic;
```

```
using UnityEngine;

public class CameraBehavior : MonoBehaviour
{
    // 1
    public Vector3 CamOffset= new Vector3(0f, 1.2f, -2.6f);
    // 2
    private Transform _target;

    void Start()
    {
        // 3
        _target = GameObject.Find("Player").transform;
    }


    // 4
    void LateUpdate()
    {
        // 5
        this.transform.position = _target.TransformPoint(CamOffset);
        // 6
        this.transform.LookAt(_target);
    }
}
```

Here's a breakdown of the preceding code:

1. Declares a Vector3 variable to store the distance we want between the **Main Camera** and the **Player** capsule:

    -   We'll be able to manually set the *x*, *y*, and *z* positions of the camera offset in the **Inspector** because it's public

    -   These default values are what I think looks best, but feel free to experiment

2. Creates a variable to hold the player capsule's Transform information:

    -   This will give us access to its position, rotation, and scale

    -   We don't want any other script to be able to change the camera's target, which is why it's private

3. Uses GameObject.Find to locate the capsule by name and retrieve its Transform property from the scene:

    - This means the capsule's *x*, *y*, and *z* positions are updated and stored in the _target variable every frame.

    - Finding objects in the scene is a computationally expensive task, so it's good practice to only do it once in the Start method and store the reference. Never use GameObject.Find in the Update method, as that will try to continually find the object you're looking for and potentially crash the game.

4. LateUpdate is a MonoBehavior method, like Start or Update, that executes after Update:

    - Since our PlayerBehavior script moves the capsule in its Update method, we want the code in CameraBehavior to run after the movement happens; this guarantees that _target has the most up-to-date position to reference.

5. Sets the camera's position to _target.TransformPoint(CamOffset) for every frame, which creates the following effect:

    - The TransformPoint method calculates and returns a relative position in the world space

    - In this case, it returns the position of the target (our capsule) offset by 0 on the *x* axis, 1.2 on the *y* axis (putting the camera above the capsule), and -2.6 on the *z* axis (putting the camera slightly behind the capsule)

6. The LookAt method updates the capsule's rotation at every frame, focusing on the Transform parameter we pass in, which, in this case, is _target:

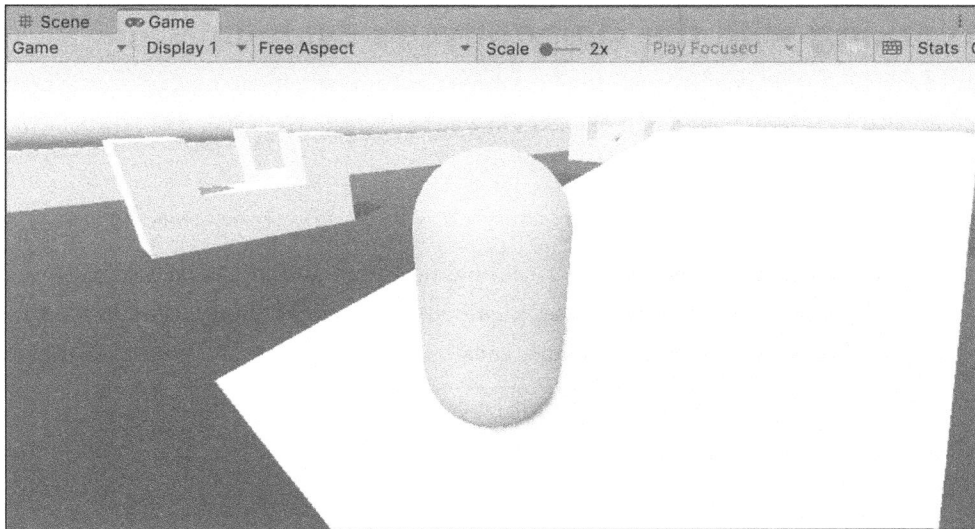

Figure 7.5: Capsule and following camera in Play mode

This was a lot to take in, but it's easier to process if you break it down into its chronological steps:

1. We created an offset position for the camera.
2. We found and stored the player capsule's position.
3. We manually updated its position and rotation every frame so that it's always following at a set distance and looking at the player.

> When using class methods that deliver platform-specific functionality, always remember to break things down to their most basic steps. This will help you to stay above water in new programming environments.

While the code you've written to manage player movement is perfectly functional, you might have noticed that it's a little jerky in places. To create a smoother, more realistic movement effect, you'll need to understand the basics of the Unity physics system, which you'll dive into next.

Working with the Unity physics system

Up to this point, we haven't talked about how the Unity engine works, or how it manages to create lifelike interactions and movement in a virtual space. We'll spend the rest of this chapter learning the basics of Unity's physics system.

The two main components that power Unity's NVIDIA PhysX engine are as follows:

- **Rigidbody** components, which allow GameObjects to be affected by gravity and add properties such as **Mass** and **Drag**. **Rigidbody** components can also be affected by an applied force if they have a **Collider** component attached, which generates more realistic movement:

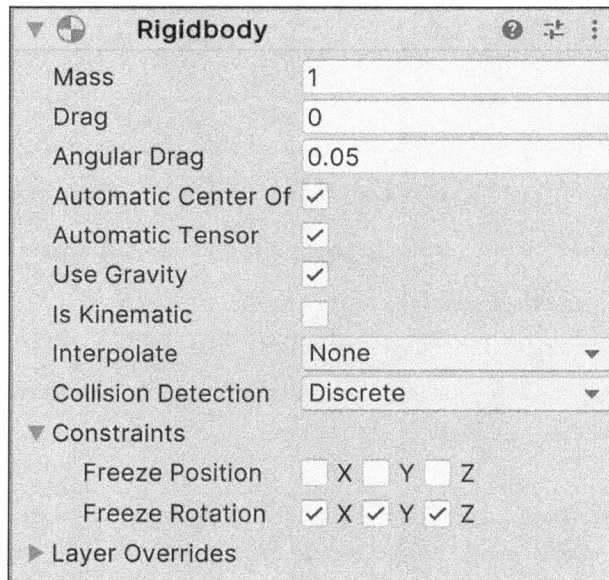

Figure 7.6: Rigidbody component in the Inspector pane

- **Collider** components, which determine how and when GameObjects enter and exit each other's physical space or simply collide and bounce away. While there should only be one **Rigidbody** component attached to a given GameObject, there can be several **Collider** components if you need different shapes or interactions. This is commonly referred to as a **compound Collider setup**:

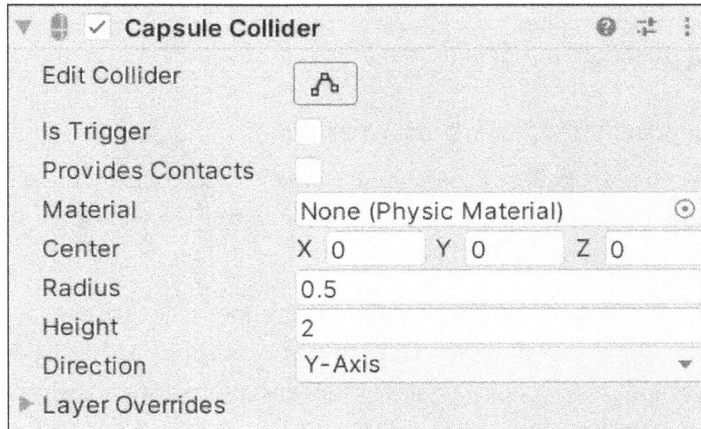

Figure 7.7: Box collider component in the Inspector pane

When two **Collider** components interact with each other, the **Rigidbody** properties determine the resulting interaction. For example, if one GameObject's mass is higher than the other, the lighter GameObject will bounce away with more force, just like in real life. These two components are responsible for all physical interactions and simulated movement in Unity.

There are some caveats to using these components, which are best understood in terms of the types of movement Unity allows:

- *Kinematic* movement happens when a **Rigidbody** component is attached to a GameObject, but it doesn't register to the physics system in the scene. In other words, kinematic objects have physics interactions but don't react to them, like a wall in real life. This is only used in certain cases and can be enabled by checking the **Is Kinematic** property of a **Rigidbody** component. Since we want our capsule to interact with the physics system, we won't be using this kind of motion.

- *Non-kinematic* movement is when a **Rigidbody** component is moved or rotated by applying force rather than manually changing a GameObject's **Transform** properties. Our goal for this section is to update the PlayerBehavior script to implement this type of motion.

> The setup we have now, that is, manipulating the capsule's **Transform** component while using a **Rigidbody** component to interact with the physics system, was meant to get you thinking about movement and rotation in a 3D space. However, it's not meant for production and Unity suggests avoiding a mix of kinematic and non-kinematic movement in your code.

Your next task is to use applied force to convert the current movement system into a more realistic locomotion experience.

Rigidbody components in motion

Since our player has a **Rigidbody** component attached, we should let the physics engine control our movement instead of manually translating and rotating the Transform. There are two options when it comes to applying force:

- You can do it directly by using **Rigidbody** class methods such as AddForce and AddTorque to move and rotate an object, respectively. This approach has its drawbacks and often requires additional code to compensate for unexpected physics behavior such as unwanted torque or applied force during collisions.

- Alternatively, you can use other **Rigidbody** class methods such as MovePosition and MoveRotation, which still use applied force.

> We'll take the second route in the next section so that Unity takes care of the applied physics for us, but if you're curious about manually applying force and torque to your GameObjects, then start here: https://docs.unity3d.com/ScriptReference/ Rigidbody.AddForce.html.

Either of these will give the player a more lifelike feel and allow us to add jumping and dashing mechanics in *Chapter 8, Scripting Game Mechanics*.

> If you're curious about what happens when a moving object without a **Rigidbody** component interacts with pieces of the environment that have them equipped, remove the component from the Player and run around the arena. Congratulations—you're a ghost and can walk through walls! Don't forget to add the **Rigidbody** component back, though!

The player capsule already has a **Rigidbody** component attached, which means that you can access and modify its properties. First, though, you'll need to find and store the component, which is your next challenge.

You'll need to access and store the **Rigidbody** component on our player capsule before modifying it. Update PlayerBehavior with the following changes:

```
using System.Collections;
using System.Collections.Generic;
using UnityEngine;

public class PlayerBehavior : MonoBehaviour
{
    public float MoveSpeed = 10f;
    public float RotateSpeed = 75f;
    private float _vInput;
    private float _hInput;
    // 1
    private Rigidbody _rb;

    // 2
    void Start()
    {
        // 3
        _rb = GetComponent<Rigidbody>();
    }

    // 4
    void Update()
    {
      _vInput = Input.GetAxis("Vertical") * MoveSpeed;
      _hInput = Input.GetAxis("Horizontal") * RotateSpeed;
      /*
      this.transform.Translate(Vector3.forward * _vInput *
      Time.deltaTime);
      this.transform.Rotate(Vector3.up * _hInput * Time.deltaTime);
      */
    }
}
```

Here's a breakdown of the preceding code:

1. Adds a private variable of type `Rigidbody` that will contain a reference to the capsule's **Rigidbody** component.

2. The `Start` method fires when a script is initialized in a scene, which happens when you click on **Play**, and should be used any time variables need to be set at the beginning of a class.

3. The `GetComponent` method checks whether the component type we're looking for, in this case, `Rigidbody`, exists on the GameObject the script is attached to and returns it:

    - If the component isn't attached to the GameObject, the method will return `null`, but since we know there's one on the player, we won't worry about error checking right now

4. Comments out the `Transform` and `Rotate` method calls in the `Update` function so that we won't be running two different kinds of player controls:

    - We want to keep our code that captures player input so that we can still use it later on

You've initialized and stored the **Rigidbody** component on the player capsule and commented out the obsolete `Transform` code to set the stage for physics-based movement. The character is now ready for the next challenge, which is to add force.

Use the following steps to move and rotate the **Rigidbody** component. Add the following code to `PlayerBehavior` underneath the `Update` method, and then save the file:

```
// 1
void FixedUpdate()
{
    // 2
    Vector3 rotation = Vector3.up * _hInput;
    // 3
    Quaternion angleRot = Quaternion.Euler(rotation *
        Time.fixedDeltaTime);
    // 4
    _rb.MovePosition(this.transform.position +
        this.transform.forward * _vInput * Time.fixedDeltaTime);
    // 5
    _rb.MoveRotation(_rb.rotation * angleRot);
}
```

Here's a breakdown of the preceding code:

1. Any physics- or Rigidbody-related code always goes inside the `FixedUpdate` method, rather than `Update` or the other `MonoBehavior` methods:

    *   `FixedUpdate` is frame rate independent and is used for all physics code

2. Creates a new `Vector3` variable to store our left and right rotations:

    *   `Vector3.up * _hInput` is the same rotation vector we used with the `Rotate` method in the previous example

3. `Quaternion.Euler` takes a `Vector3` parameter and returns a rotation value in Euler angles:

    *   We need a `Quaternion` value instead of a `Vector3` parameter to use the `MoveRotation` method. This is just a conversion to the rotation type that Unity prefers.

    > You can read more about how Unity handles object rotations and orientation at: `https://docs.unity3d.com/Documentation/Manual/QuaternionAndEulerRotationsInUnity.html`.

    *   We multiply by `Time.fixedDeltaTime` for the same reason we used `Time.deltaTime` in `Update`.

4. Calls `MovePosition` on our `_rb` component, which takes in a `Vector3` parameter and applies force accordingly:

    *   The vector that's used can be broken down as follows: the capsule's `Transform` position in the forward direction, multiplied by the vertical inputs and `Time.fixedDeltaTime`

    *   The **Rigidbody** component takes care of applying movement force to satisfy our vector parameter

5. Calls the `MoveRotation` method on the `_rb` component, which also takes in a `Vector3` parameter and applies the corresponding forces under the hood:

    *   `angleRot` already has the horizontal inputs from the keyboard, so all we need to do is multiply the current Rigidbody rotation by `angleRot` to get the same left and right rotation

> Be aware that `MovePosition` and `MoveRotation` work differently
> for non-kinematic GameObjects. You can find more information in
> the Rigidbody scripting reference at: `https://docs.unity3d.com/`
> `ScriptReference/Rigidbody.html`

If you click on **Play** now, you'll be able to move forward and backward in the direction you're looking, as well as rotate around the y axis.

Applied force produces stronger effects than translating and rotating a **Transform** component, so you may need to fine-tune the `MoveSpeed` and `RotateSpeed` variables in the **Inspector** pane. You've now recreated the same type of movement scheme as before, just with more realistic physics.

If you run up a ramp or drop off the central platform, you might see the player launch into the air, or slowly drop to the ground. Even though the **Rigidbody** component is set to use gravity, it's fairly weak. We'll tackle applying our gravity to the player in the next chapter when we implement the jump mechanic. For now, your job is to get comfortable with how **Collider** components handle collisions in Unity.

Colliders and collisions

Collider components not only allow GameObjects to be recognized by Unity's physics system, but they also make interactions and collisions possible. Think of colliders as invisible force fields that surround GameObjects; they can be passed through or bumped into depending on their settings, and they come with a host of methods that execute during different interactions.

> Unity's physics system works differently for 2D and 3D games, so we will only be
> covering the 3D topics in this book. If you're interested in making 2D games, refer
> to the `Rigidbody2D` component at: `https://docs.unity3d.com/Manual/class-`
> `Rigidbody2D.html` and the list of available 2D colliders at: `https://docs.unity3d.`
> `com/Manual/Collider2D.html`.

Take a look at the following screenshot of the **Capsule** in the **Health_Pickup** object. If you want to see the **Capsule Collider** a little better, increase the **Radius** property:

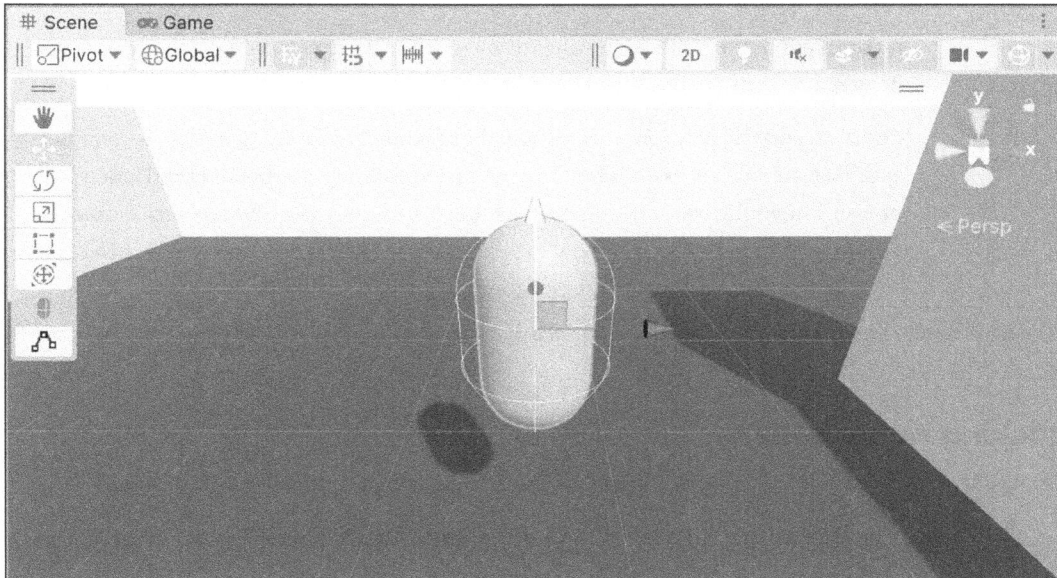

Figure 7.8: Capsule collider component attached to pickup item

The green shape around the object is the **Capsule Collider**, which can be moved and scaled using the **Center**, **Radius**, and **Height** properties.

When a primitive is created, the Collider matches the primitive's shape by default; since we created a capsule primitive, it comes with a Capsule Collider.

> Colliders also come in **Box**, **Sphere**, and **Mesh** shapes and can be manually added from the **Component | Physics** menu or from the **Add Component** button in the **Inspector**.

When a Collider comes into contact with other components, it sends out what's called a **message**, or **broadcast**. Any script that adds one or more of those methods will receive a notification when the Collider sends out a message. This is called an *event*, which is a topic that we'll cover in more detail in *Chapter 14, The Journey Continues*.

For example, when two GameObjects with colliders come into contact, both objects register an OnCollisionEnter event, complete with a reference to the object they ran into. Think of an event like a message being sent out—if you choose to listen for it, you'll get notified when a collision happens in this case. This information can be used to track a variety of interactive events, but the simplest one is picking up an item. For cases where you want objects to be able to pass through others, you can use collision triggers, which we'll talk about in the next section.

> A complete list of Collider notifications can be found underneath the **Messages** header at: https://docs.unity3d.com/ScriptReference/Collider.html.
>
> Collision and trigger events are only sent out when the colliding objects belong to a specific combination of **Collider**, **Trigger**, and **RigidBody** components and kinematic or non-kinematic motion. You can find details under the **Collision action matrix** section at: https://docs.unity3d.com/Manual/CollidersOverview.html.

The health item you previously created is a perfect place to test out how collisions work. You'll tackle that in the next challenge.

Picking up an item

To update the Health_Pickup object using collision logic, you need to do the following:

1. Create a new C# script in the Scripts folder, name it ItemBehavior, and then drag it onto the Health_Pickup object in the **Hierarchy** panel:

   - Any script that uses collision detection *must* be attached to a GameObject with a **Collider** component, even if it's the child of a Prefab

2. Select Health_Pickup in the **Hierarchy** panel, click the three-vertical-dots icon in the **Inspector** to the right of the **Item Behavior (Script)** component, and choose **Added Component | Apply to Prefab 'Health_Pickup'**:

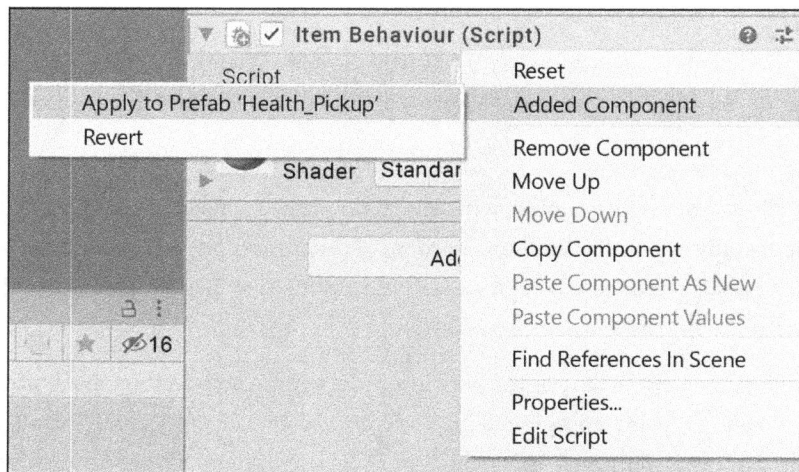

Figure 7.9: Applying Prefab changes to a pickup item

3. Replace the default code in `ItemBehavior` with the following, and then save it:

```
using System.Collections;
using System.Collections.Generic;
using UnityEngine;

public class ItemBehavior : MonoBehaviour
{
    // 1
    void OnCollisionEnter(Collision collision)
    {
        // 2
        if(collision.gameObject.name == "Player")
        {
            // 3
            Destroy(this.transform.gameObject);
            // 4
            Debug.Log("Item collected!");
        }
    }
}
```

4. Click on **Play** and move the player over the capsule to pick it up!

Here's a breakdown of the preceding code:

1. When another object runs into the `Item` Prefab, Unity automatically calls the `OnCollisionEnter` method:

   - `OnCollisionEnter` comes with a parameter that stores a reference to the Collider that ran into it

   - Notice that the collision is of type `Collision`, not `Collider`

2. The `Collision` class has a property, called `gameObject`, that holds a reference to the colliding GameObject's Collider:

   - We can use this property to get the GameObject's name and use an `if` statement to check whether the colliding object is the player

3. If the colliding object is the player, we'll call the `Destroy()` method, which takes in a GameObject parameter and removes the object from the scene.

4.   It then prints out a simple log to the console that we have collected an item:

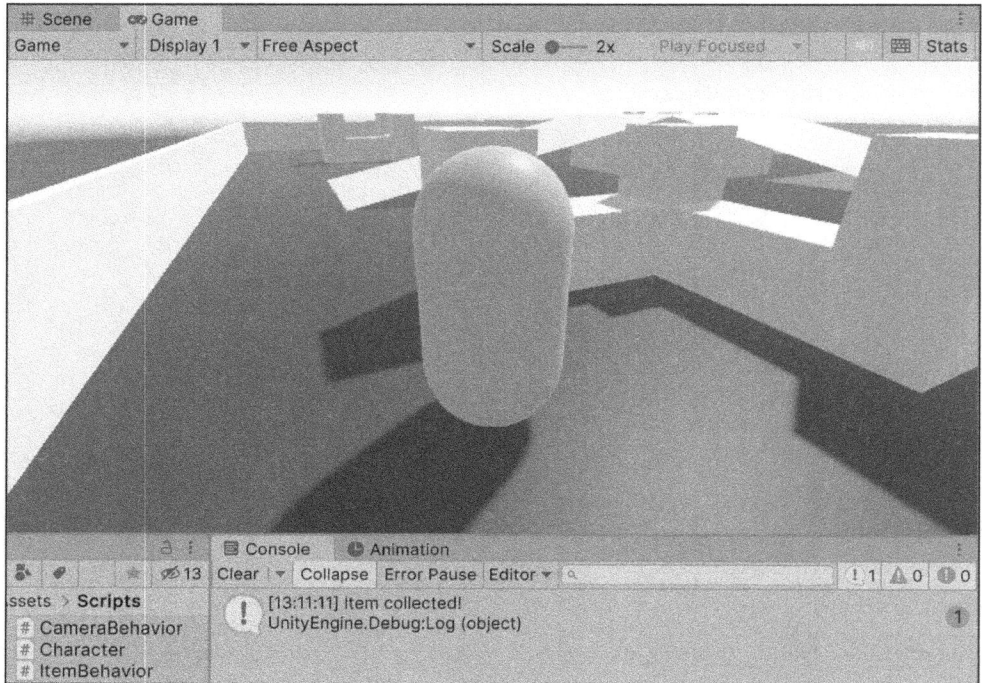

Figure 7.10: Example of game objects being deleted from a scene

We've set up ItemBehavior to essentially listen for any collisions with the Health_Pickup object Prefab. Whenever a collision occurs, ItemBehavior uses OnCollisionEnter() and checks whether the colliding object is the player and, if so, destroys (or collects) the item.

If you're feeling lost, think of the collision code we wrote as a receiver for notifications from the Health_Pickup; any time it's hit, the code fires.

It's also important to understand that we could have created a similar script with an OnCollisionEnter() method, attached it to the player, and then checked whether the colliding object was a Health_Pickup Prefab. Collision logic depends on the perspective of the object being collided with.

Now the question is, how would you set up a collision without stopping the colliding objects from moving through each other? We'll tackle that in the next section.

Using Collider triggers

By default, Colliders are set with the `isTrigger` property unchecked, meaning that the physics system treats them as solid objects and will raise a collision event on impact. However, in some cases, you'll want to be able to pass through a Collider component without it stopping your GameObject. This is where triggers come in. With `isTrigger` checked, a GameObject can pass through it, but the Collider will send out the `OnTriggerEnter`, `OnTriggerExit`, and `OnTriggerStay` notifications instead.

Triggers are most useful when you need to detect when a GameObject enters a certain area or passes a certain point. We'll use this to set up the areas around our enemies; if the player walks into the trigger zone, the enemies will be alerted, and, later on, attack the player. For now, you're going to focus just on the enemy logic in the following challenge.

Creating an enemy

Use the following steps to create an enemy:

1. Create a new primitive using **+** | **3D Object** | **Capsule** in the **Hierarchy** panel and name it Enemy.

2. Inside the `Materials` folder, use **+** | **Material**, name it Enemy_Mat, and set its **Albedo** property to a bright red:

    - Drag and drop Enemy_Mat into the Enemy GameObject

3. With Enemy selected, click on **Add Component**, search for **Sphere Collider**, and hit *Enter* to add it:

    - Check the **isTrigger** property box and change the **Radius** to 8:

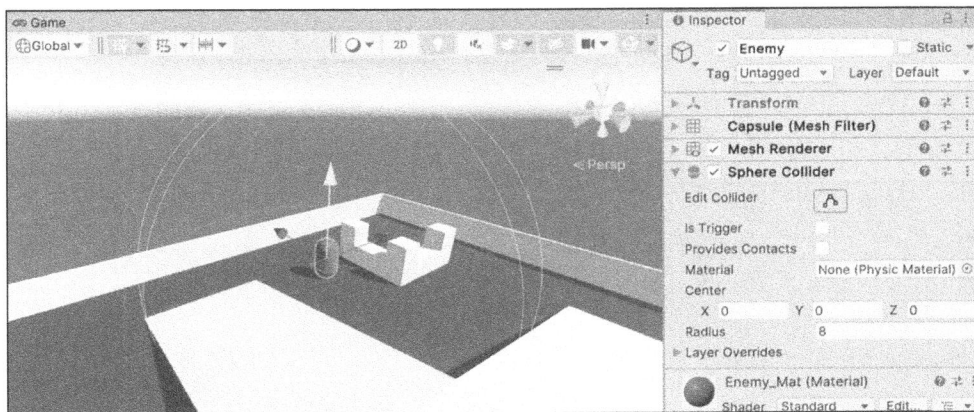

Figure 7.11: Sphere collider component attached to an enemy object

Our new **Enemy** primitive is now surrounded by an 8-unit trigger radius shaped like a sphere. Any time another object enters, stays inside, or exits that area, Unity will send out notifications that we can capture, just like we did with collisions. Your next challenge will be to capture that notification and act on it in code.

To capture trigger events, you'll need to create a new script by following these steps:

1. Create a new C# script in the Scripts folder, name it EnemyBehavior, and then drag it into **Enemy**.

2. Add the following code and save the file:

```csharp
using System.Collections;
using System.Collections.Generic;
using UnityEngine;

public class EnemyBehavior : MonoBehaviour
{
    // 1
    void OnTriggerEnter(Collider other)
    {
        //2
        if(other.name == "Player")
        {
            Debug.Log("Player detected - attack!");
        }
    }


    // 3
    void OnTriggerExit(Collider other)
    {
        // 4
        if(other.name == "Player")
        {
            Debug.Log("Player out of range, resume patrol");
        }
    }
}
```

3. Click **Play** and walk over to the Enemy to set off the first notification, then walk away from the Enemy to set off the second notification.

Here's a breakdown of the preceding code:

1. OnTriggerEnter() is fired whenever an object enters the enemy's **Sphere Collider** radius:

    *   Similar to OnCollisionEnter(), OnTriggerEnter() stores a reference to the trespassing object's Collider component
    *   Note that other is of type Collider, not Collision

2. We can use other to access the name of the colliding GameObject, and check whether it's the Player with an if statement.

    If it is, the console prints out a log that the Player is in the danger zone:

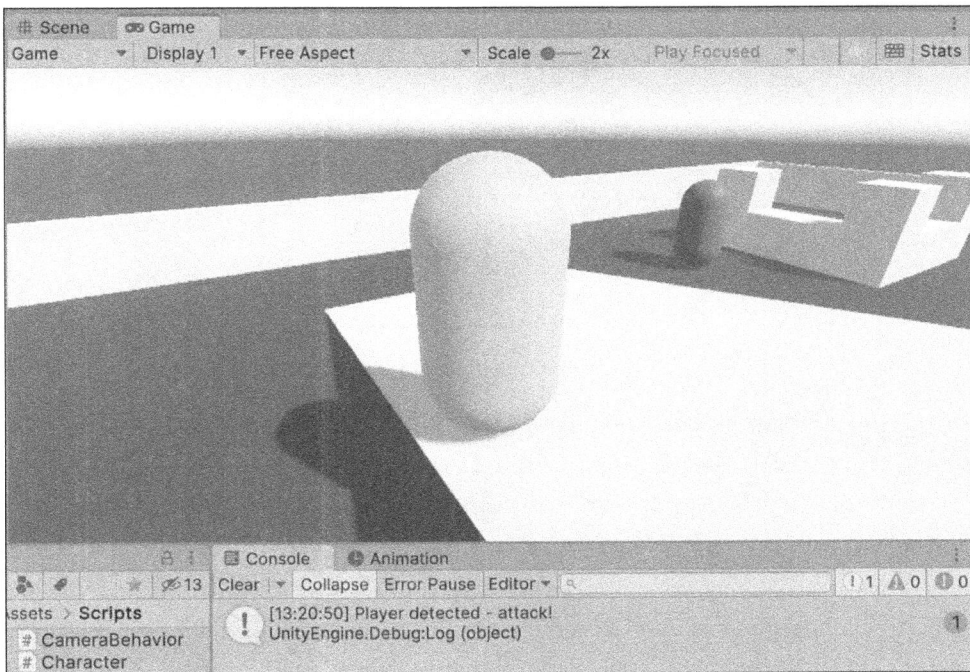

Figure 7.12: Collision detection between player and enemy objects

3. OnTriggerExit() is fired when an object leaves the enemy Sphere Collider radius:

    *   This method also has a reference to the colliding object's Collider component

4. We check the object leaving the Sphere Collider radius by name using another if statement:

    •   If it's Player, we print out another log to the console saying that they're safe:

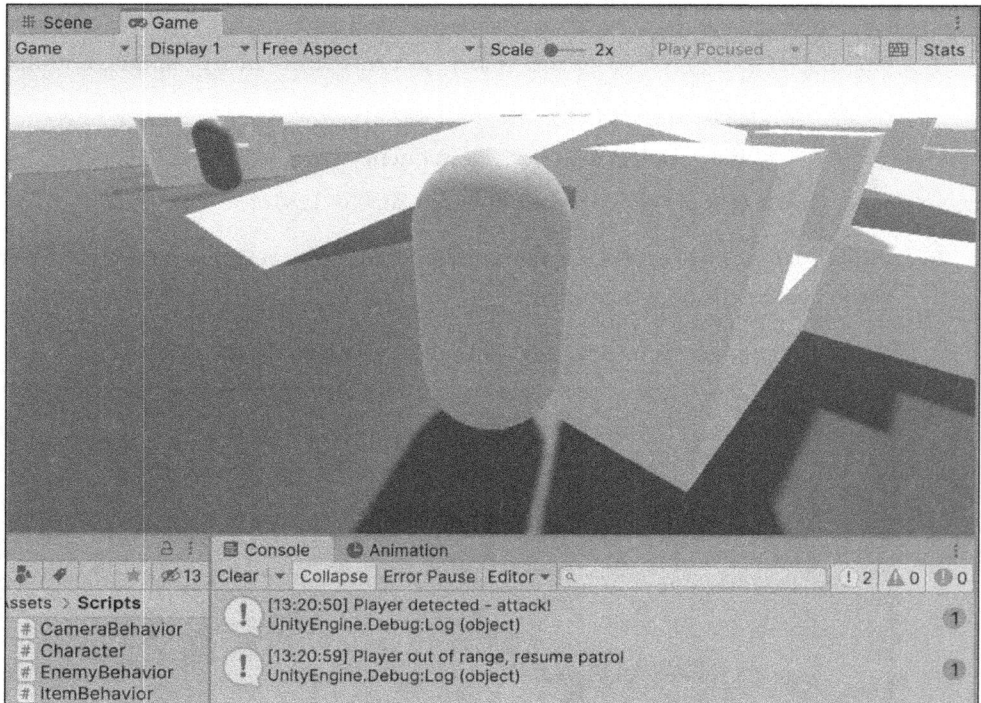

Figure 7.13: Example of collision triggers

The Sphere Collider on our Enemy sends out notifications when its area is invaded, and the EnemyBehavior script captures two of those events. Whenever the player enters or exits the collision radius, a debug log appears in the console to let us know that the code is working. We'll continue to build on this in *Chapter 9, Basic AI and Enemy Behavior*.

> Unity makes use of something called the Component design pattern. Without going into too much detail, that's a fancy way of saying objects (and, by extension, their classes) should be responsible for their behavior as opposed to having all the code in one huge file. This is why we put separate collision scripts on the pickup item and enemy instead of having a single class handle everything. We'll discuss this further in *Chapter 14, The Journey Continues*.

Since this book is all about instilling as many good programming habits as possible, your last task for the chapter is to make sure all your core objects are converted into Prefabs.

Hero's trial—all the Prefabs!

To get the project ready for the next chapter, go ahead and drag the Player and Enemy objects into the **Prefabs** folder.

> Remember, from now on you always need to right-click on the **Prefab** in the **Hierarchy** panel, switch to the **Inspector** panel and select the three vertical dots icon, then choose **Added Component | Apply to Prefab** to solidify any changes you make to these GameObjects.

With that done, continue to the *Physics roundup* section and make sure that you've internalized all the major topics we've covered before moving on.

Physics roundup

Before we wrap up the chapter, here are a few high-level concepts to cement what we've learned so far:

- Rigidbody components add simulated real-world physics to the GameObjects they are attached to.
- Collider components interact with each other, as well as objects, using **Rigidbody** components:
  - If a **Collider** component is not a trigger, it acts as a solid object
  - If a **Collider** component is a trigger, it can be walked through
- An object is *kinematic* if it uses a **Rigidbody** component and has **Is Kinematic** checked, telling the physics system to ignore it.
- An object is *non-kinematic* if it uses a **Rigidbody** component and applied force or torque to power its movement and rotation.
- Colliders send out notifications based on their interactions. These notifications depend on whether the **Collider** component is set to be triggered or not. Notifications can be received from either colliding party, and they come with reference variables that hold an object's collision information.

Remember, a topic as broad and complex as the Unity physics system isn't learned in a day. Use what you've learned here as a springboard to launch yourself into more intricate topics!

Summary

This wraps up your first experience of creating independent gameplay behaviors and tying them all together into a cohesive, albeit simple, game prototype. You've used vectors and basic vector math to determine positions and angles in a 3D space, and you're familiar with player input and the two main methods of moving and rotating GameObjects. You've even gone down into the bowels of the Unity physics system to get comfortable with Rigidbody physics, collisions, triggers, and event notifications. All in all, *Hero Born* is off to a great start.

In the next chapter, we'll start tackling more game mechanics, including jumping, dashing, shooting projectiles, and interacting with parts of the environment. This will give you more hands-on experience in using force with **Rigidbody** components, gathering player input, and executing logic.

Pop quiz—player controls and physics

1. What data type would you use to store 3D movement and rotation information?

2. What built-in Unity component allows you to track and modify player controls?

3. Which component adds real-world physics to a GameObject?

4. What method does Unity suggest using to execute physics-related code on GameObjects?

Don't forget to check your answers against mine in the *Pop Quiz Answers* appendix!

Join us on discord!

Read this book alongside other users, Unity game development experts and the author himself.

Ask questions, provide solutions to other readers, chat with the author via. Ask Me Anything sessions and much more.

Scan the QR code or visit the link to join the community.

https://packt.link/csharpwithunity

8

Scripting Game Mechanics

In the last chapter, we focused on using code to move the player and camera, with a trip into Unity physics on the side. However, controlling a playable character isn't enough to make a compelling game; in fact, it's probably the one area that remains fairly constant across different titles.

A game's unique spark comes from its core mechanics, and the feeling of power and agency those mechanics give to the players. Without fun and engrossing ways to affect the virtual environment you've created, your game doesn't stand a chance of repeat play, to say nothing of fun. As we venture into implementing the game's mechanics, we'll also be upgrading our knowledge of C# and its intermediate-level features.

This chapter will build on the *Hero Born* prototype by focusing on individually implemented game mechanics, as well as the basics of system design and **user interfaces (UIs)**. You'll be diving into the following topics:

- Making the player jump
- Shooting projectiles
- Creating a game manager
- Adding a user interface

Adding jumps

Remember from the last chapter that Rigidbody components add simulated real-world physics to GameObjects, and Collider components interact with each other using Rigidbody objects.

Another great thing that we didn't discuss in the previous chapter about using a Rigidbody component to control player movement is that we can easily add in different mechanics that rely on applied force, such as jumping. In this section, we'll get our player jumping and write our first utility function.

> A utility function is a class method that performs some kind of grunt work so that we don't clutter up gameplay code—for instance, wanting to check whether the player capsule is touching the ground to jump.

Before that, you'll need to get acquainted with a new data type called enumerations, which you'll do in the following section.

Introducing enumerations

By definition, an **enumeration type** is a set, or collection, of named constants that belong to the same variable. These are useful when you want a collection of different values, but with the added benefit of them all being of the same parent type.

It's easier to show rather than tell with enumerations, so let's take a look at their syntax in the following code snippet:

```
enum PlayerAction { Attack, Defend, Flee };
```

Let's break down how this works, as follows:

- The enum keyword declares the type followed by the variable name
- The different values an enum can have are written inside curly brackets, separated by a comma (except for the last item)
- The enum has to end with a semicolon, just like all other data types we've worked with

In this case, we're declaring a variable called PlayerAction, of type enum, which can be set to one of three values—Attack, Defend, or Flee.

To declare an enumeration variable, we use the following syntax:

```
PlayerAction CurrentAction = PlayerAction.Defend;
```

Again, we can break this down, as follows:

- The type is set as PlayerAction, since our enumeration is just like any other type, like a string or integer

- The variable is named `currentAction` and set equal to a `PlayerAction` value
- Each enum constant can be accessed using dot notation

Our `currentAction` variable is now set to `Defend`, but it can be changed to `Attack` or `Flee` at any time.

Enumerations may look simple at first glance, but they are extremely powerful in the right situations. One of their most useful features is the ability to store underlying types, which is the next subject you'll be jumping into.

Underlying types

Enums come with an **underlying type**, meaning that each constant inside the curly brackets has an associated value. The default underlying type is `int` and starts at 0, just like arrays, with each sequential constant getting the next highest number.

> Not all types are created equal—underlying types for enumerations are limited to `byte`, `sbyte`, `short`, `ushort`, `int`, `uint`, `long`, and `ulong`. These are called integral types, which are used to specify the size of numeric values that a variable can store.
>
> This is a bit advanced for this book, but you'll be using `int` in most cases. More information on these types can be found here: `https://docs.microsoft.com/en-us/dotnet/csharp/language-reference/keywords/enum`.

For example, our `PlayerAction` enumeration values right now are listed as follows, even though they aren't explicitly written out:

```
enum PlayerAction { Attack = 0, Defend = 1, Flee = 2 };
```

There's no rule that says underlying values need to start at 0; in fact, all you have to do is specify the first value, and then C# increments the rest of the values for you, as illustrated in the following code snippet:

```
enum PlayerAction { Attack = 5, Defend, Flee };
```

In the preceding example, `Defend` equals 6, and `Flee` equals 7 automatically. However, if we wanted the `PlayerAction` enum to hold non-sequential values, we could explicitly add them in, like this:

```
enum PlayerAction { Attack = 10, Defend = 5, Flee = 0};
```

We can even change the underlying type of `PlayerAction` to any of the approved types by adding a colon after the enum name, as follows:

```
enum PlayerAction :  byte { Attack, Defend, Flee };
```

Retrieving an enum's underlying type takes an explicit conversion, but we've already covered those, so the following syntax shouldn't be a surprise:

```
enum PlayerAction { Attack = 10, Defend = 5, Flee = 0};
PlayerAction CurrentAction = PlayerAction.Attack;
int ActionCost = (int)CurrentAction;
```

Since `CurrentAction` is set to `Attack`, `ActionCost` would be `10` in the above example code.

Enumerations are extremely powerful tools in your programming arsenal. Your next challenge is to use your knowledge of enumerations to gather more specific user input from the keyboard.

Now that we have a basic grasp of enumeration types, we can capture keyboard input using the `KeyCode` enum. Update the `PlayerBehavior` script with the following highlighted code, save it, and hit **Play**:

```
public class PlayerBehavior : MonoBehaviour
{
    // ... No other variable changes needed ...

    // 1
    public float JumpVelocity = 5f;
    private bool _isJumping;

    void Start()
    {
        // ... No other changes needed ...
    }

    void Update()
    {
        // 2
        _isJumping |= Input.GetKeyDown(KeyCode.J);
        // ... No other changes needed ...
```

```
    }

    void FixedUpdate()
    {
        // 3
        if(_isJumping)
        {
            // 4
            _rb.AddForce(Vector3.up * JumpVelocity, ForceMode.Impulse);
        }

        // 5
        _isJumping = false;

        // ... No other changes needed ...
    }
}
```

Let's break down this code, as follows:

1. First, we create two new variables—a public variable to hold the amount of applied jump force we want and a private Boolean to check if our player should be jumping.

2. We set the value of _isJumping to the Input.GetKeyDown() method, which returns a bool value depending on whether a specified key is pressed during the current frame and will only fire once even if held down:

    *   We use the |= operator to set _isJumping, which is the logical *or* condition. This operator makes sure that we don't have consecutive input checks override each other when the player is jumping.

    *   The method accepts a key parameter as either a string or a KeyCode, which is an enumeration type. We specify that we want to check for KeyCode.J, or the *J* key being pressed.

> Checking for inputs in FixedUpdate can sometimes lead to input loss or even double inputs because it doesn't run once per frame. To avoid this problem, we're checking for inputs in Update and then applying force or setting the velocity in FixedUpdate, which is where physics are applied.

3. We use an `if` statement to check if `_isJumping` is true, and trigger the jump mechanic if it is.

4. Since we already have the **Rigidbody** component stored, we can pass the `Vector3` and `ForceMode` parameters to `RigidBody.AddForce()` and make the player jump:

    •   We specify that the vector (or applied force) should be in the up direction, multiplied by `JumpVelocity`.

    •   The `ForceMode` parameter determines how the force is applied and is also an enumeration type. `Impulse` applies instant force to an object while taking its mass into account, which is perfect for a jump mechanic.

    > Other `ForceMode` choices can be useful in different situations, all of which are detailed here: `https://docs.unity3d.com/ScriptReference/ForceMode.html`.

5. At the end of every `FixedUpdate` frame, we reset `_isJumping` to `false` so the input check knows a complete jump and the landing cycle have been completed.

If you play the game now, you'll be able to move around and jump when you hit the spacebar. However, the mechanic allows you to keep jumping indefinitely, which isn't what we want. We'll work on limiting our jump mechanic to one at a time in the next section, using something called a **layer mask**.

Working with layer masks

Think of layer masks as invisible groups that a GameObject can belong to, used by the physics system to determine anything from navigation to intersecting collider components. While more advanced uses of layer masks are outside the scope of this book, we'll create and use one to perform a simple check—whether the player capsule is touching the ground—in order to limit the player to one jump at a time.

Before we can check that the player capsule is touching the ground, we need to add all the environment objects in our level to a custom layer mask. This will let us perform the actual collision calculation with the **Capsule Collider** component that's already attached to the player, in order to detect when the player lands on the ground. Proceed as follows:

1. Select the **Environment** GameObject in the **Hierarchy**, and in the corresponding **Inspector** pane, click on **Layer | Add Layer...**, as illustrated in the following screenshot:

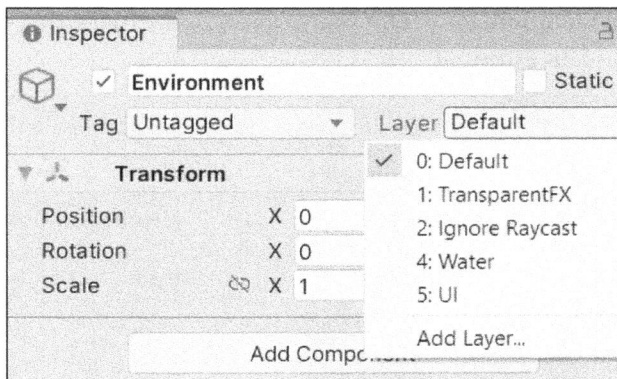

Figure 8.1: Selecting layers in the Inspector pane

To provide a complete view of the Unity editor, all our screenshots are taken in full-screen mode. For color versions of all book images, use the link below: `https://packt.link/7yy5V`.

2. Add a new layer called Ground by typing the name into the first available slot, which is Layer 6. Layers 0–5 are reserved for Unity's default layers, even though Layer 3 is empty, as illustrated in the following screenshot:

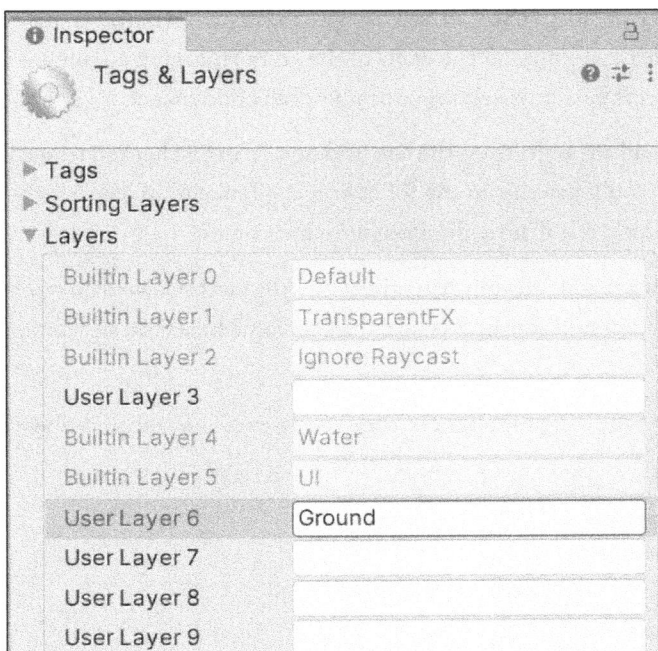

Figure 8.2: Adding layers in the Inspector pane

3. Select the **Environment** parent GameObject in the **Hierarchy**, click on the **Layer** drop-down, and select **Ground**:

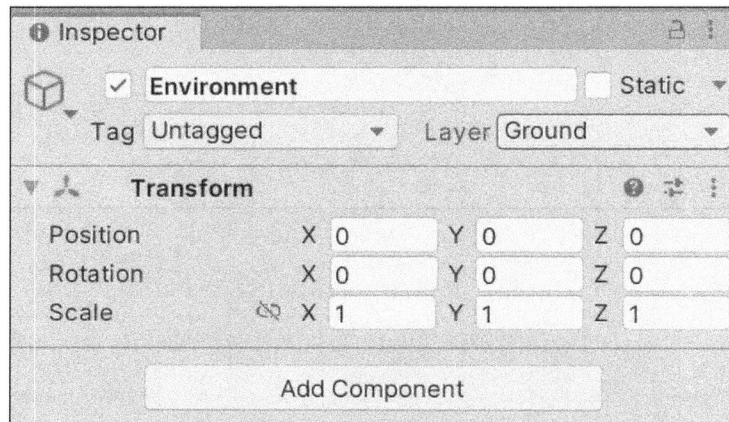

Figure 8.3: Setting a custom layer

After you have selected the **Ground** option shown in the preceding screenshot, click **Yes, change children** when a dialog appears asking you if you want to change all child objects. Here, you've defined a new layer called **Ground** and assigned every child object of **Environment** to that layer. Even though we can't jump off the walls of the arena, marking all our environment objects with the ground layer is easier than going through each child object.

Going forward, all the objects on the **Ground** layer can be checked to see if they intersect with a specific object. You'll use this in the following challenge to make sure the player can perform a jump if it's on the ground; no unlimited jump hacks here.

Since we don't want code cluttering up the Update() method, we'll do our layer mask calculations in a utility function and return a true or false value based on the outcome. To do so, proceed as follows:

1. Add the following highlighted code to PlayerBehavior and play the scene again:

```
public class PlayerBehavior : MonoBehaviour
{
    // 1
    public float DistanceToGround = 0.1f;
    // 2
    public LayerMask GroundLayer;
    // 3
```

```csharp
    private CapsuleCollider _col;
    // ... No other variable changes needed ...

    void Start()
    {
        _rb = GetComponent<Rigidbody>();

        // 4
        _col = GetComponent<CapsuleCollider>();
    }

    void Update()
    {
        // ... No changes needed ...
    }

    void FixedUpdate()
    {
        // 5
        if(IsGrounded() && _isJumping)
        {
            _rb.AddForce(Vector3.up * JumpVelocity,
                ForceMode.Impulse);
        }
        // ... No other changes needed ...
    }

    // 6
    private bool IsGrounded()
    {
        // 7
        Vector3 capsuleBottom = new Vector3(_col.bounds.center.x,
            _col.bounds.min.y, _col.bounds.center.z);

        // 8
        bool grounded = Physics.CheckCapsule(_col.bounds.center,
            capsuleBottom, DistanceToGround, GroundLayer,
```

```
            QueryTriggerInteraction.Ignore);

        // 9
        return grounded;
    }
}
```

2. With the `PlayerBehavior` script selected, set **Ground Layer** in the **Inspector** pane to **Ground** from the **Ground Layer** dropdown, as illustrated in the following screenshot:

Figure 8.4: Setting the Ground Layer

Let's break down the preceding code, as follows:

1. We create a new variable for the distance we'll check between the player **Capsule Collider** and any **Ground Layer** object.

2. We create a `LayerMask` variable that we can set in the **Inspector** and use for the collider detection.

3. We create a variable to store the player's Capsule Collider component.

4. We use `GetComponent()` to find and return the Capsule Collider attached to the player.

5. We update the `if` statement to check whether `IsGrounded` returns `true` and the *J* key is pressed before executing the jump code.

6. We declare the `IsGrounded()` method with a `bool` return type.

7. We create a local `Vector3` variable to store the position at the bottom of the player's Capsule Collider, which we'll use to check for collisions with any objects on the **Ground** layer:

   - All Collider components have a `bounds` property, which gives us access to the min, max, and center positions of its *x*, *y*, and *z* axes
   - The bottom of the Collider is the 3D point at center *x*, min *y*, and center *z*

8. We create a local `bool` to store the result of the `CheckCapsule()` method that we call from the `Physics` class, which takes in the following five arguments:

   - The start of the capsule, which we set to the middle of the Capsule Collider since we only care about checking whether the bottom touches the ground.
   - The end of the capsule, which is the `capsuleBottom` position we've already calculated.
   - The radius of the capsule, which is the `DistanceToGround` already set.
   - The layer mask we want to check collisions on, set to `GroundLayer` in the **Inspector**.
   - The query trigger interaction, which determines whether the method should ignore colliders that are set as triggers. Since we want to ignore all triggers, we use the `QueryTriggerInteraction.Ignore` enum.

   > We could also use the `Distance` method from the `Vector3` class to determine how far we are from the ground, since we know the height of the player capsule. However, we're going to stick with using the `Physics` class, since that's the focus of this chapter.

9. We return the value stored in `grounded` at the end of the calculation.

   > We could have done the collision calculation manually, but that would require more complex 3D math than we have time to cover here. However, it's always a good idea to use built-in methods when available.

That was an involved piece of code that we just added into `PlayerBehavior`, but when you break it down, the only new thing we did was use a method from the `Physics` class. In plain English, we supplied `CheckCapsule()` with a start point and endpoint, a collision radius, and a layer mask. If the endpoint gets closer than the collision radius to an object on the layer mask, the method returns `true`—meaning the player is touching the ground. If the player is in a mid-jump position, `CheckCapsule()` returns `false`.

Since we're checking IsGround in the if statement every frame in Update(), our player's jump skills are only allowed when touching the ground.

That's all you're going to do with the jump mechanic, but the player still needs a way to interact and defend themself against the hordes of enemies that will eventually populate the arena. In the following section, you'll fix that gap by implementing a simple shooting mechanic.

Shooting projectiles

Shooting mechanics are so common that it's hard to think of a first-person game without some variation present, and *Hero Born* is no different. In this section, we'll talk about how to instantiate GameObjects from Prefabs while the game is running, and use the skills we've learned to propel them forward using Unity physics.

Instantiating objects

The concept of instantiating a GameObject in the game is similar to instantiating an instance of a class—both require starting values so that C# knows what kind of object we want to create and where it needs to be created. To create objects in the scene at runtime, we use the GameObject.Instantiate() method and provide a Prefab object, a starting position, and a starting rotation.

Essentially, we can tell Unity to create a given object with all its components and scripts at this spot, looking in this direction, and then manipulate it as needed once it's born in the 3D space. Before we instantiate an object, you'll need to create the object Prefab itself, which is your next task.

Before we can shoot any projectiles, we'll need a Prefab to use as a reference, so let's create that now, as follows:

1. Select + | **3D Object** | **Sphere** in the **Hierarchy** panel and name it Bullet:

    • Change its **Scale** to 0.15 in the *x*, *y*, and *z* axes in the **Transform** component

2. Select the **Bullet** in the **Inspector** and use the **Add Component** button at the bottom to search for and add a **Rigidbody** component, leaving all default properties as they are.

3. Create a new material in the Materials folder using **Create** | **Material**, and name it Bullet_Mat:

    • Change the **Albedo** property to a deep yellow

- Drag and drop the material from the **Materials** folder onto the Bullet GameObject in the **Hierarchy** pane:

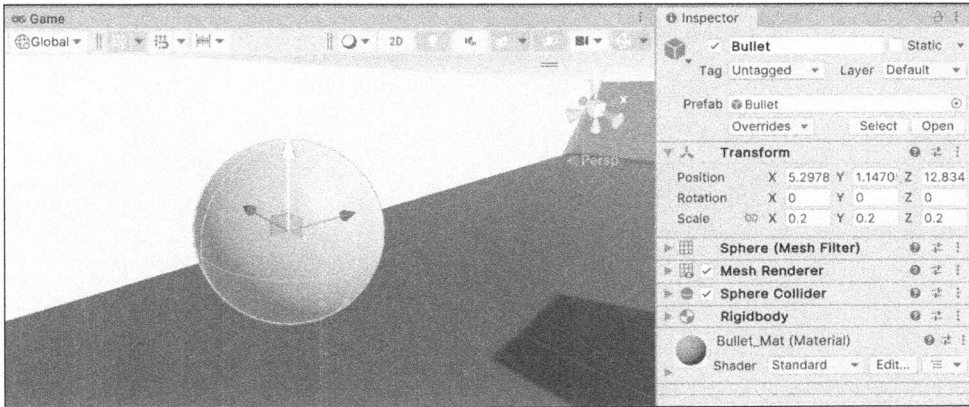

Figure 8.5: Setting projectile properties

4. Select the **Bullet** in the **Hierarchy** panel and drag it into the Prefabs folder in the **Project** panel (you can always tell when an object in the **Hierarchy** is a Prefab because it turns blue). Then, delete it from the **Hierarchy** to clean up the scene:

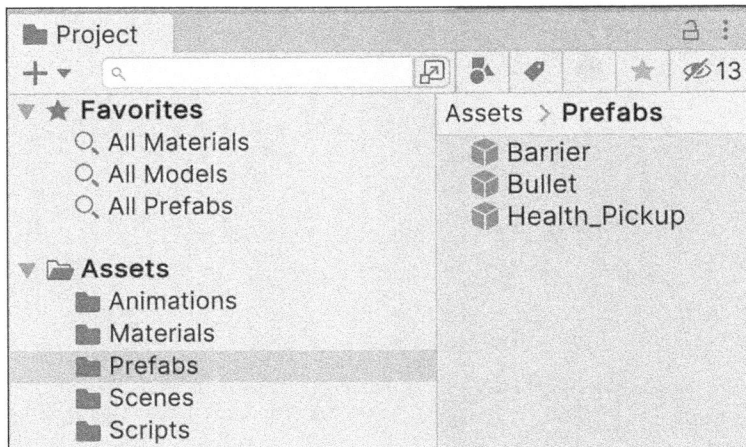

Figure 8.6: Creating a projectile Prefab

You created and configured a **Bullet** Prefab GameObject that can be instantiated as many times as you need in the game and updated as needed. This means you're ready for the next challenge—shooting projectiles.

Adding the shooting mechanic

Now that we have a Prefab object to work with, we can instantiate and move copies of the Prefab whenever we hit the spacebar key to create a shooting mechanic, as follows:

1.   Update the `PlayerBehavior` script with the following code:

```csharp
public class PlayerBehavior : MonoBehaviour
{
    // 1
    public GameObject Bullet;
    public float BulletSpeed = 100f;

    // 2
    private bool _isShooting;

    // ... No other variable changes needed ...

    void Start()
    {
        // ... No changes needed ...
    }

    void Update()
    {
        // 3
        _isShooting |= Input.GetKeyDown(KeyCode.Space);
        // ... No other changes needed ...
    }

    void FixedUpdate()
    {
        // ... No other changes needed ...

        // 4
        if (_isShooting)
        {
            // 5
            GameObject newBullet = Instantiate(Bullet,
```

```
                this.transform.position + new Vector3(0, 0, 1),
                    this.transform.rotation);
        // 6
        Rigidbody BulletRB =
            newBullet.GetComponent<Rigidbody>();


        // 7
        BulletRB.velocity = this.transform.forward *
                                            BulletSpeed;
    }


    // 8
    _isShooting = false;
}


private bool IsGrounded()
{
    // ... No changes needed ...
}
}
```

2. In the **Inspector,** drag the **Bullet** Prefab from the **Project** panel into the **Bullet** property of PlayerBehavior, as illustrated in the following screenshot:

Figure 8.7: Setting the Bullet Prefab

3. Play the game and use the left mouse button to fire projectiles in the direction the player is facing!

Let's break down the code as follows:

1. We create two variables: one to store the **Bullet** Prefab, the other to hold the **Bullet** speed. The best practice is to always declare new variables as private unless there's a good reason to make them public.

2. Like our jumping mechanic, we use a Boolean in the Update method to check if our player should be shooting.

3. We set the value of _isShooting using the or logical operator and Input. GetKeyDown(KeyCode.Space), just like we did for the jumping mechanic. Then, we check if our player is supposed to be shooting using the _isShooting variable.

4. We create a local GameObject variable every time the left mouse button is pressed:

   - We use the Instantiate() method to assign a GameObject to newBullet by passing in the Bullet Prefab. We also use the player capsule's position to place the new Bullet Prefab in front of the player (one unit forward along the z axis) to avoid any collisions.

   - We append it as a GameObject to explicitly cast the returned object to the same type as newBullet, which in this case is a GameObject.

5. We call GetComponent() to return and store the **Rigidbody** component on newBullet.

6. We set the velocity property of the **Rigidbody** component to the player's transform. forward direction multiplied by BulletSpeed:

   - Changing the velocity instead of using AddForce() ensures that gravity doesn't pull our bullets down in an arc when fired

7. Finally, we set the _isShooting value to false so our shooting input is reset for the next input event.

Again, you've significantly upgraded the logic the player script is using. You should now be able to use the mouse to shoot projectiles that fly straight out from the player's position.

However, the problem now is that your game scene, and **Hierarchy**, is flooded with spent **Bullet** objects. Your next task is to clean those objects up once they've been fired, to avoid any performance issues.

Managing object build-up

Whether you're writing a completely code-based application or a 3D game, it's important to make sure that unused objects are regularly deleted to avoid overloading the program. Our bullets don't exactly play an important role after they are shot; they just keep existing on the floor near whatever wall or object they collided with.

With a mechanic such as shooting, this could result in hundreds, if not thousands, of bullets down the line, which is something we don't want. Your next challenge is to destroy each bullet after a set delay time.

For this task, we can take the skills we've already learned and make the bullets responsible for their self-destructive behavior, as follows:

1. Create a new C# script in the Scripts folder and name it BulletBehavior.

2. In the Prefabs folder, drag and drop the BulletBehavior script onto the Bullet Prefab and add the following code:

```
using System.Collections;
using System.Collections.Generic;
using UnityEngine;

public class BulletBehavior : MonoBehaviour
{
    // 1
    public float OnscreenDelay = 3f;

    void Start ()
    {
        // 2
        Destroy(this.gameObject, OnscreenDelay);
    }
}
```

Let's break down this code, as follows:

1. We declare a float variable to store how long we want the **Bullet** Prefabs to remain in the scene after they are instantiated.

2. We use the Destroy() method to delete the GameObject:

- `Destroy()` always needs an object as a parameter. In this case, we use the `this` keyword to specify the object that the script is attached to.

- `Destroy()` can optionally take an additional `float` parameter as a delay, which we use to keep the bullets on screen for a short amount of time.

Play the game again, shoot some bullets, and watch as they are deleted from the **Hierarchy** by themselves in the scene after a specific delay. This means that the bullet executes its defined behavior, without another script having to tell it what to do, which is an ideal application of the *Component* design pattern.

Now that our housekeeping is done, you're going to learn about a key component of any well-designed and organized project—the manager class.

Creating a game manager

A common misconception when learning to program is that all variables should automatically be made public, but in general, this is not a good idea. In my experience, variables should be thought of as protected and private from the start, and only made public if necessary. One way you'll see experienced programmers protect their data is through manager classes, and since we want to build good habits, we'll be following suit. Think of manager classes as a funnel where important variables and methods can be accessed safely.

When I say safely, I mean just that, which might seem unfamiliar in a programming context. However, when you have different classes communicating and updating data with each other, things can get messy. That's why having a single contact point, such as a manager class, can keep this to a minimum. We'll get into how to do that effectively in the following section.

Tracking player properties

Hero Born is a simple game, so the only two data points we need to keep track of are how many items the player has collected and how much health they have left. We want these variables to be private so that they can only be modified from the manager class, giving us control and safety. Your next challenge is to create a game manager for *Hero Born* and populate it with helpful functionality.

Game manager classes will be a constant facet of any project you develop in the future, so let's learn how to properly create one, as follows:

1. Create a new C# script in the `Scripts` folder and name it `GameBehavior`.

> Usually, this script would be named GameManager, but Unity reserves that name for its own scripts. If you ever create a script and a cogwheel icon shows up next to its name instead of the C# file icon, that tells you it's restricted.

2. Create a new empty GameObject in the **Hierarchy** by using + | **Create Empty**, and name it Game Manager.

3. Drag and drop the GameBehavior.cs script from the **Scripts** folder onto the Game Manager object, as illustrated in the following screenshot:

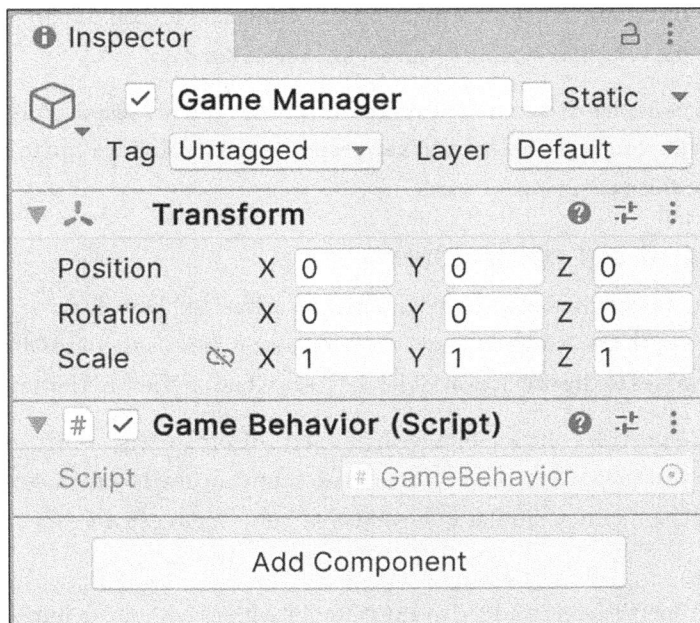

Figure 8.8: Attaching the game manager script

> Manager scripts, and other non-game files, are set up on empty objects to put them in the scene, even though they don't interact with the actual 3D space.

4. Add the following code to the top of `GameBehavior.cs`:

```
public class GameBehavior : MonoBehaviour
{
    private int _itemsCollected = 0;
    private int _playerHP = 10;
}
```

Let's break down this code. We added two new `private` variables to hold the number of items picked up and how many lives the player has left; these are `private` because they should only be modifiable in this class. If they were made `public`, other classes could change them at will, which could lead to the variables storing incorrect or concurrent data.

Having these variables declared as `private` means that you are responsible for how they are accessed. The following topic on get and set properties will introduce you to a standard, safe way to accomplish this task going forward.

The get and set properties

We've got our manager script and private variables set up, but how do we access them from other classes if they're private? While we could write separate public methods in `GameBehavior` to handle passing new values to the private variables, let's see whether there is a better way of doing things.

In this case, C# provides all variables with get and set properties, which are perfectly suited to our task. Think of these as methods that are automatically fired by the C# compiler whether we explicitly call them or not, similar to how `Start()` and `Update()` are executed by Unity when a scene starts.

get and set properties can be added to any variable, with or without an initial value, as illustrated in the following code snippet:

```
public string FirstName { get; set; };
// OR
public string LastName { get; set; } = "Smith";
```

However, using them like this doesn't add any additional benefits; for that, you need to include a code block for each property, as illustrated in the following code snippet:

```
public string FirstName
{
    get {
        // Code block executes when variable is accessed
```

```
    }
    set {
        // Code block executes when variable is updated
    }
}
```

Now, the get and set properties are set up to execute additional logic, depending on where it's needed. We're not done yet though, as we still need to handle the new logic.

Every get code block needs to return a value, while every set block needs to assign a value; this is where having a combination of a private variable, called a backing variable, and a public variable with get and set properties comes into play. The private variable remains protected, while the public variable allows controlled access from other classes, as shown in the following code snippet:

```
private string _firstName
public string FirstName {
    get {
        return _firstName;
    }
    set {
        _firstName = value;
    }
}
```

Let's break this down, as follows:

- We can return the value stored in the private variable from the get property anytime another class needs it, without actually giving that outside class direct access
- We can update the private variable anytime an outside class assigns a new value to the public variable, keeping them in sync
- The value keyword is a stand-in for whatever new value is assigned

This can seem a little esoteric without an actual application, so let's update GameBehavior with public variables with getter and setter properties to go along with our existing private variables.

Now that we understand the syntax of the get and set property accessors, we can implement them in our manager class for greater efficiency and code readability.

Update the code in `GameBehavior`, as follows:

```csharp
public class GameBehavior : MonoBehaviour
{
    private int _itemsCollected = 0;
    private int _playerHP = 10;

    // 1
    public int Items
    {
        // 2
        get { return _itemsCollected; }
        // 3
        set {
                _itemsCollected = value;
                Debug.LogFormat("Items: {0}", _itemsCollected);
        }
    }

    // 4
    public int HP
    {
        get { return _playerHP; }
        set {
                _playerHP = value;
                Debug.LogFormat("Lives: {0}", _playerHP);
        }
    }
}
```

Let's break down the code, as follows:

1. We declare a new public variable called Items with get and set properties.

2. We use the get property to return the value stored in _itemsCollected whenever Items are accessed from an outside class.

3. We use the set property to assign _itemsCollected to the new value of Items whenever it's updated, with an added Debug.LogFormat() call to print out the modified value of _itemsCollected.

4. We set up a public variable called HP with get and set properties to complement the private _playerHP backing variable.

Both private variables are now readable, but only through their public counterparts; they can only be changed in GameBehavior. With this setup, we ensure that our private data can only be accessed and modified from specific contact points. This makes it easier to communicate with GameBehavior from our other mechanical scripts, as well as to display the real-time data in the simple UI we'll create at the end of the chapter.

Let's test this out by updating the Items property when we successfully interact with an item pickup in the arena.

Updating item collection

Now that we have our variables set up in GameBehavior, we can update Items every time we collect an Item in the scene, as follows:

1. Add the following highlighted code to the ItemBehavior script:

```
public class ItemBehavior : MonoBehaviour
{
    // 1
    public GameBehavior GameManager;

    void Start()
    {
        // 2
        GameManager = GameObject.Find("Game Manager").
GetComponent<GameBehavior>();
    }

    void OnCollisionEnter(Collision collision)
    {
        if (collision.gameObject.name == "Player")
        {
            Destroy(this.transform.parent.gameObject);
            Debug.Log("Item collected!");
            // 3
            GameManager.Items += 1;
        }
    }
}
```

2. Hit **Play** and collect the pickup item to see the new console log printout from the manager script, as illustrated in the following screenshot:

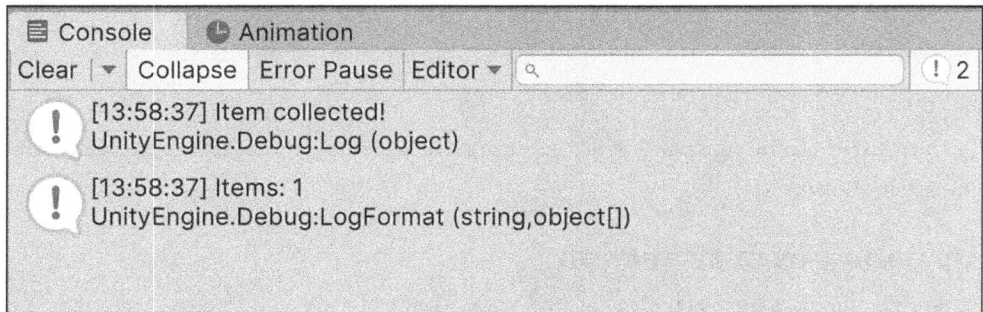

Figure 8.9: Collecting a pickup item

Let's break down the code, as follows:

1. We create a new variable of the GameBehavior type to store a reference to the attached script.

2. We use Start() to initialize GameManager by looking it up in the scene with Find() and adding a call to GetComponent().

> You'll see this kind of code done in a single line quite often in Unity documentation and community projects. This is done for simplicity, but if you feel more comfortable writing out the Find() and GetComponent() calls separately, go right ahead; there's nothing wrong with clear, explicit formatting.

3. We increment the Items property using the GameManager class instance in OnCollisionEnter() after the **Item** Prefab is destroyed.

Since we already set up ItemBehavior to take care of collision logic, it's easy to modify OnCollisionEnter() to communicate with our manager class when an item is picked up by the player. Keep in mind that separating functionality like this is what makes the code more flexible and less likely to break as you make changes during development.

The last piece *Hero Born* is missing is some kind of interface that displays game data to the player. In programming and game development, this is called a UI. Your final task in this chapter is to familiarize yourself with how Unity creates and handles the UI code.

Creating a GUI

At this point, we have several scripts working together to give players access to movement, jumping, collecting, and shooting mechanics. However, we're still missing any kind of display or visual cue that shows our player's stats, as well as a way to win and lose the game. We'll focus on these two topics as we close out this last section.

Displaying player stats

UIs are the visual components of any computer system. The cursor, folder icons, and programs on your laptop are all UI elements. For our game, we want a simple display to let our players know how many items they've collected and their current health, and a textbox to give them updates when certain events happen.

UI elements in Unity can be added in the following two ways:

- Unity UI (uGUI)
- UI Toolkit

uGUI is an older UI system in Unity, but we're going to use it over UI Toolkit because it's based on GameObjects that can be easily manipulated right in the Scene view like any other object.

> We'll be going over the basics in this chapter, but you can find more information at: `https://docs.unity3d.com/Packages/com.unity.ugui@1.0/manual/index.html`.

While UI Toolkit is a newer addition to the Unity engine, it uses **UI Documents** (**UXML**), which is based on standard web technologies and isn't written in C#. Since we want to keep things squarely focused on C# as much as possible, we'll be opting for uGUI instead.

> If you're interested in learning the newest Unity features when it comes to user interfaces, check out the UI Toolkit documentation at: https://docs.unity3d.com/2023.1/Documentation/Manual/UIElements.html.
>
> If you're curious about the comparison specifics between the different UI options in Unity, check out: https://docs.unity3d.com/2023.1/Documentation/Manual/UI-system-compare.html.

Your next task is to add a simple UI to the game scene that displays the items collected, player health, and progress information variables that are stored in GameBehavior.cs.

First, let's create three text objects in our scene. User interfaces in Unity work off of a canvas, which is exactly what it sounds like. Think of the canvas as a blank painting that you can draw on that Unity will render on top of the game world for you. Whenever you create your first UI element in the **Hierarchy** panel, a **Canvas** parent object is created along with it:

1. Right-click in the **Hierarchy** panel and select **UI | Text - TextMeshPro**. When the **TMP Importer** window pops up and asks you to import the missing assets, select **Import TMP Essentials**:

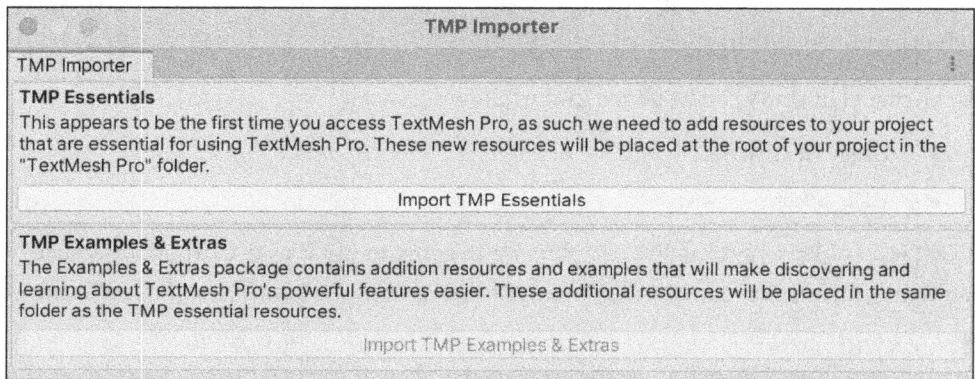

Figure 8.10: Importing TextMeshPro assets

> TextMeshPro is Unity's system for handling, rendering, and styling text. This topic is a little advanced for us to get into here, but if you're interested you can read the documentation at: https://docs.unity3d.com/Manual/com.unity.textmeshpro.html.

2. Select the new **Text(TMP)** object in the **Hierarchy**, hit *Enter*, and name it **Health**. Notice that a **Canvas** parent object and the new **Text(TMP)** object were created for you all at once:

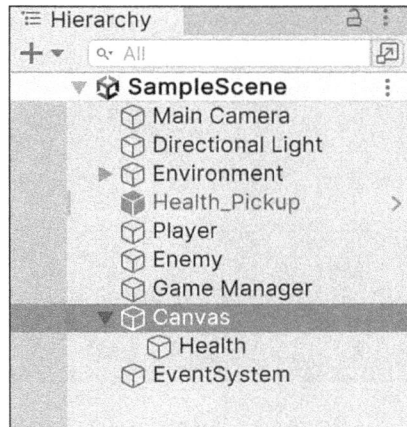

Figure 8.11: Creating a Text element

3. To see the canvas correctly, select **2D** mode at the top of the **Scene** tab. From this view, our entire level is the tiny white line in the lower-left-hand corner:

   • Even though the **Canvas** and level don't overlap in the scene, when the game plays Unity will automatically overlay them correctly:

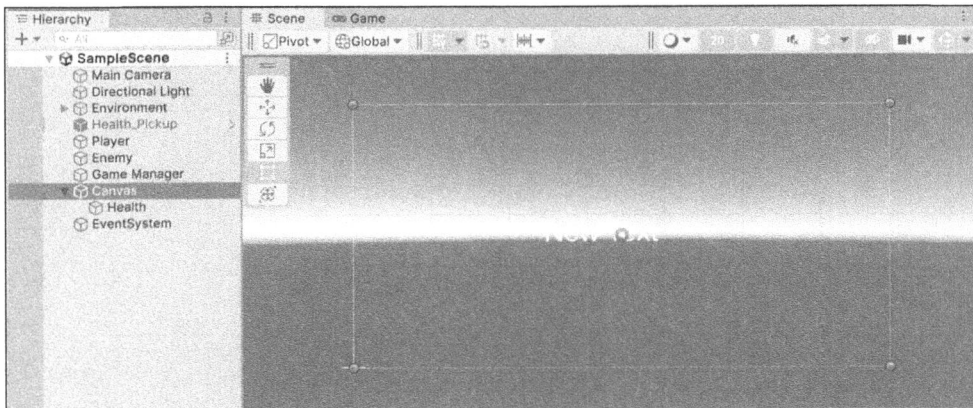

Figure 8.12: Canvas in the Unity editor

4. If you select the **Health** object in the **Hierarchy**, you'll see that the new text object was created in the lower-left corner of the canvas by default, and it has a whole list of customizable properties, like text and color, in the **Inspector** pane:

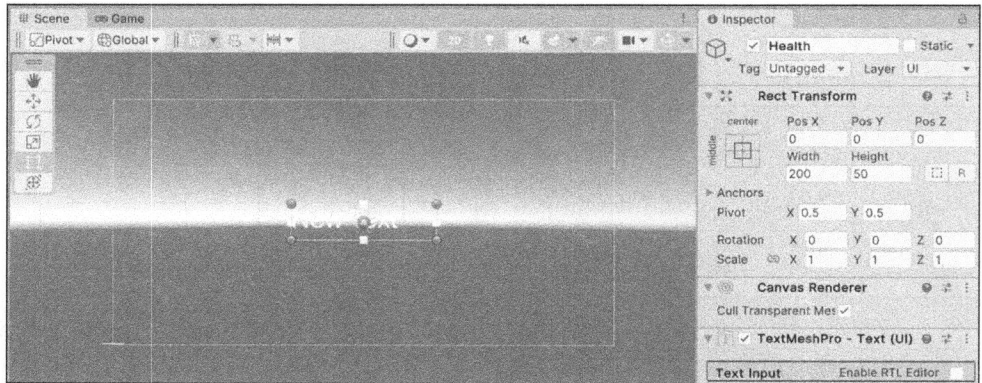

Figure 8.13: Text element on the Unity Canvas

5. With the **Health** object selected in the **Hierarchy** pane, click on the **Anchor** presets in the **Rect Transform** component of the **Inspector** and choose **Top Left**:

    - Anchors set a UI element's point of reference on the canvas, meaning that whatever the size of the device screen, our health points will always be anchored to the top left of the screen:

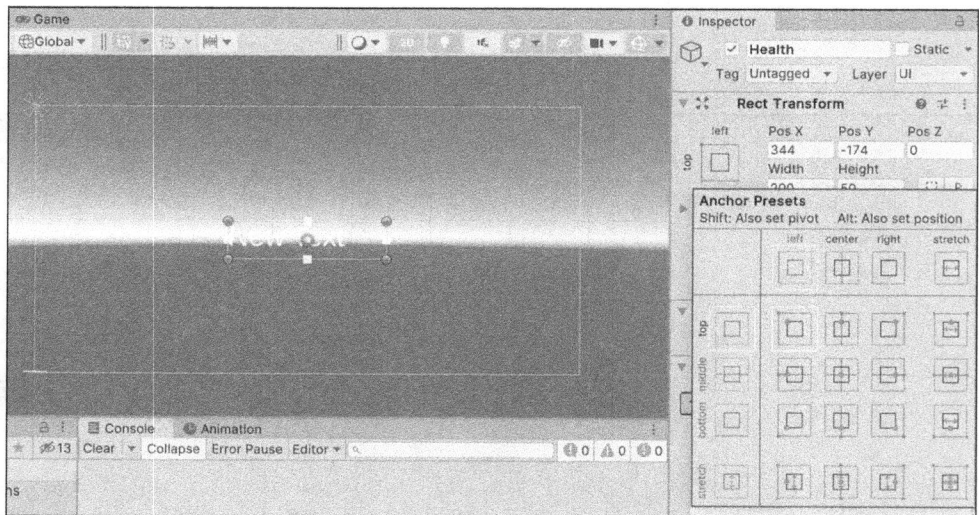

Figure 8.14: Setting anchor presets

6. With the **Health** object still selected in the **Hierarchy**, scroll down in the **Inspector** to the **Main Settings**, click on the color bar to the right of **Vertex Color**, and change it to black:

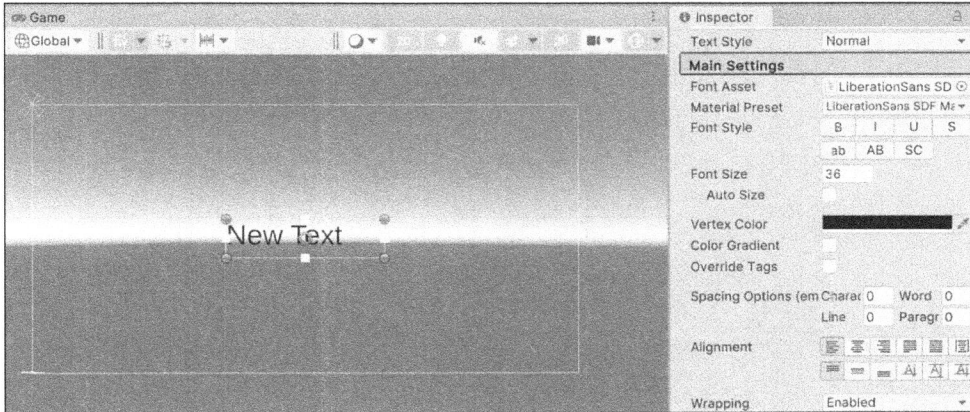

Figure 8.15: Setting text color properties

7.   In the **Inspector** pane, change the **Rect Transform** position to **110** on the **X** axis and **−35** on the **Y** axis to position the text in the upper-right corner. Also, change the **Text** property to say **Health:**. We'll be setting the actual value in code in a later step:

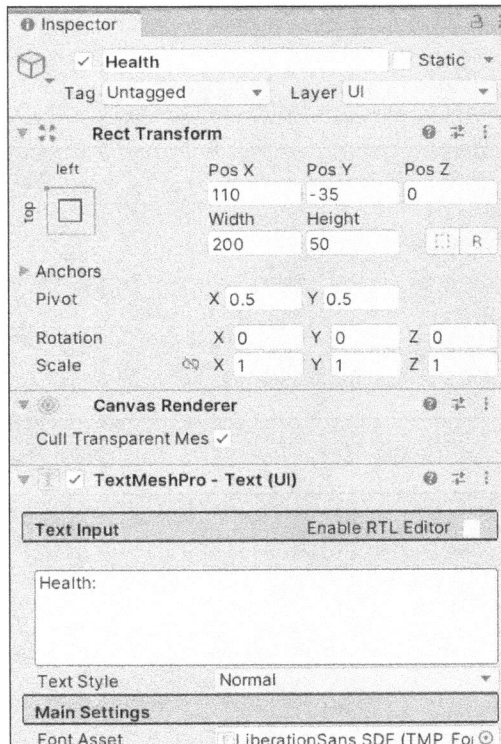

Figure 8.16: Setting text properties

8. Repeat *steps 1-6* to create a new UI **Text** object and name it **Items**:

    - Set the anchor presets to **Top Left**, the **Pos X** to **110**, and the **Pos Y** to **–85**

    - Set **Text** to **Items:**

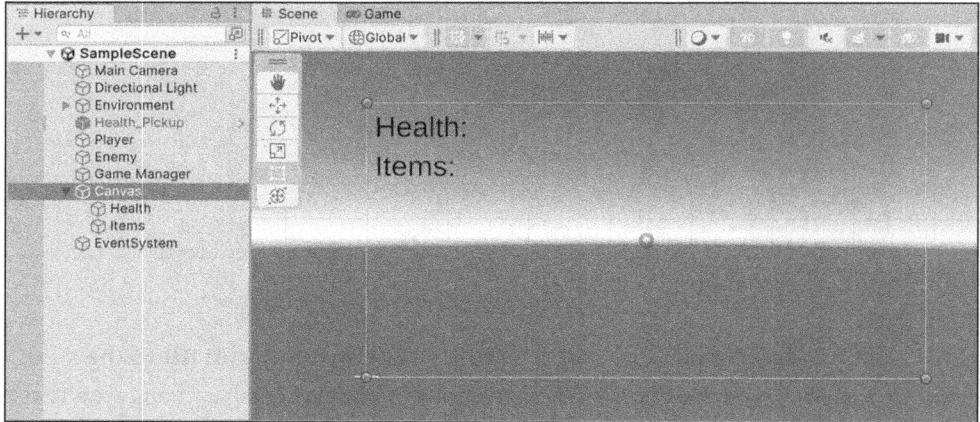

Figure 8.17: Creating another Text element

9. Repeat *steps 1-6* to create a new UI **Text** object and name it **Progress**:

    - Set the anchor presets to **Bottom Center**, the **Pos X** to **0**, the **Pos Y** to **15**, and the **Width** to **435**

    - Set **Text** to Collect all the items to win!

    - Set the text alignment to center:

Figure 8.18: Creating a progress text element

Now that we have our UI set up, let's connect the variables we already have in our game manager script. Proceed as follows:

1. Update `GameBehavior` with the following code to collect an item and display onscreen text when items are collected:

```
// 1
using TMPro;

public class GameBehavior : MonoBehaviour
{
    // 2
    public int MaxItems = 4;

    // 3
    public TMP_Text HealthText;
    public TMP_Text ItemText;
    public TMP_Text ProgressText;

    // 4
    void Start()
    {
        ItemText.text += _itemsCollected;
        HealthText.text += _playerHP;
    }

    private int _itemsCollected = 0;
    public int Items
    {
        get { return _itemsCollected; }
        set {
            _itemsCollected = value;

            // 5
            ItemText.text = "Items: " + Items;

            // 6
            if(_itemsCollected >= MaxItems)
```

```
        {
            ProgressText.text = "You've found all the items!";
        }
        else
        {
            ProgressText.text = "Item found, only " + (MaxItems
- _itemsCollected) + " more!";
        }
    }
}


private int _playerHP = 10;
public int HP
{
    get { return _playerHP; }
    set {
        _playerHP = value;

        // 7
        HealthText.text = "Health: " + HP;
        Debug.LogFormat("Lives: {0}", _playerHP);
    }
}
}
}
```

2. Select **Game Manager** in the **Hierarchy** and drag over our three text objects one by one into their corresponding GameBehavior script fields in the **Inspector**:

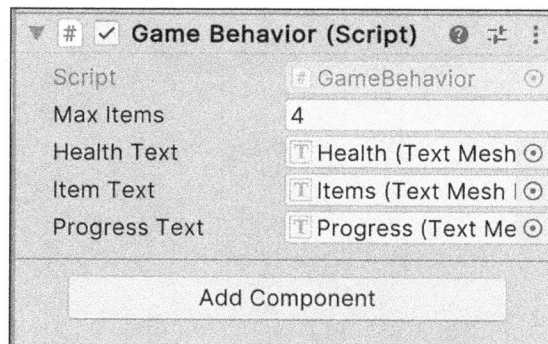

Figure 8.19: Dragging text elements to script components

3. Run the game and take a look at our new onscreen GUI boxes, shown in the following screenshot:

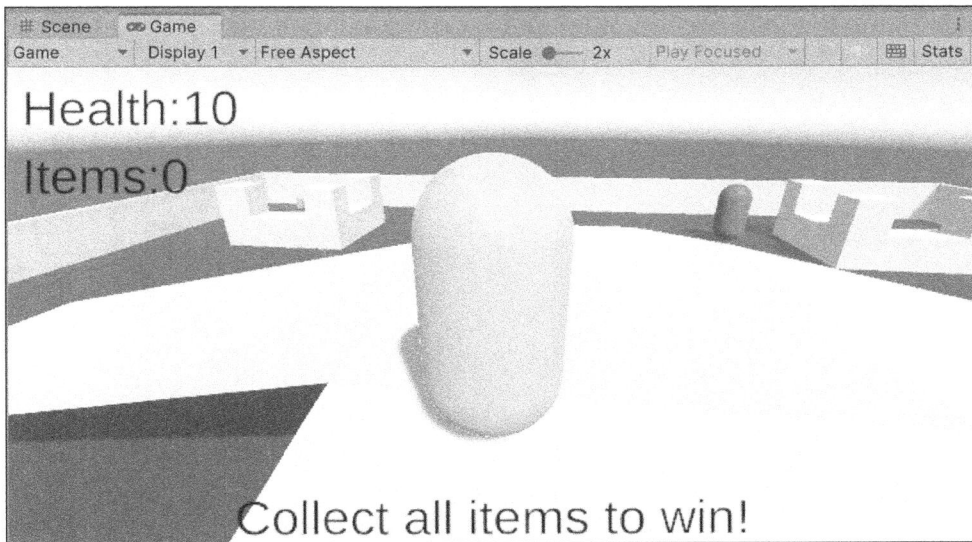

Figure 8.20: Testing UI elements in play mode

Let's break down the code, as follows:

1. We add the TMPro namespace so we have access to the **TMP_Text** variable type, which is what our text objects in the **Hierarchy** are.

2. We create a new public variable for the max number of items in the level.

3. We create three new **TMP_Text** variables, which we connect in the **Inspector** panel.

4. Then, we use the Start method to set the initial values of our health and items text using the += operator.

5. Every time an item is collected, we update the text property of **ItemText** to show the updated items count.

6. We declare an if statement in the set property of _itemsCollected:

   • If the player has gathered more than or equal to MaxItems, they've won, and ProgressText.text is updated

   • Otherwise, ProgressText.text shows how many items are still left to collect

7. Every time the player's health is damaged, which we'll cover in the next chapter, we update the text property of HealthText with the new value.

When we play the game now, our three UI elements show up with the correct values; when an **Item** is collected, the `ProgressText` and `_itemsCollected` counts update, as illustrated in the following screenshot:

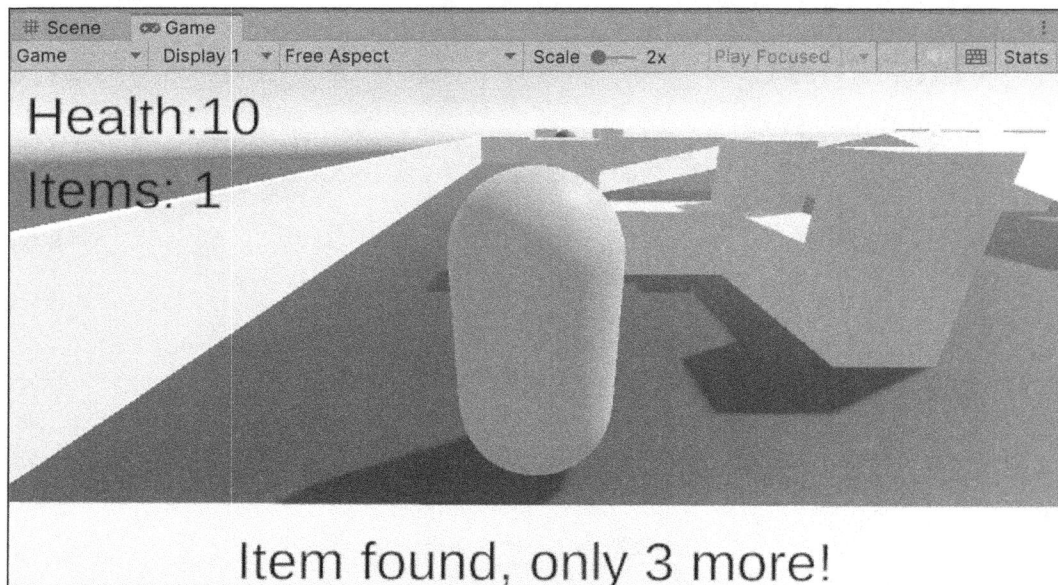

Figure 8.21: Updating the UI text

Every game can either be won or lost. In the last section of this chapter, your task is to implement those conditions and the UI that goes along with them.

Win and loss conditions

We've implemented our core game mechanics and a simple UI, but *Hero Born* is still missing an important game design element: its win and loss conditions. These conditions will manage how the player wins or loses the game and execute different code depending on the situation.

Back in the game document from *Chapter 6, Getting Your Hands Dirty with Unity*, we set out our win and loss conditions as follows:

- Collecting all items in the level with at least 1 health point remaining to win
- Taking damage from enemies until health points are at 0 to lose

These conditions are going to affect both our UI and game mechanics, but we've already set up `GameBehavior` to handle this efficiently. Our get and set properties will handle any game-related logic and changes to the UI when a player wins or loses.

We're going to implement the win condition logic in this section because we have the pickup system already in place. When we get to the enemy AI behavior in the next chapter, we'll add in the loss condition logic. Your next task is to determine when the game is won in code.

We always want to give players clear and immediate feedback, so we'll start by adding in the logic for a win condition, as follows:

1. Update `GameBehavior` to match the following code:

```
//1
using UnityEngine.UI;

public class GameBehavior : MonoBehaviour
{
    // 2
    public Button WinButton;

    private int _itemsCollected = 0;
    public int Items
    {
        get { return _itemsCollected; }
        set
        {
            _itemsCollected = value;
            ItemText.text = "Items Collected: " + Items;

            if (_itemsCollected >= MaxItems)
            {
                ProgressText.text = "You've found all the items!";

                // 3
                WinButton.gameObject.SetActive(true);
            }
            else
            {
                ProgressText.text = "Item found, only " + (MaxItems
- _itemsCollected) + " more to go!";
            }
        }
    }
}
```

2. Right-click in the **Hierarchy** and select **UI** | **Button - TextMeshPro**, then name it **Win Condition**:

    - Select **Win Condition** and set the **Pos X** and **Pos Y** to **0**, its **Width** to **225**, and its **Height** to **115**

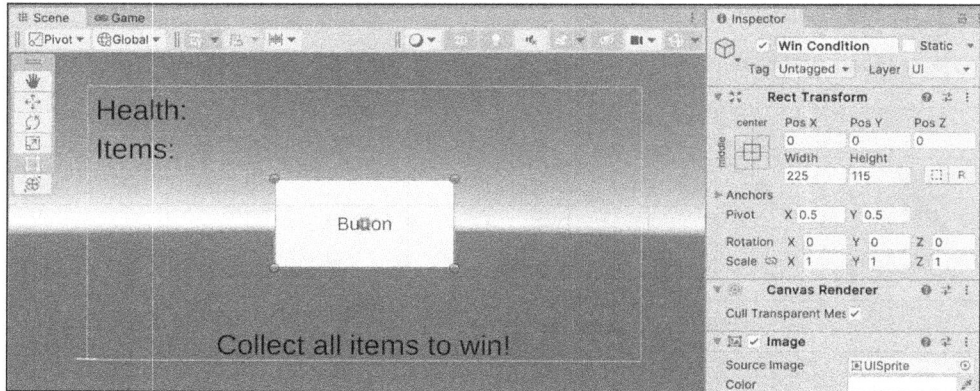

Figure 8.22: Creating a UI button

3. Click on the arrow to the right of the **Win Condition** button to expand its text child object, then change the text to say **You won!**:

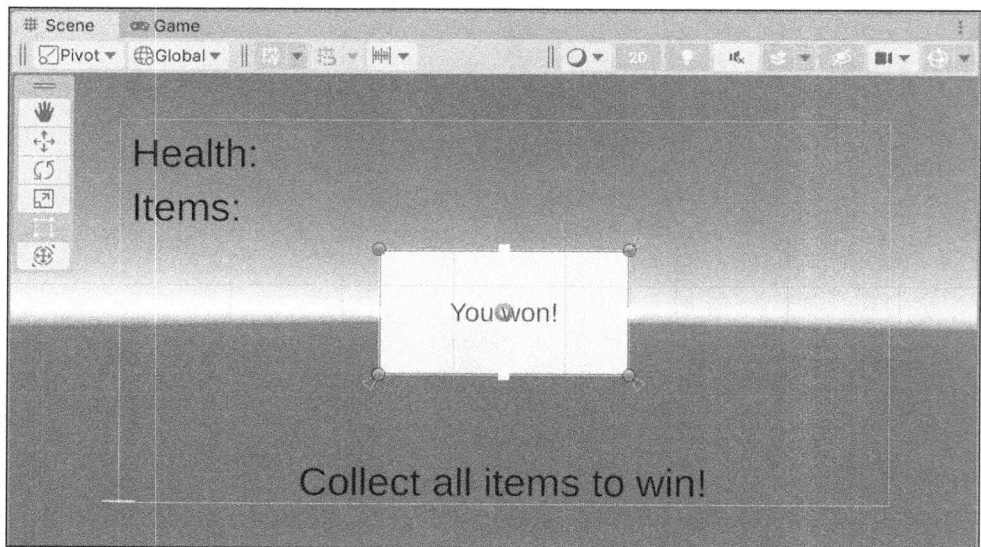

Figure 8.23: Updating button text

4. Select the **Win Condition** parent object again and click the checkmark icon in the upper right of the **Inspector**:

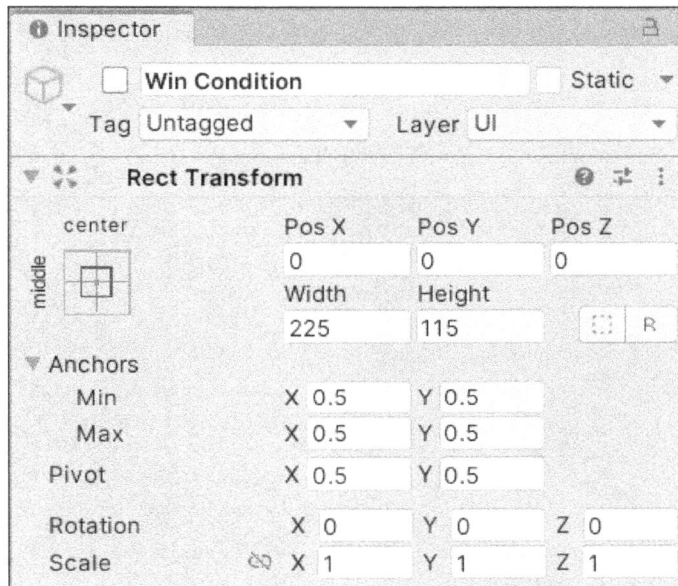

Figure 8.24: Deactivating the GameObject

This will hide the button until we've won the game:

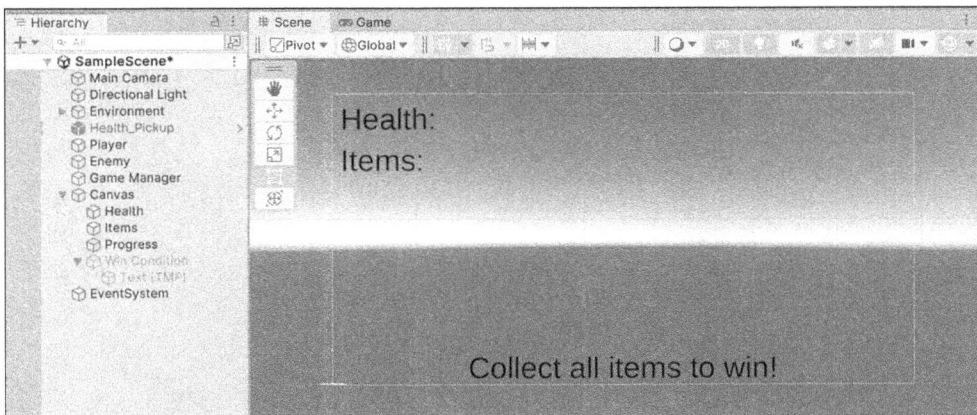

Figure 8.25: Testing the hidden UI button

5. Select **Game Manager** in the **Hierarchy** and drag the **Win Condition** button from the **Hierarchy** to the **Game Behavior (Script)** in the **Inspector**, just like we did with the text objects:

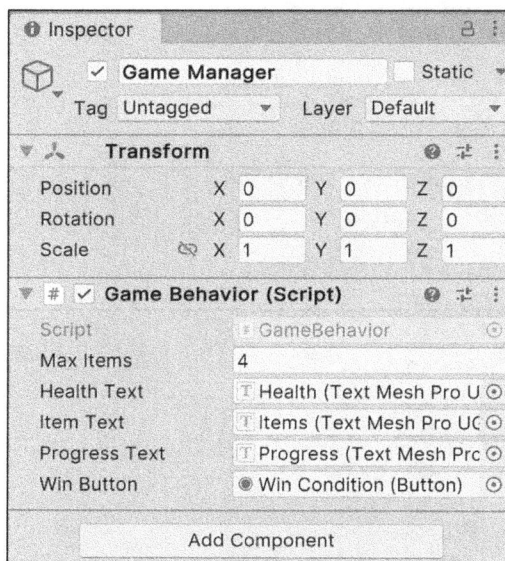

Figure 8.26: Dragging the UI button onto the script component

6. Change **Max Items** to 1 in the **Inspector** to test out the new screen, as illustrated in the following screenshot:

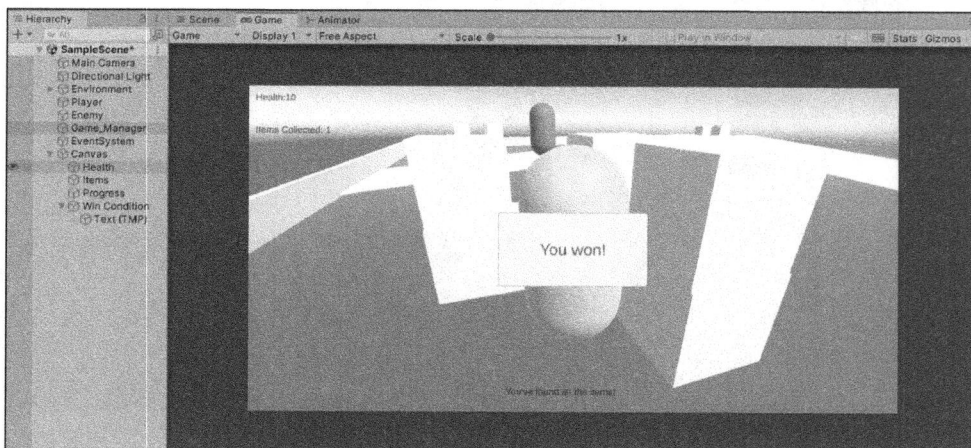

Figure 8.27: Showing the win screen

Let's break down the code, as follows:

1. We added the using directive for UnityEngine.UI to access the **Button** class.
2. We created a UI button variable to connect to our **Win Condition** button in the **Hierarchy**.
3. Since we set the **Win Condition** button as **Hidden** when the game starts, we reactivate it when the game is won.

With **Max Items** set to 1, the **Win** button will show up on collecting the only Pickup_Item in the scene. Clicking the button doesn't do anything right now, but we'll address that in the following section.

Pausing and restarting the game with using directives and namespaces

Right now, our win condition works as expected, but the player still has control over the capsule and doesn't have a way of restarting the game once it's over. Unity provides a property in the Time class called timeScale, which when set to 0 freezes the game scene. However, to restart the game, we need access to a **namespace** called SceneManagement that isn't accessible from our classes by default.

A namespace collects and groups a set of classes under a specific name to organize large projects and avoid conflicts between scripts that may share the same names. A using directive needs to be added to a class to access a namespace's classes.

All C# scripts created from Unity come with three default using directives, shown in the following code snippet:

```
using System.Collections;
using System.Collections.Generic;
using UnityEngine;
```

These allow access to common namespaces, but Unity and C# offer plenty more that can be added with the using keyword followed by the name of the namespace.

Since our game will need to be paused and restarted when a player wins or loses, this is a good time to use a namespace that isn't included in new C# scripts by default:

1. Add the following code to GameBehavior and play:

```
using System.Collections;
using System.Collections.Generic;
using UnityEngine;
```

```
using TMPro;
using UnityEngine.UI;
// 1
using UnityEngine.SceneManagement;

public class GameBehavior : MonoBehaviour
{
    // ... No changes needed ...
    private int _itemsCollected = 0;
    public int Items
    {
        get { return _itemsCollected; }
        set {
            _itemsCollected = value;

            if (_itemsCollected >= MaxItems)
            {
                ProgressText.text = "You've found all the items!";
                WinButton.gameObject.SetActive(true);

                // 2
                Time.timeScale = 0f;
            }
            else
            {
                ProgressText.text= "Item found, only " + (MaxItems
- _itemsCollected) + " more to go!";
            }
        }
    }

    public void RestartScene()
    {
```

```
        // 3
        SceneManager.LoadScene(0);
        // 4
        Time.timeScale = 1f;
    }

    // ... No other changes needed ...
}
```

2. Select **Win Condition** from the **Hierarchy**, scroll down in the **Inspector** to the **OnClick** section of the **Button** component, and hit the plus icon:

   - Every **Button** has an **OnClick** event, which means you can assign a method from a script to execute when the button is pushed

   - You can have multiple methods fire when a button is clicked, but we only need one in this case:

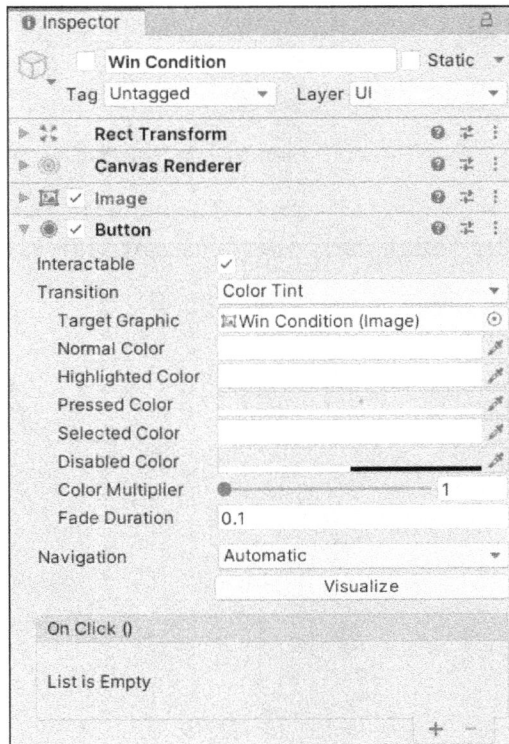

Figure 8.28: OnClick section of the button

3. From the **Hierarchy**, drag the **Game Manager** into the slot underneath **Runtime** to tell the button we want to choose a method from our manager script to fire when the button is pushed:

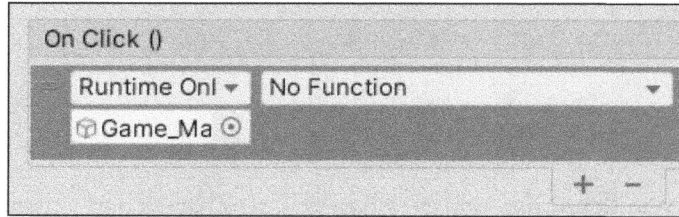

Figure 8.29: Setting the Game_Manager object in On Click()

4. Select **GameBehavior | RestartScene ()** to set the method we want the button to execute:

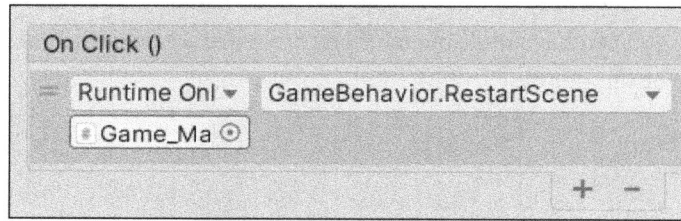

Figure 8.30: Choosing the restart method for the button click

5. If the lighting in your scene is turned off or dimmed when the level restarts, go to **Window | Rendering | Lighting** and select **Generate Lighting** at the bottom. Make sure **Auto Generate** is not selected:

Lighting

| Scene | Environment | Realtime Lightmaps | Baked Lightmaps |

Progressive Upda ✓
Importance Samp ✓
Direct Samples 32
Indirect Samples 512
Environment Sam 256
Light Probe Samp 4
Max Bounces 2
Filtering Auto ▾
Lightmap Resolutior 40 texels per unit
Lightmap Padding 2 texels
Max Lightmap Size 1024 ▾
Lightmap Compress High Quality ▾
Ambient Occlusion ☐
Directional Mode Directional ▾
Albedo Boost ●————————— 1
Indirect Intensity ———————●————— 1
Lightmap Parametei Default-Medium ▾ View

▾ **Workflow Settings**
▸ **Light Probe Visualization**

☐ Auto Generate | Generate Lighting ▾

0 Non-Directional Lightmaps 0 B
No Lightmaps
Occupied Texels: 0.0
Total Bake Time: 0:00:00

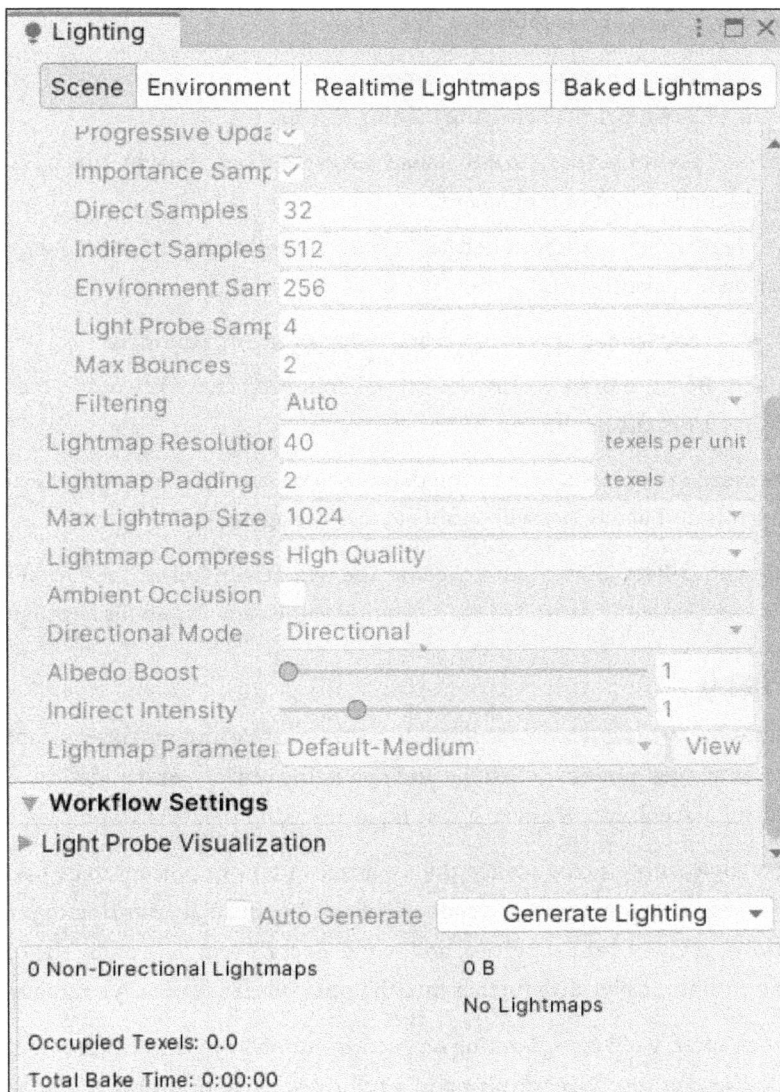

Figure 8.31: Lighting panel in the Unity editor

Let's break down the code, as follows:

1. We add the `SceneManagement` namespace with the `using` keyword, which handles all scene-related logic like creating loading scenes.

2. We set `Time.timeScale` to 0 to pause the game when the win screen is displayed, which disables any input or movement.

3. We create a new method called `RestartScene` and call `LoadScene()` when the win screen button is clicked:

    -   `LoadScene()` takes in a scene index as an `int` parameter
    -   Because there is only one scene in our project, we use index 0 to restart the game from the beginning

4. We reset `Time.timeScale` to the default value of 1 so that when the scene restarts, all controls and behaviors will be able to execute again.

Now, when you collect an item and click on the win screen button, the level restarts, with all scripts and components restored to their original values and set up for another round!

Summary

Congratulations! *Hero Born* is now a playable prototype. We implemented jumping and shooting mechanics, managed physics collisions and spawning objects, and added in a few basic UI elements to display feedback. We even got as far as resetting the level when the player wins.

A lot of new topics were introduced in this chapter, and it's important to go back and make sure you understand what went into the code we wrote. Pay special attention to our discussions on enumerations, get and set properties, and namespaces. From here on in, the code is only going to get more complex as we dive further into the possibilities of the C# language.

In the next chapter, we'll start working on getting our enemy GameObjects to take notice of our player when we get too close, resulting in a follow-and-shoot protocol that will up the stakes for our player.

Pop quiz — working with mechanics

1. What type of data do enumerations store?

2. How would you create a copy of a Prefab GameObject in an active scene?

3. Which variable properties allow you to add functionality when their values are referenced or modified?

4. Which Unity method displays all UI objects in the scene?

Don't forget to check your answers against mine in the *Pop Quiz Answers* appendix to see how you did!

Join us on discord!

Read this book alongside other users, Unity game development experts and the author himself.

Ask questions, provide solutions to other readers, chat with the author via. Ask Me Anything sessions and much more.

Scan the QR code or visit the link to join the community.

https://packt.link/csharpwithunity

9

Basic AI and Enemy Behavior

Virtual scenarios need conflicts, consequences, and potential rewards to feel real. Without these three things, there's no incentive for the player to care about what happens to their in-game character, much less continue to play the game. And while there are plenty of game mechanics that deliver on one or more of these conditions, nothing beats an enemy that will seek you out and try to end your session.

Programming an intelligent enemy is no easy task, and often goes hand in hand with long working hours and frustration. However, Unity has built-in features, components, and classes we can use to design and implement AI systems in a more user-friendly way. These tools will push the first playable iteration of *Hero Born* over the finish line and provide a springboard for more advanced C# topics.

In this chapter, we'll focus on the following topics:

- The Unity navigation system
- Working with a navigation mesh
- Navigation agents
- Procedural programming and logic
- Taking and dealing damage
- Adding a loss condition
- Refactoring and keeping it DRY

Let's get started!

Navigating 3D space in Unity

When we talk about navigation in real life, it's usually a conversation about how to get from point A to point B. Navigating around virtual 3D space is largely the same, but how do we account for the experiential knowledge we humans have accumulated since the day we first started crawling? Everything from walking on a flat surface to climbing stairs and jumping off of curbs is a skill we learned by doing; how can we possibly program all that into a game without going insane?

Before you can answer any of these questions, you'll need to know what navigation components Unity has to offer.

Navigation components

The short answer is that Unity has spent a lot of time perfecting its navigation system and delivering components that we can use to govern how playable and non-playable characters can get around. Each of the following components is included with the new Unity AI Navigation package and has complex features already built in:

- A **NavMeshSurface** is essentially a map of the walkable surfaces in a given level; the NavMeshSurface component itself is created from the level geometry in a process called baking. Baking a NavMeshSurface into your level creates a unique project asset that holds the navigation data.

- If a **NavMeshSurface** is the level map, then a **NavMeshAgent** is the moving piece on the board. Any object with a NavMeshAgent component attached will automatically avoid other agents or obstacles it comes into contact with.

- The navigation system needs to be aware of any moving or stationary objects in the level that could cause a NavMeshAgent to alter its route. Adding **NavMeshObstacle** components to those objects lets the system know that they need to be avoided.

While this description of the Unity navigation system is far from complete, it's enough for us to move forward with our enemy behavior. For this chapter, we'll be focusing on adding a **NavMesh-Surface** to our level, setting up the **Enemy** Prefab as a NavMeshAgent, and getting the **Enemy** Prefab to move along a predefined route in a seemingly intelligent way.

You can find more information on the new Navigation system at `https://docs.unity3d.com/Packages/com.unity.ai.navigation@1.1/manual/NavigationSystem.html`

The AI Navigation package isn't installed by default, so let's fix that:

1. Go to **Window** > **Package Manager**

2. Click the **+ sign** in the upper-left corner and select **Add package by name**:

Figure 9.1: Adding package by name in the Package Manager

To provide a complete view of the Unity editor, all our screenshots are taken in full-screen mode. For color versions of all book images, use the link below: `https://packt.link/7yy5V`.

3. Enter `com.unity.ai.navigation` and click **Add**:

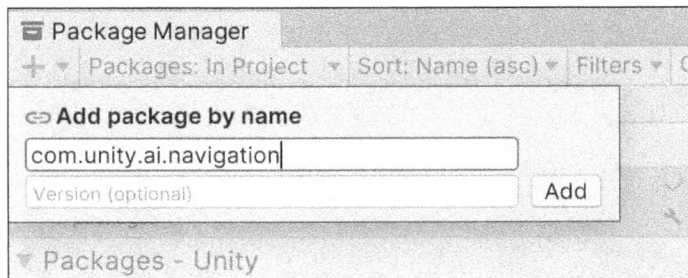

Figure 9.2: Entering package name manually

You'll see the package is marked **Release** at the time of writing, you're ready to go:

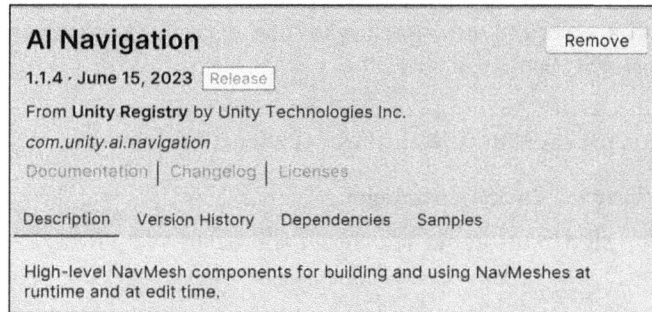

Figure 9.3: AI Navigation package installed

Your first task in setting up an "intelligent" enemy is to create a NavMeshSurface over the arena's walkable areas. Let's set up and configure our level's NavMeshSurface:

1. Select the **Environment** GameObject, click on **Add Component** in the **Inspector** window, and choose **NavMeshSurface**:

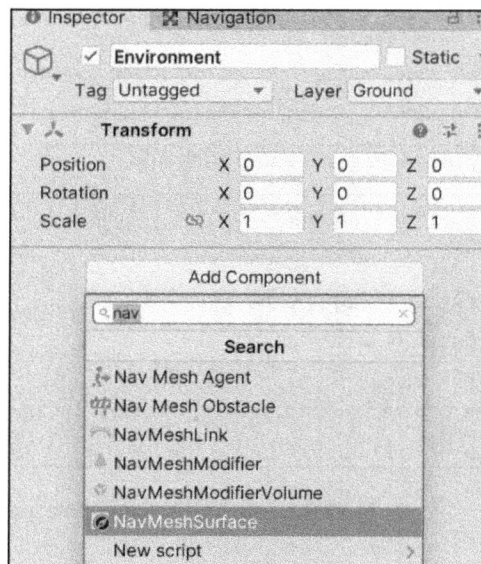

Figure 9.4: Adding a NavMeshSurface component

2. In the **Inspector**, leave everything set to the default values and click **Bake** in the **NavMesh-Surface** component:

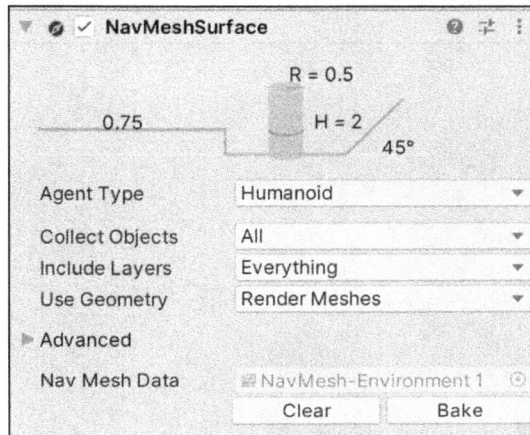

Figure 9.5: NavMeshSurface component added in the Hierarchy

3. Once baking is finished, you'll see a new **SampleScene** folder inside the **Scenes** folder with our new navigation mesh data:

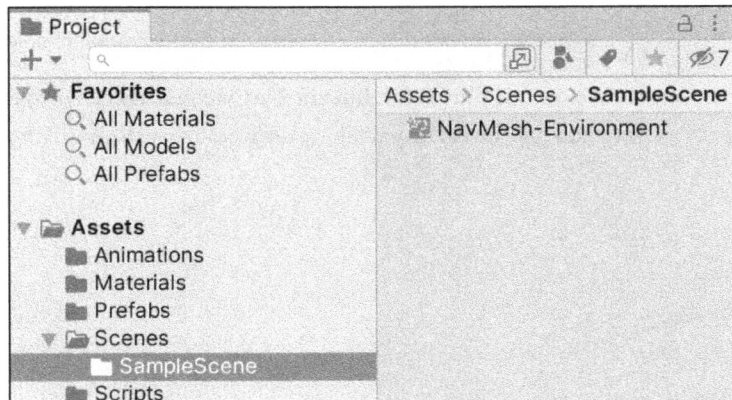

Figure 9.6: NavMeshSurface baking data in the Assets

Our newly baked NavMeshSurface is now setup for us to interact with and a light blue overlay in has been added to show all the walkable surfaces a NavMeshAgent component attached:

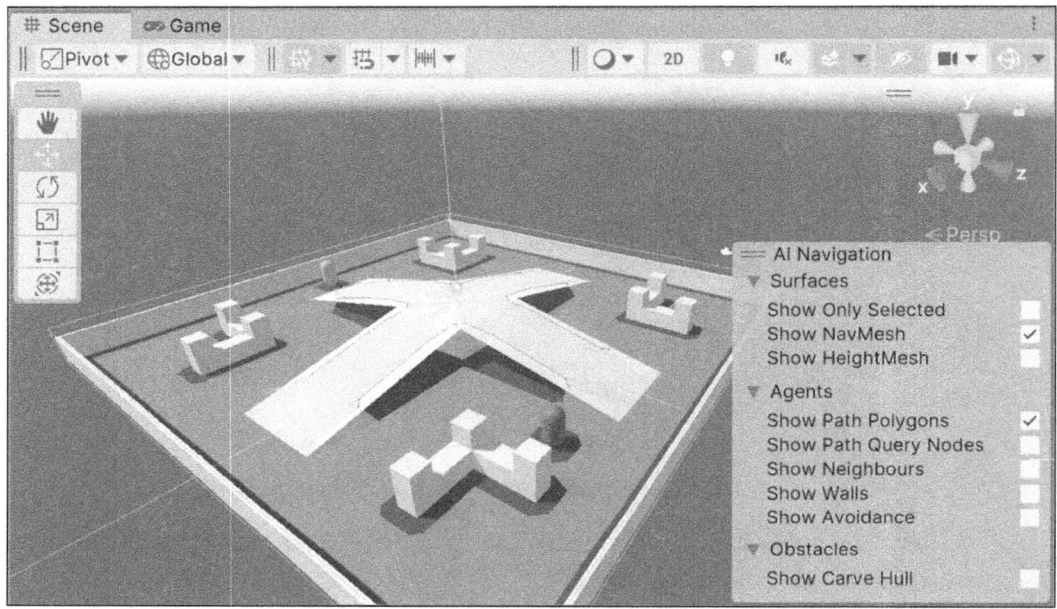

Figure 9.7: NavMeshSurface overlay on the Environment object

It's somewhat hard to see on our blue floor, but the **NavMeshSurface** is covering the entire surface. Your next task is to add get the **Enemy** walking around using the built-in navigation system!

Setting up enemy agents

Let's register the **Enemy** Prefab as a NavMeshAgent:

1. In the **Prefabs** folder, select the **Enemy** Prefab, click **Add Component** in the **Inspector** window, and search for **NavMeshAgent**:

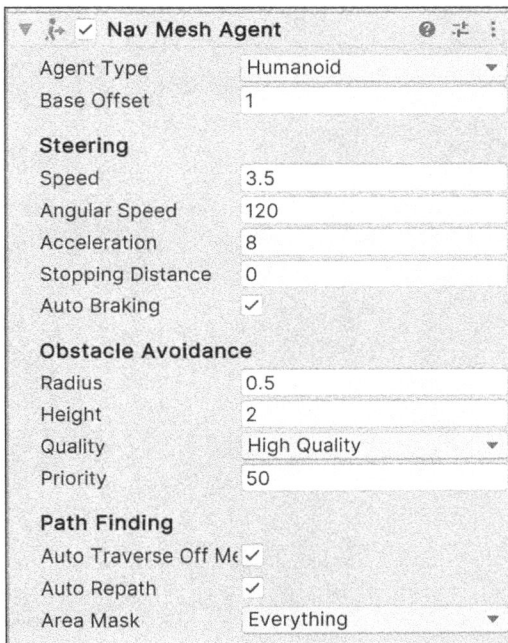

Figure 9.8: Adding a NavMeshAgent component

2. Click **+** | **Create Empty** from the **Hierarchy** window and name the GameObject Patrol_
Route:

- Select Patrol_Route, click **+** | **Create Empty** to add a child GameObject, and name
it Location_1. Position Location_1 in one of the corners of the level—make sure
there's enough room between the barriers and the wall on each side to let the
enemy walk past:

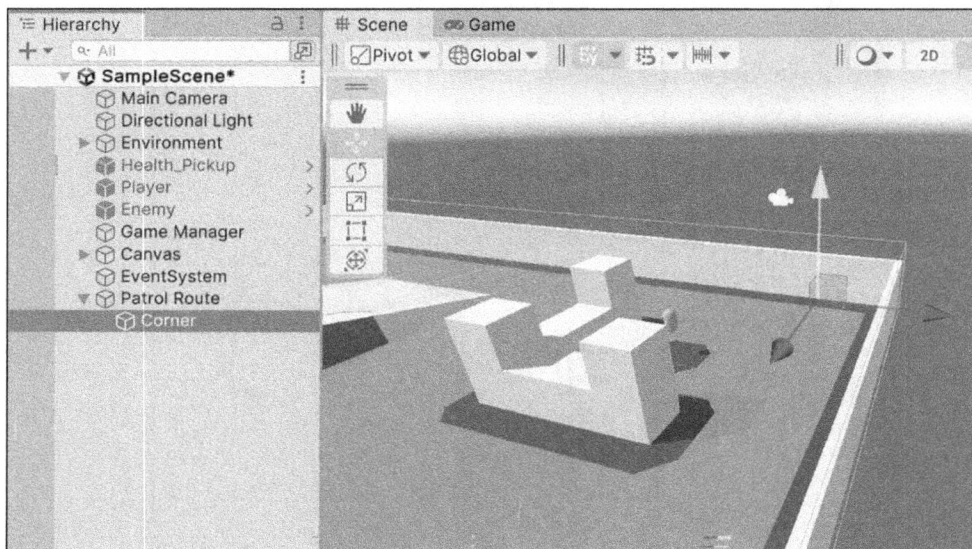

Figure 9.9: Creating an empty patrol route object

3. Duplicate Corner to create three more empty child objects in Patrol Route and position
them in the remaining corners of the level to form a square:

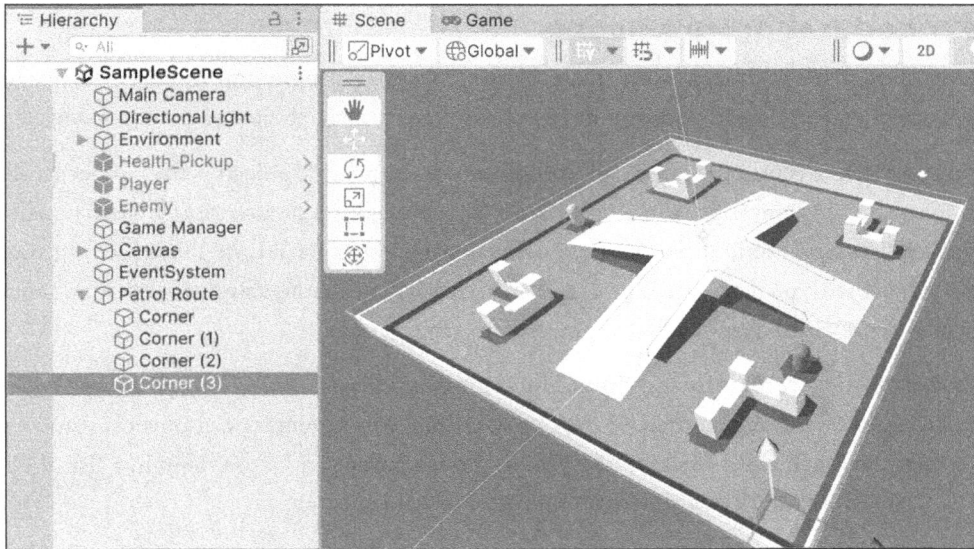

Figure 9.10: Creating all empty patrol route objects

Adding a NavMeshAgent component to the **Enemy** tells the NavMeshSurface component to take notice and register it as an object that has access to its autonomous navigation features. Creating the four empty GameObjects in each corner of the level lays out the simple route we want our enemies to eventually patrol; grouping them in an empty parent object makes it easier to reference them in code and makes for a more organized **Hierarchy** window. All that's left is the code to make the enemy walk the patrol route, which you'll add in the next section.

Moving enemy agents

Our patrol locations are set and the **Enemy** Prefab has a NavMeshAgent component, but now we need to figure out how to reference those locations and get the enemy moving on its own. To do that, we'll first need to talk about an important concept in the world of software development: procedural programming.

Procedural programming

Even though it's in the name, the idea behind procedural programming can be elusive until you get your head around it; once you do, you'll never see a code challenge the same way.

Any task that executes the same logic on one or more sequential objects is the perfect candidate for procedural programming. You already did a little procedural programming when you debugged arrays, lists, and dictionaries with for and foreach loops. Each time those looping statements were executed, you performed the same call to Debug.Log(), iterating over each item sequentially. The idea now is to use that skill to get a more useful outcome.

One of the most common uses of procedural programming is adding items from one collection to another, often modifying them along the way. This works great for our purposes since we want to reference each child object in the Patrol_Route parent and store them in a list. We'll spend the next section implementing that technique in our code.

Referencing the patrol locations

Now that we understand the basics of procedural programming, it's time to get a reference to our patrol locations and assign them to a usable list:

1. Add the following code to EnemyBehavior:

    ```
    public class EnemyBehavior : MonoBehaviour
    {
        // 1
        public Transform PatrolRoute;
        // 2
        public List<Transform> Locations;

        void Start()
        {
            // 3
            InitializePatrolRoute();
        }

        // 4
        void InitializePatrolRoute()
        {
            // 5
    ```

```
        foreach(Transform child in PatrolRoute)
        {
            // 6
            Locations.Add(child);
        }
    }

    void OnTriggerEnter(Collider other)
    {
        // ... No changes needed ...
    }

    void OnTriggerExit(Collider other)
    {
        // ... No changes needed ...
    }
}
```

2. Select Enemy in the **Hierarchy** window and drag the Patrol Route object from the **Hierarchy** window onto the **Patrol Route** variable in EnemyBehavior:

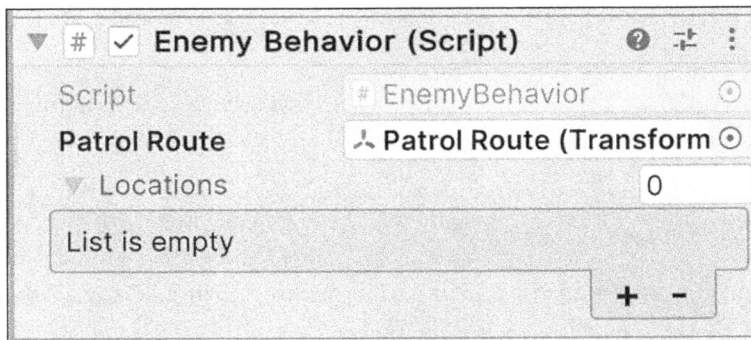

Figure 9.11: Dragging Patrol_Route to the Enemy script

3. Hit the arrow icon next to the **Locations** variable in the **Inspector** window and run the game to see the list populate:

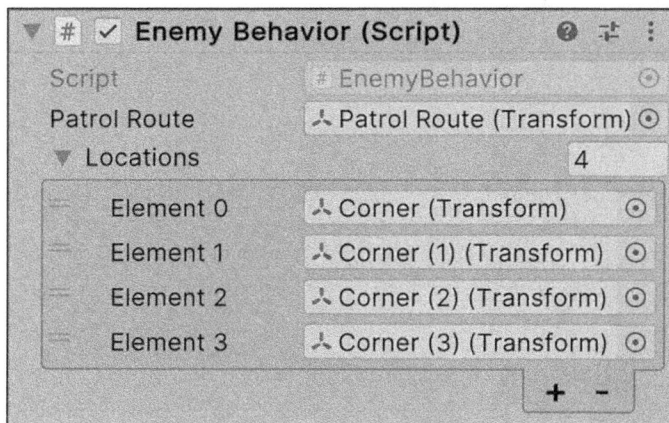

Figure 9.12: Testing procedural programming

Let's break down the code:

1. First, it declares a variable for storing the PatrolRoute empty parent GameObject.

2. Then, it declares a List variable to hold all the child Transform components in PatrolRoute.

3. After that, it uses Start() to call the InitializePatrolRoute() method when the game begins.

4. Next, it creates InitializePatrolRoute() as a private utility method to procedurally fill Locations with Transform values:

   • Remember that not including an access modifier makes variables and methods private by default

5. Then, we use a foreach statement to loop through each child GameObject in PatrolRoute and reference its Transform component:

   • Each Transform component is captured in the local child variable declared in the foreach loop

6. Finally, we add each sequential child Transform component to the list of locations using the Add() method as we loop through the child objects in PatrolRoute:

   • This way, no matter what changes we make in the **Hierarchy** window, Locations will always be filled in with all the child objects under the PatrolRoute parent

While we could have assigned each location GameObject to `Locations` by dragging and dropping them directly from the **Hierarchy** window into the **Inspector** window, it's easy to lose or break these connections; making changes to the location object names, object additions or deletions, or project updates can all throw a wrench in a class's initialization. It's much safer, and more readable, to procedurally fill GameObject lists or arrays in the `Start()` method.

> Due to that reasoning, I also tend to use `GetComponent()` in the `Start()` method to find and store component references attached to a given class instead of assigning them in the **Inspector** window. However, in situations where components you're looking for might be in other child objects or nested in complex Prefabs, it may be easier to drag-and-drop the components directly in the **Inspector** window.

Now, we need the enemy object to follow the patrol route we laid out, which is your next task.

Moving the enemy

With a list of patrol locations initialized on `Start()`, we can grab the **Enemy** NavMeshAgent component and set its first destination.

Update `EnemyBehavior` with the following code and hit **Play**:

```
// 1
using UnityEngine.AI;

public class EnemyBehavior : MonoBehaviour
{
    public Transform PatrolRoute;
    public List<Transform> Locations;

    // 2
    private int _locationIndex = 0;

    // 3
    private NavMeshAgent _agent;

    void Start()
    {
        // 4
        _agent = GetComponent<NavMeshAgent>();
        InitializePatrolRoute();
```

```csharp
        // 5
        MoveToNextPatrolLocation();
    }

    void InitializePatrolRoute()
    {
        // ... No changes needed ...
    }

    void MoveToNextPatrolLocation()
    {
        // 6
        _agent.destination = Locations[_locationIndex].position;
    }

    void OnTriggerEnter(Collider other)
    {
        // ... No changes needed ...
    }

    void OnTriggerExit(Collider other)
    {
        // ... No changes needed ...
    }
}
```

Let's break down the code:

1. First, it adds the `UnityEngine.AI` using directive so that `EnemyBehavior` has access to Unity's navigation classes, in this case, `NavMeshAgent`.

2. Then, it declares a variable to keep track of which patrol location the enemy is currently walking toward. Since `List` items are zero-indexed, we can have the **Enemy** Prefab move between patrol points in the order they are stored in `Locations`.

3. Next, it declares a variable to store the NavMeshAgent component attached to the **Enemy** GameObject. This is `private` because no other classes should be able to access or modify it.

4. After that, it uses `GetComponent()` to find and return the attached NavMeshAgent component to the agent.

5. Then, it calls the MoveToNextPatrolLocation() method on Start().

6. Finally, it declares MoveToNextPatrolLocation() as a private method and sets _agent.
    destination:

    -   destination is a Vector3 position in 3D space

    -   Locations[_locationIndex] grabs the Transform item in Locations at a given
        index

    -   Adding .position references the Transform component's Vector3 position

Now, when our scene starts, locations are filled with patrol points and MoveToNextPatrolLocation()
is called to set the destination position of the NavMeshAgent component to the first item at
_locationIndex 0 in the list of locations. The next step is to have the enemy object move from
the first patrol location to all the other locations in sequence.

Our enemy moves to the first patrol point just fine, but then it stops. What we want is for it to
continually move between each sequential location, which will require additional logic in Update()
and MoveToNextPatrolLocation(). Let's create this behavior.

Add the following code to EnemyBehavior and hit **Play**:

```
public class EnemyBehavior : MonoBehaviour
{
    // ... No changes needed ...

    void Update()
    {
        // 1
        if(_agent.remainingDistance < 0.2f && !_agent.pathPending)
        {
            // 2
            MoveToNextPatrolLocation();
        }
    }

    void MoveToNextPatrolLocation()
    {
        // 3
        if (Locations.Count == 0)
            return;
```

```
        _agent.destination = Locations[_locationIndex].position;

        // 4
        _locationIndex = (_locationIndex + 1) % Locations.Count;
    }

    // ... No other changes needed ...
}
```

Let's break down the code:

1. First, it declares the Update() method and adds an if statement to check whether two different conditions are true:

    -   remainingDistance returns how far the NavMeshAgent component currently is from its set destination, so we're checking if that is less than 0.2

    -   pathPending returns a true or false Boolean, depending on whether Unity is computing a path for the NavMeshAgent component

2. If _agent is very close to its destination, and no other path is being computed, the if statement returns true and calls MoveToNextPatrolLocation().

3. Here, we added an if statement to make sure that Locations isn't empty before the rest of the code in MoveToNextPatrolLocation() is executed:

    -   If Locations is empty, we use the return keyword to exit the method without continuing.

    -   If statements that only have one line of code can be written without any brackets, which can make them easier to write and read (but this is entirely a personal preference).

    -   This is referred to as **defensive programming**, and, coupled with refactoring, it is an essential skill to have in your arsenal as you move toward more intermediate C# topics. We will consider refactoring at the end of the chapter.

4. Then, we set _locationIndex to its current value, +1, followed by the modulo (%) of Locations.Count:

    -   This will increment the index from 0 to 4 and then restart it at 0 so that our **Enemy** Prefab moves in a continuous path.

    -   The modulo operator returns the remainder of two values being divided—2 divided by 4 has a remainder of 2 when the result is an integer, so 2 % 4 = 2. Likewise, 4 divided by 4 has no remainder, so 4 % 4 = 0.

Dividing an index by the maximum number of items in a collection is a quick way to always find the next item. If you're rusty on the modulo operator, revisit *Chapter 2, The Building Blocks of Programming*.

We now need to check that the enemy is moving toward its set patrol location every frame in Update(); when it gets close, MoveToNextPatrolLocation() is fired, which increments _ locationIndex and sets the next patrol point as the destination.

If you drag the **Scene** view down next to the **Console** window, as shown in the following screenshot, and hit **Play**, you can watch the **Enemy** Prefab walk around the corners of the level in a continuous loop:

Figure 9.13: Testing the enemy patrol route

The enemy now follows the patrol route around the outside of the map, but it doesn't seek out the player and attack when it's within a preset range. You'll use the NavAgent component to do just that in the next section.

Enemy game mechanics

Now that our enemy is on a continuous patrol circuit, it's time to give it some interaction mechanics of its own; there wouldn't be much risk or reward if we left it walking around with no way to act against us.

Seek and destroy: changing the agent's destination

In this section, we'll be focusing on switching the target of the enemies' NavMeshAgent component when the player gets too close and dealing damage if a collision occurs. When the enemy successfully lowers the player's health, it will return to its patrol route until its next run-in with the player.

However, we're not going to leave our player helpless; we'll also add in code to track enemy health, detect when an enemy is successfully hit with one of the player's bullets, and when an enemy needs to be destroyed.

Now that the **Enemy** Prefab is moving around on patrol, we need to get a reference to the player's position and change the destination of NavMeshAgent if it gets too close.

Add the following code to `EnemyBehavior`:

```
public class EnemyBehavior : MonoBehaviour
{
    // 1
    public Transform Player;
    // ... No other variable changes needed ...

    void Start()
    {
        _agent = GetComponent<NavMeshAgent>();

        // 2
        Player = GameObject.Find("Player").transform;

        // ... No other changes needed ...
```

```
        }

        /* ... No changes to Update,
                InitializePatrolRoute, or
                MoveToNextPatrolLocation ... */

        void OnTriggerEnter(Collider other)
        {
            if(other.name == "Player")
            {
                // 3
                _agent.destination = Player.position;
                Debug.Log("Enemy detected!");
            }
        }

        void OnTriggerExit(Collider other)
        {
            // .... No changes needed ...
        }
    }
```

Let's break down the code:

1. First, it declares a public variable to hold the Player capsule's Transform value.

2. Then, we use GameObject.Find("Player") to return a reference to the **Player** object in the scene:

    *   Adding .transform directly references the object's Transform value in the same line

3. Finally, we set _agent.destination to the player's Vector3 position in OnTriggerEnter() whenever the player enters the enemies' attack zone that we set up earlier with a Collider component.

If you play the game now and get too close to the patrolling enemy, you'll see that it breaks from its path and comes straight for you. Once it reaches the player, the code in the Update() method takes over again and the **Enemy** Prefab resumes its patrol.

We still need the enemy to be able to hurt the player in some way, which we'll learn how to do in the next section.

Lowering player health

While our enemy mechanic has come a long way, it's still anti-climactic to have nothing happen when the **Enemy** Prefab collides with the player Prefab. To fix this, we'll tie in the new enemy mechanics with the game manager.

Update PlayerBehavior with the following code and hit **Play**:

```
public class PlayerBehavior : MonoBehaviour
{
    // ... No changes to public variables needed ...

    // 1
    private GameBehavior _gameManager;

    void Start()
    {
        _rb = GetComponent<Rigidbody>();
        _col = GetComponent<CapsuleCollider>();

        // 2
        _gameManager = GameObject.Find("Game Manager").
GetComponent<GameBehavior>();
    }

    /* ... No changes to Update,
          FixedUpdate, or
          IsGrounded ... */

    // 3
    void OnCollisionEnter(Collision collision)
    {
        // 4
        if(collision.gameObject.name == "Enemy")
        {
```

```
                    // 5
                    _gameManager.HP -= 1;
                }
            }
        }
```

Let's break down the code:

1. First, it declares a `private` variable to hold the reference to the instance of `GameBehavior` we have in the scene.

2. Then, it finds and returns the `GameBehavior` script that's attached to the `Game Manager` object in the scene:

    *   Using `GetComponent()` on the same line as `GameObject.Find()` is a common way to cut down on unnecessary lines of code

3. Since our player is the object being collided with, it makes sense to declare `OnCollisionEnter()` in `PlayerBehavior`.

4. Next, we check for the name of the colliding object; if it's the **Enemy** Prefab, we execute the body of the `if` statement.

5. Finally, we subtract 1 from the public `HP` variable using the `_gameManager` instance.

> Collisions between two objects work both ways, so you could also put this code in the `EnemyBehavior` script and look for a collision with the Player object. Remember, we're using our big Sphere Collider to detect when the Player is in range, but here we're using the Capsule Collider to detect collisions when the player gets hit (GameObjects can have multiple colliders).

Whenever the enemy now tracks and collides with the player, the game manager will fire the set property on HP. The UI will update with a new value for player health, which means we have an opportunity to put in some additional logic for the loss condition later on. For now, let's move on to detecting when bullets hit our enemies and potentially take them out of commission.

Detecting bullet collisions

Now that we have our loss condition, it's time to add a way for our player to fight back and survive enemy attacks.

Open up EnemyBehavior and modify it with the following code:

```
public class EnemyBehavior : MonoBehaviour
{
    //... No other variable changes needed ...

    // 1
    private int _lives = 3;
    public int EnemyLives
    {
        // 2
        get { return _lives; }

        // 3
        private set
        {
            _lives = value;

            // 4
            if (_lives <= 0)
            {
                Destroy(this.gameObject);
                Debug.Log("Enemy down.");
            }
        }
    }

    /* ... No changes to Start,
           Update,
           InitializePatrolRoute,
           MoveToNextPatrolLocation,
           OnTriggerEnter, or
           OnTriggerExit ... */

    // 5
    void OnCollisionEnter(Collision collision)
    {
        if(collision.gameObject.name == "Bullet(Clone)")
```

```
        {
            // 6
            EnemyLives -= 1;
            Debug.Log("Critical hit!");
        }
    }
}
```

Let's break down the code:

1. First, it declares a private int variable called _lives with a public backing variable called EnemyLives. This will let us control how EnemyLives is referenced and set, just like in GameBehavior.

2. Then, we set the get property to always return _lives.

3. Next, we use private set to assign the new value of EnemyLives to _lives to keep them both in sync.

> We haven't seen private get or private set before, but they can have access modifiers just like any other executable code. Declaring get or set as private means that only the parent class has access to their functionality.

4. Then, we add an if statement to check whether _lives is less than or equal to 0, meaning that the enemy should be dead:

   • When that's the case, we destroy the Enemy GameObject and print out a message to the console

5. Because Enemy is the object getting hit with bullets, it's sensible to include a check for those collisions in EnemyBehavior with OnCollisionEnter().

6. Finally, if the name of the colliding object matches a bullet clone object, we decrement EnemyLives by 1 and print out another message.

> Notice that the name we're checking for is Bullet(Clone), even though our bullet Prefab is named Bullet. This is because Unity adds the (Clone) suffix to any object created with the Instantiate() method, which is how we made them in our shooting logic.
>
> You can also check for the GameObject's tag, but since that's a Unity-specific feature, we're going to leave the code as-is and do things with pure C#.

Now, the player can fight back when the enemy tries to take one of its lives by shooting it three times and destroying it. Again, our use of the get and set properties to handle additional logic proves to be a flexible and scalable solution. With that done, your final task is to update the game manager with a loss condition.

Updating the game manager

To fully implement the loss condition, we need to update the manager class:

1. Open up GameBehavior and add the following code:

```
public class GameBehavior : MonoBehaviour
{
    // ... No other variable changes...

    // 1
    public Button LossButton;

    private int _itemsCollected = 0;
    public int Items
    {
        // ... No changes needed ...
    }

    private int _playerHP = 10;
    public int HP
    {
        get { return _playerHP; }
        set {
            _playerHP = value;
                HealthText.text = "Player Health: " + HP;

            // 2
            if(_playerHP <= 0)
            {
                ProgressText.text= "You want another life with
that?";

                LossButton.gameObject.SetActive(true);
                Time.timeScale = 0;
```

```
            }
            else
            {
                ProgressText.text = "Ouch... that's got hurt.";
            }
        }
    }
}
```

2. In the **Hierarchy** window, right-click on **Win Condition**, choose **Duplicate**, and name it
    `Loss Condition`:

    *   Click the arrow to the left of **Loss Condition** to expand it, select the **Text** object,
        and change the text to **You lose...**

3. Select **Game Manager** in the **Hierarchy** window and drag **Loss Condition** into the **Loss
    Button** slot in the **Game Behavior (Script)** component:

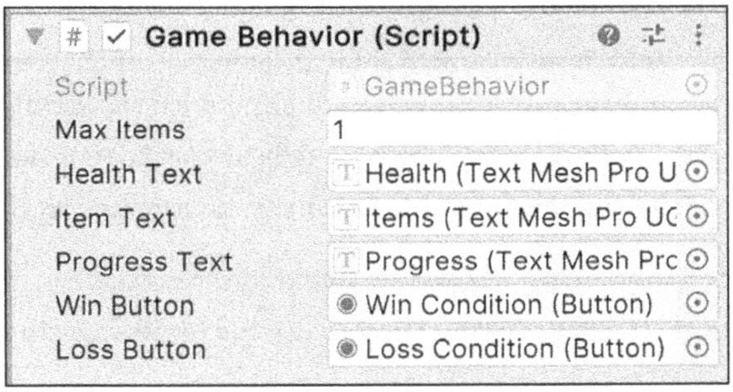

*Figure 9.14: Game behavior script with text and button variables completed in the
Inspector pane*

Let's break down the code:

1. First, we declare a new button that we want to show when the player loses the game.

2. Then, we add in an `if` statement to check when `_playerHP` drops below 0:

    *   If it's true, `ProgessText` and `Time.timeScale` are updated and the **Loss Condition**
        button is activated

    *   If the player is still alive following an enemy collision, `ProgessText` shows a dif-
        ferent message: **"Ouch... that's got to hurt."**

Now, change _playerHP to 1 in GameBehavior.cs and get the **Enemy** Prefab to collide with you and observe what happens.

That's a wrap! You've successfully added a "smart" enemy that can damage the player and be damaged right back, as well as a loss screen through the game manager.

Before we finish this chapter, there's one more important topic that we need to discuss, and that's how to avoid repeating code.

Repeated code is the bane of all programmers, so it makes sense that you learn how to keep it out of your projects early on!

Refactoring and keeping it DRY

The **Don't Repeat Yourself (DRY)** acronym is the software developer's conscience: it tells you when you're in danger of making a bad or questionable decision, and gives you a feeling of satisfaction after a job well done.

In practice, repeated code is part of programming life. Trying to avoid it by constantly thinking ahead will put up so many roadblocks in your project that it won't seem worthwhile carrying on. A more efficient—and sane—approach to dealing with repeating code is to quickly identify it when and where it occurs and then look for the best way to remove it. This task is called refactoring, and our GameBehavior class could use a little of its magic right now.

You may have noticed that we set the progress text and timescale in two separate places, but we could easily make ourselves a utility method to do this for us in a single place.

> As you get more comfortable with programming you won't need to clean up after yourself as much—you'll naturally learn how to make things easier on yourself in advance and reduce the need for refactoring after every new addition. However, that doesn't mean refactoring should be ignored, it's always important to check your code for opportunities you may have missed to write cleaner, more efficient code.

To refactor the existing code, you'll need to update GameBehavior.cs as follows:

```
public class GameBehavior: MonoBehaviour
{
    // 1
    public void UpdateScene(string updatedText)
    {
```

```
            ProgressText.text = updatedText;
            Time.timeScale = 0f;
        }


    private int _itemsCollected = 0;
    public int Items
    {
        get { return _itemsCollected; }
        set
        {
            _itemsCollected = value;
            ItemText.text = "Items Collected: " + Items;

            if (_itemsCollected >= MaxItems)
            {
                WinButton.gameObject.SetActive(true);

                // 2
                UpdateScene("You've found all the items!");
            }
            else
            {
                ProgressText.text = "Item found, only " + (MaxItems - _
itemsCollected) + " more to go!";
            }
        }
    }

    private int _playerHP = 10;
    public int HP
    {
        get { return _playerHP; }
        set
        {
            _playerHP = value;
            HealthText.text = "Player Health: " + HP;
```

```
        if (_playerHP <= 0)
        {
            LossButton.gameObject.SetActive(true);

            // 3
            UpdateScene("You want another life with that?");
        }
        else
        {
            ProgressText.text = "Ouch... that's got hurt.";
        }

        Debug.LogFormat("Lives: {0}", _playerHP);
    }
  }
}
```

Let's break down the code:

1. We declared a new method called UpdateScene, which takes in a string parameter that we want to assign to ProgressText and sets Time.timeScale to 0.

2. We deleted our first instance of duplicated code and used our new method to update our scene when the game is won.

3. We deleted our second instance of duplicated code and update the scene when the game is lost.

There's always more to refactor if you look in the right places.

Summary

With that, our enemy and player interactions are complete. We can dish out damage as well as take it, lose lives, and fight back, all while updating the on-screen GUI. Our enemies use Unity's navigation system to walk around the arena and change to attack mode when within a specified range of the player. Each GameObject is responsible for its behavior, internal logic, and object collisions, while the game manager keeps track of the variables that govern the game's state. Lastly, we learned about simple procedural programming and how much cleaner code can be when repeated instructions are abstracted out into their methods.

You should feel a sense of accomplishment at this point, especially if you started this book as a total beginner. Getting up to speed with a new programming language while building a working game is no easy trick. In the next chapter, you'll be introduced to some intermediate topics in C#, including new type modifiers, method overloading, interfaces, and class extensions.

Pop quiz—AI and navigation

1. How is a NavMeshSurface component created in a Unity scene?

2. What component identifies a GameObject to a NavMeshSurface?

3. Executing the same logic on one or more sequential objects is an example of which programming technique?

4. What does the acronym DRY stand for?

Don't forget to check your answers against mine in the *Pop Quiz Answers* appendix to see how you did!

Join us on discord!

Read this book alongside other users, Unity game development experts and the author himself.

Ask questions, provide solutions to other readers, chat with the author via. Ask Me Anything sessions and much more.

Scan the QR code or visit the link to join the community.

https://packt.link/csharpwithunity

10

Revisiting Types, Methods, and Classes

Now that you've programmed the game's mechanics and interactions with Unity's built-in classes, it's time to expand our core C# knowledge and focus on the intermediate applications of the foundation we've laid. We'll revisit old friends—variables, types, methods, and classes—but we'll target their deeper applications and relevant use cases. Many of the topics we'll be covering don't apply to *Hero Born* in its current state, so some examples will be standalone rather than being applied directly to the game prototype.

I'll be throwing a lot of new information your way, so if you feel overwhelmed at any point, don't hesitate to revisit the first few chapters to solidify those building blocks. We'll also be using this chapter to break away from gameplay mechanics and features specific to Unity by focusing on the following topics:

- Intermediate modifiers
- Method overloading
- Using the out and ref parameters
- Working with interfaces
- Abstract classes and overriding
- Extending class functionality
- Namespace conflicts
- Type aliasing

Access modifiers

While we've gotten into the habit of pairing the public and private access modifiers with our variable declarations, like we did with player health and items collected, there remains a laundry list of modifier keywords that we haven't seen. We can't go into detail about every one of them in this chapter, but the five that we'll focus on will further your understanding of the C# language and give your programming skills a boost.

This section will cover the first three modifiers in the following list, while the remaining two will be discussed later on in the *Intermediate OOP* section:

- `const`
- `readonly`
- `static`
- `abstract`
- `override`

> You can find a full list of available modifiers at: `https://docs.microsoft.com/en-us/dotnet/csharp/language-reference/keywords/modifiers`.

Let's start with the first three access modifiers provided in the preceding list.

Constant and read-only properties

There will be times when you need to create variables that store constant, unchanging values. Adding the `const` keyword after a variable's access modifier will do just that, but only for built-in C# types. For example, you couldn't mark an instance of our `Character` class as a constant. A good candidate for a constant value is `MaxItems` in the `GameBehavior` class:

```
public const int MaxItems = 4;
```

The above code would essentially lock the value of `MaxItems` at 4, making it unchangeable. The problem you'll run into with constant variables is that they can only be assigned a value in their declaration, meaning we can't leave `MaxItems` without an initial value. As an alternative, we can use `readonly`, which won't let you write to the variable, meaning it can't be changed:

```
public readonly int MaxItems;
```

Using the readonly keyword to declare a variable will give us the same unmodifiable value as a constant, while still letting us assign its initial value at any time. A good place for this would be the Start() or Awake() methods in one of our scripts.

Using the static keyword

We've already gone over how objects, or instances, are created from a class blueprint, and that all properties and methods belong to that particular instance, like we had with our very first Character class instance. While this is great for object-oriented functionality, not all classes need to be instantiated, and not all properties need to belong to a specific instance. However, static classes are sealed, meaning they cannot be used in class inheritance.

Utility methods are a good case for this situation, where we don't necessarily care about instantiating a particular Utility class instance since all its methods wouldn't be dependent on a particular object. Your task is to create just such a utility method in a new script.

Let's create a new class to hold some of our future methods that deal with raw computations or repeated logic that doesn't depend on the gameplay:

1. Create a new C# script in the Scripts folder and name it Utilities.

2. Open it up and add the following code:

```csharp
using System.Collections;
using System.Collections.Generic;
using UnityEngine;

// 1
using UnityEngine.SceneManagement;

// 2
public static class Utilities
{
    // 3
    public static int PlayerDeaths = 0;

    // 4
    public static void RestartLevel()
    {
        SceneManager.LoadScene(0);
        Time.timeScale = 1.0f;
```

```
        }
    }
```

3. In GameBehavior, delete the code inside RestartLevel() and instead call the new Utilities method with the following code:

    ```
    public void RestartScene()
    {
        Utilities.RestartLevel();
    }
    ```

Let's break down the code:

1. First, it adds the using SceneManagement directive so that we can access the LoadScene() method.

2. Then, it declares Utilities as a public static class that does not inherit from MonoBehavior because we won't need it to be in the game scene.

3. Next, it creates a public static variable to hold the number of times our player has died and restarted the game.

4. After, it declares a public static method to hold our level restart logic, which is currently hardcoded in GameBehavior.

5. Finally, our update to GameBehavior calls RestartLevel() from the static Utilities class when the win or the lose button is pressed. Notice that we didn't need an instance of the Utilities class to call the method because it's static—it's just dot notation.

We've now extracted the restart logic from GameBehavior and put it into its static class, which makes it easier to reuse across our code base. Marking it as static will also ensure that we never have to create or manage instances of the Utilities class before we use its class members.

> Non-static classes can have properties and methods that are static and non-static. However, if an entire class is marked as static, all properties and methods must follow suit.

That wraps up our second visit of variables and types, which will enable you to build out your own set of utilities and tools when managing larger and more complex projects down the road. Now it's time to move on to methods and their intermediate capabilities, which includes method overloading and ref and out parameters.

Revisiting methods

Methods have been a big part of our code since we learned how to use them in *Chapter 3, Diving into Variables, Types, and Methods*, but there are two intermediate use cases we haven't covered yet: method overloading and using the ref and out parameter keywords.

Overloading methods

The term **method overloading** refers to creating multiple methods with the same name but with different signatures. A method's signature is made up of its name and parameters, which is how the C# compiler recognizes it. Take the following method as an example:

```
public bool AttackEnemy(int damage) {}
```

The method signature of AttackEnemy() is written as follows:

```
AttackEnemy(int)
```

Now that we know the signature of AttackEnemy(), it can be overloaded by changing the number of parameters or the parameter types themselves, while still keeping its name. This provides added flexibility when you need more than one option for a given operation.

The RestartLevel() method in Utilities is a great example of a situation where method overloading comes in handy. Right now, RestartLevel() only restarts the current level, but what happens if we expand the game so that it includes multiple scenes? We could refactor RestartLevel() to accept parameters, but that often leads to bloated and confusing code.

The RestartLevel() method is, once again, a good candidate for testing out our new knowledge. Your task is to overload it to take in different parameters.

Let's add an overloaded version of RestartLevel():

1. Open up Utilities and add the following code:

```
public static class Utilities
{
    public static int PlayerDeaths = 0;

    public static void RestartLevel()
    {
        SceneManager.LoadScene(0);
        Time.timeScale = 1.0f;
    }
```

```
// 1
public static bool RestartLevel(int sceneIndex)
{
    // 2
    SceneManager.LoadScene(sceneIndex);
    Time.timeScale = 1.0f;
    // 3
    return true;
}
}
```

2. In GameBehavior, update the call to the Utilities.RestartLevel() method to the following:

```
public void RestartScene()
{
    Utilities.RestartLevel(0);
}
```

Let's break down the code:

1. First, it declares an overloaded version of the RestartLevel() method that takes in an int parameter and returns a bool.

2. Then, it calls LoadScene() and passes in the sceneIndex parameter instead of manually hardcoding that value.

3. Next, it returns true after the new scene is loaded and the timeScale property has been reset.

4. Finally, our update to GameBehavior calls the overloaded RestartLevel() method and passes in 0 as the sceneIndex. Overloaded methods are automatically detected by Visual Studio and are displayed by number, as shown here:

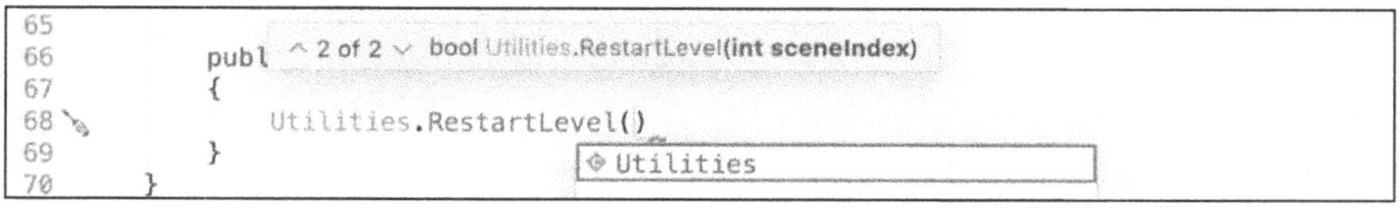

Figure 10.1: Multiple method overloads in Visual Studio

To provide a complete view of the Unity editor, all our screenshots are taken in full-screen mode. For color versions of all book images, use the link below: https://packt.link/7yy5V.

The functionality in the `RestartLevel()` method is now much more customizable and can account for additional situations you may need later. In this case, it is restarting the game from any scene we choose.

> Method overloading is not limited to static methods—this was just in line with the previous example. Any method can be overloaded as long as its signature differs from the original.

Next up, we're going to cover two additional topics that can take your method game to a whole new level—`ref` and `out` parameters.

ref parameters

When we talked about classes and structs back in *Chapter 5, Working with Classes, Structs, and OOP*, we discovered that not all objects are passed the same way: value types are passed by copy, while reference types are passed by reference. However, we didn't go over how objects, or values, are used when they're passed into methods as parameter arguments.

By default, all arguments are passed by value, meaning that a variable passed into a method will not be affected by any changes that are made to its value inside the method body. This protects us from making unwanted changes to existing variables when we use them as method parameters. While this works for most cases, there are situations where you'll want to pass in a method argument by reference so that it can be updated and have that change reflected in the original variable. Prefixing a parameter declaration with either the `ref` or `out` keyword will mark the argument as a reference.

Here are a few key points to keep in mind about using the `ref` keyword:

- Arguments have to be initialized before being passed into a method
- You don't need to initialize or assign the reference parameter value before ending the method
- Properties with get or set accessors can't be used as `ref` or `out` arguments

Let's try this out by adding some logic to keep track of how many times a player has restarted the game.

Let's create a method to update `PlayerDeaths` to see the method arguments that are being passed by reference in action.

Open up Utilities and add the following code:

```
public static class Utilities
{
    public static int PlayerDeaths = 0;

    // 1
    public static string UpdateDeathCount(ref int countReference)
    {
        // 2
        countReference += 1;
        return "Next time you'll be at number " + countReference;
    }

    public static void RestartLevel()
    {
        // ... No changes needed ...
    }

    public static bool RestartLevel(int sceneIndex)
    {
        // 3
        Debug.Log("Player deaths: " + PlayerDeaths);
        string message = UpdateDeathCount(ref PlayerDeaths);
        Debug.Log("Player deaths: " + PlayerDeaths);
        Debug.Log(message);
        SceneManager.LoadScene(sceneIndex);
        Time.timeScale = 1.0f;
        return true;
    }
}
```

Let's break down the code:

1. First, it declares a new static method that returns a string and takes in an int passed by reference.

2. Then, it updates the reference parameter directly, incrementing its value by 1 and returning a string that contains the new value.

3. Finally, it debugs the `PlayerDeaths` variable in `RestartLevel(int sceneIndex)` before and after it is passed by reference to `UpdateDeathCount()`. We also store a reference to the returned string value from `UpdateDeathCount()` in the `message` variable and print it out.

If you play the game and lose, the debug log will show that `PlayerDeaths` has increased by 1 inside `UpdateDeathCount()` because it was passed by reference and not by value:

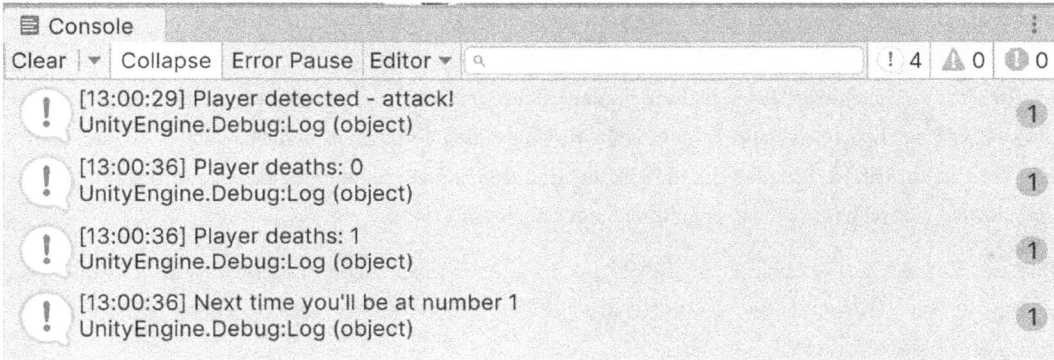

Figure 10.2: Example output from ref parameters

For clarity, we could have updated the player death count without a `ref` parameter because `UpdateDeathCount()` and `PlayerDeaths` are in the same script. However, if this wasn't the case and you wanted the same functionality, `ref` parameters are super useful.

> We're using the `ref` keyword in this situation for the sake of our example, but we could have also updated `PlayerDeaths` directly inside `UpdateDeathCount()` or added logic inside `RestartLevel()` to only fire `UpdateDeathCount()` when the restart was due to a loss.

Now that we know how to use a `ref` parameter in our project, let's take a look at the out parameter and how it serves a slightly different purpose.

out parameters

The out keyword does the same job as `ref` but with different rules, which means they're similar tools but they're not interchangeable—each has its own use cases:

-   Arguments do not need to be initialized before being passed into a method
-   The referenced parameter value does need to be initialized or assigned in the calling method before it's returned

For instance, we could have replaced ref with out in UpdateDeathCount() as long as we initialized or assigned the countReference parameter before returning from the method:

```
public static string UpdateDeathCount(out int countReference)
{
    countReference += 1;
    return "Next time you'll be at number " + countReference;
}
```

Methods that use the out keyword are better suited to situations where you need to return multiple values from a single function, while the ref keyword works best when a reference value only needs to be modified. It's also more flexible than the ref keyword because the initial parameter values don't need to be set before they're used in the method.

The out keyword is especially useful if you need to initialize the parameter value before you change it. Even though these keywords are a little more esoteric, it's important to have them in your C# toolkit for special use cases.

With these new method features under our belts, it's time to revisit the big one: **object-oriented programming (OOP)**. There's so much to this topic that it's impossible to cover everything in a chapter or two, but there are a few key tools that will come in handy early on in your development career. OOP is one of those topics that you're encouraged to follow up on after finishing this book.

Intermediate OOP

An object-oriented mindset is crucial to creating meaningful applications and understanding how the C# language works behind the scenes. The tricky part is that classes and structs by themselves aren't the end of the line when it comes to OOP and designing your objects. They'll always be the building blocks of your code, but classes are limited to single inheritance, meaning they can only ever have one parent or superclass, and structs can't inherit at all. So, the question you should be asking yourself right about now is simple: *"How can I create objects from the same template and have them perform different actions based on a specific scenario?"*

To answer this question, we'll be learning about interfaces, abstract classes, and class extensions.

Interfaces

One of the ways to gather groups of functionality together is through interfaces. Like classes, interfaces are blueprints for data and behaviors, but with one important difference: they can't have any actual implementation logic or stored values.

Instead, they contain the implementation blueprint, and it's up to the adopting class or struct to fill in the values and methods outlined in the interface.

You can use interfaces with both classes and structs, and there's no upper limit to how many interfaces a single class or struct can adopt.

Remember, a single class can only have one parent class, and structs can't subclass at all. Breaking out functionality into interfaces lets you build up classes like building blocks, picking and choosing how you want them to behave like food from a menu. This would be a huge efficiency boost to your code base, breaking away from long, messy subclassing hierarchies.

For example, what if we wanted our enemies to be able to shoot back at our player when they're in close range? We could create a parent class that both the player and enemy could derive from, which would base them both on the same blueprint. The problem with that approach, however, is that enemies and players won't necessarily share the same behaviors and data.

The more efficient way to handle this would be to define an interface with a blueprint for what shootable objects need to do, and then have both the enemy and player adopt it. That way, they have the freedom to be separate and exhibit different behaviors while still sharing common functionality.

Refactoring the shooting mechanic into an interface is a challenge I'll leave to you, but we still need to know how to create and adopt interfaces in code. For this example, we'll create an interface that all manager scripts might need to implement for sharing a common structure.

Create a new C# script in the Scripts folder, name it IManager, and update its code as follows:

```
using System.Collections;
using System.Collections.Generic;
using UnityEngine;

// 1
public interface IManager
{
    // 2
    string State { get; set; }

    // 3
    void Initialize();
}
```

Let's break down the code:

1. First, it declares a public interface called `IManager` using the `interface` keyword.

2. Then, it adds a `string` variable to `IManager` named `State` with get and set accessors to hold the current state of the adopting class.

> All interface properties need at least a get accessor to compile but can have both get and set accessors if necessary.

3. Finally, it defines a method named `Initialize()` with no return type for the adopting class to implement. However, you could absolutely have a return type for a method inside an interface; there's no rule against it.

You've now created a blueprint for all manager scripts, meaning that each manager script adopting this interface needs to have a state property and an initialize method. Your next task is to use the `IManager` interface, which means it needs to be adopted by another class.

To keep things simple, let's have the game manager adopt our new interface and implement its blueprint.

Update `GameBehavior` with the following code:

```
// 1
public class GameBehavior : MonoBehaviour, IManager
{
    // 2
    private string _state;

    // 3
    public string State
    {
        get { return _state; }
        set { _state = value; }
    }

    // ... No other changes needed ...

    void Start()
    {
```

```
            ItemText.text += _itemsCollected;
            HealthText.text += _playerHP;

            // 4
            Initialize();
        }

        // 5
        public void Initialize()
        {
            _state = "Game Manager initialized..";
            Debug.Log(_state);
        }
    }
```

Let's break down the code:

1. First, it declares that GameBehavior adopts the IManager interface using a comma and its name, just like with subclassing.

2. Then, it adds a private variable that we'll use to back the public State value we have to implement from IManager.

3. Next, it adds the public State variable declared in IManager and uses _state as its private backing variable.

4. After that, it calls the Initialize() method inside the Start() method.

5. Finally, it declares the Initialize() method declared in IManager with an implementation that sets and prints out the public State variable.

With this, we specified that GameBehavior adopts the IManager interface and implemented its State and Initialize() members, as shown here:

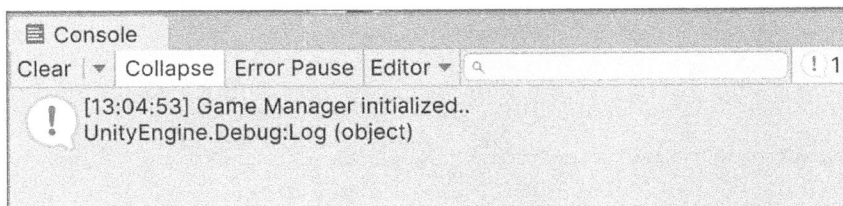

Figure 10.3: Example output from an interface

The great part of this is that the implementation is specific to GameBehavior; if we had another manager class, we could do the same thing but with different logic. Just for fun, let's set up a new manager script to test this out:

1. In the **Project**, right-click inside the **Scripts** folder and choose **Create | C# Script**, then name it DataManager.

2. Update the new script with the following code and adopt the IManager interface:

```csharp
using System.Collections;
using System.Collections.Generic;
using UnityEngine;

public class DataManager : MonoBehaviour, IManager
{
    private string _state;
    public string State
    {
        get { return _state; }
        set { _state = value; }
    }

    void Start()
    {
        Initialize();
    }

    public void Initialize()
    {
        _state = "Data Manager initialized..";
        Debug.Log(_state);
    }
}
```

3. Drag and drop the new script onto the **Game_Manager** object in the **Hierarchy** panel.

4. Click **Play** and scroll to the beginning of the console logs, as these should be the first messages you see:

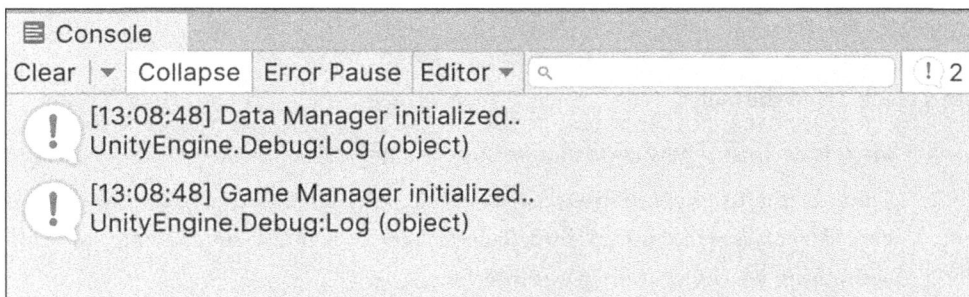

Figure 10.4: Output from Data Manager initialization

While we could have done all of this with subclassing, we'd be limited to one parent class for all our managers. Instead, we have the option of adding new interfaces if we choose. We'll revisit this new manager script in *Chapter 12, Saving, Loading, and Serializing Data*. This opens up a whole world of possibilities for building classes, one of which is a new OOP concept called abstract classes.

Abstract classes

Another approach to separating common blueprints and sharing them between objects is the abstract class. Like interfaces, abstract classes cannot include any implementation logic for their methods; they can, however, store variable values. This is one of the key differences from interfaces—in situations where you might need to set initial values, an abstract class would be the way to go.

Any class that subclasses from an abstract class must fully implement all variables and methods marked with the abstract keyword. They can be particularly useful in situations where you want to use class inheritance without having to write out a base class's default implementation.

For example, let's take the IManager interface functionality we just wrote and see what it would look like as an abstract base class. *Don't change any of the actual code in our project*, as we still want to keep things working as they are:

```
// 1
public abstract class BaseManager
{
    // 2
    protected string _state = "Manager is not initialized...";
    public abstract string State { get; set; }
```

```
    // 3
    public abstract void Initialize();
}
```

Let's break down the code:

1.   First, it declares a new class named `BaseManager` using the `abstract` keyword.

2.   Then, it creates two variables: a `protected` `string` named _state that can only be accessed by classes that inherit from `BaseManager`. We've also set an initial value for _state, something we couldn't do in our interface.

> We also have an abstract string named `State` with get and set accessors to be implemented by the subclass

3.   Finally, it adds `Initialize()` as an `abstract` method, also to be implemented in the subclass.

In doing so, we have created an abstract class that does the same thing as an interface. In this setup, `BaseManager` has the same blueprint as `IManager`, allowing any subclasses to define their implementations of `state` and `Initialize()` using the `override` keyword:

```
// 1
public class CombatManager: BaseManager
{
    // 2
    public override string State
    {
        get { return _state; }
        set { _state = value; }
    }

    // 3
    public override void Initialize()
    {
        _state = "Combat Manager initialized..";
        Debug.Log(_state);
    }
}
```

If we break down the preceding code, we can see the following:

1. First, it declares a new class called `CombatManager` that inherits from the `BaseManager` abstract class.

2. Then, it adds the `State` variable implementation from `BaseManager` using the `override` keyword.

3. Finally, it adds the `Initialize()` method implementation from `BaseManager` using the `override` keyword again and sets the protected `_state` variable.

Even though this is only the tip of the iceberg of interfaces and abstract classes, their possibilities should be jumping around in your programming brain. Interfaces will allow you to spread and share pieces of functionality between unrelated objects, leading to a building block-like assembly when it comes to your code.

Abstract classes, on the other hand, will let you keep the single-inheritance structure of OOP while separating a class's implementation from its blueprint. These approaches can even be mixed and matched, as abstract classes can adopt interfaces just like non-abstract ones.

> As always with complicated topics, your first stop should be the documentation. Check it out at: `https://docs.microsoft.com/en-us/dotnet/csharp/language-reference/keywords/abstract` and: `https://docs.microsoft.com/en-us/dotnet/csharp/language-reference/keywords/interface`.

You won't always need to build a new class from scratch. Sometimes, it's enough to add the feature or logic you want to an existing class, which is called a class extension.

Class extensions

Let's step away from custom objects and talk about how we can extend existing classes so that they fit our own needs. The idea behind class extensions is simple: take an existing built-in C# class and add on any functionality that you need it to have. Since we don't have access to the underlying code that C# is built on, this is the only way to get custom behavior out of objects the language already has.

Classes can only be modified with methods—no variables or other entities are allowed. However limiting this might be, it makes the syntax consistent:

```
public static returnType MethodName(this ExtendingClass localVal) {}
```

Extension methods are declared using the same syntax as normal methods, but with a few caveats:

- All extension methods need to be marked as static.

- The first parameter needs to be the this keyword, followed by the name of the class we want to extend and a local variable name:

  - This special parameter lets the compiler identify the method as an extension, and gives us a local reference for the existing class.

  - Any class methods and properties can then be accessed through the local variable.

- It's mandatory to store extension methods inside a static class, which, in turn, is stored inside its namespace. This allows you to control what other scripts have access to your custom functionality.

Your next task is to put class extensions into practice by adding a new method to the built-in C# String class. Let's take a look at extensions in practice by adding a custom method to the String class.

Create a new C# script in the Scripts folder, name it CustomExtensions, and add the following code:

```
using System.Collections;
using System.Collections.Generic;
using UnityEngine;

// 1
namespace CustomExtensions
{
    // 2
    public static class StringExtensions
    {
        // 3
        public static void FancyDebug(this string str)
        {
            // 4
            Debug.LogFormat("This string contains {0} characters.", str.
Length);
        }
    }
}
```

Let's break down the code:

1. First, it declares a namespace named `CustomExtensions` to hold all the extension classes and methods.

2. Then, it declares a `static` class named `StringExtensions` for organizational purposes; each group of class extensions should follow this setup.

3. Next, it adds a `static` method named `FancyDebug` to the `StringExtensions` class:

    *   The first parameter, `this string str`, marks the method as an extension

    *   The `str` parameter will hold a reference to the actual text value that `FancyDebug()` is called from; we can operate on `str` inside the method body as a stand-in for all string literals

4. Finally, it prints out a debug message whenever `FancyDebug` is executed, using `str.Length` to reference the string variable that the method is called on.

In practice, this will let you add any of your own custom functionality to existing C# classes or even your own custom ones. Now that the extension is part of the `String` class, let's test it out. To use our new custom string method, we'll need to include it in whatever class we want to have access to it.

Open up `GameBehavior` and update the class with the following code:

```
using System.Collections;
using System.Collections.Generic;
using UnityEngine;

// 1
using CustomExtensions;

public class GameBehavior : MonoBehaviour, IManager
{
    // ... No variable changes needed ...

    void Start()
    {
        // ... No changes needed ...
    }
```

```
public void Initialize()
{
    _state = "Game Manager initialized..";

    // 2
    _state.FancyDebug();
    Debug.Log(_state);
}
}
```

Let's break down the code:

1. First, it adds the CustomExtensions namespace with a using directive at the top of the file.

2. Then, it calls FancyDebug on the _state string variable with dot notation inside Initialize() to print out the number of individual characters its value has.

Extending the entire string class with FancyDebug() means that any string variable has access to it. Since the first extension method parameter has a reference to whatever string value FancyDebug() is called on, its length will be printed out properly, as shown here:

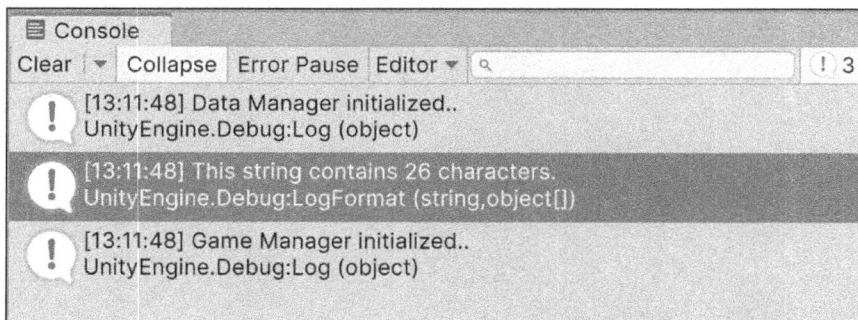

Figure 10.5: Example output from custom extension

A custom class can also be extended using the same syntax, but it's more common to just add extra functionality directly into the class if it's one you control.

The last topic we'll explore in this chapter is namespaces, which we briefly learned about earlier in the book. In the next section, you'll learn about the larger role that namespaces play in C# and how to create your type alias.

Namespace conflicts and type aliasing

As your applications get more complicated, you'll start to section off your code into namespaces, ensuring that you have control over where and when it's accessed. You'll also use third-party software tools and plugins to save on time implementing a feature from the ground up that someone else has already made available. Both of these scenarios show that you're progressing with your programming knowledge, but they can also cause namespace conflicts.

Namespace conflicts happen when there are two or more classes or types with the same name, which happens more than you'd think.

Good naming habits tend to produce similar results, and before you know it, you're dealing with multiple classes named `Error` or `Extension`, and Visual Studio is throwing out errors. Luckily, C# has a simple solution to these situations: **type aliasing**.

Defining a type alias lets you explicitly choose which conflicting type you want to use in a given class, or create a more user-friendly name for a long-winded existing one. Type aliases are added at the top of the class file with a `using` directive, followed by the alias name and the assigned type:

```
using AliasName = type;
```

For instance, if we wanted to create a type alias to refer to the existing `Int64` type, we could say the following:

```
using CustomInt = System.Int64;
```

Now that `CustomInt` is a type alias for the `System.Int64` type, the compiler will treat it as an `Int64`, letting us use it like any other type:

```
public CustomInt PlayerHealth = 100;
```

You can use type aliasing with your custom types, or existing ones with the same syntax, as long as they're declared at the top of script files with the other `using` directives.

> For more information on the `using` keyword and type aliasing, check out the C# documentation at: `https://docs.microsoft.com/en-us/dotnet/csharp/language-reference/keywords/using-directive`.

Summary

With new modifiers, method overloading, class extensions, and object-oriented skills under our belts, we are only one step away from the end of our C# journey. Remember, these intermediate topics are intended to get you thinking about more complex applications of the knowledge you've been gathering throughout this book; don't think that what you've learned in this chapter is all that there is to know about these concepts. Take it as a starting point and continue from there.

In the next chapter, we'll discuss the basics of generic programming, get a little hands-on experience with delegates and events, and wrap up with an overview of exception handling.

Pop quiz—leveling up

1. Which keyword would mark a variable as unmodifiable but requires an initial value?

2. How would you create an overloaded version of a base method?

3. What is the main difference between classes and interfaces?

4. How would you solve a namespace conflict in one of your classes?

5. Don't forget to check your answers against mine in the *Pop Quiz Answers* appendix to see how you did!

Join us on discord!

Read this book alongside other users, Unity game development experts and the author himself.

Ask questions, provide solutions to other readers, chat with the author via. Ask Me Anything sessions and much more.

Scan the QR code or visit the link to join the community.

https://packt.link/csharpwithunity

11

Specialized Collection Types and LINQ

In the last chapter, we revisited variables, types, and classes to see what they had to offer beyond the basic features introduced at the beginning of the book. In this chapter, we'll take a closer look at new collection types and learn about their intermediate-level capabilities and how to filter, order, and transform data with LINQ queries.

Remember, being a good programmer isn't about memorizing code; it's about choosing the right tool for the right job. Each of the new collection types in this chapter has a specific purpose. For most scenarios where you need a collection of data, a list or array works just fine. However, when you need temporary storage or control over the order of collection elements, or more specifically, the order they are accessed, look to stacks and queues. When you need to perform operations that depend on every element in a collection to be unique, meaning not duplicated, look to HashSets. Before you start on the code, let's lay out the topics you'll be learning:

- Introducing stacks
- Peeking and popping elements
- Working with queues
- Adding, removing, and peeking elements
- Using HashSets
- Performing operations
- Filtering data with LINQ queries

Introducing stacks

At its most basic level, a stack is a collection of elements of the same specified type. The length of a stack is variable, meaning it can change depending on how many elements it's holding. The important difference between a stack and a list or array is how the elements are stored. While lists or arrays store elements by index, stacks follow the **last-in-first-out (LIFO)** model, meaning the last element in the stack is the first accessible element.

This is useful when you want to access elements in reverse order. You should note that they can store `null` and duplicate values. A helpful analogy is a stack of plates—the last plate you put on the stack is the first one you can easily get to. Once it's removed, the next-to-last plate you stacked is accessible, and so on.

> All the collection types in this chapter are a part of the `System.Collections.Generic` namespace, meaning you need to add the following code to the top of any file that you want to use them in:
>
> ```
> using System.Collections.Generic;
> ```

Now that you know what you're about to work with, let's look at the basic syntax for declaring stacks.

A stack variable declaration needs to meet the following requirements:

- The `Stack` keyword, its element type between left and right arrow characters, and a unique name
- The `new` keyword to initialize the stack in memory, followed by the `Stack` keyword and element type between arrow characters
- A pair of parentheses capped off by a semicolon

In blueprint form, it looks like this:

```
Stack<elementType> name = new Stack<elementType>();
```

Unlike the other collection types you've worked with, stacks can't be initialized with elements when they're created. Instead, all elements must be added after the stack is created.

C# supports a non-generic version of the stack type that doesn't require you to define the type of element in the stack:

```
Stack myStack = new Stack();
```

However, this is less safe and more costly than using the preceding generic version, so the generic version above is recommended. You can read more about Microsoft's recommendation at: `https://github.com/dotnet/platform-compat/blob/master/docs/DE0006.md`.

Your next task is to create a stack of your own and get hands-on experience working with its class methods. But before you do that, let's create a loot struct to make things more interesting:

1. In the **Scripts** folder, create a new C# script named Loot.

2. Update Loot.cs to match the following code:

```csharp
using System.Collections;
using System.Collections.Generic;
using UnityEngine;

// 1
public struct Loot
{
    // 2
    public string Name;
    public int rarity;

    // 3
    public Loot(string name, int rarity)
    {
        this.Name = name;
        this.Rarity = rarity;
    }
}
```

Breaking the Loot struct down, it goes as follows:

- Declares a public struct
- Adds two public variables, one for the name and one for the rarity of type string and int respectively
- Adds a constructor that takes in a string and int and assigns those values to the struct properties

To test this out, you're going to modify the existing item collection logic in *Hero Born* by using a stack to store possible loot that can be collected. A stack works nicely here because we won't have to worry about supplying indexes to get loot items; we can just get the last one added every time:

1. Open GameBehavior.cs and add in a new stack variable named LootStack:

```
// 1
public Stack<Loot> LootStack = new Stack<Loot>();
```

2. Update the Initialize method with the following code to add new items to the stack:

```
public void Initialize()
{
    _state = "Game Manager initialized..";
    _state.FancyDebug();
    Debug.Log(_state);

    // 2
    LootStack.Push(new Loot("Sword of Doom", 5));
    LootStack.Push(new Loot("HP Boost", 1));
    LootStack.Push(new Loot("Golden Key", 3));
    LootStack.Push(new Loot("Pair of Winged Boots", 2));
    LootStack.Push(new Loot("Mythril Bracer", 4));
}
```

3. Add a new method to the bottom of the script to print out the stack information:

```
// 3
public void PrintLootReport()
{
    Debug.LogFormat("There are {0} random loot items waiting
        for you!", LootStack.Count);
}
```

4. Open `ItemBehavior.cs` and call `PrintLootReport` from the `GameManager` instance:

```
void OnCollisionEnter(Collision collision)
{
    if(collision.gameObject.name == "Player")
    {
        Destroy(this.transform.parent.gameObject);
        Debug.Log("Item collected!");
        GameManager.Items += 1;

        // 4
        GameManager.PrintLootReport();
    }
}
```

Breaking this down, it does the following:

1. Creates an empty stack with elements of type `string` to hold the loot items we'll add in next.
2. Uses the `Push` method to add `Loot` objects to the stack (which are initialized with item names and rarities), increasing its size each time.
3. Prints out the stack count whenever the `PrintLootReport` method is called.
4. Calls `PrintLootReport` inside `OnCollisionEnter` every time an item is collected by the player, which we set up in earlier chapters with colliders.

Hit **Play** in Unity, collect an item Prefab, and look at the new **Loot** report that's printed out:

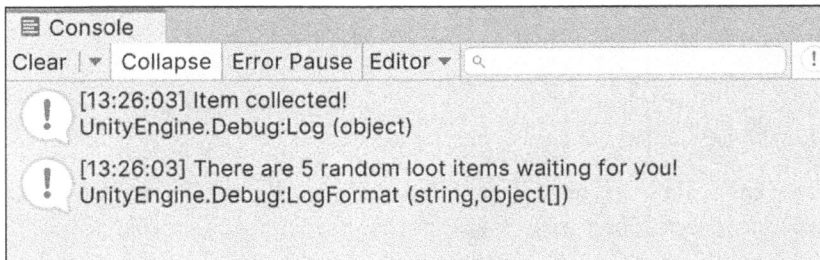

Figure 11.1: Output from using stacks

To provide a complete view of the Unity editor, all our screenshots are taken in full-screen mode. For color versions of all book images, use the link below: `https://packt.link/7yy5V`.

Since we haven't actually subtracted the item from the stack when we collect the in-game item, the count will always be 5, but our next task will do just that with the Pop and Peek methods that already exist in the Stack class.

Popping and peeking

We've already talked about how stacks store elements using the LIFO method. Now, we need to look at how elements are accessed in a familiar but different collection type—by peeking and popping:

- The Peek method returns the next item on the stack without removing it, letting you "peek" at it without changing anything
- The Pop method returns and removes the next item on the stack, essentially "popping" it off and handing it to you

Both methods can be used by themselves or together depending on what you need. You'll get hands-on experience with both methods in the following section.

Your next task is to grab the last item added to LootStack. In our example, the last element is determined programmatically in the Initialize method, but you could always programmatically randomize the order in which the loot items were added to the stack in Initialize. Either way, update PrintLootReport() in GameBehavior with the following code:

```
public void PrintLootReport()
{
    // 1
    var currentItem = LootStack.Pop();

    // 2
    var nextItem = LootStack.Peek();

    // 3
    Debug.LogFormat("You got a {0}! You've got a good chance of finding a
{1} next!", currentItem.Name, nextItem.Name);
    Debug.LogFormat("There are {0} random loot items waiting for you!",
LootStack.Count);
}
```

Here's what's going on:

1. Calls Pop on LootStack, removes the next item on the stack, and stores it. Remember, stack elements are ordered by the LIFO model.

2. Calls Peek on LootStack and stores the next item on the stack without removing it.

3. Adds a new debug log to print out the item that was popped off and the next item on the stack.

You can see from the console that a **Mythril Bracer**, the last item added to the stack, was popped off first, followed by a **Pair of Winged Boots**, which was peeked at but not removed. You can also see that LootStack has four remaining elements that can be accessed:

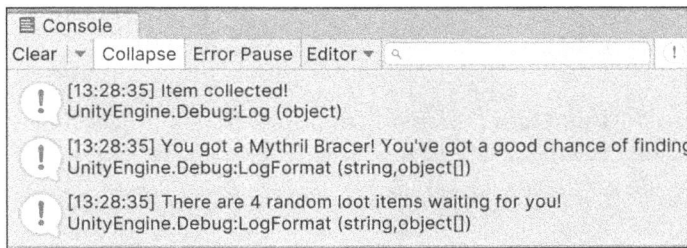

Figure 11.2: Output from popping and peeking on a stack

Our player can now pick up loot items in the reverse order that they were added to the stack. For instance, the first item picked up will always be a **Mythril Bracer**, followed by a **Pair of Winged Boots**, then a **Golden Key**, and so on.

Now that you know how to create, add, and query elements from a stack, we can move on to some common methods that you have access to through the stack class.

Common methods

Each of the methods in this section is for example purposes only; they are not included in our game as we don't need the functionality:

1. First, you can use the Clear method to empty out or delete the entire contents of a stack:

    ```
    // Empty the stack and reverting the count to 0
    LootStack.Clear();
    ```

2. If you want to know whether an element exists in your stack, use the Contains method and specify the element you're looking for:

```
// Returns true for "Golden Key" item
var item = new Loot("Golden Key", 3);
var itemFound = LootStack.Contains(item);
```

3. If you need to copy the elements of a stack to an array, the CopyTo method will let you specify the destination and the starting index for the copy operation. This feature is helpful when you need to insert stack elements at a specific place in an array. Note that the array you want to copy the stack elements to must already exist:

```
// Creates a new array of the same length as LootStack
Loot[] CopiedLoot = new Loot[5];
/*
Copies the LootStack elements into the new CopiedLoot array at index
0. The index parameter can be set to any index where you want the
copied elements to be stored
*/
LootStack.CopyTo(CopiedLoot, 0);
```

4. If you need to convert a stack into an array, simply use the ToArray() method. This conversion creates a new array out of your stack, which is different than the CopyTo() method, which copies the stack elements to an existing array:

```
// Copies an existing stack to a new array
LootStack.ToArray();
```

> You can find the entire list of stack methods in the C# documentation at: https://docs.microsoft.com/dotnet/api/system.collections.generic.stack-1?view=netcore-3.1.

That wraps up our introduction to stacks, but we're going to talk about its cousin, the queue, in the following section.

Working with queues

Like stacks, queues are collections of elements or objects of the same type. The length of any queue is variable just like a stack, meaning its size changes as elements are added or removed.

However, queues follow the **first-in-first-out** (**FIFO**) model, meaning the first element in the queue is the first accessible element. You should note that queues can store `null` and duplicate values but can't be initialized with elements when they're created. The code in this section is for example purposes only and is not included in our game.

A queue variable declaration needs to have the following:

- The Queue keyword, its element type between left and right arrow characters, and a unique name
- The new keyword to initialize the queue in memory, followed by the Queue keyword and element type between arrow characters
- A pair of parentheses capped off by a semicolon

In blueprint form, a queue looks as follows:

```
Queue<elementType> name = new Queue<elementType>();
```

> C# supports a non-generic version of the queue type that doesn't require you to define the type of element it stores:
>
> ```
> Queue myQueue = new Queue();
> ```
>
> However, this is less safe and more costly than using the preceding generic version. You can read more about Microsoft's recommendation at: https://github.com/dotnet/platform-compat/blob/master/docs/DE0006.md.

An empty queue all by itself isn't all that useful; you want to be able to add, remove, and peek at its elements whenever you need, which is the topic of the following section.

Adding, removing, and peeking

Since the LootStack variable in the previous sections could easily be a queue, we'll keep the following code out of our game scripts for efficiency. However, feel free to explore the differences, or similarities, of these classes in your own code:

- To create a queue of string elements, use the following:

```
// Creates a new Queue of string values.
Queue<string> activePlayers = new Queue<string>();
```

- To add elements to the queue, call the Enqueue method with the element you want to add:

```
// Adds string values to the end of the Queue.
activePlayers.Enqueue("Harrison");
activePlayers.Enqueue("Alex");
activePlayers.Enqueue("Haley");
```

- To see the first element in the queue without removing it, use the Peek method:

```
// Returns the first element in the Queue without removing it.
var firstPlayer = activePlayers.Peek();
```

- To return and remove the first element in the queue, use the Dequeue method:

```
// Returns and removes the first element in the Queue.
var firstPlayer = activePlayers.Dequeue();
```

Now that you know how to work with the basic features of a queue, feel free to explore the more intermediate and advanced methods that the queue class offers.

> Queues and stacks share almost the exact same features, so we won't go over them a second time. You can find a complete list of methods and properties in the C# documentation at: https://docs.microsoft.com/dotnet/api/system.collections.generic.queue-1?view=netcore-3.1.

Before closing out the chapter, let's look at the **HashSet** collection type and the mathematical operations it's uniquely suited for.

Using HashSets

The last collection type we'll get our hands on in this chapter is the HashSet. This collection is very different from any other collection type that we've come across: it cannot store duplicate values and is not sorted, meaning its elements are not ordered in any way. Think of HashSets as dictionaries with just keys, instead of key-value pairs.

They can perform set operations and element lookups extremely fast, which we'll explore at the end of this section, and are best suited to situations where the element order and uniqueness are a top priority.

A HashSet variable declaration needs to meet the following requirements:

- The HashSet keyword, its element type between left and right arrow characters, and a unique name
- The new keyword to initialize the HashSet in memory, followed by the HashSet keyword and element type between arrow characters
- A pair of parentheses capped off by a semicolon

In blueprint form, it looks as follows:

```
HashSet<elementType> name = new HashSet<elementType>();
```

Unlike stacks and queues, you can initialize a HashSet with default values when declaring the variable:

```
HashSet<string> people = new HashSet<string>();
// OR
HashSet<string> people = new HashSet<string>() { "Joe", "Joan", "Hank"};
```

To add elements, use the Add method and specify the new element:

```
people.Add("Walter");
people.Add("Evelyn");
```

To remove an element, call Remove and specify the element you want to delete from the HashSet:

```
people.Remove("Joe");
```

That's it for the easy stuff, and this should start to feel pretty familiar at this point in your programming journey. Set operations are where the HashSet collection really shines, which is the topic of the following section.

Performing operations

Set operations need two things: a calling collection object and a passed-in collection object.

The calling collection object is the HashSet you want to modify based on which operation is used, while the passed-in collection object is used for comparison by the set operation. We'll get into this in more detail in the following code, but first, let's go over the three main set operations that crop up in programming scenarios the most often.

In the following definitions, `currentSet` refers to the HashSet calling an operation method and `specifiedSet` refers to the passed-in HashSet method parameter. The modified HashSet is always the current set:

```
currentSet.Operation(specifiedSet);
```

There are three main operations that we'll be working with in the rest of this section:

- `UnionWith` adds the elements of the current and specified sets together
- `IntersectWith` stores only the elements that are in both the current and specified sets
- `ExceptWith` subtracts the elements of the specified set from the current set

> There are two more groups of set operations that deal with subset and superset computations, but these are targeted at specific use cases that are beyond the scope of this chapter. You can find all the relevant information for these methods at: `https://docs.microsoft.com/dotnet/api/system.collections.generic.hashset-1?view=netcore-3.1`.

Let's say we have two sets of player names—one for active players and one for inactive players:

```
HashSet<string> activePlayers = new HashSet<string>() { "Harrison",
"Alex", "Haley"};
HashSet<string> inactivePlayers = new HashSet<string>() { "Kelsey",
"Basel"};
```

We would use the `UnionWith()` operation to modify a set to include all the elements in both sets:

```
activePlayers.UnionWith(inactivePlayers);
/* activePlayers now stores "Harrison", "Alex", "Haley", "Kelsey",
"Basel"*/
```

Now, let's say we have two different sets—one for active players and one for premium players:

```
HashSet<string> activePlayers = new HashSet<string>() { "Harrison",
"Alex", "Haley"};
HashSet<string> premiumPlayers = new HashSet<string>() { "Haley",
"Basel"};
```

We would use the `IntersectWith()` operation to find any active players that are also premium members:

```
activePlayers.IntersectWith(premiumPlayers);
// activePlayers now stores only "Haley"
```

What if we wanted to find all active players that are not premium members? We would do the opposite of what we did with the `IntersectWith()` operation by calling `ExceptWith`:

```
HashSet<string> activePlayers = new HashSet<string>() { "Harrison",
"Alex", "Haley"};
HashSet<string> premiumPlayers = new HashSet<string>() { "Haley",
   "Basel"};
activePlayers.ExceptWith(premiumPlayers);
// activePlayers now stores "Harrison" and "Alex" but removed "Haley"
```

> Notice that I'm using brand-new instances of the two example sets for each operation because the current set is modified after each operation is executed. If you keep using the same sets throughout, you will get different results.

Now that you've learned how to perform fast mathematical operations with HashSets, it's time to drive home what we've learned.

Intermediate collections roundup

Before you move on, let's drive home some key points from what we've just learned. Topics that don't always have a 1-to-1 relationship with the actual game prototype we're building need a little extra love sometimes. The one question I'm sure you're asking yourself at this point is: *why use any of these other collection types when I could just use lists for everything?* And that's a perfectly valid question. The easy answer is that stacks, queues, and HashSets offer better performance than lists when applied in the correct circumstances. For example, when you need to store items in a specific order, and access them in a specific order, a stack would be more efficient than a list.

The more complicated answer is that using different collection types enforces how your code is allowed to interact with them and their elements. This is a mark of good code design, as it removes any ambiguity on how you're planning to use a collection. With lists everywhere, things get confusing when you don't remember what functions you're asking them to perform.

As with everything we've learned in this book, it's always best to use the right tool for the job at hand. More importantly, you need to have different tools available for that to be an option.

Querying data with LINQ

We've covered a few different ways to store elements, or sequences of values, in this chapter—the one thing we haven't talked about is how to get specific subsets of data back out. So far, our game's loot is stored in a **Stack** variable, and we can always pop off the next loot element in the order they are stored, but that doesn't help us when we want to filter down the stack (or any other collection type we've discussed in this book) to specific elements that fit predefined criteria.

For example, say we wanted to get a list of all the elements in the **Loot** stack with a rarity value of 3 or more. We could absolutely use a `looping` statement, but that leads to a lot of code and manual checks if we wanted to add more parameters to our filter. Instead, C# has a specific set of features for querying data called **LINQ**, which stands for **Language Integrated Query**. LINQ is fast, efficient, and, most importantly, customizable for complex data filtering, which is what we'll explore for the rest of this chapter.

LINQ basics

The best way I've found to approach LINQ features is to think of what a query really is: a question. When you have a set of data you want to narrow down or filter, you're essentially asking the data a question like: *which elements meet criteria A and B while excluding criteria C?* One of the great things about LINQ is that the questions already exist in the form of extension methods, which can be chained together to form even more complex queries.

> LINQ extension methods work on any collection type that implements `IEnumerable<T>`, which includes Lists, Dictionaries, Queues, Stacks, and Arrays. You can find a complete list of extension methods at: `https://learn.microsoft.com/dotnet/api/system.linq.enumerable`.

This might sound confusing without concrete examples, so let's take a look at the three-step process behind LINQ queries:

1. **First, you need a data source**—the collection type holding all the data elements you're trying to filter, order, or group.

2. **Second, you create a query**—the rules you want to apply to the data source you're working with. Continuing with our scores example, we'll use the `Where` extension method to filter our scores values by setting a predicate. A predicate is a rule or criteria that evaluates a certain condition.

3. **Third, you run the query**—the data source needs to be iterated over with a looping statement for the query commands to execute. This is called **deferred execution**.

Since we already have a stack of loot in our game, let's write a query that filters out the loot items based on their rarity level:

1. Open `GameBehavior.cs` and add in a new using directive to the top of the script so we can access the LINQ extension methods:

```
using System.Linq;
```

2. Add a new method after `PrintLootReport` and create a new query variable using the `Where` extensions method:

```
public void FilterLoot()
{
    var rareLoot = LootStack.Where();
}
```

3. When adding the first parentheses after the `Where` method, Visual Studio will let you know that the extension method is expecting a predicate argument in the form of a `delegate` with a specific method signature (in this case, `Func<Loot, bool>`, as shown in *Figure 11.3*).

   a. A `delegate` is a C# type that holds references to methods—just like integers hold numbers and strings hold text characters. Methods stored in a delegate have input parameters and return types just like the regular methods we've seen so far. The real magic of delegates is that they can be used as arguments in other methods, which is the case with LINQ queries. We'll talk about delegates in *Chapter 13, Exploring Generics, Delegates, and Beyond*, but for now, just think of them as containers for methods.

   If you want to get a jump on delegates, you can find the documentation at: `https://learn.microsoft.com/dotnet/csharp/programming-guide/delegates`.

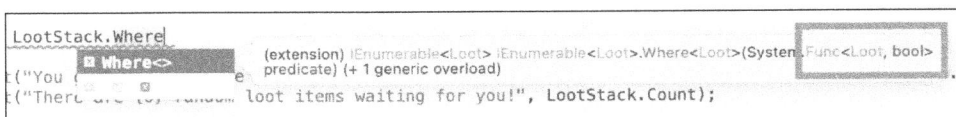

Figure 11.3: Predicate signature for the Where extension method

4. Since we need a delegate, or method, that matches the predicate argument for the `Where` extension method, let's create a new method underneath `FilterLoot` that checks if a loot item's rarity is greater than or equal to 3.

    a. The predicate method signature we need to match is `Func<Loot, bool>`, which means we need a method that takes in a `Loot` item as an argument and returns a boolean. Each time the `Where` query iterates over a loot item, it'll evaluate the predicate condition and return `true` or `false`.

    ```
    public bool LootPredicate(Loot loot)
    {
        return loot.rarity >= 3;
    }
    ```

5. Now that we have a method with the proper matching signature, we can pass `LootPredicate` into the `Where` method and loop through each item with a debug log. Remember, the query won't take effect until you iterate through the data source:

    ```
    public void FilterLoot()
    {
        var rareLoot = LootStack.Where(LootPredicate);

        foreach (var item in rareLoot)
        {
            Debug.LogFormat("Rare item: {0}!", item.Name);
        }
    }
    ```

6. Finally, call `FilterLoot` at the bottom of the `Initialize` method and hit **Play**:

    ```
    public void Initialize()
    {
    // ... No other changes needed ...
        FilterLoot();
    }
    ```

Let's summarize what we've just put together:

1. We added the `System.Linq` namespace to access LINQ extension methods.
2. We created a method to hold our LINQ query and used the `Where` extension method to filter out loot items that don't meet our criteria.

3. We created a delegate method that takes in a Loot item and checks if its rarity level is greater than or equal to 3.

4. We used the delegate method as our LINQ predicate and looped through the loot stack to execute the query.

When you run the game, you'll see three items print out to the console instead of all five of our loot items, because only three have a rarity value of 3 or higher. Notice the order of the items matches the order they were added to the stack:

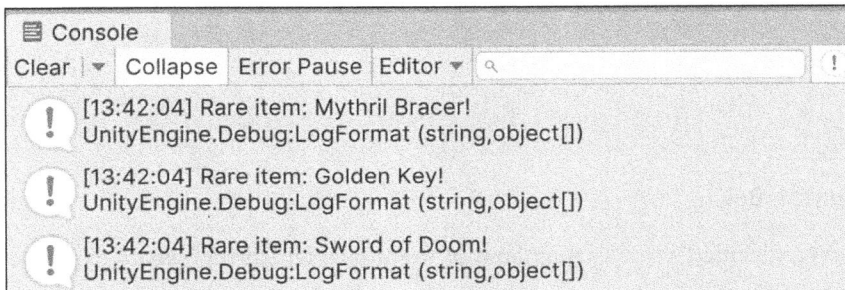

Figure 11.4: Console output of the LINQ filter query

That was a lot of new information and techniques to digest all at once, but there's a light at the end of the tunnel. While you could create delegates for each criterion, C# has a handy syntax to make the entire process easier to manage and read—**Lambda expressions.**

Lambda expressions

1. Lambda expressions are anonymous functions, meaning they don't have or need a name but still have method arguments (inputs) and return types, which makes them perfect for LINQ queries.

2. Lambda expression syntax can be broken down into the following template:

```
input => expression
```

3. Like a local variable, the input name is up to you and C# will infer the correct type from the LINQ extension method.

4. The => symbols in the above template are shorthand for "go to the method expression."

5. For our example, we can translate the entire `LootPredicate` method into one line of code by using a lambda expression. The `Where` method is looking for a `Loot` input type and a `bool` return type, so replace the predicate in `FilterLoot` with a lambda:

```
public void FilterLoot()
{
        var rareLoot = LootStack.Where(item => item.Rarity >= 3);

        foreach (var item in rareLoot)
        {
            Debug.LogFormat("Rare item: {0}!", item.Name);
        }
    }
```

Breaking this down:

1. We specified `item` as the name of the input, which represents each `Loot` element in `LootStack`.

2. We used the `=>` syntax to cut out the need for a whole new method declaration.

3. We wrote the predicate the exact same way as we did in `LootPredicate`; it's just all in one line with the lambda expression.

When you run the game again, you'll see the exact same output in the console, but the code is much cleaner, making it easier to chain multiple LINQ operations together, which we'll talk about next.

Chaining queries

In our game, filtering loot items using a single query is cool, but the real power of LINQ is in creating customized, complex queries by chaining extension methods together. Chaining queries is similar to writing a paragraph: each thought is separated by a period, but they are read in sequence.

Our next task is to add a second query onto our loot stack, this time specifying the order the rare items are in when they come out the other end of the LINQ statement. Update the `rareLoot` query as follows:

```
var rareLoot = LootStack
.Where(item => item.Rarity >= 3)
.OrderBy(item => item.Rarity);
```

Like our first query:

1. We added a LINQ extension method to LootStack, this time using OrderBy.

2. We used a lambda expression to order the items by their rarity levels from lowest to highest.

   For clarity, it's best practice to move each LINQ query onto its own line, starting with the period character. This makes it much easier to read and understand what's going on with more complex queries.

3. Run the game again and you'll see the order of our rare items has changed, now showing the **Golden Key** first because it has the lowest rarity we allowed in our filter, and moving up from there:

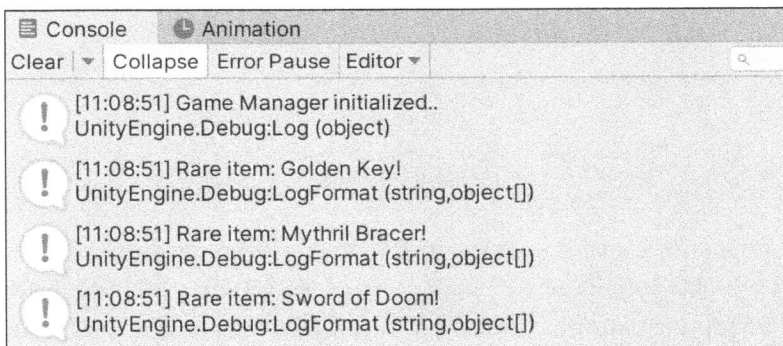

Figure 11.5: Console output of the LINQ order query

C# provides a huge variety of LINQ extension methods, so even though we're sticking to a relatively simple example for our loot items this is the tip of the data management iceberg. There's no limit to how many queries you can chain together, so these can be as complicated as you want!

In the next section, we'll talk about one of the most powerful filtering options you have in your arsenal – transforming filtered data into new types right from LINQ queries.

Transforming data into new types

When your data gets more complicated, as it tends to do, there are scenarios where you may have a huge amount of information in each element that you're trying to query. Let's say you had a player database with player information stored in a list, you might not need every player property all the time, especially when the queried items have a massive amount of information in them. For example, after filtering out the players you don't want, you may only need each player's name, level, and high score, but not their email address or location. This is where the Select extension method comes in.

The Select method lets you transform the data from a LINQ query into a new type without stepping out of the LINQ query itself. You can not only execute your filtering and ordering criteria, but you can also specify exactly how the information comes out the other end.

In our example, each Loot item only has two properties—a name and a rarity. Let's update the current LINQ query to leave out the rarity value once we've established which items are rare and which are not.

In GameBehavior.cs, update the rareLoot query by adding the Select extension method to create a new anonymous type:

```
var rareLoot = LootStack
.Where(item => item.Rarity >= 3)
.OrderBy(item => item.Rarity)
.Select(item => new
{
        item.Name
});
```

Anonymous types let you encapsulate properties into an object without having to explicitly define the object type, like a shortcut to creating a new object without the added declaration syntax. This is perfect for LINQ queries, since we don't need the extra headache of creating a new object class just to project our filtered data into a new containing type.

Let's break this new code down:

1. We added the Select LINQ extension method, which lets us specify which Loot properties we want to carry over into a new type.

2. We named the input item and used the => syntax again, but for the expression, we used the same syntax for creating an object with the new keyword and two curly brackets {}.

3. Inside the expression brackets we added the property we want to keep, item.name, which will leave out the rarity property in this new anonymous type we created.

4. The resulting anonymous type from our LINQ query will be Loot items that only have their name property.

When you run the game again, you won't see any difference in the console output, but if you try and access the rarity property on any of the items in the debug log, you'll get an error because the new anonymous type doesn't contain that property.

Again, transforming your queried elements into new paired-down anonymous types makes dealing with large amounts of data much easier, less cumbersome, and, most importantly, faster, especially when your scenario doesn't need all the items' data.

Now before we end the chapter, there's one more piece of LINQ that comes in handy depending on your preference for clean code—LINQ query comprehension syntax.

Simplifying with optional syntax

The C# language is always trying to make things more efficient and readable for its developers, and LINQ is no different. The LINQ query comprehension syntax was available back in C# 3.0, so it's been around for a while but it's completely optional. Essentially, it's an even more shorthand option for writing LINQ queries without the need for lambda expressions. In my experience, this is the easiest to write and read when it comes to LINQ queries.

Our next task is to translate our rare loot query from the method and lambda code we wrote into the query comprehension syntax. In GameBehavior.cs, update the rareLoot query as follows:

```
// 1
var rareLoot = from item in LootStack
               // 2
               where item.Rarity >= 3
               // 3
               orderby item.Rarity
               // 4
               select item;
```

The query flow should look familiar, but let's break down the syntax differences:

1. First, we grab each input item from the LootStack data source. This syntax means we don't need to expressly write out an input in subsequent queries as we did with lambda expressions.

2. Second, we used the where query (lowercase) without the dot notation and just went straight for the expression predicate.

3. Third, we added another orderby query (lowercase again) without the dot notation and used the same expression from the previous example.

4. Finally, the select query (lowercase) must be added, followed by the resulting input at the end of all queries when you're using the LINQ query comprehension syntax.

If you're wondering how to mimic the transformation into an anonymous type on the last line, you can still do that with the following code update:

```
select new { item.name };
```

But there's a catch with this optional shorthand—only the most commonly used extension methods have counterparts in query comprehension syntax. However, you can use the optional shorthand and the lambda expression method together; they just require a little added syntax.

For example, if we wanted to skip the first rare item in our query (which doesn't have a comprehension syntax equivalent), we would add parentheses around our optional syntax and then continue as normal by adding dot notation extension methods:

```
var rareLoot = (from item in LootStack
             where item.Rarity >= 3
             orderby item.Rarity
             select new { item.Name })
               .Skip(1);
```

Play the game one last time and you'll see that **Golden Key** was removed from our filtered rare loot, while everything still works the same:

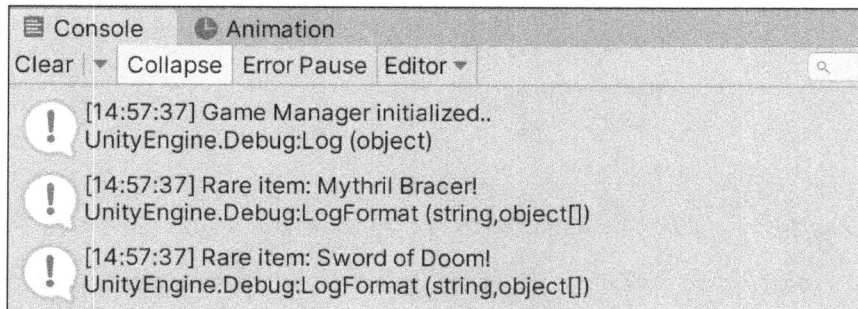

Figure 11.6: Console output from optional syntax query

LINQ is a powerful tool when you're managing information in games and applications, but it's a big area of possibility. Don't stop here in your exploration of data queries—take these basics and expand them to get the most out of your data!

Summary

Congratulations, you're almost at the finish line! In this chapter, you learned about three new collection types, and how they can be used in different situations.

Stacks are great if you want to access your collection elements in the reverse order that they were added, queues are your ticket if you want to access your elements in sequential order, and both are ideal for temporary storage. The important difference between these collection types and lists or arrays is how they can be accessed with popping and peeking operations. Lastly, you learned about the almighty HashSet and its performance-based mathematical set operations. In situations where you need to work with unique values and perform additions, comparisons, or subtractions on large collections, these are key.

In the next chapter, you'll be taken a little deeper into the intermediate world of C# with delegates, generics, and more as you approach the end of this book. Even after all you've learned, the last page is still just the beginning of another journey.

Pop quiz—intermediate collections

1. Which collection type stores its elements using the LIFO model?

2. Which method lets you query the next element in a stack without removing it?

3. Can stacks and queues store `null` values?

4. How would you subtract one HashSet from another?

Don't forget to check your answers against mine in the *Pop Quiz Answers* appendix to see how you did!

Join us on discord!

Read this book alongside other users, Unity game development experts and the author himself.

Ask questions, provide solutions to other readers, chat with the author via. Ask Me Anything sessions and much more.

Scan the QR code or visit the link to join the community.

`https://packt.link/csharpwithunity`

12

Saving, Loading, and Serializing Data

Every game you've ever played works with data, whether it's your player stats, game progress, or online multiplayer scoreboards. Your favorite game also manages internal data, meaning the programmers used hardcoded information to build levels, keep track of enemy stats, and write helpful utilities. In other words, data is everywhere.

In this chapter, we're going to start with how both C# and Unity handle the filesystem on your computer, and move on to reading, writing, and serializing our game data. Our focus is on working with the three most common data formats you'll likely come across: text files, XML, and JSON.

By the end of this chapter, you'll have a foundational understanding of your computer's filesystem, data formats, and basic read-write functionality. This will be the foundation you build your game data on, creating a more enriching and engaging experience for your players. You'll also be in a good position to start thinking about what game data is important enough to save, and how your C# classes and objects will look in different data formats.

Along the way, we will cover the following topics:

- Introducing text, XML, and JSON formats
- Understanding the filesystem
- Working with different stream types
- Reading and writing game data
- Serializing objects

Introducing data formats

Data can take different forms in programming, but the three formats you should be familiar with at the beginning of your data journey are:

- **Text**, which is what you're reading right now
- **XML** (**Extensible Markup Language**), which is a way of encoding document information so it's readable for you and a computer
- **JSON** (**JavaScript Object Notation**), which is a human-readable text format made up of attribute-value pairs and arrays

Each of these data formats has its own strengths and drawbacks, as well as applications in programming. For instance, text is generally used to store simpler, non-hierarchical, or nested information. XML is better at storing information in a document format, while JSON has a more diverse range of capabilities, specifically with database information and server communication with applications.

> You can find more information about XML at https://www.xml.com and JSON at https://www.json.org.

Data is a big topic in any programming language, so let's start off by breaking down what XML and JSON formats actually look like in the next two sections.

Breaking down XML

A typical XML file has a standardized format. Each element of the XML document has:

- An opening tag (`<element_name>`)
- A closing tag (`</element_name>`)
- Supports tag attributes (`<element_name attribute= "attribute_name"></element_name>`)

A basic file will start with the version and encoding being used, then the starting or root element, followed by a list of element items, and finally, the closing element. As a blueprint, it would look like this:

```
<?xml version="1.0" encoding="utf-8"?>
<root_element>
```

```
        <element_item>[Information goes here]</element_item>
        <element_item>[Information goes here]</element_item>
        <element_item>[Information goes here]</element_item>
    </root_element>
```

XML data can also store more complex objects by using child elements. For example, we'll be turning a list of weapons into XML using the Weapon class we wrote earlier in the book. Since each weapon has properties for its name and damage value, that will look like this:

```
// 1
<?xml version="1.0"?>
// 2
<ArrayOfWeapon>
    // 3
    <Weapon>
    // 4
        <name>Sword of Doom</name>
        <damage>100</damage>
    // 5
    </Weapon>
    <Weapon>
        <name>Butterfly knives</name>
        <damage>25</damage>
    </Weapon>
    <Weapon>
        <name>Brass Knuckles</name>
        <damage>15</damage>
    </Weapon>
// 6
</ArrayOfWeapon>
```

Let's break down the example above to make sure we've got it right:

1. The XML document starts with the version being used
2. The root element is declared with an opening tag named ArrayOfWeapon, which will hold all our element items
3. A weapon item is created with an opening tag named Weapon

4. Its child properties are added with opening and closing tags on a single line for name and damage

5. The weapon item is closed, and two more weapon items are added

6. The array is closed, marking the end of the document

The good news is our application doesn't have to manually write our data in this format. C# has an entire library of classes and methods to help us translate simple text and class objects directly into XML.

We'll dive into practical code examples a little later on, but first, we need to understand how JSON works.

Breaking down JSON

The JSON data format is similar to XML, but without the tags. Instead, everything is based on attribute-value pairs, like the **Dictionary** collection type we worked with back in *Chapter 4, Control Flow and Collection Types*. Each JSON document starts with a parent dictionary that holds as many attribute-value pairs as you need. Dictionaries use open and closed curly braces ({ }), a colon separates each attribute and value, and each attribute-value pair is separated by a comma:

```
// Parent dictionary for the entire file
{
    // List of attribute-value pairs to store your data
    "attribute_name": value,
    "attribute_name": value
}
```

JSON can also have child or nested structures by setting the value of an attribute-value pair to an array of attribute-value pairs. For instance, if we want to store a weapon, it would look like this:

```
// Parent dictionary
{
    // Weapon attribute with value set to a child dictionary
    "weapon": {
            // Attribute-value pairs with weapon data
            "name": "Sword of Doom",
            "damage": 100
    }
}
```

Finally, JSON data is often made up of lists, or arrays, or objects. Continuing our example, if we wanted to store a list of all the weapons our player could choose, we would use a pair of square brackets to denote an array:

```
// Parent dictionary
{
    // List of weapon attributes as an array of weapons
    "weapons": [
        // Each weapon object stored as its own dictionary
        {
            "name": "Sword of Doom",
            "damage": 100
        },
        {
            "name": "Butterfly knives",
            "damage": 25
        },
        {
            "name": "Brass Knuckles",
            "damage": 15
        }
    ]
}
```

You can mix and match any of these techniques to store any kind of complex data you need, which is one of JSON's main strengths. But just like with XML, don't be overtaken by the new syntax – C# and Unity both have helper classes and methods to translate text and class objects into JSON without us having to do any heavy lifting. Reading XML and JSON is sort of like learning a new language—the more you use it, the more familiar it becomes. Soon it'll be second nature!

Now that we've dipped our toes into data formatting basics, we can start talking about how the filesystem on your computer works and what properties we can access from our C# code.

Understanding the filesystem

When we say filesystem, we're talking about something you're already familiar with – how files and folders are created, organized, and stored on your computer. When you create a new folder on your computer, you can name it and put files or other folders inside it.

It's also represented by an icon, which is both a visual cue and a way to drag, drop, and move it anywhere you like.

Everything you can do on your desktop you can do in code. All you need is the name of the folder, or directory as it's called, and a location to store it. Anytime you want to add a file or subfolder, you reference the parent directory and add your new content.

To drive the filesystem home, let's start building out the `DataManager` class we created and attached to the **Game Manager** object in the **Hierarchy** in *Chapter 10, Revisiting Types, Methods, and Classes*:

1. Open the `DataManager` script and update it with the following code to print out a few filesystem properties:

```
using System.Collections;
using System.Collections.Generic;
using UnityEngine;

// 1
using System.IO;

public class DataManager : MonoBehaviour, IManager
{
    // ... No variable changes needed ...

    public void Initialize()
    {
        _state = "Data Manager initialized..";
        Debug.Log(_state);

        // 2
        FilesystemInfo();
    }

    public void FilesystemInfo()
    {
        // 3
        Debug.LogFormat("Path separator character: {0}", Path.
PathSeparator);
```

```
        Debug.LogFormat("Directory separator character: {0}", Path.
DirectorySeparatorChar);
        Debug.LogFormat("Current directory: {0}", Directory.
GetCurrentDirectory());
        Debug.LogFormat("Temporary path: {0}", Path.GetTempPath());
    }
}
```

Let's break down the code:

1. First, we add the System.IO namespace, which has all the classes and methods we need to work with the filesystem.

2. We call the FilesystemInfo method we create in the next step.

3. We create the FilesystemInfo method to print out a few filesystem properties. Every operating system handles its filesystem paths differently—a path is the location of a directory or file written in a string. On Macs:

    - Paths are separated by a colon (:)

    - Directories are separated by a forward slash (/)

    - The current directory path is where the *Hero Born* project is stored

    - The temporary path is the location of your filesystem's temporary folder

If you're on other platforms and operating systems, make sure to check the Path and Directory methods for yourself before working with the filesystem.

Run the game and take a look at the output:

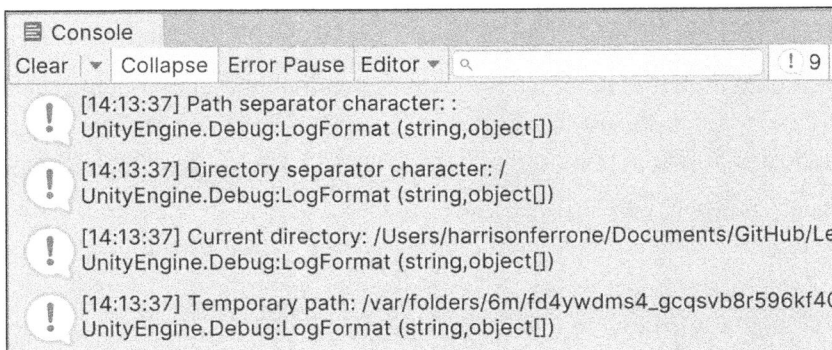

Figure 12.1 Console messages from Data Manager

To provide a complete view of the Unity editor, all our screenshots are taken in full-screen mode. For color versions of all book images, use the link below: https://packt.link/7yy5V.

The Path and Directory classes are the foundation we're going to be building on to store our data in the following sections. However, they're both large classes, so I encourage you to look into their documentation as you continue your data journey.

> You can find more documentation for the Path class at: https://docs.microsoft.com/en-us/dotnet/api/system.io.path and the Directory class at: https://docs.microsoft.com/en-us/dotnet/api/system.io.directory.

Now that we have a simple example of filesystem properties printed out in our DataManager script, we can create a filesystem path to the location where we want to save our data.

Working with asset paths

In a purely C# application, you would have to choose what folder to save your files in and write out the folder path in a string. However, Unity provides a handy pre-configured path as part of the Application class where you can store persistent game data. Persistent data means the information is saved and kept each time the program runs, which makes it ideal for this kind of player information.

> It's important to know that the path to Unity's persistent data directory is cross-platform, meaning that it's different whether you're building a game for iOS, Android, Windows, and more. You can find out more information in the Unity documentation at: https://docs.unity3d.com/ScriptReference/Application-persistentDataPath.html.

The only update we need to make to DataManager is creating a private variable to hold our path string. We're making this private because we don't want any other script to be able to access or change the value. That way, DataManager is responsible for all data-related logic and nothing else. Add the following variable to DataManager.cs:

```
public class DataManager : MonoBehaviour, IManager
{
    // ... No other variable changes needed ...

    // 1
    private string _dataPath;
```

```
    // 2
    void Awake()
    {
        _dataPath = Application.persistentDataPath + "/Player_Data/";

        Debug.Log(_dataPath);
    }

    // ... No other changes needed ...
}
```

Let's break down our code update:

1. We created a private variable to hold the data path string

2. We set the data path string to the application's `persistentDataPath` value, added a new folder name called `Player_Data` using open and closed forward slashes, and printed out the complete path:

> It's important to note that `Application.persistentDataPath` can only be used in a `MonoBehaviour` method like `Awake()`, `Start()`, `Update()`, and so on, and the game needs to be running for Unity to return a valid path.

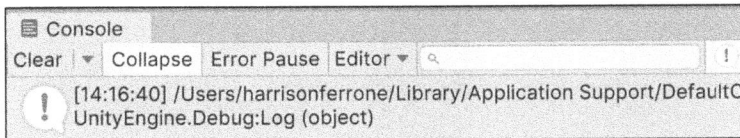

Figure 12.2: File path for Unity persistent data files

> Since I'm using a Mac, my persistent data folder is nested inside my `/Users` folder. Remember to check out `https://docs.unity3d.com/ScriptReference/Application-persistentDataPath.html` to find out where your data is stored if you're using a different device.

When you're not working with a predefined asset path like Unity's persistent data directory, C# has a handy method called `Combine` in the `Path` class for automatically configuring path variables.

The Combine() method can take up to four strings as input parameters or an array of strings representing the path components. For example, a path to your User directory might look like:

```
var path = Path.Combine("/Users", "hferrone", "Chapter_12");
```

This takes care of any potential cross-platform issues with separating characters and back or forward slashes in paths and directories.

Now that we have a path to store our data, let's create a new directory, or folder, in the filesystem. This will let us store our data securely and between game runs, as opposed to temporary storage where it would be deleted or overwritten.

Creating and deleting directories

Creating a new directory folder is straightforward—we check to see if one already exists with the same name on the same path, and if not, we tell C# to create it for us. Everyone has their own ways of dealing with duplicates in their files and folders, so we'll be repeating a fair bit of duplicate checking code in the rest of the chapter.

I'd still recommend following the **Don't Repeat Yourself** (**DRY**) principle in real-world applications; the duplicate checking code is only repeated here to make the examples complete and easy to understand:

1. Add the following method to DataManager:

```
public void NewDirectory()
{
    // 1
    if(Directory.Exists(_dataPath))
    {
        // 2
        Debug.Log("Directory already exists...");
        return;
    }

    // 3
    Directory.CreateDirectory(_dataPath);
    Debug.Log("New directory created!");
}
```

2. Call the new method inside `Initialize()`:

```
public void Initialize()
{
    _state = "Data Manager initialized..";
    Debug.Log(_state);
    NewDirectory();
}
```

Let's break down what we did:

1. First, we check if the directory folder already exists using the path we created in the last step

2. If it's already been created, we send ourselves a message in the console and use the `return` keyword to exit the method without going any further

3. If the directory folder doesn't exist, we pass the `CreateDirectory()` method our data path and log that it's been created

Run the game and make sure that you see the right debug logs in the console, as well as the new directory folder in your persistent data folder.

If you can't find it, use the `_dataPath` value we printed out in the previous step.

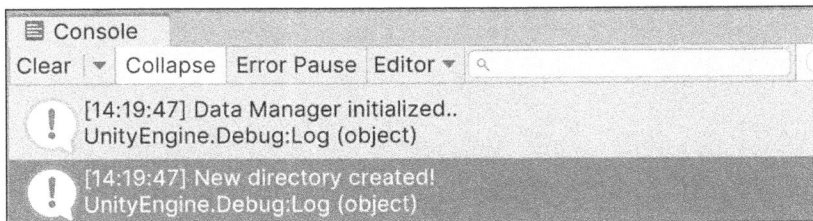

Figure 12.3: Console message for new directory creation

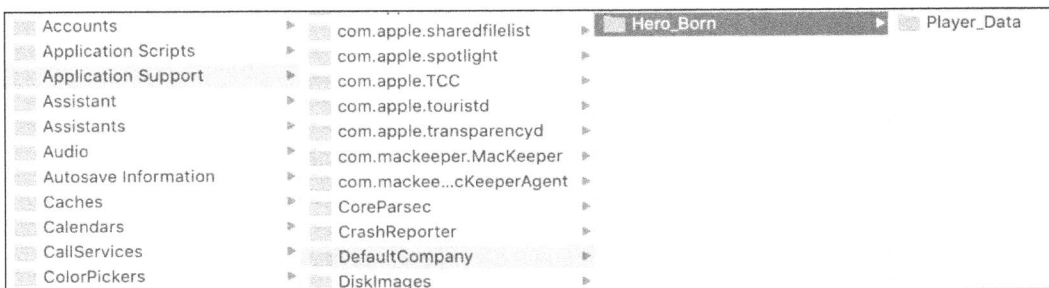

Figure 12.4: New directory created on the desktop

If you run the game a second time, no duplicate directory folder will be created, which is exactly the kind of safe code we want.

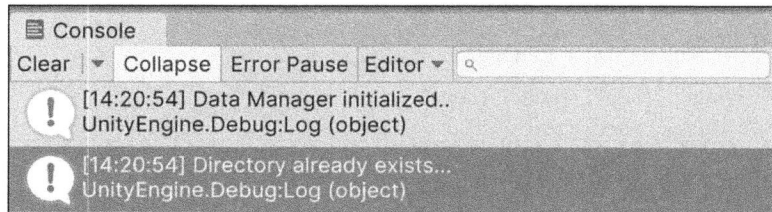

Figure 12.5: Console message for duplicate directory folders

Deleting a directory is very similar to how we created it—we check if it exists, then we use the `Directory` class to delete whatever folder is at the path we pass in.

Add the following method to `DataManager`:

```
public void DeleteDirectory()
{
    // 1
    if(!Directory.Exists(_dataPath))
    {
        // 2
        Debug.Log("Directory doesn't exist or has already been
deleted...");

        return;
    }

    // 3
    Directory.Delete(_dataPath, true);
    Debug.Log("Directory successfully deleted!");
}
```

Since we want to keep the directory we just created, you don't have to call this function right now. However, if you want to try it out, all you need to do is replace `NewDirectory()` with `DeleteDirectory()` in the `Initialize()` function.

An empty directory folder isn't super useful, so let's create our first text file and save it in our new location.

Creating, updating, and deleting files

Working with files is similar to creating and deleting a directory, so we already have the basic building blocks we need. To make sure we don't duplicate data, we'll check if the file already exists, and if not, we'll create a new one in our new directory folder.

> We'll be working with the File class for this section, which has a ton of helpful methods to help us implement our features. You can find the entire list at: https://docs.microsoft.com/en-us/dotnet/api/system.io.file.

An important point to drive home about files before we start is that they need to be opened before you can add text, and they need to be closed after you're finished. If you don't close the file you're programmatically working with, it will stay open in the program's memory. This both uses computation power for something you're not actively editing and can create potential memory leaks.

> We're going to be writing individual methods for each action we want to perform (create, update, and delete). We're also going to check if the files we're working with exist or not in each case, which is repetitive. I've structured this part of the book so you can get a solid grasp of each of the procedures. However, you can absolutely combine them into more economical methods after you've learned the basics.

Take the following steps to create a new text file:

1. Add a new private string path for the new text file and set its value in Awake:

    ```
    private string _textFile;

    void Awake()
    {
        _textFile = _dataPath + "Save_Data.txt";
        // ... No other changes needed ...
    }
    ```

2. Add a new method to DataManager:

    ```
    public void NewTextFile()
    {
        // 1
        if (File.Exists(_textFile))
    ```

```
        {
            Debug.Log("File already exists...");
            return;
        }

        // 2
        File.WriteAllText(_textFile, "<SAVE DATA>\n");

        // 3
        Debug.Log("New file created!");
    }
```

3. Call the new method in `Initialize()`:

```
public void Initialize()
{
    _state = "Data Manager initialized..";
    Debug.Log(_state);
    NewTextFile();
}
```

Let's break down our new code:

1. We check if the file already exists, and if it does, we return out of the method to avoid duplicates:

> It's worth noting that this approach works well for new files that aren't going to be changed. We'll cover updating and overwriting data to files in the next exercise.

2. We use the `WriteAllText()` method because it does everything we need all in one:

   - A new file is created using our `_textFile` path
   - We add a title string that says `<SAVE DATA>` and add two new lines with the `\n` characters
   - Then the file is closed for us automatically

3. We print out a log message to let us know everything went smoothly

When you play the game now, you'll see the debug log in the console and the new text file in your persistent data folder location:

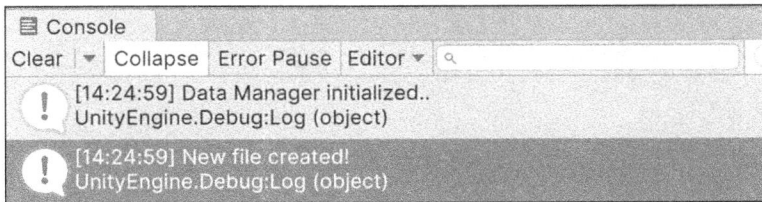

Figure 12.6: Console messages for new file creation

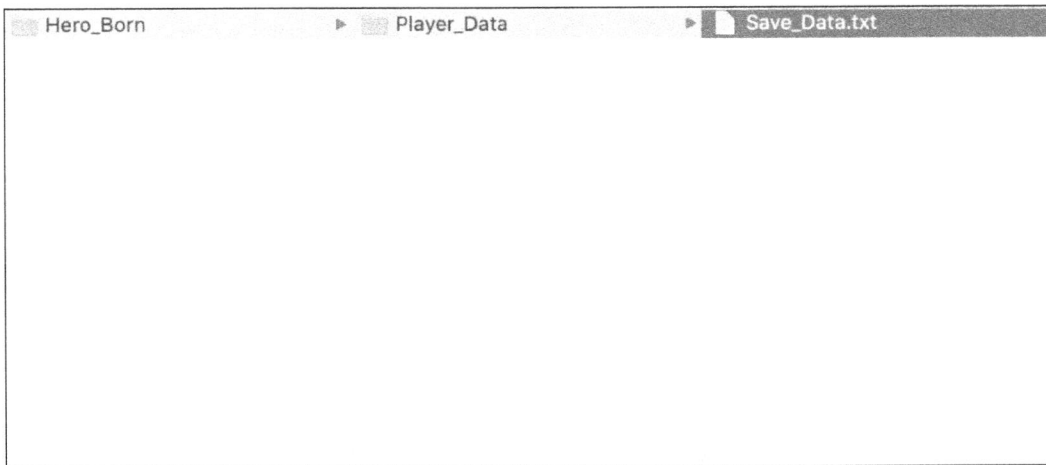

Figure 12.7: New file created on desktop

To update our new text file, we'll do a similar set of operations. It's always nice to know when a new game is started, so your next task is to add a method to write that information to our data file:

1. Add a new using directive to the top of DataManager:

   ```
   using System;
   ```

2. Add a new method to DataManager:

   ```
   public void UpdateTextFile()
   {
       // 1
       if (!File.Exists(_textFile))
       {
           Debug.Log("File doesn't exist...");
   ```

```
        return;
    }


    // 2
    File.AppendAllText(_textFile, $"Game started:{DateTime.Now}\n");


    // 3
    Debug.Log("File updated successfully!");
}
```

3. Call the new method in `Initialize()`:

```
public void Initialize()
{
    _state = "Data Manager initialized..";
    Debug.Log(_state);


    UpdateTextFile();
}
```

Let's break down the above code:

1. If the file exists, we don't want to duplicate it, so we just exit out of the method without any further action

2. If the file does exist, we use another all-in-one method called `AppendAllText()` to add the game's start time:

    -   This method opens the file

    -   It adds a new line of text that's passed in as a method parameter

    -   It closes the file

3. Print out a log message to let us know everything went smoothly

Play the game again and you'll see our console message and a new line in our text file with the new game's date and time:

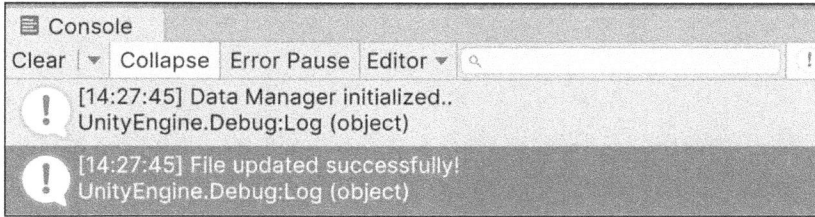

Figure 12.8: Console messages for updating the text file

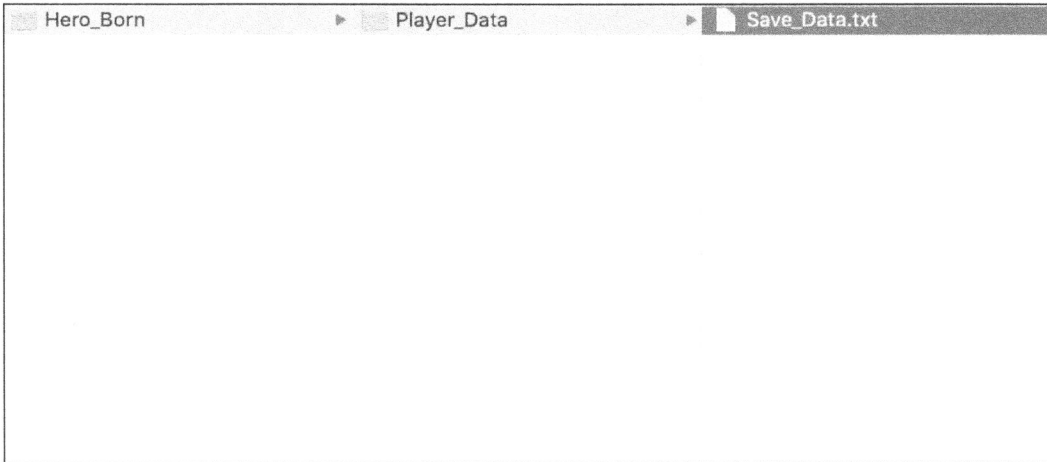

Figure 12.9: Text file data updated

In order to read our new file data, we need a method to grab all the file's text and hand it back to us in a string. Luckily, the File class has methods to do just that:

1. Add a new method to DataManager:

```
// 1
public void ReadFromFile(string filename)
{
    // 2
    if (!File.Exists(filename))
    {
        Debug.Log("File doesn't exist...");
        return;
    }
}
```

```
    // 3
    Debug.Log(File.ReadAllText(filename));
}
```

2. Call the new method in `Initialize()` and pass in the `_textFile` as a parameter:

```csharp
public void Initialize()
{
    _state = "Data Manager initialized..";
    Debug.Log(_state);


    ReadFromFile(_textFile);
}
```

Let's break down the new method's code below:

1. We create a new method that takes in a string parameter for the file we want to read
2. If the file doesn't exist, there's no action needed so we exit out of the method
3. We use the `ReadAllText()` method to get all the file's text data as a string and print it out to the console

Play the game and you'll see a console message with our previous save and a new one!

Figure 12.10: Console message with saved text data read from file

Lastly, let's add a method to delete our text file if we wanted. We're not actually going to use this method, as we want to keep our text file as is, but you can always try it out for yourself:

```csharp
public void DeleteFile(string filename)
{
    if (!File.Exists(filename))
    {
        Debug.Log("File doesn't exist or has already been deleted...");
```

```
        return;
    }


    File.Delete(_textFile);
    Debug.Log("File successfully deleted!");
}
```

Now that we've dipped our toes a little deeper into the filesystem waters, it's time to talk about a slightly upgraded way of working with information—data streams!

Working with streams

So far, we've been letting the File class do all of the heavy lifting with our data. What we haven't talked about is how the File class, or any other class that deals with reading and writing data, does that work under the hood.

For computers, data is made up of bytes. Think of bytes as the computer's atoms; they make up everything—there's even a C# byte type. When we read, write, or update a file, our data is converted into an array of bytes, which are then streamed to or from the file using a Stream object. The data stream is responsible for carrying the data as a sequence of bytes to or from a file, acting as a translator or intermediary for us between our game application and the data files themselves.

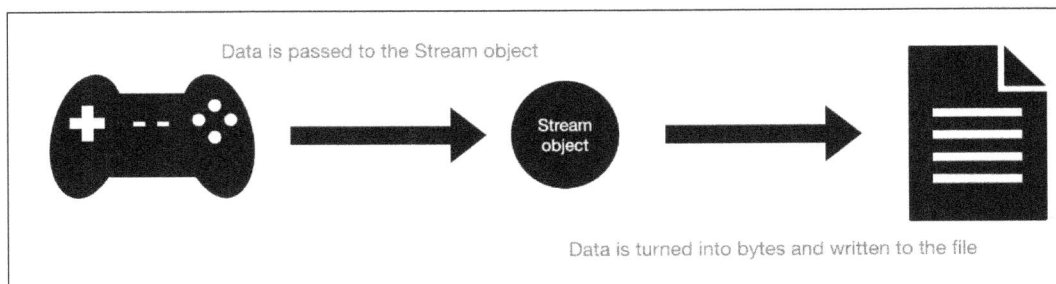

Figure 12.11: Diagram of streaming data to a file

The File class uses Stream objects for us automatically, and there are different Stream subclasses for different functionality:

- Use a FileStream to read and write data to your files
- Use a MemoryStream to read and write data to memory
- Use a NetworkStream to read and write data to other networked computers
- Use a GZipStream to compress data for easier storage and downloading

In the coming sections, we'll get into managing stream resources, using helper classes called `StreamReader` and `StreamWriter` to create, read, update, and delete files. You'll also learn how to format XML more easily using the `XmlWriter` class.

Managing your Stream resources

One important topic we haven't talked about yet is resource allocation. What that means is some processes in your code will put computing power and memory on a sort of layaway plan where you can't touch it. These processes will wait until you explicitly tell your program or game to close and return the layaway resources to you so you're back to full power. Streams are one such process, and they need to be closed after you're done using them. If you don't properly close your streams, your program will keep using those resources even though you're not.

Luckily, C# has a handy interface called `IDisposable` that all `Stream` classes implement. This interface only has one method, `Dispose()`, which tells the stream when to give you back the resources it's been using.

> You don't have to worry too much about this, as we'll cover an automatic way to make sure your streams are always closed correctly. Resource management is just a good programming concept to understand.

We'll be using a `FileStream` for the rest of the chapter, but we'll be doing so with convenience classes called `StreamWriter` and `StreamReader`. These classes leave out the manual conversion of data to bytes, but still use `FileStream` objects themselves.

Using StreamWriter and StreamReader

Both the `StreamWriter` and `StreamReader` classes serve as helpers for using objects belonging to `FileStream` to write and read text data to a specific file. These classes are a big help because they create, open, and return a stream you can use with minimal boilerplate code. The example code we've covered so far is fine for small data files, but streams are the way to go if you're dealing with large and complex data objects.

All we need is the name of the file we want to write to or read from and we're all set. Your next task is to use a stream to write text to a new file:

1. Add a new private string path for the new streaming text file and set its value in `Awake()`:

   ```
   private string _streamingTextFile;

   void Awake()
   ```

```
    {
        _streamingTextFile = _dataPath + "Streaming_Save_Data.txt";
        // ... No other changes needed ...
    }
```

2. Add a new method to `DataManager`:

```
public void WriteToStream(string filename)
{
    // 1
    if (!File.Exists(filename))
    {
        // 2
        StreamWriter newStream = File.CreateText(filename);

        // 3
        newStream.WriteLine("<Save Data> for HERO BORN \n");
        newStream.Close();
        Debug.Log("New file created with StreamWriter!");
    }

    // 4
    StreamWriter streamWriter = File.AppendText(filename);

    // 5
    streamWriter.WriteLine("Game ended: " + DateTime.Now);
    streamWriter.Close();
    Debug.Log("File contents updated with StreamWriter!");
}
```

3. Delete or comment out the methods in `Initialize()` that we used in the previous section and add in our new code:

```
public void Initialize()
{
    _state = "Data Manager initialized..";
    Debug.Log(_state);

    WriteToStream(_streamingTextFile);
}
```

Let's break down the new method in the above code:

1. First, we check that the file doesn't exist using its name

2. If the file hasn't been created yet, we add a new `StreamWriter` instance called `newStream`, which uses the `CreateText()` method to create and open the new file

3. Once the file is open, we use the `WriteLine()` method to add a header, close the stream, and print out a debug message

4. If the file already exists and we just want to update it, we grab our file through a new `StreamWriter` instance using the `AppendText()` method so our existing data doesn't get overwritten

5. Finally, we write a new line with our game data, close the stream, and print out a debug message:

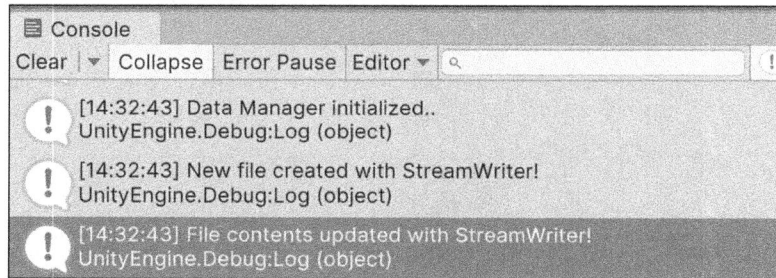

Figure 12.12: Console messages for writing and updating text with a stream

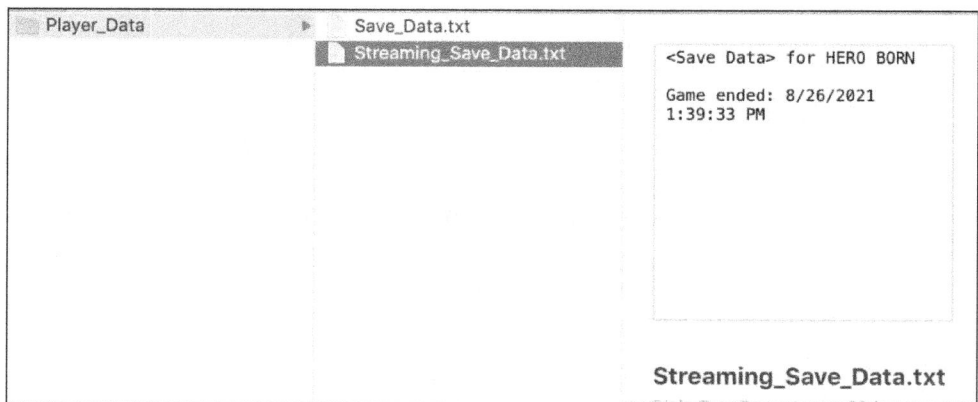

Figure 12.13: New file created and updated with a stream

Reading from a stream is almost exactly like the ReadFromFile() method we created in the last section. The only difference is that we'll use a StreamReader instance to open and read the information. Again, you want to use streams when you're dealing with big data files or complex objects instead of manually creating and writing to files with the File class:

1. Add a new method to DataManager:

```
public void ReadFromStream(string filename)
{
    // 1
    if (!File.Exists(filename))
    {
        Debug.Log("File doesn't exist...");
        return;
    }

    // 2
    StreamReader streamReader = new StreamReader(filename);
    Debug.Log(streamReader.ReadToEnd());
}
```

2. Call the new method in Initialize() and pass in the _streamingTextFile as a parameter:

```
public void Initialize()
{
    _state = "Data Manager initialized..";
    Debug.Log(_state);

    ReadFromStream(_streamingTextFile);
}
```

Let's break down our new code:

1. First, we check that the file doesn't exist, and if it doesn't, then we print out a console message and exit the method

2. If the file does exist, we create a new StreamReader instance with the name of the file we want to access and print out the entire contents using the ReadToEnd method:

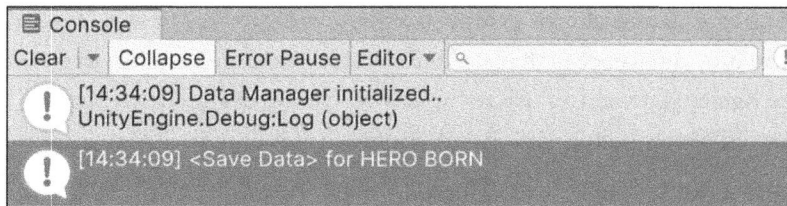

Figure 12.14: Console printing out saved data read from a stream

As you'll start to notice, a lot of our code is starting to look the same. The only difference is our use of stream classes to do the actual reading-writing work. However, it's important to keep in mind how different use cases will determine which route you take. Refer back to the beginning of this section to review how each stream type is different.

So far, we've covered the basic features of a **Creating, Reading, Updating, and Deleting (CRUD)** application using text files. But text files aren't the only data format you'll be using in C# games and applications. You're likely to see lots of XML and JSON in the wild once you start working with databases and your own complex data structures, which text can't compare to in efficiency or storage.

In the next section, we'll work with some basic XML data, then talk about an easier way to manage streams.

Creating an XMLWriter

Sometimes, you won't just have plain old text to write and read from a file. Your project might require XML-formatted documents, in which case, you'll need to know how to use a regular FileStream to save and load XML data.

Writing XML data to a file isn't all that different from what we've been doing with text and streams. The only difference is we'll explicitly create a FileStream and use it to create an instance of an XmlWriter. Think of the XmlWriter class as a wrapper that takes our data stream, applies XML formatting, and spits out our information as an XML file. Once we have that, we can structure the document in the proper XML format using methods from the XmlWriter class and close the file.

Your next task is to create a file path for a new XML document and add the ability to write XML data to that file using the DataManager class:

1. Add the new Xml using directive to the top of the DataManager class:

    ```
    using System.Xml;
    ```

2. Add a new private string path for the new XML file and set its value in Awake( ):

```
private string _xmlLevelProgress;

void Awake()
{
    _xmlLevelProgress = _dataPath + "Progress_Data.xml";
    // ... No other changes needed ...
}
```

3. Add a new method at the bottom of the DataManager class:

```
public void WriteToXML(string filename)
{
    // 1
    if (!File.Exists(filename))
    {
        // 2
        FileStream xmlStream = File.Create(filename);

        // 3
        XmlWriter xmlWriter = XmlWriter.Create(xmlStream);

        // 4
        xmlWriter.WriteStartDocument();
        // 5
        xmlWriter.WriteStartElement("level_progress");

        // 6
        for (int i = 1; i < 5; i++)
        {
            xmlWriter.WriteElementString("level", "Level-" + i);
        }

        // 7
        xmlWriter.WriteEndElement();

        // 8
```

```
        xmlWriter.Close();
        xmlStream.Close();
    }
}
```

4. Call the new method in `Initialize()` and pass in `_xmlLevelProgress` as a parameter:

```
public void Initialize()
{
    _state = "Data Manager initialized..";
    Debug.Log(_state);

    WriteToXML(_xmlLevelProgress);
}
```

Let's break down our XML writing method:

1. First, we check if the file already exists
2. If the file doesn't exist, we create a new `FileStream` using the new path variable we created
3. We then create a new `XmlWriter` instance and pass it our new `FileStream`
4. Next, we use the `WriteStartDocument` method to specify XML version 1.0
5. Then we call the `WriteStartElement` method to add the opening root element tag named `level_progress`
6. Now we can add individual elements to our document using the `WriteElementString` method, passing in `level` as the element tag and the level number using a `for` loop and its index value of `i`
7. To close the document, we use the `WriteEndElement` method to add a closing `level` tag
8. Finally, we close the writer and stream to release the stream resources we've been using

If you run the game now, you'll see a new `.xml` file in our `Player_Data` folder with the level progress information:

Player_Data	▶	Progress_Data.xml	`<?xml version="1.0" encoding="utf-8"?><level_progress><level>Level-1</level><level>Level-2</level><level>Level-3</level><level>Level-4</level></level_progress>`
		Save_Data.txt	
		Streaming_Save_Data.txt	

Figure 12.15: New XML file created with document data

You'll notice that there is no indenting or formatting, which is expected because we didn't specify any output formatting. We're not going to use any of them in this example because we'll be talking about a more efficient way of writing XML data in the next section on serialization.

> You can find the list of output formatting properties at: `https://docs.microsoft.com/dotnet/api/system.xml.xmlwriter#specifying-the-output-format`.

The good news is that reading an XML file is no different than reading any other file. You can call either the `readfromfile()` or `readfromstream()` methods inside `initialize()` and get the same console output:

```
public void Initialize()
{
    _state = "Data Manager initialized..";
    Debug.Log(_state);

    ReadFromStream(_xmlLevelProgress);
}
```

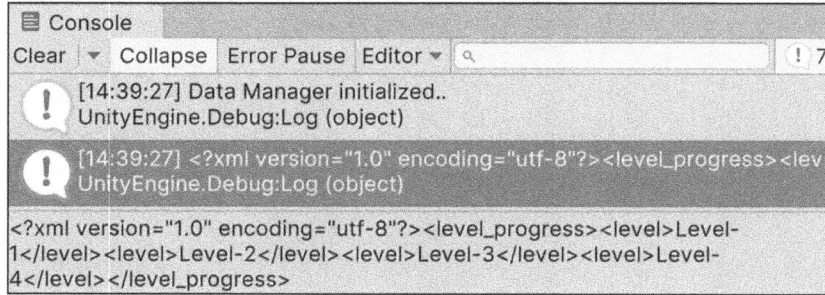

Figure 12.16: Console output from reading the XML file data

Now that we've written a few methods using streams, let's take a look at how to efficiently, and more importantly, automatically, close any stream.

Automatically closing streams

When you're working with streams, wrapping them in a using statement automatically closes the stream for you by calling the Dispose() method from the IDisposable interface we mentioned earlier. This way, you never have to worry about unused allocated resources your program might be keeping open for no reason.

The syntax is almost exactly the same as what we've already done, except we use the using keyword at the beginning of the line, then reference a new stream inside a pair of parentheses, followed by a set of curly braces. Anything we want the stream to do, like read or write data, is done inside the curly braces block of code. For example, creating a new text file as we did in the WriteToStream() method would look like this:

```
// The new stream is wrapped in a using statement
using(StreamWriter newStream = File.CreateText(filename))
{
    // Any text goes inside the curly braces
    newStream.WriteLine("<Save Data> for HERO BORN \n");
}
```

As soon as the stream logic is inside the code block, the outer using statement automatically closes the stream and returns the allocated resources to your program. From here on out, I'd recommend always using this syntax to write your streaming code. It's more efficient, much safer, and will demonstrate your understanding of basic resource management!

With our text and XML stream code working, it's time to move on. If you're wondering why we didn't stream any JSON data, it's because we need to add one more tool to our data toolbox—serialization!

Serializing data

When we talk about serializing and deserializing data, what we're really talking about is translation. While we've been translating our text and XML piecemeal in previous sections, being able to take an entire object and translate it in one shot is a great tool to have.

By definition:

- The act of **serializing** an object translates the object's entire state into another format
- The act of **deserializing** is the reverse, taking the data from a file and restoring it to its former object state

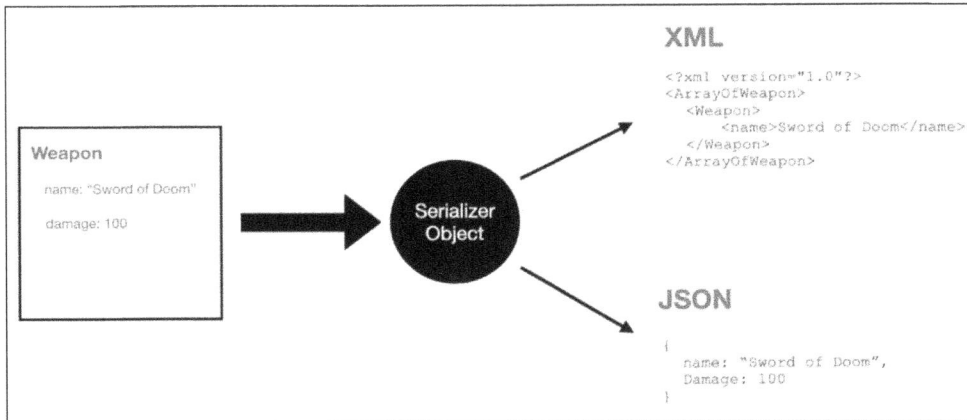

Figure 12.17: Example of serializing an object into XML and JSON

Let's take a practical example from the above image—an instance of our Weapon class. Each weapon has its own name and damage properties and associated values, which is called its state. The state of an object is unique, which allows the program to tell them apart.

An object's state also includes properties or fields that are reference types. For instance, if we had a Character class that had a Weapon property, C# would still recognize the weapon's name and damage properties when serializing and deserializing. You might hear objects with reference properties referred to as object graphs out in the programming world.

Before we jump in, it's worth noting that serializing objects can be tricky if you're not keeping a close eye on making sure the object properties match the data from a file, and vice versa. For example, if there's a mismatch between your class object properties and the data being deserialized, the serializer will return an empty object.

To really get the hang of this, let's take our Weapon example and turn it into working code.

Serializing and deserializing XML

Your task for the rest of this chapter is to serialize and deserialize a list of weapons into XML and JSON, with XML going first!

1. Open the Weapon.cs file and add the using System namespace and a serializable attribute so Unity and C# know the object can be serialized:

    ```
    using System;


    [Serializable]
    public struct Weapon
    {
        // ... No other changes needed ...
    }
    ```

2. Add a new Serialization using directive to the top of the DataManager class:

    ```
    using System.Xml.Serialization;
    ```

3. In the DataManager class, add two new variables, one for the XML file path and one for the list of weapons:

    ```
    // ... No other variable changes needed ...

    private string _xmlWeapons;

    private List<Weapon> weaponInventory = new List<Weapon>
    {
        new Weapon("Sword of Doom", 100),
        new Weapon("Butterfly knives", 25),
        new Weapon("Brass Knuckles", 15),
    };
    ```

4. Set the XML file path value in Awake:

```
void Awake()
{
    // ... No other changes needed ...

    _xmlWeapons = _dataPath + "WeaponInventory.xml";
}
```

5. Add a new method at the bottom of the DataManager class:

```
public void SerializeXML()
{
    // 1
    var xmlSerializer = new XmlSerializer(typeof(List<Weapon>));

    // 2
    using(FileStream stream = File.Create(_xmlWeapons))
    {
        // 3
        xmlSerializer.Serialize(stream, weaponInventory);
    }
}
```

6. Call the new method in Initialize:

```
public void Initialize()
{
    _state = "Data Manager initialized..";
    Debug.Log(_state);

    SerializeXML();
}
```

Let's break down our new method:

1. First, we create an XmlSerializer instance and pass in the type of data we're going to be translating. In this case, the _weaponInventory is of type List<Weapon>, which is what we use in the typeof operator:

> The `XmlSerializer` class is another helpful formatting wrapper, just like the `XmlWriter` class we used earlier

2. Then, we create a `FileStream` using the `_xmlWeapons` file path and wrapped in a `using` code block to make sure it's closed properly.

3. Finally, we call the `Serialize()` method and pass in the stream and the data we want to translate.

Run the game again to see the new XML document we created with our `Weapon` data without having to specify any additional formatting!

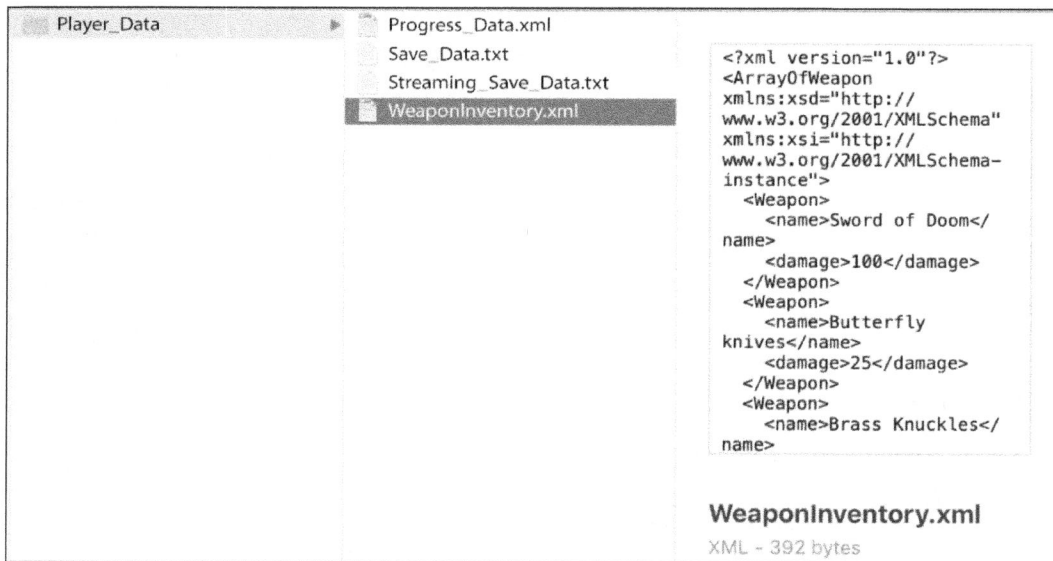

Player_Data	Progress_Data.xml
	Save_Data.txt
	Streaming_Save_Data.txt
	WeaponInventory.xml

```
<?xml version="1.0"?>
<ArrayOfWeapon
xmlns:xsd="http://
www.w3.org/2001/XMLSchema"
xmlns:xsi="http://
www.w3.org/2001/XMLSchema-
instance">
  <Weapon>
    <name>Sword of Doom</
name>
    <damage>100</damage>
  </Weapon>
  <Weapon>
    <name>Butterfly
knives</name>
    <damage>25</damage>
  </Weapon>
  <Weapon>
    <name>Brass Knuckles</
name>
```

WeaponInventory.xml

XML - 392 bytes

Figure 12.18: XML output in the weapon inventory file

To read back our XML into a list of weapons, we set up everything almost exactly the same, except we use the `Deserialize()` method from the `XmlSerializer` class instead:

1. Add the following method to the bottom of the `DataManager` class:

```
public void DeserializeXML()
{
    // 1
    if (File.Exists(_xmlWeapons))
    {
```

```
        // 2
        var xmlSerializer = new XmlSerializer(typeof(List<Weapon>));

        // 3
        using (FileStream stream = File.OpenRead(_xmlWeapons))
        {
            // 4
            var weapons = (List<Weapon>)xmlSerializer.
Deserialize(stream);

            // 5
            foreach (var weapon in weapons)
            {
                Debug.LogFormat("Weapon: {0} - Damage: {1}",
                    weapon.Name, weapon.Damage);
            }
        }
    }
}
```

2.   Call the new method in `Initialize` and pass in the `_xmlWeapons` as a parameter:

```
public void Initialize()
{
    _state = "Data Manager initialized..";
    Debug.Log(_state);

    DeserializeXML();
}
```

Let's break down the `deserialize()` method:

1.   First, we check if the file exists

2.   If the file exists, we create an `XmlSerializer` object and specify that we're going to put the XML data back into a `List<Weapon>` object

3. Then, we open up a FileStream with the _xmlWeapons filename:

    > We're using File.OpenRead() to specify that we want to open the file for
    > reading, not writing

4. Next, we create a variable to hold our deserialized list of weapons:

    > We put the explicit List<Weapon> cast in front of the call to Deserialize()
    > so that we get the correct type back from the serializer

5. Finally, we use a foreach loop to print out each weapon's name and damage values in
    the console

When you run the game once again, you'll see that we get a console message for each weapon
we deserialized from the XML list:

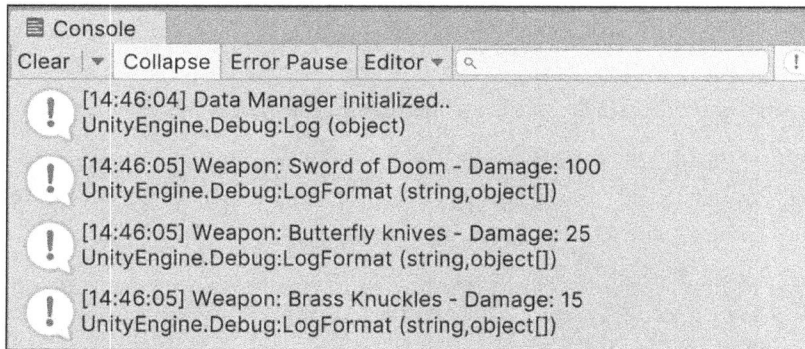

Figure 12.19: Console output from deserializing XML

That's all we need to do for XML data, but before we finish the chapter, we still need to learn how
to work with JSON!

Serializing and deserializing JSON

When it comes to serializing and deserializing JSON, Unity and C# aren't completely in sync. Essentially, C# has its own JsonSerializer class that works the exact same way as the XmlSerializer
class we used in the previous examples.

In order to access the JSON serializer, you need the `System.Text.Json` using directive. Here's the rub—Unity doesn't support that namespace. Instead, Unity uses the `System.Text` namespace and implements its own JSON serializer class called `JsonUtility`.

Because our project is in Unity, we're going to work with Unity's supported serialization class. However, if you're working with a non-Unity C# project, the concepts are the same as the XML code we just wrote.

> You can find a complete how-to that includes code from Microsoft at: `https://docs.` `microsoft.com/en-us/dotnet/standard/serialization/system-text-json-` `how-to#how-to-write-net-objects-as-json-serialize`.

Your next task is to serialize a single weapon to get the hang of the `JsonUtility` class:

1. Add a new `Text` using directive to the top of the `DataManager` class:

    ```
    using System.Text;
    ```

2. Add a new private string path for the new XML file and set its value in `Awake()`:

    ```
    private string _jsonWeapons;
    void Awake()
    {
        _jsonWeapons = _dataPath + "WeaponJSON.json";
    }
    ```

3. Add a new method at the bottom of the `DataManager` class:

    ```
    public void SerializeJSON()
    {
        // 1
        Weapon sword = new Weapon("Sword of Doom", 100);
        // 2
        string jsonString = JsonUtility.ToJson(sword, true);

        // 3
        using(StreamWriter stream = File.CreateText(_jsonWeapons))
        {
            // 4
            stream.WriteLine(jsonString);
        }
    }
    ```

4.   Call the new method in `Initialize()` and pass in the `_jsonWeapons` as a parameter:

```
public void Initialize()
{
    _state = "Data Manager initialized..";
    Debug.Log(_state);

    SerializeJSON();
}
```

Here's the breakdown of the serialization:

1.   First, we need a weapon to work with, so we create one with our class initializer

2.   Then we declare a variable to hold the translated JSON data when it's formatted as a string and call the `ToJson()` method:

> The `ToJson()` method we're using takes in the sword object we want to serialize and a Boolean value of `true` so the string is pretty printed with proper indenting. If we didn't specify a `true` value, the JSON would still print out; it would just be a regular string, which isn't easily readable.

3.   Now that we have a text string to write to a file, we create a `StreamWriter` stream and pass in the `_jsonWeapons` filename

4.   Finally, we use the `WriteLine()` method and pass it the `jsonString` value to write to the file

Run the program and look at the new JSON file we created and wrote data into!

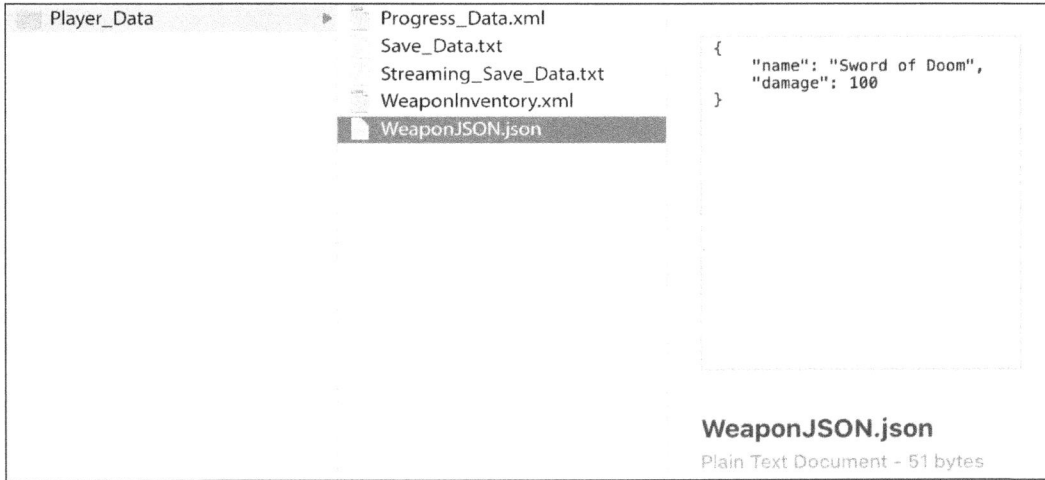

Figure 12.20: JSON file with weapon properties serialized

Now let's try and serialize the list of weapons we used in the XML examples and see what happens.

Update the `SerializeJSON()` method to use the existing list of weapons instead of the single sword instance:

```
public void SerializeJSON()
{
    string jsonString = JsonUtility.ToJson(weaponInventory, true);

    using(StreamWriter stream =
      File.CreateText(_jsonWeapons))
    {
        stream.WriteLine(jsonString);
    }
}
```

When you run the game again, you'll see the JSON file data was overwritten and all we ended up with is an empty array:

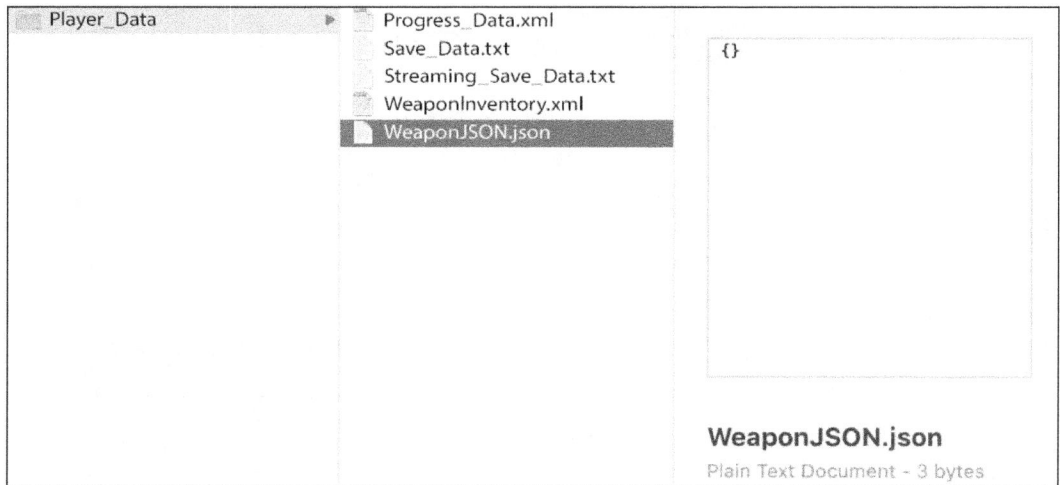

Figure 12.21: JSON file with an empty object after serialization

Again, this is because the way Unity handles JSON serialization doesn't support lists or arrays by themselves. Any list or array needs to be part of a class object for Unity's `JsonUtility` class to recognize and handle it correctly. In addition, the `JsonUtility` class doesn't support `Dictionary` or complex types out of the box.

> However, Unity supports alternatives like Newtonsoft (`https://www.newtonsoft.com/json`), which you can find at: `https://docs.unity3d.com/Packages/com.unity.nuget.newtonsoft-json@3.0/manual/index.html`.

Don't panic; if we think about this, it's a fairly intuitive fix—we just need to create a class that has a list or weapons property and use that when we serialize our data into JSON!

1. Open `Weapon.cs` and add the following serializable `WeaponShop` class to the bottom of the file. Be super careful to put the new class outside the `Weapon` class curly braces:

```
[Serializable]
public class WeaponShop
{
    public List<Weapon> inventory;
}
```

2. Back in the DataManager class, update the SerializeJSON() method with the following code:

```
public void SerializeJSON()
{
    // 1
    WeaponShop shop = new WeaponShop();
    // 2
    shop.inventory = weaponInventory;

    // 3
    string jsonString = JsonUtility.ToJson(shop, true);

    using(StreamWriter stream = File.CreateText(_jsonWeapons))
    {
        stream.WriteLine(jsonString);
    }
}
```

Let's break down the changes we just made:

1. First, we create a new variable called shop, which is an instance of the WeaponShop class

2. Then we set the inventory property to the weaponInventory list of weapons we already declared

3. Finally, we pass the shop object to the ToJson() method and write the new string data to the JSON file

Run the game again and look at the pretty printed list of weapons we've created:

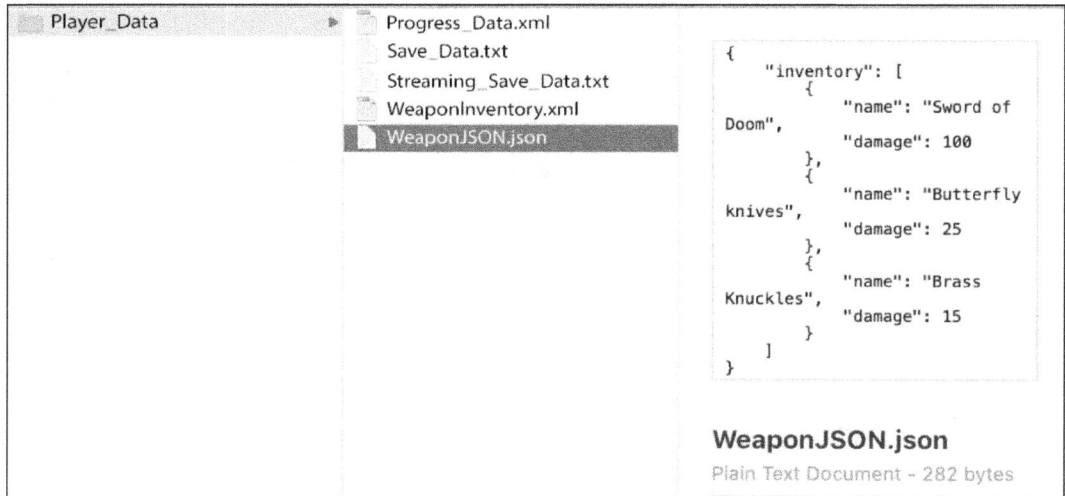

```
{
    "inventory": [
        {
            "name": "Sword of
Doom",
            "damage": 100
        },
        {
            "name": "Butterfly
knives",
            "damage": 25
        },
        {
            "name": "Brass
Knuckles",
            "damage": 15
        }
    ]
}
```

WeaponJSON.json

Plain Text Document - 282 bytes

Figure 12.22: List object properly serialized into JSON

Deserializing JSON text back into an object is the reverse process of what we just did:

1. Add a new method at the bottom of the `DataManager` class:

```
public void DeserializeJSON()
{
    // 1
    if(File.Exists(_jsonWeapons))
    {
        // 2
        using (StreamReader stream = new StreamReader(_jsonWeapons))
        {
            // 3
            var jsonString = stream.ReadToEnd();

            // 4
            var weaponData = JsonUtility.FromJson<WeaponShop>
              (jsonString);

            // 5
```

```
                    foreach (var weapon in weaponData.inventory)
                    {
                        Debug.LogFormat("Weapon: {0} - Damage: {1}",
                          weapon.Name, weapon.Damage);
                    }
                }
            }
        }
```

2. Call the new method in `Initialize()` and pass `_jsonWeapons` in as a parameter:

```
    public void Initialize()
    {
        _state = "Data Manager initialized..";
        Debug.Log(_state);

        DeserializeJSON();
    }
```

Let's break down the `DeserializeJSON()` method below:

1. First, we check if the file exists

2. If it does exist, we create a stream with the `_jsonWeapons` file path wrapped in a `using` code block

3. Then, we use the stream's `ReadToEnd()` method to grab the entire JSON text from the file

4. Next, we create a variable to hold our deserialized list of weapons and call the `FromJson()` method:

> Notice that we specify that we want to turn our JSON into a `WeaponShop` object with the `<WeaponShop>` syntax before passing in the JSON string variable

5. Finally, we loop through the weapon shop's `inventory` list property and print out each weapon's name and damage values in the console

Run the game one last time and you'll see a console message printed out for each weapon in our JSON data:

```
[15:10:51] Directory already exists...
UnityEngine.Debug:Log (object)

[15:10:51] Weapon: Sword of Doom - Damage: 100
UnityEngine.Debug:LogFormat (string,object[])

[15:10:51] Weapon: Butterfly knives - Damage: 25
UnityEngine.Debug:LogFormat (string,object[])

[15:10:51] Weapon: Brass Knuckles - Damage: 15
UnityEngine.Debug:LogFormat (string,object[])

Directory already exists...
UnityEngine.Debug:Log (object)
DataManager:NewDirectory () (at Assets/Scripts/DataManager.cs:73)
DataManager:Initialize () (at Assets/Scripts/DataManager.cs:56)
DataManager:Start () (at Assets/Scripts/DataManager.cs:47)
```

Figure 12.23: Console output from deserializing a list of JSON objects

Data roundup

Every individual module and topic we've covered in this chapter can be used by itself or combined to suit your project's needs. For example, you could use text files to store character dialog and only load it when you need to. This would be more efficient than having the game keep track of it every time it runs, even when the information isn't being used.

You could also put character data or enemy statistics into either an XML or JSON file and read from the file anytime you need to level up a character or spawn a new monster. Finally, you could fetch data from a third-party database and serialize it into your own custom classes. This is a super common scenario with storing player accounts and external game data.

> You can find a list of data types that can be serialized in C# at: `https://docs.microsoft.com/en-us/dotnet/framework/wcf/feature-details/types-supported-by-the-data-contract-serializer`. Unity handles serialization a little differently, so make sure you check the available types at: `https://docs.unity3d.com/ScriptReference/SerializeField.html`.

The point I'm trying to make is that data is everywhere, and it's your job to create a system that handles it the way your game needs, brick by brick.

Summary

And that's a wrap on the basics of working with data! Congratulations on making it through this monster chapter intact. Data in any programming context is a big topic, so take everything you've learned in this chapter as a jumping-off point.

You already know how to navigate the filesystem and create, read, update, and delete files. You also learned how to effectively work with text, XML, and JSON data formats, as well as data streams. And you know how to take an entire object's state and serialize or deserialize it into both XML and JSON. All in all, learning these skills was no small feat. Don't forget to review and revisit this chapter more than once; there's a lot here that might not become second nature on the first run-through.

In the next chapter, we'll discuss the basics of generic programming, get a little hands-on experience with delegates and events, and wrap up with an overview of exception handling.

Pop quiz—data management

1. Which namespace gives you access to the `Path` and `Directory` classes?

2. In Unity, what folder path do you use to save data between runs of your game?

3. What data type do `Stream` objects use to read and write information to files?

4. What happens when you serialize an object into JSON?

Don't forget to check your answers against mine in the *Pop Quiz Answers* appendix to see how you did!

Join us on discord!

Read this book alongside other users, Unity game development experts and the author himself.

Ask questions, provide solutions to other readers, chat with the author via. Ask Me Anything sessions and much more.

Scan the QR code or visit the link to join the community.

`https://packt.link/csharpwithunity`

13

Exploring Generics, Delegates, and Beyond

The more time you spend programming, the more you start thinking about systems. Structuring how classes and objects interact, communicate, and exchange data are all examples of systems we've worked with so far; the question now is how to make them safer and more efficient.

Since this will be the last practical chapter of the book, we'll be going over examples of generic programming concepts, delegation, event creation, and error handling. Each of these topics is a large area of study in its own right, so take what you learn here and expand on it in your projects. After we complete our practical coding, we'll finish up with a brief overview of design patterns and how they'll play a part in your programming journey going forward.

We'll cover the following topics in this chapter:

- Generic programming
- Using delegates
- Creating events and subscriptions
- Throwing and handling errors
- Understanding design patterns

Introducing generics

All of our code so far has been very specific in terms of defining and using types. However, there will be cases where you need a class or method to treat its entities in the same way, regardless of its type, while still being type-safe. Generic programming allows us to create reusable classes, methods, and variables using a placeholder, rather than a concrete type.

When a generic class instance is created at compile time or a method is used, a concrete type will be assigned, but the code itself treats it as a generic type. Being able to write generic code is a huge benefit when you need to work with different object types in the same way, for example, custom collection types that need to be able to perform the same operations on elements regardless of type, or classes that need the same underlying functionality.

> We've already seen this in action with the List type, which is a generic type. We can access all its addition, removal, and modification functions regardless of whether it's storing integers, strings, or individual characters.

While you might be asking yourself why we don't just subclass or use interfaces, you'll see in our examples that generics help us in a different way.

Generic classes

Creating a generic class works the same as creating a non-generic class but with one important difference: its generic type parameter. Let's take a look at an example of a generic collection class we might want to create to get a clearer picture of how this works:

```
public class SomeGenericCollection<T> {}
```

We've declared a generic collection class named SomeGenericCollection and specified that its type parameter will be named T. Now, T will stand in for the element type that the generic list will store and can be used inside the generic class just like any other type.

Whenever we create an instance of SomeGenericCollection, we need to specify the type of values it can store:

```
SomeGenericCollection<int> highScores = new SomeGenericCollection<int>();
```

In this case, highScores stores integer values and T stands in for the int type, but the SomeGenericCollection class will treat any element type the same.

> You have complete control over naming a generic type parameter, but the industry standard in many programming languages is a capital T. If you are going to name your type parameters differently, consider starting the name with a capital T for consistency and readability.

Let's create a more game-focused example next with a generic Shop class to store some fictional inventory items with the following steps:

1. Create a new C# script in the Scripts folder, name it Shop, and update its code to the following:

```csharp
using System.Collections;
using System.Collections.Generic;
using UnityEngine;

// 1
public class Shop<T>
{
    // 2
    public List<T> inventory = new List<T>();
}
```

2. Create a new instance of Shop in GameBehavior:

```csharp
public class GameBehavior : MonoBehaviour, IManager
{
    // ... No other changes needed ...

    public void Initialize()
    {
        // 3
        var itemShop = new Shop<string>();

        // 4
        Debug.Log("Items for sale: " + itemShop.inventory.Count);
    }
}
```

Let's break down the code:

1. Declares a new generic class named IShop with a T type parameter

2. Adds an inventory List<T> of type T to store whatever item types we initialize the generic class with

3. Creates a new instance of Shop<string> in GameBehavior and specifies string values as the generic type

4.   Prints out a debug message with the inventory count:

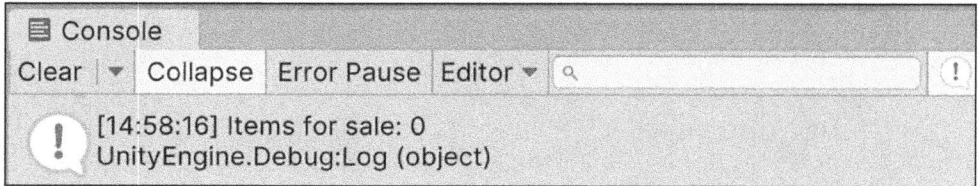

Figure 13.1: Console output from a generic class

To provide a complete view of the Unity editor, all our screenshots are taken in full-screen mode. For color versions of all book images, use the link below: `https://packt.link/7yy5V`.

Nothing new has happened here yet in terms of functionality, but Visual Studio now recognizes Shop as a generic class because of its generic type parameter, T. This sets us up to include additional generic operations like adding inventory items or finding how many of each item is available.

> It's worth noting here that generics aren't supported by the Unity Serializer by default. If you want to serialize generic classes, as we did with custom classes in the last chapter, you need to add the Serializable attribute to the top of the class, as we did with our Weapon class. You can find more information at: `https://docs.unity3d.com/ScriptReference/SerializeReference.html`.

Generic methods

A standalone generic method can have a placeholder type parameter, just like a generic class, which allows it to be included inside either a generic or non-generic class as needed:

```
public void GenericMethod<T>(T genericParameter) {}
```

The T type can be used inside the method body and defined when the method is called:

```
GenericMethod<string>("Hello World!");
```

If you want to declare a generic method inside a generic class, you don't need to specify a new T type:

```
public class SomeGenericCollection<T>
{
    public void NonGenericMethod(T genericParameter) {}
}
```

When you call a non-generic method that uses a generic type parameter, there's no issue because the generic class has already taken care of assigning a concrete type:

```
SomeGenericCollection<int> HighScores = new SomeGenericCollection
<int> ();
highScores.NonGenericMethod(35);
```

> Generic methods can be overloaded and marked as static, just like non-generic methods. If you want the specific syntax for those situations, check out the following link:
> https://docs.microsoft.com/en-us/dotnet/csharp/programming-guide/
> generics/generic-methods.

Your next task is to create a method that adds new generic items to the inventory and use it in the GameBehavior script.

Since we already have a generic class with a defined type parameter, let's add a non-generic method to see them working together:

1. Open up Shop.cs and update the code as follows:

```
public class Shop<T>
{
    public List<T> inventory = new List<T>();
    // 1
    public void AddItem(T newItem)
    {
        inventory.Add(newItem);
    }
}
```

2. Now open GameBehavior.cs and add an item to itemShop:

```
public class GameBehavior : MonoBehaviour, IManager
{
    // ... No other changes needed ...

     public void Initialize()
    {
        var itemShop = new Shop<string>();

        // 2
```

```
        itemShop.AddItem("Potion");
        itemShop.AddItem("Antidote");
        Debug.Log("Items for sale: " + itemShop.inventory.Count);
    }
}
```

Let's break down the code:

1. Declares a method for adding `newItems` of type `T` to the inventory

2. Adds two string items to `itemShop` using `AddItem()` and prints out a debug log:

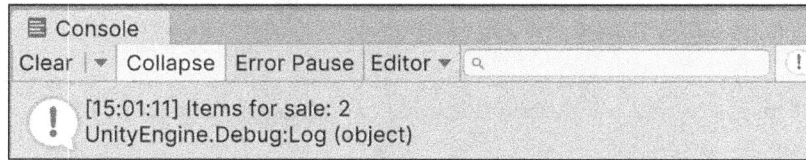

Figure 13.2: Console output after adding an item to a generic class

We wrote `AddItem()` to take in a parameter of the same type as our generic `Shop` instance. Since `itemShop` was created to hold string values, we add the `Potion` and `Antidote` string values without any issues.

However, if you try and add an integer, for example, you'll get an error saying that the generic type of the `itemShop` doesn't match:

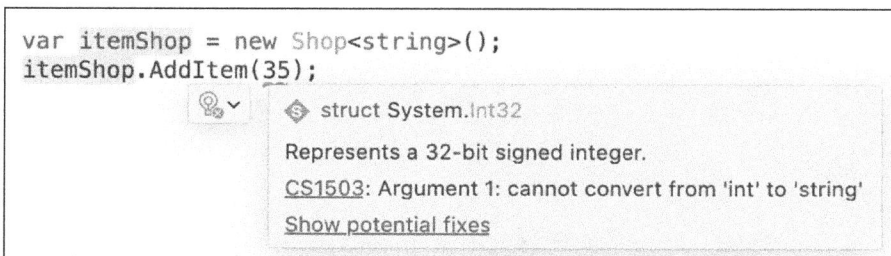

Figure 13.3: Conversion error in a generic class

Now that you've written a generic method, you need to know how to use multiple generic types in a single class. For example, what if we wanted to add a method to the `Shop` class that finds out how much of a given item is in stock? We can't use type `T` again because it's already been defined in the class definition, just like we couldn't declare multiple variables with the same name in the same class. So what do we do?

Add the following method to the bottom of the Shop class:

```
// 1
public int GetStockCount<U>()
{
    // 2
    var stock = 0;

    // 3
    foreach (var item in inventory)
    {
        if (item is U)
        {
            stock++;
        }
    }

    // 4
    return stock;
}
```

Let's break down our new method:

1. Declares a method that returns an int value for how many matching items of type U we find in the inventory

    •   Generic type parameter naming is completely up to you, just like naming variables. Conventionally, they start at T and continue in alphabetical order from there.

2. Creates a variable to hold the number of matching stock items we find and eventually return from the inventory

3. Uses a foreach loop to go through the inventory list and increase the stock value every time a match is found

4. Returns the number of matching stock items

The problem here is that we're storing string values in our shop, so if we try and look up how many string items we have, we'll get the full inventory:

```
Debug.Log("Items for sale: " + itemShop.GetStockCount<string>());
```

This will print something like the following to the console:

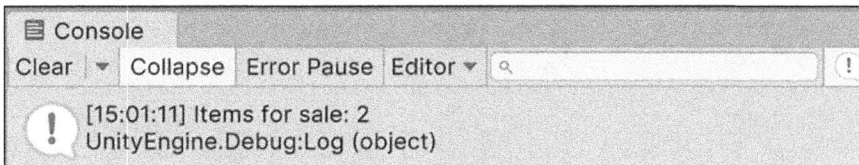

Figure 13.4: Console output from using multiple generic string types

On the other hand, if we tried to look up integer types in our inventory, we'd get no results because we're only storing strings:

```
Debug.Log("Items for sale: " + itemShop.GetStockCount<int>());
```

This will print something like the following to the console:

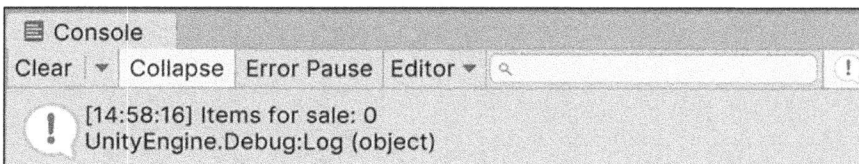

Figure 13.5: Console output using multiple non-matching generic types

Neither of these scenarios is ideal since we can't make sure our shop inventory is storing AND can be searched for the same item type. But here's where generics really shine—we can add rules for our generic classes and methods to enforce the behavior we want, which we'll cover in the next section.

Constraint type parameters

One of the great things about generics is that their type parameters can be limited. This might contradict what we've learned about generics so far, but just because a class *can* contain any type doesn't mean it should be allowed to. For example, think of a game where you need to store a list or characters, but you want the character list to be limited to enemy types. You could check each character before adding it to the list, but that wouldn't be efficient. Instead, we can just say that the list only accepts enemy types and leave it at that.

To constrain a generic type parameter, we need a new keyword and a syntax we haven't seen before:

```
public class SomeGenericCollection<T> where T: ConstraintType {}
```

The where keyword defines the rules that T must pass before it can be used as a generic type parameter. It essentially says SomeGenericClass can take in any T type as long as it conforms to the constraining type. The constraining rules aren't anything mystical or scary; they're concepts we've already covered:

- Adding the class keyword would constrain T to types that are classes
- Adding the struct keyword would constrain T to types that are structs
- Adding an interface, such as IManager, as the type would limit T to types that adopt the interface
- Adding a custom class, such as Character, would constrain T to only that class type

> If you need a more flexible approach to account for classes that have subclasses, you can use where T : U, which specifies that the generic T type must be of, or derive from, the U type. This is a little advanced for our needs, but you can find more details at: https://docs.microsoft.com/en-us/dotnet/csharp/programming-guide/generics/constraints-on-type-parameters.

Just for fun, let's constrain Shop to only accept a new type called Collectable:

1. Create a new script in the Scripts folder, name it Collectable, and add the following code:

```
using System.Collections;
using System.Collections.Generic;
using UnityEngine;

public class Collectable
{
    public string name;
}

public class Potion : Collectable
{
    public Potion()
    {
        this.name = "Potion";
    }
}
```

```csharp
public class Antidote : Collectable
{
    public Antidote()
    {
        this.name = "Antidote";
    }
}
```

2. All we've done here is declare a new class called `Collectable` with a name property, and created subclasses for potions and antidotes. With this structure, we can enforce our `Shop` to only accept `Collectable` types, and our stock-finding method to only accept `Collectable` types as well so we can compare them and find matches.

3. Open up `Shop` and update the class declaration:

```csharp
public class Shop<T> where T : Collectable
```

4. Update the `GetStockCount()` method to constrain U to equal whatever the initial generic T type is:

```csharp
public int GetStockCount<U>() where U : T
{
    var stock = 0;
    foreach (var item in inventory)
    {
        if (item is U)
        {
            stock++;
        }
    }
    return stock;
}
```

5. In `GameBehavior`, update the `itemShop` instance to the following code:

```csharp
var itemShop = new Shop<Collectable>();
itemShop.AddItem(new Potion());
itemShop.AddItem(new Antidote());
Debug.Log("Items for sale: " + itemShop.GetStockCount<Potion>();
```

6. This will result in a debug log showing only one `Potion` for sale because that's the `Collectable` type we specified:

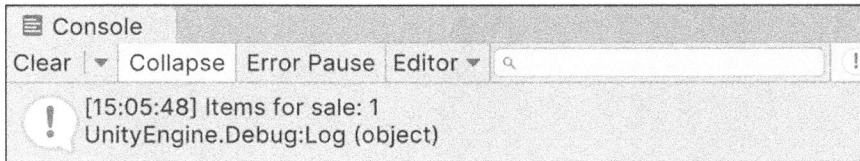

Figure 13.6: Output from updated GameBehavior script

In our example, we can ensure only collectible types are allowed in our shops. If we accidentally try and add non-collectible types in our code, Visual Studio will alert us about trying to break our own rules, as shown in *Figure 13.7*:

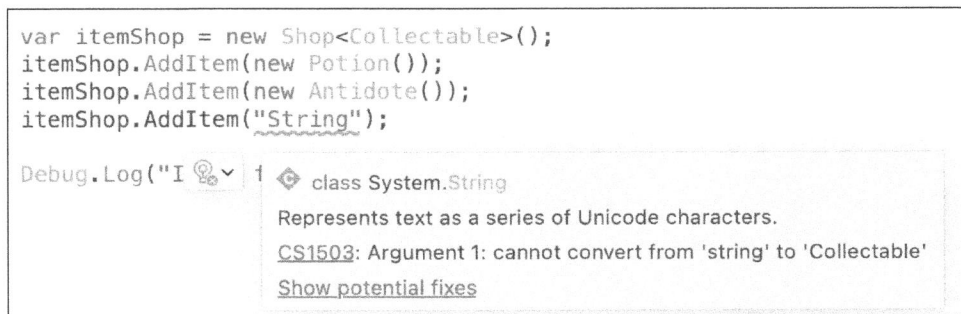

Figure 13.7: Error with incorrect generic type

Adding generics to Unity objects

Generics also work with Unity scripts and GameObjects. For example, we can easily create a generic destroyable class to use on any `MonoBehaviour` or object `Component` we want to delete from the scene. If this sounds familiar, it's what our `BulletBehavior` does for us, but it's not applicable to anything other than that script. To make this more scalable, let's make any script that inherits from `MonoBehaviour` destroyable:

1. Create a new script in the `Scripts` folder, name it `Destroyable`, and add the following code:

```
using System.Collections;
using System.Collections.Generic;
using UnityEngine;

public class Destroyable<T> : MonoBehaviour where T : MonoBehaviour
{
```

```
    public float OnscreenDelay = 3f;

    void Start()
    {
        Destroy(this.gameObject, OnscreenDelay);
    }
}
```

2. Delete all the code inside `BulletBehavior` and inherit from the new generic class:

```
public class BulletBehavior : Destroyable<BulletBehavior>
{
}
```

We've now turned our `BulletBehavior` script into a generic destroyable object. Nothing changes in the `Bullet` Prefab, but we can make any other object destroyable by inheriting from the generic `Destroyable` class. In our example, this would boost code efficiency and reusability if we created multiple projectile Prefabs and wanted them all to be destroyable, but at different times.

Generic programming is a powerful tool in our toolbox, but with the basics covered it's time to talk about an equally important topic as you progress in your programming journey—delegation!

Delegating actions

There will be times when you need to pass off, or delegate, the execution of a method from one file to another. In C#, this can be accomplished through delegate types, which store references to methods and can be treated like any other variable. The only caveat is that the delegate itself and any assigned method need to have the same signature—just like integer variables can only hold whole numbers and strings can only hold text.

Creating a delegate is a mix between writing a function and declaring a variable:

```
public delegate returnType DelegateName(int param1, string param2);
```

You start with an access modifier followed by the `delegate` keyword, which identifies it to the compiler as a `delegate` type. A `delegate` type can have a return type and name as a regular function, as well as parameters if needed. However, this syntax only declares the `delegate` type itself; to use it, you need to create an instance as we do with classes:

```
public DelegateName someDelegate;
```

With a `delegate` type variable declared, it's easy to assign a method that matches the delegate signature:

```
public DelegateName someDelegate = MatchingMethod;
public void MatchingMethod(int param1, string param2)
{
    // ... Executing code here ...
}
```

Notice that you don't include the parentheses when assigning `MatchingMethod` to the `someDelegate` variable, as it's not calling the method at this point. What it's doing is delegating the calling responsibility of `MatchingMethod` to `someDelegate`, which means we can call the function as follows:

```
someDelegate();
```

This might seem cumbersome at this point in your C# skill development, but I promise you that being able to store and execute methods like variables will come in handy down the road.

Creating a debug delegate

Let's create a simple delegate type to define a method that takes in a string and eventually prints it out using an assigned method. Open up `GameBehavior` and add the following code:

```
public class GameBehavior : MonoBehaviour, IManager
{
    // ... No other changes needed ...

    // 1
    public delegate void DebugDelegate(string newText);

    // 2
    public DebugDelegate debug = Print;

    public void Initialize()
    {
        _state = "Game Manager initialized..";
        _state.FancyDebug();

        // 3
        debug(_state);
```

```
        // ... No changes needed ...
    }

    // 4
    public static void Print(string newText)
    {
        Debug.Log(newText);
    }
}
```

Let's break down the code:

1. Declares a `public delegate` type named `DebugDelegate` to hold a method that takes in a `string` parameter and returns `void`

2. Creates a new `DebugDelegate` instance named `debug` and assigns it a method with a matching signature named `Print()`

3. Replaces the `Debug.Log(_state)` code inside `Initialize()` with a call to the debug delegate instance instead

4. Declares `Print()` as a `static` method that takes in a `string` parameter and logs it to the console:

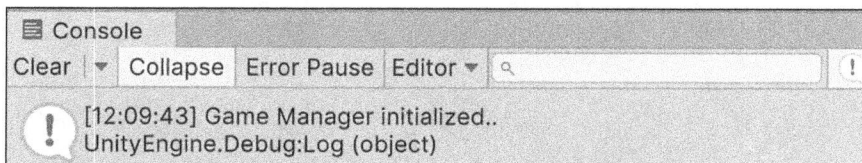

Figure 13.8: Console output from a delegate action

Nothing in the console has changed, but instead of directly calling `Debug.Log()` inside `Initialize()`, that operation has been delegated to the debug delegate instance. While this is a simplistic example, delegation is a powerful tool when you need to store, pass, and execute methods as their types.

In Unity, we've already worked with examples of delegation by using the `OnCollisionEnter()` and `OnCollisionExit()` methods, which are methods that are called through delegation. In the real world, custom delegates are most useful when paired with events, which we'll see in a later section of this chapter.

Delegates as parameter types

Since we've seen how to create delegate types for storing methods, it makes sense that a delegate type could also be used as a method parameter itself. This isn't that far removed from what we've already done, but it's a good idea to cover our bases.

Let's see how a delegate type can be used as a method parameter. Update GameBehavior with the following code:

```
public class GameBehavior : MonoBehaviour, IManager
{
    // ... No changes needed ...

    public void Initialize()
    {
        _state = "Game Manager initialized..";
        _state.FancyDebug();
        debug(_state);

        // 1
        LogWithDelegate(debug);
    }

    // 2
    public void LogWithDelegate(DebugDelegate del)
    {
        // 3
        del("Delegating the debug task...");
    }
}
```

Let's break down the code:

1. Calls LogWithDelegate() and passes in our debug variable as its type parameter
2. Declares a new method that takes in a parameter of the DebugDelegate type

3. Calls the delegate parameter's function and passes in a string literal to be printed out:

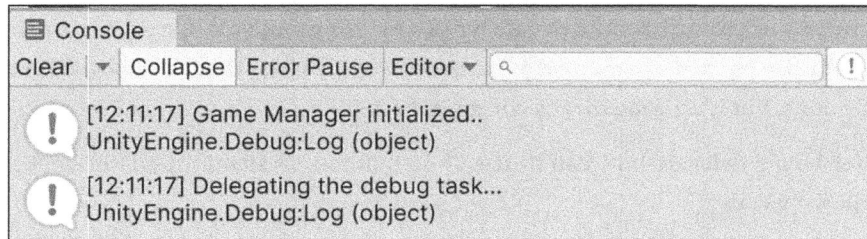

Figure 13.9: Console output of a delegate as a parameter type

We've created a method that takes in a parameter of the DebugDelegate type, which means that the actual argument passed in will represent a method and can be treated as one. Think of this example as a delegation chain, where LogWithDelegate() is two steps removed from the actual method doing the debugging, which is Print(). Creating a delegation chain like this isn't always a common solution in a game or application scenario, but when you need to control levels of delegation it's important to understand the syntax involved. This is especially true in scenarios where your delegation chain is spread across multiple scripts or classes.

> It's easy to get lost with delegation if you miss an important mental connection, so go back and review the code from the beginning of the section and check the docs at: https://docs.microsoft.com/en-us/dotnet/csharp/programming-guide/delegates/.

Now that you know how to work with basic delegates, it's time to talk about how events can be used to efficiently communicate information between multiple scripts. Honestly, the best use case for a delegate is being paired with events, which we'll dive into next.

Firing events

C# events allow you to essentially create a subscription system based on actions in your games or apps. For instance, if you wanted to send out an event whenever an item is collected, or when a player presses the spacebar, you could do that. However, when an event fires, it doesn't automatically have a subscriber, or receiver, to handle any code that needs to execute after the event action.

Any class can subscribe or unsubscribe to an event through the calling class the event is fired from; just like signing up to receive notifications on your phone when a new post is shared on Facebook, events form a kind of distributed-information superhighway for sharing actions and data across your application.

Declaring events is similar to declaring delegates in that an event has a specific method signature. We'll use a delegate to specify the method signature we want the event to have, then create the event using the delegate type and the event keyword:

```
public delegate void EventDelegate(int param1, string param2);
public event EventDelegate eventInstance;
```

This setup allows us to treat eventInstance as a method because it's a delegate type, which means we can send it out at any time by calling it:

```
eventInstance(35, "John Doe");
```

> Unity also has its own built-in event type called UnityAction that can be customized however you need (but is less optimized for performance than C# events). Check out the following link for more information and code: https://docs.unity3d.com/2023.2/Documentation/ScriptReference/Events.UnityAction.html.

Your next task is to create an event of your own and fire it off in the appropriate place inside PlayerBehavior.

Creating and invoking events

Let's create an event to fire off any time our player jumps. Open up PlayerBehavior and add the following changes:

```
public class PlayerBehavior : MonoBehaviour
{
    // ... No other variable changes needed ...

    // 1
    public delegate void JumpingEvent();

    // 2
    public static event JumpingEvent playerJump;

    void Start()
    {
        // ... No changes needed ...
    }
```

```
        void Update()
        {
            // ... No changes needed ...


        }


        void FixedUpdate()
        {
            if(_isJumping && IsGrounded())
            {
                _rb.AddForce(Vector3.up * jumpVelocity,
                    ForceMode.Impulse);

                // 3
                playerJump();
            }
        }


        // ... No changes needed in IsGrounded or OnCollisionEnter
}
```

Let's break down the code:

1. Declares a new delegate type that returns void and takes in no parameters

2. Creates an event of the JumpingEvent type, named playerJump, that can be treated as a method that matches the preceding delegate's void return and no parameter signature

    a. We made this event static so it can be accessed without needing to find the specific instance of PlayerBehavior in the scene (which is something you'll frequently see with events and actions)

3. Calls playerJump after the force is applied in Update()

We have successfully created a simple delegate type that takes in no parameters and returns nothing, as well as an event of that type to execute whenever the player jumps. Each time the player jumps, the playerJump event is sent out to all of its subscribers to notify them of the action.

After the event fires, it's up to its subscribers to process it and do additional operations, which we'll see in the *Handling event subscriptions* section, next.

Handling event subscriptions

Right now, our playerJump event has no subscribers, but changing that is simple and very similar to how we assigned method references to delegate types in the last section:

```
someClass.eventInstance += EventHandler;
```

Since events are variables that belong to the class they're declared in, and subscribers will be other classes, a reference to the event-containing class is necessary for subscriptions. The += operator is used to assign a method that will fire when an event executes, just like setting up an out-of-office email.

Like assigning delegates, the method signature of the event handler method must match the event's type. In our previous syntax example, that means EventHandler needs to be the following:

```
public void EventHandler(int param1, string param2) {}
```

In cases where you need to unsubscribe from an event, you simply do the reverse of the assignment by using the -= operator:

```
someClass.eventInstance -= EventHandler;
```

> Event subscriptions are generally handled when a class is initialized or destroyed, making it easy to manage multiple events without messy code implementations.

Now that you know the syntax for subscribing and unsubscribing to events, it's your turn to put this into practice in the GameBehavior script.

Now that our event is firing every time the player jumps, go back and update GameBehavior.cs with the following code to capture the action:

```
public class GameBehavior : MonoBehaviour, IManager
{
    // 1

    void OnEnable()
    {
        // 2
        PlayerBehavior.playerJump += HandlePlayerJump;
        debug("Jump event subscribed...");
```

```
    }

    // 3
    public void HandlePlayerJump()
    {
        debug("Player has jumped...");
    }

    // ... No other changes ...
}
```

Let's break down the code:

1. Declares the OnEnable() method, which is called whenever the object the script is attached to becomes active in the scene

2. OnEnable is a method in the MonoBehaviour class, so all Unity scripts have access to it. This is a great place to put event subscriptions instead of Awake because it only executes when the object is active, not just in the process of loading.

3. Subscribes to the playerJump event declared in PlayerBehavior with a method named HandlePlayerJump using the += operator

4. Declares the HandlePlayerJump() method with a signature that matches the event's type and logs a success message using the debug delegate each time the event is received.

Now each time you jump, you'll see a debug message with the event message:

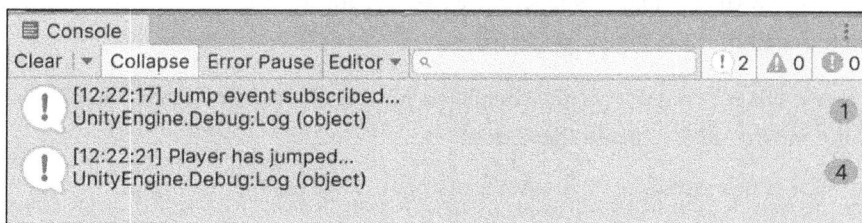

Figure 13.10: Console output from a delegate event firing

Since event subscriptions are configured in scripts, and scripts are attached to Unity objects, our job isn't done yet. We still need to handle how we clean up subscriptions when the object is destroyed or removed from the scene, which we'll cover in the next section.

Cleaning up event subscriptions

Even though our player is never destroyed in our prototype, that's a common feature in games when you lose. It's always important to clean up event subscriptions because they take up allocated resources, as we discussed with streams in *Chapter 12, Saving, Loading, and Serializing Data*.

We don't want any subscriptions hanging around after the subscribed object has been destroyed, so let's clean up our jumping event. Add the following code to GameBehavior after the OnEnable method:

```
// 1
private void OnDisable()
{
    // 2
    PlayerBehavior.playerJump -= HandlePlayerJump;
    debug("Jump event unsubscribed...");
}
```

Let's break down our new code addition:

1. Declares the OnDisable() method, which belongs to the MonoBehavior class and is the companion to the OnEnable() method we used earlier

    • Any cleanup code you need to write should generally go in this method, as it executes when the object the script is attached to is inactive

2. Unsubscribes the playerJump event from HandlePlayerJump using the -= operator and prints out a console message

Now our script properly subscribes and unsubscribes to an event when the GameObject is enabled and disabled, leaving no unused resources in our game scene.

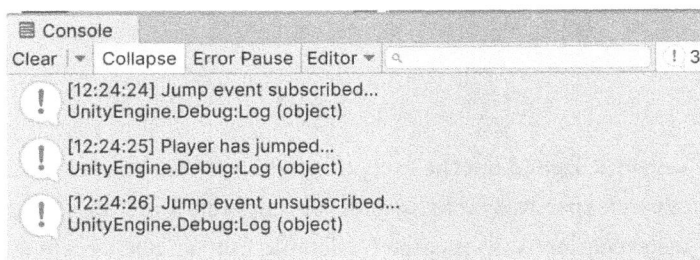

Figure 13.11: Console output from a delegate event firing

That wraps up our discussion on events. Now you can broadcast them to every corner of your game from a single script and react to scenarios like a player losing life, collecting items, or updating the UI. However, we still have to discuss a very important topic that no program can succeed without, and that's **error handling**.

Handling exceptions

Efficiently incorporating errors and exceptions into your code is both a professional and personal benchmark in your programming journey. Before you start yelling *"Why would I add errors when I've spent all this time trying to avoid them?!"*, you should know that I don't mean adding errors to break your existing code. It's quite the opposite—including errors or exceptions and handling them appropriately when pieces of functionality are used incorrectly makes your code base stronger and less prone to crashes, not weaker.

Throwing exceptions

When we talk about adding errors, we refer to the process as *exception throwing*, which is an apt visual analogy. Throwing exceptions is part of something called **defensive programming**, which essentially means that you actively and consciously guard against improper or unplanned operations in your code. To mark those situations, you throw out an exception from a method that is then handled by the calling code.

Let's take an example: say we have an if statement that checks whether a player's email address is valid before letting them sign up. If the email entered is not valid, we want our code to throw an exception:

```
public void ValidateEmail(string email)
{
    if(!email.Contains("@"))
    {
        throw new System.ArgumentException("Email is invalid");
    }
}
```

We use the throw keyword to send out the exception, which is created with the new keyword followed by the exception we specify. System.ArgumentException() will log the information about where and when the exception was executed by default, but can also accept a custom string if you want to be more specific.

ArgumentException is a subclass of the Exception class and is accessed through the System class shown previously. C# comes with many built-in exception types, including subclasses for checking for null values, out-of-range collection values, and invalid operations. Exceptions are a prime example of using the right tool for the right job. Our example only needs the basic ArgumentException, but you can find the full descriptive list at: https://docs.microsoft.com/en-us/dotnet/api/system.exception#Standard.

Let's keep things simple on our first foray into exceptions and make sure that our level only re-starts if we provide a positive scene index number:

1. Open up Utilities and add the following code to the overloaded version of RestartLevel(int):

```
public static bool RestartLevel(int sceneIndex)
{
    // 1
    if(sceneIndex < 0)
    {
        // 2
        throw new System.ArgumentException("Scene index cannot be
negative");
    }

    Debug.Log("Player deaths: " + PlayerDeaths);
    string message = UpdateDeathCount(ref PlayerDeaths);
    Debug.Log("Player deaths: " + PlayerDeaths);
    Debug.Log(message);

    SceneManager.LoadScene(sceneIndex);
    Time.timeScale = 1.0f;

    return true;
}
```

2. Change `RestartLevel()` in `GameBehavior` to take in a negative scene index and lose the game:

```
// 3
public void RestartScene()
{
    Utilities.RestartLevel(-1);
}
```

Let's break down the code:

1. Declares an `if` statement to check that `sceneIndex` is not less than 0 or a negative number

2. Throws an `ArgumentException` with a custom message if a negative scene index is passed in as an argument

3. Calls `RestartLevel()` with a scene index of `-1`:

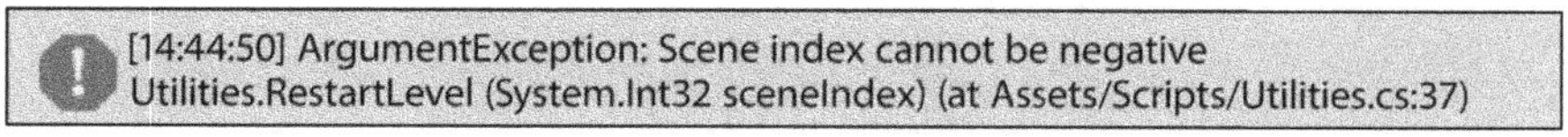

> [14:44:50] ArgumentException: Scene index cannot be negative
> Utilities.RestartLevel (System.Int32 sceneIndex) (at Assets/Scripts/Utilities.cs:37)

Figure 13.12: Console output when an exception is thrown

When we lose the game now, `RestartLevel()` is called, but since we're using `-1` as the scene index argument, our exception is fired before any of the scene manager logic is executed. We don't have any other scenes configured in our game at the moment, but this defensive code acts as a safeguard and doesn't let us take an action that might crash the game (Unity doesn't support negative indexes when loading scenes).

Now that you've successfully thrown an error, you need to know how to handle the fallout from the error, which leads us to our next section and the `try-catch` statement.

Using try-catch

Now that we've thrown an error, it's our job to safely handle the possible outcomes that calling `RestartLevel()` might have because, at this point, this is not addressed properly. The way to do this is with a new kind of statement, called `try-catch`:

```
try
{
    // Call a method that might throw an exception
}
catch (ExceptionType localVariable)
{
```

```
    // Catch all exception cases individually
}
```

The try-catch statement is made up of consecutive code blocks that are executed on different conditions; it's like a specialized if/else statement. We call any methods that potentially throw exceptions in the try block—if no exceptions are thrown, the code keeps executing without interruption. If an exception is thrown, the code jumps to the catch statement that matches the thrown exception, just like switch statements do with their cases. catch statements need to define what exception they are accounting for and specify a local variable name that will represent it inside the catch block.

You can chain as many catch statements after the try block as you need to handle multiple exceptions thrown from a single method, provided they are catching different exceptions. For example:

```
try
{
    // Call a method that might throw an exception
}
catch (ArgumentException argException)
{
    // Catch argument exceptions here
}
catch (FileNotFoundException fileException)
{
    // Catch exceptions for files not found here
}
```

There's also an optional finally block that can be declared after any catch statements that will execute at the very end of the try-catch statement, regardless of whether an exception was thrown:

```
finally
{
    // Executes at the end of the try-catch no matter what
}
```

Your next task is to use a try-catch statement to handle any errors thrown from restarting the level unsuccessfully. Now that we have an exception that is thrown when we lose the game, let's handle it safely.

Update GameBehavior with the following code and lose the game again:

```csharp
public class GameBehavior : MonoBehaviour, IManager
{
    // ... No variable changes needed ...
    public void RestartScene()
    {
        // 1
        try
        {
            Utilities.RestartLevel(-1);
            debug("Level successfully restarted...");
        }
        // 2
        catch (System.ArgumentException exception)
        {
            // 3
            Utilities.RestartLevel(0);
            debug("Reverting to scene 0: " + exception.ToString());
        }
        // 4
        finally
        {
            debug("Level restart has completed...");
        }
    }
}
```

Let's break down the code:

1. Declares the try block and moves the call to RestartLevel() inside with a debug command to print out if the restart is completed without any exceptions

2. Declares the catch block and defines System.ArgumentException as the exception type it will handle and exception as the local variable name

3. Restarts the game at the default scene index if the exception is thrown:

   - Uses the debug delegate to print out a custom message, plus the exception information, which can be accessed from exception and converted into a string with the ToString() method

Since exception is of the ArgumentException type, there are several properties and methods associated with the Exception class that you can access. These are often useful when you need detailed information about a particular exception.

4. Adds a finally block with a debug message to signal the end of the exception-handling code:

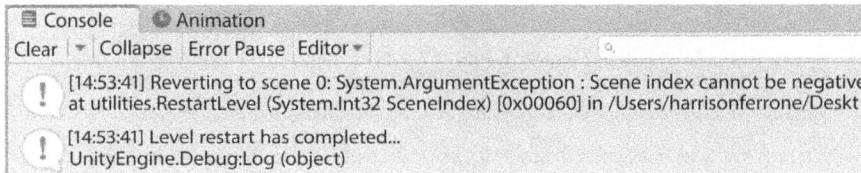

Figure 13.13: Console output of a complete try-catch statement

When RestartLevel() is called now, our try block safely allows it to execute, and if an error is thrown, it's caught inside the catch block. The catch block restarts the level at the default scene index and the code proceeds to the finally block, which simply logs a message for us.

It's important to understand how to work with exceptions, but you shouldn't get into the habit of putting them everywhere in your code. This will lead to bloated classes and might affect the game's processing time. Instead, you want to use exceptions where they are most needed—in-validation or data processing, rather than game mechanics.

C# allows you the freedom to create your exception types to suit any specific needs your code might have, but that's beyond the scope of this book. It's just a good thing to remember for the future: https://docs.microsoft.com/en-us/dotnet/standard/exceptions/how-to-create-user-defined-exceptions.

Summary

While this chapter brings us to the end of our practical adventure into C# and Unity 2023, I hope that your journey into game programming and software development has just begun. You've learned everything from creating variables, methods, and class objects to writing your game mechanics, enemy behavior, and more.

The topics we've covered in this chapter have been a level above what we dealt with for the majority of this book, and with good reason. You already know your programming brain is a muscle that you need to exercise before you can advance to the next plateau. That's all generics, events, and design patterns are: just the next rung up the programming ladder.

In the next chapter, I will leave you with resources, further reading, and lots of other helpful (and, dare I say, cool) opportunities and information about the Unity community and the software development industry at large.

Happy coding!

Pop quiz—intermediate C#

1. What is the difference between a generic and non-generic class?
2. What needs to match when assigning a value to a delegate type?
3. How would you unsubscribe from an event?
4. Which C# keyword would you use to send out an exception in your code?

Don't forget to check your answers against mine in the *Pop Quiz Answers* appendix to see how you did!

Join us on discord!

Read this book alongside other users, Unity game development experts and the author himself.

Ask questions, provide solutions to other readers, chat with the author via. Ask Me Anything sessions and much more.

Scan the QR code or visit the link to join the community.

https://packt.link/csharpwithunity

14

The Journey Continues

If you started this book as a complete newcomer to the world of programming, congratulations on your achievement! If you came in knowing a bit about Unity or another scripting language, guess what? Congratulations to you as well. If you began with all the topics and concepts we covered already firmly solidified in your head, you guessed it: congratulations. There is no such thing as an insignificant learning experience, no matter how much or how little you may think you came away with. Revel in the time you spent learning something new, even if it only turned out to be a new keyword.

As you reach the end of this journey, it's important to look back at the skills you've acquired along the way. As with all instructional content, there's always more to learn and explore, so this chapter will focus on cementing the following topics and giving you resources for your next adventure:

- Diving deeper
- Object-oriented programming and beyond
- Design patterns
- Approaching Unity projects
- C# and Unity resources
- Unity certifications
- Next steps and future learning

Diving deeper

While we've done a good amount of work with variables, types, methods, and classes throughout this book, there are still areas of C# that were left unexplored.

Learning a new skill shouldn't be a simple bombardment of information without context; it should be a careful stack of bricks, one on top of the other, each building on the foundational knowledge already acquired.

Here are some of the concepts you'll want to look into as you progress in your programming journey, regardless of whether it's with Unity or diving into .NET with C#:

- Optional and dynamic variables
- Debugging approaches
- Concurrent programming
- Networking and RESTful APIs
- Recursion and reflection
- Design patterns
- Functional programming

As you revisit the code we've written throughout this book, don't just think about what we accomplished, but also about how the different parts of our project work together. Our code is modular, meaning actions and logic are self-contained. Our code is flexible because we've used **Object-Oriented Programming** (**OOP**) techniques, which makes it easy to improve and update. Our code is clean and doesn't repeat, making it readable to anyone who looks at it down the line, even if that's us.

The takeaway here is that digesting basic concepts takes time. Things don't always sink in on the first try, and the "Aha!" moments don't always come when you expect. The key is to keep learning new things, but always with one eye on your foundation.

Let's take our own advice and revisit the tenets of OOP in the next section.

Remembering your object-oriented programming

OOP is a vast field of expertise, and its mastery requires not only study but also time spent applying its principles to real-life software development.

With all the foundational information you learned in this book, it might seem like a mountain you're just better off not even attempting to climb. However, when you feel that way, take a step back and revisit these key concepts from *Chapter 5, Working with Classes, Structs, and OOP*:

- Classes are blueprints for objects you want to create in code
- They can contain properties, methods, and events

- They use constructors to define how they are instantiated

- Instantiating objects from a class blueprint creates a unique instance of that class

- Classes are reference types, meaning when the reference is copied it's not a new instance

- Structs are value types, meaning when the struct is copied a brand-new instance is created

- Classes can use inheritance to share common behavior and data with subclasses

- Classes use access modifiers to encapsulate their data and behaviors

- Classes can be composed of other class or struct types

- Polymorphism allows subclasses to be treated the same as their parent class

- Polymorphism also allows subclass behaviors to be changed without affecting the parent class

Once you've mastered OOP, there are other programming paradigms to explore, such as functional and reactive programming. A simple online search will get you going in the right direction.

Design patterns primer

Before we wrap up the book, I want to talk about a concept that will play a huge part in your programming career: **design patterns**. Googling design patterns or software programming patterns will give you a host of definitions and examples, which can be overwhelming if you've never encountered them before. Let's simplify the term and define a design pattern as follows:

A template for solving programming problems or situations that you'll run into on a regular basis during any kind of application development. These are not hardcoded solutions—they're more like tested guidelines and best practices that can be adapted to fit a specific situation.

There's a lot of history behind how design patterns became an integral part of the programming lexicon, but that excavation is up to you.

If this concept strikes a chord with your programming brain, start with the book *Design Patterns: Elements of Reusable Object-Oriented Software* and its authors, the *Gang of Four*: Erich Gamma, Richard Helm, Ralph Johnson, and John Vlissides.

This barely scratches the surface of what design patterns can do in real-world programming situations. I highly encourage you to dig into their history and application—they'll be one of your best resources going forward.

Next, even though the goal of this book has been to teach you C#, we can't forget about everything we've learned about Unity.

Approaching Unity projects

Even though Unity is a 3D game engine, it still has to follow the principles set down by the code it's built on. When you think of your game, remember that the GameObjects, components, and systems you see on screen are just visual representations of classes and data; they're not magical or unknown—they're the result of taking the programming foundations you've learned in this book to their advanced conclusion.

Everything in Unity is an object, but that doesn't mean all C# classes have to work within the engine's MonoBehaviour framework. Don't be limited to thinking only about in-game mechanics; branch out and define your data or behavior the way your project needs.

Lastly, always ask yourself how you can best separate code out into pieces of functionality instead of creating huge, bloated, thousand-line classes. Related code should be responsible for its behavior and stored together. That means creating separate MonoBehaviour classes and attaching them to the GameObjects they affect. I said it at the beginning of this book, and I'll say it again: programming is more a mindset and contextual framework than syntax memorization. Keep training your brain to think like a programmer and eventually, you won't be able to see the world any differently.

Unity features we didn't cover

We managed to briefly cover many of Unity's core features in *Chapter 6, Getting Your Hands Dirty with Unity*, but there is still so much more the engine has to offer. These topics aren't in any particular order of importance, but if you're going forward with Unity development, you'll want to have at least a passing familiarity with the following:

- Shaders and effects
- Scriptable objects
- Editor extension scripting
- Non-programmatic UI
- ProBuilder and Terrain tools
- PlayerPrefs and saving data
- Model rigging
- Animator states and transitions

You should also go back and dive into **Lighting**, **Navigation**, **Particle Effects**, and **Animation features** in the editor.

Next steps

Now that you have a basic level of literacy in the C# language, you're ready to seek out additional skills and syntax. This most commonly takes the form of online communities, tutorial sites, and YouTube videos, but it can also include textbooks, such as this one. Transitioning from being a reader to an active member of the software development community can be tough, especially with the abundance of options out there, so I've laid out some of my favorite C# and Unity resources to get you started.

C# resources

When I'm developing games or applications in C#, I always have the Microsoft documentation open in a window I can get to easily. If I can't find an answer to a specific question or problem, I'll start checking out the community sites I use most often:

- C# Corner: `https://www.c-sharpcorner.com`
- Dot Net Perls: `http://www.dotnetperls.com`
- Stack Overflow: `https://stackoverflow.com`

Since most of my C# questions relate to Unity, I tend to gravitate toward those kinds of resources, which I've laid out in the next section.

Unity resources

The best Unity learning resources are at the source; video tutorials, articles, free assets, and documentation are all available from `https://unity3d.com`.

However, if you're looking for community answers or a specific solution to a programming problem, give the following sites a visit:

- Unity Forum: `https://forum.unity.com`
- Unity Learn: `https://learn.unity.com`
- Unity Answers: `https://answers.unity.com`
- Unity Discord channel: `https://discord.com/invite/unity`
- Stack Overflow: `https://stackoverflow.com`

There is also a huge video tutorial community on YouTube if that's more your speed; here are my top four:

- Brackeys: `https://www.youtube.com/user/Brackeys`

- Sykoo: `https://www.youtube.com/user/SykooTV/videos`
- Renaissance Coders: `https://www.youtube.com/channel/UCkUIs-k38aDaImZq2Fgsyjw`
- BurgZerg Arcade: `https://www.youtube.com/user/BurgZergArcade`

The Packt library also has a wide variety of books and videos on Unity, game development, and C#, available at `https://www.packtpub.com/all-products`.

Unity certifications

Unity now offers various levels of certification for programmers and artists that will lend a certain amount of credibility and empirical skill ranking to your resume. These are great if you're trying to break into the game industry as a self-taught or non-computer science major, and they come in the following flavors:

- Certified User:
  - Programmer
  - Artist
  - VR Developer

- Certified Associate:
  - Game Developer
  - Programmer
  - Artist

- Certified Professional:
  - Programmer
  - Artist

- Certified Expert:
  - Programmer

> Unity also provides preparatory courses in-house and through third-party providers to help you get ready for the various certifications. You can find all the information at `https://certification.unity.com`.

Never let a certification, or the lack of one, define your work or what you put out into the world. Your last hero's trial is to join the development community and start making your mark.

Hero's trial—putting something out into the world

The last task I'll offer you in this book is probably the hardest, but also the most rewarding. Your assignment is to take your C# and Unity knowledge and create something to put out into the software- or game-development communities. Whether it's a small game prototype or a full-scale mobile game, get your code out there in the following ways:

- Join GitHub (`https://github.com`)
- Get active on Stack Overflow, Unity Answers, and Unity Forums
- Sign up to publish custom assets on the Unity Asset Store (`https://assetstore.unity.com`)

Whatever your passion project is, put it out into the world.

Summary

You might be tempted to think that this marks the end of your programming journey, but you couldn't be more wrong. There is no end to learning, only a beginning. We set out to understand the building blocks of programming, the basics of the C# language, and how to transfer that knowledge into meaningful behaviors in Unity. If you've gotten to this last page, I'm confident you've achieved those goals, and you should be too.

One last word of advice that I wish someone had told me when I first started: you're a programmer if you say you are. There will be plenty of people in the community that will tell you that you're an amateur, that you lack the experience necessary to be considered a "real" programmer, or, better yet, that you need some kind of intangible professional stamp of approval. That's false: you're a programmer if you practice thinking like one regularly, aim to solve problems with efficiency and clean code, and love the act of learning new things. Own that identity; it'll make your journey one hell of a ride.

Pop Quiz Answers

Chapter 1: Getting to Know Your Environment

Pop quiz—dealing with scripts

Q1	Unity and Visual Studio have a symbiotic relationship
Q2	The Reference Manual
Q3	None, as it is a reference document, not a test
Q4	When the new file appears in the **Project** tab with the filename in edit mode, which will make the class name the same as the filename and prevent naming conflicts

Chapter 2: The Building Blocks of Programming

Pop quiz—C# building blocks

Q1	Storing a specific type of data for use elsewhere in a C# file
Q2	Methods store executable lines of code for fast and efficient reuse
Q3	By adopting MonoBehaviour as its parent class and attaching it to a GameObject
Q4	To access variables and methods of components or files attached to different GameObjects

Chapter 3: Diving into Variables, Types, and Methods

Pop quiz—variables and methods

Q1	Using camelCase
Q2	Declare the variable as public
Q3	public, private, protected, and internal
Q4	When an implicit conversion doesn't already exist
Q5	The type of data returned from the method, the name of the method with parentheses, and a pair of curly brackets for the code block

Q6	To allow parameter data to be passed into the code block
Q7	The method will not return any data
Q8	The Update( ) method is called every frame

Chapter 4: Control Flow and Collection Types

Pop quiz 1—if, and, or but

Q1	True or false
Q2	The NOT operator, written with the exclamation mark symbol (!)
Q3	The AND operator, written with double ampersand symbols (&&)
Q4	The OR operator, written with double bars (||)

Pop quiz 2—all about collections

Q1	The location where data is stored
Q2	The first element in an array or list is 0, as they are both zero-indexed
Q3	No — when an array or a list is declared, the type of data it stores is defined, making it impossible for elements to be of different types
Q4	An array cannot be dynamically expanded once it is initialized, which is why lists are a more flexible choice as they can be dynamically modified

Chapter 5: Working with Classes, Structs, and OOP

Pop quiz—all things OOP

Q1	The constructor
Q2	By copy, rather than by reference like classes
Q3	Encapsulation, inheritance, composition, and polymorphism
Q4	GetComponent

Chapter 6: Getting Your Hands Dirty with Unity

Pop quiz—basic Unity features

Q1	Primitives
Q2	The z axis

Q3	Drag the GameObject into the `Prefabs` folder
Q4	Keyframes

Chapter 7: Movement, Camera Controls, and Collisions

Pop quiz—player controls and physics

Q1	`Vector3`
Q2	`InputManager`
Q3	A `Rigidbody` component
Q4	`FixedUpdate`

Chapter 8: Scripting Game Mechanics

Pop quiz—working with mechanics

Q1	A set or collection of named constants that belong to the same variable
Q2	Using the `Instantiate()` method with an existing Prefab
Q3	The get and set accessors
Q4	`OnGUI()`

Chapter 9: Basic AI and Enemy Behavior

Pop quiz—AI and navigation

Q1	It's generated automatically from the level geometry
Q2	`NavMeshAgent`
Q3	Procedural programming
Q4	Don't repeat yourself

Chapter 10: Revisiting Types, Methods, and Classes

Pop quiz—leveling up

Q1	`Readonly`
Q2	Change the number of method parameters or their parameter types

Q3	Interfaces cannot have method implementations or stored variables
Q4	Create a type alias to differentiate conflicting namespaces

Chapter 11: Specialized Collection Types and LINQ

Pop quiz—intermediate collections

Q1	Stacks
Q2	Peek
Q3	Yes
Q4	`ExceptWith`

Chapter 12: Saving, Loading, and Serializing Data

Pop quiz—data management

Q1	The `System.IO` namespace
Q2	`Application.persistentDataPath`
Q3	Streams read and write data as bytes
Q4	The entire C# class object is converted into JSON format

Chapter 13: Exploring Generics, Delegates, and Beyond

Pop quiz—intermediate C#

Q1	Generic classes need to have a defined type parameter
Q2	The `values` method and the `delegates` method signature
Q3	The `-=` operator
Q4	The `throw` keyword

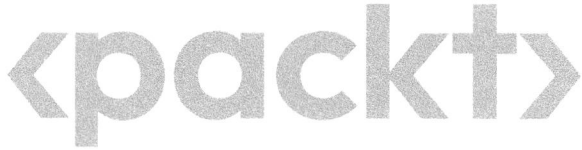

‹packt›

packt.com

Subscribe to our online digital library for full access to over 7,000 books and videos, as well as industry leading tools to help you plan your personal development and advance your career. For more information, please visit our website.

Why subscribe?

- Spend less time learning and more time coding with practical eBooks and Videos from over 4,000 industry professionals
- Improve your learning with Skill Plans built especially for you
- Get a free eBook or video every month
- Fully searchable for easy access to vital information
- Copy and paste, print, and bookmark content

At www.packt.com, you can also read a collection of free technical articles, sign up for a range of free newsletters, and receive exclusive discounts and offers on Packt books and eBooks.

Other Books
You May Enjoy

If you enjoyed this book, you may be interested in these other books by Packt:

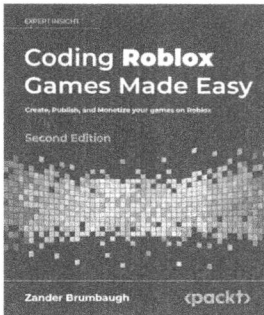

Coding Roblox Games Made Easy, Second Edition

Zander Brumbaugh

ISBN: 9781803234670

- Use Roblox Studio and other free resources
- Learn coding in Luau: basics, game systems, physics manipulation, etc
- Test, evaluate, and redesign to create bug-free and engaging games
- Use Roblox programming and rewards to make your first game
- Move from lobby to battleground, build avatars, locate weapons to fight
- Character selection, countdown timers, locate escape items, assign rewards
- Master the 3 Ms: Mechanics, Monetization, Marketing (and Metaverse)
- 50 cool things to do in Roblox

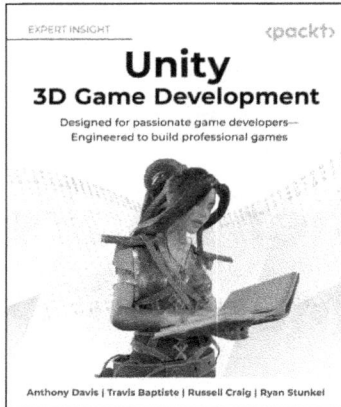

Unity 3D Game Development

Anthony M Davis,Travis Baptiste, Russell Craig, Ryan Stunkel

ISBN: 9781801076142

- Learn fundamentals of designing a 3D game and C# scripting
- Design your game character and work through their mechanics and movements
- Create an environment with Unity Terrain and ProBuilder
- Explore instantiation and rigid bodies through physics theory and code
- Implement sound, lighting effects, trail rendering, and other dynamic effects
- Create a short, fully functional segment of your game in a vertical slice
- Polish your game with performance tweaks
- Join the book club on Discord to read alongside other users and Unity experts, and ask the authors for help when stuck

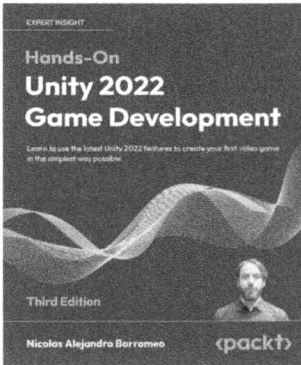

Hands-On Unity 2022 Game Development, Third Edition

Nicolas Alejandro Borromeo

ISBN: 9781803236919

- Build a game prototype that includes gameplay, player and non-player characters, assets, animations, and more
- Set up and navigate the game engine to dive into the Unity Editor and discover unique and new features released in 2022
- Learn both C# and Visual Scripting to customize player movements, the user interface, and game physics
- Apply shaders to improve your game graphics using Shader Graph and Universal Render Pipeline (URP)
- Create win-lose conditions for the game by using design patterns such as Singleton and Event Listeners
- Implement Game AI to build a fully functional enemy capable of detecting and attacking the player
- Debug, test, optimize, and create an executable version of the game to share with your friends

Packt is searching for authors like you

If you're interested in becoming an author for Packt, please visit authors.packtpub.com and apply today. We have worked with thousands of developers and tech professionals, just like you, to help them share their insight with the global tech community. You can make a general application, apply for a specific hot topic that we are recruiting an author for, or submit your own idea.

Share your thoughts

Now you've finished *Learning C# by Developing Games with Unity, Seventh Edition*, we'd love to hear your thoughts! Scan the QR code below to go straight to the Amazon review page for this book and share your feedback or leave a review on the site that you purchased it from.

https://packt.link/r/1837636877

Your review is important to us and the tech community and will help us make sure we're delivering excellent quality content.

Index

Symbols

3D space
navigating 266

A

abstract classes 309
example 309-311
abstracting 125
access modifiers 50, 296
const 296
implementing 51
internal 51
private 51
protected 51
public 51
readonly 297
reference link 296
static 297, 298
using 50
actions
delegating 396, 397
animations 172
creating, in code 172-174
creating, in Unity Animation
window 174-177
curves, handling 182

keyframes, recording 178-181
tangents, adjusting 184
Animation window 172
Animator window 172
arithmetic operators 61
arrays 93, 94
indexing 94
multidimensional arrays 95
range exceptions 96
subscripts 94
asset paths
working with 348-350
assignment operators 61, 62

B

bloated file 135
built-in types 52-54
reference link 53

C

C#
files, syncing 17
reference link, for topics 22
reference link, for types 50
resources 417
resources, locating 22, 23

scripts 13-15
  using, with Unity 13
  writing rules 46, 47

calling code 132

camel casing 58

camera behavior
  scripting 198-201

C# Corner
  reference link 417

Character Controller component
  reference link 188

classes 34, 414
  blueprints 35
  communication 36
  constructors, using 122-124
  defining 118, 119
  extensions 311-314
  fields, adding 120-122
  methods, declaring 124-126
  objects, instantiating 119
  reference link 34
  scope 59, 60

code
  debugging 47, 48

collections 92
  arrays 93, 94
  lists 97-99

Collider component 202, 203, 208, 209

Collider notifications
  reference link 210

Collider triggers
  object trail 217
  used, for creating enemy 213-216
  using 213

collision 208
  Health_Pickup object, updating 210-212

reference link 210

combined modifiers
  reference link 51

comments
  adding 38
  multi-line comments 37
  single-line comment 37
  working with 37

Component design pattern 216

components 39, 40

composition 137

constant 296

constraint type parameters 392-395

constructor overloading 123

CRUD (Creating, Reading, Updating, and
    Deleting) 364

custom types 57

D

data
  serializing 369, 370

data formats 342
  JSON (JavaScript Object Notation) 342
  text 342
  XML (Extensible Markup Language) 342

debug delegate
  creating 397, 398

debugging 47, 48

decrementing 105

defensive programming 280, 406

deferred execution 331

delegates
  as parameter types 399, 400
  reference link 331

deserializing 369

design patterns 415

Development Mode 39, 40

dictionary 101, 344
creating 102
declaring 101
initializing 101

dictionary pairs
working with 103

directories
creating 350, 351
deleting 352

Don't Repeat Yourself (DRY)
principle 32, 124, 290, 350

Dot Net Perls
reference link 417

dot notation 36, 48

E

encapsulation 132, 134

enemy
moving 277-282

enemy agents
moving 273
setting up 271-273

enemy game mechanics 282
bullet collisions, detecting 285-287
destination, modifying of agent 282-284
game manager, updating 288-290
player health, lowering 284, 285

enumeration type 220-222
example 223, 224

error handling 406

events
creating 401, 402

firing 400
invoking 402

event subscriptions
cleaning up 405
handling 403, 404

exceptions
handling 406
throwing 406-408

explicit conversions 56

F

files 353
creating 353-355
deleting 358
updating 355-358

filesystem 345-347

first-in-first-out (FIFO) model 325

foreach loops 108, 109
looping through key-value pairs 110

for loop 104-108

frames per second (FPS) 72

G

game design 148
art style 148
concept 148
control schemes 148
core mechanics 148
Hero Born one-pager 149, 150
story 148
win and lose conditions 148

game design documents 148
Game Design Document (GDD) 148
one-pager 149
Technical Design Document (TDD) 148

game levels
3D space, working in 153, 154
building 150
Materials, using 154-156
primitives, creating 150-152
white-boxing 157, 158

game manager
creating 236
item collection, upgrading 241, 242
player properties, tracking 236-238

GameObject in Unity
components, accessing 140
components, accessing in code 141-143
drag and drop functionality 144
objects 139, 140

generic class 386
conversion error 390
example 386-388

generic methods 141, 388, 389

generic programming 385

generics 386
adding, to Unity objects 395

get property 238-241

global scope 59

GUI, Hero Born
namespace, used for restarting
game 257-262
player stats, displaying 243-252
using directives, used for
pausing game 257-262
win and loss conditions, setting 252-257

H

HashSets
operations, performing 327-329
using 326, 327

Hero Born
game manager, creating 236
GUI, creating 243
jumps, adding 219
shooting projectiles 230
Hero Born one-pager 149, 150

I

if-else statement 76-80, 86
multiple conditions, evaluating 84-86
nesting 82, 83
NOT operator, using 81, 82

implicit conversions 55

incrementing 105

index 94

inferred declarations 57

inheritance 134
base constructors 135, 136

Input System
reference link 194

instances 119

instantiation 119

interfaces 304
example 306-309

iteration statements 104
foreach loops 108, 109
for loops 104-108
while loops 111-114

J

Join GitHub
URL 419

JSON (JavaScript Object Notation) 342-345
deserializing 380, 381

reference link 342

serializing 374-379

K

keywords 49

kinematic movement 203

L

Lambda expressions 333, 334

Language Integrated Query (LINQ) 330

basics 330-333

data, transforming into new types 335-337

queries 330, 331

queries, chaining 334, 335

simplifying, with optional syntax 337, 338

last-in-first-out (LIFO) model 318

layer masks

working with 224-230

Light component

properties 170, 171

lighting 168

precomputed lighting 169

real-time lighting 169

Light Probe Groups 170

lights

creating 169

LINQ query comprehension syntax 337

List class methods

reference link 101

lists 97-99

accessing 99

modifying 99, 100

local scope 59, 60

Local space 162

LTS (Long Term Support) version 4

M

match expression 87

Materials

using 154-156

member scope 59

memory address 26

method overloading 299-301

methods 31, 299

actions 31

as arguments 71

declaring 64, 65

defining 63, 64

logic detours 66

naming conventions 65

parameters, specifying 67

placeholders 32-34

reference link 32

return values, specifying 69

return values, using 70, 71

Microsoft Learn documentation

reference link 22

MonoBehaviour 41

in Scripting API 42

reference link, for methods 72

multidimensional arrays 95

multi-line comments 37

multiple generic types

using, in single class 390, 391

N

namespace 257

namespace conflicts 315

navigation

components 266

NavMesh
  creating 268, 269
NavMeshAgent 266
NavMeshObstacle 266
non-generic method 389
  example 389, 390
non-kinematic movement 203

O

object build-up
  managing 235, 236
object-oriented programming
    (OOP) 118, 304, 414, 415
  applying, in Unity 139
  composition 137
  encapsulation 132
  inheritance 134
  polymorphism 137, 139
object rotations and orientation, in Unity
  reference link 207
objects
  instantiating 230, 231
operators 60
  arithmetic operators 61
  assignment operators 61, 62
out parameters 303

P

parent object 161
patrol locations
  referencing 274-276
player movement
  managing 188
  with Transform component 189-191

Play Mode 39, 41
polymorphism 137-139, 415
precomputed lighting 169
Precomputed Realtime Global
    Illumination 169
Prefabs 163
  working with 163-167
primitives
  creating 150-152
  using 150
ProBuilder tool 150
  reference link 150
procedural programming 274
programming paradigm
  reference link 139
protected keywords
  reference link 49

Q

queues
  features 325, 326
  working with 324, 325

R

readonly keyword 297
real-time lighting 169
  area lights 170
  directional lights 170
  point lights 170
  spotlights 170
refactoring 290
Reference Manual 18-21
reference types 118, 129-131
Reflection Probes 170

ref parameters 301-303

Rigidbody2D component
  reference link 208

Rigidbody component 202-207

Rigidbody scripting
  reference link 208

S

Scripting Reference 18-21

scripts 35, 39

selection statements 75, 76
  if-else statement 76-80
  switch statement 86

SerializeField
  reference link 141

serializing 369

set property 238-241

shooting mechanic
  adding 232-234

shooting projectiles 230

single-line comment 37

spaghetti code 32

Stack Overflow
  reference link 417

stacks
  methods 323, 324
  peeking 322, 323
  Peek method 322
  Pop method 322
  popping 322, 323
  working with 318-321

Standard Assets package
  reference link 189

Start method 72, 73

statement 46

static keyword
  using 297, 298

StreamReader
  using 360-364

Stream resources
  managing 360

streams
  closing, automatically 368, 369
  working with 359

StreamWriter
  using 360, 361

string 54
  interpolation 54

structs 126, 415
  declaring 126-129

subscript operator 94

switch pattern matching
  reference link 92

switch statement 86
  fall-through cases 90, 91
  pattern matching 87- 90

T

text 342

TextMeshPro
  reference link 244

Transform component
  player input, obtaining 193-195
  player, moving 195-198
  using, in player movement 189-191
  vectors 191-193

try-catch
  using 408-411

type aliasing 315

type and value declarations 49

type conversions 55
  explicit conversions 56
  implicit conversions 55

type-only declarations 50

types 221
  reference link 221
  working with 52

type-safe language 52

U

UI Documents (UXML) 243

UI options
  reference link 243

UI Toolkit 243
  reference link 243

underlying type 221

Unity
  3D space, navigating 266
  class 35
  C#, using with 13
  documentation, accessing 18-21
  homepage 3
  object-oriented programming (OOP),
    applying 139
  references, for video tutorial community on
    YouTube 417, 418
  resources 417, 418
  URL 3

Unity 2023
  editor, navigating 10-13
  environment, setting up 3-8
  macOS, using 8
  project, creating 9, 10

Unity Answers
  URL 21, 417

Unity Asset Store
  URL 419

Unity certifications 418
  reference link 418

Unity Discord
  URL 21, 417

Unity download archive 8

Unity Forum
  URL 21, 417

Unity Hub
  URL 8

Unity Learn
  reference link 417

Unity methods 71
  Start method 72
  Update method 72

Unity objects
  generics, adding to 395

Unity physics system
  Collider component 208, 209
  Collider triggers, using 213
  overview 217
  Rigidbody component 204-207
  working with 202-204

Unity projects
  approaching 416

Unity Store
  URL 3

Unity UI (uGUI) 243
  reference link 243

Update method 72, 73

using directive 257

utility function 220

V

value types 126, 129-132

variables
  declaring 48
  defining 26
  example 26
  names 27
  naming 58
  placeholders 27-31
  reference link 26

variable scope 59
  class scope 59, 60
  global scope 59
  local scope 59, 60

variable visibility 60

vectors 191-193
  reference link 192

Visual Studio editor 15
  C# file, opening 15, 16
  naming mismatches, of C# file 16, 17

W

while loops 111-114

white-boxing 157
  drywall, creating 160, 161
  editor tools 158-160
  health pickup, creating 168
  hierarchy, cleaning 161, 162
  Prefabs, working with 163-167

World space 162

X

XML (Extensible Markup Language) 342-344
  deserializing 372-374
  reference link 342
  serializing 370, 371

XMLWriter
  creating 364-367

Download a free PDF copy of this book

Thanks for purchasing this book!

Now with every Packt book you get a DRM-free PDF version of that book at no cost.

Read anywhere, any place, on any device. Search, copy, and paste code from your favorite technical books directly into your application.

The perks don't stop there, you can get exclusive access to discounts, newsletters, and great free content in your inbox daily.

Follow these simple steps to get the benefits:

1. Scan the QR code or visit the link below:

https://packt.link/free-ebook/9781837636877

2. Submit your proof of purchase.
3. That's it! We'll send your free PDF and other benefits to your email directly.

www.ingramcontent.com/pod-product-compliance
Lightning Source LLC
Chambersburg PA
CBHW081458190326
41458CB00015B/5275

9 781837 024278